il Giornale
BIBLIOTECASTORICA

il Giornale
BiblotecaStorica
1

NAPOLEONE

La Voce del destino – Il sole di Austerlitz

Titolo originale
Napoléon

Edizione Speciale per Il Giornale

Stampa e legatura
Mondadori Printing S.p.A.
Stabilimento NSM – Cles (TN)

Supplemento al numero odierno del Giornale
Direttore Responsabile: Maurizio Belpietro
Società Europea di Edizioni S.p.A.
Reg. Trib. Milano n. 215 del 29/05/1982

MAX GALLO

NAPOLEONE

La voce del destino – Il Sole di Austerlitz

Volume Primo

Traduzione di Gianni Rizzoni,
Carla Ghellini Sargenti e Maria Pia Tosti Croce

il Giornale
BIBLIOTECASTORICA

LA VOCE DEL DESTINO

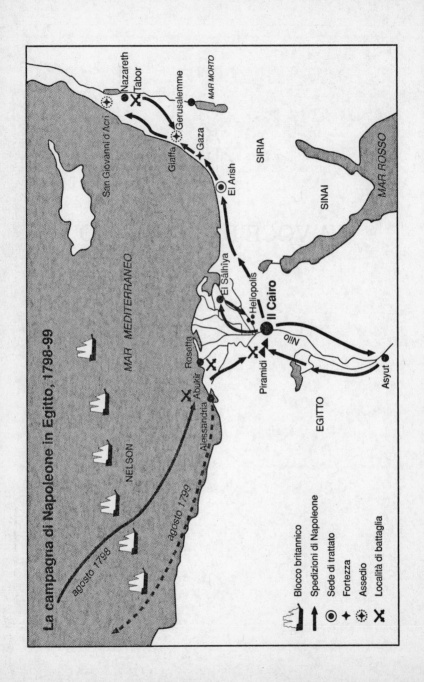

La campagna di Napoleone in Egitto, 1798-99

A Stendhal e a André Malraux, e a mio figlio

Su cosa potrebbero attaccarmi che uno storico non possa difendermi?

NAPOLEONE, a Sant'Elena

Ha lasciato la Francia più piccola di quanto l'avesse trovata, sia pure. Ma una nazione non si definisce così. Per la Francia lui doveva esistere... Non mercanteggiamo la grandezza.

DE GAULLE, citato da André Malraux

Questa piana sarebbe
un bel campo di battaglia

Era il 4 aprile 1805: albeggiava. Napoleone Bonaparte, Imperatore dei Francesi, si ergeva immobile sulle staffe, tirando le redini del cavallo arabo che scalpitava.

Caulaincourt, il grande scudiero e aiutante di campo, e gli ufficiali del seguito imperiale si tenevano a distanza. I cavalli scalpicciavano, si urtavano provocando un cozzare di sciabole.

L'imperatore era avanti, solo.

Osservava gli edifici in rovina che spuntavano dalla nebbia. Riconosceva il viale di tigli e, in fondo, il convento della Minimière.

Era tutto ciò che restava della Scuola militare di Brienne, dove aveva vissuto cinque anni quando era solo un bambino di dieci anni, sbeffeggiato per quel nome buffo, un nome da straniero, *Napoleone Buonaparte*, dal suono quasi ridicolo, a cui rifacevano il verso provocatoriamente: — Napoleone Buonaparte, *Paille-au-Nez*, "Paglia al naso".

Erano passati vent'anni soltanto, e il 2 dicembre 1804 aveva ricevuto dalle mani di papa Pio VII la corona d'imperatore per incoronarsi da sé.

Era Napoleone Bonaparte, Imperatore dei Francesi. Aveva appena trent'anni.

Era arrivato da Parigi il giorno prima, perché voleva rivedere quei luoghi, la scuola militare, ignorando che era diventata un cumulo di macerie che testimoniavano il tumulto di quei vent'anni. Era stata soppressa nel 1793, venduta come bene nazionale, convertita in fabbrica di casse; dopo il trasferimento delle officine era stata ceduta a basso prezzo, demolita nel 1799, utilizzata per il recupero dei materiali.

Aveva vissuto là cinque anni, i più duri della sua vita, solo in quel paese dove, di fatto, era uno straniero.

Ma era diventato Napoleone Bonaparte, Imperatore dei Francesi, ed erano trascorsi appena vent'anni.

A Parigi, il 30 marzo 1805, papa Pio VII era venuto a salutarlo prima di ripartire per l'Italia. E Napoleone lo aveva informato che anche lui lasciava Parigi per Milano dove, nella cattedrale, il cardinal Caprara l'avrebbe incoronato re d'Italia. E Pio VII, ancora una volta, aveva chinato la testa davanti all'imperatore, tra poco anche re.

Napoleone era uscito da Parigi il 31 marzo per dirigersi a Troyes.

Aveva accettato, come un pellegrinaggio sui luoghi di quell'infanzia solitaria, gli anni degli studi alla scuola militare, di fermarsi una notte al castello di Brienne, che dominava il paese.

Lungo tutto il tragitto da Parigi a Brienne era stata una siepe di evviva. Si era

sporto dalla carrozza. All'ingresso di città e paesi aveva montato il suo cavallo arabo e aveva caracollato, dritto, rispondendo ai saluti.

Quando era entrato a Brienne, il 3 aprile 1805, sul finire della mattinata, aveva trattenuto il cavallo. Una folla di contadini dei dintorni aveva invaso le strade. Napoleone aveva riconosciuto la rampa che conduceva allo spiazzo dove, tra vasti giardini, s'innalzava il castello.

Madame Brienne era sulla scalinata, per salutarlo con deferenza e mostrargli l'appartamento che gli era stato approntato e dove, sussurrava, aveva soggiornato un tempo il duca d'Orléans.

Napoleone era avanzato, aveva aperto la vetrata, osservato la campagna dello Champenois, quel paesaggio che aveva sentito così ostile, così diverso e straniero quando si era ritrovato lì, solo, bambino decenne.

Durante i cinque anni passati alla Scuola militare di Brienne, aveva sentito centinaia di volte il racconto delle cacce e delle feste che i Brienne davano al castello e nei boschi di loro proprietà. Spesso la musica e il rumore delle cavalcate invadevano il cortile della scuola.

In un'occasione rimasta unica, però, Bonaparte era stato invitato a visitare il castello insieme ai suoi compagni.

Era la festa di San Luigi, il 25 agosto 1783. Madame Brienne aveva notato quell'allievo magro dal colorito olivastro, con un nome così curioso, Napoleone Buonaparte, ma la sua attenzione era durata solo un attimo.

Si era perso tra le centinaia di allievi della scuola, quella massa anonima di bambini vestiti di panno blu, la giacca con gli orli bianchi, risvolti e colletto rossi, bottoni bianchi con l'emblema della scuola militare.

Nei giardini del castello Bonaparte aveva percorso i viali dove si accalcava tutta la popolazione del circondario, invitata dalla castellana alla festa regale.

Erano stati innalzati palchi per i saltimbanchi, i cantanti e gli attori, tese funi per gli equilibristi. E i venditori di cocco e pan pepato fendevano la folla offrendo i loro dolciumi.

Bonaparte aveva camminato in silenzio, le braccia incrociate dietro la schiena.

Era stato ventidue anni prima.

Adesso era l'Imperatore dei Francesi, e Madame Brienne lo invitava ad accomodarsi a tavola, poi nel salone.

Era il momento delle presentazioni all'imperatore.

Un parroco dei dintorni, in redingote scura, si avvicinò, s'inchinò e asserì di essere stato uno dei professori di Bonaparte alla scuola militare, diretta dai fratelli dell'ordine dei minimi.

— Chi siete? — gli domandò l'imperatore come se non lo avesse sentito.

Il parroco ripeté.

— La sottana — replicò l'imperatore — è stata data ai preti perché siano sempre riconoscibili da vicino o da lontano, e io non riconosco un parroco in redingote. Andate a vestirvi.

Il parroco sparì, tornò confuso, umile.

— Ora vi riconosco — disse Napoleone — e sono molto contento di vedervi.

Era l'Imperatore dei Francesi.

Al pranzo si spazientì. I convitati tacevano. Un capocameriere, impressionato, rovesciò una salsiera sulla tovaglia davanti all'imperatore. Napoleone scoppiò a ridere, e subito l'atmosfera fu più distesa.

Si alzarono da tavola tra il vocio delle conversazioni, poi l'imperatore si ritirò.

Dormì poco e all'alba era in cortile, in groppa al suo cavallo arabo, e lasciava il castello per rivedere la scuola militare, scoprendo, appena dissipata la nebbia, che cadeva in rovina.

Non poteva progettare di farla ricostruire. Ci sarebbero voluti milioni di franchi.

Il passato non si richiama in vita.

Allora, d'improvviso, con due colpi di tallone spronò il cavallo e, attraversata Brienne, prese la strada per Bar-sur-Aube.

In pochi minuti era scomparso.

Il destriero, tenuto a freno da tanto tempo, si scatenò al triplice galoppo saltando fossati, penetrando nella boscaglia, martellando con gli zoccoli le strade lastricate.

E l'imperatore a ogni istante cambiava direzione, riconoscendo qui un paese, lì un villaggio.

Solo, solo, l'imperatore correva dietro ai suoi ricordi nella campagna, s'immaginava Caulaincourt e gli ufficiali in affanno che cercavano di raggiungerlo.

Un colpo d'arma da fuoco lacerò il silenzio impregnato di nebbia.

Caulaincourt lanciava un richiamo. Bisognava rimettersi in cammino.

L'imperatore rientrò, l'occhio fisso sulle torri del castello di Brienne. Aveva galoppato per più di tre ore. Non sapeva dove, disse agli ufficiali stupefatti.

Il cavallo sfinito era coperto di sudore, un filo di sangue gli colava dalle narici.

L'imperatore lasciò Brienne quel 4 aprile 1805 diretto a Milano, dove lo aspettava la corona di re d'Italia.

Mentre il castello era ancora in vista, si sporse dal finestrino e fece fermare la carrozza. Il sole avvolgeva le torri, faceva scintillare i foderi delle spade, le mostrine delle uniformi.

— Questa piana sarebbe un bel campo di battaglia — disse Napoleone.

Parte prima
Granito scaldato da un vulcano
15 agosto 1769 - ottobre 1785

1

Non aveva compiuto dieci anni il bambino che il 15 maggio 1779 entrava nel parlatorio della Scuola reale militare di Brienne, giacché era nato il 15 agosto 1769 ad Ajaccio, da Carlo Maria Bonaparte e Letizia Ramolino.

Le mani dietro la schiena, eretto, il viso magro dal mento pronunciato, impietrito, il corpo mingherlino strizzato nell'abito blu scuro, i capelli castani tagliati cortissimi, lo sguardo d'acciaio.

Sembrava insensibile, come indifferente, all'ampia sala fredda nella quale si trovava, in attesa di essere ricevuto da padre Lelue, il direttore della scuola, che apparteneva all'ordine dei minimi.

Eppure il bambino sapeva che sarebbe rimasto in questa scuola parecchi anni senza poterne uscire nemmeno per un giorno, e che si sarebbe trovato solo in quel paese di cui aveva appena appreso i rudimenti della lingua.

Era arrivato il 1° gennaio 1779 ad Autun col padre Carlo, un bell'uomo, alto, aria signorile e abbigliamento curato, ricercato perfino, viso dai lineamenti regolari.

La Corsica, le stradine di Ajaccio, l'odore del mare, il profumo dei pini, dei lentischi, dei corbezzoli e dei mirti, tutto quel mondo, il mondo della sua infanzia, era stato relegato lontano come un segreto intimo. E aveva dovuto stringere i denti, mordersi le guance quando il padre era ripartito, lasciando nel collegio di Autun i suoi due figli: Giuseppe, il maggiore, nato il 7 gennaio 1768, e Napoleone, destinato uno alla Chiesa e l'altro all'Esercito.

Ad Autun, in tre mesi, dal 1° gennaio al 21 aprile, aveva dovuto imparare il francese, la lingua straniera, quella che i soldati del vincitore urlavano nelle strade di Ajaccio. Il padre la parlava, ma non la madre. E tutto quello che lei aveva insegnato ai giovani Bonaparte era l'italiano.

Imparare, imparare: il bambino di nove anni aveva stretto i pugni, fugato la tristezza, la nostalgia, la paura anche, il sentimento di abbandono, in quel paese di pioggia, di freddo, di neve e di ardesia, dove la terra odorava di humus e di fango, e mai del profumo delle piante grasse.

Se ne è voluto impadronire, di quella lingua nuova, poiché era la lingua di coloro che avevano vinto i suoi, occupato l'isola.

S'impegna allo stremo. Sillaba a voce alta. Ripete le parole finché si piegano. Quella lingua gli è necessaria per combattere un giorno gli orgogliosi francesi che si beffano del suo nome e con i quali non vuole aver nulla a che fare.

Passeggia solo nel cortile del collegio di Autun, pensoso e cupo. Il fratello Giuseppe, al contrario di lui, è affabile, dolce e timido. Napoleone invece è irritante con quel suo atteggiamento in cui si mescolano la fierezza del bambino umiliato e l'amarezza del vinto.

Così lo punzecchiano, lo provocano. Sulle prime sta zitto, poi, quando gli dicono che i corsi sono vigliacchi perché si sono lasciati asservire, si scalmana e urla, rabbioso: — Se i francesi fossero stati in quattro contro uno, non avrebbero mai avuto la Corsica. Ma erano dieci contro uno.

Gli parlano di Pasquale Paoli, il capo della resistenza contro i francesi, sconfitto il 9 maggio 1769 nella battaglia di Ponte Novo.

Ancora una volta si trattiene.

Ricorda.

Sa che suo padre e sua madre sono stati dei protetti di Pasquale Paoli. Ragazzi di diciotto e quattordici anni, hanno vissuto nell'orbita di Paoli, nella città di Corte, negli anni della breve indipendenza corsa, fra la dominazione genovese e l'intervento francese del 1767. Nel 1764 è Pasquale Paoli che esercita pressioni sulla famiglia di Letizia Ramolino perché consenta alla ragazza di sposare Carlo Maria Bonaparte. La parola del "Babbo", come è chiamato Pasquale Paoli, conta qualcosa. Il matrimonio si fa. Due figli nascono e muoiono subito. Poi, quando ha appena partorito Giuseppe, ecco che Letizia è di nuovo incinta, proprio mentre le truppe reali di Luigi XV sgominano i patrioti corsi. Bisogna darsi alla macchia, guadare fiumi.

E nel collegio di Autun il bambino di nove anni non può raccontare tutto questo all'abate Chardon il quale, tra una lezione di francese e l'altra, lo interroga, benevolo e ironico a un tempo.

— Perché siete stati sconfitti? — domanda l'abate. — Avevate Paoli, e Paoli era considerato un bravo generale.

Il bambino non può trattenersi.

— Sì, monsieur, e vorrei somigliargli.

È corso. Odia questo paese, questo clima, questi francesi. Mormora: — Farò ai francesi tutto il male che potrò.

È una sorta di prigioniero volontario, il figlio di un vinto in cattività. Non può confidarsi né piangere.

Ricorda le serate nella casa paterna, in rue Saint-Charles, con la sua profusione di odori. Ricorda la dolcezza delle voci.

La madre era severa, schiaffeggiava, frustava. Ma era bella, affettuosa.

Si sedeva tra i suoi figli. Incinta un'altra volta, placida e inflessibile.

Raccontava la guerra, la fuga dopo la disfatta di Ponte Novo.

La nonna paterna, Maria Saveria Buonaparte, lo zio Giuseppe Fesch (figlio di secondo letto della madre di Letizia), la nonna materna, Gertrude Parravicini, la balia di Napoleone, Camilla Ilari, e Saveria, l'unica domestica della famiglia, ascoltavano tutti. E spesso la nonna devota, che tutti i giorni assisteva a nove messe, si faceva il segno della croce.

Napoleone rammentava nei minimi dettagli la descrizione del Liamone dai flutti impetuosi.

Letizia Bonaparte aveva voluto guadare il fiume, ma il cavallo si era imbizzito, travolto dalla corrente. Carlo Bonaparte si era gettato in acqua per soccorrere la moglie incinta e il figlio Giuseppe, ma Letizia era riuscita a domare il cavallo e a dirigerlo verso l'altra sponda.

Che potevano saperne i francesi dei corsi e della Corsica, che potevano saperne

l'abate Chardon, gli allievi del collegio di Autun, quando ignoravano il rumore del mare, l'intimità dei vicoli tutt'intorno al porto, e il colore ocra della fortezza di Ajaccio che domina la baia?

Napoleone pensava alle battaglie ingaggiate con gli altri bambini del Sud, che, come lui, parlavano quella lingua espressiva, calda, e talvolta lo prendevano in giro per l'aspetto trasandato:

Napoleone di mezza calzetta
fa l'amore a Giacominetta.

E si gettava su di loro, trascinava via la bambina, compagna di classe alla scuola delle suore beghine dove imparava l'italiano.

Più tardi, a otto anni, sarebbe andato su e giù insieme a lei per la banchina del porto. Ma le era già lontano. Studiava l'aritmetica, si ritirava in un capanno di legno dietro casa. S'immergeva nei calcoli, solo tutto il giorno, poi la sera usciva, scarruffato, indifferente, sognatore.

Non dire niente di tutto ciò. Conservarlo per sé.

Imparare il francese.

Sfilavano, si esibivano i soldati del re vincitore nelle strade di Ajaccio, in quella città che ancora vibrava delle lotte recenti, dei contrasti tra fazioni, tra quelli che avevano scelto Pasquale Paoli, rifugiatosi in Inghilterra, e quelli che si erano uniti ai francesi.

Il bambino sapeva che suo padre, Carlo Bonaparte, era tra questi ultimi.

Il governatore della Corsica, Monsieur Marbeuf, era il benvenuto nella casa di rue Saint-Charles, vecchio seduttore attirato forse anche dalla bellezza di Letizia.

Carlo Bonaparte, discendente di una famiglia con quattro quarti di nobiltà attestati dai genealogisti della Toscana, terra di cui era originaria, aveva conquistato il governatore, che cercava appoggi tra i notabili pronti a riunirsi alla Francia.

Carlo aveva giocato quella carta. Gli era indispensabile per ottenere incarichi, rendite, sussidi.

L'8 giugno 1777 era stato eletto deputato dalla nobiltà, delegato agli Stati generali della Corsica a Versailles. Era rientrato ad Ajaccio abbagliato dalla potenza del regno di Francia, dalle sue città, dai palazzi, dalla sua organizzazione e da quel nuovo sovrano bonaccione, Luigi XVI. Aveva esercitato pressioni e sollecitato per ottenere borse di studio per i figli, il maggiore, Giuseppe, destinato allo stato ecclesiastico, Napoleone alla carriera militare.

Il bambino di otto anni, nella casa di Ajaccio, è stato in ascolto.

Segue le sfilate nelle strade. È affascinato dagli ufficiali aitanti con l'uniforme blu e bianca. Disegna soldati, schiera i suoi soldatini in ordine di battaglia. Gioca alla guerra. È un bambino del Sud che scorrazza in strada, si arrampica fino alla cittadella, si rotola per terra, guida una banda di monelli, si espone alla pioggia perché un futuro soldato deve essere resistente. Scambia il suo pane bianco col pane nero di un marmittone perché bisogna assuefarsi a ciò che passa il reggimento.

Quando viene a sapere che suo padre ha ottenuto una borsa di studio per lui e per Giuseppe, che andranno tutti e due a studiare nel collegio di Autun, dove Giuseppe rimarrà perché è destinato alla Chiesa, mentre lui, appena imparato il francese, raggiungerà una scuola reale militare, trema di entusiasmo e insieme è straziato dall'idea di lasciare la madre, la famiglia, la sua casa, la sua città.

Ma è necessario. Altri figli sono nati: Luciano nel 1775, Maria Anna Elisa nel

1777. Poi verranno Luigi (1778), Paolina (1780), Maria Annunziata Carolina (1782) e Gerolamo (1784).

Certo, i Bonaparte e i Ramolino non sono poveri. Posseggono tre case, vigne, la tenuta di Milelli e le terre della Pépinière, un mulino, dei terreni a Ucciani, Bocognago e Bastelica. Sono influenti. Le loro famiglie costituiscono un autentico clan. Ma bisogna pensare alla carriera dei figli, mantenere il proprio rango tra la nobiltà di quel regno cui ormai la Corsica appartiene.

Giuseppe dunque sarebbe stato prete, e Napoleone soldato.

Monsieur Marbeuf promette a Giuseppe uno dei "benefici ecclesiastici" di cui dispone il nipote Yves Alexandre de Marbeuf, vescovo di Autun. Quanto a Napoleone, gli conferma la borsa di studio per una scuola militare.

Il 15 dicembre 1778 il bambino di nove anni e mezzo abbracciava la madre e i parenti. Stava in mezzo tra il padre, fiero ed elegante, che si recava ancora una volta a Versailles per portarvi i voti della nobiltà corsa, e il fratello Giuseppe. Insieme a loro partivano il cognato Giuseppe Fesch, che andava a proseguire gli studi al seminario di Aix, e un cugino del padre, Aurèle Varèse, nominato sottodiacono dal vescovo Marbeuf.

Nemmeno una lacrima da parte del bambino.

S'imbarca, e dalla nave che fa rotta per Marsiglia vede la Corsica sparire. Molto tempo dopo che è scomparsa, ancora respira i profumi della sua terra, della sua patria.

Pensava alla Corsica, a bocca aperta e con lo sguardo fisso, nell'aula del collegio di Autun, mentre l'abate Chardon ricapitolava la lezione di francese.

Ai rimproveri del professore che l'accusava di essere distratto, il bambino aveva sussultato, rispondendo con un tono imperioso in cui si percepiva il timbro della lingua materna:

— Monsieur, già lo so.

In effetti aveva imparato in fretta, quel bambino solitario, nel collegio dove ogni tanto poteva comunque evocare con il fratello i giochi di laggiù.

Si ricordava, Giuseppe, delle loro lotte? E come a volte veniva messo a terra dal fratello minore, combattivo, rabbioso?

Si ricordava dell'abate Recco, il loro insegnante di aritmetica? Napoleone già eccelleva in quella materia, si appassionava ai calcoli.

Ricordava il giorno in cui l'abate Recco aveva diviso gli alunni della classe in cartaginesi e romani? Giuseppe, più grande, era fra i romani, e Napoleone fra i cartaginesi, i vinti. Ricordava quanto aveva strepitato Napoleone fino a ottenere di prenderne il posto nel campo dei vincitori?

Ricordava la festa del 5 maggio 1777, meno di due anni prima, quando il fattore dei Bonaparte era venuto ad Ajaccio con due giovani destrieri focosi? E che, appena il fattore se n'era andato, Napoleone era balzato su uno partendo al galoppo?

Aveva otto anni, allora. Era arrivato alla fattoria, e aveva fatto trasecolare il contadino, che l'aveva raggiunto, calcolando quanto grano al giorno doveva macinare il mulino.

Testa calda quel bambino, bella testa però, e volontà feroce.

Dopo il breve soggiorno al collegio di Autun padroneggiava il francese, la lingua di Monsieur Marbeuf, quella dei soldati del re, dei vincitori di Pasquale Paoli.

— L'ho avuto soltanto per tre mesi — confidò l'abate Chardon. — In quei tre me-

si ha imparato il francese tanto da conversare speditamente e svolgere anche piccoli temi e versioni.

Appena il padre ha espletato le pratiche attestanti i quarti di nobiltà, Napoleone può partire per la Scuola reale militare di Brienne. Sui registri del collegio di Autun il direttore scrive: "Monsieur Neapoleone de Bounaparte, per tre mesi, venti giorni, centoundici lire, dodici soldi, otto denari, 111 l., 12 s., 8 d.".

Così lo chiamano, il bambino straniero!

Serra i pugni. S'irrigidisce per non piegarsi, per non lasciarsi andare all'emozione in quel cortile del collegio di Autun dove è pronta la vettura che lo condurrà a Brienne.

Il fratello Giuseppe, che proseguirà nel collegio gli studi classici per accedere al sacerdozio, si commuove, stringe a sé Napoleone.

Il cadetto sa che si sta recidendo l'ultimo legame con la sua famiglia, che per parecchi anni vivrà in mezzo a quei francesi di cui ha appena acquisito i fondamenti della lingua, che sprofonderà ancor più nelle fredde e piovose terre della Champagne, così lontane dal mare.

Ma rimane impassibile.

— Io mi scioglievo in pianti — racconta Giuseppe. — Napoleone versò una sola lacrima, che non gli riuscì di trattenere. L'abate Simon, vicedirettore del collegio, testimone del nostro addio, mi disse dopo la partenza di Napoleone: "Ha versato una sola lacrima, ma quella lacrima prova quanto le vostre il suo dolore nel lasciarvi".

Hanno affidato il bambino a Monsieur Champeaux, che lo porta dapprima al suo castello di Thoisy-le-Désert.

Napoleone scopre un universo sconosciuto, quello delle famiglie della nobiltà francese, di cui ignora le usanze.

Sta zitto. Osserva. S'indurisce ancora di più. Passeggia a lungo nelle campagne, meravigliandosi delle morbide ondulazioni del terreno.

Pensa ai paesaggi aspri e assolati della Corsica, ai fichi su cui si arrampicava per rimpinzarsi della polpa rossa dei frutti. E qualche volta spuntava la madre a sgridarlo, e lo puniva per non aver rispettato il divieto di cogliere i fichi.

Beati tempi delle punizioni materne, del succo bianco dei frutti che s'incollava alle dita!

Ma bisogna non lasciar trasparire nulla, ascoltare, cogliere le espressioni, indovinare il senso delle parole nuove che ode.

In capo a tre settimane l'abate Hemey d'Auberive, gran vicario del vescovo Marbeuf, chiamato da Monsieur Champeaux che si è ammalato, viene a prendere Napoleone al castello di Thoisy-le-Désert per accompagnarlo a Brienne.

Ed eccoci al 15 maggio 1779: Napoleone Bonaparte, bambino dallo sguardo d'acciaio, fa il suo ingresso nella scuola militare dove passerà più di cinque anni.

2

Il bambino è solo. Ha dovuto fare violenza a se stesso per non voltarsi quando l'abate Hemey d'Auberive si è allontanato, lasciandolo faccia a faccia col direttore della Scuola reale militare di Brienne.

Padre Lelue si sforza di ripetere quel nome tanto curioso: — Napoleone de Buonaparte, è così?

Il bambino tace. Sente lo sguardo che lo esamina. Sa di essere basso, largo di

spalle. Serra le labbra fino a farle sparire affinché il viso, dove spiccano la fronte alta e gli occhi vivi, non esprima nulla. Ma sa anche che qui, in questo paese grigio, questa Francia in cui lo hanno lasciato, il suo colorito olivastro desta stupore.

Nel collegio di Autun lo prendevano in giro per quella pelle gialla. Non ha mai capito bene il senso delle domande, ma indovinava l'ironia, il sarcasmo. Di che cosa l'avevano nutrito, perché diventasse così giallo? Di latte di capra e olio?

In quel paese di crema e burro, che ne sapevano del sapore vellutato dell'olio, dei formaggi messi a essiccare sulla pietra?

Serrava i pugni.

Ora segue il direttore nei lunghi corridoi gelidi su cui si aprono delle porte strette.

Mentre camminano, padre Lelue comunica che il bambino è stato scelto per la nobiltà della famiglia, attestata da Monsieur Hozier de Sérigny, il giudice dei titoli della nobiltà di Francia, a cui Monsieur Charles de Bonaparte, "vostro padre", ha risposto con diligenza fornendo ogni dettaglio. Charles de Bonaparte ha precisato, riguardo al figlio, in risposta alla domanda di Monsieur d'Hozier ("Come si traduce in francese il nome di battesimo di vostro figlio, che in italiano è Napoleone?"), che il nome Napoleone è italiano.

Padre Lelue si volta. Il bambino non abbassa gli occhi. Allora padre Lelue gli enuncia gli articoli del regolamento della scuola: "piegare il carattere, soffocare l'orgoglio". Durante i sei anni di studio alla scuola, nessun congedo. Bisogna "vestirsi da soli, tenere le proprie cose in ordine e sbrigare ogni genere di servizio domestico. Fino a dodici anni, i capelli rasati. Superata quell'età, lasciarli crescere e raccoglierli a coda e non a crocchio, e incipriarli soltanto la domenica e i giorni di festa".

Il bambino però ha meno di dieci anni. Dunque, capelli rasati.

Padre Lelue apre una porta. Si affaccia, invita il bambino a entrare nella stanza. Napoleone fa due passi.

Pensa all'ampia stanza che Letizia, sua madre, aveva fatto svuotare dei mobili affinché ci potessero giocare i bambini. Pensa al capanno di legno costruito apposta per lui perché potesse dedicarsi ai suoi calcoli. Pensa alle strade che si aprivano sull'orizzonte sconfinato e sul mare.

La cella dove dormirà misura meno di due metri quadri. Tutto il mobilio consiste in una branda, un catino e una brocca. Padre Lelue dalla soglia spiega che, secondo il regolamento, "anche nella stagione più rigida l'alunno non avrà diritto che a una sola coperta, a meno che non sia di costituzione delicata".

Napoleone affronta lo sguardo del direttore.

Padre Lelue mostra il campanello posto accanto al letto. Le celle, infatti, sono chiuse a chiave dall'esterno. In caso di necessità l'alunno deve chiamare un inserviente che veglia nel corridoio.

Il bambino ascolta, ingoia la voglia di urlare, di fuggire.

A casa lo chiamavano "Rabulione", quello che tocca tutto, che s'impiccia di tutto.

Qui il regolamento e la disciplina lo incatenano. L'allievo deve lasciare la sua cella appena alzato e può rientrarvi solo per dormire. Trascorre la giornata nella sala di studio o a temprare il corpo. Bisogna che "gli allievi coltivino i giochi, soprattutto quelli atti ad accrescere la forza e l'agilità".

Nel corridoio il bambino ode dei passi. Altri alunni arrivano alla scuola. Li scorge, intuisce dagli abiti il benessere delle loro famiglie. Ascolta le loro voci. Francesi, tutti, appartenenti alla vera nobiltà.

Si sente ancora più solo.

— Gli scolari devono cambiare la biancheria due volte la settimana — aggiunge il direttore. Il bambino lo segue di nuovo nel corridoio. Entra dopo di lui nel refet-

torio. Qui il centinaio di allievi che la scuola ospita si riuniscono intorno a grandi tavoli, sotto volte austere, alla presenza dei maestri. A colazione pane, acqua e frutta a volontà. Carne ai due pasti.

Il bambino si siede in mezzo agli altri. Lo guardano. Parlottano. Da dove viene? Come si chiama? Napoleone? Qualcuno scoppia a ridere. *"Paille-au-Nez."*

È questo che hanno inteso dire.

"Li odio."

Lui è lo straniero.

I suoi insegnanti di geografia non dicono forse, nonostante la conquista francese, che la Corsica è una propaggine dell'Italia, dunque un paese straniero?

Napoleone lo accetta, lo rivendica anzi. È pieno di disprezzo e si isola. Si batte quando riescono a far breccia nella sua armatura, a coglierlo di sorpresa.

Gli tendono trappole. Spingono verso di lui un nuovo allievo arrivato alla scuola nel giugno del 1782. Hanno incitato Balathier de Bragelonne, figlio del comandante di Bastia, a presentarsi a Napoleone "Paglia al naso" come genovese. Napoleone lo apostrofa subito in italiano: — Sei di questa maledetta nazione? — L'altro fa cenno di sì. Napoleone si avventa contro di lui, lo afferra per i capelli, e occorre separare a forza i due contendenti.

Napoleone si allontana, patriota corso di dodici anni, talmente malsicuro nell'ortografia francese che scrive in maniera illeggibile per dissimulare gli sbagli, anche se lo stile è sicuro e la frase si affina al ritmo di un pensiero che s'impone e si dispiega.

Infatti il bambino solitario vuole prendere il sopravvento, cancellare la sua condizione di vinto.

Straniero? Può darsi. Sottomesso, mai.

Confida a Bourrienne, uno dei pochi allievi con cui parla:

— Spero di riportare un giorno la Corsica alla libertà! Chissà! Il destino di un impero spesso dipende da un uomo.

Le letture lo esaltano. Legge e rilegge Plutarco. La storia diventa la sua materia preferita, insieme alla matematica in cui eccelle, secondo il suo professore, padre Patrault, il quale nel sentirlo risolvere problemi di algebra, trigonometria e geometria mormora:

— È un ragazzino nato per la geometria.

Il ragazzino lascia dire. Ama gli esercizi mentali astratti che lo sottraggono alla realtà piena di umiliazioni e di amarezza, ma ama anche le *Vite parallele* di Plutarco, che gli permettono di evadere in una realtà diversa, non immaginaria, dal momento che è esistita, è storia, e dunque può rinascere.

Con lui.

Si identifica con gli eroi di cui vuol seguire il destino. È "lo spartano". È Catone e Bruto. È Leonida.

Cammina nel cortile, il suo Plutarco in mano. Non l'interpellano nemmeno più. Ma con l'andare dei mesi, constatando che quanto aveva presentito in un istintivo moto di fierezza è vero, e cioè che è superiore alla maggioranza degli altri, forse a tutti, quando gli rivolgono la parola risponde. È diventato acre, sferzante. Ordina più che sottomettersi. Giudica. Condanna.

Talvolta, nei corridoi, sente un frusciare di passi che scivolano dentro le celle. Sono le "ninfe", allievi dall'atteggiamento e dai costumi equivoci, che cercano un compagno per qualche istante della notte.

Napoleone è disgustato, eppure lo corteggiano. Ha quei tratti fini e quell'insolenza che attraggono. Respinge con furore i seduttori. Li percuote. Si batte. Li caccia.

Li insulta. Intuisce, in alcuni maestri, "quei vizi e quei disordini dei conventi". Entra in guerra con loro, capeggia le rivolte contro i "reggenti" che assistono il nuovo direttore, padre Berton. Viene preso. Lo frustano. Stringe i denti senza piangere. Tiene testa al maestro che lo rimprovera. Questi s'indigna.

— Chi siete, monsieur, per rispondermi così?

— Un uomo — ribatte con forza Napoleone.

È il bambino inflessibile con una sensibilità talmente viva, sotto la corazza della volontà, che talvolta erompe come lava che spazza via tutto.

Una sera il direttore lo sorprende a leggere e lo punisce. Deve pranzare in ginocchio davanti alla porta del refettorio, vestito con la divisa infamante, pantaloni di stoffa grossolana e stivaletti informi.

Colui che già si vuole uomo ubbidisce tranquillamente e, di colpo, il bambino che è ancora si contorce, urla, si rotola a terra vomitando tutto quel che aveva mangiato.

L'insegnante di matematica, padre Patrault, accorre, indignato che si tratti a quel modo il suo migliore alunno. Il direttore riconosce che il castigo è eccessivo e ritira la punizione.

L'uomo-bambino si alza, più selvaggio, più fiero, più determinato che mai a non piegarsi.

Separato dagli altri, insulare, ecco quel che era, che voleva essere.

Un giorno il superiore riunisce gli allievi e dichiara che distribuirà fra loro una vasta area di terreno in prossimità della scuola: potranno farne libero uso, lavorarla o coltivarla a piacimento, soprattutto in settembre, quando le lezioni si svolgono a ritmo più lento per lasciare un po' di tempo libero agli alunni che non hanno diritto alle vacanze.

Bonaparte ha ascoltato il superiore con il volto proteso, gli occhi fissi.

Appena padre Berton si allontana, si dirige verso i compagni, li interpella, parlamenta. E per parecchi giorni, lui che d'abitudine se ne sta appartato, tiene banco con gli allievi. Poi smette. Ha ottenuto ciò che voleva: due ragazzi gli hanno ceduto la loro parte di terreno.

Così, una settimana dopo l'altra, a ogni occasione eccolo affaccendarsi sul suo terreno, trasformarlo in cittadella. Pianta paletti, innalza uno steccato, rivolta la terra perché gli arbusti attecchiscano. Si costruisce in tal modo un recinto, la sua "isola", un vero e proprio eremo, come lo chiama, dove passa il tempo a leggere in solitudine e dove si rifugia a meditare nelle ore di ricreazione.

Là, d'estate, all'ombra del suo pergolato, può abbandonarsi alla nostalgia. Anche nella bella stagione la Champagne è triste e monotona, il cielo velato, e non appare mai il blu intenso e immacolato del Sud.

Ripensa al suo capanno di legno dietro la casa di famiglia.

— Essere privato della casa natale e del giardino della propria infanzia, non avere la casa paterna — osa confidare un giorno — significa non avere più patria.

Debolezza di un istante. Gli allievi che si avvicinano alla sua "isola", il luogo dei suoi ritiri, sono respinti a suon di pugni e calci, anche quando sono in parecchi. La rabbia e la determinazione di Bonaparte sono tali che quelli retrocedono, accettando di fatto che si sia ritagliato un "regno" a parte.

— I miei compagni non mi amano — dirà.

Di più, lo odiano, perché è fiero e astioso, altero e solitario, diverso.

Gliela fanno pagare.

Il padre superiore ha organizzato gli alunni in un battaglione composto di parec-

chie compagnie. Svolgono le esercitazioni. Si mettono in riga, sfilano. Ciascuna compagnia ha per capitano un alunno scelto in base al profitto scolastico.

Napoleone rientra nel novero.

Ma lo stato maggiore degli allievi lo convoca. Lui si presenta, sprezzante, davanti a quei ragazzini di tredici anni che hanno allestito un consiglio di guerra. Ascolta la sentenza, pronunciata secondo le regole. Napoleone Buonaparte, essa recita, è indegno del comando poiché si tiene in disparte, rifiutando di stringere rapporti di amicizia con i compagni di scuola.

Che sia degradato, spogliato delle sue insegne, retrocesso all'ultima fila del battaglione.

Lui ascolta. Non risponde all'affronto, come se non potesse esserne toccato. Va a prendere il suo posto nella fila.

Gli altri lo seguono con gli occhi. Mormorano. Ammirano la sua fermezza. Nei giorni successivi gli manifestano segni di stima. È uno che sa resistere. Ha coraggio.

Accetta questi segni di rispetto unendosi a qualche gioco, dirigendolo perfino, come nell'inverno del 1783, quando nel cortile della scuola si tratta di costruire un vero e proprio fortino, e lui è protagonista di una battaglia con le palle di neve.

Ma rimane uno scoglio inaccessibile che nulla può intaccare, e più passano gli anni, più si sente estraneo, impossibilitato a partecipare alle gioie di quei francesi.

E anche se, come tutti gli allievi, è assiduo per obbligo alle messe, alle comunioni, e recita le preghiere, tuttavia rifiuta di "venire a patti" con le persone che pure gli stanno accanto ormai da parecchi anni.

Comandarli, forse, ma essere uno di loro, mai.

Nel 1782 ha tredici anni. È un adolescente magro, dai capelli così ispidi e ribelli che un parrucchiere, violando il regolamento della scuola, glieli accomoda.

Nel settembre di quell'anno un ispettore generale delle scuole militari, il cavaliere di Keralio, maresciallo di campo, arriva alla scuola per il suo turno d'ispezione. Convoca gli allievi, esamina i risultati, interroga quei bambini che si presentano come vecchi soldati.

Bonaparte sognava il mare e le navi. Altri nobili corsi prestavano servizio nella marina di sua maestà. Perché non lui? Avrebbe potuto rivedere il cielo mediterraneo, incrociare le coste dalla Provenza alla Corsica.

Monsieur Keralio è soddisfatto del colloquio. Il ragazzo è meritevole, brillante in matematica, "di buona costituzione, salute eccellente, statura quattro piedi, dieci pollici, dieci linee" (1 metro e 58 centimetri), ma debole in educazione artistica e in latino.

Monsieur Keralio prende la decisione d'inviare Napoleone Bonaparte il prima possibile alla Scuola militare di Parigi, nella compagnia dei cadetti-gentiluomini, dove entravano i migliori borsisti delle scuole militari. Poi avrebbe potuto raggiungere Tolone.

Bonaparte ascolta, esulta senza battere ciglio. Non gli resta che qualche mese da passare a Brienne. Si dirige con passo veloce verso il suo rifugio. Lì si calma. L'avvenire sembra aperto come il mare.

Tuttavia basta qualche mese perché la speranza crolli e l'adolescente si blocchi. Nel giugno del 1783 Keralio viene sostituito da un altro ispettore, Reynaud des Monts, il quale giudica Bonaparte troppo giovane per la Scuola militare di Parigi, boccia la scelta della marina e indirizza il ragazzo verso l'artiglieria, l'arma sapiente destinata agli allievi che, come Napoleone, eccellano in matematica. In ogni caso, secondo il nuovo ispettore, è troppo presto per lasciare Brienne! Questo Napo-

leone Buonaparte ha passato solo quattro anni e quattro mesi alla scuola. Che pazienti!

Rabbia, di nuovo amarezza. Bonaparte si ritira nel suo eremo. La scuola di Brienne non ha più niente da insegnargli. D'altronde, segue ormai solo i corsi di matematica. Si disinteressa del latino. Le altre materie già le sa. Legge, morde il freno, rifiutando di partecipare alla vita della scuola.

Il 25 agosto 1784, festa di san Luigi, quando gli alunni celebrano "Luigi XIV, Nostro Padre", non si unisce ai cortei. I corridoi rimbombano di canti. Scoppiano i petardi, secondo la tradizione.

D'improvviso un'esplosione più forte delle altre: le scintille di un mortaretto lanciato da un vicino hanno appiccato fuoco a una cassa di polvere da sparo.

Gli allievi fuggono in preda al panico e nella corsa rovesciano lo steccato del recinto di Bonaparte, spezzano i suoi alberi, distruggono il suo "eremo".

Si avventa contro di loro armato di una zappa, nel tentativo di fermarli, di difendere il suo territorio, indifferente alla loro paura, al pericolo che forse stanno correndo.

Lo insultano. Lui li minaccia con la zappa. Lo accusano di egoismo e di durezza. Insinuano che i festeggiamenti in onore del re di Francia abbiano esasperato lo straniero, *Paille-au-Nez*, e chissà, il repubblicano, dato che quello era il regime sognato dalla Corsica indipendente.

Napoleone non si degna di rispondere, anche se la furia lo sommerge al pensiero di dover restare chissà per quanto tempo ancora nella scuola di Brienne. Per liberarsene deve acquistare una maggiore padronanza di sé, giacché, a quindici anni, è ormai un uomo che ha sulle spalle il destino della sua famiglia.

Del resto, nell'agosto del 1784 a Brienne non è più solo. Il fratello Luciano lo ha raggiunto alla scuola nel mese di giugno.

Che gran momento quel giorno!

Il 21 giugno Napoleone Buonaparte è chiamato in parlatorio. Vi si reca. Nella vasta sala lo attende il padre, Carlo Bonaparte, in compagnia di uno dei figli, Luciano Bonaparte, il fratello minore.

Napoleone non si slancia verso di loro. S'irrigidisce, al contrario, per non lasciarsi vincere dalla commozione. Sono più di cinque anni che non vede un membro della sua famiglia.

Fissa suo padre. Ritrova quell'uomo alto, asciutto, magro, la parrucca a ferro di cavallo con crocchio da cui esce un doppio cordone di seta nera che si riallaccia allo jabot. Gli sembra di non averlo mai lasciato. Carlo Bonaparte è elegante come sempre, in abito di seta guarnito di nastrini e alamari, e porta la spada al fianco.

E tuttavia il viso è tirato, il colorito giallo. Carlo, che ha accompagnato a Saint-Cyr la figlia Maria Anna Elisa insieme a due cugine, si lamenta della sua salute. Spiega al figlio che vomita tutto quello che mangia e che i suoi dolori di stomaco sono sempre più acuti.

Bonaparte ascolta, suo fratello Luciano lo osserva e si meraviglia della mancanza di qualunque dimostrazione di tenerezza o di commozione.

Ma quando Bonaparte apprende che il fratello maggiore Giuseppe ha deciso di lasciare il collegio di Autun per abbracciare anche lui la carriera militare, discute con l'autorevolezza di un capofamiglia, sicuro di sé, come se la malattia del padre lo spingesse ad assumere istantaneamente quel ruolo.

Il colloquio dura poco. Luciano resta a Brienne. Napoleone lo sorveglierà, lo guiderà. Carlo Bonaparte è diretto a Parigi, e annuncia che ripasserà da Brienne nel viaggio di ritorno in Corsica.

Napoleone lo accompagna alla carrozza. Appena i cavalli si muovono, si volta bruscamente verso Luciano, gli parla col tono di un maestro.

Ha quindici anni. Ha già cambiato ruolo.

Il 25 giugno impugna la penna.

La scrittura è inclinata, gli errori numerosi, ma la formulazione è chiara, il pensiero forte. È un adulto di quindici anni che si esprime indirizzandosi allo zio Fesch. Giudica tutti quanti: il fratello minore Luciano, che in quanto cadetto è chiamato il Cavaliere, e il fratello maggiore Giuseppe. Ogni frase rivela un uomo che piega i propri sentimenti alla ragione.

Un uomo, di quindici anni appena, che pensa in proprio e forgia autonomamente il suo giudizio. Si costruisce un pensiero personale in opposizione a coloro che lo circondano. Il bambino che si è dovuto difendere, arroccandosi per non dissolversi nella nostalgia, nella tristezza, e confondendosi tra gli altri, è diventato una persona autonoma, indipendente, capace di analizzare e giudicare, di arrivare a delle conclusioni.

Quindici anni!

Scrive:

Caro zio,

vi scrivo per informarvi che il mio caro padre è stato di passaggio a Brienne. Ha lasciato qui Luciano, che ha nove anni e misura tre piedi, undici pollici, sei linee (1 metro e 10 centimetri). È nella sesta classe di latino, imparerà tutte le varie materie d'insegnamento. Dimostra molta disposizione e buona volontà. Lascia sperare che sarà un buon elemento. Si presenta bene, è grosso, vivace e sbadato, e come inizio sono contenti di lui. Sa piuttosto bene il francese e ha completamente dimenticato l'italiano...

Sono sicuro che mio fratello Giuseppe non vi ha scritto. Quando mai avrebbe potuto farlo? Scrive a malapena due righe al caro padre, seppure lo fa. In verità, non è più lo stesso... Quanto alla carriera che vuole intraprendere, come sapete la sua prima scelta è stata per quella ecclesiastica. Ha perseverato nella sua risoluzione fino a quest'oggi, che ha deciso di servire il re: nel che ha torto per parecchie ragioni. Non ha sufficiente ardire per affrontare i pericoli di un'azione militare. La salute debole non gli permette di sopportare le fatiche di una campagna, e mio fratello pensa alla vita militare unicamente come vita di guarnigione... In società se la caverà sempre bene, ma in un combattimento?

E Bonaparte, con la sua scrittura rapida, in una lettera al padre prosegue la requisitoria contro Giuseppe, che non sa niente di matematica, e non potrà essere un ufficiale né di marina né d'artiglieria. Fanteria, allora?

Bene, ho capito, vuole starsene tutto il giorno senza far niente, vuole bighellonare per strada. Che cos'è un ufficialetto di fanteria? Un cattivo soggetto per tre quarti del tempo, ed è proprio quello che, mio caro padre, né voi, né mia madre, né il caro zio arcidiacono volete, dal momento che ha già mostrato piccoli segni di leggerezza e di prodigalità.

È un cadetto che parla del fratello maggiore! Un adolescente che sente su di sé la responsabilità di tutta la famiglia, come se ne fosse il capo.

Qualche giorno dopo Bonaparte riprende in mano la penna. Ha subìto una nuova delusione. Suo padre non ripasserà per Brienne: da Parigi ritornerà direttamente in Corsica.

Mio caro padre,

la vostra lettera, come potete ben capire, non mi ha fatto piacere, ma la ragione e gli interessi della vostra salute e della famiglia, che mi stanno molto a cuore, mi hanno fatto plaudire al vostro pronto ritorno in Corsica e mi sono subito consolato.

D'altronde, sicuro che continuerete a elargirmi la vostra bontà e il vostro affetto, e che farete di tutto per vedermi uscire di qui e assecondare i miei desideri, come potrei non essere sereno e contento? Per il resto, mi affretto a chiedervi notizie sull'effetto che le acque hanno avuto sulla vostra salute e ad assicurarvi il mio rispettoso affetto e la mia eterna riconoscenza.

Figlio affezionato, figlio "rispettoso", attaccato alla famiglia, figlio riconoscente che rende onore agli sforzi del padre per farlo "uscire" da Brienne, Napoleone tuttavia non si esime dal continuare la lettera impartendo consigli al padre in merito alla scelta degli studi di Giuseppe. Auspica che il fratello Giuseppe sia messo a Brienne piuttosto che a Metz, "perché sarebbe una consolazione per Giuseppe, Luciano e me". Desidera che il padre gli invii delle opere sulla Corsica. "Non avete nulla da temere, ne avrò cura e le riporterò in Corsica con me quando tornerò, foss'anche tra sei anni."

"Addio, mio caro padre" conclude. "Il Cavaliere, Luciano, vi abbraccia con tutto il cuore. Lavora molto bene. È ferratissimo in materia di amministrazione pubblica."

Poi porge i suoi rispetti a tutti i membri della famiglia, alle zie, e si firma:

"Il Vostro umilissimo e obbedientissimo T.C. e figlio di Buonaparte, sottocadetto."

Nella lettera al padre una frase apparentemente anodina evidenzia lo stato di attesa in cui vive Bonaparte: "Monsieur l'ispettore sarà qui al più tardi il 15 o il 16 del mese, cioè fra tre giorni. Non appena andrà via vi farò sapere che cosa mi avrà comunicato".

Deve infatti comparire di nuovo davanti a Reynaud des Monts, il quale ha ricevuto dal ministro l'autorizzazione a chiamare alla Scuola reale militare di Parigi "i borsisti di scuole minori che si segnalino non soltanto per il talento, il profitto e la condotta, ma per la loro attitudine alle scienze matematiche".

Nel settembre del 1784, durante l'ispezione a Brienne, Reynaud des Monts sceglie cinque allievi dei minimi che diventano in tal modo cadetti-gentiluomini e sono destinati a raggiungere Parigi. Il primo nome a essere fatto è quello di Montarby de Dampierre, che ha optato per la cavalleria. Il secondo, Castres de Vaux, sceglie il genio. Gli altri tre sono candidati all'artiglieria. Accanto a Laugier de Bellecourt e Cominges, Napoleone Buonaparte.

Quando ode il suo nome l'adolescente si limita ad alzare la testa, e solo un lampo nello sguardo tradisce la sua emozione.

Sa bene cosa significa questa partenza. Prima di tutto, sottrarsi alla monotonia di Brienne, a quei luoghi troppo familiari, a quei paesaggi troppo grigi. Il risvolto doloroso è l'abbandono di Luciano. Ma entro un anno può ottenere per sé il grado di ufficiale, e il fratello Giuseppe disporrà di una borsa di studio e raggiungerà a sua volta Brienne per seguirvi i corsi di matematica di padre Patrault.

Bonaparte non lascia minimamente trapelare la sua gioia. Cammina solo più veloce, misurando il cortile in lungo e in largo, le braccia incrociate dietro la schiena. Ha superato un ostacolo. Avanza. Tutto è possibile.

Tuttavia, è necessario attendere. I giorni si dilatano a dismisura. Ed è soltanto il 22 ottobre 1784 che Luigi XVI, "avendo concesso a Napoleone de Buonaparte, nato il 15 agosto 1769, un posto di cadetto-gentiluomo nella compagnia dei cadetti-gentiluomini costituita nella mia scuola militare" prega "l'ispettore generale, Monsieur Timbrune-Valence, di riceverlo e di notificargli l'occupazione del suddetto posto".

Il 30 ottobre Napoleone lascia Brienne insieme ai suoi quattro compagni e a un padre dei minimi incaricato di sorvegliarli.

Prendono la carrozza fino a Nogent e lì s'imbarcano sulla chiatta che li condurrà a Parigi.

Il cielo è grigio. Di tanto in tanto piove.

Ma un cadetto-gentiluomo di quindici anni può forse lasciarsi andare alla malinconia, mentre si dirige verso la capitale del regno di Francia, dove il re lo accoglie come borsista nella sua più prestigiosa scuola militare?

Ecco quel che può strappare per sé uno straniero, il cittadino di una patria vinta, un corso, quando sa volere.

— Io voglio — mormora Bonaparte.

3

Bonaparte cammina per Parigi. È "un giovinetto bruno, in pantaloni a bande rosse, triste, rabbuiato, severo", ma i suoi occhi avidi divorano la città.

Spesso si ferma. Aspetta che si allontani il monaco che sorveglia i quattro compagni di Brienne.

Bonaparte vuole assaporare da solo, gioire da solo di quello spettacolo che l'inebria, anche se il suo viso non rivela un fremito. Ma nell'intimo vibra come una corda tesa.

Ha quindici anni e due mesi, eppure intuisce quella città, la sente come un vasto teatro, un orizzonte spalancato. Attraversa il Pont-Neuf che rigurgita di vetture e carri. Alle banchine sono attraccate delle chiatte. I facchini si fanno strada tra una folla variopinta dove si mescolano le fogge più disparate di abbigliamento, la ricercatezza di un giovane aristocratico e la sciatteria di una donna forte di petto e a braccia nude.

Lo urtano senza nemmeno guardarlo. Ma lui vede. Scopre nel loro rigore gli edifici d'angolo in place Dauphine, come guardie in divisa rossa con i risvolti bianchi. Dall'altra parte del ponte si allineano i palazzi padronali, davanti ai quali si avvicendano le carrozze. Scorge campanili e cupole. Subito dopo, ecco le piazze, Champs de Mars, l'oro delle cupole che ravviva il grigio dei tetti di ardesia. Si esalta. Respira l'aria in cui si mescolano gli odori delle immondizie, dello sterco e del sudore. Ascolta lo scricchiolio delle ruote sul selciato, il rumore dei passi della folla che si accalca nelle strade strette, e le voci, voci francesi che per la prima volta non sente come ostili, straniere.

Pensa alla Corsica, al suo cielo, ai suoi paesaggi, alla bellezza delle baie, alla sua lingua, ai suoi cari, ma Parigi, così vasta, così munifica, così ribollente, è anche un mare. È finita con la Champagne pidocchiosa e l'orizzonte ristretto di Brienne. In questa città, dove tutto sembra muoversi, dove la grandezza regale si manifesta a ogni passo, nelle costruzioni monumentali e nelle statue, l'adolescente si sente meno straniero che nell'universo asfittico della scuola di provincia. Qui il vento soffia come sui bordi di una riva, e il giovane sradicato del Sud ritrova nella capitale una dismisura cui lo hanno abituato il mare e i cieli immensi.

Allorché uno dei suoi compagni, Laugier de Bellecourt, lo aspetta per dargli di gomito e condividere con lui la gioia di essere finalmente lì, in una città che scoppia di vita, la cui libertà di costumi si esprime in tutti i corpi, nell'audacia degli sguardi, Bonaparte si scansa.

Eppure Laugier de Bellecourt, suo cadetto per più di un anno, è stato per qualche mese una delle persone più vicine a lui. Ma Bonaparte ha respinto presto quell'amicizia equivoca: Laugier de Bellecourt, con la sua aria dolce di fanciulla, è certamente

una delle "ninfe" della scuola. Bonaparte non dimentica. Si volta dall'altra parte. Vuole essere lasciato solo nel penetrare in questa città, nello scoprire sulla spianata di Grenelle, non lontano dall'hotel des Invalides, la Scuola militare di Parigi.

Man mano che si avvicina all'edificio, la bellezza del palazzo, dominato da un'alta cupola quadrangolare, produce su di lui un'impressione che egli non lascia trapelare.

È l'ultimo del gruppo che entra per ammirare le otto colonne corinzie, il frontone, le statue che lo sormontano, l'orologio incorniciato da ghirlande.

Varca i cancelli di una delle tre porte. Entra nel cortile di ricreazione illuminato da dodici grossi lampioni.

I cadetti sono alloggiati nell'ala destra. Attraversa sale dove gli alunni giocano a tric-trac, a scacchi, a dama, quando la pioggia li scaccia dal cortile.

Il parlatorio non è austero e gelido come quello della Scuola di Brienne. Un grande quadro rappresenta Luigi XV. Le tende sono di tela bianca e le tappezzerie di damasco rosso di Abbeville. Le panche e le sedie sono coperte da un tappeto verde e bianco ornato di rose.

Bonaparte entra nelle aule dalle pareti rivestite di tappezzeria a fondo blu su cui brillano i gigli e le iniziali color oro del re. Le porte a vetri, come i telai delle finestre, sono incorniciate da tappezzerie.

Il lusso, la magnificenza, l'abbondanza colpiscono immediatamente l'adolescente.

Consuma il suo primo pasto nel refettorio, seduto a un tavolo da dieci. Le portate sono numerose, alle pietanze seguono dolci e frutta. I domestici servono con maniere cerimoniose.

Tra i cadetti-gentiluomini, accanto ai borsisti, nota dei ragazzi dell'alta nobiltà che pagano 2000 lire l'anno per essere alunni della scuola.

Non fosse per il loro sussiego e l'assenza di risultati scolastici, dato che, pur seguendo i corsi, non studiano, non si sarebbero distinti nella massa dei centoventi cadetti.

Napoleone comunque, dal primo giorno, avverte che un duca di Fleury, un Laval-Montmorency, un Puységur, un principe di Rohan-Guémenée, cugino del re, lo guardano con disprezzo e poi voltano la testa per far vedere che sono di un'altra razza, che quel borsista figlio di un piccolo nobile corso è francese giusto perché l'esercito reale ha conquistato la sua isola.

Quelle occhiate, fin dal primo istante, offuscano l'entusiasmo di Bonaparte.

Ma che si credono, quelli? Non si è piegato quando era un bambino di nove anni, pensano forse che abbasserà lo sguardo ora che questa città, questo edificio, queste sale, tutto quanto gli prova che è un vincitore?

Tale certezza lo rende meno aspro, anche se resta intransigente, inflessibile. La bellezza dei luoghi, il riguardo con cui vengono trattati i cadetti-gentiluomini, la stessa presenza fra loro di quei discendenti delle più illustri famiglie del regno gli assicurano che appartiene all'esiguo numero di coloro che sono chiamati a comandare. Il suo orgoglio ne è rinvigorito, e la suscettibilità placata e rafforzata al tempo stesso. L'hanno riconosciuto, sta bene, ma che non lo provochino: diventerebbe soltanto più determinato a difendere le sue origini, le sue idee.

Tuttavia, dal momento che lo rispettano, si mostra amichevole, poiché non è più lo scorticato vivo di un tempo. Il suo primo successo ha medicato qualche piaga.

Durante il soggiorno alla scuola, arriverà perfino a dividere la sua stanza con un allievo più grande di lui che gli è stato assegnato come istruttore in fanteria.

Questo Alexandre Des Mazis si è dimostrato attento, amichevole, addirittura premuroso. Bonaparte ha risposto all'invito e lo ha accettato per compagno.

La camera è piccola, dispone di una cuccetta in ferro, alcune sedie, un armadietto nel vano della finestra dove sono allineate le tre paia di scarpe regolamentari. La

camera dà su una stanza dalle pareti di legno illuminata da lampioni e riscaldata da numerose stufe di maiolica: il dormitorio.

Niente di austero, dunque, in questa scuola militare, e Bonaparte, dopo aver visto le sale d'armi, ammirato i sessanta cavalli del maneggio, tutti pregiati destrieri andalusi, alcuni dei quali costano addirittura 800 o 1000 lire, si convince di essere trattato come il figlio di un gran signore.

Tuttavia, s'impenna di nuovo. Non deve lasciarsi corrompere da quel lusso che, lucidamente, sa passeggero.

Conosce le risorse della sua famiglia. La condizione di borsista gli ha consentito di accedere a una situazione insperata. Ora occorre ricavare di più col lavoro, il talento, perché questo lusso svanirà appena avrà lasciato la scuola.

Bonaparte l'ha capito.

Prende le distanze dai condiscepoli che indulgono alle dissipatezze.

— Monsieur — dice a Laugier de Bellecourt — intrattenete dei rapporti che non approvo. I vostri nuovi amici vi perderanno. Scegliete tra loro e me. Non c'è via di mezzo. Bisogna essere uomini e decidere. Prendete queste parole come un primo avvertimento.

Laugier de Bellecourt però non resiste alle tentazioni, la sua condotta conferma i sospetti che Napoleone aveva già avuto a Brienne.

— Monsieur — gli dice bruscamente — avete disprezzato il mio avvertimento. Significa rinunciare alla mia amicizia: non mi rivolgete più la parola.

Lavora con una determinazione feroce. Alcuni, i rampolli delle grandi casate in prima fila, lo irridono. Quel piccoletto nero "è un rompiscatole saccente".

Napoleone Bonaparte non accetta quegli epiteti. Nel cortile della scuola si avventa a pugni chiusi. Carica di botte quei figli di signoroni. È, come dice lui stesso, "un piccolo nobile", ma esce vittorioso dagli scontri fisici.

Talvolta l'antipatia diventa odio.

A ogni parola, a ogni sguardo, Le Picard de Phélippeaux provoca Bonaparte. Ha due anni più di lui. È entrato nella scuola nel 1781. La loro rivalità non è scolastica. Si odiano d'istinto, come se il primo vedesse nel borsista l'incarnazione di quegli uomini nuovi che sconvolgeranno la stabilità del mondo monarchico, e l'altro vedesse nel vandeano l'avversario implacabile del movimento, il nobile deciso a reprimere e interdire ogni cambiamento.

Si sfidano. Si battono. Il sergente maggiore, Picot de Peccaduc, nelle ore di studio si siede in mezzo a loro affinché non si azzuffino, ma quelli si sferrano calci sotto il tavolo tanto che lui ne esce con le gambe martoriate.

Spesso, nella sala d'armi, tra una lezione di scherma e l'altra, Bonaparte passeggia a braccia incrociate dietro la schiena e di colpo si arresta. Da un gruppetto una voce lancia una parola, una frase irridente contro la Corsica: una provocazione. Scatta, afferra il fioretto, carica il gruppo tra scoppi di risa.

Ma lui non ride.

S'indigna quando alcuni cadetti sostengono che al momento della conquista dell'isola i francesi erano poco numerosi. Sono le calunnie del collegio di Autun e della Scuola militare di Brienne che rinascono e che lui deve smentire: — Voi non eravate seicento, come volete far credere, ma seimila contro dei disgraziati contadini.

Perché un grande popolo aveva dovuto muovere guerra a una piccola nazione? Ha dato prova "d'inferiorità".

— Vieni — dice infine all'amico Des Mazis — allontaniamoci da questi vigliacchi.

Ma non può stare zitto a lungo, tanto più che a ogni istante un particolare, una frase gli ricordano le sue origini.

Quando s'inginocchia per ricevere la conferma dalle mani di Monsignor Juigné, questi si meraviglia di quel nome, Napoleone, che non figura tra i santi del calendario.

L'adolescente alza la testa, fissa l'ecclesiastico, poi dice in tono vivace che ci sono un mucchio di santi e soltanto trecentosessantacinque giorni in un anno.

Non gli chiuderanno mai la bocca.

Perfino nel confessionale risponde aspramente quando viene criticato.

Nel gennaio del 1785, mentre ascolta il prete con il quale si è appena confessato, poiché come tutti i cadetti deve farlo una volta al mese, non può soffocare un ringhio. Il prete lo ammonisce, gli parla della Corsica, della necessità di obbedire al re, del quale lui è borsista e suddito riconoscente. D'altronde i corsi, prosegue il prete, sono spesso dei banditi dal carattere troppo fiero.

— Io non vengo qui per parlare della Corsica — esplode Bonaparte — e un prete non ha il compito di farmi la predica su questo tema.

Poi spacca con un pugno la grata che lo separa dal confessore, e i due vengono alle mani.

Il coraggio nel difendere la patria e la rabbia che mette nel vantare le imprese di Pasquale Paoli dimostrano che non è uno di quegli esseri prudenti che calcolano ogni loro atto. Questo adolescente è innanzi tutto un'energia che esplode sotto la pressione emotiva.

Il professore di belle lettere, Domairon, è colpito dalle "sue amplificazioni bizzarre" e conclude: — È granito scaldato da un vulcano. — Il professore di storia, De Lesguille, aggiunge che quel giovane cadetto è "corso di carattere come di nazionalità e andrà lontano se le circostanze lo favoriscono".

Tuttavia Monsieur Valfort, direttore degli studi della scuola, si preoccupa.

Gli segnalano che quel cadetto, borsista del re, declama versi di sua composizione in cui descrive la sua patria che sorge in un sogno e gli consegna un pugnale predicendogli: — Tu sarai il mio vendicatore.

Circolano disegni, caricature fatte dai compagni che lo rappresentano come un giovane cadetto vigoroso che marcia a passo altero, mentre un vecchio professore si aggrappa invano alla sua parrucca tentando di trattenerlo. La didascalia commenta: — Bonaparte corre, vola in soccorso di Paoli per salvarlo dalle mani dei suoi nemici.

Strana situazione: un cadetto-gentiluomo, futuro ufficiale dell'esercito del re, il quale vuol essere al tempo stesso il "vendicatore" di Paoli che le truppe del re hanno sconfitto!

E quest'allievo non nasconde né le sue opinioni né la sua determinazione.

Monsieur Valfort e gli amministratori della scuola lo convocano. È assai giovane, questo patriota corso! Il suo entusiasmo imprudente è in certo modo garanzia della purezza del suo carattere.

Per quegli ufficiali, d'altronde, il patriottismo è una virtù. Giudicano tuttavia che l'amore della Corsica non debba prevalere sulla riconoscenza dovuta alla bontà del sovrano. Bonaparte li ascolta, rigidamente sull'attenti.

Indossa la divisa blu con il colletto rosso, la fodera bianca e i galloni d'argento. In mano ha il cappello ricamato in argento.

Non sente alcuna ostilità in Valfort e negli altri ufficiali. E ha l'impressione di essere capito.

— Monsieur — gli dicono — voi siete un allievo del re. Dovete ricordarlo e moderare il vostro amore per la Corsica, che dopo tutto appartiene alla Francia.

Accetta il rimprovero. Tuttavia nel suo comportamento niente cambia.

È incrollabile, tanto più ora che si sente sicuro di sé. Non è il lusso della scuola che gli dà questa sicurezza. Confida, quasi fosse un rimprovero: — Siamo nutriti, serviti magnificamente, trattati in tutto e per tutto come ufficiali che godano di una grande agiatezza, più grande di quella della maggior parte delle nostre famiglie, più grande di quella di cui la maggior parte di noi godrà un giorno.

È una roccia, perché sa ciò che vuole e perché è convinto di avere le qualità necessarie alla realizzazione del suo scopo.

In camera spiega a Des Mazis che vuole saltare le tappe, ottenere in capo a un anno il grado di ufficiale, essere nominato sottotenente in un reggimento.

Per questo, dice Bonaparte con il viso contratto, chinandosi verso il compagno, bisogna vincere simultaneamente il concorso che fa accedere il cadetto-gentiluomo a una scuola d'artiglieria e quello che gli permette di ottenere il grado di ufficiale. In tal caso nessuna permanenza in una scuola d'artiglieria in quanto allievo, ma promozione diretta da cadetto-gentiluomo a sottotenente.

È una pazzia!

— Io lo voglio — dice Napoleone Bonaparte.

Ciò presuppone che Bonaparte conosca a menadito i quattro volumi del *Trattato di matematica* del professor Bezout, che i cadetti chiamano in modo familiare "il Bezout", e che sia in grado di rispondere a tutte le domande dell'esaminatore, Laplace, membro eminente dell'Accademia delle scienze.

Bonaparte si raddrizza. Si accinge a raccogliere la sfida, imparare il suo "Bezout", essere accolto come allievo e ufficiale d'artiglieria insieme.

Imparare, imparare con furore.

Quando Des Mazis trascorre qualche giorno in infermeria, Bonaparte si chiude in camera e non alza gli occhi dal suo trattato di matematica. Che importanza hanno le altre materie, gli errori di ortografia, il latino, la grammatica, il tedesco?

Il professore di tedesco, Baur, giudica Bonaparte sul metro dei suoi risultati in questa materia.

Nel settembre del 1785, durante il periodo degli esami, constatando l'assenza di Bonaparte, interroga i suoi compagni. Gli rispondono che Bonaparte concorre per il grado di sottotenente d'artiglieria.

— Ma allora sa qualche cosa? — domanda Baur.

— Come? — gli rispondono. — È uno dei più bravi della scuola in matematica.

— Bene — dice il tedesco. — Avevo sempre pensato che la matematica andasse a genio alle bestie.

Bonaparte trascura anche i corsi di danza. Si disinteressa della buona educazione e delle belle maniere, che s'insegnano anche alla Scuola militare di Parigi nell'intento di consolidare l'eccellenza e il prestigio della nobiltà.

Ma lui, adolescente inquieto, chiuso in se stesso, ossessionato dal fine che si è prefisso, non ha tempo per imparare cose che non gli sono immediatamente utili.

Tutto deve essere subordinato ai due concorsi che vuol superare in un solo anno.

Poco importa se in quell'anno non otterrà a scuola nessuno dei gradi attribuiti ad alcuni allievi, che vengono nominati sergente maggiore, comandante di divisione o capoplotone. Dotato di senso dell'efficienza e dell'utilità, se ne infischia di quei tre galloni d'argento che alcuni sfoggiano con fierezza.

Non sarà nemmeno decorato, come Picot de Peccaduc o Phélippeaux, con la croce dell'ordine di Notre-Dame-du-Mont-Carmel. A tal fine dovrebbe passare tre anni alla scuola militare!

Tre anni! Alla sola idea si sente morire! Gli servono dieci mesi per imparare,

equazione dopo equazione, teorema dopo dimostrazione, figura dopo figura, tutto il trattato di matematica di Bezout.

Non si lascia distrarre da niente, accanito, ostinato.

D'altronde la disciplina della scuola non tollera uscite di sorta, né prevede congedo alcuno. E riceverà una sola visita nel parlatorio della scuola, quella di un cugino, Arrighi di Casanova.

Tra le lezioni e le ore di studio spesso percorre in lungo e in largo una vasta area di terreno chiamata la Passeggiata, che dispone di otto panchine di quercia ed è cintata per tutta la lunghezza da una staccionata di tavole di legno bianco.

All'inizio del 1785 vi erano stati costruiti due capannoni, poi una sorta di ridotta, per dare ai cadetti l'idea esatta di una città fortificata.

Bonaparte cammina rapidamente lungo la passeggiata, un libro in mano. Impara. Ripete a voce alta. E talvolta verseggia.

Nel gennaio del 1785 compone una goffa poesia. Ricopierà quei versi sulla sovraccoperta del suo trattato di matematica:

Grande Bezout, finisci il tuo corso.
Ma prima, consentimi di dire
che agli aspiranti tu dài soccorso.
È cosa ben vera
ma quante risate mi saprò fare
quando io l'avrò finito
al più tardi per il mese di maggio.
Allora sarò Consigliere.

È sicuro, fin dal gennaio, che a maggio avrà terminato lo studio del *Trattato di matematica*, ossia quattro mesi prima dell'esame previsto per settembre.

Organizza il suo studio in modo metodico, prevede il tempo del ripasso, poiché le prove sono ardue e l'accesso all'artiglieria, l'arma sapiente, è difficile. Un nobile squattrinato, se ha talento, in quest'arma può far carriera, dato che la selezione si opera mediante l'esame delle qualità del candidato.

Sono venticinque i cadetti-gentiluomini che nel 1785 aspirano a entrare in artiglieria. Ma il governatore della scuola, Monsieur Timbrune-Valence, ne autorizza a concorrere soltanto diciotto.

Il primo è Des Mazis, l'amico di Bonaparte, che aveva fallito nel 1784, poi viene Picot de Peccaduc. Bonaparte segue il suo nemico, il vandeano Phélippeaux. Più in basso nella lista si trova Laugier de Bellecourt, che malgrado la sua dissipatezza è stato giudicato atto a concorrere.

Bonaparte, vedendo la lista, cede per un istante a un sentimento di superiorità: non teme i suoi concorrenti.

Sa di essere uno dei migliori della scuola in matematica.

Però ci sono i candidati delle scuole di provincia, soprattutto quelli della Scuola di Metz, la più prestigiosa fra le scuole d'artiglieria. Inoltre, non vuole contentarsi di vincere questo primo concorso: non dimentica quello per diventare ufficiale. Perciò raddoppia gli sforzi.

Attacca il terzo volume del trattato di Bezout nel febbraio del 1785.

Niente lo farà deviare dalla rotta.

Eppure, alla fine di quel mese, una notizia colpisce Napoleone Bonaparte come un fulmine. Suo padre, Carlo Bonaparte, è morto il 24 febbraio 1785 a Montpellier. Aveva trentanove anni.

Sul volto dell'adolescente si legge un dolore violento. I suoi lineamenti si scavano. Sapeva che suo padre era malato, ma l'abisso è lì, davanti a lui, e Bonaparte si trova sull'orlo, sul punto di precipitare.

Il direttore degli studi, Valfort, il quale gli ha comunicato la notizia, lo invita come d'uso a ritirarsi nell'infermeria per piangere, pregare, sottomettersi alla sofferenza che il destino gli impone. Bonaparte rimane per un attimo in silenzio, poi risponde con voce sorda che un uomo deve saper soffrire. Sono le donne a piangere. Chiede dunque di riprendere il suo posto come se nulla fosse accaduto. La sventura è un affare personale. — Non sono arrivato fino a oggi senza aver pensato alla morte — dice. — La mia anima vi è abituata come alla vita.

E tuttavia la sua pena è estrema.

Viene a sapere che suo padre aveva subito negli ultimi mesi gli assalti sempre più crudeli della malattia: vomito, dolori intollerabili allo stomaco, impossibilità di nutrirsi.

In compagnia di Giuseppe, il figlio maggiore, Carlo Bonaparte aveva voluto raggiungere Parigi per farsi visitare di nuovo dal medico della regina, il dottor Lasonne. Ma non appena lasciata la Corsica, nel novembre del 1784, la nave era incappata in una tempesta ed era stata rigettata verso Calvi, dove aveva fatto scalo, e aveva toccato le coste della Provenza solo dopo una nuova e brutale raffica di vento.

Ad Aix Carlo Bonaparte aveva ritrovato il cognato, il seminarista Fesch.

Le sue sofferenze erano talmente acute che un medico, il professor Turnatori, aveva consigliato a Carlo Bonaparte di recarsi a Montpellier, dove esercitavano dei medici rinomati: La Mure, Sabatier, Barthez.

Ma è troppo tardi. A Montpellier Carlo Bonaparte s'indebolisce di ora in ora.

Il figlio Giuseppe, il cognato Fesch, una certa Madame Pernom e sua figlia Laure lo circondano di cure.

Carlo, lo spirito forte, il nemico dei gesuiti, il seguace di Voltaire, chiede il prete, si confessa, prega. La sua voce si vela, poi un po' alla volta torna nitida, e nelle ore che precedono il trapasso chiama Napoleone, l'unico figlio in grado di salvarlo, di strapparlo al drago della morte.

Negli accessi febbrili grida che la spada di Napoleone farà tremare i re, che il figlio cambierà la faccia del mondo. Se fosse presente "mi difenderebbe dai miei nemici" urla.

Tenta di sollevarsi, ripete: — Napoleone, Napoleone — quindi ricade.

Muore il 25 febbraio 1785.

I medici, nelle ore che seguono, procedono all'autopsia, descrivono:

Nell'orifizio inferiore dello stomaco, un tumore della lunghezza e del volume di una grossa patata o di una pera invernale di forma oblunga. Le tuniche dello stomaco verso il centro della grande curvatura erano molto spesse e di consistenza compatta prossima alla cartilagine... Diamo atto di aver trovato il fegato intasato e la vescica del fiele stracolma di una bile alquanto scura, che aveva assunto il volume di una pera comune, di forma oblunga.

Carlo Bonaparte viene sepolto in una cripta della chiesa dei francescani.

Nei giorni che seguono la notizia del decesso, Bonaparte si mostra ancora più accanito nel lavoro. Vi annega il suo dolore. Impone il silenzio ad Alexandre Des Mazis che vorrebbe consolarlo. Gli dice semplicemente che per lui riuscire è ancora più necessario. Deve essere ufficiale fin da settembre. Allievo? Non è più tempo. Per lui è d'obbligo diventare sottotenente di primo acchito.

Sa che ad Ajaccio sua madre ormai dovrà allevare i quattro figli minori con sole

1500 lire di rendita. I quattro maggiori sono sistemati nelle scuole e potranno far fronte alle loro necessità. E se lui, Napoleone, vede qualche soldo dall'ottobre del 1785, se è ufficiale in un reggimento, potrà essere nei fatti quel capofamiglia che nell'anima sente di essere già da parecchi mesi.

Alla fine di marzo redige due lettere. Una per lo zio di suo padre, l'arcidiacono di Ajaccio, Luciano, del quale si dice in famiglia che stipi il suo denaro in una borsa che nasconde sotto il cuscino, l'altra per sua madre.

Secondo il regolamento, deve sottoporre le lettere agli ufficiali della scuola incaricati di leggere tutta la corrispondenza e, ove si renda necessario, correggerla. Dunque dissimula più che può i suoi sentimenti.

La lettera del 23 marzo, indirizzata allo zio arcidiacono, lascia tuttavia trapelare, dietro la padronanza dello stile, il dolore del figlio:

> Mio caro zio,
> sarebbe inutile esprimervi quanto sia stato sensibile alla disgrazia che ci ha colpiti. Noi abbiamo perduto in lui un padre, e Dio sa quale padre era, la sua tenerezza, il suo attaccamento a noi! Ahimè! Tutto ci additava in lui il sostegno della nostra giovinezza! Voi avete perduto in lui un nipote obbediente, riconoscente... La patria, oso dirlo, ha perduto con la sua morte un cittadino illuminato e disinteressato... E tuttavia, dove lo fa morire il cielo? A cento leghe dal suo paese, in una contrada straniera e indifferente alla sua esistenza, lontano da tutto quanto aveva di più prezioso. Un figlio, è vero, lo ha assistito in quel momento terribile, sarà stata una consolazione ben grande, ma certo non paragonabile alla gioia che avrebbe provato se avesse concluso la sua carriera nella sua casa, accanto alla sua sposa e a tutta la sua famiglia. Ma l'Essere Supremo non ha permesso che così fosse. La Sua volontà è immodificabile. Lui solo può consolarci. Ahimè! Se Lui ci ha privato di ciò che avevamo di più caro, almeno ci ha lasciato delle persone che sono le uniche a poterlo sostituire. Degnatevi di prendere il posto del padre che abbiamo perduto. Il nostro affetto, la nostra riconoscenza saranno proporzionati a un favore tanto grande.
> Concludo augurandovi una salute pari alla mia.
>
> *Napoleone di Buonaparte*

Rilegge. La scelta del tutore è avveduta. L'arcidiacono è un notabile in auge. Accetterà l'incarico che quell'adolescente non ancora sedicenne gli chiede di assumere con un'autorevolezza grave, nella quale il sentimento e la ragione si alleano.

Cinque giorni dopo, il 28 marzo 1785, Bonaparte scrive la seconda lettera, destinata alla madre.

> Mia cara madre,
> oggi che il tempo ha un po' sedato i primi empiti del dolore, mi affretto a testimoniarvi la riconoscenza che provo per le cortesie che mi avete usato.
> Consolatevi, mia cara madre, le circostanze lo esigono. Noi raddoppieremo le cure e la riconoscenza, felici se la nostra obbedienza potrà risarcirvi un po' dell'inestimabile perdita dello sposo diletto.
> Termino, mia cara madre, me lo ordina il mio dolore, pregandovi di placare il vostro. La mia salute è perfetta, prego tutti i giorni che il cielo vi gratifichi di una simile.
> Vogliate porgere i miei rispetti a Zia Gertrude, Minana Saveria, Minana Fesch, ecc.
> P.S. La regina di Francia ha partorito un principe, nominato duca di Normandia, il 27 marzo, alle sette di sera.
> Il vostro affezionato figlio
>
> *Napoleone di Buonaparte*

Adesso, l'inchiostro appena asciugato, la piaga ancora aperta, bisogna rimettersi al lavoro. Nessuna esitazione: "Me lo ordina il mio dolore".

All'inizio del mese di settembre del 1785, quando l'accademico Laplace entra nella sala della scuola militare allestita per l'esame dei cadetti-gentiluomini, Napoleone è pronto.

Entra a sua volta.

Laplace è là, vestito di nero, gli occhi seminascosti da un occhialino. L'aspetto è severo, i gesti gravi, ma la voce è dolce, il tono benevolo. Con i candidati che si fanno avanti paralizzati dall'ansia, poiché tutta la loro carriera dipende da come risponderanno, è di una gentilezza estrema.

Napoleone conserva la sua calma.

Osserva la pedana dove sono state disposte due lavagne riservate alle figure e alle dimostrazioni. Alle finestre pendono tende di tela inglese. Una fila di tavoli è pronta per accogliere i disegni. Nei banchi a scalea, ricoperti di damasco d'Abbeville, siedono gli ufficiali d'artiglieria di stanza a Parigi, i due rappresentanti dell'ispettore generale delle scuole, il colonnello d'Angenoust, e il suo capufficio, il commissario delle Guerre Roland de Bellebrune. Il concorso infatti è pubblico.

Napoleone si fa avanti.

Traccia con gesti nervosi le figure. Risponde con un tono secco e preciso alle domande. Scrive le equazioni sulle lavagne. Conosce fin nei dettagli i quattro volumi del *Trattato di matematica* di Bezout. Commette solo qualche lieve errore.

Il 28 settembre 1785 il suo nome è il 42° della lista dei cinquantotto giovani ammessi come sottotenenti in artiglieria. Fra questi, vi sono quattro cadetti-gentiluomini della Scuola militare di Parigi.

Davanti a lui, Picot de Peccaduc, 39°, e Phélippeaux, 41°. Des Mazis, il suo amico, è il 56°.

Esulta.

Cammina a gran passi nel cortile di ricreazione, poi sul terreno della passeggiata.

Ha raggiunto il suo scopo. In dieci mesi di lavoro ha conquistato il suo primo grado nell'esercito, senza dover diventare allievo in una scuola d'artiglieria. I cadetti-gentiluomini accolti allo stesso titolo come sottotenenti sono più anziani di lui: Picot de Peccaduc e Phélippeaux di due anni, Des Mazis di uno.

Il petto gli si gonfia. Si raddrizza. Forse è questa la felicità. Per un attimo tuttavia s'incupisce. Pensa a suo padre, poi l'orgoglio fuga la tristezza.

Gli altri che lo precedono nella lista si erano preparati all'esame da parecchi anni. Lui è il primo corso a uscire dalla scuola militare. Inoltre, l'arma sapiente dell'artiglieria conta un solo altro ufficiale dell'isola, Monsieur Massoni.

È un essere a parte.

La sua nomina a sottotenente è retrodatata al 1° settembre 1785. Ha sedici anni e quindici giorni.

Non si abbandona all'ebbrezza del successo. Chiede di essere assegnato al reggimento La Fère, di stanza a Valence, dove andrà l'amico Des Mazis, il cui fratello maggiore è capitano di quel reggimento.

Per Bonaparte la scelta non è dettata dall'amicizia, ma dal pensiero di avvicinarsi alla sua famiglia, alla Corsica. Il reggimento La Fère infatti fornisce le due compagnie di artiglieri dislocate nell'isola. E Bonaparte sogna di esservi assegnato. Sono più di sei anni che non rivede Ajaccio.

In quei giorni di autunno del 1785 Bonaparte assapora forse la felicità per la prima volta dal 15 dicembre 1778, il giorno in cui ha lasciato la Corsica.

Riempie il baule degli "effetti e degli stracci" che la scuola militare fornisce ai sot-

totenenti: dodici camicie, dodici colletti, dodici paia di pantofole, dodici fazzoletti, due berretti di cotone, quattro paia di calze, un paio di fibbie da scarpa e un paio di giarrettiere. Tiene a lungo tra le mani la spada, il cinturone e la fibbia del colletto in argento che ricevono soltanto i cadetti-gentiluomini della scuola militare.

Poi, accompagnato da un "capitano di trasferte" incaricato di sorvegliare i giovani ufficiali e di pagare le loro spese, esce.

Parigi, che ha potuto vedere così poco, gli si offre in quel 28 dicembre 1785.

Riceve felicitazioni.

Non è più lo straniero. Ha acquisito diritto di cittadinanza in quel mondo dove, da bambino, l'avevano spinto brutalmente sott'acqua. Non è annegato. Ha preso ciò che gli tornava utile senza rinunciare a ciò che gli stava a cuore.

Indossa l'uniforme ma non è cambiato né di pelle né d'animo. Si è agguerrito. Si è battuto. Non ha mai abbassato il capo. Ha mantenuto la testa ben dritta.

Ha imparato la lingua di coloro che hanno vinto la Corsica, ma con quelle parole nuove ha forgiato il suo stile personale. Ha piegato le frasi francesi al ritmo nervoso del suo carattere.

Si è preso quello che gli era necessario senza lasciarsi fagocitare.

Il 29 ottobre 1785 il portiere Lemoyne, economo della scuola militare, rimette 157 lire e 16 soldi ai cadetti-gentiluomini Bonaparte, Des Mazis e Delmas, quest'ultimo accolto come allievo d'artiglieria, per coprire le spese del loro viaggio fino a Valence.

L'indomani, 30 ottobre, Napoleone di Buonaparte, in compagnia dei suoi due compagni, saliva sulla vettura che li avrebbe portati verso il Midi.

Parte seconda

Sempre solo tra la gente

novembre 1785 - settembre 1789

4

Bonaparte si spazientisce. Hanno lasciato Parigi da qualche ora e già la diligenza si ferma a Fontainebleau per il pranzo. Si perde tempo. Cammina nel cortile della locanda riservato al cambio dei cavalli. Questa sera dormiranno a Sens. L'amico Des Mazis gli assicura che la diligenza di Lione è la più famosa di Francia per la precisione e la prontezza dei suoi cambi.

Bonaparte si allontana. Quando arriverà il giorno che potrà galoppare solo, come ha fatto qualche volta in Corsica da bambino, procedere a modo suo senza essere intralciato?

Il Sud verso il quale si dirige gli sembra ancora assai lontano, come un miraggio che dilegui. È da tanto che aspetta quel momento: avvicinarsi alla Corsica e ai suoi. Ritrovarli durante il suo primo congedo, dopo un anno di servizio.

L'indomani mattina, a Sens, è il primo ad alzarsi. Ronza intorno ai postiglioni. È esasperato all'idea delle tappe che seguiranno: Joigny, Auxerre, Vermanton, Saulieu, Autun.

Si ricorda del 1° gennaio 1779, quando suo padre l'ha lasciato nel collegio di quella città insieme a Giuseppe. Si calma. La rotta che segue conduce al mare.

A Chalon-sur-Saône i viaggiatori prendono il battello e discendono la placida Saône fino a Lione. Poi è la volta del Rodano. Bonaparte non si muove dalla prua. I suoi capelli sono sollevati dal vento che porta profumi nuovi. Il cielo è diverso, profondo, i paesaggi tormentati. Il fiume ribolle tra le gole scavate nella pietra bianca. I marinai sono rudi. Certe sonorità della loro lingua ricordano a Bonaparte l'accento dei contadini che scendevano dall'entroterra ad Ajaccio. Scopre all'improvviso la stessa vegetazione di arbusti, di alberi nodosi, ulivi, della tenuta dei Bonaparte a Milelli.

Infine ecco Valence, la città con i tetti di tegole. Non è ancora "la" patria, ma Bonaparte è sulla soglia, emozionato per il primo contatto, dopo sei anni, col Sud.

I tre compagni si recano ai quartieri del reggimento La Fère, situati ai bordi della strada che da Lione conduce in Provenza.

C'è vento. Sull'altro lato della carreggiata si trova il poligono di tiro. I soldati si esercitano nonostante cominci a cadere la pioggia.

Il tenente colonnello presenta il reggimento La Fère, dove gli uomini, dice, hanno spalle, gambe e presenza. I sottotenenti presteranno servizio per tre mesi in qualità di soldati e di "bassi ufficiali" per conoscere la vita quotidiana della truppa che dovranno comandare.

La Fère-artiglieria, aggiunge il tenente colonnello, è un reggimento laborioso e infaticabile. Mattiniero. Le manovre succedono alle esercitazioni di tiro. I giorni di mercato, tre volte la settimana, gli uomini si riuniscono alla scuola di teoria affinché il baccano non disturbi i contadini e i borghesi.

— Bravo matematico? — domanda rivolto a Bonaparte.

Rilegge il nome di quel tenente basso, imberbe, pallido, di una magrezza eccessiva. Non fa bella figura quel cadetto, che è stato accolto di primo acchito come sottotenente. Le guance scavate, le labbra strette. Tuttavia il tenente colonnello è colpito da Bonaparte. Quel viso esprime fermezza e ostinazione. È scontroso e antipatico, ma ha carattere.

Il tenente colonnello pronuncia con difficoltà il nome trascritto sui registri del reggimento: "Napolionne de Buonaparte".

Bonaparte non mostra di accorgersi del suo impaccio.

Ancora una volta, è come se la sua identità fosse imprecisa, incerta per quei francesi che, malgrado tutto, dopo averlo ammesso fra loro, lo hanno segnalato e promosso.

Si contrae un po' di più.

Lui sa chi è: un corso, ufficiale dell'esercito del re di Francia, che sogna di raggiungere la sua patria.

Qualche mese dopo, nella camera della pensione Bou dove alloggia, su un grosso quaderno di trentatré pagine, con la sua penna breve, rapida, che aggredisce il foglio perché il pensiero è troppo veloce per la mano, Bonaparte scriverà: "I corsi sono riusciti, attenendosi a tutte le leggi della giustizia, a scuotere il giogo genovese, e possono fare altrettanto con quello francese. Amen!".

La sera del suo arrivo Bonaparte bussa alla pensione Bou. Gli apre la porta una donna di una cinquantina d'anni. È Marie-Claude Bou, la figlia di "papà Bou". È vivace, servizievole. La camera che mostra a Bonaparte è monacale, ma ben più spaziosa di quelle in cui ha vissuto ad Autun, Brienne, Parigi. Un tavolo. Vi posa i libri, il grosso quaderno.

Dall'altro lato della strada, al pianterreno della Maison des Têtes, Monsieur Autel ha un negozio di libri. Bonaparte può abbonarsi per averli in lettura, gli spiega Marie-Claude. In casa, aggiunge, troverà la biancheria lavata e stirata.

Le prime notti.

Il vento s'ingolfa nelle stradine.

Dopo la tensione dei dieci mesi passati alla scuola militare nell'intento di riuscire, per l'adolescente Bonaparte, non ancora diciassettenne, comincia bruscamente una nuova maniera di vivere, la necessità di assumere incarichi, impartire comandi a uomini dopo aver loro ubbidito. Il tempo, malgrado i turni di guardia, i tiri al poligono, i banchetti degli ufficiali, scorre con un altro ritmo.

Ogni mattina Bonaparte entra da papà Couriol, all'angolo di rue Vernoux con rue Briffaud. Prende da sé due paste calde da un cassetto di zinco sopra la bocca del forno. Beve un bicchiere d'acqua e lascia due soldi al pasticcere.

La sera, con gli altri sottotenenti del reggimento La Fère, pranza alla locanda dei Trois Pigeons, in rue Pérollerie. Commentano le esercitazioni militari della giornata. Bonaparte si esprime con autorevolezza: dal mese di gennaio del 1786 è tenente effettivo, avendo ultimato il periodo di permanenza nella truppa.

Una mattina di metà gennaio ha indossato l'uniforme di ufficiale: calzoni blu, corsetto di panno blu con tasche a filo, giacca a falde blu savoia con colletto e bave-

ro blu, risvolti rossi, patte delle tasche bordate in rosso, bottoni gialli col numero 64, poiché appartiene al 64° reggimento, spalline, infine, ornate di una frangia di fili d'oro e di seta.

Nel momento in cui si vede, figura e spalle racchiuse in quella tenuta che dichiara il suo successo, l'emozione è tanto forte che Bonaparte abbassa gli occhi. Proverà mai più una gioia così grande? Indosserà mai più un'uniforme talmente bella?

Si dirige verso le caserme. Monta di guardia come ufficiale in place Clerc, al centro della città. Partecipa alle manovre insieme alla sua compagnia. Segue l'allestimento delle batterie. Ascolta le lezioni di geometria, di trigonometria, e sul calcolo differenziale che il professor Dupuy de Bordes impartisce agli ufficiali del reggimento per completare le loro conoscenze. Certi giorni va a lezione di disegno per imparare a tracciare piante, profili e carte. Nella sala delle conferenze, gli ufficiali espongono i risultati tratti dalle loro esperienze sul modo di montare e caricare le bocche da fuoco, di disporre le batterie e le mine.

È attento, avido di sapere. Legge i trattati di Guibert e Gribeauval, i teorici della guerra "moderna".

Quando è interrogato su queste materie, risponde con una precisione che stupisce in un giovane sottotenente di diciassette anni appena. La voce è neutra, il timbro sordo, le frasi brevi e secche. S'intuisce la sua passione. Ama il mestiere delle armi. Apprende con la medesima determinazione che ha impiegato per impossessarsi del *Trattato di matematica* di Bezout. Si sente a suo agio tra quegli ufficiali perché sono come lui appassionati dell'arma sapiente che hanno scelto, l'artiglieria.

Il sapere esigente che devono possedere crea tra loro un'amicizia calorosa che Napoleone Bonaparte apprezza. Malgrado il patriottismo corso che permane in lui e anzi si rafforza, si sente a proprio agio con i suoi compagni.

— L'artiglieria — dirà — è il corpo migliore, quello meglio composto d'Europa. Il servizio è del tutto familiare, i capi sono paterni, le persone più brave e più degne del mondo, puri come l'oro, troppo vecchi perché la pace è stata lunga. I giovani ufficiali ridono di loro perché il sarcasmo e l'ironia sono la moda del tempo, ma li adorano e gli rendono continuamente giustizia.

Eppure, a Valence la vita di Bonaparte è la più dolce che abbia mai conosciuto, da quando è arrivato in Francia bambino, soltanto perché è una città che appartiene già al Sud, e gli abitanti di questa regione sono dei meridionali accoglienti.

— Corso? — gli domandano.

Sta in guardia. Risponde con un cenno della testa.

Ma si felicitano con lui per la sua origine, trovano che il suo accento ancora colorito di sonorità italiane renda la conversazione più avvincente. Viene introdotto nella buona società della città.

Si sforza di rendersi piacevole prendendo lezioni di ballo e di galateo. Resta goffo e sgraziato. Comunque, osserva i nobili francesi nei quali l'eleganza e la disinvoltura, lo smalto delle maniere e della conversazione sembrano innati.

La sua uniforme è spesso sgualcita, piena di pieghe prodotte dai movimenti bruschi del corpo. Il collo è avvolto da una cravatta attorcigliata. Le tempie sono nascoste dai lunghi capelli lisci che gli scendono fin sulle spalle.

C'è qualcosa di rustico e di spigoloso in lui. Nessuna morbidezza e grazia, ma un misto di timidezza, irsutaggine e bruschezza nei discorsi e nel portamento.

Comunque viene ricevuto da Jacques Tardivon, ex priore della Platière e abate generale dell'ordine di Saint-Ruf, a cui il vescovo di Autun, Monsignor Marbeuf,

l'ha raccomandato presentandolo come un giovane ufficiale di grande avvenire, uno dei suoi protetti.

Monsieur Tardivon lo riceve nel salotto del palazzo Saint-Ruf che riunisce la nobiltà di Valence.

Malgrado l'aria impacciata, Bonaparte, in uniforme, fa colpo. Il suo silenzio intriga. Il suo sguardo attira. Quando il cognato di Monsieur Tardivon, Monsieur Josselin, intimo di casa Saint-Ruf ed ex tenente colonnello del reggimento di fanteria di Artois, lo interroga, Bonaparte risponde brevemente, ma la sua economia di parole cattura l'attenzione.

Quel giovane sottotenente è particolare.

Lo raccomandano alle nobildonne di Valence, Madame Lauberie de Saint-Germain, Madame Laurencin e Madame Grégoire du Colombier, che tengono salotto nelle rispettive case.

Bonaparte si presenta in quelle case dove si respirano idee nuove. È timido, il che seduce, e audace insieme, perfino provocatore per la sua franchezza, il che commuove le benevole cinquantenni. È così giovane!

Si abitua un po' alla volta in questo modo a una vita sociale, recandosi spesso nella casa di campagna di Madame Colombier a Basseaux, a tre leghe da Valence.

Cammina con passo spedito, nel paesaggio già provenzale che gli ricorda i profumi e la vegetazione della Corsica. Ha la testa piena delle sue letture.

In quel periodo legge e rilegge le opere di Rousseau. Conosce a memoria alcuni passi delle *Meditazioni di un viandante solitario*, delle *Confessioni*, della *Nuova Eloisa*. È in sintonia con Jean-Jacques, come lo chiama in modo familiare.

Madame Colombier sarebbe potuta essere Madame Warens, l'iniziatrice di Rousseau. Bonaparte, che non ha ancora conosciuto l'amore, è sensibile alla compagnia di quella donna istruita, spirituale, fine, che tenta di affascinarlo.

Bonaparte, seduto accanto a lei, le confida che pensa di scrivere una *Storia della Corsica*. Lei ne è entusiasta. Ha letto le opere dell'abate Raynal? Monsieur Tardivon conosce quell'autore di moda. Quando l'abate scende da Parigi a Marsiglia fa sosta a palazzo Saint-Ruf. Madame Colombier consiglia a Bonaparte di scrivere all'abate, di ordinare dei libri a un libraio di Ginevra, Paul Borde.

E subito Bonaparte prende la penna, chiede al libraio che gli invii le opere che possano "rappresentare il seguito delle *Confessioni* di Jean-Jacques Rousseau". "Vi pregherei anche" continua Bonaparte "d'inviarmi i due volumi della *Storia della Corsica* dell'abate Germanes. Vi sarò grato se mi fornirete l'elenco delle opere sull'isola di Corsica di cui disponete o che potreste procurarmi speditamente. Attendo la vostra risposta per inviarvi la somma di denaro complessiva".

Si abbona come gli ha consigliato Marie-Claude alla sala di lettura del libraio di Valence, Monsieur Aurel, e i libri si ammucchiano sul piccolo tavolo della camera della pensione Bou.

Legge. Vive le sue letture. Jean-Jacques è il suo doppio, colui che esprime ciò che prova quel giovane ancora incerto sul suo futuro. Non si è forse sentito anche lui diverso? Non è stato incompreso, deriso come Rousseau? Quando Bonaparte si reca a Basseaux, non è forse il fratello del passeggiatore solitario?

Quando scala la montagna di Roche-Colombe con un compagno del reggimento La Fère, e si esalta davanti alla bellezza della natura, in quel giugno del 1786, non assomiglia forse a Rousseau?

Bonaparte cammina, meditabondo ed emozionato. Scopre un vasto panorama. Si sente ingrandito dalle distese che contempla. È in corrispondenza con Jean-Jacques.

— Amo — dice — elevarmi al di sopra dell'orizzonte.

Ridiscende al crepuscolo. S'interroga. Chi sarà? Uno scrittore? Un "filosofo"? Un legislatore, come Rousseau intendeva essere? Un autore che definirà, come lui, un contratto sociale?

Bonaparte passa dall'entusiasmo all'abbattimento, dall'audacia alla timidezza. Ha meno di diciassette anni. Come sarà, la vita che comincia?

Qualche parola scambiata con Mademoiselle Lauberie de Saint-Germain è sufficiente a turbarlo. Ammira la sua bellezza, la sua "virtù". Non va oltre. Non ha mai fatto l'amore.

Quando Madame Colombier gli presenta la figlia Carolina, se ne innamora subito, ma concepisce soltanto relazioni platoniche.

Carolina arrossisce. Lui diventa pallido. Confida al compagno Des Mazis, innamorato pazzo di una ragazza di Valence, che per conto suo vuole "evitare le visite frequenti che fanno parlare un pubblico maligno e che una madre in allerta trova riprovevoli".

Ma basta che una mattina colga insieme a Carolina delle ciliege nel giardino della casa di Basseaux perché resti a lungo turbato. E la sera, appena tornato in camera, rilegge il brano delle *Confessioni* in cui Jean-Jacques racconta di quando in un frutteto lanciava mazzetti di ciliege a due fanciulle che gli rinviavano i noccioli, ridendo!

Non riesce a prendere sonno. Rivede la scena. S'identifica con lo scrittore. È un giovane che si scontra con una realtà che non conosce ancora. Si siede al tavolo. La lettura e la scrittura sono due modi per capire ciò che è, ciò che prova.

Legge e rilegge le lettere che il fratello Giuseppe gli invia dalla Corsica. La nostalgia della famiglia e della sua isola, del profumo dei mirti e degli aranci, si acutizza dolorosamente. Pensa al congedo cui ha diritto e che può iniziare, se l'ottiene, dal 1° settembre 1786.

"Manco" scrive il 3 maggio 1786 "da sei, sette anni dalla mia patria. Come assaporerò il piacere di rivedere tra quattro mesi i miei compatrioti e i miei parenti! Le tenere sensazioni che provo nel rievocare le gioie della mia infanzia non mi autorizzano a concludere che la mia felicità sarà completa?"

La Corsica è il punto fisso, la certezza, l'ossessione quasi, di Bonaparte.

È la terra che subisce l'ingiustizia di un'occupazione, l'isola di cui Rousseau ha cantato le virtù, lo scoglio della nostalgia dell'infanzia e della famiglia che alberga dentro di lui.

In giugno, quando viene a sapere che un compatriota, un artista di nome Pontornini, vive a Tournon, a quattro leghe da Valence, Bonaparte si reca subito da lui, per parlare della patria assente, per udirne il nome nella sua lingua.

L'uomo l'accoglie con entusiasmo. La conversazione continua fino a notte inoltrata, e mentre parlano Pontornini traccia un ritratto di Bonaparte, il primo che gli sia mai stato fatto.

Bonaparte scopre il proprio profilo regolare, il naso leggermente arcuato e forte, la bocca sottile, i capelli lunghi che gli coprono per metà la fronte e scendono a ciocche rade fino alle spalle. L'espressione è quella di un giovane grave e serio dallo sguardo pensieroso.

In basso a destra del ritratto Pontornini scrive: "Mio caro amico Buonaparte, Pontornini, del 1785, Tournone".

L'incontro mette a nudo il desiderio di ritrovare la sua patria e, nell'attesa impaziente del giorno in cui finalmente rimetterà piede nella sua isola, lui scrive con la spontaneità giovanile e la forza di un pensiero che crea il proprio stile.

La lingua francese che padroneggia è la prova dell'impronta impressa, quasi suo malgrado, dentro di lui da quel paese che è diventato il suo: un'impronta profonda, fruttuosa.

Ma quella lingua, lui la utilizza per esprimere la lacerazione che lo fa soffrire.

È un ufficiale francese ed è fiero di esserlo diventato. Avverte, come dirà, il fatto "di essere un semplice sottotenente d'artiglieria come un onore".

Nello stesso tempo, però, è un patriota corso!

Sogna di ritrovare il suo paese, e nella sua camera si affligge e si ribella contro la sorte toccata ai corsi. "Montanari, chi ha turbato la vostra felicità?" scrive. "Uomini pacifici e virtuosi che vivevate giorni felici nel seno della vostra patria, quale tiranno barbaro ha distrutto le vostre case?"

In questo modo denuncia Genova.

Ma si preoccupa della situazione creata dalla vittoria francese:

"Che spettacolo vedrò nel mio paese? I miei compatrioti carichi di catene che baciano tremando la mano che li opprime. Non sono più quei prodi corsi che un eroe animava con le sue virtù, nemici dei tiranni, del lusso, ma soltanto vili cortigiani!"

Come non pensare al padre, che era stato il compagno di Pasquale Paoli ma che, dopo la vittoria francese, divenne il postulante di Monsieur Marbeuf e mandò i suoi figli alle scuole francesi?

"Come si sono allontanati dalla natura gli uomini!" scrive Bonaparte. "Come sono deboli, vigliacchi, servili!"

La sua ira si volge contro coloro che hanno ridotto in quello stato il suo popolo. Scrive con la sua penna sdegnata:

Francesi, non contenti di averci rubato tutto ciò che avevamo di caro, avete anche corrotto i nostri costumi. Il quadro attuale della mia patria e l'impotenza a cambiarla è dunque una ragione di più per rifuggire da una terra nella quale il dovere mi obbliga a lodare gli uomini che la virtù m'impone di odiare.

Si alza. Cammina nella sua stanza. Ripete quella frase: "il dovere mi obbliga a lodare gli uomini che la virtù m'impone di odiare". La martella, come se volesse sentirsi ancor più dilaniato da quel tormento che non può far cessare e che, nell'eccesso della sensibilità romantica di un diciassettenne, lo rende disperato.

Esce. Percorre le strade di Valence, entra nella locanda dei Trois Pigeons, pranza con gli ufficiali suoi colleghi, cupo, poi torna alla pensione Bou, riprende la penna. "Sempre solo tra la gente" scrive "rientro per fantasticare fra me e me e abbandonarmi all'intensità della mia malinconia. Da che parte si è rivolta oggi? Dalla parte della morte... Quale furore mi spinge dunque a volere la mia distruzione? Che fare in questo mondo? Dato che devo morire, non sarebbe meglio uccidersi?"

Debolezza di un momento? Pausa indulgente di un giovane? Bonaparte è lacerato perché non sa, non riesce ancora a padroneggiare le tensioni che porta in sé.

Ha sete di assoluto, di una causa che lo trascini, lo costringa a raccogliere delle sfide

Negli anni precedenti aveva davanti a sé un obiettivo: raggiungere il rango di ufficiale. L'ha conquistato. Dove andare, ora che è sulla soglia della vita?

In Corsica!

E darsi la missione di restituire la libertà alla sua patria, e di esserne il vendicatore.

Eppure, nel suo intimo già dubita. Ha vissuto in Francia altrettanto tempo che nella sua isola. In Francia è uscito dall'infanzia, ha formato il suo pensiero.

È qui che esercita il mestiere delle armi che ama.

Nelle caserme di Valence si chiamano all'adunata i soldati del reggimento La Fère.

È scoppiata una rivolta a Lione, tra gli operai del setificio. Bisogna andare a ristabilire l'ordine.

Il 2° battaglione di La Fère, cui appartiene la compagnia di Bonaparte, si muove, si acquartiera nel sobborgo lionese di Vaise, vicino al quartiere operaio di Bourgneuf. La truppa va a disperdere i rivoltosi, che rivendicavano un aumento del salario di due soldi. Tre di loro saranno impiccati.

Bonaparte si è attenuto al suo compito, impaziente di veder ristabilito l'ordine. La sua partenza in congedo per la Corsica è confermata per il 1° settembre 1786.

Non subirà ritardi. Può lasciare Valence, dove il battaglione è rientrato alla data prevista.

Bonaparte discende la valle del Rodano. A ogni passo che compie verso il mare, l'immaginazione lo travolge. I monumenti romani che scorge e la natura che risplende sotto il sole autunnale lo incantano.

"In una nuvola nera in lontananza le montagne cingono l'immensa pianura di Tarascon, dove 100.000 cimbri rimasero sepolti. All'estremità scorre il Rodano, più rapido di una freccia, sulla sinistra un sentiero, poco distante la cittadina, un gregge nel prato."

E alla fine il mare, il porto, la nave che lo condurrà all'isola della sua infanzia.

5

In piedi sulla prua della nave, Bonaparte riconosce per prima cosa i profumi della sua isola.

Quel giorno, il 15 settembre 1786, è al termine del viaggio cominciato quindici giorni prima a Valence. Ma sogna quel ritorno da sette anni e nove mesi, calcola, mentre le cime violette delle montagne dell'isola si disegnano nell'alba e appaiono le mura della fortezza di Ajaccio.

Ha diciassette anni e un mese.

Respira a pieni polmoni la brezza odorosa, quasi tiepida, carica dei sentori del mirto e dell'arancio, di cui gli parlava Giuseppe nelle sue lettere.

E quando i marinai gettano gli ormeggi, mentre corre verso la passerella, il primo uomo che Bonaparte scorge è proprio il fratello maggiore.

Bisogna trattenere le lacrime. Napoleone scende lentamente, guarda una a una la madre e le nonne, *minanna* Saveria e *minanna* Francesca, le zie, *zia* Gertrude e la balia Camilla Ilari, che singhiozza in modo rumoroso.

Le donne circondano il loro Rabulione, poi si scostano, vogliono ammirare l'uniforme blu con i risvolti rossi. Rabulione ufficiale?

Letizia Buonaparte prende il braccio di suo figlio. Giuseppe cammina dall'altro lato. Seguono i fratelli e le sorelle minori, Luigi, Paolina, Carolina, e il più piccolo, Gerolamo, che ha solo due anni, aggrappato alla balia. Sono venuti tutti. Viene caricato il grosso baule, talmente pesante che due uomini lo sollevano a fatica. Giuseppe domanda cosa contenga, ma non deve aspettare la risposta del fratello per capire che è pieno di libri. Sono il bene più prezioso di quel fratello che reprime la sua commozione e già s'informa della situazione della famiglia.

Come sta l'arcidiacono Luciano, il ricco prozio che ha accettato di curare gli affari di famiglia dopo la morte di Carlo Bonaparte?

È a letto malato, si lagnano, la testa pesante, le ginocchia e le caviglie gonfie per

l'artrite, incapace di muoversi. Il suo appetito è robusto, la lingua sciolta, la mente lucida, che vede sempre giusto, ma è impotente, trafitto da mille dolori appena tenta di posare un piede a terra.

E Letizia già mette a parte il figlio dei suoi problemi economici, delle preoccupazioni per l'avvenire degli ultimi quattro figli, ma anche per quello di Luciano, che è sempre allievo nel piccolo seminario di Aux. Si china, abbassa la voce. E cosa diventerà il maggiore, Giuseppe? Conta di andare a Pisa a studiare diritto per poter occupare, quando sarà dottore, il posto di suo padre negli Stati della Corsica.

Dai primi passi sul suolo della sua isola, Bonaparte sa già di essere il capofamiglia, quello che ha una "posizione", che si ammira, al quale si chiede aiuto, consiglio, protezione.

Dopo appena cinque giorni che Napoleone è lì, arriva a casa Bonaparte la notizia della morte, a Bastia, il 20 settembre 1786, di Monsieur Marbeuf.

Letizia Bonaparte ha lo sguardo velato dalla tristezza. Chi può aiutarli ormai, sostenerli per il futuro, ottenere sovvenzioni per le coltivazioni di gelsi, borse di studio per i bambini?

Bonaparte rassicura la madre, gli dia tempo. Ha un congedo di sei mesi. Si farà carico lui del peso della casa, degli interessi di famiglia.

La madre lo stringe a sé. È il figlio in cui ha fiducia. Si rimette a lui.

E il giovane diciassettenne si raddrizza con fierezza sotto il peso. Raccoglierà anche questa sfida. È suo dovere.

Ogni mattina all'alba parte, a piedi o a cavallo.

Si reca alla tenuta di Milelli, dove ha giocato da bambino. Non c'è un centimetro di terreno che non sia carico di ricordi.

Cammina nel bosco folto di ulivi. Entra nella grotta la cui volta è sorretta da due enormi massi di granito.

Legge sotto una grossa quercia che da bambino gli serviva come punto di riferimento, permettendogli di ritrovare la strada fra gli oliveti.

Porta con sé alcuni libri del suo baule. Un giorno rilegge Plutarco, un altro Cicerone o Tito Livio, Tacito o Montaigne, Montesquieu o l'abate Raynal. Qualche volta con Giuseppe declama brani di Corneille, Voltaire, oppure pagine di Rousseau.

— Lo sai — confida Bonaparte al fratello — che così diventiamo gli abitanti del mondo ideale?

Tuttavia le letture non sono più una fuga, come al tempo della sua solitudine nel continente.

La Corsica, lungi dal deludere Napoleone, lo appaga. Scende i sentieri fino al mare. Aspetta che il sole "precipiti in seno all'infinito". È colto dalla malinconia del crepuscolo, e Giuseppe lo sorprende issato in cima a una roccia, il gomito sul ginocchio piegato, grave in viso, che medita mentre la notte scurisce il cielo.

Sobbalza. È "toccato" dice a Giuseppe "dall'elettricità della natura". La sera, a tavola con i suoi, vanta l'isola "ricca di ogni dono". Letizia lo interrompe:

— Niente, non succede più niente qui.

Lo sa. Che sarebbe lui se non avesse compiuto i suoi studi a Brienne e a Parigi? È diventato ufficiale dell'esercito francese. È nel regno che si fa carriera.

Bonaparte ascolta, rispettoso. Sale nella sua camera, scrive. Non ha rinunciato a redigere una *Storia della Corsica*, ma i primi giorni ha scoperto con meraviglia e sgomento che interi blocchi della lingua corsa erano scomparsi dalla sua memoria.

Quando i contadini o i pastori lo interpellano, non capisce bene e fatica a parlare con loro.

Chi è diventato suo malgrado? Un francese? È il francese la lingua dei libri che legge con emozione ed entusiasmo. È in francese che scrive.

Ma quando, dopo che si è smarrito nella montagna corsa, un pastore gli offre una pelle di montone per scaldarsi durante la notte, e un po' di formaggio e di prosciutto, è fiero di appartenere a quel popolo ospitale. Osserva quegli uomini rudi, energici ma generosi, che lo accolgono fiduciosamente, senza preoccuparsi di sapere prima chi è.

I loro visi e le loro voci fanno rinascere le sensazioni provate nell'infanzia.

Dopo qualche giorno la lingua riaffiora. Si sforza anche di ritrovare la padronanza dell'italiano, che aveva perduto.

Nella capanna del pastore, accanto al fuoco, stimola i racconti, s'inebria di quell'arte della parola fatta di lunghi silenzi e di aneddoti che assumono la forza di simboli.

Quando ritrova le sue letture e si siede, "protetto dall'albero della pace e dall'arancio", si sente più determinato nel progetto di legare il suo destino a quello dell'isola, "teatro dei suoi primi giorni".

La madre si avvicina. Lui si alza.

Si siedono fianco a fianco. Lei si tiene ben dritta. È una bella donna di soli trentasette anni, il corpo deformato dalle dodici gravidanze. Ma il viso è sempre altero, segnato dalla sofferenza, dai lutti dei figli nati morti e del marito. Lo sguardo e il portamento sono volitivi.

— Tu sei l'anima della casa — dice a Napoleone.

Deve agire. L'arcidiacono sta male. È lui che prende le decisioni. Che si fa per il vivaio di gelsi?

Nel 1782 Carlo Bonaparte aveva ottenuto quella concessione dall'intendente del regno. Gli erano state promesse 8500 lire a titolo di anticipo, e dopo cinque anni, nel 1787, il compito di distribuire i gelsi. Ma aveva riscosso soltanto 5800 lire, e nel maggio del 1786 il contratto era stato rescisso poiché il ministero aveva abbandonato quel progetto. Nel frattempo Letizia Bonaparte aveva già iniziato la coltivazione.

Napoleone ascolta, calcola, il viso grave.

Lo Stato deve 3050 lire alla sua famiglia. Rassicura la madre: si batterà per ottenerle, a costo di chiedere un nuovo congedo al suo reggimento per muovere i dovuti passi in Corsica.

D'altronde, deve preoccuparsi della salute dell'arcidiacono, discutere con lui della sorte della tenuta di Milelli.

Sa passare dalla malinconia sognante all'organizzazione concreta, guizzare dal progetto di scrivere una *Storia della Corsica* a un'aspra discussione con l'arcidiacono.

Si reca a fargli visita numerose volte. Dai modi cerimoniosi di cui lo vede attorniato, Bonaparte misura la sua influenza. Un arcidiacono in Corsica vale un vescovo in Francia, pensa.

L'arcidiacono è a letto. È dimagrito, si lamenta. Contesta il progetto di Napoleone, che vuole sfruttare il terreno di Milelli, perché secondo lui ci perderà del denaro inutilmente.

Il giovane e il vecchio arcidiacono di sessantotto anni discutono sulla sorte da riservare alle capre dell'isola.

— Bisogna cacciarle — dice Bonaparte. — Rovinano gli alberi.

L'arcidiacono, che possiede grosse greggi di ovini, s'indigna:

— Ecco le vostre idee filosofiche, cacciare le capre dalla Corsica!

La conversazione comunque s'interrompe. Il dolore fa urlare l'arcidiacono. Indica le ginocchia, le caviglie.

Il 1° aprile 1787, dopo un'altra visita, Bonaparte decide di scrivere al dottor Tissot, un celebre medico "membro della Società reale di Londra, dell'Accademia medico-fisica di Basilea e della Società economica di Berna".

In Corsica costui gode di una particolare ammirazione per aver dichiarato che Pasquale Paoli è pari a Cesare e Maometto.

Bonaparte gli scrive:

> Voi avete passato la vita a istruire l'umanità, e la vostra fama ha travalicato anche le montagne della Corsica, dove si ricorre poco ai medici.
> È vero che il vostro elogio breve ma glorioso del loro amato generale è un titolo ben sufficiente per riempirli di una riconoscenza che sono lusingato di potervi testimoniare, ora che se ne offre l'occasione, a nome di tutti i miei compatrioti.
> Oso importunarvi e chiedervi consiglio per un mio zio che soffre di gotta... Lo zio ha i piedi e le mani estremamente piccoli e la testa grossa... Penso che essendo incline all'egoismo si sia trovato nella fortunata condizione di non dover sperimentare le manifestazioni più virulente della malattia... La gotta infatti lo ha colpito all'età di trentadue anni... ne derivarono dolori crudeli alle ginocchia e ai piedi, con ripercussioni alla testa... Mangia bene, digerisce bene, legge, dorme e la sua vita scorre, ma senza movimento, senza poter godere delle dolcezze del sole. Implora il soccorso della vostra scienza...
> Io stesso sono tormentato da un mese da una febbre terzana, e temo che non riusciate a leggere questi miei scarabocchi.

La scrittura di Bonaparte in effetti è ancora più inclinata del solito, più incerta anche.

D'altronde, qualche giorno dopo, il 31 aprile 1787, indirizza al suo colonnello un certificato di malattia firmato da un medico chirurgo di Ajaccio, allo scopo di sollecitare un congedo di cinque mesi e mezzo a partire dal 16 maggio 1787. "Considerando i miei scarsi mezzi e il costo delle cure" precisa "chiedo che il congedo mi sia accordato con stipendio."

La risposta del ministero è favorevole. Il congedo si prolungherà fino al 1° novembre 1787.

Bonaparte sa che deve andare nella capitale, se vuole condurre a buon fine le pratiche per estorcere dagli uffici di Parigi le 3050 lire che ritiene siano dovute alla sua famiglia.

La madre lo sprona, ed è felice quando Napoleone ottiene il congedo.

Lui tuttavia indugia alcune settimane a partire, settimane durante le quali parla poco, come se tutta la sua energia fosse impegnata a rispondere alla domande che si pone, a tentare di sciogliere il dilemma che lo lacera: Francia o Corsica, Francia e Corsica. Come contrapporre l'una all'altra quando dipende da una e ama l'altra?

La madre lo interroga. È preoccupata per la febbre. Ma la febbre, forse un attacco di malaria, è scomparsa.

Andrà a Parigi? gli domanda.

Lui si sottrae, sprofonda nella macchia, passa le notti con i pastori, osserva il cielo perdendovisi con lo sguardo, medita immerso nel silenzio, di nuovo malinconico.

Poi, all'inizio di settembre del 1787, annuncia alla madre che andrà a Parigi.

S'imbarca il 16 dello stesso mese per Tolone.

Il vento è forte, acre più che profumato per i sentori dell'isola.

Ha diciotto anni e un mese.

Bonaparte guarda le donne. Da quando è arrivato a Parigi non vede altro che loro. Gli sembra che lo sfiorino nella piccola rue Four-Saint-Honoré, una strada del quartiere Les Halles situata tra rue Coquillière e rue Faubourg-Saint-Honoré dove si è sistemato. Alloggia all'hotel Cherbourg.

Guarda le donne con tanta insistenza che quelle si girano, ma alcune lo provocano, e già parecchie volte ha avuto la tentazione di abbordarle. Ma all'ultimo momento si è trattenuto. È fuggito con passo rapido, è rientrato in hotel, ha salito i due piani di corsa, spinto la porta della camera, appoggiandovisi per riprendere fiato. Poi si siede al tavolo.

Comincia a scrivere con frenesia, quasi con rabbia.

Redige un promemoria dettagliato per il revisore generale, rispolverando tutto l'incartamento circa il vivaio di gelsi e argomentando punto per punto. Assicura che suo padre ha intrapreso questa coltivazione per patriottismo, preoccupandosi solo dell'interesse pubblico.

Ma il suo pensiero gli sfugge, qualcosa pulsa in lui forzandolo a uscire di nuovo. La città è lì, offerta alla sua giovane libertà.

Percorre i boulevard, gironzola nei pressi del Palais-Royal, dove nella penombra delle gallerie le donne si accalcano, adescatrici, sconce, con modi da "granatieri", volgari e provocanti.

Ha diciotto anni. Qualche donna lo apostrofa. Dalla sua uniforme spiegazzata, i capelli spioventi, lo sguardo avido e timido, la sua giovinezza, le passeggiatrici indovinano quel che cerca.

— Andiamo?

Lui esita. Si allontana. Ne abborda una, con freddezza. Vuole sapere perché hanno scelto quel mestiere. Lo maltrattano, pesantemente. Che vuole questo mingherlino, questo piccolo tenente? Parlare? Sghignazzano. Sono delle teste di legno, pensa lui. Stupide.

Rientra. Ma il suo sangue brucia. Per la prima volta in vita sua è libero e può lasciarsi pilotare dalla curiosità e dal desiderio.

Qui non è più, come nella guarnigione di Valence, il giovane ufficiale che le madri spiavano e che un gesto audace verso le loro figlie avrebbe condannato all'esclusione dai salotti.

Non è più il figlio rispettoso che madre, zie, balia, nonne, tutta una società corsa, famiglie coalizzate, costringevano al rispetto scrupoloso della buona creanza e dei costumi.

È solo in una città dove sembra che le donne, tutte queste donne, siano da conquistare, da prendere a noleggio.

E lui, che non ha mai conosciuto il piacere del sesso, è ossessionato dalle loro siluette che si offrono.

S'impone tuttavia di combattere, di frenare il suo desiderio finché può.

Appena arrivato a Parigi ha preso una delle "vetture di corte" che per un modico prezzo conducono fino a Versailles, dove hanno sede gli uffici del Controllo generale. La diligenza è confortevole, ma lenta. Ci vogliono cinque ore da Parigi per arrivare alla città della corte e dei ministeri.

Bonaparte fa anticamera, poi finalmente viene ricevuto, assilla gli impiegati dell'ufficio delle finanze, si fa aprire i fascicoli, constata che non esiste alcun pezzo di

carta relativo al vivaio, se ne meraviglia, si ostina. Perché quei documenti sono spariti? È in gioco il destino di una famiglia.

A furia d'insistere, di lettere, visite a Versailles, ottiene una udienza dal primo ministro, Monsignor Brienne, arcivescovo di Sens.

Diventa pressante, stupisce il ministro per la fermezza che lascia trasparire, malgrado il tono rispettoso.

Tornato a Parigi, gli scrive riprendendo tutte le argomentazioni, poi lascia sgorgare la sua indignazione, la sua suscettibilità. Dopo tutto, "si tratta solo di una somma di denaro che non compenserà mai il particolare avvilimento che prova un uomo nel riconoscere a ogni istante la propria sudditanza". E conclude che, se il risarcimento dovuto sarà concesso, Monsignor Brienne guadagnerà la gratitudine dei Bonaparte, e soprattutto "quella contentezza interiore, paradiso dell'uomo giusto".

Attende una risposta. Gironzola per Parigi, va a teatro, si ubriaca di luce, del profumo di una città dai costumi liberi dove si sente anonimo con l'unico freno della propria morale, del senso del dovere che lo pervade, delle nobili preoccupazioni che ritrova quando è solo nella sua camera e riprende la penna lasciandola scorrere sul foglio.

Disserta, paragona Sparta e Roma, l'amore per la gloria, che è la caratteristica delle monarchie, e quello per la patria, che è la virtù delle repubbliche. Rende omaggio agli inglesi che hanno accolto non soltanto Pasquale Paoli, ma il barone di Neuhof il quale, nel 1753, era riuscito a liberare la Corsica dall'invasore genovese.

Scrive, e non sono frasi aride quelle che traccia, ma parole appassionate, come uno scrittore che lasci campo libero alla sua immaginazione e inventi una lettera del barone di Neuhof allo statista inglese Horace Walpole.

La Corsica, il suo destino, fanno vibrare queste frasi:

"La venalità dell'età virile non insudicerà la mia penna" scrive alle undici di sera nella camera dell'hotel Cherbourg, in quel novembre del 1787. "Io non respiro che la verità, e sento in me la forza di dirla. Cari compatrioti, siamo stati sempre sventurati. Oggi membri di una potente monarchia, del suo governo patiamo solo i vizi della sua costituzione, e siamo talmente sventurati che forse non vediamo sollievo ai nostri mali se non nel trascorrere dei secoli."

Si alza, stordito dalle frasi che declama. Gira per la camera e, malgrado l'ora avanzata della notte, non riesce a dormire.

Ha chiesto un nuovo congedo di sei mesi per "assistere", come ha scritto, "alle delibere degli Stati della Corsica, la sua patria, per discutervi dei diritti essenziali alla sua modesta fortuna, per i quali è costretto al sacrificio delle spese dei viaggi di andata e ritorno, cosa a cui non si sarebbe risolto senza una necessità assoluta".

Ha ottenuto una proroga dal 1° dicembre 1787 al 1° giugno 1788. Si accinge dunque a lasciare Parigi per ritrovare la Corsica e la sua famiglia. È suo dovere. La madre è sola con i figli più piccoli. Il maggiore, Giuseppe, si trova a Pisa per cominciare gli studi di diritto. Letizia Bonaparte ha bisogno di lui. Deve seguire sul posto il buon esito dei passi che ha compiuto a Parigi. Quindi deve abbandonare questa città dove può guardare le donne, abbordarle. Sente crescere il desiderio nel suo corpo di diciottenne.

Esce.

Giovedì 22 novembre si reca al Théâtre des Italiens. Finito lo spettacolo cammina a passo spedito per i viali del Palais-Royal, poi, dato che il freddo è pungente,

nelle gallerie. La folla è densa, va e viene lentamente, uomini soli in cerca di una donna, donne sole alla ricerca di un cliente.

Bonaparte si ferma all'altezza dei cancelli. Scorge una giovane donna pallida in viso. Non dubita che sia una di quelle ragazze con cui ha già tentato di parlare, con il pretesto di voler capire "l'abiezione del loro stato". Ma si sono sempre mostrate arroganti e lo hanno respinto.

Questa è diversa. La sua timidezza incoraggia Bonaparte. Scambiano qualche parola.

— Avrete freddo — gli dice. — Come potete risolvervi a passeggiare nei viali?

— Bisogna finire la serata, bisogna vivere — risponde lei.

È di Nantes.

La interroga con brutalità:

— Mademoiselle, dovete farmi il piacere di raccontarmi come avete perso la verginità.

Lei risponde con voce dolce:

— Me l'ha presa un ufficiale.

Lei lo detesta. È dovuta fuggire dalla sua famiglia sdegnata. C'è stato un secondo uomo, poi un terzo. All'improvviso prende il braccio di Bonaparte.

— Andiamo da voi — gli dice.

— Ma cosa faremo?

— Via, ci riscalderemo e voi appagherete il vostro desiderio.

È quello che vuole.

Più tardi nella notte, quando si ritrova di nuovo solo, cammina in lungo e in largo per la camera dell'hotel Cherbourg. Poi, per calmarsi, comincia a scrivere: "Uscivo dal Théâtre des Italiens e passeggiavo con passo spedito nei viali del Palais-Royal...".

Racconta quello che ha appena vissuto.

"L'avevo stuzzicata perché non se la svignasse... dissimulando un'onestà che volevo provarle di non possedere."

Quante parole per confessare a se stesso che non aveva osato dirle di non aver mai conosciuto donna!

Comunque ha ottenuto quel che voleva.

Ora è un uomo.

Può ripartire per Ajaccio.

7

È il 1° gennaio 1788. Bonaparte è seduto di fronte alla madre nell'ampia stanza al pianterreno della casa di famiglia.

È sbarcato ad Ajaccio da meno di due ore, e durante il tragitto dal porto alla casa la madre ha parlato con voce grave senza lamentarsi, con tono piuttosto incollerito, una sorta d'indignazione sorda.

Ora, dopo aver mandato via i fratelli e le sorelle di Napoleone, Luigi, Paolina, Carolina, Gerolamo, bambini di cui il più grande, Luigi, ha appena dieci anni, mentre il più piccolo sta per compierne quattro, riprende il discorso. Traccia il quadro della sua vita dalla partenza di Napoleone per Parigi.

Lui l'ascolta, serio.

Misura, senza che un solo tratto del suo viso si muova, lo scarto che separa il suo primo arrivo in Corsica da questo.

Anche la traversata è stata diversa. Tra Marsiglia e Ajaccio il vento impetuoso e

freddo non ha mai smesso di sollevare ondate, che urtavano contro la nave a intervalli così ravvicinati da assomigliare al rullo di un tamburo.

Napoleone è rimasto sul ponte, come d'abitudine. E non appena entrati nel porto ha visto sua madre, dritta e nera.

Una volta gettata la passerella, non ci sono state scene di gioia. I fratelli e le sorelle si sono precipitati verso il fratello grande finalmente di ritorno, ma Letizia Bonaparte li ha richiamati.

Nessuna esclamazione di entusiasmo davanti all'uniforme di ufficiale, ma domande ansiose. Che cosa ti hanno promesso, figlio mio, negli uffici del Controllo generale?

Lui spiega. Dice la sua speranza di veder regolata la questione del vivaio di gelsi. Tuttavia deve riconoscere di non aver ricevuto risposta al suo promemoria dettagliato. Renderà dunque visita all'intendente del regno, Monsieur de la Guillaumye, che risiede sull'isola, a Bastia.

La madre, durante il tragitto e poi nella stanza più spaziosa della casa, gli espone le sue difficoltà. D'altronde ha appena scritto a Giuseppe, il figlio maggiore, che studia a Pisa.

— Siamo senza domestica — dice. Ha chiesto a Giuseppe di trovarne una, di portarla in Corsica perché "pensi alla nostra modesta cucina, e che sappia cucire e stirare, e sia devota".

Alza la mano, la mostra a Napoleone: — Da che mi è venuto il dolore al dito non sono più in grado di dare un punto.

Napoleone tace. Ascolta. È così grande lo scarto tra quel che si vorrebbe e quel che è! È questa la vita?

Ripensa alla ragazza di Nantes posseduta per qualche minuto durante il troppo breve amplesso nella camera dell'hotel Cherbourg. Lo ha lasciato insoddisfatto, amaro, scontento e pieno di vergogna. Si è sempre sentito "contaminato dal solo sguardo" di una di quelle donne, e giudica "odioso" il loro stato. E tuttavia ha stretto quella ragazza contro il suo corpo, con lei ha scoperto il piacere del sesso.

Piacere? Amore? È dunque questo? C'è sempre un mondo tra quel che si sogna e quel che si ottiene? E la situazione della sua famiglia è destinata a essere quella descritta dalla madre?

L'ascolta mentre elenca le spese. I bambini sono ancora in tenera età. Paolina ha otto anni, Carolina sei. Bisogna pagare la pensione di Luciano al seminario di Aix. Bisogna provvedere alle necessità di Luciano, ai costi elevati del suo soggiorno e degli studi a Pisa. I venticinque luigi di debito che Carlo Bonaparte aveva contratto con il luogotenente generale di Rosel de Beaumanoir sono sempre lì.

— Il tuo viaggio a Parigi... — continua. Ma s'interrompe e aggiunge soltanto: — Conosci le condizioni della famiglia. — Ha detto a Giuseppe, precisa, di "spendere il meno possibile".

Questa è la realtà.

È lontana quella città, Parigi, quel "centro di piaceri". L'espressione viene spontanea a Bonaparte, che la mormora fra sé e sé, come un sogno e un rimprovero, mentre la madre gli indica i passi che dovrà compiere presso Monsieur de la Guillaumye, l'intendente. Bisogna sollecitare a favore di Luigi un posto di borsista del re in una scuola militare. Bisogna reclamare il pagamento di 4000 gelsi che Letizia Bonaparte ha alienato, conformandosi alle ordinanze dell'intendente. Bisogna, bisogna...

È questa, la vita?

Comunque, anche se è così, non si sottrarrà.

Napoleone scrive all'intendente del regno.

Gli renderà numerose visite nella sua residenza di Bastia.

Quei viaggi nel nord dell'isola, le lunghe cavalcate, sono i momenti felici del suo soggiorno.

Talvolta, quando la strada si presta, lancia il cavallo al galoppo, ma più spesso procede al passo, costeggiando la montagna, scoprendo nuovi panorami, lasciando il suo spirito errare, tornare a Parigi, alle gallerie del Palais-Royal, all'incontro, come ha scritto (e gli capita spesso di rileggere quel passo vergato subito dopo che la ragazza se n'era andata), con "una donna di vita".

Si ferma.

Si sforza di scacciare quei pensieri che lo umiliano e lo innervosiscono. In quel momento si slancia imprudentemente. Il cavallo s'impenna, rifiuta di muoversi.

Ecco un pastore, o un contadino. Napoleone scende, gli parla. Ama questi incontri. Si attarda. Discute. Riscuote fiducia. Lo conducono da un vecchio soldato di Pasquale Paoli, si fa raccontare le sue battaglie. Le annoterà tornato ad Ajaccio. Spesso questi uomini hanno scritto i loro ricordi, conservano documenti stampati clandestinamente al tempo dell'occupazione genovese. Bonaparte li raccoglie, li legge, li classifica. Raduna in questo modo le prime fonti di quella *Storia della Corsica* cui pensa sempre. Ma quando arriva a Bastia e fa anticamera aspettando che Monsieur de la Guillaumye lo riceva, la realtà lo investe di nuovo. Malgrado l'attenzione, l'onestà e l'amabilità dell'intendente, Bonaparte si sente un dipendente.

Eppure deve accettare di essere anche un ufficiale francese la cui famiglia ha bisogno di aiuto. Un giovane tenente che ama il suo mestiere e non può né vuole abbandonarlo.

Ogni volta che si reca a Bastia va a trovare gli ufficiali d'artiglieria della guarnigione. È tradizione che s'inviti un ufficiale di passaggio. Pranza con molti di loro.

Sono più anziani di lui, ma quando la discussione, dietro sua iniziativa, tocca il problema dei "governi, antichi e moderni", constata l'ignoranza di tenenti e capitani.

Alcuni si alzano, visibilmente annoiati, mentre lui continua, incapace di contenere la sua passione. Mormorano, e lui li sente, che è sentenzioso, dottorale, arrogante, pedante, cavilloso.

Bonaparte si lascia trascinare, difende il diritto delle nazioni. Lo mettono alle strette. E la Corsica? È una nazione, risponde. Cascano dalle nuvole. Come può un ufficiale parlare così?

— Non si sa chi sono i corsi! — prorompe Bonaparte, se la prende con il governatore, che si dice voglia impedire ai corsi di riunire i loro Stati. Gli ufficiali manifestano il loro stupore di fronte a tanta libertà di toni, a quel patriottismo corso.

— Usereste la vostra spada contro il rappresentante del re? — domanda uno di loro.

Bonaparte tace, pallido.

La sera stessa tornerà ad Ajaccio, maltrattando il cavallo, smarrendosi, nervoso, pieno di rabbia.

È vivere, questo?

Bisognerà sempre sottomettere il proprio pensiero, il proprio desiderio, le proprie ambizioni alla mediocre realtà?

Bisognerà mettersi il bavaglio per non urlare quel che si prova?

Bisognerà impastoiarsi per non uscire di strada?

Pungola i fianchi del cavallo perché vada al trotto.

Tanto peggio, se rischia il precipizio.

Il 1° giugno 1788, dopo aver rivisto Giuseppe che rientra da Pisa, terminato il congedo Bonaparte raggiunge il reggimento La Fère, di stanza ad Auxonne dal mese di dicembre del 1787.

È entrato nel suo diciannovesimo anno di età.

8

Arrivando ad Auxonne, la prima cosa che Napoleone vede è la nebbia sulla Saône. I bastioni e la città s'innalzano sulla riva sinistra di una vasta ansa sinuosa. In lontananza, a nordest, al di sopra della bruma si distinguono delle alture boscose, e il vetturino spiega a Napoleone che si tratta delle montagne della Seurre. Tendendo il braccio più verso est, aggiunge che nei giorni di bel tempo si scorgono, al di là di Dole, i monti del Giura e, d'inverno, a sud, perfino le Alpi. Ma quando il caldo e la pioggia si abbattono sul paese, la Saône e gli stagni traspirano un sudore sudicio e appiccicoso che s'incolla alla pelle. Arrivano le febbri, dice l'uomo arrestando la vettura davanti alle caserme del reggimento La Fère.

Napoleone non ha quasi prestato attenzione a quest'ultima frase.

È da ventuno mesi che non vede il suo reggimento. Nessuno però glielo rimprovererà. È consuetudine, nel corpo reale dell'artiglieria, accordare agli ufficiali congedi semestrali, senza contare quelli speciali.

Napoleone è impaziente di ritrovarsi con i compagni di Valence, e appena vede Alexandre Des Mazis gli corre incontro.

La rimpatriata è quanto mai calorosa. L'atmosfera del reggimento al comando del maresciallo di campo, il barone Jean-Pierre Du Teil, che dirige anche la scuola d'artiglieria di Auxonne, è ottima.

Du Teil è un uomo integro, competente, innamorato dell'arma cui la sua famiglia è legata da generazioni.

Des Mazis mostra a Napoleone il poligono di tiro, il prato contiguo dove spesso gli artiglieri provano i cannoni e i mortai, poi lo conduce al Padiglione municipale di fianco alle caserme, dove i cittadini di Auxonne alloggiano gratuitamente gli ufficiali del reggimento La Fère.

La stanza di Napoleone è la numero 16. Esposta a sud, si sviluppa tutta in lunghezza, ma dispone di una poltrona, un tavolo, sei sedie di paglia e una di legno.

Napoleone è felice. Si avvicina all'unica finestra, contempla i dintorni di Auxonne, le colline, i boschi e la pianura.

Fa caldo, un caldo già umido.

Qualche anno prima, racconta Des Mazis, Du Teil ha dovuto fronteggiare un'epidemia di febbre che ha colpito quasi tutti gli allievi della scuola d'artiglieria.

Napoleone apre il suo baule, poi dispone sul tavolo i quaderni e i libri.

Des Mazis li sfoglia, li riconosce. Le *Confessioni* di Rousseau, la *Storia filosofica del commercio delle Due Indie* di Raynal, le opere di Corneille e di Racine, una *Storia degli arabi* di Marigny, le *Considerazioni sulla storia della Francia* di Mably, *La repubblica* di Platone, le *Memorie* del barone di Tott sui turchi e i tartari, una *Storia dell'Inghilterra*, un'opera su Federico II, uno studio sul governo di Venezia.

Des Mazis scuote la testa. Bonaparte, decisamente, è un essere a parte.

— A che porta questa scienza indigesta? — domanda. — Cosa ho a che fare io con quello che è accaduto mille anni fa? Che m'importa di conoscere nei dettagli le discussioni puerili degli uomini?

Fa qualche passo. Parla delle donne, dell'amore.

— Non sentite mai, qui nel vostro studio, il vuoto del cuore?

Napoleone alza le spalle:

— Anche quando non ho niente da fare, credo di non aver tempo da perdere.

Poi, con voce forte, martellando ogni parola, recita dei versi di Pope:

Più il nostro spirito è forte, più occorre che agisca.
Esso muore nel riposo, vive nell'esercizio.

— Napoleone Bonaparte, nessuno vi cambierà — conclude Des Mazis.

Ma nei giorni successivi lo trascina con sé.

Non hanno ancora vent'anni. Bonaparte partecipa alle scappatelle, alle facezie, agli scherzi a cui si abbandonano i giovani tenenti. E qualche volte ne è vittima. Alla vigilia di una parata sul poligono si accorge che hanno inchiodato i suoi cannoni. Nessuno scatto d'ira. Ha l'occhio vivo e non si lascia cogliere di sorpresa.

Qualche volta, tuttavia, sbotta. In una stanza al piano superiore un suo collega, Bussy, suona il corno tutte le sere impedendogli di lavorare. Anche lui prende lezioni di musica, ma quei suoni prolungati, ripetuti, squillanti, gli diventano presto insopportabili.

Apostrofa l'ufficiale sulle scale:

— Il vostro corno deve stancarvi un bel po'.

— Assolutamente no — risponde il tenente Bussy.

— Ebbene, stancate parecchio gli altri. Fareste meglio ad andarvene un po' lontano a suonare il vostro corno in santa pace.

— Sono padrone in camera mia.

— Su questo potrebbero farvi venire qualche dubbio.

— Non penso che qualcuno oserebbe tanto — minaccia Bussy.

— Io — risponde Napoleone.

È pronto a battersi, ma gli ufficiali del reggimento impediscono che si arrivi al duello. Il tenente Bussy andrà a suonare altrove.

Bonaparte sa farsi rispettare. Si sa che è diverso.

Cammina solo nella campagna, un libro in mano. Si ferma per scrivere qualche parola. Con la punta della scarpa o il fodero della spada traccia figure geometriche. Ogni giorno arriva in ritardo alla pensione Dumont, dove consuma il pranzo con gli altri ufficiali.

Lo prendono in giro, ma senza aggressività, per il suo abbigliamento poco curato. Si difende. Non è ricco, e si ribella come molti altri tenenti contro i regolamenti che modificano di continuo l'uniforme. I pantaloni blu sono sostituiti da quelli neri. Al posto del cappotto diventa obbligatoria la redingote inglese. Chi paga? Gli ufficiali!

Preferisce tenersi i soldi per comprare libri, che si ammucchiano nella sua camera.

Infatti lavora come un forsennato, con una determinazione stupefacente e una sorta d'impazienza e quasi di fervore, di certezza, che quello che fa lì ogni giorno gli tornerà utile.

Prima di tutto, imparare il mestiere di artigliere.

Ha cominciato a Valence, ma si rende conto di conoscere soltanto i rudimenti della scienza della disposizione delle batterie, del tiro, dell'assedio.

Va a scuola di teoria. Diventa uno degli allievi più assidui, quasi un amico, del professore di matematica Lombard, che insegna da più di quarant'anni alla Scuola

d'artiglieria di Auxonne. Lombard ha tradotto dall'inglese, nel 1783, *I principi d'artiglieria*, e nel 1787 *Le tavole di tiro* dei cannoni e degli obici, due opere di Robbins. Napoleone le studia, le riassume.

Vuole acquisire tutto il sapere necessario.

La sua sete di apprendere è tale che Du Teil lo convoca, gli consiglia di distrarsi, di prendersi un po' di riposo, dato che per tutta la fine del 1788 Napoleone è malato.

Lo aggredisce una febbre intermittente, senza dubbio provocata dai vapori che salgono dall'acqua delle paludi e dei fossati che circondano i bastioni della città. Dimagrisce. È pallido. Mangia poco, s'impone perfino un regime a base di latticini.

Nel gennaio del 1789 sta meglio e può finalmente scrivere a sua madre:

> È un paese alquanto malsano a causa delle paludi che lo attorniano e dei frequenti straripamenti del fiume, che riempiono tutti i fossati di un'acqua esalante vapori venefici. Ho avuto una febbre continua a intervalli di tempo che mi lasciava quattro giorni di tregua e tornava ad assediarmi di nuovo... Questo mi ha indebolito, mi ha procurato lunghi deliri e inflitto una lunga convalescenza. Ora che il tempo si è ristabilito... mi sto rimettendo a vista d'occhio.

Du Teil lo convoca, lo designa come membro di una commissione incaricata di studiare il lancio di bombe con cannoni da assedio.

Napoleone dirige tutte le manovre, redige memorie, propone nuovi esperimenti, "accurati, ragionati, metodici".

Du Teil legge i rapporti, si congratula con Bonaparte, gli predice che sarà uno degli ufficiali più brillanti del corpo di artiglieria reale.

Nella sua camera, la sera stessa, Bonaparte scrive allo zio Fesch:

> Sappiate, caro zio, che il generale di qui mi ha preso in grande considerazione, al punto d'incaricarmi di costruire al poligono parecchie opere che esigevano calcoli complicati, e per dieci giorni sono stato occupato, mattina e sera, alla testa di duecento uomini. Questo incredibile segno di favore mi ha messo un po' contro i capitani... Anche i miei compagni mostrano un po' di gelosia, ma sono tutte cose che passano. Quel che mi preoccupa di più è la mia salute che non mi sembra troppo buona.

Talvolta, nell'austerità del lavoro, e malgrado le soddisfazioni che ne ricava, gli viene voglia di altre cose. Pensa a quel "centro di piaceri", Parigi.

Accarezza l'idea di un soggiorno nella capitale. Ha un buon pretesto. Potrebbe recarsi di nuovo a Versailles per esercitare pressioni sul funzionario del Controllo generale, dato che ad Ajaccio la questione dei gelsi non è regolata. Ma gli manca il denaro per il viaggio. Insiste con l'arcidiacono di Ajaccio, il prozio Luciano.

"Mandatemi cento franchi" scrive "mi basteranno per andare a Parigi, lì almeno è possibile mettersi in mostra, fare conoscenze, sormontare gli ostacoli. Tutto mi dice che riuscirò. Volete impedirmelo per cento scudi?"

L'arcidiacono fa orecchi da mercante.

Bonaparte si rivolge allora allo zio Fesch. Ma anche lui si tira indietro.

"Vi siete ingannato se speravate che qui avrei trovato del denaro in prestito" gli risponde Napoleone. "Auxonne è una piccola città, e d'altronde ci sto da troppo poco tempo per avere conoscenze importanti." Alcune parole esprimono il suo rammarico: "Non ci penso più e devo abbandonare la mia idea del viaggio a Parigi".

Addio, sogni di passeggiate notturne sotto le gallerie del Palais-Royal! Sarà per dopo. Verrà anche questo. Per il momento, confida: "Non ho altra risorsa, qui, che lavorare. Mi cambio d'abito ogni otto giorni. Da quando sono stato malato dormo

pochissimo, è incredibile, vado a letto alle dieci e mi alzo alle quattro. Mangio una sola volta al giorno".

Nel suo stato febbrile si proietta verso il futuro poiché il presente, per quanto gradevole, non gli offre il piacere e l'esaltazione intensi che si aspetta.

I libri e la scrittura gli arrecano quel surplus di vita di cui ha bisogno.

Lavora come se si preparasse a un concorso di ufficiale generale o di storia universale.

Legge e rilegge il *Trattato generale di tattica* di Guibert, che aveva già studiato a Valence. Scopre l'*Uso dell'artiglieria moderna*, del cavalier Du Teil, il fratello del maresciallo di campo che comanda ad Auxonne.

S'imbeve in questo modo delle idee innovatrici che i teorici dell'arte militare francese elaborano dopo la dura disfatta subita dal regno durante la guerra dei Sette anni, soprattutto nella battaglia di Rossbach (1757).

Ma Napoleone, penna alla mano, legge in particolare i libri di storia degli arabi, di Venezia, dell'Inghilterra e della Francia, riempiendo interi quaderni di note.

Des Mazis si meraviglia ancora una volta. A che serve tutto ciò?

Bonaparte non risponde più. Forse pensa fra sé che se Pasquale Paoli, un tempo semplice sottotenente delle guardie corse al servizio del re di Napoli, è potuto diventare l'eroe che è, anche lui un giorno potrà svolgere un ruolo al servizio della Corsica. Sa di essere l'unico insulare ad aver ricevuto la formazione di ufficiale nelle scuole militari del re di Francia. Ma vuole andare al di là della tecnica delle armi. Ritiene che la Corsica abbia bisogno di un uomo che conosca i meccanismi della Storia, che sia legislatore e politico.

Un giorno lo mettono per ventiquattr'ore agli arresti di rigore.

Viene rinchiuso in una stanza polverosa che per tutto mobilio ha un vecchio letto, una sedia e un armadio. Sopra questo Napoleone scopre un *in folio* giallo, abbandonato lì. Si tratta delle *Istituzioni* di Giustiniano, con i suoi codici e tutte le decisioni dei giuristi romani.

Napoleone si siede. Non ha né matita né carta, ma comincia a leggere, imparando a memoria quei testi aridi e divorando tutta la notte al lume di una sola candela il volume ormai logoro.

Quando la mattina si presenta la guardia, sobbalza. Non si è accorto del trascorrere delle ore. Ormai conosce il diritto romano.

Gli sarà utile? Ne è convinto, anche se ignora tutto delle circostanze e del momento in cui potrà mettere in opera quelle conoscenze.

I tenenti del reggimento La Fère conoscono le sue qualità. E quando si tratta di redigere il regolamento dell'associazione che hanno costituito, la Calotte, ricorrono a Bonaparte.

Lui si getta subito al lavoro con una serietà puerile, come si trattasse di redigere la Costituzione di uno Stato.

"Si tratta" scrive "di Leggi costitutive alle quali non è permesso derogare. Esse devono derivare dalla natura del Patto Primitivo."

A Des Mazis, che tenta di moderare la sua passione, risponde che l'associazione, il cui scopo è di assicurare l'uguaglianza tra i tenenti, quale che sia il posto che occupano nella nobiltà, di tutelare un codice d'onore, di punire se necessario coloro che lo violassero e di difendere i tenenti contro gli ufficiali superiori che commettano delle ingiustizie, obbedisce a principi che sono i suoi, principi repubblicani, per dirla tutta.

Meraviglia e preoccupa Des Mazis quando aggiunge: — I re usufruiscono di

55

un'autorità usurpata nei dodici regni dell'Europa... e sono ben pochi i re che non meriterebbero di essere detronizzati.

D'altronde, perché avere dei re?

Bonaparte prende il suo quaderno, legge a Des Mazis una dissertazione che ha cominciato a scrivere. Gli uomini sentiranno ben presto di essere uomini.

— Fieri tiranni della terra, state attenti che questo sentimento non penetri mai nel cuore dei vostri sudditi. Pregiudizi, abitudini, religione, deboli barriere! Il vostro trono crolla se i vostri popoli arrivano a dirsi, guardando se stessi: "Anche noi siamo uomini".

Des Mazis non tenta di contraddire Napoleone.

Questi gli tende i fogli su cui ha stilato il regolamento completo della Calotte. Sono legati con un nastrino rosa. Des Mazis li sfoglia. Il tono è grave. Si fa questione di leggi, di gran maestro delle cerimonie. Des Mazis teme che i colleghi tenenti si facciano beffe di quel tono pomposo e di tanta enfasi.

Non dirà a Napoleone che in effetti c'è stato qualche scoppio di risa quando lui ha letto quel testo, poiché alla fine i tenenti del reggimento La Fère lo hanno adottato.

Con Des Mazis Bonaparte si confida, ma si ricorda anche della disputa avuta con gli ufficiali della guarnigione di Bastia. Si era scoperto imprudentemente esaltando la nazione corsa.

Così, quando viene ricevuto dal maresciallo di campo o dal commissario delle Guerre, o da Lombard, il professore di matematica, parla di *Cinna*, la commedia di Corneille che preferisce, e non delle idee audaci che gli germogliano dentro.

Si meraviglia lui stesso che spuntino sotto la sua penna. E qualche volta si spaventa del cammino che ha percorso. Ormai non frequenta più le chiese. Si segna ancora meccanicamente, ma non crede più.

Nei testi che scrive si allinea dalla parte del potere, dello Stato, di Cesare, e non dalla parte della Chiesa.

Legge e rilegge Raynal, il quale parla dell'insurrezione dei popoli come di un "movimento salutare".

Nello stesso tempo però, d'istinto, Bonaparte disprezza quelli che si sottomettono. Declama l'esortazione di Raynal:

> Popoli deboli, popoli stupidi, poiché la continuità dell'oppressione non vi restituisce alcuna energia, poiché vi limitate a inutili gemiti laddove potreste ruggire, poiché voi siete milioni e sopportate che una dozzina di ragazzini armati di bastoni vi picchino a loro piacimento, obbedite! Camminate senza importunarci con i vostri lamenti e sappiate almeno essere infelici, se non sapete essere liberi.

Napoleone cammina solo, nei dintorni di Auxonne, con queste parole in testa.

Lui sarà di quelli che ruggiscono. Lui non si lascerà guidare. Non obbedirà. Accelera il passo. Sente dentro di sé un'energia immensa.

È come una palla di cannone che si riempie di polvere. La sua carica sono i libri che legge, le note che prende, i racconti che scrive, le riflessioni sulla monarchia che redige febbricitante.

Non sa in quale momento si avvicinerà la miccia. Ma giorno per giorno, come se il tempo stesse per mancargli, come se la battaglia si avvicinasse, imbottisce la palla del cannone, la sua testa, di sapere, di idee, in uno sforzo prodigioso.

È sicuro che l'energia che accumula, un giorno, esploderà.

Una sera, rileggendo il *Trattato generale di tattica* di Guibert, ritrova la frase letta già a Valence e che di tanto in tanto gli torna alla memoria: "Allora un uomo si leverà, forse rimasto fino a quel momento nella folla e nell'oscurità, un uomo che non si sarà fatto un nome, né per le sue parole né con i suoi scritti, un uomo che avrà meditato nel silenzio... Quest'uomo s'impadronirà delle opinioni, delle circostanze, della fortuna".

Napoleone è turbato come quando si è avvicinato alla ragazza ferma accanto ai cancelli del Palais-Royal. Lo stesso desiderio, più imperioso della timidezza. La stessa forza che lo spinge in avanti.

Ma quante sere di travaglio c'erano volute prima d'incontrare quella ragazza?

Quanto tempo dovrà aspettare perché l'evento scocchi, come una scintilla, a liberare la sua energia?

D'improvviso, il 1° aprile 1789 il tamburo rulla.

Napoleone Bonaparte corre alla caserma, assonnato dopo una notte passata a scrivere. I bombardieri del reggimento La Fère sono già adunati in armi.

Il maresciallo di campo, Du Teil, cammina a grandi passi nel cortile e manifesta la sua indignazione. Ha ricevuto dal comandante in capo del ducato di Borgogna, il marchese di Gouvernet, l'ordine d'inviare immediatamente tre compagnie a Seurre, in montagna, a qualche lega da Auxonne. I contadini di Seurre hanno massacrato due mercanti di grano accusati di essere accaparratori. — Ma dove sono i capitani, i primi tenenti? — impreca Du Teil. In congedo.

Bisogna dunque lasciare il comando ai tenenti in seconda e in terza, ragazzi che non hanno ancora vent'anni e non si sono mai trovati in situazioni simili. Eppure il marchese si è attenuto a questo schema di battaglia: tre compagnie! E vada per le compagnie, allora! Bonaparte prenderà il comando di una.

È pieno giorno quando la truppa raggiunge il villaggio. Sembra tornata la calma, nonostante qualche capannello di contadini all'angolo dei vicoli.

Si procede all'acquartieramento. Napoleone si installa in rue Dulac. Le autorità accorrono, circondano gli ufficiali di attenzioni. Le donne sono ancora in subbuglio. — Animali selvaggi! — gridano ai contadini. La moglie dell'addetto al deposito di sale è tra le più sconvolte. Spiega a lungo a Bonaparte che il magazzino è stato assediato. Bonaparte si mostra premuroso, sensibile a quello sconforto un po' eccessivo, non scevro dalla volontà di sedurre. Dispone i suoi uomini, stabilisce i turni di guardia, le ronde delle pattuglie.

La situazione è così tesa che l'insediamento a Seurre si protrae per parecchi giorni.

Bonaparte esce dai suoi quaderni e dai suoi libri. Il tempo passa, settimana dopo settimana. È già più di un mese che il distaccamento si trova a Serre. Bonaparte è stato ricevuto dai notabili. Ha ballato, sedotto. Si è mescolato alle conversazioni.

Si parla degli Stati generali che il re deve riunire a Versailles il 5 maggio. Alcuni ospiti di Bonaparte sono delegati del Terzo Stato. Vengono evocati la situazione delle finanze del regno e i privilegi fiscali della nobiltà, che dovranno essere aboliti.

Bonaparte ascolta, interviene di rado.

Osserva come farebbe in una situazione che lo riguardasse soltanto in parte. È come se sfogliasse le pagine di un libro, prendendo qualche appunto. Altri lo hanno scritto, giacché lui non si sente di questo paese. È un ufficiale, ma la sua patria è altrove.

Nell'udire le argomentazioni che vengono proposte, nel constatare con quale passione i notabili discutano, misura la sua indifferenza. È uno spettatore.

Ciò che a lui importa è il suo destino, che è legato a quello della Corsica. Eppure quello che succede qui, pensa, in questo regno che lui serve, peserà sul futuro della sua patria insulare.

Alla fine di aprile, i paesani e i contadini dei dintorni si radunano di nuovo nelle stradine di Seurre. Brandiscono le forche, urlano, minacciano.

Bonaparte si colloca davanti ai soldati della sua compagnia. Con voce chiara ordina ai soldati di caricare i fucili, poi cammina verso la folla ostile. — Abitanti di Seurre! — esclama. — Le persone oneste si ritirino e tornino nelle loro case. Ho ordine di far fuoco solo sulla canaglia!

La folla esita. Bonaparte, la spada sguainata, ripete: — Le persone oneste rientrino nelle loro case.

La voce non trema. I manifestanti si disperdono. Bonaparte rinfodera la spada.

La sera, in casa di un notabile che dà un ballo in onore degli ufficiali, tutti circondano Bonaparte, si felicitano con lui.

Ha compiuto il suo dovere, dice. Non ha avuto alcuna esitazione.

Non sente di avere niente in comune con quella plebaglia sbracata, quei contadini, quei poveri, quel popolo.

Lui è corso, di un altro popolo, dunque, quasi di un'altra razza.

Un popolo di pastori e montanari, che parla un'altra lingua. Un popolo assai diverso da quello che si è radunato nei vicoli, che ha massacrato quei mercanti di grano.

È corso, ma è anche nobile. Ha l'orgoglio di appartenere a quella casta che, da generazioni, si è separata dalla massa ed esercita su di essa la propria autorità.

È fautore dell'uguaglianza tra i nobili, e anche tra gli uomini tutti, a condizione che abbiano dimostrato con le loro azioni di esserne degni.

È corso, nobile, ma anche ufficiale. Fin dall'infanzia ha imparato che l'ordine militare è strettamente gerarchico.

È fiero di essere membro di quest'ordine, di indossare l'uniforme da ufficiale, anche se è quella di un esercito straniero.

Non ha davvero niente in comune con la plebe.

Si è interrogato sul ruolo dei re perché la maggior parte di loro, ai suoi occhi, non ha meritato di regnare. Eppure una gerarchia occorre. La disciplina è necessaria. Anche se, all'interno di quest'ordine, l'uguaglianza può esistere tra gli uomini che la meritano.

— Sono un ufficiale — ripete a chi mette in risalto la sua determinazione e il suo coraggio.

A giugno è rientrato ad Auxonne con le tre compagnie di bombardieri. Ma gli è difficile restare di nuovo chiuso in camera a leggere e a scrivere.

Girovaga per la campagna. Dice a Des Mazis, il quale fiuta il suo nervosismo, che gli eventi sono come i fatti di natura. Nascono dalle cose e dalle circostanze. Sta agli uomini colti percepire il profondo sommovimento che scuote le società.

Si reca spesso dal libraio di Auxonne, sulla piazza della chiesa. Consulta i giornali. Il regno è in agitazione. Gli Stati generali si sono riuniti a Versailles. Nelle strade di Parigi si assiste a scene di saccheggio. Vetture cariche di grano sono state bloccate, depredate. I soldati hanno sparato. Bonaparte sa che qualcosa comincia.

Rientra in camera. Ha intrapreso la redazione delle *Lettere sulla Corsica*.

Vuole inviare il suo studio a Loménie de Brienne, ma l'arcivescovo di Sens è stato sostituito da Necker. Dunque, lo manderà in visione a Necker.

Prima ancora spedisce il testo a un suo vecchio professore della Scuola di Brienne, padre Dupuy, perché ne corregga gli eventuali errori, riveda certi passi.

In ogni caso, precisa a Dupuy, non intende sollecitare Necker. Non si aspetta niente. Vuole soltanto esporre, a colui che dirige il regno sotto l'autorità del re, le idee di un patriota corso.

Agli occhi di Bonaparte conta unicamente il parere di Pasquale Paoli. Sente che il suolo comincia a tremare, che occorre agire in fretta, e il 12 giugno 1789 scrive di getto una lettera al suo eroe:

Generale,
   io nacqui quando la patria periva. Trentamila francesi vomitati sulle nostre coste che annegavano il trono della libertà in fiumi di sangue, questo fu lo spettacolo odioso che per primo venne a colpire i miei occhi.
   Le grida del morente, i gemiti dell'oppresso, le lacrime del disperato circondarono la mia culla, fin dalla nascita.
   Voi lasciaste la nostra isola e con voi sparì la speranza della felicità: la schiavitù fu il prezzo della nostra sottomissione; schiacciati sotto la triplice catena del soldato, del legislatore, dell'esattore, i nostri compatrioti vivono disprezzati.

Via via che la penna corre, il tono diventa più enfatico. Poco importa la realtà dei fatti. È così che Bonaparte, il giovane ufficiale di vent'anni, vede nel 1789 la storia della sua patria.
Si appella a Paoli. Gli spiega che ha scritto le *Lettere sulla Corsica* poiché è "obbligato a servire". Non vive nella capitale, dove avrebbe trovato altri mezzi per agire. Deve accontentarsi di "pubblicità".

   Se vi degnerete di incoraggiare gli sforzi di un giovane che vedeste nascere e i cui genitori furono sempre legati al partito giusto, oserei formulare presagi di successo... Quale che sia il successo della mia opera, sento che solleverà contro di me la fitta schiera d'impiegati francesi che governano la nostra isola e che io attacco: ma che importa, se ne va dell'interesse della Patria.
   Permettetemi, Generale, di porgervi gli omaggi della mia famiglia. E, perché non dirlo, dei miei compatrioti. Essi sospirano al ricordo di un tempo in cui sperarono nella libertà.
   Mia madre, madame Letizia, mi ha incaricato di rinnovarvi il ricordo degli anni trascorsi a Corte.

Bonaparte rilegge la lettera senza cambiare una parola. Quello che ha scritto lo porta in sé da molti anni.
È come un saltatore che, dopo aver preso le sue misure, infine scatta.
Offre apertamente i suoi servigi a Pasquale Paoli, e assume le conseguenze delle sue dichiarazioni sulla Corsica.
"Udrò tuonare il malvagio" dice "e se il fulmine cade, mi calerò nella mia coscienza, rammenterò la legittimità dei miei moventi, e da quel momento lo sfiderò."
Qualche giorno dopo, quando riceve una lettera di padre Dupuy spedita da Laon il 15 luglio 1789, in cui il suo vecchio professore gli spiega che bisogna attenuare i termini delle *Lettere sulla Corsica* per non urtare il ministro Necker, Bonaparte s'inalbera. Le sue *Lettere* non sono una supplica, ma un atto di guerra. Che si sappia chiaramente quel che pensano i patrioti corsi, e che ne sia lui il portabandiera. Ecco l'oggetto delle sue *Lettere*.
Nessuna esitazione, di fatto. È corso, con una forza di convinzione talmente violenta che la penna ne trema.

Deve interrompersi spesso, tanto grande è la sua impazienza, e per questo è all'unisono con gli eventi.

Apre la finestra, sente risuonare l'adunata.

Dagli argini del fiume salgono grida. Le campane rintoccano a martello. Ben presto si alza del fumo. Bonaparte scende nel centro di Auxonne.

È il 19 luglio 1789. Battellieri e facchini si sono raggruppati, malmenano il rappresentante della città, invadono l'appartamento dell'esattore, bruciano mobili e registri, mettono a sacco la sede delle concessioni e l'ufficio delle cambiali.

È la rivolta.

Bonaparte raggiunge la caserma. Gli ufficiali e i soldati si ripetono l'un l'altro la notizia: il 14 luglio la Bastiglia, la prigione fortezza del re, è stata presa dai rivoltosi, al governatore è stata tagliata la testa. Le guardie francesi hanno raggiunto la folla, tirato colpi di cannone contro la Bastiglia. Bonaparte non indugia. Si mette in testa alla sua compagnia. Tre bande girano per la città, ma si disperdono alla vista dei soldati. La notte passa in ricognizione. Si teme l'arrivo di coloro che i notabili di Auxonne chiamano i "briganti".

La mattina del 20 luglio sono là. Sono contadini venuti da tutto il circondario. Le cambiali vengono bruciate. Il deposito di sale saccheggiato. I contadini si disperdono solo quando gli ufficiali impartiscono l'ordine di caricare i fucili. Viene ristabilita la calma. Le compagnie rientrano in caserma. Bonaparte raggiunge la sua camera. Subito prende la penna, ancora impregnato dell'atmosfera degli scontri. Vuole raccontare al fratello Giuseppe ciò che ha vissuto:

> In mezzo al rumore dei tamburi, delle armi, del sangue, scrivo questa lettera. La plebaglia della città, con il rinforzo di un mucchio di briganti venuti da fuori per saccheggiare, domenica sera ha devastato il corpo degli edifici dove alloggiano i funzionari d'azienda, ha saccheggiato la dogana e parecchie case. Il generale ha settantacinque anni. Si è sentito stanco. Ha chiamato il capo della borghesia e gli ha ingiunto di prendere ordini da me. Dopo un bel po' di manovre ne abbiamo arrestati trentatré e li abbiamo messi in gattabuia. Credo che ne impiccheranno due o tre con procedura sommaria.

Nessun dubbio. L'ordine deve regnare, anche se Bonaparte aggiunge, condannando i privilegiati: "In tutta la Francia è stato versato del sangue, ma quasi dovunque è stato il sangue impuro dei nemici della Libertà, della Nazione, che da molto tempo s'ingrassano a sue spese".

Anche se le parole che usa sono quelle dei "patrioti francesi", reagisce sulle prime da ufficiale che detesta la "plebaglia". Soprattutto, pensa alla Corsica. Da ciò che essa diventerà dipende il suo destino personale.

Il 9 agosto sollecita ufficialmente un nuovo congedo per recarsi in Corsica. Ma deve aspettare, e torna nella sua camera, cammina nella campagna come se l'avessero rinchiuso in quel paese.

Scrivere non lo calma. Eppure è la sola attività che gli dia l'impressione di agire.

Scrive a Monsieur Giubega, capocancelliere degli Stati della Corsica, il quale è anche suo padrino.

I privilegi saranno aboliti in un grande slancio unanime nella notte del 4 agosto.

"Quest'anno si annuncia con inizi assai lusinghieri per la gente retta" scrive Bonaparte "e dopo tanti secoli di barbarie feudale e di schiavitù politica si è sempre sorpresi di vedere la parola Libertà infiammare i cuori che il lusso, la mollezza e le arti sembravano aver disgregato."

È vero, la Francia lo stupisce. Pensa, in quella tempestosa giornata d'agosto, a Parigi, a quel centro di piaceri che sembrava essere diventato un vulcano.

Tuttavia il momento storico ha valore per Bonaparte solo se la Corsica ne trae vantaggio.

Torturato dall'idea che potrebbe non trovarsi nell'isola, torna di nuovo dal maresciallo di campo Du Teil, il quale finalmente gli annuncia che il congedo è imminente. Ma bisogna aspettare ancora. Riprende la lettera al padrino Giubega:

"Mentre la Francia rinasce, che ne sarà di noi sventurati corsi? Sempre vili, continueremo a baciare la mano insolente che ci opprime? Continueremo a vedere tutti i posti che per diritto naturale ci competevano occupati da stranieri tanto spregevoli per i costumi e la condotta quanto infima è la loro nascita?"

Lui, comunque, è di un'altra razza. In quell'istante disprezza il popolo francese.

Il 16 agosto ha visto il reggimento La Fère ammutinarsi.

I soldati si sono recati in colonna serrata alla casa del colonnello, esigendo che consegnasse loro il *malloppo nero* contenuto nella cassa del reggimento. Di fronte alla loro determinazione e al loro numero, agli urli e alle minacce, il colonnello ha ceduto.

I soldati si sono spartiti il denaro, poi si sono ubriacati, forzando gli ufficiali a bere, a cantare e a ballare con loro.

Bonaparte assiste da lontano a queste scene. Vede uno dei suoi compagni, il tenente Bourbers, circondato da ossessi che lo accusano di aver colpito uno di loro. Lo vogliono sgozzare. Due sergenti maggiori si precipitano, lo conducono via. Ma il tenente è costretto quella sera stessa a lasciare Auxonne travestito da donna! Avrebbe dovuto, dice Bonaparte a Des Mazis, far tirare col cannone sugli ammutinati, quella canaglia abietta che irride a tutti i principi della disciplina.

Quel disordine lo disgusta, anche se la nuova politica gli sembra costituire "un passo verso il Bene". Ma non è quello l'essenziale. È alla Corsica che Bonaparte pensa in modo ossessivo.

Vorrebbe che il padrino Giubega agisse.

"Fin qui la prudenza ha suggerito di tacere" gli scrive ancora. "La verità ha scarsa presa su un cuore corrotto: ma oggi che la scena è cambiata, è necessario anche cambiare condotta. Se perdiamo questa occasione, saremo schiavi per sempre."

Vuole raggiungere la Corsica. Il 21 agosto, finalmente, riceve la notifica ufficiale del suo congedo, che si prolungherà fino al 1° giugno 1790.

Gli ultimi giorni ad Auxonne gli sembrano interminabili.

Va dalla caserma alla camera. Si reca dal libraio. Ode suonare più volte al giorno la campana a martello. Persone sconvolte corrono per le strade. Si annuncia l'arrivo di briganti, poi quella gran paura, che dura da un mese come una febbre intermittente, svanisce di nuovo.

Quando a metà settembre Bonaparte lascia infine Auxonne, sembra ritornata la calma.

In viaggio per Marsiglia, dove si propone d'incontrare l'abate Raynal prima d'imbarcarsi per la Corsica, Napoleone Bonaparte fa sosta a Valence.

Lo accolgono festosamente, si ricordano del giovane sottotenente. Nel salotto di Monsieur Tardivon si discute in modo appassionato della Rivoluzione che sconvolge il paese, ci si preoccupa dei briganti che hanno appiccato il fuoco ai castelli della regione. Si spera in una monarchia rinnovata che dovrà nascere da questi eventi.

Monsieur Tardivon, abate di Saint-Ruf, prende il braccio di Bonaparte. Gli parla con lentezza, allo stesso ritmo dei suoi passetti.

— Dall'andazzo che prendono le cose — dice — ciascuno può diventare re a sua volta. Se diventerete re, monsieur Bonaparte, attenetevi alla religione cristiana, vi ci troverete bene.

L'indomani Bonaparte, sulla prua del battello che discende il Rodano, si lascia schiaffeggiare dal vento che spira dal mare.

La testa piena
delle grandi questioni pubbliche

settembre 1789 - 11 giugno 1793

9

Il 25 settembre 1789 Napoleone è il primo passeggero a lasciare la nave per balzare sulla banchina del porto di Ajaccio. Fa ancora un caldo estivo. La città, nel primo pomeriggio, sonnecchia disturbata solo dalle voci dei marinai e dei facchini.

Tutto è così calmo, così placido in apparenza, così diverso da quello che si era immaginato, che Napoleone ha un attimo di esitazione.

La sua testa brulica di progetti per la Corsica. La memoria è piena dei rumori delle sommosse e d'immagini di violenza.

Torna con la mente a tutto ciò che ha vissuto, a Serre, ad Auxonne, ai discorsi che ha udito a Valence e sul battello che discendeva il Rodano.

A una fermata, sul fiume, alcuni patrioti volevano arrestare una giovane donna, Madame Saint-Estève, con la quale Napoleone era entrato in intimità durante il viaggio. Si erano stupiti della presenza di un ufficiale al fianco della donna. Trovavano che somigliasse alla contessa d'Artois, di cui si sapeva che aveva lasciato Parigi per emigrare. Fortunatamente Napoleone era riuscito a convincerli del loro errore.

A Marsiglia le strade erano invase da patrioti che ostentavano la coccarda tricolore. Oratori issati su muretti o su qualche carretto esortavano alla vigilanza, mettendo in guardia contro i briganti.

Prima d'imbarcarsi Bonaparte ha incontrato l'abate Raynal, il quale lo ha incoraggiato a scrivere la sua *Storia della Corsica*.

Durante tutta la traversata Napoleone è andato avanti e indietro sul ponte, impaziente di raggiungere la meta, sognando il ruolo che forse svolgerà accanto a Pasquale Paoli, se rientra dall'Inghilterra, oppure in luogo e al posto del "Babbo", se questi non potrà raggiungere l'isola.

E poi il torpore di Ajaccio, la città assopita che sembra fuori della Storia.

Per un attimo Napoleone è assalito dal dubbio. E se avesse abbandonato il grande teatro per un cortile di servizio dove non c'è spettacolo?

Vede Giuseppe che gli va incontro.

Che succede in Francia? domanda Giuseppe. Che ne è di questa rivoluzione? Ha ricevuto le lettere del fratello, ma i giornali non arrivano affatto, oppure soltanto un mese dopo che sono usciti. I deputati corsi eletti agli Stati generali, quelli del Terzo Stato, Saliceti, avvocato al Consiglio superiore ("Io sono avvocato" precisa Giuseppe con fierezza "anch'io membro del Consiglio superiore") e il conte Colonna Cesari Rocca, nipote di Paoli, così come i rappresentanti della nobiltà e del clero, il con-

te di Buttafuoco e l'abate Peretti, non danno quasi notizie sul dibattito all'Assemblea costituente.

Qui niente è cambiato, aggiunge Giuseppe. Il governatore, il visconte di Barrin, non pubblica nessuno dei decreti votati dall'Assemblea. È come se gli Stati generali, la presa della Bastiglia, niente fosse accaduto. L'isola è sempre sotto l'autorità militare.

All'improvviso Giuseppe indica dei soldati che recano sul cappello la coccarda bianca.

Napoleone s'indigna. Non sanno, in Corsica, che c'è stata una rivoluzione? Che i privilegi sono stati aboliti? È possibile che il vento impetuoso che ha spazzato via il regno di Francia, e imposto a tutti la coccarda tricolore, non abbia toccato la Corsica?

È talmente nauseato che sulla strada verso casa cambia argomento e interroga il fratello sulla situazione familiare.

Letizia Bonaparte lo sta aspettando, dice Giuseppe. Ha intorno a sé i figli. Anche loro hanno fretta di rivedere il fratello. Elisa, che sta completando gli studi nella casa per educande di Saint-Cyr, è l'unica assente.

Giuseppe esita, come se temesse d'irritare Napoleone. Il loro futuro è incerto, aggiunge, come quello di tutti i corsi.

— Ho patrocinato una sola causa — spiega Giuseppe.

Declama un po' davanti a Napoleone. Ha ottenuto l'assoluzione dell'omicida che difendeva, e dunque è stato riconosciuto che questi agiva in stato di legittima difesa.

— Luciano? — domanda Napoleone.

È rientrato da Aix dopo aver lasciato il seminario. Non ha ottenuto alcuna borsa di studio. Lo stesso è per Luigi, che sollecita invano un aiuto finanziario per seguire i corsi di una scuola militare, sull'esempio di Napoleone. Gerolamo è un bambino di cinque anni. Carolina sta per compierne otto, Paolina dieci.

Bonaparte tace a lungo, poi, nel momento in cui imbocca rue Saint-Charles, dove scorge la casa paterna, afferma con tono severo che metterà tutti quanti al lavoro.

Occorre ordine, disciplina, un impiego parsimonioso del tempo. Questa casa, aggiunge, per i bambini deve essere un collegio. Non è contemplata la fannullaggine. I Bonaparte devono rappresentare un esempio per la Corsica.

Napoleone ha avuto appena il tempo di abbracciare i suoi, di ascoltare Letizia Bonaparte lamentarsi delle difficoltà della vita, è appena riuscito a tenere una predica a Luciano, per esortarlo a un maggior rigore e a fare meno chiacchiere, quando d'improvviso la casa si riempie di vicini.

Sempre la stessa domanda che torna: che succede in Francia?

Napoleone risponde con foga. Il numero dei presenti lo rassicura sull'opinione generale: si auspica il cambiamento. Ogni giorno, gli dicono, si aspetta l'arrivo dei battelli. Tutti vogliono sapere. Il popolo spia un segnale dalla Francia per agire.

Ad Ajaccio il 16 agosto gli abitanti hanno manifestato contro il vescovo Doria, e l'hanno costretto a sborsare 4000 lire. È stata reclamata la soppressione dei diritti dell'ammiragliato. Il comandante della guarnigione La Férandière e i suoi ufficiali non hanno potuto impedire niente. Solo di fronte alla minaccia del cannone i manifestanti si sono dispersi. Si è costituito un comitato di 35 cittadini.

A Bastia, a Corte, a Sartène e nelle campagne, dovunque si registrano sommosse. Gli esuli cominciano a rientrare nel nord dell'isola. Hanno formato diverse bande di una trentina di uomini. Il governatore Barrin ha rinunciato a dar loro la caccia. Ma tiene in pugno le città. Il popolo teme la repressione, ma è pronto a sollevarsi se vi si farà appello.

Napoleone ha ascoltato, poi si lancia in un'arringa vibrante. Condanna "i vili e gli effeminati che languono in una dolce schiavitù". Lui è tra quelli che vogliono agire. Lo ascoltano. Non si finisce più di parlare.

È notte fonda quando Napoleone si ritrova solo con suo fratello. Trascina Giuseppe nel giardino, nonostante il freddo della notte. Noi due, gli dice, possiamo cambiare la Corsica, preparare il ritorno di Pasquale Paoli, oppure... Napoleone tace per qualche attimo, poi aggiunge: continuare la sua azione, subentrare in sua vece.

Si allontana solo, camminando a grandi passi.

Nei giorni che seguono Napoleone percorre le strade di Ajaccio e i sentieri della campagna vicina.

Raduna gente, discute, fremente. Sostiene quel che ha scritto nelle *Lettere sulla Corsica*, quel che porta dentro di sé da anni.

Anche Giuseppe agisce dal canto suo, e la sera i due fratelli confrontano i risultati delle loro iniziative.

La notte, nella camera della casa di rue Saint-Charles, o nello studio della casa di campagna di Milelli, Napoleone scrive. Riprende l'introduzione delle *Lettere sulla Corsica*, esalta con forza ancora maggiore la personalità di Pasquale Paoli.

La mattina affida quel che ha scritto al fratello Luciano, affinché lo ricopi.

Casa Bonaparte, cominciano a dire ad Ajaccio, assomiglia a un convento o a un collegio.

Napoleone non ha ancora ventun anni, ma ogni giorno che passa nutre più fiducia in se stesso.

Spesso si isola. Cammina per la campagna. Ama quella vegetazione folta e, più lontano, il paesaggio nudo delle saline. Talvolta, quando rientra, trema. La febbre l'ha colpito di nuovo. Certe zone dove ama passeggiare sono insalubri. Comunque non interrompe le riunioni, né le scarpinate, né il lavoro di scrittura che prosegue quasi ogni notte.

Per la prima volta nella sua vita scopre il gusto di agire sugli uomini. Riunione dopo riunione è sempre più abile, più convincente. Ad Ajaccio certi vogliono tentare un colpo di mano. Napoleone li calma. Il governatore dispone di truppe e cannoni, dice. Bisogna agire con prudenza, far leva su ciò che succede a Parigi per costringere le autorità della Corsica a cedere.

Il 31 ottobre 1789 riunisce nella chiesa di San Francesco coloro che si proclamano patrioti. La convocazione suscita meraviglia. È il primo atto di quel giovane di cui si comincia a pronunciare il nome con rispetto. Napoleone va e viene tra le loro file. Ha un libro in mano. Comincia a leggere una petizione: — Quando i magistrati usurpano un'autorità contraria alla legge, quando i deputati senza missione si fregiano del nome del popolo per parlare contro il suo stesso voto, è consentito a singoli individui di coalizzarsi.

Chiede che la Corsica sia liberata "da un'amministrazione che ci mangia, ci avvilisce e ci discredita".

Si appella ai deputati del Terzo Stato, Saliceti e il conte Colonna Cesari Rocca. I rappresentanti della nobiltà e del clero, Buttafuoco e Peretti, non vengono nemmeno menzionati.

— Noi siamo dei patrioti — conclude Napoleone.

Ha fatto installare nella chiesa un tavolo.

Vi depone il testo, prende la penna, si gira verso gli uomini riuniti, dichiara che bisogna firmare questa petizione e che lui lo farà per primo.

Si china e, con un movimento rapido della mano, traccia: "Buonaparte, ufficiale d'artiglieria", poi si risolleva.

Quella notte non dorme. Ha compiuto il suo primo atto politico.

Si alza. Scende nel giardino della casa di Milelli dove si è installato. Quella firma è il punto d'arrivo di tutti i suoi pensieri e insieme un punto di partenza, l'inizio di una strada di cui non vede né il tracciato né il termine, ma che deve seguire.

Agire, agire, questa è la legge a cui deve sottomettersi.

L'indomani cavalca verso Bastia. È la capitale. Lì risiede il governatore Barrin. È lì che si gioca tutto.

Napoleone s'insedia. Riunisce i patrioti, parla con autorità. Dice di attendere la consegna di due casse provenienti da Livorno.

Quando arrivano, le apre di persona. Affonda le mani nel mucchio di coccarde tricolori che fa distribuire ai cittadini di Bastia e ai soldati della guarnigione.

Dal 3 novembre la città si è ricoperta di blu-bianco-rosso.

Gli ufficiali però tengono in pugno i loro uomini, mettono agli arresti quelli che si ostinano a esibire i nuovi colori.

È necessario spingersi oltre. Agire di nuovo, superare un gradino, poiché agire è salire.

Gli abitanti di Bastia tirino fuori le loro armi, le preparino con ostentazione, affilino i loro coltelli, mostrino i loro fucili, sostiene Napoleone. Si rechino in modo pacifico, il 5 novembre 1789, alla chiesa di San Giovanni, dove saranno registrati ufficialmente nella milizia creata in tal modo.

La tensione è forte. Napoleone percorre la città.

Compagnie di granatieri e di cacciatori del reggimento del Maine avanzano verso la chiesa. I cannoni della cittadella sono puntati sulla città. Alcuni ufficiali insultano i locali: — Questi pezzenti di italiani vogliono sfidarci? Gliela faremo vedere!

L'unico corso che è ufficiale d'artiglieria come Bonaparte, Massoni, raggiunge ostentatamente la cittadella.

Nelle vie in prossimità della chiesa di San Giovanni, d'improvviso esplode lo scontro tra gli ufficiali e i cittadini. Si spara. Due soldati rimangono uccisi, alcuni corsi vengono feriti a colpi di baionetta.

Poco dopo Barrin fa una concessione. Distribuisce armi ai nuovi miliziani. Quanto al colonnello che comandava le truppe, non gli resta che lasciare Bastia. Mentre la sua nave si allontana, i corsi l'accompagnano con urla e ululati di trombe.

— I nostri fratelli di Bastia hanno finalmente spezzato le loro catene — esclama Napoleone.

Rientra ad Ajaccio. Conosce quel cammino che ha già percorso tante volte. Eppure, mai come in quell'inizio di novembre del 1789 ha provato la sensazione di aver contribuito alla nascita degli eventi, di aver creato la storia. È un'ebbrezza che ancora non aveva conosciuto.

Qualche settimana dopo, nell'apprendere che alla notizia dei fatti di Bastia il deputato Saliceti chiede che la Corsica non sia più soggetta al regime militare come una regione conquistata, ma venga integrata al regno e retta dalla medesima Costituzione delle altri parti del regno, Napoleone esulta.

L'Assemblea nazionale, il 30 novembre 1789, non soltanto ha accolto quella richiesta, ma, su proposta di Mirabeau, ha dichiarato che tutti gli esuli che avevano

combattuto per la libertà dell'isola potranno rientrare in Corsica ed esercitare i loro diritti di cittadini francesi.

La notizia viene diffusa alla fine di dicembre.

Immediatamente Napoleone fa confezionare uno striscione che viene issato sulla facciata della sua casa in rue Saint-Charles. Vi spiccano queste parole: "Viva la Nazione, Viva Paoli, Viva Mirabeau".

In tutta la città si balla, si canta. Si accende un fuoco di festa sulla place de l'Olmo. Si urla: — Evviva la Francia! Evviva il re!

Napoleone si mescola alla folla.

Nelle chiese si canta il *Te Deum*.

Nell'ascoltare quelle voci, quelle acclamazioni, Napoleone prova la gioia nata dall'orgoglio di essere all'origine di tutto ciò. Quegli uomini e quelle donne che ballano, quel popolo esultante, devono a lui la loro felicità.

È davvero uno di quegli uomini a parte che Plutarco chiama gli eroi che fanno la Storia.

Ha vent'anni e cinque mesi appena.

Scrive. Si sente, forse per la prima volta dall'infanzia, tutt'uno con se stesso, come se le due parti separate del suo essere si fossero infine congiunte.

Il patriota corso accetta l'ufficiale francese.

La Francia nuova, questa nazione potente, illuminata, che gli era sembrata frivola, corrotta dalle donne galanti, dai costumi depravati e dagli ozi, comincia a rinascere. Irradia. Riconosce la Corsica come parte di sé.

Napoleone si entusiasma: — La Francia ci ha aperto il suo seno. Ormai abbiamo gli stessi interessi, le stesse finalità: non c'è più mare che ci separi!

Rinuncia dunque a pubblicare le *Lettere sulla Corsica*. A che scopo, adesso?

— Tra le stranezze della Rivoluzione francese — dice — questa non è la minore: coloro che ci condannavano a morte come ribelli oggi sono i nostri protettori, sono animati dai nostri stessi sentimenti.

Durante i primi mesi del 1790, quando esce nelle strade di Ajaccio, solo o in compagnia del fratello Giuseppe, Napoleone prova il piacere di essere salutato, circondato dalla curiosità affettuosa e piena di premure che accompagna coloro nei quali il popolo riconosce i propri capi o i propri rappresentanti.

Tutti vogliono scambiare qualche parola con lui. Si congratulano con Giuseppe per la sua nomina a ufficiale municipale.

A poco a poco si costituisce un clan Bonaparte, e Napoleone ci tiene a dimostrare ai suoi partigiani di essere un ispiratore e insieme un patriota modesto.

Si fa iscrivere nei ruoli della Guardia nazionale come soldato semplice e osserva il suo turno di guardia davanti alla porta di Marius-Giuseppe Peraldi, che è stato nominato colonnello della Guardia.

A chi la dà a bere?

Da alcune indiscrezioni Napoleone viene a sapere che La Férandière, il comandante della guarnigione di Ajaccio, ha scritto al ministro per denunciarlo. "Questo giovane ufficiale è stato educato alla scuola militare" scrive la Férandière "sua sorella a Saint-Cyr, e la madre è ricolma di benefici del governo. Starebbe molto meglio nel suo corpo, poiché fomenta incessantemente."

Napoleone si premunisce subito e il 16 aprile 1790 già scrive al colonnello per sollecitare un nuovo congedo:

"La mia salute malferma non mi permette di raggiungere il reggimento prima della seconda stagione delle acque minerali di Orezza, vale a dire il 15 ottobre."

Allega alla lettera un certificato medico attestante la veridicità delle sue affermazioni. Ed è vero che di tanto in tanto, forse in seguito alla passeggiate nelle saline, si sente febbricitante.

Il 29 maggio gli sarà accordato un congedo di quattro mesi a partire dal 15 giugno 1790.

È libero. Nutre sempre più il sentimento che la sua volontà e il suo desiderio possono forzare tutte le porte. Che gli basta volere per potere. Dal momento che si è proposto una meta, deve soltanto raccogliere metodicamente gli strumenti per mettersi in moto, e se la volontà persiste nessun ostacolo resisterà.

Vuole rimanere in Corsica per continuare a "fomentare" l'isola, spingere Giuseppe a far parte della delegazione che andrà incontro a Pasquale Paoli in viaggio per la Corsica.

Bisogna che sia presente in Corsica per il ritorno del Babbo. Non può abbandonare l'isola nel momento in cui il popolo in fermento sta per incontrare il suo eroe, colui al quale Napoleone ha offerto i propri servigi.

Il 24 giugno 1790 Giuseppe si è imbarcato per Marsiglia. Pasquale Paoli ha lasciato Parigi dopo essere stato acclamato dall'Assemblea nazionale e accolto da Robespierre nel club dei giacobini, e la delegazione di cui Giuseppe fa parte deve incontrarlo a Lione.

L'indomani, 25 giugno, Napoleone è al suo tavolo di lavoro.

D'improvviso ode il rumore di una folla in marcia e delle grida.

Da qualche giorno il municipio e i cittadini di Ajaccio sono in conflitto con le autorità della guarnigione. La municipalità reclama le armi e l'accesso alla fortezza. La Férandière e il maggiore Lajaille rifiutano.

Napoleone afferra il fucile e, senza perdere tempo a infilarsi gli stivali e a mettersi giacca e cappello, scende in strada.

I manifestanti lo riconoscono, lo acclamano come il loro capo. Lui esita, poiché si è già trovato di fronte a rivoltosi, sa a quali estremi può arrivare una folla, prende il loro comando, consente all'arresto dei francesi ma li protegge da violenze più gravi.

È così che il maggiore Lajaille viene arrestato e preso in consegna dalle autorità municipali. In quel momento tuttavia Napoleone si tiene in disparte, come aveva fatto a Bastia il 5 novembre 1789. Si decide a tornare in primo piano nel momento in cui la municipalità, dopo aver rilasciato il maggiore Lajaille, vuole redigere una memoria per giustificare la "giornata del 25 giugno". Accusa La Férandière di aver fomentato "infami complotti contro la legge" e tentato una "colpevole ribellione". Denuncia quei corsi che si sono messi al servizio della Francia dell'Ancien Régime, "che vivono in mezzo a noi, hanno prosperato nell'avvilimento universale e oggi detestano una Costituzione che ci restituisce la libertà!".

Come poteva non pensare, scrivendo questo, a suo padre, Carlo Bonaparte, che era stato uno di quei corsi?

Una domenica di luglio del 1790, mentre Napoleone passeggia con il fratello Giuseppe in place de l'Olmo, piomba loro addosso un gruppo di corsi capeggiati da un certo abate Recco, nipote del loro vecchio professore di matematica ad Ajaccio. Accusano Napoleone di aver fomentato la sommossa del 25 giugno, di aver perseguitato dei francesi e i corsi degni di questo nome. Lui, un Bonaparte, il cui padre un tempo fu partigiano di Paoli, poi cortigiano di Monsieur Marbeuf, lui, un Bonaparte di origine toscana.

Alcuni amici di Napoleone s'interpongono, minacciano di morte chiunque oserà

toccarlo. Napoleone ha mantenuto il suo sangue freddo. — Noi non saremmo francesi? — esclama. — *Orrenda bestemmia!* Perseguirò a termini di legge gli scellerati che la proferiscono!

Ancora qualche scambio d'insulti, poi i due gruppi si ritirano.

Napoleone rientra con Giuseppe nella casa di rue Saint-Charles. È taciturno e pensieroso.

Sta valutando gli odi che dividono i corsi. Ci sono quelli che furono partigiani di Paoli e gli rimasero fedeli, e quelli che accettarono, come Carlo Bonaparte, di collaborare con le autorità francesi. Quelli che hanno scelto di aderire alla causa della Francia rivoluzionaria, e dunque di sentirsi cittadini di questa nazione, e quelli che non rinunciano alla coccarda bianca. Quelli, infine, che sognano l'indipendenza.

Nel settembre del 1790 Napoleone muove incontro a Pasquale Paoli, che è sbarcato a Bastia. Da quel momento il Babbo regna da padrone sull'isola, facendo arrestare i suoi nemici, i francesi, andando di paese in paese circondato da una folla di ammiratori e di cortigiani. Paoli è accolto ovunque come il Salvatore, il Dittatore.

Napoleone si unisce insieme al fratello ai giovani che intorno a Paoli formano una brigata a cavallo che si contende il privilegio di appartenere alla sua scorta d'onore.

Osserva il corteo di cui fa parte. All'entrata dei paesi hanno innalzato archi di trionfo. Gli abitanti lanciano evviva, sparano in aria con i moschetti.

Napoleone cavalca al fianco di Paoli. Scruta quell'uomo invecchiato che ha vissuto per vent'anni in Inghilterra, ricevendo dal governo inglese una pensione di 2000 lire. Valuta che nella cerchia di Paoli lui non è che uno fra i tanti. Forse è anche sospetto a causa dell'uniforme di ufficiale francese che indossa, dell'atteggiamento tenuto da suo padre. E poi c'è il vecchio attrito tra la gente di Bastia e la gente di Ajaccio, quelli *di qua* e quelli *di là*, di qua o di là dei monti. Paoli diffida di Ajaccio. E i Bonaparte sono di Ajaccio.

La truppa arriva a Ponte Novo.

Là, nel 1769, Paoli è stato battuto dai francesi. Caracolla, scende da cavallo, spiega compiaciuto a Napoleone le posizioni delle due compagini, quelle che aveva fatto occupare e difendere dai suoi partigiani. Il racconto della battaglia viene ascoltato con rispetto. Napoleone conclude seccamente, da ufficiale che conosce il mestiere delle armi: — Il risultato del piano è stato quello che doveva essere.

Il silenzio cala sul gruppo. Pasquale Paoli fissa Napoleone, il quale non sembra essersi reso conto della propria insolenza e si congratula con il più anziano per il suo coraggio eroico e per la fedeltà alla Corsica. L'incidente sembra chiuso. Giuseppe Bonaparte viene eletto al Congresso che Paoli convoca a Orezza, poi sarà nominato presidente del Direttorio del distretto di Ajaccio.

Napoleone è soddisfatto.

Siamo alla fine del 1790. Il suo congedo scade. Vuole, deve rientrare in Francia per riscuotere la sua paga, poiché si sente ormai legato al regno di cui è cittadino e ufficiale. Inoltre intende condurre il fratello Luigi nel continente per fargli seguire i corsi di una scuola militare e, se occorre, istruirlo lui stesso, sorvegliarne gli studi.

Durante l'inverno del 1790, Napoleone va al porto quasi ogni giorno. Ma i venti sono contrari. Nessuna imbarcazione salpa per la Francia.

Napoleone scrive, fa lavorare fratelli e sorelle.

Alla fine di dicembre, finalmente, può imbarcarsi con Luigi, ma la nave viene risospinta sulle coste della Corsica a due riprese.

Bisogna aspettare.

Il 6 gennaio 1791, ad Ajaccio, inaugura il circolo patriottico della città, il **Globo** **patriottico**. Assiste a ogni seduta, intervenendo con foga.

A ventun anni e mezzo sa ormai influire con abilità sugli uomini. Ha imparato il mestiere delle armi in Francia. In Corsica, ispiratore degli eventi, coinvolto nelle lotte che contrappongono le fazioni e i clan, riconosciuto come uno dei capi del movimento, ha imparato la politica. Si è avvalso degli uni e degli altri, ha spinto il fratello Giuseppe a salire alla ribalta accedendo a cariche ufficiali. È ancora troppo giovane per essere il primo.

Il 23 gennaio 1791, nello studio della casa di campagna di Milelli, a nome del circolo patriottico di Ajaccio scrive a Buttafuoco, il deputato della nobiltà, una lettera che il circolo decide di stampare, e la invia a Paoli.

Il testo è lungo, enfatico. Nell'attaccare il deputato della nobiltà, criticando la carriera di Buttafuoco, l'uomo che incita Choiseul a conquistare la Corsica, Napoleone ripercorre tutte le tappe della storia dell'isola. Denuncia Buttafuoco, che si è "insozzato del sangue dei suoi fratelli". Si rivolge ai deputati della Costituente: "Lamette, Robespierre, Pétion, Volney, Mirabeau, Barnave, Bailly, La Fayette, ecco l'uomo che ha osato sedersi al vostro fianco!".

Paoli però, con tono brusco, risponde a Napoleone che occorre "dire meno e mostrare meno parzialità".

Napoleone stringe i denti. È da parecchio che nessuno gli fa la lezione. D'altronde, ha mai accettato le prediche?

Ma deve proseguire la lettura.

"Non datevi la pena di smentire le imposture di Buttafuoco" continua Paoli. "Lasciatelo al disprezzo e all'indifferenza del pubblico."

Per Napoleone è come ricevere uno schiaffo.

E tuttavia ha scelto di essere l'uomo di Paoli. Perciò subisce l'umiliazione in silenzio.

Fortunatamente, negli ultimi giorni di gennaio del 1791, i venti tornano a soffiare.

Napoleone, accompagnato fino alla passerella dalla madre, i fratelli e le sorelle, e gli amici del Globo patriottico, può imbarcarsi per la Francia insieme al fratello Luigi.

Sul ponte, a poppa, con la mano sulla spalla del fratellino, è invaso dal dubbio.

Il suo destino è nell'isola. Lo vuole, ci crede. E tuttavia, quando la nave prende il largo e le cime della Corsica scompaiono all'orizzonte, per la prima volta Napoleone non avverte lo strappo.

Qualcosa in lui è cambiato.

10

Sono le tre e mezzo del pomeriggio dell'8 febbraio 1791. Napoleone cammina di buon passo sulla strada verso Lione.

Da lontano, sotto un cielo basso che annuncia la neve, distingue il campanile di Saint-Vallier-du-Rhône. A poche centinaia di metri scorge le prime case, o meglio casupole, di un piccolo villaggio.

Fa freddo ma, come succede spesso prima che cada la neve, una dolcezza umida impregna l'atmosfera.

Di tanto in tanto Napoleone si volta. Il fratello Luigi si è lasciato distanziare di proposito. Ha soltanto tredici anni. Avrebbe preferito restare a Valence, attendere che la diligenza partisse.

— Andremo a piedi fino al villaggio di Serve — ha detto Napoleone dopo aver consultato il postiglione. — Quando passa, la diligenza si fermerà.

Ecco Serve. Di colpo è calato il buio. Un contadino apre la porta di casa. Saluta l'ufficiale e il ragazzo, li fa entrare. Aspetteranno lì la diligenza che attraverserà il villaggio all'inizio della notte, prima di raggiungere Saint-Vallier-du-Rhône dove farà tappa.

Napoleone si accomoda, offre una moneta. Il suo pensiero ha bisogno di esprimersi. Dialoga a lungo con il contadino. Luigi sonnecchia. Poi gli portano una candela. Tira fuori dalla sacca il necessario per scrivere. Comincia una lettera allo zio Fesch:

Mi trovo in una povera capanna, da dove ho il piacere di scriverti. Sono le quattro di sera, il clima è fresco benché mite. Mi sono divertito a viaggiare a piedi... Ho trovato dovunque contadini ben saldi in arcione, soprattutto nel Delfinato. Sono tutti pronti a morire per il mantenimento della Costituzione.

A Valence ho visto un popolo risoluto, soldati patrioti e ufficiali aristocratici... Le donne sono dovunque realiste. Non c'è da stupirsi. La libertà è una donna più bella che le eclissa.

S'interrompe. Luigi si è addormentato. Pensa alla situazione in Corsica. Gli uomini che ha incontrato a Valence gli sono sembrati meno competenti di quelli di Ajaccio.

"Non bisogna compiangere troppo il nostro dipartimento" scrive. Per attirare l'attenzione sull'isola, comunque, "bisognerebbe che la Società patriottica di Ajaccio facesse dono a Mirabeau di un costume corso completo, vale a dire berretto, panciotto, calzoni, cartucciera, stiletto, pistola e fucile, sortirebbe un bell'effetto".

Napoleone sospende la stesura. Quel rumore di ruote e zoccoli che va crescendo è la diligenza. Sveglia Luigi. Scrive un'ultima frase. "Vi abbraccio, caro Fesch, arriva la diligenza. Vado a raggiungerla. Dormiremo a Saint-Vallier."

Nella diligenza ritrova i viaggiatori lasciati a Valence.

Le conversazioni riprendono. Napoleone difende la Costituente. Denuncia i sostenitori dell'Ancien Régime, che "non tornerà", scandisce.

E aggiunge: — La buona società è per tre quarti aristocratica, vale a dire che si nascondono dietro la maschera di sostenitori della Costituzione inglese.

Quanto a sé, riconosce di non essere affatto un sostenitore del moderatismo.

Nella locanda di Saint-Vallier la conversazione prosegue sullo stato della nazione. Napoleone ripete quella parola. Altri parlano di *regno*. Dopo la presa della Bastiglia e la riunione dell'Assemblea, argomenta, *nazione* è il nome con cui bisogna chiamare la Francia.

In camera, più tardi, mentre Luigi dorme, Napoleone scrive ancora. Le preoccupazioni politiche si sono dileguate. Si alza, apre la finestra, torna al tavolo. "L'edera che si avvinghia al primo albero che trova" scrive "è in sintesi la storia dell'amore."

Nevica. Vuole sentir freddo per spegnere i sentimenti e i desideri che lo turbano. Tra poco compirà ventidue anni.

"Che cos'è dunque l'amore?" scrive ancora. "Osservate un giovane uomo all'età di tredici anni: ama il suo amico come la sua amante a venti. L'egoismo nasce presto. A quarant'anni l'uomo ama la sua fortuna, a sessanta soltanto se stesso. Che cos'è dunque l'amore? Il sentimento della propria debolezza di cui l'uomo solitario o isolato non tarda a compenetrarsi."

Di nuovo qualche passo, Napoleone apre e chiude la finestra. Il silenzio della neve ricopre la città e la campagna.

Napoleone scrive un'ultima frase:
"Se hai del sentimento, sentirai la terra schiudersi."

Due giorni dopo è ad Auxonne. Mostra a Luigi la caserma del reggimento La Fère, dove deve presentarsi al colonnello Monsieur Lance, e il Padiglione municipale, dove abiteranno. Sistemerà il fratello nello stanzino di servizio annesso alla sua camera.

Sulla piazza della chiesa, mentre indica a Luigi il negozio del libraio, alcuni ufficiali li circondano. Salutano Napoleone con freddezza. Durante i suoi diciassette mesi di congedo, il regno e l'esercito del re sono stati sottoposti a dura prova. Corre voce che Buonaparte, in Corsica, abbia preso partito contro la guarnigione e Monsieur Barrin e La Férandière. Perché Buonaparte non ha agito come Monsieur Massoni, che ha scelto di stare dalla parte del re?

Napoleone si difende, ma la tensione cresce durante quel primo scontro con un gruppo di ufficiali "aristocratici".

Nel presentare al colonnello i certificati rilasciati dal distretto di Ajaccio, Napoleone è nervoso. Quei documenti non attestano soltanto che ha voluto raggiungere il suo reggimento fin dal mese di ottobre, ma altresì che è stato "animato dal più puro patriottismo, stante le indubitabili prove del suo attaccamento alla Costituzione che ha offerto fin dall'inizio della Rivoluzione".

Il colonnello si mostra comprensivo e appoggia la richiesta di Napoleone per una riscossione della paga dal 15 ottobre al 1° febbraio. Napoleone è rassicurato, ma attende con impazienza la decisione ministeriale che ne confermi il versamento della somma. Ha bisogno di quelle 233 lire, 6 soldi e 8 denari.

Sono in due ormai a vivere della sua paga. Napoleone compra lui stesso la carne e il latte, il pane, discute aspramente il prezzo dei prodotti alimentari, dei lavori di cucito. Si spazzola da sé l'uniforme. Non si lamenta mai con i suoi compagni. In seguito, tuttavia, confiderà: — Mi sono privato, per l'istruzione di mio fratello, di tutto e perfino del necessario.

Comunque frequenta sempre il negozio del libraio. Compra quaderni, libri e giornali.

Questi ultimi sono attesi ad Auxonne con la medesima impazienza che in Corsica, e Napoleone tiene letture pubbliche degli articoli che riportano gli avvenimenti di Parigi ai sottufficiali e ai soldati che hanno sposato le idee rivoluzionarie.

La notte però, quando Luigi dorme, Napoleone continua a lavorare con una passione che non è intaccata dai disordini politici che segue, commenta, e in cui si è trovato coinvolto in Francia e in Corsica.

Legge Machiavelli, una storia della Sorbona e un'altra della nobiltà. Talvolta, al risveglio, legge a Luigi l'elenco delle parole che ha stilato per completare il suo vocabolario. Ricopia i giri di frase, le espressioni. Vuole possedere quella lingua francese che scrive con tanta febbre.

"Il sangue meridionale che circola nelle mie vene" annota in calce a una lettera all'amico Naudin, commissario delle Guerre ad Auxonne, "scorre con la rapidità del Rodano. Perdonatemi se fate fatica a leggere i miei scarabocchi."

Rilegge le opere di Rousseau. Annota in margine a certi passi: "Non la penso così". Qualche volta cancella con gesto nervoso quanto ha scritto. Non è più un semplice alunno che prende appunti. Forgia le proprie idee in tutta libertà, ma la passione è sempre presente. "I signori sono il flagello del popolo" scrive. E ancora: "Il papa non è che il capo ufficiale della Chiesa. L'infallibilità appartiene alla Chiesa legittimamente riunita in assemblea e non al papa".

Arriva a lavorare quindici-sedici ore al giorno. Finito il suo compito personale, passa a Luigi.

— Lo faccio studiare a forza — dice.

Spesso lo invade la collera. Schiaffeggia il fratello. I vicini s'indignano. — Malvagio senza religione — gli urlano. Ma quando Luigi fa bene un esercizio di matematica o di francese, Napoleone è contento. Sorride. Riempie di lodi il giovane fratello.

— Sarà il migliore tra noi — dice a Giuseppe. E aggiunge: — Tutte le donne di qui ne sono innamorate.

Ascolta rapito il ragazzo di tredici anni esprimersi. Lo osserva avanzare nei salotti, disinvolto ed elegante. "Ha acquisito un certo tono francese impeccabile, agile" scrive ancora a Giuseppe. "Entra in un salotto, saluta con grazia, pone le domande d'uso con la serietà e la dignità di un trentenne."

Napoleone ha per il fratello minore un'attenzione incessante. Si sente responsabile, gli insegna tutto quel che sa. E, soddisfatto, aggiunge: "Nessuno di noi avrà avuto un'educazione così bella".

— Andiamo — dice Napoleone. È così che si forma un giovane fratello.

Sono le tre e trenta della mattina. Luigi batte i denti. Si veste in fretta. Un boccone di pane e via, per le strade di campagna, nella notte gelida, talvolta col vento che soffia.

Napoleone prende la direzione di Dole. Lì, in rue Besançon 17, abita il tipografo Joly. L'artigiano ha accettato di stampare la *Lettera a Buttafuoco*. Questo val bene quattro leghe di cammino all'andata e altrettante al ritorno. E bisogna compiere quel tragitto parecchi giorni di seguito.

Una mattina Napoleone ha indossato la divisa dei sanculotti, carmagnola e pantaloni di tela bianca a righe. Al tipografo che si meraviglia Napoleone risponde con la sua voce secca e spezzata di essere al fianco di coloro che difendono la libertà, che la sola causa è quella.

Non si attarda mai a Dole. Invita Luigi a rimettersi in marcia. Bisogna essere ad Auxonne prima di mezzogiorno.

Il sole è spuntato, Napoleone approfitta della camminata per tenere a Luigi una lezione di geografia e ripetergli che non bisogna mai lasciare che il tempo scivoli via inutilmente.

Quando arrivano sul bordo della Saône, non lontano dalle caserme di Auxonne, due ufficiali del reggimento La Fère li apostrofano.

Ecco il famoso tenente Bonaparte!

La discussione è vivace. Gli ufficiali gli rimproverano di aver letto ai soldati degli articoli di giornali favorevoli ai decreti dell'Assemblea. Ha perfino declamato l'esposto che il circolo patriottico di Ajaccio ha inviato ai membri della Costituente, precisando che è stato scritto dal fratello maggiore Giuseppe.

Il tono sale. I due ufficiali sostengono che ogni nobile è tenuto a emigrare, che è quello il solo modo di restare fedeli al re.

— Viva la nazione! — risponde Napoleone. La patria è al di sopra del re.

I due ufficiali lo spintonano, minacciano di gettarlo nella Saône. Lui si difende. E presto dalle caserme cominciano a uscire i soldati.

La discussione s'interrompe.

Se Napoleone non può far trionfare le idee rivoluzionarie nel corpo degli ufficiali, in compenso i soldati e i sergenti le approvano. E il maresciallo di campo, il barone

Du Teil, nominato ispettore generale dell'artiglieria nel 1791, scrive che anche se la truppa continua a fare bella figura sotto le armi, "i soldati e i sottufficiali hanno assunto un'aria di scelleratezza, un'aria d'insubordinazione che si può percepire puntualmente". Voltano la testa per non dover salutare gli ufficiali, ma fraternizzano con i cittadini della Guardia nazionale e presentano le armi agli ufficiali della milizia.

Una sera che Napoleone è stato invitato a un pranzo a Nuits per salutare un collega ufficiale del reggimento appena sposato, come entra nel salotto capisce di essere caduto in una trappola. Tutti i "gentiluomini" dei dintorni sono stati invitati al banchetto.

Sghignazzano. Sarebbe dunque questo il tenente dalla lingua pronta, che difende le idee dei briganti e favorisce l'indisciplina dei soldati? Lo circondano. Lo interpellano. Che cosa pensa degli atti d'insubordinazione? Esprimono uno stato d'animo di cui un ufficiale può sentirsi fiero?

Napoleone si difende. Non è un "antimilitarista", dice. Crede alla necessità della disciplina e dell'ordine. Ma disciplina e ordine possono essere rispettati unicamente se gli ufficiali seguono essi stessi la legge, se accettano i nuovi princìpi.

Sopraggiunge il sindaco di Nuits, in abito cremisi. Napoleone crede di aver trovato un alleato. L'uomo però difende con forza ancora maggiore il comportamento degli ufficiali che desiderano emigrare. Cosa possono aspettarsi, dice, da un regime che non sa mantenere l'ordine nell'esercito?

L'alterco è talmente vivace che la padrona di casa s'interpone per far smettere la discussione.

Fin dal giorno dopo, però, ad Auxonne e poi a Valence, dove Napoleone è nominato tenente in prima e dove arriva in compagnia di suo fratello, il 16 giugno 1791, gli scontri sono quotidiani.

Il suo nuovo reggimento, il 4° artiglieri di Grenoble, è diviso esattamente come il reggimento La Fère che Napoleone ha appena lasciato. La truppa è favorevole alle nuove idee. Una parte degli ufficiali pensa di emigrare o di rassegnare le dimissioni per fedeltà al re.

Non partite, consiglia Mademoiselle Bou a Napoleone, il quale non ne ha mai avuto l'intenzione. L'esilio è sempre una sventura.

Ha ritrovato infatti la sua affittuaria e la camera della pensione Bou.

Luigi è oggetto di tutte le premure di Mademoiselle Bou. Materna, lo vizia e lo difende contro gli accessi di collera di Napoleone, l'esigente.

A Valence, comunque, quest'ultimo ha meno tempo da dedicare a Luigi. Si accontenta, ogni giorno, di fissare il programma di studio, poi esce, va in caserma, nella sala di lettura di Monsieur Aurel.

Dovunque si discute con passione.

All'inizio di luglio del 1791 una notizia straordinaria mette in subbuglio tutta la città: Luigi XVI e la sua famiglia hanno tentato, il 20 giugno, di lasciare la Francia e sono stati arrestati a Varennes. L'esercito del marchese di Bouillé li ha aspettati invano per condurli all'estero.

— Il re — esclama un compagno di Napoleone — è quasi spacciato.

Gli ufficiali tutti intorno protestano. Napoleone lo approva. È pronto a firmare il nuovo giuramento di fedeltà alla Costituzione richiesto agli ufficiali. Quale Costituzione? interroga qualcuno. Bisogna accordare un diritto di veto al re, e quale veto? Sospensivo o assoluto? E perché non processare il re?

Sulla place aux Clercs, Napoleone discute senza fine con altri ufficiali suoi colleghi. La maggioranza è monarchica. Napoleone lo dichiara con forza, smettendo di

camminare, il mento alto: è repubblicano convinto, partigiano della salute pubblica e non della bella vita di un padrone.

Ha letto tutti i discorsi degli oratori monarchici. — Si sfiatano in analisi inutili — esclama. — Divagano in affermazioni senza comprovarle... Compiono grossi sforzi per sostenere una cattiva causa... Una nazione di venticinque milioni di abitanti può tranquillamente essere una repubblica... Pensare il contrario è un "adagio impolitico".

Napoleone esaspera gli animi.

Interviene con vigore. Ha una risposta per tutto.

Le passioni sono così esacerbate che alcuni ufficiali quando lo incontrano si girano dall'altra parte.

Alla locanda dei Trois Pigeons, dove Napoleone ha ripreso le sue abitudini, rifiutano di sedersi vicino a quello "straniero demagogo" che pronuncia discorsi "indegni di un ufficiale francese educato gratuitamente alla scuola militare e colmato di benefici dal re".

Napoleone li sente. Non cerca l'incidente. Non reagisce nemmeno quando un ufficiale, il tenente Du Prat, grida alla cameriera che ha posato il suo coperto accanto a quello di Napoleone: — Una volta per tutte, non datemi mai quest'uomo per vicino.

Eppure, di lì a qualche giorno, Napoleone si prende la rivincita.

Du Prat si è avvicinato alla finestra mentre sfilano dei patrioti. Si mette a cantare in tono provocatorio l'aria degli aristocratici: *Ô Richard, ô mon roi.*

Il corteo si ferma, i manifestanti si precipitano per massacrare l'ufficiale realista, ed è Napoleone a intervenire, a proteggerlo e salvarlo.

Napoleone è conosciuto. È membro della Società degli amici della Costituzione in compagnia di alcuni ufficiali, soldati e personalità.

Nel circolo rivoluzionario Napoleone ha ritrovato il libraio Aurel. Si scambiano un abbraccio. Napoleone sale alla tribuna per denunciare la fuga del re, il comportamento del marchese di Bouillé, "l'infamia" di quell'ufficiale. Il suo eloquio è nervoso, fatto di brevi frasi scandite. Lo acclamano. Gli affidano la carica di segretario. Lo nominano bibliotecario della società.

Il 3 luglio si riuniscono per condannare il re.

— È necessario che sia giudicato — dichiara Napoleone. Lasciando Parigi, Luigi XVI ha tradito. Un soldato si fa avanti e grida a nome dei suoi compagni: — Abbiamo cannoni, braccia, cuori, noi li consacriamo alla Costituzione!

Il 14 luglio tutta la popolazione di Valence, le truppe militari, i corpi costituiti, la Guardia nazionale, il vescovo e il suo clero si radunano al campo dell'Unione.

Napoleone è davanti ai soldati del 4° reggimento. Suo fratello Luigi è nella folla in compagnia di Mademoiselle Bou.

Si canta il *Ça ira.* Si presta giuramento, si grida: — Lo giuro. — Poi il vescovo celebra un *Te Deum.* E tutti fanno ritorno a Valence in corteo.

I patrioti più ardenti si riuniscono nella sala della Società degli amici della Costituzione, dove è stata imbandita la tavola per un banchetto.

Alla fine del pranzo Napoleone si alza. Lo acclamano. È uno degli ufficiali patrioti più conosciuto della città. Gli danno fiducia. Ha preparato il nuovo giuramento richiesto dai militari. Si dichiara repubblicano. Pensa che il re debba essere giudicato.

Propone un brindisi, alza il bicchiere alla salute dei suoi antichi compagni di Auxonne e a coloro che, nelle città della Borgogna, difendono i diritti del popolo.

— Viva la Nazione! — esclama.

La sera è talmente esaltato che non riesce a prendere sonno. Quel fermento di

un'intera popolazione, di un intero paese trascinato nel turbine rivoluzionario, che suscita ogni giorno un evento nuovo, lo obbliga ogni istante a compiere una nuova scelta. Come trovare riposo?

Scrive a suo fratello, a Naudin, l'amico rimasto ad Auxonne. La sua grafia, come dice scusandosi, è uno "scarabocchio".

"Addormentarsi con la testa piena delle grandi cose pubbliche e il cuore commosso da persone che si stimano, e che si rimpiange sinceramente di aver lasciato, è una voluttà che soltanto i grandi epicurei conoscono."

Non può smettere d'interrogare il futuro.

"Ci sarà la guerra?" si domanda in quel luglio del 1791. Ne dubita. I sovrani d'Europa, per paura del contagio rivoluzionario, preferiscono aspettare che la Francia sia dilaniata dalla guerra civile.

Ma i re s'ingannano. "Questo paese è pieno di zelo e di fuoco" conclude Napoleone. Anche il reggimento è più che sicuro: "I soldati, i sergenti e metà degli ufficiali" sono favorevoli ai nuovi principi.

Addormentarsi, una volta piegato il foglio, scritto l'indirizzo?

Impossibile.

Napoleone riprende i suoi quaderni.

Ha intrapreso la stesura della sua prima vera opera.

L'Accademia di Lione offre un premio di 1200 lire all'autore del miglior discorso sul seguente tema: *Quale verità e quali sentimenti sia più importante inculcare negli uomini per la loro felicità*. Napoleone ha deciso subito di concorrere. Rousseau, un tempo, non aveva forse ottenuto lo stesso premio per il suo *Discorso sull'origine e fondamento dell'ineguaglianza tra gli uomini*?

Nella notte di Valence, Napoleone scrive.

L'uomo è nato per la felicità. Ma "là dove i re sono sovrani, non esiste l'uomo, non vi è che lo schiavo oppressore più vile dello schiavo oppresso". Occorre dunque resistere all'oppressione. "I francesi lo hanno fatto." Hanno conquistato la libertà "dopo venti mesi di lotta e di traumi violentissimi... Dopo secoli, i francesi abbrutiti dai re e i loro ministri, dai nobili e i loro pregiudizi, dai preti e le loro imposture, di colpo si sono risvegliati e hanno tracciato i diritti dell'uomo".

Napoleone scrive come se tenesse un'arringa rivoluzionaria, esaltando la libertà e l'uguaglianza.

Due parole gli tornano spesso sotto la penna: *forza* ed *energia*. "Senza forza, senza energia, non c'è né virtù né felicità."

Scrive come se impartisse ordini. Nessuna simpatia per i tiranni, ma nessuna pietà per coloro che accettano la tirannia, per i deboli.

"Tutti i tiranni andranno all'inferno, senza dubbio, ma vi andranno anche i loro schiavi, perché il crimine più grave, dopo quello di opprimere una nazione, è sopportare l'oppressione."

La mano gli trema a furia di scrivere così in fretta.

Il discorso di Lione, che l'Accademia giudicherà "troppo disordinato, troppo disparato, troppo sconnesso e mal scritto per fissare l'attenzione", per Napoleone è come uno specchio. Vi si contempla ogni notte. Quando esalta le "anime ardenti come il fuoco dell'Etna", è di se stesso che parla.

Ed ecco che nello specchio si dipinge una figura "dal colorito pallido, gli occhi sbarrati, il passo precipitoso, i movimenti irregolari, il riso sardonico". La vede avanzarsi. La individua. La denuncia. È "l'ambizione", una follia.

Ha ventidue anni.

Scorge una seconda figura, altrettanto inquietante. È "l'uomo di genio. Sventurato! Io lo compiango. Sarà l'ammirazione e l'invidia dei suoi simili e il più miserabile di tutti. L'equilibrio è spezzato: vivrà infelice".

Napoleone vuole la felicità. E poi, non è il tema del concorso?

Tuttavia conclude: "Gli uomini di genio sono meteore destinate a bruciare per illuminare il loro secolo".

Questo è il lavoro della notte.

La mattina, nella luce accecante che incendia Valence, Napoleone esce dal sogno, organizza il suo futuro.

Ascolta gli ufficiali patrioti del suo reggimento. Per la maggior parte pensano di farsi eleggere alla testa dei battaglioni di volontari: in questo modo un tenente può diventare colonnello.

"Perché non io?"

Napoleone però potrebbe farlo soltanto in Corsica, nella sua patria, contando sull'appoggio del Globo patriottico, il circolo di Ajaccio. Giuseppe potrebbe essere un sostenitore prezioso. È uno dei rappresentanti della città e aspira a essere eletto deputato all'Assemblea legislativa che subentrerà alla Costituente.

Certo, c'è anche la freddezza di Pasquale Paoli.

Napoleone riprende la lettera che il suo eroe gli ha scritto. Aveva sollecitato da Paoli l'invio di certi documenti per scrivere una storia della Corsica.

La risposta di Paoli è stata brusca quanto il parere che aveva espresso sulla *Lettera a Buttafuoco* inviatagli da Napoleone.

"Al momento non mi è possibile aprire le casse e cercare i miei scritti" risponde a Napoleone. "D'altra parte, la Storia non si scrive negli anni di gioventù. Permettetemi di suggerirvi di stendere il piano secondo l'idea che vi ha dato l'abate Raynal, e nel frattempo potrete dedicarvi a raccogliere aneddoti e i fatti più salienti."

Napoleone stringe i denti. Deve convincersi che Paoli rimane sempre l'eroe che bisogna seguire. Lui è ancora talmente giovane, ventidue anni! Occorre dunque accettare quel tono sprezzante, quel rifiuto. E rientrare in Corsica, dato che è corso e laggiù ha acquisito un po' della notorietà e dell'influenza sugli uomini senza le quali niente è possibile.

Eppure, per tanti aspetti ormai si sente cittadino di quella nazione francese che si è liberata delle sue catene, non odia più quel popolo. Al contrario, ammira con stupore i "contadini saldi in arcione" e tutto quel paese "pieno di zelo e di fuoco".

Ma è necessario rientrare, ritrovare la Corsica, la famiglia che ha bisogno di sostegno. Occorre seguire Paoli.

Decisione dettata dalla ragione più che dall'entusiasmo.

Napoleone redige dunque una nuova domanda di congedo di sei mesi.

La domanda viene respinta dal colonnello Campagnol, che comanda il 4° reggimento artiglieri. La situazione non consente che il tenente in prima Napoleone Buonaparte ottenga un terzo congedo, dopo che il primo è durato ventun mesi e il secondo diciassette!

Napoleone non si dà per vinto.

Un giorno d'agosto si mette in strada per recarsi al castello di Pommier, nell'Isère, dimora di famiglia del maresciallo di campo, barone Du Teil, ispettore generale dell'artiglieria.

L'ufficiale non ha aderito alle nuove idee, ma non si offre di emigrare. Eppure lo hanno già minacciato in quanto "aristocratico".

Quando Napoleone bussa alla sua porta, verso le dieci di sera, i domestici tardano ad aprire. Grida il suo nome diverse volte. Alla fine viene introdotto e si rallegra subito di aver compiuto il viaggio.

Du Teil è felice di rivederlo. Si ricorda perfettamente di quel sottotenente che a Valence l'aveva stupito con la sua tenacia nel lavoro e le sue qualità.

Discutono dal punto di vista professionale. Dispiegano mappe.

Per parecchi giorni Napoleone è ospite di Du Teil, il quale non si oppone alla sua richiesta e gli accorda un permesso di tre mesi, con stipendio.

Nel momento in cui lo firma, guarda Napoleone con benevolenza. — Avete grandi mezzi — gli dice. — Farete parlare di voi.

Ma tutto dipende dalla circostanze. La guerra è così.

Il 29 agosto Napoleone è di ritorno a Valence, fremente d'impazienza.

Luigi si prepari. Lui deve correre in caserma, farsi pagare dal tesoriere, regolare i debiti, le sue quote per i banchetti offerti dal reggimento.

Il tesoriere gli versa 106 lire, 3 soldi e 2 denari.

Tornato alla pensione Bou, Napoleone bistratta Luigi. Mademoiselle Bou s'interpone. Dov'è l'urgenza? Possono lasciare Valence domani.

Domani?

Chi lo sa che sarà domani?

11

È il 15 settembre 1791, Napoleone percorre da solo le strade di Ajaccio. Squadra i passanti che incrocia. Il suo sguardo li obbliga a salutarlo o a voltare la testa. Napoleone vuole sapere: su quanti corsi possono contare i Buonaparte?

Da quando è sbarcato con Luigi, poche ore prima, questa è la sola domanda che si pone. Ha ascoltato con orecchio distratto i discorsi dei fratelli e delle sorelle.

Dov'è Giuseppe? ha domandato più volte.

Luciano, poi Letizia Bonaparte gli hanno spiegato che Giuseppe è a Corte, dove sono riuniti i 346 elettori che designeranno i deputati all'Assemblea legislativa. Giuseppe è candidato, come previsto. Ma tutto dipende da Pasquale Paoli. È lui che controlla il Congresso. Nessuna decisione che lo veda contrario sarà mai presa. I sei deputati candidati saranno eletti perché l'avrà voluto lui. Ad Ajaccio Giuseppe ha come rivali Pozzo di Borgo e Peraldi.

— Paoli li preferirà a Giuseppe — mormora Letizia Bonaparte.

Napoleone tace.

Pensa alle umiliazioni che Paoli gli ha già inflitto.

— I miei figli sono troppo francesi — aggiunge Letizia.

Napoleone monta in collera, lascia la stanza, attraversa il giardino a balzi, poi cammina lentamente lungo rue Saint-Charles.

Sul finire del pomeriggio il sole scalda ancora, ma l'ombra ha già conquistato le cime, e la brezza del mare s'insinua nelle stradine, dolce e leggera.

Napoleone si dirige verso la place de l'Olmo. Conosce ogni casa, ogni pietra del selciato. Può dare un nome a ogni viso. È a casa sua. L'intimità con i luoghi, le persone, i profumi, il colore di quel crepuscolo gli regalano un sentimento di forza. Eppure è colto anche da un senso d'inquietudine.

È ad Ajaccio soltanto da poche ore, e gli sembra di aggirarsi in un labirinto. Nulla gli è estraneo. Ha percorso tutte le strade. Conosce tutte le curve, tutte le trappo-

le, eppure teme di non poter trovare l'uscita, come se la familiarità stessa con il suo paese lo rendesse impotente.

S'inalbera. Non è possibile. È qui che deve tradurre in atto la sua energia. È qui che si svolge la prima scena. Qui deve interpretare il suo ruolo.

Andrà a Corte.

Qualche giorno dopo, mentre scorge la città di Corte sul suo picco, dominata dalla vetta rocciosa su cui s'innalza la cittadella, percorrendo le stradine selciate dove ode risuonare gli zoccoli del suo cavallo, nell'aprirsi un varco tra la folla dei delegati al Congresso, quel sentimento d'impotenza lo coglie di nuovo.

Avverte l'indifferenza dei delegati e soprattutto l'arrogante ostilità che alcuni gli manifestano. Lo chiamano "il francese", "l'ufficiale". Mormorano che suo padre Carlo si è schierato con Monsieur Marbeuf e ha tradito Paoli. Quell'atmosfera lo opprime. Stringe i denti. È ancora più pallido del solito. Sembra perfino più magro. Qualcuno dice, abbastanza forte perché lui senta, che quel *ragazzetto* che gioca a fare il soldato non dimostra neanche quindici anni.

Vedranno chi è Napoleone Bonaparte!

Raggiunge Giuseppe, che oscilla tra l'avvilimento e la soddisfazione. Alcuni amici si uniscono a loro. Paoli e il suo seguito dominano il Congresso. Paoli sceglie chi vuole lui. Diffida dei Bonaparte, ma non li respinge. Li trova giovani. Vuole osservarli, giudicare in merito alla loro fedeltà. È pronto a far eleggere Giuseppe membro del Direttorio del dipartimento, addirittura a consentirne l'ingresso nella commissione esecutiva. Per un giovane di ventiquattro anni non è forse una carica insperata?

Napoleone non si sbilancia. Si può rompere con Pasquale Paoli? Lo saluterà con rispetto, rinnovandogli l'offerta dei propri servigi. Dopo l'elezione dei deputati, nell'incontrare Peraldi e Pozzo di Borgo, che rappresenteranno Ajaccio all'Assemblea legislativa, Napoleone si congratula con loro.

Tornato a casa, però, si aggira senza requie nella sua camera. Quella duplice elezione è una sconfitta per i Bonaparte. Ne riduce l'influenza ad Ajaccio a beneficio dei loro rivali. Inoltre Giuseppe deve restare a Corte per espletare le sue funzioni nell'amministrazione del dipartimento. Paoli ha manovrato con abilità.

Napoleone si sente solo di fronte a una situazione ostile, ma è come se l'energia che ha in sé ne risultasse rinvigorita.

Impartisce ordini a tutti, ai fratelli, alle sorelle, con tono imperioso e autoritario.

— Non si può discutere con lui — si lamenta Luciano con la madre.

Luciano è l'unico che tenta di resistergli. Ma Napoleone va subito in bestia, non tollera alcuna replica, alcuna osservazione. È come un felino in agguato, pronto a sferrare un'unghiata feroce a chi gli capiti a tiro.

Il desiderio di azione, la volontà di trovare uno sbocco a una situazione che giudica transitoria, l'ambizione, il desiderio di dare finalmente prova di sé si traducono in un nervosismo, un'aggressività e un'impazienza che ogni suo gesto palesa.

Il 15 ottobre 1791 è il primo dei Bonaparte a entrare nella camera dove il prozio, l'arcidiacono Luciano, si sta spegnendo con serenità poco a poco.

Napoleone rimane ai piedi del letto, subito raggiunto dai fratelli, le sorelle, la madre. Giuseppe è arrivato da Corte. Quando lo zio Fesch, il prete della famiglia, si presenta con tanto di cotta e stola, l'arcidiacono Luciano lo congeda. Non ha bisogno del soccorso di quella religione che in linea di massima ha servito per tutta la vita!

Napoleone, immobile, osserva, ascolta quel morente che affronta l'ultima prova.

L'arcidiacono prende la mano di Letizia Bonaparte. Lei singhiozza. L'uomo che se ne va è colui che dalla morte del marito gestisce i beni della famiglia. L'arcidiacono mormora: — Letizia, smetti di piangere, io muoio contento poiché ti vedo circondata da tutti i tuoi figli.

Respira con difficoltà.

— La mia vita non è più necessaria per loro — aggiunge più piano. — Giuseppe è a capo dell'amministrazione del paese. Può dirigere dunque i vostri affari.

L'arcidiacono si rivolge a Napoleone in italiano:

— Tu poi, Napoleone, sarai un omone.

Ripete quest'ultima parola, *omone*.

Tutti gli sguardi si rivolgono verso Napoleone, che non abbassa il suo. Non è la prima volta che gli attribuiscono un avvenire glorioso e singolare. È come se tutti coloro che gli avevano pronosticato un destino lo avessero obbligato a compierlo.

È suo dovere diventare quel che si spera che diventi.

Di ritorno nella casa di rue Saint-Charles, dopo le esequie dell'arcidiacono, Napoleone è ancora più impaziente di agire.

Per prima cosa fa i conti.

Letizia Bonaparte è l'erede della piccola fortuna dell'arcidiacono, ma la mette a disposizione dei figli. Giuseppe è tornato a Corte. Dunque sarà Napoleone a gestire la somma che è stata trovata in una borsa di cuoio sotto il guanciale del defunto.

Nell'innalzare sul tavolo dello stanzone al pianterreno quelle colonnine di monete d'oro, Napoleone rimane impassibile. Il suo occhio non brilla, le dita non tremano. Il denaro è soltanto un modo di assicurare qualche garanzia per l'avvenire.

Per questo è necessario arrotondare il capitale. Lo zio Fesch è un consigliere prezioso. Conosce i beni della Chiesa che vengono messi in vendita come beni nazionali.

Ai primi di dicembre del 1791 Napoleone visita con lui le terre di Saint-Antoine e Vignale, nella periferia di Ajaccio, e la bella casa Trabocchina, situata in centro. Questi beni provengono dal capitolo di Ajaccio: il 13 dicembre diventano proprietà comune in parti uguali di Napoleone e di Fesch.

A più riprese, verso la fine del 1791, Napoleone si reca a misurare le sue terre. Talvolta s'immobilizza davanti alla Trabocchina. Sono cose sue. Tuttavia, anziché pacificarlo, quelle acquisizioni lo spingono ancor più ad agire. Non è il possesso di terre o pietre che lo appagherà. Al contrario, queste garanzie che si dà lo spronano ad andare avanti.

E il denaro è un mezzo per agire sugli uomini.

Pozzo di Borgo e Peraldi sono influenti perché sono ricchi. Essi "comprano" clienti e gratificano gli amici. Con l'oro che gli resta Napoleone pensa di poter rafforzare il partito dei Bonaparte.

Comincia a ricevere e a offrire pranzi nella casa di rue Saint-Charles. Consolida la sua rete di amicizie. Ma l'impazienza cresce.

L'occasione non tarda a presentarsi.

All'inizio del 1792 percorre la Corsica in compagnia di Monsieur Volney, un "filosofo", uno che ha partecipato alla Costituente, il quale sogna di stabilirsi in Corsica. È un uomo di grande notorietà, influente a Parigi. Napoleone non lo lascia un attimo, lo conforta nell'idea che in Corsica "il popolo è semplice, il suolo fecondo, la primavera eterna". Volney è soltanto un viaggiatore disinteressato. Mentre dialoga con Napoleone, raccontandogli con voce infiammata il viaggio compiuto in Egitto, la bellezza di quel paese, dove ci si attende una rivoluzione, Volney cerca terreni da acquistare. Sa che sono in vendita immense proprietà appartenenti alla monarchia

e concesse gratuitamente a certe famiglie. Napoleone consiglia Volney, gli segnala che sta per essere aggiudicata la tenuta di Confina, una proprietà di 600 ettari. Buone terre a buon prezzo! Napoleone esige, in qualità d'intermediario, che Volney gli riservi una parte della tenuta? Oppure è la nascita di una società che si sta concludendo tra il filosofo e il giovane ufficiale non ancora ventitreenne?

Alle domande che gli pone sua madre, Napoleone, di ritorno ad Ajaccio, non risponde, appare ancora più determinato e impaziente.

Quel lungo dialogo con un personaggio illustre, uno di cui ha letto le opere, lo ha confortato nell'idea che tutto gli è possibile. Volney gli ha fatto sognare l'Oriente, l'Egitto, viaggi in terre lontane. Parigi, anche. Napoleone tuttavia pensa: un filosofo, uno scrittore, un viaggiatore, un deputato alla Costituente, è tutto qua! Napoleone ammira e rispetta Volney, ma nello stesso tempo è smalizzato. Si sente pari a un Volney, un uomo che, dopo tutto, vuole realizzare un'operazione finanziaria redditizia, come chiunque altro. Anzi: Napoleone ha la certezza di possedere un'energia e una forza (gli ritornano le due parole del suo discorso di Lione) che Volney non ha mai avuto.

E chi, oltre a lui, ha dentro di sé di una simile riserva di potenza?

In quell'inizio del 1792 Napoleone comincia a credere di essere l'unico, tra gli uomini che affianca e affronta, a poter contare su una risorsa interiore di quel genere.

Rammenta tutte le sfide che ha raccolto, lui, la *Paille-au-Nez* del collegio di Brienne.

Quando vuole, può.

Vuole avanzare, svolgere un ruolo, ottenere un grado superiore a quello di tenente in uno dei battaglioni di volontari che sono in via di costituzione.

Gli aiutanti maggiori di queste truppe possono diventare ufficiali dell'esercito regolare. Ciò equivale al grado di capitano. Ecco dunque un obiettivo: diventare aiutante maggiore. Incontra il maresciallo di campo Antoine Rossi, che comanda di fatto le truppe di Corsica. È un lontano cugino dei Bonaparte. Ha bisogno di ufficiali competenti per inquadrare i contadini che compongono i battaglioni di volontari. Si affretta ad accogliere la richiesta di Napoleone. Nomina il tenente Bonaparte aiutante maggiore del battaglione di volontari di Ajaccio e di Tallone.

Vittoria acquisita per Napoleone, e tuttavia Letizia Bonaparte nota che il figlio è inquieto. Scrive molte lettere in Francia. Interroga un suo amico, Sucy, commissario delle Guerre di stanza a Valence. Infatti è venuto a sapere che gli ufficiali assenti dal loro corpo al momento della rivista nel gennaio del 1792 saranno radiati dai registri, perderanno i gradi di ufficiale, a meno che non siano in congedo o non adducano motivi eccezionali per giustificare la loro assenza. Napoleone non vuol essere destituito. Tiene al suo grado. Tiene alla Francia.

"Circostanze impellenti mi hanno forzato, monsieur e caro amico Sucy" scrive "a restare in Corsica più a lungo di quanto non avrebbero richiesto i doveri del mio incarico. Me ne dispiaccio, e tuttavia non ho niente da rimproverarmi: doveri sacri e più cari mi giustificano."

Qualche giorno dopo, cercando nuovamente di spiegare la sua assenza, scriverà ancora:

"In circostanze difficili il posto d'onore di un bravo corso è nel suo paese. È in questo spirito che i miei hanno reclamato che mi stabilissi tra loro."

— Tu non vuoi perdere quello che hai guadagnato in Francia — mormora Letizia. Approva il figlio.

Non perdere la Francia e non rinunciare alla Corsica. Tenere aperte tutte le porte, ecco la scelta di Napoleone, questo tattico che non ha ancora ventitré anni.

Nel febbraio del 1792, quando Rossi gli comunica che non potrà nominarlo aiutante maggiore poiché la legge obbliga gli ufficiali che hanno scelto questo grado a rientrare nel loro corpo il 1° aprile, Napoleone si vede costretto a tornare immediatamente in Francia o a dimettersi dall'esercito. Cosa che non vuole.

Scopre allora che la legge esenta da queste disposizioni i tenenti colonnelli in prima e in seconda dei battaglioni di volontari. Questi ufficiali potranno restare al loro posto e conservare il loro rango nell'esercito regolare.

Per quei gradi però non si è nominati, si viene eletti!

Napoleone prende subito la sua decisione: sarà tenente colonnello del 2° battaglione di volontari corsi, il battaglione detto "di Ajaccio-Tallano".

Eletto, dato che è necessario. Ma tenente colonnello a qualunque prezzo.

È la sua prima grande battaglia. Lo sa. Deve vincere.

Si chiude in camera. Legge i giornali che arrivano dalla Francia. Prende appunti. Scende nell'ampio soggiorno della casa taciturno, pensoso, il volto impenetrabile di chi medita.

Ma non appena si allontana da rue Saint-Charles, la sua fisionomia cambia. Cammina con passo deciso, il mento alto, in uniforme. Parla chiaro a coloro che lo avvicinano e si allontanano, soggiogati o stupiti dall'audacia di quel tenente di ventitré anni con l'aria di un adolescente, che sa tutto di quel che succede a Parigi.

Ha cinque concorrenti, tutti usciti da famiglie influenti di Ajaccio. Si allea con uno di loro, Quenza, accettando di essere suo luogotenente in seconda a condizione che i sostenitori dell'uno voteranno per l'altro. Accordo concluso.

Tuttavia i suoi avversari, i Pozzo di Borgo e i Peraldi, non disarmano. — Io non ho paura se mi si attacca di fronte — dice Napoleone a coloro che lo mettono in guardia. — Tanto vale non fare niente se si fanno le cose a metà.

Gli riferiscono le minacce e gli insulti che Pozzo e Peraldi rivolgono contro di lui. Si controlla. Lo sfottono per la sua ambizione smisurata, la bassa statura, le scarse risorse economiche, la *petulanza*.

Un giorno di marzo non regge più, sfida Peraldi a duello, l'aspetta l'intera giornata davanti alla cappella dei greci. Peraldi si defila, ma riesce a mettere in ridicolo il suo avversario.

Napoleone stringe i pugni. Raduna i suoi intorno a sé, li arringa, li ospita a casa sua, li nutre. I volontari di quattro compagnie del distretto di Tallano dormono nei corridoi, sulle scale, nelle camere della casa di famiglia. Napoleone spende i soldi senza contarli, la sua tavola è sempre imbandita.

Talvolta, la notte, scavalcando i corpi, gli tornano in mente le ore passate nelle camere di Auxonne e di Valence, quando chiosava le opere di Rousseau e Montesquieu. La lotta politica obbedisce decisamente ad altre regole. Bisogna sempre stare sul chi va là. E questo eccita come stare con una donna. È un alcol di cui Napoleone scopre l'ebbrezza. Ama questa tensione. È un duello dove il colpo d'occhio, la velocità del giudizio, il corpo sono mobilitati quanto la mente. E le decisioni sono liberatorie come il piacere.

Il 30 marzo 1792 Napoleone viene a sapere che i tre commissari del dipartimento preposti al controllo dello scrutinio che avrà luogo l'indomani sono arrivati ad Ajaccio. Due di loro hanno preso alloggio presso case della famiglia Bonaparte. Dunque sono acquisiti da Napoleone. Il terzo, Murati, ha scelto di essere ospitato da Peraldi.

Per tutta la giornata del 30 marzo Napoleone resta chiuso in camera. Si abban-

dona su una sedia, impensierito, poi cammina, perplesso. Senza l'appoggio del terzo commissario, lo scrutinio è incerto.

Napoleone vuole ottenere quel posto di tenente colonnello. Non può permettersi uno scacco, un dubbio. Apre la porta della camera, chiama uno dei suoi seguaci e impartisce gli ordini: si entri con la forza in casa Peraldi, armi in pugno, si prelevi il commissario e lo si conduca qui.

L'azione si svolge, violenta e rapida.

Napoleone accoglie il commissario con voce calma: — Ho voluto che foste libero — gli dice. — Da Peraldi non lo eravate, qui siete a casa vostra.

L'indomani, nella chiesa di San Francesco, malgrado le proteste degli amici di Pozzo di Borgo e Peraldi, Quenza viene eletto tenente colonnello in prima, e Bonaparte tenente colonnello in seconda.

La sera, nella casa di rue Saint-Charles piena di gente, si festeggia, si canta. Si suona la musica del reggimento.

Napoleone sta in disparte, silenzioso, lo sguardo fisso.

Quel che conta è la vittoria.

Ecco la legge che ha scoperto.

Poco importano i mezzi. Tutto sta nel progetto e nel fine.

Vincere, però, significa essere odiati.

Quando Napoleone si reca dai volontari che sono alloggiati nel seminario, sente pesare su di lui sguardi d'odio. I seguaci dei Peraldi e dei Pozzo mormorano al suo passaggio. Al momento del voto gli amici di Napoleone hanno malmenato Mathieu Pozzo che protestava. L'hanno gettato giù dalla tribuna eretta nella chiesa di San Francesco. Senza l'intervento di Napoleone, Pozzo sarebbe stato ucciso. Ma Napoleone, per i Pozzo, resta il capo di quei banditi. "Per gli uomini di buon senso, i Bonaparte avranno una reputazione eccellente soltanto nel crimine" ripetono i suoi nemici.

Si dà il caso che Peraldi e Pozzo di Borgo sono deputati all'Assemblea legislativa, e dietro di loro vi è colui che li ha fatti eleggere: Pasquale Paoli. E Napoleone capisce che quell'odio lo perseguiterà.

Ma così è. Bisogna convivere con l'odio. Quel che conta è aver vinto, e la scoperta di una gioia nuova e inebriante: comandare degli uomini.

Ha già dei soldati ai suoi ordini, ma è tenuto lui stesso a obbedire alle consegne ricevute dai suoi superiori.

Quando si reca al seminario e raduna i volontari nazionali, il solo capo è lui: il tenente colonnello in prima Quenza non vanta alcuna esperienza e manca di volontà. È Napoleone che redige nei minimi dettagli il regolamento del battaglione, che ormai non si chiama più "battaglione di Ajaccio-Tallano" bensì "battaglione Quenza-Bonaparte".

Tutti, fra le truppe e in città, sanno che è Napoleone a comandare.

In pochi giorni prende atto del suo potere. Ispeziona, disserta, ordina. Più agisce, più sente il bisogno di agire. Voleva essere tenente colonnello? Lo è. Ma a che serve, se non utilizza quel posto per andare più lontano? La vittoria ottenuta gli dà un nuovo slancio.

Per controllare la città occorrerebbe installarsi nella cittadella dove, sotto gli ordini del colonnello Maillard, sono di stanza i soldati del reggimento Limousin.

Napoleone osserva la cittadella, si avvicina. Là sono i cannoni. Prenderne il controllo equivale forse a convincere Pasquale Paoli che si sa agire, assumere iniziati-

ve. I rischi ci sono. Agire significa entrare in rivolta contro l'autorità legale. Occorre dunque prendere delle precauzioni, presentarsi come se si intervenisse per salvaguardare la legge, difendere i nuovi principi contro i fautori del despotismo.

In quei primi giorni di aprile del 1792 Napoleone è in continuo movimento, percorre la città in lungo e in largo, ispeziona i volontari. Il suo corpo segue il ritmo del suo pensiero che, sempre all'erta, cerca l'occasione propizia, la strategia migliore.

Il 2 aprile 1792 il colonnello Maillard ha passato in rivista sulla piazza d'armi il battaglione Quenza-Bonaparte. L'unità ha un aspetto marziale. Napoleone caracolla davanti ai volontari, ma quando Maillard chiede che il battaglione lasci la città, Quenza, istruito da Napoleone, rifiuta e accampando vari pretesti sollecita un rinvio della partenza.

La popolazione di Ajaccio è inquieta. Che ci fanno quei "contadini" in città?

Si sbraita contro Napoleone. Si denunciano le modalità con cui è stato eletto. Alcune famiglie, le più ricche, fanno le valigie e partono per l'Italia. Qua e là scoppiano risse tra guardie nazionali e marinai del porto.

L'8 aprile i preti che hanno rifiutato di prestare giuramento alla costituzione civile del clero celebrano una messa nel convento di San Francesco e annunciano una processione per il giorno dopo.

— Proclamano lo scisma! — esclama Napoleone. — Questo popolo è pronto a ogni follia!

In serata, dopo un'ennesima rissa davanti alla cattedrale, sparano contro Napoleone e il gruppo di ufficiali che lo attornia. Il tenente Rocca Serra è ucciso. Subito, da tutte le parti, risuonano urla: — Addosso alle *spalline*!

Non resta che fuggire dinanzi a quella caccia ai volontari nazionali.

Napoleone si rifugia con i suoi soldati nel seminario.

Dall'8 al 13 aprile si scatena la rivolta. Napoleone è onnipresente. Resiste, blocca gli accessi alla città, tenta di indurre i soldati della cittadella a sollevarsi, inganna il colonnello Maillard, negozia, arringa, comanda. — Andiamo a disfare la trama con la spada — dice, pur proseguendo abilmente i negoziati con le autorità, dal momento che non vuole figurare come il responsabile dei disordini, il ribelle.

Si muove a cavallo da una postazione all'altra, galvanizza i suoi seguaci. A più riprese fa aprire il fuoco sulle case. E i suoi soldati hanno messo al sacco alcuni quartieri cittadini. Si sente travolto da quella tormenta che lui stesso scatena e contiene, che dirige, frena, esaspera, blocca.

Poi, raggiunto un accordo, stila in fretta una memoria per giustificarsi.

Le parole risuonano, deformano la realtà, ma poco importa: si tratta di convincere. "La popolazione di Ajaccio è composta di antropofagi" scrive Napoleone. "Ha malmenato, assassinato dei volontari."

"Nella crisi tremenda in cui ci siamo venuti a trovare" continua "occorrevano energia e audacia. Occorreva un uomo che, al termine della sua missione, dovendo giurare di non aver trasgredito alcuna legge, fosse in grado di rispondere come Cicerone o Mirabeau: Giuro che ho salvato la Repubblica!"

Firma senza la minima esitazione. Ha scoperto che esistono verità successive. Scrivere, raccontare, sono azioni che bisogna saper piegare alle necessità del momento, adattare alle circostanze. Ma quanti sono quelli che possono capire questo processo mentale? "Gli animi sono troppo angusti per elevarsi al livello dei grandi problemi" scrive Napoleone.

Si reca a Corte per incontrare Paoli e ottenere da lui un nuovo incarico. Ma ancora una volta viene ignorato. Napoleone sa che Paoli lo accusa di aver utilizzato il suo nome durante la sommossa.

Di ritorno ad Ajaccio Napoleone può valutare tutto l'odio di cui è ormai oggetto. Per strada lo evitano. Hanno paura dei volontari. Napoleone è accusato di aver messo in pericolo la città. I deputati corsi all'Assemblea legislativa, Peraldi e Pozzo di Borgo, moltiplicano i libelli contro di lui. Lo dipingono come "la tigre sanguinaria" che non bisogna lasciar "godere della sua barbarie".

Napoleone sogghigna. Si odia solo chi si distingue dalla massa. Le accuse di aver fomentato una "nuova notte di San Bartolomeo" non lo impensieriscono. Tranquillizza la madre che invece è preoccupata.

Lascerà l'isola a metà maggio per raggiungere Parigi, difendersi davanti all'Assemblea legislativa dalle accuse di Pozzo di Borgo e Peraldi, e per conservare il suo grado nell'esercito, dal momento che è stato radiato dai quadri "per scadenza del permesso".

I fatti di Ajaccio lo hanno rivelato a se stesso. C'è stato un sommovimento generale in lui. C'è un sommovimento generale in Francia. Il 20 aprile 1792 è stata dichiarata la guerra.

Si sente in sintonia con quel mondo in sommovimento.

È sicuro che niente lo fermerà.

12

Il 28 maggio 1792, sul finire del pomeriggio, Napoleone cammina lentamente nelle vie strette del quartiere delle Tuileries.

Cerca l'hotel des Patriotes Hollandais, situato in rue Royale-Saint-Roche. Sa che i deputati corsi all'Assemblea legislativa si sono radunati lì, e ha deciso di sistemarsi tra loro.

Giuseppe si è meravigliato nell'apprendere la scelta del fratello.

Pozzo di Borgo e Peraldi sono avversari dei Bonaparte. Perché stargli alle costole? Napoleone ha risposto con tono sprezzante. Non bisogna mai fuggire, bensì affrontare il nemico.

È già passato a due riprese davanti all'hotel, ma ogni volta lo spettacolo delle strade nei dintorni dell'Assemblea lo ha bloccato sul marciapiede.

Non lontano di lì, al Palais-Royal, ci sono sempre donne che adescano, ma la folla è più variopinta, più chiassosa, più libera di un tempo, quando, timido giovanotto diciottenne, scivolava furtivamente sotto le gallerie.

Si ferma.

Un oratore in piedi sopra una panca grida: — Ci sgozzeranno tutti. Monsieur Veto e la sua Austriaca consegneranno Parigi alle truppe di Brunswick. Che fanno gli ufficiali, i generali? Tradiscono! Emigrano!

— A morte! — urla una voce.

Napoleone si allontana. Incrocia parecchie guardie nazionali che sui risvolti bianchi delle giacche hanno appuntato le coccarde tricolori. Nessuno lo nota. Si specchia in un vetro, ufficialetto magro in uniforme scura, dal colorito bilioso ma dal portamento altero. Si allontana solo, gli occhi pieni di sfide. L'indifferenza della gente che lo circonda lo stimola. Uscirà dall'ombra.

Più avanza nelle strade più la folla eterogenea, in massima parte malmessa e chiassosa, lo irrita. È questo il popolo di una capitale? Chi imporrà a questa plebaglia l'ordine necessario?

In rue Saint-Honoré rimane immobile di fronte alle facciate del convento dei Foglianti e della chiesa dei Cappuccini. L'Assemblea legislativa occupa tutti questi edifici oltre al maneggio delle Tuileries, in fondo ai giardini. Là deliberano i deputati.

Napoleone entra nel cortile dei Foglianti. Sarebbe tutto qui il centro del potere? nient'altro? La folla si accalca in disordine nel cortile. Interpella i deputati che passano. Si avventa per entrare nella sala delle sedute. Uomini dalle voci forti e i gesti minacciosi denunciano l'incapacità del governo.

— Si giudichino i traditori, si giudichi monsieur Veto.

Napoleone è ipnotizzato. Come può un potere tollerare quell'anarchia, quella ribellione, quelle critiche della strada, quando esiste una Costituzione che dovrebbe essere accettata da tutti gli uomini onesti?

Si allontana, medita una frase che scriverà più tardi, la sera: "I popoli sono onde agitate dal vento. Sotto un cattivo impulso, tutte le loro passioni si scatenano".

Si decide a raggiungere il suo hotel.

All'ingresso incrocia Pozzo di Borgo, che nel vederlo sobbalza.

Napoleone esita, poi saluta il deputato. È un uomo che conta, si dice sia in ottimi rapporti con il ministro della Guerra.

Preso possesso della sua camera, Napoleone comincia subito una lettera a Giuseppe. Ha bisogno di condividere le sue impressioni. "Alloggio in un posto troppo caro" scrive "domani cambio. Parigi è in preda a grandi convulsioni."

S'interrompe. Esce di nuovo, alla ricerca dell'hotel dove potrà vivere con minor spesa.

La notte non ha svuotato le strade. Battaglioni della Guardia nazionale si dirigono verso il palazzo delle Tuileries, dove risiedono il re e la sua famiglia. I bighelloni acclamano i soldati, reclamano l'allontanamento degli svizzeri e delle guardie del re che tutelano la sicurezza del sovrano.

— Tengono le loro pistole puntate sul cuore di Parigi — urla qualcuno.

Napoleone si allontana.

Nella stretta rue Mail distingue la facciata grigia dell'hotel Metz dove alloggia Bourrienne, il suo ex compagno della Scuola militare di Brienne. I prezzi delle camere sono modici, perché i deputati preferiscono abitare nelle immediate vicinanze dell'Assemblea.

La sera, dopo una cena in una piccola trattoria di rue Valois, le Trois Bornes, Napoleone interroga Bourrienne che da alcuni mesi vive a Parigi.

Bourrienne parla a lungo. Napoleone lo interrompe soltanto per porre brevi domande. Bourrienne è bene informato sulla vita della capitale. Il fratello maggiore, Fauvelet de Bourrienne, possiede un negozio di mobili all'interno dell'hotel Longueville. Vi vende la mobilia abbandonata dagli emigrati. Alcuni hanno perduto tutto, mentre altri bravi cittadini speculano, accumulando fortune favolose.

Perché noi no? domanda Bourrienne. Non ha denaro. Napoleone rivolta le tasche della sua uniforme. Ridono come due ragazzi di ventitré anni che fantasticano, camminando su e giù per le strade, sui modi per arricchirsi. Affittare appartamenti, perché no?

All'improvviso passano degli uomini armati. Le loro picche brillano alla luce dei lampioni. Le strade sono tenute illuminate, spiega Bourrienne, per rassicurare i cittadini, evitare che non ci si ammazzi a ogni passo.

— Anarchia — dice Napoleone.

Non ride più.

L'indomani è sistemato nella camera 14 al terzo piano dell'hotel Metz.

La notte precedente, dopo aver lasciato Bourrienne, ha gironzolato al Palais-Royal, nel profumo stordente delle donne.

Il 29 maggio, di prima mattina, comincia a muoversi negli uffici del ministero della Guerra per ottenere di essere reintegrato nell'esercito.

Esibisce i certificati di Rossi, che deteneva il comando in Corsica. Presenta gli attestati del direttorio di Ajaccio e del dipartimento. Spiega le ragioni della sua assenza alla parata nel gennaio del 1792. Esercitava le funzioni di tenente colonnello nel 2° battaglione della Guardia nazionale. I tumulti che si sono verificati ad Ajaccio l'hanno costretto a trattenersi in Corsica.

Sente di essere ascoltato con benevolenza. Oltre due terzi degli ufficiali d'artiglieria hanno disertato. Il corpo difetta di quadri.

Viene interrogato. Conosce i tenenti Picot de Peccaduc, Phélippeaux, Des Mazis? Tutti emigrati. Gli mostrano le liste degli ex alunni della Scuola militare di Parigi durante l'anno scolastico1784-1785; vi ritrova i nomi di Laugier de Bellecourt, Castres de Vaux e tanti altri: anche loro emigrati.

Compiendo i suoi passi giorno dopo giorno, Napoleone si convince che sarà reintegrato. Tuttavia i funzionari del ministero e gli ufficiali incaricati di esaminare il suo caso gli confidano che ha un nemico tenace.

Chi? Un deputato corso, che moltiplica le lettere al ministero per denunciare il tenente Napoleone Bonaparte e il ruolo che ha sostenuto durante la rivolta di Ajaccio. Si tratta di Peraldi.

— Quest'uomo è idiota e più folle che mai — esclama Napoleone. — Mi ha dichiarato guerra! Senza quartiere! È ben fortunato a essere intoccabile. Gli avrei insegnato a venire a patti!

Lo rassicurano. Il rapporto della commissione al ministro sarà favorevole. Ma Napoleone, anche se non è troppo preoccupato, non vuole lasciare niente al caso. Si reca alle sedute dell'Assemblea legislativa, incontra gli altri deputati corsi, stringe con loro rapporti di cortesia o di amicizia.

Infatti non ha rinunciato a svolgere un ruolo importante nell'isola. La Francia è talmente lacerata che è impossibile prevedere il suo avvenire. È necessario tenere saldamente in mano la carta corsa.

"Questo paese è strattonato in tutte le direzioni dai partiti più accaniti" scrive Napoleone a Giuseppe. "È difficile trovare il filo che lega tanti progetti differenti. Io non so come si metterà, ma le cose stanno prendendo una piega decisamente rivoluzionaria."

Il 20 giugno 1792 Napoleone sta aspettando Bourrienne per pranzare in un ristorante di rue Saint-Honoré, vicino al Palais-Royal. Segue con lo sguardo i morbidi corpi femminili che vanno e vengono sotto le gallerie. L'aria è dolce.

Poco dopo che Bourrienne si è seduto, Napoleone vede una folla di 5-6000 uomini che sbuca dal lato dei mercati e marcia verso le Tuileries.

Napoleone afferra Bourrienne per un braccio, lo trascina. Vuole seguire quella folla. Si avvicinano.

Uomini e donne impugnano picche, asce, spade e fucili, spiedi e bastoni appuntiti.

Arrivata ai cancelli dei giardini delle Tuileries, la folla esita, poi li forza, entra negli appartamenti del re.

Da lontano Napoleone assiste alla scena. Vede il re, la regina e il principe reale con il berretto rosso sul capo. Il re, dopo un attimo di esitazione, beve e brinda con i rivoltosi.

Napoleone si allontana. Dice a Bourrienne: — Il re si è umiliato, e in politica chi si umilia non si risolleva.

Poi s'indigna: — Questa folla disordinata, il modo in cui veste, in cui parla, è quanto di più abietto offre la plebaglia.

Mentre cammina, borbotta. È un ufficiale, un uomo di disciplina e d'ordine. La libertà, l'uguaglianza, sì, ma senza l'anarchia, nel rispetto della gerarchia e dell'autorità. Occorrono capi. Ha riflettuto, spiega, sull'esperienza vissuta ad Ajaccio durante la sommossa. L'efficacia presuppone che vi sia un uomo, il capo, che prende le decisioni, le impone e ne dirige l'esecuzione.

Si accalora: — I giacobini sono dei folli privi del senso comune. — Tesse l'elogio di La Fayette, che i giacobini per l'appunto dipingono come un assassino, un accattone, un miserabile. — L'atteggiamento e i discorsi dei giacobini sono pericolosi, incostituzionali — dice.

Più tardi, nella camera del Metz, scrive a Giuseppe: "È assai difficile prevedere che cosa diventerà l'Impero in una circostanza tanto burrascosa".

Ragione di più per riavvicinarsi a Paoli. Luciano, il fratello minore, potrebbe diventare il suo segretario. Quanto a Giuseppe, questa volta dovrà cercare di ottenere l'elezione alla Convenzione. "Senza di ciò, avrai sempre un ruolo inconsistente in Corsica." Ripete: "Non farti infinocchiare: bisogna che tu entri nella prossima legislatura, altrimenti sei un povero stupido!".

Esita. Poi, piegando nervosamente la penna, aggiunge: "Va ad Ajaccio, va ad Ajaccio per diventare elettore!". E lo sottolinea.

Si alza. Bisogna scegliere. È la legge della politica e della vita, e tuttavia l'avvenire è incerto.

Uno dei deputati corsi all'Assemblea legislativa ha confidato a Napoleone che il responsabile delle fortificazioni, La Varenne, in un rapporto al comitato militare dell'Assemblea ha dichiarato che conservare il dominio francese in Corsica è impresa impossibile e senza utilità reale.

Napoleone riprende la penna e scrive, nel tono imperioso che usa con il fratello maggiore: "Tieni duro col generale Paoli, può tutto ed è tutto, sarà tutto in futuro. È molto probabile che le cose si concludano con la nostra indipendenza".

Dunque è necessario occuparsi degli affari della Corsica.

Napoleone vede sempre più spesso i deputati dell'isola. Li corteggia. Si occupa inoltre degli affari di famiglia, si spazientisce perché non riceve i documenti necessari per la questione del vivaio. Poi si preoccupa della sorella Elisa, che si trova nella casa per educande di Saint-Cyr. È un'istituzione che scomparirà. Che fare di questa ragazza di quindici anni? Riportarla in Corsica, in famiglia? Questo obbligherebbe Napoleone a compiere il viaggio. Ma come evitarlo?

Va a trovare Elisa a Versailles, incrocia dei battaglioni di federati marsigliesi che urlano a squarciagola il nuovo canto di marcia dell'Armata del Reno, di cui ripetono il ritornello vendicatore: *Aux armes, citoyens, formez vos bataillons.*

"Tutto preannuncia momenti violenti" scrive Napoleone. "Parecchi abbandonano Parigi."

Lui non ci pensa neppure, se non per accompagnare Elisa ad Ajaccio. Mantiene la calma, osserva, all'erta, come uno scienziato di fronte a "un fenomeno di combustione".

Talvolta Bourrienne, entrando nella camera dell'hotel Metz, lo sorprende intento a fare calcoli, disegnare traiettorie.

Si meraviglia. Napoleone gli mostra la corsa degli astri che ha disegnato: — L'a-

stronomia è un bel divertimento e una scienza superba. Con le mie conoscenze matematiche, serve solo un po' di studio per possederla. È una grande acquisizione in più.

Sorride alla sorpresa del compagno.

Gli piace osservare, capire, aggiunge. L'astronomia, la matematica, non sono in definitiva più appassionanti delle azioni umane?

— Quelli che si trovano al comando sono dei poveracci. Bisogna confessare, vedendo le cose da vicino, che i popoli non meritano che ci si dia tanto pensiero per conquistare il loro favore.

Riprende queste considerazioni in una lettera al fratello Luciano, il quale, a diciassette anni, s'infiamma per le questioni politiche e giudica severamente Napoleone. Ha appena scritto a Giuseppe che "Napoleone è un uomo pericoloso... Mi pare che abbia tendenza a essere tiranno e credo che lo diventerebbe davvero se fosse re, e allora il suo nome sarebbe per la posterità e per il vero patriota un nome esecrabile... Lo credo capace di cambiare bandiera".

Napoleone non se la prende quando Giuseppe gli confida, sfumando i termini, quel giudizio. Luciano è giovane. Diciassette anni! Bisogna moderarlo. Gli scrive:

> Conosci la faccenda di Ajaccio? Quella di Parigi è esattamente la stessa. Forse la gente qui è ancora più meschina, più perfida, calunniatrice e critica... Ognuno cerca solo il proprio vantaggio e vuole riuscire a forza di infamie, di calunnie. Oggi s'intriga in modo più meschino che mai. Tutto ciò distrugge l'ambizione. Si commisera chi ha la sfortuna di svolgere un ruolo, soprattutto quando ce ne si può esimere: vivere tranquillamente, vivere per sé e per la propria famiglia, ecco, mio caro, quando si gode di una rendita di 4-5000 lire, la scelta da compiere e che si compie tra i venticinque e i quarant'anni, quando cioè l'immaginazione è placata e non ti tormenta più.

Discorsi di un fratello maggiore che vuole proteggere il più piccolo.

Ma spesso, tra il giugno e l'agosto del 1792, quando vede la violenza scatenarsi nelle strade, imperare il disordine, il flusso e il riflusso della folla che niente sembra poter contenere, Napoleone prova un sentimento in cui si mescolano il disgusto per l'anarchia e l'inquietudine per non poter governare quella tempesta in cui la "plebaglia" sembra regnare sovrana.

Il 12 luglio 1792 Napoleone trova nel suo hotel una lettera che reca la data del 10. Lo informa che il ministero della Guerra ha deciso di reintegrarlo "nel suo impiego al 4° reggimento artiglieri... per svolgervi le funzioni di capitano".

La reintegrazione nel nuovo grado ha effetto dal 6 febbraio 1792 con conguaglio di paga.

Napoleone scrive subito ai suoi. Vuole dividere con loro la sua gioia. Giuseppe gli risponde entusiasta. A ventitré anni, capitano d'artiglieria con emolumento annuo di 1600 lire! Che successo! Letizia Bonaparte è raggiante, si congratula col suo "omone". Raggiunga pure il suo reggimento e resti in Francia.

Napoleone, infatti, è combattuto. Ora che è di nuovo iscritto nei registri dell'esercito regolare, perché non ritentare ancora l'azione in Corsica? Dopo tutto, è sempre tenente colonnello di un battaglione di volontari ad Ajaccio!

"Se avessi tenuto conto solo dell'interesse della famiglia e delle sue inclinazioni" scrive martedì 7 agosto a Giuseppe "sarei venuto in Corsica, ma voi siete tutti d'accordo nel pensare che devo recarmi presso il mio reggimento. Dunque andrò."

Nei giorni che seguono si prepara alla partenza. Il suo reggimento è impegnato

alla frontiera, ma Napoleone non può ancora raggiungerlo perché non ha ricevuto il brevetto di capitano.

Passeggia nelle strade dove a ogni istante si formano capannelli di sfaccendati per commentare le notizie. Denunciano la corte, l'accusano di complotto con il maresciallo Brunswick, che avanza con le sue truppe austro-prussiane. Ruggiscono quando un oratore legge il *Manifesto* indirizzato da Brunswick ai parigini. Il maresciallo promette a Parigi un'"esecuzione militare e un rivolgimento totale, i ribelli saranno messi a morte se i parigini non si sottometteranno immediatamente e senza condizioni al loro re".

Follia, pensa Napoleone.

L'"incendio" in città divampa. Scoppiano tafferugli tra federati marsigliesi che cantano *La Marsigliese* e gruppi di guardie nazionali parigine.

Nella notte tra il 9 e il 10 agosto Napoleone si sveglia di soprassalto.

Tutte le campane di Parigi suonano a martello.

Si veste in fretta, si precipita in strada per andare da Fauvelet de Bourrienne che ha il negozio al Carrousel, un punto d'osservazione ideale.

In rue Petits-Champs vede avanzare verso di lui una folla di uomini che innalzano una testa infilzata su una picca. Lo circondano. Lo malmenano. È vestito come un signore. Reclamano che gridi "Viva la nazione". Esegue, il volto contratto.

Una volta da Fauvelet de Bourrienne, accanto alla finestra, assiste agli eventi. Gli insorti invadono place du Carrousel e si dirigono verso le Tuileries.

Napoleone non è che uno spettatore attonito, ostile a "quei gruppi di uomini laidi", a quella plebaglia.

Sa di rischiare la vita, ma nel primo pomeriggio, quando il palazzo delle Tuileries è conquistato e saccheggiato dai rivoltosi mentre il re trova rifugio presso l'Assemblea, Napoleone entra nel giardino e nel palazzo. Più di mille morti giacciono in quello spazio angusto ingombrando le scale e le stanze.

Napoleone prova un sentimento di disgusto e orrore. È il primo campo di battaglia che percorre. Le guardie svizzere si sono battute fino all'ultimo, poi sono state massacrate.

A pochi passi da Napoleone un marsigliese è in procinto di ucciderne una.

Napoleone si fa avanti:

— Uomo del Midi, risparmiamo questo disgraziato.

— Sei del Midi? — domanda il federato.

— Sì.

— Va bene, risparmiamolo.

Napoleone continua a percorrere i giardini, le stanze del castello. Vuole capire.

— Ho visto donne benvestite abbandonarsi ad atti di estrema indecenza sui cadaveri degli svizzeri — racconta a Bourrienne qualche ora dopo.

— Le donne mutilavano i soldati morti, poi brandivano quei sessi sanguinolenti. Vile canaglia — mormora Napoleone.

Entra nei caffè dei dintorni. Dappertutto si canta, si sbraita, si brinda, si tripudia.

Napoleone sente su di sé sguardi ostili. È troppo calmo, e il suo riserbo risulta sospetto.

Si allontana. Dappertutto violenza, "la rabbia era stampata su su tutti i volti", dice. Ha un accesso d'ira. — Se Luigi XVI si fosse mostrato a cavallo — grida a Bourrienne — la vittoria sarebbe stata sua.

Disprezza quel sovrano *coglione* che ha capitolato il 20 giugno invece di predisporre le batterie di cannoni.

Quel re non era un soldato. Non si è dato i mezzi per regnare. E il disordine, l'anarchia l'hanno travolto.

Giudica le giornate rivoluzionarie del 20 giugno e soprattutto del 10 agosto da uomo d'ordine, da ufficiale.

Quali che siano i principi in cui crede, ritiene che il potere non debba restare alla strada, alla folla, alla plebaglia. Occorre imporre la legge. Occorre dunque un capo che sappia decidere. Occorre un uomo dotato di energia, forza e audacia. Quell'uomo può essere lui.

La sera del 10 agosto prende la sua decisione. Rientrerà in Corsica, invece di raggiungere il suo reggimento. È nell'isola che può mettersi in luce. Qui, che mai potrebbe fare in questo "incendio"? Non è nessuno. Laggiù è un Bonaparte, tenente colonnello.

L'Assemblea legislativa ha sospeso il re e deciso che le elezioni per la Convenzione nazionale si terranno il 2 settembre. È necessario raggiungere al più presto la Corsica, spronare Giuseppe perché finalmente sia eletto.

"Gli avvenimenti precipitano" scrive alla fine di agosto allo zio Parravicini. "Lasciate che i nemici latrino, i vostri nipoti vi amano e sapranno farsi strada."

Prima di tutto deve ritirare la sorella Elisa da Saint-Cyr. Si fa in quattro l'intera giornata del 1° settembre, mentre le bande già scorrazzano per le strade di Parigi gridando al complotto degli aristocratici, reclamando l'esecuzione dei "congiurati" che si ammucchiano nelle prigioni e sperano nell'arrivo delle truppe di Brunswick per vendicarsi e sgozzare i patrioti.

Alla fine della giornata Napoleone riesce a far salire la sorella su una scalcinata vettura presa a noleggio.

Poi bisogna rintanarsi a Parigi, mentre le campane suonano a martello e si sparge la voce che Verdun ha capitolato davanti agli austro-prussiani, e che il nemico sta per entrare nella capitale per sottometterla a un "rivolgimento totale".

Le bande si radunano davanti alle prigioni, si fanno aprire le porte, giudicano in modo sommario i prigionieri e li massacrano. La plebaglia sembra essere sfuggita a qualsiasi autorità. Si mormora che Danton lasci mano libera ai "giustizieri". Robespierre non si fa vedere. Le prigioni, la strada sono nelle mani dei "massacratori", sempre più eccitati dagli infuocati articoli e proclami di Marat.

Il 5 la carneficina si ferma. Il 9 settembre Napoleone può finalmente lasciare Parigi insieme alla sorella.

Nella diligenza, poi sul battello che discende il Rodano, Napoleone percepisce la paura dei viaggiatori, alcuni dei quali fuggono da Parigi e lo confessano sottovoce.

A Valence rende visita a Mademoiselle Bou, che gli racconta degli altri massacri nelle città della vallata.

Qualche ora dopo Napoleone ed Elisa ripartono, carichi di un paniere d'uva che Mademoiselle Bou li ha costretti ad accettare.

Arrivano a Marsiglia alla fine di settembre del 1792. Mentre entrano nel loro hotel, alcuni uomini e donne li apostrofano, poi li circondano. Con il suo cappello piumato Elisa ha l'aria di una fanciulla della nobiltà.

— Morte agli aristocratici — urlano.

Tutto può succedere.

Napoleone afferra il cappello della sorella, lo scaglia verso la folla.

— Non più aristocratici di voi — grida.

Lo applaudono.

La sera stessa s'informa se c'è una nave in partenza per Ajaccio.

Dovrà aspettare il 10 ottobre per salpare da Tolone.

Sa già che il fratello non è stato eletto alla Convenzione. Giuseppe ha raccolto solo 64 voti su 398 elettori, e al secondo turno il suo nome non ha avuto alcun suffragio! Brutta notizia. Apprende inoltre che la monarchia è stata abolita, il 21 settembre la Convenzione ha proclamato la Repubblica, e il giorno prima l'esercito francese di cui Napoleone è ufficiale ha riportato sotto il comando di Kellermann e di Dumouriez la vittoria di Valmy.

Il 14 ottobre i prussiani hanno evacuato Verdun. Lui non ha partecipato affatto a quell'evento che, secondo Goethe, "segna l'inizio di una nuova era nella storia del mondo".

Il 15 ottobre 1792 sbarca ad Ajaccio insieme a Elisa.

Nel vedere i suoi riuniti sulla banchina, la madre circondata da tutti i suoi figli, Napoleone è felice.

Ma è lontano, lassù a nord, sulla frontiera, a Valmy, che la gloria ha sfiorato i soldati con la sua ala.

Qui, in quest'isola, che può fare?

13

Nell'ampia stanza della casa di famiglia Napoleone osserva sua madre. Gli appare un po' appesantita, ma è sempre vivace e, in quella sera di fine ottobre del 1792, è addirittura raggiante. Va dall'uno all'altro dei suoi figli. Si ferma spesso davanti a Elisa, che continua a chiamare come un tempo Maria Anna. L'abbraccia, poi si avvicina a Napoleone e gli sfiora la guancia con la punta delle dita.

È la prima volta dopo tanto tempo, dice, che tutti i suoi figli sono riuniti in casa. Bisogna assaporare questo momento di pace e di felicità.

Napoleone si alza, si allontana dal gruppo.

Sono parecchi giorni che aspetta un segno da Paoli. Il Babbo lo lascerà inattivo? Eppure il 18 ottobre Napoleone ha scritto, dichiarando che intende riprendere il suo posto di tenente colonnello in seconda al comando del battaglione di volontari. Ancora nessuna risposta da Corte, dove Paoli risiede. Con la sua corte, aggiunge Luciano, amaro.

Paoli non ne ha voluto sapere di quel "giovanotto" come segretario.

— Non ci ama — ripete Luciano ai fratelli maggiori. — Napoleone è tornato dalla Francia con un grado in più. Troppo francese per Paoli, sospetto. Ci teme.

Napoleone non ha desistito. Ha annunciato alle compagnie del suo battaglione di stanza a Corte e Bonifacio che si recherà da loro: "D'ora in avanti sarò lì e ogni cosa marcerà a dovere". Va a "mettere ordine a tutto".

Non gli hanno risposto. Aspetta. Non può rompere con Paoli, che in Corsica detiene tutti i poteri e dispone del sostegno della popolazione contadina, la più numerosa.

Così nella casa di Ajaccio, malgrado la contentezza dei suoi, la gioia della madre e la riconoscenza che questa gli manifesta, l'impazienza lo divora.

La sera del 29 ottobre, mentre piove a catinelle, apre la porta, s'inoltra nel giardino e torna soltanto dopo un po', i capelli incollati al viso, l'uniforme fradicia. La madre si avvicina, ma lui si scansa e comincia a parlare.

Ci sono le Indie, dice. Lì hanno bisogno di ufficiali d'artiglieria. Li pagano bene.

Potrebbe mettersi al servizio degli inglesi in Bengala, oppure organizzare l'artiglieria degli indiani che li combattono. Poco importa con chi si schiererà. Che fa qui, se non sprecare la sua vita? I suoi compagni d'armi sono entrati a Magonza, a Francoforte. Non può accettare questo destino mediocre, questa inazione mentre il mondo si muove, la Francia è vittoriosa e anche lui avrebbe potuto far parte dell'esercito vittorioso sul Sambro e la Mosa.

Ma non ha raggiunto il suo reggimento. È qui, in Corsica, dove rifiutano di utilizzarlo.

Andrà nelle Indie. — Gli ufficiali d'artiglieria sono rari dovunque — dice. — E se mai compirò questa scelta, spero che sentirete parlare di me.

Stringe a sé la madre. Quel gesto esplicito di tenerezza non gli è abituale. Perlopiù si tiene sulle sue, e Letizia Bonaparte si stupisce di quel moto, di quella sensibilità che si manifesta improvvisa.

— Tornerò dalle Indie entro qualche anno — mormora Napoleone. — Sarò ricco come un nababbo e vi riporterò delle belle doti per le mie tre sorelle.

Luciano protesta. Sarebbe davvero incontentabile a non rallegrarsi di essere stato promosso capitano a ventidue anni.

— Quanto sei ingenuo — lo interrompe Napoleone alzando le spalle — a credere che quell'avanzamento, rapido ne convengo, sia per merito reale o presunto... Sono capitano, lo sai bene quanto me, perché tutti gli ufficiali superiori del reggimento La Fère sono a Coblenza, emigrati. Al presente, vedrai per quanto tempo mi lasceranno capitano... Ho visto le cose abbastanza da vicino, laggiù a Parigi, per sapere che senza protezione non arrivi da nessuna parte. Le donne, soprattutto, ecco le vere ed efficaci macchine di protezione. E io, lo sai, non sono fatto per loro. Non piaci alle donne quando non sai farle la corte, ed è quello che io non ho mai saputo e probabilmente non saprò mai fare.

— Non partirà — commenta semplicemente Letizia.

Napoleone all'improvviso dichiara, con tono brutale:

— Vado a Corte.

Parte il giorno dopo a cavallo, lungo la vallata del Gravone.

Quando arriva a Bocognano, i contadini e i pastori gli fanno festa. È gente fedele.

Il rispetto e i segni di affetto e devozione di cui è circondato lo rasserenano e lo confortano nella sua decisione. Strapperà a Paoli quel comando cui ha diritto. Non si lascerà mettere da parte.

Alcuni pastori di Bocognano lo accompagnano finché compaiono le mura della città di Corte. Gli ripetono che sono pronti a morire per lui, un Bonaparte. Ha bisogno di loro, afferma. Si ricorderà per sempre della loro amicizia.

Essere un capo è questo, costituire intorno a sé un clan, saper riunire gli uomini, legarli alla propria persona e gratificarli.

Lo ha imparato.

A Corte regna sovrano Paoli. Pozzo di Borgo è il suo consigliere intimo. Paoli ha designato come comandante delle truppe il cugino Colonna Cesari. Napoleone insiste per essere ricevuto da colui che chiama "il generale" Paoli.

Ma Paoli lo fa attendere.

Ogni giorno Napoleone visita le compagnie dei volontari che sono acquartierate nei dintorni di Corte. È accolto con gioia, ma gli uomini di Paoli gli fanno capire che qui non c'è bisogno di un tenente colonnello supplementare. C'è Quenza, tenente colonnello in prima. A che servirebbe Bonaparte?

Napoleone ascolta. Passeggia solo, a lungo, per le stradine di Corte. Ripensa a tutte le vessazioni, le ripulse che ha accettato da parte di Pasquale Paoli. Nel novembre del 1792, dopo che la Convenzione ha dichiarato solennemente che "accorderà fratellanza e soccorso a tutti i popoli che vorranno recuperare la loro libertà", quando le truppe di Dumouriez hanno riportato sugli austriaci la grande vittoria di Jemappes e occupano il Belgio, deve ancora restare all'ombra di Paoli?

Ci sono altri corsi, Saliceti, Chiappe, Casabianca, deputati alla Convenzione, che hanno scelto senza reticenza di stare dalla parte della Francia e della Repubblica. Con loro, con Saliceti soprattutto, Napoleone e tutto il clan Bonaparte hanno da sempre rapporti amichevoli. Allora perché continuare a seguire Paoli?

— Paoli e Pozzo di Borgo sono una fazione — confida Napoleone a Giuseppe.

E di fronte alla reticenza e alla prudenza del fratello maggiore aggiunge:

— Una fazione antinazionalista.

Nei quartieri del suo battaglione, quando i volontari gli si radunano intorno, Napoleone li arringa, esalta l'esercito della Repubblica:

— I nostri non dormono, la Savoia e la contea di Nizza sono conquistate.

Fissa uno dopo l'altro ciascun volontario, ripete: — I nostri. Vale a dire i francesi. — Poi, amministrando l'effetto, fa un passo indietro e aggiunge:

— La Sardegna sarà attaccata quanto prima.

I volontari levano in alto le armi. E lui conclude:

— I soldati della libertà trionferanno sempre sugli schiavi al soldo di qualche tiranno.

Le parole gli sono salite naturalmente alle labbra, forzando la prudenza, parole spuntate dopo lunghi mesi d'incertezza e di maturazione. Una volta compiuta la scelta, Napoleone si sente come liberato. Forza la cerchia di Paoli, riesce finalmente a trovarsi di fronte a quello che ormai gli appare come un vecchio da cui non deve più cautelarsi, un ostacolo che si può ancora utilizzare come uno scudo, ma anche rovesciare. Basta soltanto scegliere il momento.

Napoleone gli si rivolge con vigore. Il tono è talmente vivace che alcuni fedeli di Paoli mormorano.

Napoleone esige. Vuole il suo comando, ne ha diritto. I corsi devono intervenire nella guerra della Repubblica. Se gli si rifiuta ciò che chiede, conclude, se ne andrà e scriverà a Parigi da Ajaccio per denunciare le lungaggini, gli intralci, per non dire i tradimenti, di una fazione antinazionalista.

Paoli ascolta, gli occhi socchiusi, poi con voce calma e ferma dice semplicemente:

— Potete andarvene, se volete.

È Paoli che ha in pugno la Corsica. Questo pensiero, lungo tutto il viaggio di ritorno ad Ajaccio e nelle settimane successive, non lascia Napoleone.

Deve rovesciare il suo potere e, a questo scopo, diventare ancora più francese.

Nella casa di rue Saint-Charles, Napoleone riceve l'ammiraglio Truguet, un giovane e brillante ufficiale che comanda la flotta radunata per un attacco contro la Sardegna. Si balla. L'ammiraglio corteggia Elisa, conquista Paolina e Carolina.

Poi è la volta di Huguet de Sémonville, un diplomatico in viaggio per Costantinopoli e di passaggio ad Ajaccio, il quale si unisce alle feste date dai Bonaparte.

Tiene discorsi al circolo patriottico della città, e Luciano, con piena autorevolezza, nonostante i suoi diciotto anni, gli funge da interprete e presto da segretario. Napoleone si offre anche di ospitare Sémonville e la sua famiglia in una delle case di campagna dei Bonaparte a Ucciani.

Fa visitare Ajaccio ai suoi ospiti, ma sente l'ostilità della popolazione. Il clan Bonaparte diventa il clan francese.

Nel mese di dicembre, quando i marinai della flotta di Truguet e poi alcuni volontari marsigliesi arrivati ad Ajaccio provocano delle risse con i volontari corsi uccidendone alcuni, Napoleone li denuncia: — I marsigliesi sono degli anarchici che seminano ovunque il terrore, vanno a caccia di aristocratici o di preti e sono assetati di sangue e di crimini.

Eppure, qualunque cosa dica, sa che ormai agli occhi dei corsi è quello che ha scelto la Francia.

Da quel momento, andrà fino in fondo.

È d'accordo con Saliceti, il quale ha appena votato alla Convenzione la morte del re. E tuttavia, alla fine di gennaio del 1793, valuta la rottura che l'esecuzione di Luigi XVI finisce di consumare tra la maggioranza dei corsi e la Francia.

Gli riferiscono le frasi di Paoli, che ha condannato l'esecuzione di Luigi XVI. — Noi non vogliamo essere i carnefici dei re — ha detto il Babbo. Vicino a lui, Pozzo di Borgo è il sottile intermediario di un'alleanza con l'Inghilterra.

— Il re d'Inghilterra ha pagato Paoli per anni — ripete Luciano a Napoleone. — Lui continua a essere al suo soldo.

Napoleone non vuole esagerare, ma il 1° febbraio la Convenzione ha dichiarato guerra all'Inghilterra, e Paoli, l'ex esiliato a Londra, diventa ancora più sospetto.

Una sera di febbraio del 1793 Napoleone confida a bassa voce a Huguet de Sémonville:

— Ho riflettuto sulla nostra situazione. La Convenzione ha indubbiamente commesso un grave crimine giustiziando il re, e io lo deploro più di chiunque altro, ma, succeda quel che succeda, la Corsica deve restare sempre unita alla Francia. Può esistere solo a questa condizione. Io e i miei difenderemo, vi ho avvertito, la causa dell'unione.

Tre giorni dopo Napoleone è a Bonifacio. I volontari del suo battaglione si sono radunati lì per partire all'assalto delle isole della Maddalena, che appartengono ai sardi e consentono di controllare il canale delle bocche di Bonifacio tra la Corsica e la Sardegna. La flotta dell'ammiraglio Truguet si muove con a bordo i federati marsigliesi. Si dirige verso Cagliari, la capitale sarda. L'assalto alle isole della Maddalena servirà come diversivo.

Napoleone è calmo e febbrile al tempo stesso. Finalmente sta per battersi. Più volte al giorno si reca all'estremità del promontorio di Bonifacio. Da lì scorge le coste grigiastre della Sardegna. Poi, rientrato nella casa che occupa in rue Piazzalonga, convoca un ex cancelliere del tribunale. Gli detta istruzioni. Le frasi sono brevi, il tono tagliente. Si fa mandare i rapporti, li esamina in modo minuzioso. Esige disciplina, regolarità, esattezza. Vuole controllare tutto di persona.

Di prima mattina si lava con una spugna imbevuta d'acqua fredda, si strofina vigorosamente, poi si veste con cura, sempre attento alla pulizia e alla perfezione della sua uniforme, ma intorno a lui, e malgrado i suoi ordini, la trasandatezza del vestiario è generale.

— Ci si batte bene solo con uomini e uniformi impeccabili — afferma.

Nell'osservare i suoi uomini si domanda: quanti fra loro vogliono davvero battersi?
Appena sbarca dalla *Fauvette* sull'isolotto di Santo Stefano fa subito disporre in batteria i due pezzi da 4 e il mortaio. Comincia a bombardare la città della Madda-

lena. Ma i suoi soldati sono inesperti, impauriti. Il comandante della spedizione, Colonna Cesari, l'uomo di Paoli, ha ricevuto dal Babbo l'ordine di non infierire "sui fratelli sardi". I marinai della *Fauvette* si ammutinano e vogliono tornare a Bonifacio. A sud, a Cagliari, i volontari marsigliesi se la sono squagliata ai primi spari.

Mordendosi le labbra dalla rabbia, Napoleone è costretto a evacuare la sua posizione, e deve anche affondare i suoi cannoni che i marinai rifiutano di riportare a bordo.

Sul ponte della *Fauvette* si tiene in disparte, sprezzante.

Ha l'impressione di perdere ogni giorno una delle sue illusioni. Sulla Corsica, sugli uomini, su Paoli.

— Così tanta perfidia può contenere il cuore umano. E questa fatale ambizione travolge un vecchio di settantotto anni — dice dell'uomo che ha tanto ammirato.

Poco dopo che è sbarcato a Bonifacio, mentre passeggia in piazza Doria, alcuni marinai della *Fauvette* gli si precipitano addosso intenzionati a ucciderlo. Urlano:
— Appendete l'aristocratico! — Si difende, accorrono volontari di Bocognano, menano botte e cacciano i marinai.

Ecco che cosa sono gli uomini, anche quelli che si proclamano patrioti e rivoluzionari.

C'è da aspettarsi ben poco da quasi tutti!

Eppure, essersi così alleggerito delle sue ingenuità dà a Napoleone un senso di libertà e di forza. Può contare unicamente su se stesso. Dunque deve agire solo per se stesso. Gli uomini contano soltanto se sono suoi partigiani, suoi alleati. Gli altri nemici che bisogna guadagnare alla propria causa, rovesciare oppure sottomettere.

Appena rientrato ad Ajaccio, Napoleone incomincia a stendere una protesta contro la conduzione della spedizione alla Maddalena da parte di Colonna Cesari. È una maniera per attaccare Pasquale Paoli, cui Colonna Cesari è ligio.

Poi, all'improvviso, Napoleone viene a sapere che la Convenzione ha designato tre commissari per la Corsica con poteri illimitati, tra i quali Saliceti, e che il 5 aprile essi sono arrivati a Bastia. Napoleone si prepara a partire per raggiungerli, poiché il loro invio è un atto di sfiducia contro Paoli.

Ma la rottura non si è ancora consumata.

Napoleone mette in guardia Saliceti: — Paoli ha sul viso la bontà e la dolcezza, e la vendetta nel cuore. Ha il miele del sentimento negli occhi e il fiele nell'anima.

È meglio tuttavia negoziare. Napoleone consiglia la prudenza, e Saliceti lo approva. Paoli è sempre il padrone dell'isola. I corsi gli restano fedeli. Occorre manovrare con abilità.

Napoleone osserva, ascolta Saliceti. Impara l'astuzia, la manovra politica di cui aveva fatto un primo assaggio ad Ajaccio, l'anno precedente. Saliceti è un maestro che si reca a Corte, avvia il dialogo con Paoli. E Napoleone ammira quel professore involontario. Il 18 aprile, però, mentre i negoziati proseguono, di città in villaggio una notizia rimbalza per tutta Corsica.

Napoleone si trova nella casa di rue Saint-Charles.

Uno dei suoi seguaci gli posa davanti due testi. Il primo è la copia di un decreto della Convenzione nazionale che ordina l'arresto di Pasquale Paoli e Pozzo di Borgo. Reca la data del 2 aprile 1793. Il giorno prima Dumouriez era passato al nemico. La Convenzione si premunisce contro Paoli.

Il secondo testo è la copia di una lettera che gli uomini di Pozzo di Borgo distribuiscono in tutta la Corsica.

Napoleone la rilegge più volte. La lettera reca la firma di Luciano Bonaparte, il quale da qualche settimana risiede a Tolone, dove ha seguito Huguet de Sémonville. È indirizzata a Giuseppe e a Napoleone. Dunque è stata intercettata dagli uomini di Paoli allo scopo di distruggere definitivamente la reputazione dei Bonaparte.

Scrive Luciano Bonaparte:

A seguito di una petizione della città di Tolone, da me proposta e redatta nel comitato del club, la Convenzione ha decretato l'arresto di Paoli e Pozzo di Borgo. In questo modo ho sferrato un colpo decisivo ai nostri nemici. I giornali vi avranno già informati della notizia. Non ve l'aspettavate. Sono impaziente di sapere che ne sarà di Paoli e Pozzo di Borgo.

Napoleone chiude gli occhi. La lettera, la condanna della Convenzione, significa la guerra aperta con Paoli e dunque tra la Corsica e la Repubblica, e per i Bonaparte l'esilio e la rovina. E tutto ciò senza che Napoleone abbia potuto preparare il suo futuro. Il fratellino di diciotto anni ha voluto giocare la sua partita con l'insolenza e la presunzione di un monello.

Napoleone chiama la madre, le legge i due testi.

— Se l'arcidiacono Luciano vivesse ancora — dice — il suo cuore sanguinerebbe all'idea del pericolo che corrono i suoi montoni, le capre, i buoi, e la sua prudenza tenterebbe di scongiurare la tempesta.

Anche lui, commenta, si proverà a ritardare la vendetta di Paoli. Si reca al club di Ajaccio, redige per la Convenzione un testo in cui chiede all'Assemblea di ritornare sul suo decreto.

Ma sa che è troppo tardi.

I delegati della Corsica riuniti a Corte intorno a Paoli denunciano i Bonaparte, "nati dal fango del dispotismo, nutriti e allevati sotto gli occhi e alle spese di un lussurioso pascià che comandava sull'isola... Che i Bonaparte siano abbandonati ai loro rimorsi e all'opinione pubblica che già li ha condannati all'esecrazione e all'infamia perpetue".

Napoleone non pensa neppure per un attimo che i suoi avversari si accontenteranno di quel disprezzo.

Dice alla madre: — Preparatevi, questo paese non fa per noi.

Prima però bisogna tentare tutto. Impadronirsi della cittadella di Ajaccio, poi, con Saliceti, prendere la città, sollevare i partigiani dei francesi.

È tutto vano, nessuno si muove. Dalla torre di Capiteu, all'estremità del golfo di Ajaccio, dove si è rifugiato con alcuni uomini, Napoleone osserva la città dove è nato.

Sa che finisce una parte della sua vita. Sta per compiere ventiquattro anni, e il suo destino ormai non può che essere legato alla Francia: i suoi non hanno altra risorsa che la sua paga di capitano. Giuseppe e Luciano non possono trovare lavoro altro che in Francia, forse grazie a Saliceti.

È la fine dell'illusione corsa.

— Tutto è andato storto qui, la mia presenza ormai non serve a niente — mormora a Saliceti. — Devo abbandonare questo paese.

Per tutto il mese di maggio e i primi di giugno del 1793 tuttavia resiste, sfuggendo a chi gli dà la caccia. Gli uomini di Paoli, visto che non riescono a catturarlo, se la prendono con Letizia Bonaparte e i suoi figli piccoli.

Nell'apprendere che sua madre si è dovuta nascondere per sfuggire alle bande paoliste che hanno saccheggiato, devastato e bruciato la casa di famiglia, Napoleo-

ne non fa un gesto, non pronuncia parola, sembra pietrificato dalla collera. Paoli, dirà in seguito, è un traditore, e i corsi sono dei ribelli, controrivoluzionari, identici ai vandeani che dal mese di marzo sono insorti contro la Repubblica.

La casa natale che brucia è il suo passato corso che finisce in cenere. Ormai è un francese. Non può più essere che questo.

Alcuni corsi lo arrestano, lo rinchiudono in una casa di Bocognano, si preparano a condurlo a Corte perché sia giudicato e condannato. Alcuni pastori a lui fedeli lo aiutano a fuggire da una finestra.

Un'esperienza che non aveva ancora vissuto. Sguscia per i sentieri nella notte, sfugge ai suoi inseguitori. Si nasconde in una grotta, poi in una casa di Ajaccio che i gendarmi perquisiscono.

È impassibile. Non perde mai il suo sangue freddo. La politica e la guerra sono questo, uomini da lusingare o da combattere, da comprare o da uccidere. Rassicura con una parola i pastori di Bocognano che lo scortano, lo proteggono. Non dimenticherà mai, dice mentre si dirige verso la costa per raggiungere la nave francese che trasporta gli inviati da Parigi.

Il 31 maggio, mentre la nave dei commissari della Convenzione con a bordo Napoleone e Giuseppe entra nel porto di Ajaccio, alcuni fuggiaschi fanno segni dalla riva.

Napoleone avanza fino a prua. Salta in una scialuppa, trascina con sé Giuseppe. Approdano sulla spiaggia e si slanciano verso Letizia Bonaparte con i figli, che hanno camminato tutta la notte attraverso la macchia per sfuggire ai partigiani di Pasquale Paoli.

Napoleone li fa salire uno a uno nella scialuppa. La madre non si lascia sfuggire un lamento.

La nave li porta fino a Calvi, dove Napoleone decide di chiedere ospitalità al suo padrino Giubega.

Riparte non appena la famiglia è al sicuro, s'imbarca di nuovo e raggiunge Bastia insieme ai commissari.

Però è tormentato, ansioso. I francesi controllano ormai tre sole piazze in Corsica: Calvi, Bastia, Saint-Florent. Può lasciare la madre, i fratelli e le sorelle nell'isola alla mercè dei loro nemici?

Il 10 giugno monta a cavallo e lascia Bastia per raggiungerli e organizzare il loro imbarco per Tolone.

Cavalca per parecchi giorni una bestia sfiancata, ansimante, ma che conosce d'istinto i pericoli dei sentieri che serpeggiano di fianco alla montagna, appena accennati nella fitta vegetazione della macchia.

Respira i profumi della campagna corsa, di cui ha avuto così spesso nostalgia e che ha ritrovato con tanta gioia ed entusiasmo a ogni suo ritorno nell'isola.

È finito anche questo, lo sa.

Il suo destino è altrove, in Francia, la sua patria, la sua nazione.

È tornato alla scelta compiuta per lui da suo padre. Non gliene sono state offerte altre.

Forse è necessario rompere.

Rompe con la Corsica.

L'11 giugno 1793 Napoleone e la sua famiglia s'imbarcano su un peschereccio per Tolone.

Meglio essere mangiatore
che mangiato

giugno 1793 - maggio 1795

14

In lontananza sul mare, al largo di Tolone, tuonano i cannoni. Napoleone si sporge dalla carrozza che procede lentamente in mezzo agli ulivi.

Quella mattina del 20 giugno 1793 ha lo splendore luminoso di una giornata estiva, ma l'aria è più leggera, più frizzante.

Nella rada di Tolone, tra le cupe montagne che la sovrastano, Napoleone distingue le sagome delle navi che ogni tanto il fumo bianco di un tiro di cannone incorona. Si spara contro il forte di Tolone.

— Sono spagnoli — dice un viaggiatore.

Racconta che da quando i marsigliesi sono insorti contro la Convenzione, alcune navi spagnole si tengono al largo, pronte a sbarcare le truppe per dare aiuto ai ribelli. Tutta la valle del Rodano è in guerra contro Parigi. Avignone, Nîmes, ma anche Marvejols e Mende sono nelle mani dei federalisti e dei realisti. Da quando, il 2 giugno, la Convenzione ha deciso di arrestare i deputati girondini Vergniaud, Brissot, Roland, che rappresentavano la provincia, la rivolta dilaga ovunque. Non soltanto in Provenza, ma a Bordeaux, in Normandia, di sicuro in Vandea, dove i rivoltosi hanno eletto come capo dell'"esercito cattolico e reale" un ex venditore ambulante, Cathelineau.

I montagnardi, i giacobini peneranno non poco a riprendere il controllo del paese. Napoleone ha chiuso gli occhi.

Pensa a sua madre, alle sorelle e ai fratelli che ha lasciato in una casetta nel villaggio di La Valette, alle porte di Tolone. Quella città, gli hanno detto, è un nido di realisti e di aristocratici, e la flotta inglese incrocia a poche centinaia di metri dalla costa, aspettando un segnale per entrare nella rada. Forse bisognerà fuggire di nuovo, più lontano.

Prima di partire per Nizza, per raggiungere le cinque compagnie del 4° reggimento artiglieri che vi sono acquartierate, Napoleone ha voluto tranquillizzare sua madre.

Lei ha appena alzato la testa dai fornelli. Gerolamo e Luigi tagliavano la legna. Elisa e Paolina erano alla fontana a far provvista d'acqua, lavare la biancheria. Nella settimana trascorsa con i suoi, Napoleone aveva ottenuto dalle autorità di Brignoles e di Saint-Maximin degli aiuti, razioni di gallette. I Bonaparte, ha ripetuto, sono rifugiati patrioti, esiliati dalla loro isola per non vivere sotto il giogo dei traditori, dei complici degli inglesi.

Ha rassicurato la madre che non avrebbe dovuto vivere per troppo tempo in

quelle condizioni miserabili. Giuseppe e Luciano si sarebbero rivolti a Saliceti, in missione in Provenza presso l'esercito rivoluzionario incaricato di combattere i federalisti girondini e gli aristocratici. Quanto a lui, avrebbe riscosso a Nizza gli arretrati della paga, circa 3000 lire. Doveva ricevere il brevetto di capitano in comando, preposto a una compagnia di artiglieri.

Tuttavia ha lasciato La Valette con l'animo inquieto. Se Tolone cade nelle mani dei realisti, se gli inglesi entrano nella rada, se l'esercito della Repubblica non riprende il controllo della Provenza e di tutto il paese, quale sorte sarà riservata alla sua famiglia? E a lui, quale destino?

Bisogna che la Convenzione trionfi, che la Repubblica vinca.

Dopo aver trascorso qualche giorno a Nizza, Napoleone è ancora più determinato a impegnarsi senza remore a fianco della Convenzione.

Lo dice al generale d'artiglieria dell'Armata d'Italia, Jean Du Teil, l'irreprensibile fratello del maresciallo di campo che Napoleone ha conosciuto ad Auxonne e a Valence.

— Ufficiale al servizio della nazione — dice semplicemente Du Teil.

Napoleone è entusiasta che Du Teil gli affidi il comando delle batterie della costa. Visita con passo nervoso ciascuna posizione. Il 3 luglio 1793 scrive al ministro della Guerra reclamando un modello di forno speciale per scaldare le palle di cannone, "di modo che possiamo realizzarne la costruzione sulle nostre coste e incendiare le navi dei despoti".

Firma: Bonaparte.

Non lo sfiora neppure il ricordo di un'esitazione, come se tutti i pensieri, tutti i progetti che l'avevano fatto volgere verso la Corsica non fossero mai esistiti. Quel capitano di ventiquattro anni è francese, repubblicano, montagnardo, partigiano della Convenzione contro coloro che mettono in pericolo l'unità della Repubblica. Consente che le teste rotolino, che la "macchina del dottor Guillotin" faccia ogni giorno il suo lavoro. Il re è stato decapitato il 21 gennaio 1793. La Convenzione montagnarda governa. Il "Terrore" s'insedia. Bonaparte lo accetta. Compie questa scelta. L'unica che gli permetta d'immaginare un futuro aperto, da conquistare.

Qualche giorno dopo attraversa di nuovo la campagna provenzale.

Cammina solo, sotto il sole già rovente di luglio. Ama quel caldo asciutto, quei colori, là delle querce, qui della lavanda, l'ocra dei paesi che attraversa. Si reca ad Avignone per organizzare, secondo gli ordini del generale Du Teil, la spedizione di convogli di polvere da sparo e altro materiale destinati all'Armata d'Italia.

Ma a più riprese il suo cavallo s'impenna. Nella campagna si spara, ben presto arriva il rombo del cannone, di qualche bocca da fuoco soltanto. Avignone è in mano ai federalisti marsigliesi e resiste alle truppe rivoluzionarie del generale Carteaux.

Napoleone attraversa i quartieri dell'esercito, che conta più di 4000 uomini. Riconosce un reggimento della Costa d'Oro, i dragoni degli Allobrogi, un battaglione del Monte Bianco, poi, all'improvviso, ecco il viso di un ufficiale che gli è noto.

Il capitano Dommartin, che comanda una compagnia di artiglieri, nel 1785 ha ottenuto, come Napoleone, la promozione al grado di sottotenente, risultando il 36° in graduatoria mentre Napoleone era il 42°. Si scambiano un abbraccio.

Ascoltando Dommartin, Napoleone è colto da una crisi di scoraggiamento. Vorrebbe combattere come lui. E invece è soltanto uno spedizioniere di barili di polvere! Bel compito!

Impreca tra i denti. È impaziente di agire.

Quando l'armata si mette in moto, dopo l'ingresso delle truppe di Carteaux ad Avignone, guardando Dommartin che sfila "nel più bell'assetto di guerra che si possa vedere", Napoleone si ribella contro se stesso. Non può accettare quella situazione. Non deve.

È rimasto ad Avignone per organizzare il suo convoglio. Maledetto convoglio!

Ogni tanto si reca a Beaucaire. Ascolta le conversazioni dei mercanti seduti ai tavoli ai margini dell'area della fiera, che discutono della situazione nella regione.

È in agguato di un'idea! Come uscire da quella strettoia in cui si sente rinchiuso?

Quando viene a sapere che la guarnigione francese di Mayence è stata costretta a capitolare di fronte al nemico, prende subito la penna e indirizza al cittadino-ministro una richiesta di destinazione all'Armata del Reno, in qualità di tenente colonnello. Bisogna andare là dove si presenta il rischio. In questo momento è necessario agire in modo forte e chiaro per costruire il proprio destino. Il ministro penserà che si tratta della "proposta di un patriota".

E occorre essere patriota. Proclamare la propria fedeltà a uno schieramento, visto che ce ne sono. E fare di tutto perché quello schieramento trionfi. — Se occorre essere di un partito, tanto vale esserlo di quello che vince, meglio essere mangiatore che mangiato.

La risposta del ministro tuttavia tarda, e Napoleone si logora ad Avignone, nell'attesa che vengano rilasciati i cannoni e le munizioni che deve trasportare a Nizza.

Come forzare le porte, far sapere che esiste, che è un convinto fautore del potere, come riuscire a distinguersi per ottenere una promozione?

Scrivere? Può essere il mezzo per uscire dall'ombra.

Napoleone s'insedia al suo tavolo. Scrive nella notte calda di quel fine luglio avignonese.

La penna corre ancora più veloce del solito, le frasi sono brevi e nervose.

Innanzi tutto il titolo, trovato su due piedi: *Cena a Beaucaire, ovvero dialogo tra un militare dell'Armata di Carteaux, un Marsigliese, un Nizzardo e un fabbricante di Montpellier, sugli avvenimenti che si sono verificati nella suddetta contea all'arrivo dei Marsigliesi.*

Una ventina di pagine in favore della Convenzione, contro l'insurrezione federalista. Inventa questa conversazione per mettere in bocca al marsigliese, fautore della rivolta, gli argomenti che il "militare" confuterà:

— Non sentite che quella tra patrioti e despoti è una lotta all'ultimo sangue?

Ragiona, in modo spassionato. La frase ogni tanto si accende, ma rimane al servizio dell'analisi. Punto per punto, Napoleone dimostra che le forze rivoluzionarie schiacceranno i ribelli. Che le intenzioni di questi ultimi, buone o cattive, non contano.

"Non è più tempo di attenersi alle parole, bisogna analizzare le azioni." E non basta più impugnare la bandiera tricolore. Paoli non l'ha forse sventolata in Corsica mentre "trascinava i compatrioti nei suoi progetti ambiziosi e criminali"? Napoleone traccia la conclusione con penna ferma: "Il centro di unità è la Convenzione, è quella il vero sovrano, soprattutto quando il popolo si ritrova diviso".

Rilegge, e poi, senza aver dormito, di prima mattina porta i fogli dal tipografo Sabin Tournal, che stampa "Le Courrier d'Avignon". Li depone sul tavolo del tipografo. Sabin Tournal li prende, li scorre. È un patriota. Stamperà il testo negli stessi caratteri e sulla stessa carta del giornale.

— Chi pagherà? — domanda.

Napoleone tira fuori delle monete:

— Io.

Tournal annoterà dunque sulla copia: "A spese dell'autore".

Napoleone approva. Bisogna saper scommettere. Vuole le bozze di stampa per quel fine pomeriggio del 29 luglio 1793. Le spedirà personalmente a Saliceti e Gasparin, i rappresentanti in missione presso l'Armata di Carteaux.

Qualche giorno dopo bussano alla porta dell'hotel dove Napoleone alloggia.

Apre. Un soldato gli tende un pacchetto contenente una dozzina di opuscoli intitolati semplicemente *La cena di Beaucaire*, stampati dal tipografo dell'armata, Marc Aurel.

Il soldato precisa che le truppe distribuiscono l'opuscolo durante il percorso di marcia.

Napoleone sa di aver riportato una vittoria. Non è più il semplice capitano d'artiglieria incaricato di scortare barili di polvere e materiale bellico fino a Nizza.

Ha giocato sul terreno politico perché la politica, l'ha scoperto in Corsica, è la molla principale che in quel momento decide del destino degli uomini.

E chi vuole avanzare deve schierarsi. Lui si è schierato contro le fazioni, per "il centro di unità che è la Convenzione".

Non è una questione d'idee, ma il frutto di una convinzione maturata a partire dal tragico spettacolo del 10 agosto a Parigi, oltre che dalle esperienze di Ajaccio. Il potere deve essere *uno*. La Convenzione è quel potere. È lei a condurre la guerra.

"Io sto con quel potere."

All'inizio del mese di settembre del 1793 Napoleone ha finalmente radunato le munizioni e il materiale. Moltiplica le istanze presso gli amministratori del Vaucluse per ottenere le cinque vetture necessarie al trasporto. L'Armata d'Italia, sostiene, ha bisogno di polvere da sparo per combattere "il tiranno di Torino".

Lo fanno aspettare ancora. L'Armata di Carteaux, che ha liberato Marsiglia il 25 agosto, vive di requisizioni poiché Tolone, dove si sono rifugiati i realisti e i federalisti marsigliesi, ha consegnato la sua rada alle navi inglesi e spagnole.

Napoleone freme d'impazienza. Il fratello Giuseppe è stato nominato da Saliceti commissario di guerra presso l'Armata di Carteaux. Luciano ha ottenuto un posto di magazziniere dell'esercito a Saint-Maximin. Possono aiutarlo a trovare i veicoli che gli mancano.

Il 16 settembre si reca al quartier generale dell'Armata di Carteaux, installato a Beausset.

Gli ufficiali hanno occupato parecchie case del borgo. Napoleone va dall'una all'altra. Lo chiamano. È Saliceti, accompagnato da Gasparin, come lui rappresentante in missione.

— *La cena di Beaucaire*... — comincia Saliceti.

Poi s'interrompe, prende Gasparin da parte. Scambiano qualche frase. Saliceti si gira verso Napoleone.

— Il capitano Dommartin, che comandava una compagnia di artiglieri, è stato ferito alla spalla ed evacuato a Marsiglia. Abbiamo bisogno di un ufficiale esperto.

Gasparin interviene. Spiega che bisogna a ogni costo cacciare gli inglesi da Tolone.

— Un tempo — dice Napoleone — mentre aspettavo la nave per la Corsica, ho studiato le fortificazioni della città. Non ho dimenticato niente.

Sull'angolo di un tavolino, Saliceti redige l'ordine di missione che assegna il capitano d'artiglieria Napoleone Bonaparte all'Armata di Carteaux, sede di Tolone.

Poi annota la data: 16 settembre 1793.

"Finalmente farò vedere, per la prima volta sul suolo di Francia, chi sono."

15

Scende la notte. Napoleone se ne sta a braccia conserte sulla soglia della casa dove ha fissato il suo quartier generale. Guarda intorno a sé i soldati che attendono con noncuranza alle loro occupazioni. Alcuni, senza armi, tornano dai frutteti vicini. Portano dei panieri di frutta. Si tengono la mano sulla spalla. Sulle labbra hanno tracce di succo di fichi e d'uva nera. Altri, più lontano, accendono falò per bivaccare, gettando nelle fiamme le porte e le finestre dei casolari che hanno saccheggiato. Un gruppo di uomini malmessi, anch'essi senza armi, si sistema per la notte riempiendo di paglia le botti prima di scivolarvi dentro.

E questo sarebbe un esercito!

Napoleone vorrebbe afferrare ciascuno di quei soldati per il bavero della giacca, scrollarli, urlare che non è così che si fa la guerra! Ha la certezza di sapere come bisogna condurla. È solo da qualche ora che Saliceti e Gasparin l'hanno designato al comando dell'artiglieria, ma poco importa, sa. In lui non ha spazio il minimo dubbio. Sa. E bisogna che sappia, poiché è qui che deve riuscire.

Dalla casa di fronte gli arriva il suono di risate. Distingue dietro i vetri i grandi candelieri posati sul tavolo. Lì alloggia il generale Carteaux in compagnia della moglie. Il generale ospita gli ufficiali alla sua tavola.

Napoleone l'ha visto durante la giornata.

— Sono un generale sanculotto — ha detto Carteaux guardandosi intorno con sicumera. Si è accarezzato i grandi baffi neri, gettando indietro la testa. Ha un aspetto fiero, nella sua redingote blu con tutte le impunture dorate. Squadrando Napoleone con un disprezzo misto a diffidenza, ha evocato il capitano Dommartin:

— È una gran perdita per me essere privato del suo talento.

Poi ha aggiunto che conquisterà tutti i forti di Tolone tenuti da quegli inglesi, spagnoli, napoletani, siciliani, aristocratici, all'arma bianca.

Napoleone lo ha ascoltato in silenzio. Quel generale è un ignorante. Ha declinato il suo invito a pranzo.

Ha altro da fare: la guerra. La sua guerra.

Non va né a pranzare né a dormire.

Finché Tolone non cade, nient'altro conta che la guerra, niente.

Interpella un soldato che non sa dove si trova il parco d'artiglieria. Finalmente Napoleone scopre i sei cannoni che lo compongono. Il sergente che ne è responsabile non dispone né di munizioni né di strumenti.

E questa sarebbe un'artiglieria!

Napoleone si allontana. Dunque, dovrà giocare con quelle carte, un esercito indisciplinato, un'artiglieria inesistente, un generale incapace e diffidente, fiero soltanto di aver trascinato, il 10 agosto 1792, i compagni gendarmi a unirsi al popolo. La plebaglia, mormora Napoleone.

Un generale che, dopo anni, si contenta di dipingere dei quadretti!

Ed è in quella partita che si gioca la sua vita!

Ma è così.

Cade una pioggerella portata da un vento freddo. Napoleone s'inerpica sul sentiero che conduce a una cima da cui si vedono la rada e i forti di Tolone. Aspetta l'alba. In questa prima notte prende le sue decisioni.

Quando il sole finalmente sorge lacerando l'ultimo strato di nuvole, Napoleone è bagnato fino all'osso. Allora vede tutte le fortificazioni che dominano la rada, in manc. agli inglesi e ai loro alleati. Distingue il forte La Malgue, la grossa torre e i forti di Balaguier e di Mabousquet, altri ancora.

Il suo sguardo si sofferma su quel forte che è infisso nella sua memoria. Il forte dell'Éguillette controlla lo stretto passaggio che collega la grande alla piccola rada.

È quella la chiave.

Napoleone è sicuro di sé. È come se in lui non esistesse più nient'altro che quella certezza. È necessario conquistare quel forte, organizzare tutto in funzione della sua conquista. Le navi nemiche, sotto il fuoco dei cannoni dell'Éguillette, saranno costrette a lasciare la rada, e Tolone cadrà.

Nel sole che incomincia a scaldare, Napoleone scende dalla collina.

Il fine è stabilito, la calma si è insediata in lui. Ora basta piegare gli uomini e le cose a quel fine, rovesciare tutti gli ostacoli che si oppongono a quel disegno. Basta mettere da parte tutti coloro che non lo capiscono.

Incontra Saliceti e Gasparin, che si sono appena svegliati. Cammina a gran passi nella stanza.

Comincia: — Ogni operazione deve essere condotta con metodo, poiché il caso non fa riuscire nulla. — Poi aggiunge, girandosi verso la finestra e indicando col mento la casa del generale Carteaux: — È l'artiglieria che prende le piazze, la fanteria serve d'appoggio. — Grazie a poche frasi pronunciate con voce calma, ma con tutta l'energia di un corpo teso, espone il suo piano.

Un assedio di Tolone secondo le regole è impossibile. La città, se attaccata frontalmente, è imprendibile. Bisogna scacciare le navi alleate dalle rade, e per questo tenerle sotto il fuoco dell'artiglieria, bombardarle con proiettili infuocati che incendieranno le vele e gli scafi, faranno esplodere le stive.

Per questo, e Napoleone tende il braccio, quasi si potesse vedere quel forte, il chiavistello di tutto il congegno, bisogna impadronirsi dell'Éguillette.

— Prendete l'Éguillette e prima di otto giorni sarete entrati a Tolone — conclude. Sulla soglia, al momento di lasciare la stanza, butta lì:

— Fate il vostro mestiere, cittadini rappresentanti, e lasciatemi fare il mio.

Non dorme più. Mangia a malapena. Ma l'azione nutre, e la certezza di aver ragione è una fonte d'energia senza fine. La sensazione di poter cambiare le cose e gli uomini è una molla che ciascun successo comprime ancor più.

Organizza.

"Mi occorrono ogni giorno cinquemila sacchi per riempirli di terra. Mi occorre un arsenale con ottanta fabbri. Mi occorre legna e assi. Mi occorrono buoi e bestie da tiro.

"Marsiglia, Nizza, La Ciotat, Montpellier, forniscano ciò di cui ho bisogno.

"Qui bisogna alzare una batteria, lì un'altra. Questa sarà la batteria della Convenzione, e quell'altra la batteria sanculotta."

Napoleone sta in piedi sul parapetto di una batteria presa di mira dal fuoco dei cannoni del generale inglese O'Hara. Le palle cadono fitte. Napoleone non batte ciglio. — Attenzione — dice semplicemente — ecco una bomba che arriva.

Gli uomini intorno a lui esitano a fuggire, a proteggersi. Una palla sibila vicinissima.

"Io non mi muovo. Niente può toccarmi. Sono proiettato in avanti. Come potrebbe interrompersi la mia traiettoria? Se avanzo, non posso cadere."

Lo spostamento d'aria lo scaraventa a terra. Si rialza.

— Chi sa scrivere? — domanda.

Si fa avanti un sergente.

Questa batteria, dichiara Napoleone, si chiamerà "la batteria degli Uomini Senza Paura".

Il sergente scrive, poi una palla di cannone si schianta a qualche metro, ricoprendo il foglio di terra.

— Ecco chi mi eviterà di asciugare l'inchiostro — dice il sergente.

— Il tuo nome?

— Junot.

Napoleone scruta a lungo quel giovane sergente.

Sentire che si obbliga gli uomini a superare se stessi. Convincerli. Sedurli. Trascinarli. Costringerli.

A ogni istante Napoleone scopre quel piacere intenso, bruciante. E per questo non bisogna chinarsi quando arriva un proiettile, ed è necessario dormire con il cappotto addosso, per terra in mezzo ai propri soldati, caricare alla testa delle truppe sotto la grandine delle cannonate, risollevarsi quando il tuo cavallo viene abbattuto, dichiarare quando gli uomini si scagliano, intrepidi, scatenati, anche se hanno torto: — Il vino è stappato, bisogna berlo, e se un generale impaurito ordina la ritirata bisogna trattarlo da "coglione".

Mai Napoleone aveva provato una simile sensazione di pienezza. Osserva Saliceti e gli altri rappresentanti in missione, Gasparin, Barras, Fréron, Ricord, Augustin Robespierre. Li soppesa. Augustin Robespierre è il fratello dell'uomo che guida il Comitato di salute pubblica. Saliceti è già un vecchio amicone.

Questi uomini detengono il potere. Sono i delegati della Convenzione. Sono loro che bisogna convincere.

Una sera Napoleone trascina Saliceti alla postazione di una batteria. Il cavallo del rappresentante viene ucciso. I proiettili sibilano. Napoleone si precipita, aiuta Saliceti a rialzarsi. Le pattuglie inglesi sono vicine. Bisogna nascondersi, camminare in silenzio, raggiungere un'altra batteria.

Là il cannoniere è stato appena ucciso. Napoleone s'impossessa del calcatoio, e come un soldato semplice aiuta a caricare una dozzina di colpi. Gli altri soldati lo fissano, qualcuno comincia a spiegare che il cannoniere ucciso… poi s'interrompe, si contenta di grattarsi le mani, le braccia.

Il cannoniere aveva contratto la scabbia, nessuno toccava il suo calcatoio per paura del contagio. Napoleone alza le spalle. Ci si può fermare per questo? Nei giorni che seguono gli effetti della malattia non tardano a farsi sentire

Ma non c'è tempo per curarsi.

Il 29 settembre i rappresentanti l'hanno nominato capobattaglione. Nuovo slancio, nuova fonte di energia, nuova certezza che si può andare più lontano, più in fretta.

Ogni giorno Napoleone rende visita a Saliceti. Martella che il suo piano è l'unico che possa far cadere Tolone. Ma gli ostacoli sono sempre lì.

Ripete. Parlare è come far fuoco a ripetizione. Lo dice ai suoi cannonieri: — Bisogna tirare senza scoraggiarsi: dopo cento colpi a vuoto, il centounesimo produce effetti.

Sente che Saliceti, Gasparin e in seguito Ricord e Augustin Robespierre, e gli stessi Barras e Fréron, non gli resistono.

Che godimento, l'ascendente che si esercita sugli uomini! Che voluttà! Quale donna sarebbe capace di dare un simile sentimento di ebbrezza e potenza?

Lo scopre ora.

Saliceti e i rappresentanti ottengono la sostituzione del generale Carteaux. "Il capitan Cannone" l'ha spazzato via. Il generale Doppet, che succede a Carteaux, è un vecchio medico che non resiste più di qualche settimana.

Al termine di un combattimento Napoleone, il viso sanguinante per una ferita alla fronte, avanza verso Doppet. — Dunque siete voi il coglione che ha ordinato la ritirata — gli scaglia in faccia.

Il generale si allontana, Napoleone osserva i soldati che lo attorniano. Insultano il generale: — Avremo sempre dei pittori e dei medici a comandarci?

Napoleone rimane silenzioso. La fede in se stesso si radica: è colui che sa comandare gli uomini.

Chiede di essere ricevuto da Saliceti, è necessario che gli dia ascolto, le sue prove le ha fatte. Sono più di due mesi che si batte, prevede, organizza.

— Si dovrà sempre lottare contro l'ignoranza e le basse passioni che genera? — dice. — Tener lezioni e venire a patti con un mucchio d'*ignorantacci*, per abbattere i loro pregiudizi e agire nel modo che la teoria e l'esperienza dimostrano assiomatico per qualsiasi ufficiale d'artiglieria?

Saliceti abbassa la testa, acconsente.

Il 16 novembre il generale Dugommier arriva a Ollioules per rimpiazzare il generale Doppet, e due ore dopo lo raggiunge il generale Du Teil. Alla fine del pomeriggio Napoleone si reca da loro. Conosce Du Teil. Dugommier lo ascolta, lo invita a pranzo. A tavola gli porge ridendo un piatto di cervella di montone. — Prendi, ne hai bisogno.

Il 25 novembre, entrando nella stanzetta dove si riunisce il consiglio di guerra, Napoleone sa di aver abbattuto tutti gli ostacoli. I generali Dugommier e Du Teil lo approvano allorché, chino sulla mappa, riassume il suo piano: — Presa del forte dell'Éguillette, espulsione degli inglesi dalla rada e, simultaneamente, attacco al forte del monte Faron.

Saliceti, Augustin Robespierre e Ricord danno il loro assenso.

Al momento di lasciare la stanza Napoleone si volta verso Dugommier.

Questi sorride, passandosi la mano sul collo. Se il piano fallisce, lo aspetta la ghigliottina.

Sono gli ultimi giorni prima di raggiungere l'obiettivo.

Nessun timore. Napoleone prova anzi un sentimento d'invulnerabilità che non lo stupisce.

Il 30 novembre, durante un contrattacco per respingere gli inglesi che si sono impadroniti a sorpresa della batteria della Convenzione, si lancia all'assalto alla baionetta.

Il generale in capo inglese O'Hara viene preso prigioniero. Napoleone gli si avvicina lentamente. O' Hara è seduto, i gomiti puntati sulle cosce, tetro.

Scorgendo Napoleone si raddrizza.

— Cosa desiderate? — domanda Napoleone.

— Restare solo, non dover nulla alla pietà.

Napoleone si allontana continuando a guardare il generale inglese. Così sono fatti i combattenti. Nella disfatta devono dar prova di fierezza e di riserbo.

Napoleone si ferma un attimo.

Lui è un combattente. Ha ventiquattro anni e quattro mesi.

Impugnando le redini del suo cavallo, Napoleone avanza fra i soldati fradici. 16 dicembre 1793, la pioggia cade a torrenti. Non si vede a tre passi di distanza. L'attacco è fissato per questa notte. Solo i lunghi lampi del temporale lacerano l'oscurità, illuminando le colonne compatte di soldati. Napoleone trova Dugommier e i rappresentanti riuniti sotto una tenda che fa acqua da ogni parte. Tutti si voltano verso di lui. Legge sui loro visi l'esitazione e l'inquietudine.

È sicuro di sé. La fiducia nel suo "metodo" va oltre la ragione.

Afferma semplicemente che il cattivo tempo non è una circostanza sfavorevole. L'espressione dei visi cambia. Così sono gli uomini. Una convinzione salda li orienta, li piega, li trascina.

Dugommier dà il segnale.

Napoleone monta a cavallo, la fanteria si muove. Poi è l'assalto. La seconda colonna si sbanda sotto l'acquazzone al grido "Si salvi chi può! Tradimento!".

Altri avanzano urlando: — Vittoria, alla baionetta!

Napoleone sente il suo cavallo stramazzare a terra, ucciso. Si risolleva, fa qualche passo, un dolore acuto gli trafigge la coscia. Un inglese l'ha ferito con un colpo di baionetta. Corre. Vicino a lui l'amico capitano Muiron, più lontano Marmont e il sergente Junot in prima linea.

Il forte Mulgrave viene conquistato, i suoi pezzi d'artiglieria rigirati, e nello slancio finalmente si prende anche il forte dell'Éguillette. Gli inglesi lo hanno abbandonato, sgozzando prima di andarsene i cavalli e i muli, i cui cadaveri ingombrano i corridoi.

Solo in quel momento Napoleone avverte la ferita. Lo medicano. Gli inglesi, afferma, sono dei bravi soldati, poi, con disprezzo, aggiunge indicando i prigionieri: — Tutta questa canaglia invece, napoletani, siciliani, sono ben poca cosa.

Si alza, cammina zoppicando fino al parapetto:

— Domani, o al più tardi dopodomani, ceneremo a Tolone.

È calmo. Non dimostra la sua gioia. Ha portato a termine gli ultimi preparativi necessari, guarda già altrove.

Gli riferiscono che "ovunque gli inglesi se la svignano", che i napoletani disertano i forti. Non manifesta alcuna sorpresa. Sono le conseguenze previste dal suo metodo.

Nella rada e nell'arsenale alcune fregate saltano in aria. Gli inglesi e gli spagnoli fanno esplodere le navi cariche di polvere da sparo.

Nei bagliori dell'incendio scorge dozzine di barche e tartane cariche di tolonesi che cercano di raggiungere le navi della flotta anglo-spagnola. Alcune scialuppe si rovesciano. Le donne urlano prima di annegare, trascinate a fondo, si dirà, dalle loro borse piene di gioielli. Le batterie aprono il fuoco, fanno a pezzi gli scafi leggeri delle feluche.

È la fine.

Il 19 dicembre 1793 le truppe repubblicane, i "Carmagnoli", entrano a Tolone.

Ora Napoleone si tiene in disparte. Passa senza neppure girare la testa davanti ai plotoni d'esecuzione che fucilano. Là si saccheggia. Incrocia Barras e Fréron, i due rappresentanti in missione che dubitavano della vittoria, ma che oggi fanno affiggere sui muri i proclami che la città sarà rasa al suolo e che occorrono 12.000 muratori.

Vede degli uomini guidare i soldati verso le case. Sono i montagnardi appena li-

berati dalle stive del *Thémistocle* dove erano stati imprigionati. Cercano i loro delatori, i loro carnefici, i loro carcerieri. Li denunciano a loro volta. Li massacrano a loro volta.

Ogni tanto la nausea lo afferra. Il popolo, qualunque sia la bandiera che impugna, resta una bestia feroce.

Lui non ha niente a che vedere con tutto ciò.

Rientra nel suo quartiere. Alcune donne lo aspettano. Supplicano. Non pronuncia parole di pietà, ma interviene, manda Junot, Marmont o Muiron, gli ufficiali che gli sono più vicini, a strappare qualche vittima alla morte.

Che altro fare?

Gli uomini sono così. La politica è così.

Si sente talmente freddo, talmente lucido, che la gioia del fine raggiunto svanisce.

Che fare, ora?

Il 22 dicembre 1793 i rappresentanti in missione lo convocano. Sono seduti intorno a un tavolo sul quale sono posati bicchieri e bottiglie.

— Che è quell'uniforme? — domanda Saliceti vedendo entrare Napoleone.

Poi legge una breve ordinanza emessa dai rappresentanti. Hanno nominato il capobattaglione Napoleone Bonaparte generale di brigata, "a causa dello zelo e dell'intelligenza di cui ha dato prova contribuendo alla capitolazione della città ribelle".

— Bisogna cambiare uniforme — riprende Saliceti.

Ride abbracciando Napoleone.

Come tutto è smorto, quando la corsa si arresta.

16

Napoleone si trova di fronte a sua madre. Il piccolo tavolo a cui sono seduti occupa quasi tutta la stanza. I fratelli e le sorelle se ne stanno in piedi dietro Letizia Bonaparte.

Napoleone si alza, percorre in pochi passi le tre camere minuscole che compongono tutto l'appartamento.

Ha la sensazione di soffocare. Apre la finestra ma, nonostante il vento freddo e umido di quel 4 gennaio 1794, l'aria gli manca ancora di più.

Respira male dopo aver risalito la rue Pavillon, in prossimità del porto di Marsiglia. L'odore di pesce marcio, d'olio e di rifiuti gli ha procurato la nausea. Si è fermato un momento nonostante il diluvio per osservare la facciata grigia del numero 7 della viuzza.

È lì che vivono i suoi, al quarto piano.

Quando è entrato nell'appartamento, i fratelli e le sorelle gli sono corsi incontro, poi, intimiditi, si sono bloccati. Luigi ha toccato l'uniforme di generale.

Letizia Bonaparte si è avvicinata lentamente. Qualche mese di miseria e d'angoscia l'ha invecchiata.

Napoleone ha posato sul tavolo una borsa di cuoio piena di lardo, prosciutto, pane, uova e frutta. Poi ha teso a sua madre un fascio di assegnati e una manciata di monete. Infine, da un'altra borsa, ha tirato fuori camicie, vestiti, scarpe.

È generale di brigata, ha spiegato. La sua paga è di 12.000 lire l'anno. Ha diritto alle razioni quotidiane di un generale.

Letizia Bonaparte, con voce uguale, racconta come hanno vissuto a La Valette, con la paura dei realisti, poi a Meonnes, in quel paese vicino a Brignoles.

Napoleone ascolta. Dice soltanto: — È finita.

Pensa a Barras. Quel rappresentante in missione si è rivelato uno dei più accaniti adepti del terrore, dopo l'ingresso in Tolone. Anche ieri, al momento di lasciare la città, Napoleone ha visto degli uomini allineati contro un muro. Alcuni soldati li tenevano sotto mira. Un ufficiale passava, illuminando con la torcia il volto dei prigionieri, e nell'ombra un delatore sussurrava. Barras si aggirava non lontano.

Allo stato maggiore di Dugommier si mormora che al momento delle sue missioni presso l'Armata d'Italia, nella contea di Nizza, Barras abbia accumulato un tesoro personale; "in nome della Repubblica", sogghignano. E lo stesso succede con un bel po' di rappresentanti o di ufficiali, perfino soldati, tutti saccheggiatori quando possono. Gli uni sgraffignano una manciata di fichi, gli altri vasellame d'argento. I più abili e i più alti di grado rubano le monete d'oro, le opere d'arte, e comprano a buon prezzo le proprietà.

Bella morale!

Solo qualcuno, come Augustin Robespierre, resta integro e grida che la "lama nazionale" deve purificare la Repubblica e instaurare il regno della Virtù!

— È finita — ripete Napoleone alzandosi e interrompendo sua madre.

Deve vincere anche quella guerra, contro la povertà o semplicemente contro la mediocrità.

Non vuole passare da stupido. La virtù, sì, se vale per tutti. Ma chi lo crede possibile? Quindi deve essere pari a quelli che posseggono di più, perché sarebbe ingiusto, immorale quasi, che lui e i suoi vivessero come poveri, e che sua madre, come ha appena finito di raccontare, fosse costretta di nuovo a nutrire i figli con una galletta e un uovo.

Nella bufera rivoluzionaria i Bonaparte hanno perduto tutto. Giustizia vuole che abbiano la loro parte di bottino.

Denaro, denaro! Questa parola rimbomba come i tacchi di Napoleone sulle pietre dell'angusta rue Pavillon.

Non essere povero, perché sarebbe un esilio in più. E che tutti i Barras che la Repubblica conta si arricchiscano a più non posso.

"Valgono forse più di me?"

Il denaro è un altro forte dell'Éguillette. Una chiave di cui impadronirsi per controllare queste rade: la vita, il suo destino.

"Voglio anche questo."

Rientra a Tolone.

Nel suo quartier generale ferve l'attività. Ama il movimento degli uomini intorno a lui. Ha scelto Junot e Marmont come aiutanti di campo. Li osserva, sono fedeli, efficienti, ammirati.

È questo essere un capo: diventare il centro di un gruppo di uomini che sono come i pianeti di un sistema solare.

Napoleone si ricorda dei libri di astronomia in cui si era immerso affascinato a Parigi, mentre crollava la monarchia.

Le società, i governi, gli eserciti, le famiglie sono a immagine dei cieli. Hanno bisogno di un centro intorno a cui organizzarsi. È quel cuore che determina la traiettoria dei pianeti satelliti. Ove la sua forza venga a mancare, ciascun satellite fuggirà. Il sistema si scompone finché un'altra forza viene a fissarlo intorno a un nuovo centro.

Ispezionando le fortezze di Marsiglia e Tolone di cui deve ricostituire l'artiglieria, Napoleone si trastulla con queste idee.

Il gennaio del 1794 è glaciale. Il maestrale soffia tagliando il viso. La guerra e il terrore dilagano. In Vandea le "colonne infernali" del generale Turreau devastano il paese e massacrano. A Parigi le lotte tra fazioni si moltiplicano, Saint-Just e Robespierre colpiscono gli "arrabbiati" come Jacques Roux e gli "indulgenti" come Danton.

Spesso dalla cima di una fortezza Napoleone guarda verso il largo. A due o tre riprese, all'alba, gli è sembrato di scorgere la Corsica. Pasquale Paoli, il 19 gennaio, ha invitato gli inglesi a sbarcarvi e loro hanno cominciato a insediarsi nel golfo di Saint-Florent.

Paoli non è più un centro. Il sistema ruota intorno alla Convenzione, al Comitato di salute pubblica e a Robespierre, che ne è la forza propulsiva.

Napoleone incontra spesso Augustin Robespierre, il fratello di Massimiliano, rappresentante in missione presso l'Armata d'Italia. Però ascolta più che parlare. Augustin Robespierre vorrebbe conoscere il suo parere sugli avvenimenti politici. Napoleone, il viso impietrito, mormora tra i denti che lui è agli ordini della Convenzione.

Da Robespierre viene a sapere che Luciano Bonaparte, "vostro fratello, cittadino generale", è un giacobino dichiarato. Su proposta di Luciano, Saint-Maximin ha preso il nome di Marathon. Luciano stesso ha cambiato il suo nome in Brutus! Ecco quel che ha scritto alla Convenzione ai primi di gennaio del 1794, dopo la presa di Tolone.

Augustin Robespierre tende un foglio a Napoleone. Napoleone legge senza che un millimetro del suo viso si muova:

Cittadini Rappresentanti,
è dal campo di gloria, marciando nel sangue dei traditori, che vi annuncio con gioia che i vostri ordini sono eseguiti e che la Francia è vendicata. Né l'età né il sesso sono stati risparmiati. Chi era rimasto soltanto ferito è stato liquidato dalla spada della libertà e dalla baionetta dell'uguaglianza.
Salute e ammirazione
Brutus Bonaparte, cittadino sanculotto

Napoleone restituisce il foglio ad Augustin Robespierre. Intuisce che il fratello di Maximilien lo scruta e attende un commento. Ma Napoleone non dirà niente di quel giovane folle di Luciano che non ha capito che i sistemi cambiano e che è necessario, finché non si è il centro di uno di essi, restare prudentemente in guardia.

Non si è visto forse Luigi XVI, il sovrano di un regno molto potente, mettersi il berretto rosso, brindare con i suoi ex sudditi, poi, il 10 agosto 1792, fuggire come un *coglione*?

Chi può dire che Robespierre, domani, non conoscerà la medesima sorte? Per virtuoso, energico e spietato che sia.

Augustin Robespierre ripiega il foglio.

Ha l'intenzione, dice, d'accordo con gli altri rappresentanti in missione, Ricord e Saliceti, di nominare comandante dell'artiglieria nell'Armata d'Italia un generale che ha mostrato le proprie capacità e i cui sentimenti giacobini e rivoluzionari sono provati.

Napoleone rimane impassibile.

— Voi, cittadino Bonaparte.

La nomina all'Armata d'Italia è del 7 febbraio 1794, e bastano pochi giorni a Napoleone per avvertire gli sguardi di gelosia, quasi di odio, degli invidiosi. Un generale di neanche venticinque anni alla testa dell'artiglieria di un'intera armata!

A Nizza, entrando nelle stanze vicino al porto occupate dal generale Dumerbion, Napoleone ode e indovina quelle insinuazioni.

Il generale Dumerbion ha la stanchezza dipinta sul volto. Fa sedere Napoleone, lo interroga.

— Quel cittadino Robespierre... — comincia.

Napoleone non risponde, lascia che Dumerbion s'impappini, finisca per dichiarare di essere malato, di soffrire di un'ernia che gli impedisce di montare a cavallo, e conceda a Napoleone carta bianca. Si tratta di rimettere in sesto l'artiglieria e di stabilire dei piani di battaglia. È necessario respingere le armate sarde che tengono le città del nordest della contea di Nizza verso Saorge e il colle di Tenda. Bisognerebbe anche costringerle ad arretrare sulla costa, oltre Oneglia.

Organizzarsi. Lavorare. Agire. Napoleone ha impartito bruscamente i suoi ordini a Junot e a Marmont, poi ispeziona la città.

Su una piazza di cui si riesce ancora a distinguere il vecchio nome, place Saint-Dominique, s'innalza la ghigliottina. Attraversa quella place de l'Égalité scortato da una pattuglia di dragoni. Raggiunge la zona settentrionale della città, oltre il porto, e fissa la sua residenza in rue Villefranche, una bella dimora dove il declassato conte Laurenti lo riceve amabilmente.

Nel vedere la giovane Émilie Laurenti, Napoleone resta senza fiato.

Ha meno di sedici anni. È vestita con un abito bianco e porta i capelli raccolti. Lui si avvicina, saluta goffamente.

Di colpo ha la sensazione di essere sporco e infangato. E lo è, poiché quel 12 febbraio 1794 su Nizza cade la pioggia. Napoleone si lascia guidare da Laurenti verso la sua camera. Émilie lo segue con gli occhi.

Sono settimane che non incrocia lo sguardo di una donna. Qualche volta, durante l'assedio di Tolone, alla tavola dell'ispettore Chauvet, Napoleone ha pranzato con le figlie di quell'ufficiale. Ma il cannone tuonava. Bisognava andare a dormire con addosso il cappotto, per terra, dietro le fortificazioni.

Nella casa nizzarda Napoleone ritrova la dolcezza e la grazia, la delicatezza di una fanciulla.

L'uniforme gli diventa pesante. Il tessuto è ruvido, il cuoio degli stivali indurito.

In camera apre la finestra. Sotto il cielo basso il mare appare nero. Imprigionato tra due piccoli capi, il porto è soltanto un'ansa naturale. Sulla spiaggia, tartane e barche tirate in secco.

È come una visione dell'infanzia, un paesaggio della Corsica, forse un po' meno rude, vagamente più tenero.

All'improvviso Napoleone prova il desiderio di lasciarsi andare e farsi sommergere da un'onda di emozioni, di sentimenti, d'amore. Riaffiorano alla mente le frasi lette tempo addietro, le frasi di Rousseau.

Aveva creduto di dimenticarle. E invece sono là, palpitanti.

L'amore, le donne esistono. Sono al centro della vita, come la guerra e il denaro.

Lui vuole anche questo.

Nel suo ufficio, allo stato maggiore, fa dispiegare le carte. Segna con grossi tratti neri quali sono le direzioni che i battaglioni devono prendere per raggiungere Tenda, Saorge, Oneglia, e scompaginare le truppe sarde. Incontra Masséna, anch'egli appena nominato generale e i cui 8000 uomini, che si sono distinti nell'assedio di Tolone, sfilano per le strade di Nizza.

Napoleone assiste alla sfilata. Valuta l'entusiasmo dei rivoluzionari nizzardi e la paura della maggioranza della popolazione. Non è forse la paura a governare gli uomini?

Poi, in compagnia di Junot e di Marmont, s'inoltra nelle alte valli, prende sentieri scoscesi. Ecco Saorge, paese dalle case che si confondono con le pareti della montagna. Impossibile avvicinarsi di più, poiché i sardi bombardano dalle cime la valle della Roya. Nei giorni successivi Napoleone ispeziona i forti costieri, cui ogni tanto si avvicina la flotta inglese proveniente dai porti corsi che ormai ha acquisito.

Ad Antibes, uscendo dal Fort-Carré, in una delle rare belle giornate di quella fine di febbraio del 1794, Napoleone nota su una collina una casa borghese dal tetto di tegole scolorite, con le persiane sbarrate dipinte di verde vivo.

Si arrampica fino alla casa, entra nel giardino con piante di aranci, palme, lauri e mimose.

Dalla terrazza fiorita si domina il capo d'Antibes, il golfo di Juan e la baia degli Angeli. È a strapiombo sul Fort-Carré e le sue torri d'angolo innalzate da Vauban.

— Sarà questa — dice Napoleone a Junot.

Una settimana dopo aspetta i suoi sulla soglia della casa di cui ha ordinato la requisizione. Nel paese di Antibes la chiamano lo Château-Salé. Napoleone ha mantenuto la sua residenza in casa Laurenti, in rue Villefranche, a Nizza, ma vuole che la madre, i fratelli e le sorelle stiano vicini a lui, sotto la sua protezione, e possano beneficiare del suo sostegno.

Ha bisogno della famiglia. Nello sguardo della madre, nell'ammirazione e invidia dei fratelli e delle sorelle misura anche la sua marcia in avanti e i suoi successi.

Eccoli che arrivano scortati dalla cavalleria di Junot, dal momento che le strade tra Marsiglia e Antibes non sono sicure.

Durante i tre giorni di viaggio, racconta Junot a Napoleone, sono stati spesso seguiti dalle bande degli "Enfants du Soleil", realisti che conducono una guerra d'imboscate nel Var e si rifugiano nelle foreste dell'Estérel e dei monti Maures.

Senza ordine, senza pace interna, che cos'è una nazione?

Napoleone fa visitare le stanze alla madre, spalanca lui stesso le persiane:

— Ecco la vostra casa.

Non è la casa di famiglia di Ajaccio, ma gli sembra di aver cominciato a ricostruirne le mura.

Si avvicina a Luigi, il suo ex allievo di Auxonne e di Valence. Lo ha fatto entrare nel suo stato maggiore, benché abbia solo sedici anni.

Napoleone s'informa poi su Luciano, e Letizia Bonaparte gli riferisce che ha intenzione di sposarsi con la figlia del suo locandiere. Quanto a Giuseppe, è ben introdotto a Marsiglia presso i Clary, una famiglia di ricchi negozianti di rue Phocenées. La figlia maggiore, Julie, ha una dote di 150.000 lire.

Napoleone ascolta. Lui è il centro del "sistema" Bonaparte.

Al Château-Salé Napoleone contrae le sue abitudini. Vi pranza con Marmont, Junot, Muiron, Sebastiani. Vi riceve anche Masséna. Talvolta s'incontrano a casa dell'"ardente repubblicano", come lo chiamano, anche la moglie di Ricord, il rappresentante in missione, e la sorella di Maximilien e Augustin Robespierre, Charlotte.

La mattina, dopo le serate trascorse al Château-Salé, Napoleone rientra a Nizza, spesso in compagnia dei suoi aiutanti di campo. I cavalli corrono lungo le spiagge, sollevando con gli zoccoli la schiuma delle onde. Si attraversa il Var a guado e si arriva sulla banchina del porto di Nizza con il sole che spunta.

Al lavoro: sui piani e sulle carte. Riunioni con il generale Dumerbion. Napoleone è sorpreso dalla rapidità con cui passa il tempo. Esaminando le carte, la sua immaginazione s'infiamma. Anticipa il movimento delle truppe, le reazioni dell'avversa-

rio. Nella sua mente tutto si compone come lo svolgimento di una dimostrazione matematica, di un sistema.

Nel rivolgersi ad Augustin Robespierre o al generale Dumerbion, sente che niente resiste al suo pensiero.

Un giorno d'aprile Augustin Robespierre lo trascina sulla banchina del porto e gli parla a lungo, dicendogli di aver scritto a suo fratello Maximilien per tessere l'elogio del "cittadino Bonaparte, comandante d'artiglieria di grandi meriti".

L'Armata d'Italia ha seguito i suoi piani. Saorge, Oneglia, il colle di Tenda sono caduti, e Dumerbion, in un messaggio alla Convenzione, ha riconosciuto quel che doveva "alle sapienti manovre del generale Bonaparte che hanno assicurato la vittoria".

— Perché — riprende Augustin Robespierre — non svolgere un ruolo ancor più rilevante, a Parigi?

Napoleone si ferma, fa finta di non capire. Ha preparato un piano, dice, che vuole sottoporre a Maximilien Robespierre. Si tratta di un attacco condotto dall'intera Armata d'Italia, un modo per costringere gli austriaci a difendere la Lombardia, il Ticino, e permettere così all'Armata del Reno di avanzare di fronte a un nemico indebolito.

Augustin Robespierre ascolta, approva, ma non è di questo che si tratta.

— Attaccare su tutti i fronti sarebbe del resto un grave errore militare — riprende Napoleone come se non avesse udito l'osservazione del rappresentante. — Non bisogna disseminare gli attacchi, ma concentrarli. In guerra il sistema è lo stesso che nell'assedio delle piazze: concentrare il fuoco contro un solo punto, una volta aperta la breccia l'equilibrio è spezzato, ogni difesa diventa inutile e la piazza cade.

— D'accordo — conferma Augustin Robespierre.

Trasmetterà quel piano d'attacco in Italia. Ma Bonaparte conosce Hanriot, il capo di stato maggiore dell'esercito rivoluzionario a Parigi, la salvaguardia della Convenzione e del Comitato di salute pubblica?

Napoleone lascia passare un attimo di silenzio, poi dice:

— Colpire l'Austria, indebolirla mediante una ferita in Italia, mettere in movimento l'armata, a partire da Oneglia e dal colle di Tenda, ecco il mio piano.

La sera, lungo il tragitto verso Antibes che copre galoppando solo, molto avanti a Junot e Marmont, analizza la proposta di Augustin Robespierre: entrare nel cuore del sistema robespierriano. Ma è indispensabile esporsi prematuramente ai colpi?

Ancora ieri ha misurato la gelosia che suscita. L'hanno chiamato a comparire alla sbarra della Convenzione per aver rimesso in funzione a Marsiglia i pezzi d'artiglieria a beneficio, dicono, degli aristocratici! I rappresentanti in missione l'hanno difeso. Ma la spada di una condanna rimane sospesa sul suo capo.

Bisogna saper aprire il fuoco al momento giusto, altrimenti la spada piomba giù.

Napoleone smonta da cavallo nel giardino di Château-Salé. I fratelli Luciano e Giuseppe gli vengono incontro. Li conduce in fondo al giardino. L'aria è dolce. È il mese di maggio. Scruta il mare. Parla per se stesso. Non dipende che da lui partire per Parigi, già domani, dice. Sarebbe allora in grado di sistemare tutti i Bonaparte in modo vantaggioso.

Si volta.

— Che ne dite? — domanda.

Non aspetta che i fratelli rispondano.

— Non c'è davvero motivo di abbandonarsi all'entusiasmo — riprende. — Salvare

la testa a Parigi non è così facile come a Saint-Maximin. Il giovane Robespierre è onesto, ma suo fratello non scherza. Bisognerà servirlo. Io dovrei sostenere quell'uomo? No, mai! So quanto gli sarei utile sostituendo quell'imbecille del suo comandante di Parigi, ma è ciò che non voglio essere. Non è il momento. Oggi non esistono posti onorevoli per me all'infuori dell'esercito: abbiate pazienza, comanderò Parigi in seguito.

Si allontana di qualche passo.

Si era già risolto, ma aver espresso quel che pensava venendo da Nizza, e fin dal momento che Augustin Robespierre ha cominciato a parlare, lo convince che c'è una sola scelta possibile, quella che ha compiuto.

Si volta, butta là ai fratelli: — Che ci andrei a fare in quella galera? — Poi però rimane a lungo a contemplare il mare.

Ne è certo, e la proposta di Augustin Robespierre ha fatto nascere quella certezza: un giorno verrà il momento di comandare Parigi.

D'improvviso l'estate, e quelle notizie che feriscono.

Il 21 giugno, a nome di una consulta, Paoli ha proposto a Giorgio III, re d'Inghilterra, di accettare la corona di Corsica, cosa che il sovrano ha fatto!

A Parigi le teste rotolano, il terrore diventa folle, laddove la vittoria di Fleurus, il 26 giugno 1794, rende inutile quella repressione crudele.

Mentre scorrono i giorni di giugno e luglio del 1794, Napoleone si ritrova spesso nel giardino di casa Laurenti, in rue Villefranche.

Parla poco. Guarda Émilie. Si appaga. Ma non può restare a lungo immobile. L'atmosfera allo stato maggiore è pesante. La cassa dell'armata è vuota. Manca il vestiario. Su un effettivo di 40.000 uomini, 16.000 sono dichiarati malati!

L'11 luglio, quando si reca alla convocazione del rappresentante in missione Ricord, Napoleone ha ancora in testa le parole scritte a uno degli ufficiali che si lamentavano dello stato dell'armata: "Finirà male per coloro che gettano il popolo in allarme".

Anche lui si sente travolto da quel clima di violenza e d'inquietudine. Che vuole Ricord?

Il rappresentante legge due lunghe istruzioni segrete che ha redatto insieme ad Augustin Robespierre.

Il generale Bonaparte deve recarsi a Genova, ragguagliarsi sullo stato delle fortificazioni, recuperare della polvere da sparo già pagata, giudicare in merito all'atteggiamento civico dei rappresentanti francesi e discutere con il governo genovese della maniera migliore per combattere "le orde di banditi" cui Genova lascia via libera.

Missione segreta, insiste Ricord, diplomatica e militare allo stesso tempo.

Come destreggiarsi?

Ricord e Robespierre detengono sempre il potere. Augustin Robespierre deve recarsi a Parigi e difendere nel Comitato di salute pubblica il piano d'attacco contro l'Italia messo a punto da Napoleone.

— Parto — dichiara Napoleone.

Va solo, in abiti civili, lungo le strade panoramiche che rasentano le scogliere.

Il paese non è sicuro, ma di quando in quando s'incontrano postazioni francesi o città tenute da rivoluzionari italiani. A Oneglia Napoleone pranza con Buonarroti, che ha conosciuto in Corsica e che è stato nominato commissario della Convenzione da Ricord e Robespierre.

È già evocare il passato.

Buonarroti editava in Corsica "Il Giornale Patriottico di Corsica", e Bonaparte vi aveva pubblicato un articolo.

Sulla terrazza che dà sul porto Napoleone ascolta in silenzio Buonarroti invoca-re l'uguaglianza, che deve regnare e che Robespierre può forse aiutare a stabilire.

Napoleone sulle prime non risponde. L'uguaglianza?

Come può Buonarroti, un uomo di più di trent'anni, conservare una simile fede?

L'uguaglianza dei diritti, comincia Napoleone, quella che la legge può stabilire...

Ma Buonarroti lo interrompe con foga: l'uguaglianza delle fortune, dice, quella delle ricchezze, al fine di stabilire la vera uguaglianza dei diritti.

Bisognerebbe tagliare la testa di un uomo su due, e non basterebbe, mormora Napoleone. Chi vuol essere più povero di quanto non sia?

Al ritorno da Genova Napoleone non si ferma a Oneglia e appena arrivato a Niz-za, il 27 luglio 1794, come prima cosa si reca da Ricord a rendere conto della sua missione a Genova, poi raggiunge Château-Salé insieme a Junot.

La casa è vuota. Letizia Bonaparte e i suoi figli hanno lasciato Antibes per assi-stere al matrimonio di Giuseppe Bonaparte con Marie-Julie Clary, la figlia dei com-mercianti marsigliesi in seta e sapone. Giuseppe Bonaparte ha scelto le 150.000 lire di rendita!

Napoleone si sente solo. Rientra subito a Nizza, dai Laurenti.

La mattina del 4 agosto si presenta Junot, nervoso, pallido. Robespierre è stato decapitato, esclama appena vede Napoleone. Maximilien è stato arrestato il 27 lu-glio, giustiziato l'indomani insieme al fratello Augustin.

Napoleone abbassa la testa.

Laurenti si avvicina, si fa ripetere la notizia. Finalmente! I prigionieri saranno li-berati, si smonterà la macchina del dottor Guillotin!

Napoleone lascia la casa senza pronunciare parola. Ha visto troppo odio negli sguardi. Ha colto troppi fremiti di gelosia per non aspettarsi qualche denuncia.

— Stanno per vendicarsi — dice.

Pensa alle strade di Tolone. Poi aggiunge forte, perché gli ufficiali che ha intorno lo sentano:

— Sono rimasto toccato dalla catastrofe di Robespierre, che un po' amavo e che credo puro, ma, quand'anche fosse stato mio fratello, l'avrei pugnalato di mia mano se aspirava alla tirannide.

Attende.

Incontra Saliceti, il quale distoglie lo sguardo. Cerca di vedere Ricord, ma lo di-cono in fuga. Avrebbe raggiunto la Svizzera.

Il 9 agosto, quando i gendarmi si presentano in casa Laurenti per notificargli il decreto d'arresto su ordine dei rappresentanti Saliceti e Albitte, che ha sostituito Ricord, Napoleone non manifesta il minimo turbamento.

Laurenti interviene, si offre di pagare una cauzione per consentire a Napoleone di rimanere agli arresti in casa sua.

Si rende noto a Napoleone che è sospettato di essere un seguace di Robespierre. Per-ché si è recato a Genova? Alcuni commissari dell'Armata delle Alpi sostengono inoltre che in Italia gli emigrati hanno messo a sua disposizione un milione per corromperlo.

Saliceti aggiunge una frase:

— Su Bonaparte gravano forti motivi di sospetto, per tradimento e sperpero.

Infine è stato condotto al Fort-Carré di Antibes sotto buona scorta. Dalla finestra della stanza dove è rinchiuso scorge lo Château-Salé.

All'inizio rimane rinchiuso in se stesso.

Pensa a Saliceti che l'ha denunciato, tradito per salvarsi. Viltà degli uomini. Pensa al destino che l'ha sollevato già così in alto, in pochi mesi, e che ora, mentre sta per compiere venticinque anni, lo scaraventa giù, promesso alla ghigliottina.

Deve accettare quel destino? oppure rialzarsi come quando si cade durante una carica? Chiede penna e carta. Si rivolgerà ai rappresentanti in missione. Si rimetterà in piedi. Scrive:

> Mi avete sospeso dalle mie funzioni, arrestato e dichiarato sospetto. Eccomi marchiato d'infamia senza essere stato giudicato, o giudicato senza essere stato ascoltato. Dall'inizio della Rivoluzione, non sono stato forse sempre ligio ai principi?... Ho sacrificato la permanenza nel mio dipartimento, ho abbandonato i beni della mia famiglia, ho perduto tutto per la Repubblica. Dopo, ho prestato servizio a Tolone con qualche nota di merito e assicurato all'Armata d'Italia la parte di allori che si è conquistata... Non si può dunque contestarmi il titolo di patriota.

"Saliceti, tu mi conosci! Hai mai visto niente di sospetto nella mia condotta di cinque anni che sia sospetto per la Rivoluzione?"

> Ascoltatemi, distruggete l'oppressione che mi circonda e restituitemi la stima dei patrioti!
> Un'ora dopo, se i malvagi vogliono la mia vita, gliela darò volentieri, la stimo talmente poco, l'ho disprezzata tante volte! Sì, soltanto l'idea che essa possa ancora essere utile alla patria me ne fa sostenere il peso con coraggio.

Consegna la lettera alla sentinella.

Napoleone è in piedi. Ode i colpi del mare contro le rocce che circondano il forte. Sarà un macigno.

Nella notte un soldato gli consegna di soppiatto un progetto d'evasione elaborato da Junot, Sebastiani e Marmont.

Scrive di nuovo:

> Conosco bene la tua amicizia, mio caro Junot... Gli uomini possono essere ingiusti verso di me, mi basta essere innocente, la mia coscienza è il tribunale cui rimetto la mia condotta.
> Questa coscienza è in pace, quando la interrogo. Non prendere iniziative, dunque, mi comprometteresti.
> Addio, mio caro Junot, salute e amicizia
>
> *Bonaparte*, agli arresti nel Fort-Carré (Antibes)

Non dorme.

Certi uomini tradiscono. Altri rimangono fedeli. Ci si dispera o ci si rincuora nel conoscere le azioni degli uni o degli altri.

Ma bisogna contare unicamente su se stessi. Fidarsi solo di sé.

Sa che a Nizza i suoi aiutanti di campo assillano i rappresentanti in missione e il generale Dumerbion.

Sul fronte, nelle alte valli, i sardi attaccano, approfittando della confusione che regna nella Repubblica e nelle sue armate in seguito alla caduta di Robespierre.

C'è bisogno di Napoleone. Saliceti ritratta. "Niente di positivo" è stato scoperto contro Bonaparte, scrive il 20 agosto al Comitato di salute pubblica.

Quel giorno stesso la sentinella apre la porta della stanza e sorride presentando le armi.

— Cittadino generale... — comincia.

Napoleone gli passa davanti senza accelerare il passo.

È libero.

Non bisogna dipendere da un sistema. Bisogna essere il proprio sistema. Da cinque giorni ha venticinque anni.

17

Napoleone entra nell'ufficio del generale Dumerbion e lo trova seduto con le gambe allungate, il corpo pesante e stanco. Sembra gli costi fatica alzare il braccio. Alcuni ufficiali stanno in piedi intorno al tavolo su cui sono posate delle carte.

Napoleone li squadra uno per uno. Essi abbassano gli occhi. Non uno di quegli uomini, a cui sta accanto da mesi, che osi accennare un gesto di amicizia o congratularsi per il suo riacquisto della libertà.

Tacciono tutti. Ed è così da quando Napoleone ha lasciato il Fort-Carré e ha ripreso le sue funzioni a Nizza, allo stato maggiore dell'Armata d'Italia.

Il generale Dumerbion tossicchia, sospira.

Alla fine punta il dito sulla carta, invita Napoleone ad avvicinarsi. Gli ufficiali si scostano.

Napoleone ha voglia di toccarli, di buttargli in faccia sghignazzando: — Sono appestato, tremate per la vostra libertà e la vostra vita. — Ma a che scopo? Da quando è stato imprigionato ha scoperto che la viltà e la paura sono patrimonio comune a molti.

Dumerbion gli ha chiesto di stabilire un nuovo piano d'attacco nella regione di Dego e Cairo, in Piemonte, al di là dei colli di Tenda e Cadibona. Ma lui si sente circondato dal sospetto. Lo sorvegliano. Lo spiano, e soprattutto lo evitano. Si diffida dei nuovi rappresentanti in missione. Si teme l'epurazione ordinata dalla Convenzione e dal Comitato di salute pubblica. Si tratta di braccare gli ufficiali sospetti di giacobinismo e di tagliare "la coda di Robespierre" nelle armate. Alcuni ufficiali sono stati trasferiti. Altri imprigionati. Hanno ghigliottinato più di cento persone nei giorni successivi alla caduta di colui che ora viene chiamato "il tiranno". Nelle prigioni si ammucchiano i padroni di ieri. E qualche volta la folla spacca le porte, massacra i prigionieri. Le "Compagnie di Gesù" e le "Compagnie del Sole", animate da emigrati realisti o dai nuovi rappresentanti in missione, danno la caccia ai giacobini e fanno migliaia di vittime.

Napoleone sa che Luciano è stato arrestato in quanto giacobino e gettato nella prigione di Aix. E Napoleone ha scritto a uno degli amministratori della città: "Assisti mio fratello, quel giovane folle, e abbi per lui la premura dell'amicizia".

Ma cosa ci si può aspettare da un uomo in preda alla paura? Cosa ci si può aspettare da un paese, quando il centro del potere passa da una mano all'altra e al terrore giacobino succede il terrore bianco?

Mentre il generale Dumerbion parla, Napoleone non guarda la carta.

Ogni piega del terreno gli è familiare. Ha redatto tante di quelle memorie sulla campagna che bisognerebbe condurre in Italia! Ogni volta ha proposto le stesse direttrici al fine di separare gli austriaci dai piemontesi. Ha spiegato che bisogna schierare le truppe in ordine sparso. Tutto quel che ha letto quand'era di guarnigione ad Auxonne, a Valence, i libri di Guibert e di Gribeauval, i trattati di Du Teil, è tornato a prendere naturalmente posto nelle sue frasi. Perché allora ascoltare Dumerbion, quel generale impotente e senza immaginazione?

Se Dumerbion e quegli ufficiali codardi conoscessero la fiducia che ha in sé e se intuissero le idee che gli occupano la mente!

Occorrerebbe, pensa, un paese il cui centro costituisse un punto di collegamento, un asse fisso. Ogni cittadino sarebbe sicuro del posto che occupa in questo sistema. Né terrore rosso né terrore bianco. Un ordine metodico, un'organizzazione matematica.

Risponde a Dumerbion senza averlo ascoltato.

È pronto a guidare i battaglioni nella regione di Cairo e Dego. Si metterà in strada per raggiungerli oggi stesso.

Sa quel che il generale Schérer ha scritto su di lui: "Questo ufficiale conosce bene il suo esercito, ma è un po' troppo ambizioso".

Ma che cos'è un uomo senza ambizione?

Una terra sterile.

È sul campo. Piove nelle alte valli e nelle colline piemontesi che s'interrano in lunghe dorsali strette nella pianura lombarda.

Laggiù, nella fertile terra alluvionale, sulle rive del Po, sonnecchiano le città opulente, Milano, Verona, Mantova. Mentre le truppe sarde indietreggiano, e quelle repubblicane malvestite, malnutrite, soldati malati di dissenteria e talvolta di tifo, riportano la vittoria di Dego e Cairo, Napoleone osserva al cannocchiale quell'Italia florida, la Lombardia, dove basterebbe un po' d'audacia per entrare e regnare.

In ogni caso non è lui il comandante in capo. E cosa si può fare, quando bisogna obbedire a uomini che ci sono inferiori?

Si aggira, magro, il corpo piegato in avanti, nella casa di Cairo dove si è insediato lo stato maggiore.

È tutto troppo semplice, troppo lento. Si spazientisce. Non può vivere così.

Bussa alla porta dell'ufficio occupato da Turreau, membro della Convenzione in missione presso l'Armata d'Italia. Si irrigidisce. Al tavolo siede una donna. Turreau non c'è.

— Sono la cittadina Turreau — dice lei.

Il lungo abito pieghettato, stretto in vita, mette in risalto le rotondità dei fianchi e del petto.

Lei non abbassa lo sguardo.

È attratto da quel corpo, quei capelli biondi, quell'aria languida. È come una pianura da conquistare, da prendere con un assalto rapido e brutale.

Si china. Dice qualche parola, lei risponde. Il cittadino Turreau, spiega, è in giro d'ispezione, rientrerà domani.

La travolge.

La mattina, mentre insieme a Junot cavalca verso Nizza, mormora: — Capelli biondi, spirito, patriottismo, filosofia.

Ritrova gli uffici dello stato maggiore a Nizza.

Una donna, una notte, può appagare quel bisogno di agire, quel desiderio di essere quel che si sa di poter essere?

Félicité Turreau si ferma qualche giorno a Nizza e si lascia di nuovo possedere.

Ma le notti sono brevi, mentre i giorni si trascinano.

Allo stato maggiore si parla di una spedizione in Corsica per far sloggiare gli inglesi. Si radunano truppe e navi a Tolone. È necessario farne parte.

Eppure ha la sensazione che ogni volta che interroga scantonino. Una mattina viene a sapere che Buonarroti è stato destituito dalle funzioni di commissario della Convenzione a Oneglia. L'italiano nella notte è passato per Nizza circondato da una scorta, in viaggio verso le prigioni di Parigi per sospetto robespierrismo.

Napoleone capisce che l'arresto di Buonarroti accrescerà i sospetti contro di lui. È travolto dalla rabbia e dallo sdegno: non parteciperà alla spedizione in Corsica. Peggio ancora, il 29 marzo è richiamato dall'Armata d'Italia.

Strapazza Junot, Marmont e Muiron che tentano di rabbonirlo. Niente lo placa. Riceve una lettera dalla madre che gli scrive:

> La Corsica non è che una roccia sterile, un piccolo angolo di terra impercettibile e miserabile. La Francia, al contrario, è grande, ricca, popolosa. È in fiamme. Ecco, figlio mio, un nobile incendio. Merita il rischio di scottarvisi.

Ma come gettarsi nell'incendio?

Bruscamente, in quel mese di marzo del 1795, è come se la corda dell'arco si allentasse, poiché non v'è più bersaglio in vista e la freccia ricade.

Si reca a Marsiglia.

Mentre attraversa Draguignan, Brignoles e le cittadine del Var, coglie gli sguardi ostili che lo seguono. I realisti delle Compagnie di Gesù hanno invaso le campagne, imperversano lungo tutta la valle del Rodano. Si dà la caccia ai giacobini. Li massacrano nelle prigioni di Lione. A Parigi, i moscardinì li accoppano e fanno chiudere il loro club.

Che può fare senza appoggi un generale di venticinque anni sospetto di giacobinismo, emarginato, privo di un comando, il quale dipende dalla buona volontà di uomini sconosciuti, ostili o indifferenti, potenti nei loro uffici del ministero della Guerra, che non lo hanno mai visto caricare alla testa delle truppe, che ignorano e forse temono la sua forza, la sua energia, il suo desiderio di vincere?

Sta forse avendo inizio l'era dei mediocri?

"Dov'è il mio posto in questo paese?"

A Marsiglia, rue Phocenées, entra nell'elegante salotto dei Clary.

Si fa avanti Giuseppe, ingrossato, sorridente, tenendo il braccio paffuto della sua sposa, Julie Clary, 150.000 lire di dote.

Giuseppe si fa da parte, spinge verso Napoleone Désirée Clary, sua cognata, una ragazza bruna con il viso tondo, il corpo agile. Ha la timidezza intermittente dei suoi sedici anni.

È sbarazzina, in ammirazione e dolce. Si offre senza civetteria, come una piazza che si consegna di slancio al comandante in capo che si avvicina.

Napoleone le si siede accanto. Lei parla poco. Aspetta. Lui vagheggia di essere come Giuseppe, quel cappone tranquillo, felice nella vita domestica, che mangia in abbondanza e con regolarità, senza nemici né desideri, preoccupato unicamente del benessere quotidiano accanto ai suoi.

La fantasticheria permane, si amplifica sul filo dei giorni, nel marzo e nell'aprile del 1795.

Avrebbe finito, se si sposasse con Désirée Clary, di essere quel gatto scheletrico che si aggira, il più delle volte solo.

Afferra il polso di Désirée. La sua pelle è fresca. La mano si lascia prendere e stringere.

Ogni notte investire quella piazzaforte, possederla definitivamente.

Perché no?

Non ha che sedici anni, dice lei. E lui appena ventisei tra quattro mesi. La incalza. Nel dare realtà a quel sogno mette la stessa forza che nel disporre le batterie.

119

Il 21 aprile, sotto lo sguardo benevolo di Giuseppe, il fratello maggiore, e di sua moglie Julie nata Clary, la sorella maggiore, Napoleone e Désirée si fidanzano ufficialmente.

Tutto va bene.

Il 7 maggio Junot si presenta con un foglietto, e Napoleone riconosce il colore dell'inchiostro.

Lo strappa dalle mani di Junot. Lo legge. Impreca. È nominato comandante di una brigata di fanteria in Vandea!

Fanteria! Lui, generale dell'arma sapiente, lui, il capitan Cannone dell'assedio di Tolone, lui, il comandante dell'artiglieria dell'Armata d'Italia! È una degradazione, non una promozione.

In Vandea!

Lui, che ha combattuto gli inglesi e i sardi, lui, contro gli *chouan*!

Spinge da parte Junot, scavalca Giuseppe, vede Désirée Clary.

La fissa.

Il suo sogno è seduto lì, in quel salotto, tranquilla, le mani sulle ginocchia.

Parte per Parigi domani, dice.

Credono che si lascerà soffocare, relegare, esiliare, umiliare?

E cos'altro è la felicità se non agire, battersi?

La mia spada è al mio fianco, e con lei andrò lontano

maggio 1795 - 11 marzo 1796

18

Nessuno rivolge parole offensive a Napoleone da quando è giunto a Parigi, alla metà di maggio del 1795, in compagnia di Junot e Marmont, suoi aiutanti di campo, e di suo fratello Luigi. Eppure, giudizi sprezzanti o indifferenti come una constatazione li indovina a ogni istante, in uno sguardo, in un atteggiamento, in un discorso.

Quando Napoleone si lamenta perché l'appartamento ammobiliato da lui preso in affitto all'hotel Liberté, in rue Fossés-Montmartre, è arredato in modo sommario e la biancheria poco pulita, l'albergatore si limita a ripetere: — Settantadue lire al mese, settantadue lire. — Cosa pretendere di più, in effetti, per quel prezzo?

Adesso il denaro scorre a fiumi dappertutto. Facendo roteare i loro grossi bastoni da passeggio, gli elegantoni del momento, in parrucca incipriata, "ineffabili" accompagnati dalle loro "divine", si pavoneggiano lungo i viali suonandole a giacobini e sanculotti.

Napoleone impreca: — E sono esseri simili che godono di ogni fortuna!

Lui non è nulla.

Reclama il rimborso delle spese di viaggio, 2640 lire. Si presenta al ministero della Guerra per riscuotere la paga e le sue sei razioni quotidiane di viveri. Ma basta un giorno perché la moneta perda il dieci per cento del suo valore! Cosa sono i pacchetti di assegnati che gli vengono messi in mano? Nient'altro che carta straccia!

Negli uffici del ministero a malapena gli si presta attenzione. Attende che il ministro Aubry si degni di riceverlo. Aubry! Un vecchio capitano di artiglieria che si è autopromosso generale, ispettore di artiglieria e ha potere decisionale sulle carriere! Un ufficiale che deve la sua posizione agli intrighi e lo guarda con un'insopportabile aria di superiorità.

Napoleone perora la propria causa: è artigliere, generale di brigata, non può accettare il comando di una unità di fanteria.

— Siete troppo giovane — ripete Aubry. — Bisogna lasciar passare avanti gli anziani.

— S'invecchia in fretta sui campi di battaglia, e io ne vengo or ora!

Una frase di troppo, quando non si può contare su alcun appoggio e si ha indosso un'uniforme logora su cui si distingue appena il gallone di seta del grado.

Le strade, gli uffici, i salotti, rigurgitano di una folla di dame e damerini che neanche si accorgono di quell'ufficiale dai capelli in disordine e male incipriati che gli ricadono sulle spalle come enormi orecchie di cane. Le sue mani sono lunghe e magre, la pelle giallastra. Se ne sta curvo, un cappellaccio tondo calcato fin sugli

occhi. Cammina con un'andatura sghemba e incerta. Solo il suo sguardo a volte sorprende, grigio, penetrante. Allora si notano i tratti del volto, la bocca sottile, il mento volitivo, l'espressione risoluta, l'energia che sprigiona da questa fisionomia giovanile e tuttavia già scolpita, quasi emaciata.

Tuttavia Napoleone sa bene che lo sguardo che gli rivolgono è privo d'indulgenza. Si voltano dopo aver soppesato con un'occhiata la sua tenuta, i suoi stivali scalcagnati e impolverati, la sua cera malaticcia.

I poveri, in quella primavera del 1795, sono sospetti. Hanno manifestato il 1° aprile e ricominciano il 20 maggio, appena qualche giorno dopo l'arrivo di Napoleone. Hanno invaso la Convenzione, ghigliottinato il deputato Féraud, portato in giro la sua testa infilzata su un palo, come nei giorni della Rivoluzione! L'esercito, al comando del generale Menou, ha ristabilito l'ordine. Ma le grida lanciate dal popolo, "Pane! Costituzione del 1793!", danno i brividi. È necessario schiacciare la plebaglia.

— Un paese governato dai possidenti rientra nell'ordine sociale, quello in cui governano i non possidenti rientra nello stato di natura, vale a dire nella barbarie — dichiara il membro della Convenzione nazionale Boissy d'Anglas.

Napoleone sa bene che continua a pesare su di lui il sospetto di robespierrismo, e che in questo momento non vi è peggior marchio d'infamia.

Si aggira per Parigi per capire dove si trovino i poteri che determinano l'ordine delle cose. È convinto che tutto viene deciso qui, nella capitale. A nulla serve dimostrarsi prode sul campo di battaglia, se prima non si conquistano appoggi tra coloro che detengono le leve del potere. Accettare l'incarico presso l'Armata dell'Ovest avrebbe significato non solo decadere ingiustamente, ma perdere ogni possibilità di avanzare, di riuscire infine a farsi conoscere per quel che si è, per quel che si vale.

In lui però questa tensione verso l'avvenire è talmente forte da estenuarlo. È costantemente in agguato, a caccia, senza sapere di preciso cosa sta spiando, da dove arriverà la preda, su chi e come dovrà spiccare il balzo.

A volte si sente stremato per questa ricerca ansiosa.

"Sono malato" scrive al fratello maggiore Giuseppe "la qual cosa mi obbliga a prendere un congedo di due o tre mesi. Quando la mia salute sarà ristabilita, si vedrà."

Soffre davvero, è febbricitante, smarrito, sperimenta eccessi di disperazione.

Prende la penna, scrive una lettera dietro l'altra a Giuseppe. Spesso è sul punto di piangere.

"Tracciando queste righe" scrive "provo un'emozione di cui ho avuto pochi esempi nella mia vita; sento che tarderemo a rivederci, e non posso più continuare questa lettera."

È solo, malgrado la presenza di Junot al suo fianco. Marmont ha raggiunto l'Armata del Reno, Luigi è stato accettato alla Scuola di artiglieria di Châlons-sur-Marne. Ha bisogno della sua famiglia. "Tu lo sai, mio caro" scrive ancora a Giuseppe "non vivo che per far piacere ai miei."

Lo assale la nostalgia di una vita diversa: "La vita è un sogno leggero che svanisce". Perché non scegliere un rifugio tranquillo, la vita in campagna?

Scrive a Bourrienne: "Cercami una piccola proprietà nella tua bella valle dello Yonne. La comprerò non appena avrò il denaro. Voglio ritirarmi lì, ma ricorda che non voglio saperne di beni requisiti".

Prudente come un borghese timoroso che un giorno gli esuli vengano a reclamare le loro proprietà!

Quando si abbandona all'idea di rifugiarsi nella comoda tranquillità della vita domestica, esclama improvvisamente rivolgendosi a Junot: — Com'è felice, quel furfante di Giuseppe! — Il suo pensiero torna ai giorni trascorsi accanto ai Clary. Ripensa a Désirée, la cognata di Giuseppe. Preso dall'entusiasmo, scrive in poche notti un romanzo breve, dal titolo *Clisson ed Eugenia*. Si rivela, mettendo in scena un giovane di ventisei anni già coperto dagli allori vinti in battaglia, ma innamorato di una Eugénie diciassettenne. Clisson è uomo integerrimo, dotato delle qualità che Napoleone attribuisce a se stesso: "Clisson non poteva abituarsi ai formalismi meschini. La sua immaginazione ardente, il suo cuore appassionato, la sua ragione severa, il suo spirito freddo non potevano che trovar noiose le moine delle civette e la morale delle facezie. Non era fatto per gli intrighi e non capiva i motti di spirito".

Per votarsi all'amore di Eugénie, Clisson lascia l'esercito, ma raggiunge il campo di battaglia ogniqualvolta il governo lo richiama con un ordine urgente. Riporta una vittoria dietro l'altra, ma scopre che Eugénie non l'ama più. Allora rinuncia alla vita, scrivendole un'ultima lettera:

> Cosa mi rimaneva per il futuro, se non la vita sociale e la noia!
>
> A ventisei anni ho esaurito i piaceri effimeri della fama, ma nel tuo amore ho assaporato il sentimento soave della vita. Abbraccia i miei figli, che non abbiano l'anima ardente del loro padre, sarebbero come lui vittime degli uomini, della gloria e dell'amore.
>
> Clisson piegò la lettera, diede ordine a un aiutante di campo di portarla immediatamente a Eugénie, si mise subito alla testa di uno squadrone, si gettò a capofitto nella mischia e morì, crivellato da mille colpi.

Napoleone ha ventisei anni e un'anima troppo ardente, come Clisson, il suo eroe. È nella sua stanza all'hotel Liberté.

Non ha dormito tutta la notte. Il caldo di quell'inizio di agosto del 1795 è opprimente. Junot è coricato nella stanza accanto.

È così presto! Che fare? Napoleone rilegge il romanzo appena terminato, lo corregge, riscrive tre volte le prime pagine. Poi inizia una lettera a Giuseppe: "Credo tu abbia volutamente evitato di parlarmi di Désirée... Se rimango qui, non è da escludere che io commetta la follia di sposarmi; in proposito vorrei ricevere qualche parola da parte tua".

Napoleone vuole che Giuseppe ricordi la cosa al fratello di Désirée. Verga le parole con la sua calligrafia spigolosa e concitata. "Continua a rispondermi con puntualità, cerca di sistemare la mia faccenda in modo tale che la mia assenza non sia di ostacolo ai miei desideri."

Ancora poche righe e poi, per concludere la missiva, una richiesta perentoria: "È necessario che questa storia con Désirée vada in porto o si rompa definitivamente. Attendo con impazienza una tua risposta".

Scrivere un romanzo, riflettersi in esso come in uno specchio, tentare di costringere una fanciulla lontana a sposarlo, sono altrettante imprese, forme di lotta contro quel vuoto che è l'incertezza, quell'angoscia generata dall'inazione.

Ma quel desiderio, quelle pagine, quella richiesta non sono che un momento tra i tanti in cui Napoleone bussa a ogni porta.

Frequenta in maniera assillante gli uffici, sale al sesto piano del padiglione Flore, alle Tuileries. Là si è installato un membro del Comitato di salute pubblica, Doulcet de Pontécoulant, incaricato della direzione delle operazioni militari. Napoleone ha ottenuto una raccomandazione dal membro della Convenzione Boissy d'Anglas. Meglio stabilire piani di campagne militari in un sottoscala del ministero della

Guerra che essere un generale dimenticato a capo di un corpo di fanteria all'inseguimento degli *chouan*. Il generale Hoche esegue alla perfezione questo compito, e il rappresentante in missione, Tallien, a Quiberon ha appena ordinato di fucilare 748 esuli giunti colà e subito fatti prigionieri.

Cosa c'è da guadagnare in quella guerra?

Meglio mescolarsi ai postulanti. La sua divisa però è guardata con stupore e disprezzo. Lo si giudica al pari di uno sbandato. Lui indovina lo stupore e lo sgomento di fronte alla sua veemenza. Viene congedato con una frase: — Mettete per iscritto tutto ciò che mi avete detto, stendete una relazione e portatemela. — Napoleone volta le spalle. Non redigerà mai i suoi appunti, pensa sulle prime. In seguito, dietro insistenza di Boissy d'Anglas, elaborerà un piano per la campagna dell'Armata d'Italia, e Monsieur Pontécoulant lo terrà occupato per qualche settimana al suo fianco per lavorare a certe carte topografiche.

Lavora con sorprendente efficienza, con originalità e talento notevoli. S'impone a Pontécoulant e, una volta stabilito un rapporto di stima e ottenuto il riconoscimento delle proprie qualità, reclama la propria reintegrazione come generale d'artiglieria, e magari una missione a Costantinopoli per riorganizzare l'esercito turco. Pontécoulant appoggia la sua richiesta. Il progetto di spedizione in Oriente rappresenta forse una scappatoia, ma bisogna attendere la decisione di Letourneur, incaricato del personale, e anche lui, a quarant'anni, non è che un capitano d'artiglieria!

Dunque, alla ricerca di altre mete, perché l'impazienza divora e l'inattività distrugge!

Innanzi tutto, il denaro. Cosa si può fare senza? Vada per la paga. Ma coloro che a Parigi occupano una posizione sociale elevata possono contare su milioni di assegnati. Indossano divise stravaganti di seta e di broccato, turbanti, e quando Napoleone entra nei loro salotti non è che una silhouette nera chiusa in una uniforme tagliata male.

Innanzi tutto, dunque, il denaro.

Giuseppe ne dispone, dal momento che Julie Clary gli ha portato in dote 150.000 lire di rendita.

"Ieri sono stato alla tenuta di Ragny" scrive sbrigativamente Napoleone al fratello. "Se tu fossi tipo da concludere un buon affare, ci sarebbe da acquistare questo terreno per otto milioni di assegnati; tu potresti metterci 60.000 franchi della dote di tua moglie; è un mio desiderio e un mio consiglio."

Ma i buoni affari vanno a ruba, poiché ci si affretta a convertire in terre fertili e in mattoni i titoli che si svalutano.

"Ieri ha avuto luogo l'assegnazione della proprietà a nove leghe da Parigi che avevo avuto idea di assicurarti; ero deciso a pagarla 1.500.000 franchi, ma, cosa incredibile, è salita a tre milioni." Così va il mondo! Quello degli intrighi, del lusso, della lussuria, del potere, dei complotti e degli intrallazzi!

Napoleone lo fiuta, lo studia. Sono i nuovi ricchi corrotti che si incontrano da Madame Tallien, "Nostra Signora di Termidoro", che permettono di accedere là dove si decide dei destini! Bisogna appartenere a questo tipo di mondo, altrimenti non si esiste.

Questa scoperta mina anche la salute di Napoleone.

Ottiene un invito al palazzo del Luxembourg, là dove regna Barras, soprannominato "il re della Repubblica". Accede al salotto della Chaumière di cours de la Reine, all'angolo dell'allée des Veuves, agli Champs-Elysées, dove riceve Madame Tallien, l'amante ufficiale di Barras, il quale ne annovera tante altre, insieme, si dice, a qualche giovinetto.

Barras! Napoleone si ricorda di questo rappresentante in missione che insieme a Fréron e Fouché ha ripulito Tolone dai realisti. Costoro hanno fatto fortuna con le forniture di guerra alle armate, con la concussione, con i saccheggi. Un mondo di depravazione, corruzione, lusso e lussuria che attira Napoleone, il quale è come un lupo affamato di gloria, di donne, di potere, e ha capito che tutto si decide là.

Però dubita anche delle sue capacità di farsi conoscere in quel mondo, di conquistarlo. Eppure è necessario, poiché non esiste nient'altro. Non spera in un ritorno della virtù alla Robespierre, dal momento che non è stata altro che apparenza e illusione, e tutti rifiutano il terrore che l'ha accompagnata. Del resto, chi si preoccupa più dei poveri? Ogni giorno qualcuno si getta nella Senna insieme ai propri figli, per sfuggire con la morte alla fame e alla miseria.

Il mondo va così. L'uguaglianza non è che una chimera. Guai ai poveri e ai vinti!

"Il lusso, il piacere e le arti stanno rifiorendo qui in modo stupefacente" scrive Napoleone.

Va all'Opéra, assiste a una rappresentazione della *Fedra*. Gira per la città. "Ricompaiono le carrozze e la gente elegante, che non ricorda più, come fosse stato solo un lungo sogno, di aver mai smesso di brillare".

È sempre attanagliato dal desiderio di sapere. "Biblioteche, corsi di storia, chimica, botanica, astronomia, si susseguono uno dopo l'altro" annota. Ma ciò che travolge tutta la città è la volontà di dimenticare nei piaceri i mesi della Rivoluzione. "Si direbbe che tutti vogliano ripagarsi dei giorni della sofferenza, e l'incertezza del futuro spinge a non lesinare nulla per godersi il presente" spiega Napoleone a Giuseppe.

Questa è l'epoca. Sarebbe folle chi non lo comprendesse, chi volesse altro.

"Questa città è sempre la stessa; tutto per il piacere, tutto per le donne, per gli spettacoli, i balli, le passeggiate, gli atelier degli artisti."

Non essere niente in questo mondo, che è il solo reale? Tanto varrebbe morire.

Improvvisamente l'amarezza e la disperazione sommergono Napoleone. Non risponde più a Junot. Si chiude in se stesso, ripiegato, ingobbito.

La mattina ha fatto anticamera da Barras, da Boissy d'Anglas, da Fréron.

Si è presentato agli uffici del ministero della Guerra, che assegnano agli ufficiali in servizio tagli di stoffa per il vestiario, la redingote, il gilet e i pantaloni dell'uniforme.

Ecco come è ridotto un uomo come lui!

La notte del 12 agosto 1795, penna alla mano, lascia sanguinare la sua ferita. C'è un abisso tra ciò che vorrebbe essere e ciò che è, tra le battaglie che aveva sognato di condurre e la palude in cui ora deve annaspare. Come il suo personaggio, Clisson: "non poteva abituarsi ai formalismi meschini... Non era fatto per gli intrighi e non capiva i motti di spirito".

Al momento la Parigi dei simpatizzanti del Termidoro non consiste che in questo! E Napoleone si sente disarmato, impotente, incapace di forzare la situazione.

Quella notte allora si lascia andare, giusto il tempo di scrivere una lettera a Giuseppe.

Sono così poco attaccato alla vita, per la quale non provo più alcuna partecipazione, dato che mi trovo costantemente nello stato d'animo in cui ci si sente alla vigilia di una battaglia, convinto nel profondo che, quando la morte arriva per por fine a tutto, agitarsi è follia. Tutto mi induce a sfidare la sorte e il destino. E se continua così, amico mio, finirò col non voltarmi neanche quando sentirò passare una carrozza. La mia ragione talvolta ne è stupita, ma questa è l'inclinazione che hanno fatto nascere in me lo scenario morale di questo paese e l'abitudine all'imprevisto.

Sigillata la lettera, Napoleone si rialza, chiama Junot. Questi riceve delle somme di denaro dalla famiglia, le punta al gioco e dà la vincita al suo generale. Napoleone divide con lui monete e banconote. Si va al Palais-Royal.

Ha ventisei anni, Junot ventiquattro. Passano con sguardo bramoso fra le donne. I loro corpi e i loro profumi, i loro occhi, quando incrociano quelli di Napoleone, fanno dimenticare in un istante la disperazione più mortale. Il desiderio risveglia il gusto per la vita.

Imporsi in questo ambiente così com'è significa innanzi tutto conquistare e possedere una donna.

Scrive Napoleone a Giuseppe:

> Le donne sono dovunque, a teatro, a passeggio nei viali, nelle biblioteche. Nello studio di un uomo di cultura si possono incontrare persone assai gradevoli. Solo qui, tra tutti i luoghi della terra, esse meritano di reggere il timone; così gli uomini ne vanno pazzi, non pensano che a loro e non vivono che per loro. A una donna bastano sei mesi di tempo, a Parigi, per sapere esattamente ciò che le compete e quale è il suo regno.

Bisogna dunque andare dove sono loro, queste donne ingioiellate e potenti, intelligenti, argute e sensuali.

Se si vuole ottenere l'appoggio di Barras, re della Repubblica, bisogna riuscire ad avvicinare Nostra Signora di Termidoro, Thérésia Tallien.

Eccola nel salotto della sua Chaumière, decorato come un tempio greco. Napoleone, tra tutti gli invitati, è quello che veste in modo più dimesso. I moscardini portano parrucche bionde, confezionate con capelli appartenuti a dei ghigliottinati, si mormora. Sfoggiano stravaganti tenute verdi, gialle, rosa. Le loro giacche hanno lunghe falde con le quali giocherellano. Non uno che sembri accorgersi di questo generale "nero", questo "gatto con gli stivali" dagli occhi penetranti.

Napoleone avanza, si fa strada tra gli ufficiali gallonati, tra i membri della Convenzione con le grandi fasce tricolori. Saluta Fréron, che a Marsiglia ha fatto una corte assidua e serrata a Paolina Bonaparte. Barras, al braccio di Thérésia Tallien, percorre i salotti come un sovrano, stretto nella sua redingote militare ricamata in oro. Il visconte Barras di Fox-Amphoux, eletto nel Var, a suo tempo ha lasciato l'esercito reale e sogna gradi elevati. Il 1° agosto 1795 si è fatto nominare generale di brigata!

È dinanzi a questa specie di generale che bisogna inchinarsi. Barras si pavoneggia, esibisce Thérésia Tallien come un gioiello.

È abbigliata con un semplice abito di mussola, molto ampio, che lascia ricadere larghe e lunghe pieghe tutt'intorno, un modello ispirato alla tunica di una statua greca, drappeggiato sul petto, le maniche trattenute sulle spalle da antichi cammei. Non indossa guanti, si indovinano il seno e i fianchi.

Intorno a lei si affollano altre dame altrettanto svestite, profumate, invitanti. Una creola lasciva dallo sguardo provocante fissa ogni uomo come se lo invitasse a osare. È la cittadina Hamelin, ed ecco la cittadina Krudener, livoniana pallida e bionda. Ecco Madame Récamier, e quella giovane donna bruna che sorride senza aprire le labbra è Giuseppina Beauharnais, vedova di un generale ghigliottinato durante il Terrore.

Si dice che abbia conosciuto Madame Tallien in prigione, che sia stata prima di costei amante di Barras, che lo sia ancora, di tanto in tanto.

A tutte vengono attribuiti numerosi amanti, vite dissolute, cospicui patrimoni.

Affascinato, Napoleone si avvicina con deferenza a Thérésia Tallien. La cosa viene notata. Barras bisbiglia qualcosa. Forse sta rievocando l'assedio di Tolone.

Napoleone prende coraggio. Quelle donne così seducenti lo rendono audace. Nel giro di pochi istanti l'ufficiale magro e smunto diventa un brillante e temerario conquistatore. Si propone con insistenza, fa dell'ironia su se stesso, non ha più un'uniforme! Guardate! Madame Tallien non potrebbe forse aiutarlo a ottenere la stoffa che gli spetta? Potrebbe concedergli questa grazia, lei, la regina di Parigi?

Ha fatto la sua parte. Lei si degna di notarlo. È colpita dall'energia che sprigiona. Quell'ufficiale ha una figura anonima, ridicola, ma i suoi occhi catturano l'attenzione.

Lei ascolta e risponde, magnanima, che il fornitore Lefeuve, suo protetto, gli procurerà la stoffa per l'uniforme.

Barras si è allontanato sorridendo con aria annoiata.

La conversazione comincia ad animarsi. Napoleone coglie al volo ogni frase e non perde occasione per essere brillante. All'improvviso si sente a suo agio, come se avesse saputo da sempre corteggiare una donna, come se quel mondo fosse da sempre il suo. Pieno di baldanza, afferra il polso di Thérésia Tallien. Sproloquia. Sa leggere il futuro nelle linee della mano. Gli si fa intorno una cerchia di dame. Suscita le risate con le sue stravaganze, con le allusioni nascoste sotto i suoi vaticini. Lui è corso, quasi italiano, vero? Una cultura che sa predire il futuro. Il generale Hoche gli porge la mano. Napoleone pronostica che il generale morirà nel suo letto, "come Alessandro".

Scambia qualche parola con Giuseppina Beauharnais, il cui sguardo cerca di soppesare quest'uomo piccolo e scattante, dallo spirito e dall'eloquio così pronti da far dimenticare la sua tenuta miserabile.

Lei è in cerca di un uomo.

Napoleone lascia la Chaumière di Thérésia Tallien con passo nervoso. Parigi non è altro che questo. Ha l'impressione di essere finalmente riuscito per la prima volta, in quell'inizio di settembre del 1795, a impadronirsi di avamposti sul terreno da conquistare. Deve rivedere Thérésia Tallien per cercare di avvicinare, tramite lei, Barras e Fréron, i quali finora hanno risposto ai suoi appelli solo con biglietti cortesi e formali, quasi dei dinieghi.

Passano delle carrozze, negli angoli dei portoni si ammassano corpi di mendicanti, addormentati, con accanto i figli avvolti negli stracci.

La notte è ancora dolce.

Una volta nella sua camera, comincia a scrivere a Giuseppe:

> Qualunque cosa accada, non devi aver nulla da temere per me; ho per amici persone a modo, qualunque sia il loro partito o la loro opinione... Domani avrò tre cavalli, e questo mi permetterà di fare qualche giro in calesse e di sbrigare tutti i miei affari. Nel futuro non vedo che cose piacevoli, e sì che invece bisognerebbe vivere solo nel presente: l'avvenire è disprezzabile per un uomo che ha coraggio.

Nei giorni seguenti Napoleone è come trascinato dalla certezza di essersi finalmente procurato i mezzi per agire. Scrive a Barras. Si assicura che Pontécoulant appoggi il suo progetto per ottenere un incarico a Costantinopoli. Il decreto di nomina è pronto, assicura Pontécoulant. L'indennità di viaggio è fissata. Napoleone sarà il comandante di una vera missione. Sfuggirà in questo modo ai convulsi ritmi parigini che lo opprimono. I realisti, in effetti, si stanno mobilitando. Non vedono di buon occhio il nuovo progetto di Costituzione, quella dell'anno III, con le sue due Assemblee, il Consiglio degli Anziani, e il Consiglio dei Cinquecento. E il decreto stabilito dalla Convenzione il 28 agosto appare ai loro occhi come un vero e proprio colpo di Stato.

I membri della Convenzione hanno semplicemente deciso che i due terzi dei componenti la futura assemblea verranno scelti nelle loro stesse fila... un modo come un altro per evitare di veder trionfare, alle imminenti elezioni, i realisti e i moderati. I Barras e i Tallien, i Fouché e i Fréron non vogliono saperne di un ritorno della monarchia.

Napoleone è segnato come giacobino, troppo sospetto per sperare qualcosa dai monarchici o dai membri della Convenzione.

Ogni giorno aspetta con ansia l'ordine che gli consentirà di lasciare la Francia con una paga consistente e un incarico prestigioso.

Ed ecco che, il 15 settembre 1795, il Comitato di salute pubblica emette la seguente ordinanza:

Il Comitato di salute pubblica
 decreta che il generale di brigata Bonaparte, già inquisito dal Comitato di salute pubblica, è radiato dalla lista dei generali in servizio, visto il suo rifiuto di recarsi alla destinazione assegnatagli.
 La IX Commissione è incaricata dell'esecuzione del presente decreto.
 Il 29 fruttidoro anno III della Repubblica

Cambacérès, Berlier, Merlin, Boissy

Napoleone scartato, epurato.

La vittoria, il talento, l'ostinazione, tutti gli sforzi compiuti per convincere i membri della Convenzione, i Barras, i Fréron e le donne sono stati inutili.

Non è altro che un generale senza incarico, uno tra i tanti; 74 sospetti sono stati radiati come lui dal registro dell'esercito effettivo.

Ha ventisei anni.

"Non sei nessuno, Napoleone!"

19

Dunque, ancora una volta, occorre ricominciare tutto da capo.

Napoleone non prova stanchezza. Al contrario. Quel colpo inaspettato, che gli è stato inferto proprio nel momento in cui credeva di aver raggiunto il suo scopo, lo stimola.

"O lanciarsi di nuovo nella mischia o soccombere."

Solleva il capo, osserva Junot che va e viene nella stanza, impreca, copre d'ingiurie Letourneur, incaricato del personale militare, Cambacérès, Barras e Fréron, tutti questi profittatori, questi ufficiali da scrivania che decidono le sorti del generale Bonaparte!

Perché unire la sua voce a quella di Junot? A che servono le recriminazioni?

Perché sprecare inutilmente energia?

Bisogna risollevarsi, come si fosse stati raggiunti al fianco da un colpo di sperone inferto con furia.

Avanti.

Una volta fuori, s'incammina velocemente verso il Palais-Royal. Evita di rispondere alle domande di Junot. La sera è dolce, nel crepuscolo rosso sangue.

All'improvviso si levano grida, degli uomini passano urlando: "Abbasso i Due Terzi!". Portano mantelle con i colori del conte d'Artois e trecce simili a code di ca-

vallo che dal centro della testa ricadono sul petto e sulle spalle. Invadono i caffè sulla piazza, il Théâtre Français, costringono avventori, spettatori e passanti a gridare a loro volta, a condannare la Costituzione e il decreto dei Due Terzi. Di tanto in tanto qualcuno grida: "Viva il re!".

Si dice che la sezione Lepeletier, quella della Borsa, abbia inviato una nota a tutti i comuni per contestare il decreto dei Due Terzi, chiedendone l'annullamento. Ha rivolto un appello al generale Danican perché si metta a capo della Guardia nazionale di Parigi per spingerla a insorgere, al momento opportuno, contro la Convenzione.

L'assemblea si riunisce. All'ingresso dell'edificio Napoleone redige sulle ginocchia una lettera per Barras e una per Fréron. Di tanto in tanto s'interrompe. Riconosce quell'atmosfera, è il vento di una tempesta imminente. Si ricorda del 20 giugno, poi del 10 agosto 1792. Si trovava a pochi passi dagli insorti, non lontano da lì, come spettatore, persuaso che avrebbe potuto cambiare il corso degli eventi. E ora lo potrebbe ancor più. Ma è fuori scena. Meglio allora allontanarsi dal teatro, dal momento che è impossibile rappresentarvi il ruolo del protagonista. È assolutamente necessario partire per Costantinopoli, ottenere quella nomina già pronta.

Alcuni giorni dopo scriverà a Giuseppe: "Questo viaggio diventa sempre più importante: sarebbe già cosa fatta se qui non ci fosse tanto fermento; ma al momento ci sono rivolgimenti e germi incendiari, la cosa finirà in pochi giorni".

Napoleone non riesce a rimanere nella sua stanza. Si reca a teatro. Quel frastuono, quelle risate intorno a lui gli sono necessari. Lo isolano pur eccitando il suo pensiero. Si accorge che lo sguardo di Junot è inquieto e stupito: mentre tutti gli spettatori si sbellicano dalle risate, Napoleone rimane impassibile.

Fuori, sotto i portici del Palais-Royal, gruppi di persone urlano la loro indignazione per i risultati del referendum che ha approvato la Costituzione per poco più di un milione di voti, appena 50.000 quelli contrari, ma le astensioni sono state più di cinque milioni. E il decreto dei Due Terzi, che ha permesso ai membri della Convenzione di ritrovarsi nelle due Assemblee, ha raccolto soltanto 205.498 voti contro più di 100.000! — Buffoni! — gridano. Poi si odono dei colpi di arma da fuoco. Sparano su una pattuglia dell'esercito. Passano dei giovani armati. Alcuni hanno l'emblema dei vandeani, un cuore e una croce.

Nell'isola di Yeu sono sbarcati mille esuli accompagnati da duemila inglesi. Trenta delle 48 sezioni di Parigi, capitanate dalla sezione Lepeletier, incitano a ribellarsi alla Convenzione, a prendere le armi. Adesso che i sanculotti sono stati schiacciati e l'esercito è stato epurato dagli ufficiali giacobini, moderati e realisti immaginano di avere partita vinta. Dispongono di 30.000 guardie nazionali in uniforme, e la Convenzione non può contare che su 8000 uomini.

Quelle voci, quelle grida, il frastuono, gli spari, il calpestio delle guardie nazionali in allerta, a volte anche il galoppo di un cavallo, Napoleone li ascolta come un cacciatore in attesa dell'occasione propizia. Ma non conta niente. Non può far altro che osservare, aspettare. Cosa? interroga Junot.

Si è appena saputo che la Convenzione, preoccupata, sta richiamando in sua difesa gli ufficiali e i generali caduti in disgrazia a causa del loro giacobinismo. Con i membri delle sezioni antirealiste ha anche formato tre battaglioni di volontari, i "Patrioti dell'89".

Proteggere Barras, Fréron, Tallien, Cambacérès! Napoleone sogghigna. Prende Junot per un braccio. — Ah — mormora a denti stretti — se le sezioni mi mettesse-

ro al loro comando, io sarei in grado d'insediarle nel giro di due ore alle Tuileries, cacciando tutti i membri della Convenzione! — Ma le sezioni hanno già scelto il generale Danican, e l'esercito della Convenzione è comandato dal generale Menou, lo stesso che, il 20 maggio, ha stroncato la rivolta dei sanculotti affamati.

Dove sono le differenze tra Danican e Menou? Andiamo sulla scena dell'azione.

Lungo le strade i tamburi battono il segnale dell'adunata. Truppe, fanti, artiglieri, cavalleria si stanno dirigendo verso rue Vivienne per andare a occupare la sezione Lepeletier ove ha sede, sotto la direzione del realista Richer de Sérizy, il comitato centrale militare di tutte le sezioni parigine insorte contro la Convenzione.

Sono le nove di sera. Napoleone si tiene in disparte. Comincia a piovere. La sua uniforme e i lunghi capelli che gli ricadono sulle spalle sono inzuppati. Nell'oscurità nessuno lo nota. Preceduti dai tamburi, alcuni battaglioni della Guardia nazionale avanzano prendendo posizione in rue Faubourg-Saint-Honoré. Che aspetta il generale Menou a disperdere le truppe delle sezioni?

Sembra invece che quelle vadano poco a poco occupando quasi tutta la capitale, malgrado ora stia piovendo a dirotto.

Napoleone si dirige verso la Convenzione. Viene interpellato: è al corrente del fatto che il generale Menou è stato messo agli arresti per aver patteggiato con le sezioni e per aver ritirato le truppe, lasciando le strade in mano agli insorti? 30.000 uomini! Tutti i generali dello stato maggiore di Menou sono stati destituiti insieme a lui. Barras è stato nominato comandante in capo delle truppe allo scopo di difendere la Convenzione.

— Vi stanno cercando, cittadino generale.

Napoleone non prova alcuna emozione. Non affretta il passo. Ecco Fréron, divenuto d'improvviso confidenziale, che gli parla di Paolina di cui è innamorato, Fréron che va dicendo di aver suggerito a Barras di scegliere Bonaparte come comandante in seconda dell'esercito. E Barras ha ascoltato attentamente la proposta. Altri nomi sono stati fatti da Carnot oltre al suo: quelli di Brune, di Verdières, ma Barras ha replicato: — Qui non c'è bisogno di un generale in uniforme, ma di un generale d'artiglieria. — Barras avanza con aria grave, fa cenno a Fréron di spostarsi. I realisti non devono rovesciare il regime. Significherebbe aprire le porte alle truppe nemiche, agli inglesi, che hanno quaranta navi davanti a Brest, agli austriaci che hanno già radunato 40.000 uomini alle porte di Strasburgo. Significherebbe rinunciare alle annessioni, al Belgio, che è francese dal 1° ottobre. Barras s'interrompe. Propone a Napoleone il posto di comandante in seconda.

Napoleone rimane impassibile, gli occhi sbarrati, il colorito ancor più giallastro del solito. È forse arrivato il momento di uscire allo scoperto? Quello in cui si lascia il riparo della trincea per affrontare la mitraglia? È il momento di ordinare di aprire il fuoco? Dichiararsi, esporsi, per difendere cosa? Barras, Fréron? la Francia? la Repubblica? Qual è la preoccupazione di quegli uomini che fanno appello a lui? Il potere. I loro tesori ammassati. La volontà di non rendere conto di quel che hanno fatto; regicidi, terroristi, corrotti che hanno impartito l'ordine di sparare sul popolo. Termidoriani che desiderano digerire in pace e godere a sazietà!

Dover diventare, per loro, il capro espiatorio di tanti crimini ai quali è stato estraneo?

Per chi? Per che cosa?

"Per me."

— Vi concedo tre minuti per riflettere — dice Barras. — Bisogna prendere al volo l'occasione che passa, come un cavallo al galoppo.

— Accetto — dice Napoleone con voce calma e secca. — Ma vi avverto... — S'interrompe. Come tutto diventa semplice quando l'azione comincia.

— Se sguaino la spada — continua — la rimetterò nel fodero solo quando l'ordine sarà ristabilito, costi quel che costi.

È l'una della mattina, quel 5 ottobre 1795, 13 vendemmiaio. Adesso occorre domare quel cavallo appena afferrato per la criniera che corre lontano.

Quando Napoleone passa tra i soldati, o quando interroga gli ufficiali, indovina lo stupore di quegli uomini di fronte al "disordine del suo aspetto, ai capelli che gli scendono sulle spalle, ai vecchi abiti logori". Sente mormorare: — Bonaparte al comando? Chi diavolo è, quello là?

Per prima cosa, capire la situazione. Il generale Menou è seduto in una stanza sorvegliata. Napoleone, con poche parole persuasive, ottiene da lui preziose informazioni.

Poi, impartire gli ordini. Niente frasi inutili. Essere laconici. Non mettere a rischio le truppe, difendere la Convenzione. Gli insorti delle sezioni sono numericamente superiori, ma avanzano a colonne separate, che si troveranno esposte al tiro dei cannoni.

Con un gesto Napoleone convoca un giovane comandante di squadrone, Murat, che va avanti e indietro con atteggiamento sussiegoso. L'ufficiale si avvicina, un po' sprezzante. Gli ordini si abbattono come mannaie: — Prendete duecento cavalli, recatevi immediatamente nella piana di Sablons. Portate i quaranta cannoni e il parco d'artiglieria. Che ci arrivino! A colpi di sciabola, se necessario, ma portateceli.

Murat fa per parlare.

— Me ne risponderete personalmente, partite — conclude Napoleone.

Nello sbattere degli stivali, Napoleone non ascolta i membri della Convenzione che lo circondano e lo subissano di domande. Quando i cavalieri si sono allontanati, osserva quegli uomini dai tratti spesso deformati dalla paura e dall'angoscia: — Che si armino, formino un battaglione e si tengano pronti.

È calmo, sicuro di sé. Le decisioni si susseguono una dopo l'altra come meccanismi di un ingranaggio perfetto. Lo svolgimento della partita appena iniziata, lui già lo prevede. Gli uomini delle sezioni probabilmente hanno pensato anche ai cannoni, ma arriveranno dopo Murat. E i quaranta pezzi di artiglieria saranno la carta vincente. Quella di cui non si era voluto servire Luigi XVI nel giugno del 1791 e nell'agosto del 1792. Quella che occorre utilizzare per sgombrare le strade, poiché l'impiego dei cannoni in città coglierà di sorpresa e sconvolgerà l'equilibrio delle forze, attualmente favorevole alle sezioni realiste.

Balza sul cavallo, corre da una postazione all'altra, si ferma solo qualche minuto. Gli piace il viavai dei tenenti che si presentano a rapporto. Sente su di sé lo sguardo dei soldati. Pronuncia poche parole. Vede cambiare gli atteggiamenti.

Si fidano di lui. Riparte. Sa che comandare vuol dire anche essere sotto lo sguardo di tutti. Bisogna che tutti sappiano che lui è lì presente sotto gli spari. Bisogna che lo sentano impartire gli ordini senza esitazione.

È necessario disporre i cannoni alle estremità di tutte le strade che conducono alla Convenzione. Se i battaglioni delle sezioni avanzano, si dovrà aprire il fuoco. Le vie saranno prese d'infilata. I cannoni spareranno a raffica. Basteranno pochi minuti per spazzare via le truppe avversarie.

Barras lo ascolta. Sarà lui stesso, esclama, a dare l'ordine di aprire il fuoco. Lui è il comandante in capo, Napoleone quello in seconda.

Perché mai contestarne l'autorità? Non è ancora giunto il momento. Napoleone non ha niente da dire. È a lui che gli ufficiali vengono ad annunciare, verso le tre del pomeriggio, che la Convenzione è circondata dalla colonne delle sezioni. È da lui che si aspettano ordini. Barras fa un cenno, Bonaparte avanza e ordina ai cannonieri di aprire il fuoco.

Per le strade è scompiglio di corpi falciati dalla mitraglia. Il fumo invade la carreggiata e le facciate. Alcuni uomini delle sezioni organizzano la resistenza sui gradini della chiesa di San Rocco, altri si radunano al Palais-Royal. Napoleone monta a cavallo. Bisogna trovarsi dove si combatte. Si avvicina al palazzo dei Foglianti, in rue Faubourg-Saint-Honoré. Il cavallo stramazza a terra, colpito. Napoleone si rialza incolume, mentre i suoi soldati si precipitano. Ordina di aprire il fuoco sui gruppi delle sezioni. La scalinata della chiesa di San Rocco si ricopre in breve di cadaveri e chiazze di sangue.

Le strade ormai sono deserte. Sono bastate meno di due ore per riportare la vittoria.

Davanti alla Convenzione Napoleone vede avvicinarsi i deputati che intendono congratularsi con lui. Ma li ignora e si dirige verso il castello delle Tuileries, nelle cui sale, nel frattempo, sono stati ammassati numerosi feriti. Sono stesi su materassi o su paglia fresca e spessa. Le mogli di alcuni deputati si prendono cura di loro. Napoleone si china, rivolge un saluto ai feriti, le donne gli si fanno intorno. È il vincitore e il salvatore. Ode Barras che, nella sala delle riunioni, sollecita applausi per il suo nome.

Si allontana. Sa che dovrà pagare un prezzo per quella vittoria. I trecento morti che i suoi cannoni hanno disseminato lungo la strada non sono niente a paragone dei tanti già trascinati via dalla tempesta rivoluzionaria. Ma non gli verrà perdonato di aver distrutto il movimento realista. D'ora in avanti avrà degli avversari politici risoluti e agguerriti. Qualunque cosa faccia, si trova dalla stessa parte di Barras, Fréron, Tallien, e di tutti i regicidi, Robespierre compreso.

È così, ma solo chi agisce va avanti.

La notte tra il 5 e il 6 ottobre, 13 e 14 vendemmiaio, lo vede insonne. Impartisce ordini affinché si organizzi un pattugliamento a Parigi per tutto l'indomani. Scrive a Giuseppe perché ha bisogno di raccontare: "Finalmente tutto è finito, il mio primo impulso è quello di darti mie notizie". Elenca in modo sommario i principali avvenimenti delle ultime ore, poi aggiunge:

"Come al solito, non ho riportato la minima ferita.

"P.S. La fortuna è dalla mia parte. I miei omaggi a Désirée e a Julie."

20

Quel 6 ottobre 1795, mentre le truppe attraversano Parigi senza incontrare resistenza, Napoleone, pur non manifestando la minima sorpresa, sa, sente e vede che tutto è cambiato.

Gli portano una di quelle uniformi di buona lana che tante volte aveva richiesto invano. La indossa lentamente. Gli sembra che il suo corpo rivestito dallo spesso tessuto e il suo viso incorniciato dall'alto colletto ornato di galloni dorati non siano più gli stessi. I suoi gesti sono meno bruschi, la pelle irritata dalla scabbia gli appare liscia, perfino il colorito sembra meno giallastro.

Alcuni ufficiali si avvicinano. Lui è in attesa, a braccia conserte, le gambe avvolte da stivali di cuoio lucido. Gli porgono dei plichi con deferenza. L'espressione del corriere, un tenente, è insieme ammirata e timorosa. Napoleone lo fissa. L'uomo abbassa subito gli occhi, come se avesse commesso un errore e temesse un rimprovero.

Napoleone non dice una parola.

Questo è il potere, questa è la vittoria. Lo stesso Junot non è più tanto amichevole. Esita a parlare, si tiene un po' a distanza, rispettando il silenzio di Napoleone.

Vengono consegnati i giornali, Junot li scorre velocemente e ne riferisce.

"Questo generale di cui tanto si parla, questo nome che ricorre di continuo, Bonaparte, Bonaparte, sono io."

Non un tratto del viso di Napoleone che tradisca sorpresa o gioia. Fréron, sul podio della Convenzione, ha tessuto l'elogio di "questo generale d'artiglieria, Bonaparte, nominato nella notte tra il 12 e il 13 e che ha avuto a disposizione solo la mattina del 13 per impartire le sapienti disposizioni di cui avete visto gli effetti".

Barras è intervenuto per far confermare la nomina di Napoleone a comandante in seconda dell'Armata dell'Interno.

Il 16 ottobre verrà nominato generale di divisione. E il 26 la Convenzione, prima di sciogliersi, lo designerà comandante in capo dell'Armata dell'Interno.

Finalmente.

Prende posto in una grande carrozza trainata da quattro cavalli, attorniata dalla scorta. La guardia lo saluta quando entra nel palazzo del quartier generale, in rue Neuve-Capucine, sua residenza ufficiale. Attraversa le sale. Quando si avvicina si alzano in piedi, battono i tacchi. Convoca gli aiutanti di campo Marmont, Junot, suo fratello Luigi, e altri cinque ufficiali che sono, come scrive a Giuseppe, i "comandanti aiutanti di campo".

Legge la lista delle persone in attesa di essere ricevute. Quei postulanti, ai quali può cambiare la vita con una parola, con una frase, sono la riprova di quel che è divenuto.

Le pareti sono cariche di specchi dalle cornici dorate. Napoleone si osserva a lungo, sollevando il capo, mentre aspetta che facciano entrare il primo postulante.

Lui è lo stesso uomo di un mese prima. Lo stesso che avevano relegato al Fort-Carré, privato del comando dell'Armata d'Italia, epurato. Lo stesso al quale avevano risposto con un biglietto sbrigativo, lo stesso nei cui stivali entrava l'acqua.

Ma ora è qui, uguale e diverso. Comanda 40.000 uomini, e coloro che entrano in questa sala, senza osare sedersi, lo vedono nella luce del potere.

Non è inebriato né sorpreso. Si ricorda di quando era bambino e spesso, per raggiungere più in fretta la sommità della collina, lasciava il sentiero gettandosi in mezzo ai cespugli. I rovi s'impigliavano ai suoi vestiti, gli graffiavano le mani, le braccia, le gambe. A tratti i rami gli sferzavano il viso. Era afferrato da tutte le parti e trattenuto. Cadeva in ginocchio, credeva di aver raggiunto la cima, ricadeva, oppure un cespuglio più fitto, un masso più alto gli si paravano davanti. Però, alla fine dello sforzo, restava dritto dinanzi all'orizzonte, libero di spaziare su quella distesa di cui non conosceva l'estensione, piena di nuovi pericoli, ma dove poteva finalmente respirare a pieni polmoni.

Finalmente è se stesso.

Impartisce ordini. Niente vendette, esecuzioni o arresti nei confronti degli insorti di ieri. Clemenza per i membri delle sezioni.

Incontra Barras, Fréron, Tallien. Chiede l'assoluzione del generale Menou. Lo ascoltano. Lo interrogano. Lui risponde con frasi brevi. Osserva. Valuta l'inquietu-

dine di quegli uomini che, solo poco tempo prima, lo tenevano a distanza, trattandolo con sufficenza e ironia miste a un lieve disprezzo. Quegli stessi uomini, dunque, temono una vittoria realista alle prossime elezioni e forse complottano, qualora fosse necessario, di annullare le elezioni, di fomentare un colpo di Stato. E per il momento, organizzano il Direttorio esecutivo, di cui il visconte Barras di Fox-Amphoux sarà il principale ispiratore, direttore tronfio, re del Direttorio, odiato, disprezzato, invidiato, temuto:

Se la porpora è il salario
ario, ario, ario,
dei crimini di vendemmiaio
Fox se ne fotte!

Che a Parigi ciò sia chiaro
aro, aro, aro,
e pure al mondo intero
Fox se ne fotte.

E Junot ripete a Napoleone i due versi aggiunti a questa canzone che si ascolta nelle strade, legata al nome di Barras:

Non ha ancora quarant'anni, ma alle anime dannate
il crimine non sta a contare il numero degli anni.

Eppure sono proprio quegli uomini che detengono il potere, sono loro che Napoleone frequenta ormai ogni giorno nelle loro case o nella propria. È ricevuto nel salotto di Thérésia Tallien. Non è più costretto a intrufolarsi fino a lei. È lei a venirgli incontro, a prenderlo a braccetto. È circondato da tante dame profumate, che lo sfiorano con i loro veli e trattengono le loro mani a lungo nella sua. È l'uomo nuovo nel loro piccolo mondo, colui che le ha salvate, il guerriero nervoso, asciutto, così diverso dagli uomini che frequentano da tanti anni, di cui conoscono i corpi flaccidi, i vizi. Se li sono divisi, scambiati, non riescono più a stupirle e nemmeno loro sanno più stupirli; si sforzano di tenerseli accanto, nella completa disillusione, e devono ricorrere sempre più spesso all'alcol.

Del resto questi uomini non parlano più, giocano, lo sguardo fisso, seduti attorno a piccoli tavoli su cui posano poste considerevoli, passano le notti giocando a whist, a faraone, a ventuno, a ramino, a creps.

Bonaparte, il generale in capo che comanda a Parigi, del quale si dice abbia un grande avvenire, lui non gioca.

Le donne gli rivolgono mille domande. Lui le guarda senza mai abbassare gli occhi. Una di loro, dal colorito olivastro, le braccia nude sotto i veli fermati ai polsi da due piccoli fermagli d'oro, reclina leggermente il capo all'indietro. Napoleone contempla il suo seno generoso e il suo collo. Ha la sensazione che lei lo stia invitando. I suoi movimenti sono lenti. A tratti sfiora con le dita i capelli, trattenuti da una placca d'oro, i cui numerosi boccoli formano una specie di diadema attorno alla sua fronte. Parla sorridendo, l'espressione è animata, gli occhi luccicanti.

"Raccontatemi" sembra ripetere.

E lui racconta. Poco a poco le altre si allontanano come se lei, Giuseppina Beauharnais, avesse acquisito un diritto su quel generale di nemmeno ventisette anni.

Lo invita a farle visita, in via Chantereine, al numero 6.

Lui sa chi è lei.

La sera, nella sua ampia stanza di rue Neuve-Capucine, non riesce a prender sonno. Cammina avanti e indietro come è sua abitudine. Entra nello studio. Scrivere è il solo mezzo per calmarsi. Inizia una lettera a Giuseppe: "Sono terribilmente occupato, la mia salute è buona. Qui sono felice e contento". S'interrompe.

Lui sa chi è lei.

Vedova del generale Beauharnais, ha due figli, Eugenio e Ortensia. Amante di Barras. Nobiltà delle isole, Tascher de la Pagerie. È legata all'Ancien Régime e al nuovo. Una donna. Così diversa da quella Désirée Clary. Forse è anche ricca.

Ha già una vita alle spalle. Senza dubbio ha più di trent'anni. Ma quel corpo, quella pelle, quel modo di muoversi come se danzasse, come un rampicante fiorito che si avviluppa al tronco di un albero.

È amica di tutti. È la donna posta al centro del mondo nel quale sono entrato.

Lui sa chi è lei, ed è per questo che ne è attratto.

Accetta i suoi inviti. Il piccolo palazzo in cui ella vive è circondato da un parco, nel quartiere ancora verdeggiante della Chaussée d'Antin. Per raggiungerlo bisogna attraversare dei giardini. Si incontra quindi un padiglione semicircolare, in stile neoclassico. Quattro alte finestre sormontate da un attico rischiarano il pianterreno. Giuseppina è seduta su un divano. Sembra appena vestita. I veli lasciano indovinare le forme lascive del suo corpo. In quel salotto dai rivestimenti di legno bianco, un fregio ricorda lo stile romano. Ci sono numerosi divani e poltrone. Un'arpa, posta dinanzi a una delle finestre, completa l'arredamento scenografico. Il palazzo è stato affittato da Giuseppina a Julie Carreau, la moglie del grande attore Talma.

Con un movimento lento Giuseppina invita Napoleone a raggiungerla, a sedersi accanto a lei.

Lui sa chi è lei.

Lei è il simbolo della sua vittoria.

Esita. Ha la certezza, e il desiderio, di poterla abbracciare, rovesciare, possedere. Si siede sul divano, ma si tiene ancora a distanza.

Il 28 ottobre, mentre è attorniato dai suoi aiutanti di campo, un soldato gli consegna un plico. Gli ufficiali si scostano, Napoleone apre la busta.

Non riconosce quella scrittura dalle lettere marcate e tondeggianti che sembrano tracciate con esitazione. La lettera è firmata: "Vedova Beauharnais". Giuseppina scrive:

Non siete più venuto a trovare un'amica che vi ama. L'avete del tutto abbandonata; e avete torto, poiché ella vi è teneramente affezionata.

Venite domani a pranzo da me; ho bisogno di vedervi e di parlare con voi dei vostri interessi.

Arrivederci, amico mio, vi abbraccio.

Vedova Beauharnais
6 di brumaio

Napoleone ripiega la lettera, congeda i suoi aiutanti di campo.

Una donna, finalmente.

E quella donna si sta offrendo.

"A me. Se io voglio."

Ma quando Junot rientra, per dare conto del rapporto di polizia in cui si segnala che i "benpensanti" considerano Bonaparte "giacobino all'eccesso" e lo chiamano

"generale Vendemmiaio", Napoleone è in piedi, immobile, il volto fisso: — Il titolo di generale Vendemmiaio mi sta bene, in futuro sarà il mio primo titolo di gloria.

Poi prende il fascicolo dei rapporti, comincia a leggerli. Se i realisti lo criticano, se la prendono con il Direttorio, complottano, i giacobini si riorganizzano. Hanno fondato il club del Panthéon. Napoleone trasale: accanto a nomi che gli sono sconosciuti, come Babeuf e Darthé, all'improvviso quello familiare di Buonarroti, fedele dunque alle sue idee di uguaglianza sostenute ora da "Le Tribun du peuple", il giornale pubblicato clandestinamente da Babeuf.

Cosa sperano, quegli uomini? Non è possibile dividere tra tutti. La vita decide chi sono quelli capaci di prendere e possedere, e quelli che invece accettano di essere dominati. È così. E bisogna continuamente difendere ciò che si è conquistato e accrescerlo, chiedere il sostegno dei propri familiari, delle persone più vicine, del proprio clan. Napoleone si siede, scrive a Giuseppe.

Stare al potere è anche questo, prendere e dare.

Comincia:

Ho fatto nominare... farò sistemare... Ramolino è stato nominato ispettore dei Carriaggi, Luciano è commissario di guerra dell'Armata del Reno, Luigi è con me... Non posso fare più di quello che sto facendo per tutti... La mia famiglia non manca di nulla; ho fatto arrivare loro denaro e titoli... Ho ricevuto solo da pochi giorni 400.000 franchi per te; Fesch, al quale li ho consegnati, te ne darà conto... Non devi avere alcuna preoccupazione per la famiglia, è abbondantemente provvista di tutto. Gerolamo è arrivato ieri, lo sistemerò in un collegio dove si troverà bene... Ho qui a tua disposizione un alloggio e una vettura. Vieni qui, sceglierai il posto che più ti converrà.

Ancora un'ultima lettera a Giuseppe, ancora qualche parola per ripetergli che "alla famiglia non occorre nulla. Ho spedito loro tutto il necessario... circa 60.000 franchi, denaro, titoli, non avere dunque alcuna preoccupazione".

Dare ai suoi, dividere con loro. Cos'altro si può fare in questo mondo, così com'è?

Napoleone percorre le strade attorniato dal suo stato maggiore. Deve vedere tutto di persona. Il mantenimento dell'ordine rientra nelle sue responsabilità. Scoppiano degli scioperi. Il prezzo del pane sale alle stelle, la carestia batte alle porte. Fa freddo e manca la legna da ardere.

Vede e si rende conto di tutto quanto. Dispone che venga organizzata una distribuzione di pane e legna. Ma attorno alle panetterie si formano delle resse. Una donna lo apostrofa. È deforme, urla con voce stridula: — Quel mucchio di fantocci in divisa ci sta prendendo in giro — indicando Napoleone e il suo stato maggiore. — Purché loro mangino e stiano all'ingrasso, se ne infischiano che i poveracci muoiano di fame!

La folla rumoreggia. Napoleone si alza sulle staffe: — Buona donna, guardami bene, chi è più grasso fra noi due?

Tutti ridono. Napoleone sprona il cavallo, seguito dallo stato maggiore.

È dall'alto di una cavalcatura, come dall'alto del potere, che si guidano gli uomini.

Eppure, scostando dal pettorale del suo cavallo la folla che tarda a farsi da parte, per la prima volta dopo vendemmiaio Napoleone si sente di nuovo ostacolato. Cos'è il comando dell'Armata dell'Interno, se non un compito di polizia al servizio dei detentori del potere politico, i cinque capi del Direttorio, Barras, e ora anche Carnot?

Sono loro che danno ordini, e Napoleone sta alla testa delle truppe che penetrano nel club del Panthéon, perché il Direttorio ne ha deciso la chiusura. Troppo suc-

cesso di pubblico: quasi duemila persone a ogni riunione per applaudire Buonarroti e leggere "Le Tribun du peuple".

Non si lascia bruciare lo stoppino di una miccia quando la gente ha freddo e fame.

Napoleone tiene saldamente le redini del suo cavallo che scalpita sul selciato. Non è un gendarme. È un soldato. Il 19 gennaio 1796 ha presentato, forse per la decima volta, alcuni piani di battaglia per una campagna vittoriosa in Italia. Schérer, il generale che comanda l'Armata d'Italia, li respinge. Il commissario governativo presso l'esercito, Ritter, s'indigna per il progetto. Scrive al Direttorio, in primo luogo a Carnot, incaricato degli affari di guerra. Cos'è questo piano che gli hanno trasmesso? Chi l'ha predisposto? "Forse uno di quei pazzi che credono di poter afferrare la luna con i denti? Uno di quegli individui rosi dall'ambizione e avidi di incarichi superiori alle loro capacità?"

Mentre i soldati conducono via i giacobini arrestati, Napoleone sogna un vero e importante ruolo di comando.

Carnot lo mette al corrente delle reazioni scettiche o ostili dei generali Schérer e Ritter, che condannano il suo piano per la campagna d'Italia. Al tempo stesso però gli lascia intendere che potrebbero concedergli il comando dell'Armata d'Italia.

Napoleone si rimprovera ancora una volta di aver rivelato le sue certezze e le sue ambizioni. — Se fossi là — gli scappa detto — gli austriaci sarebbero in rotta! — Carnot ha mormorato: — Ci andrete.

Da allora, però, più niente, se non un susseguirsi di voci e pettegolezzi diffusi dagli invidiosi. A Napoleone vengono riferiti dal fratello Luigi, che li raccoglie nelle anticamere, o dai fedeli aiutanti di campo, che ne sono indignati.

Si dice che Bonaparte goda della protezione di Barras. Quest'ultimo vorrebbe sbarazzarsi della sua amante Giuseppina procurandole un marito benestante. E perché non Bonaparte, al quale si vorrebbe assegnare il comando dell'Armata d'Italia?

Napoleone s'infuria:

— Credono forse che io abbia bisogno di protezione per farcela? Saranno tutti ben felici se gli accorderò la mia. La mia spada è al mio fianco e con lei andrò lontano.

— E quella donna — mormora Luigi — quel progetto di matrimonio...

Napoleone fissa il fratello, che indietreggia ed esce.

Cosa ne sanno, gli altri, di quello che provo? Ha stretto a sé Giuseppina e lei si è abbandonata, morbidamente, offrendo i fianchi, il seno, il sesso, poi l'ha portata fino al letto.

È sua questa donna dalle mani sapienti, dalle dita affusolate, questa donna morbida come seta. La stringe a sé con un impeto e un desiderio talmente intensi che lei sembra venir meno, cerca di respingerlo prima di concedersi, vinta, così tenera. E tuttavia ha la sensazione che gli scivoli tra le braccia, che nel momento in cui crede di possederla lei sia come assente, lontana.

Cosa ne sanno, gli altri, delle notti in cui lui la incontra, la sveste, senza neanche togliersi l'uniforme e gli stivali? Lei è la donna giunta nel momento della vita in cui, finalmente, è se stesso. Lei è la sua vittoria fatta carne e piacere. Una vittoria vivente che non si esaurisce dall'istante in cui la si è ottenuta, ma che, al contrario, ravviva la passione.

Le scrive:

Mi sveglio pieno di te. Il tuo ritratto e la serata inebriante di ieri non hanno dato tregua ai miei sensi: dolce e incomparabile Giuseppina, quale strano effetto fate sul mio

cuore! Se siete contrariata, se vi vedo triste o inquieta, la mia anima è affranta dal dolore e non c'è più riposo per il vostro amico. Ma ne trovo forse di più, quando, abbandonandomi al sentimento profondo che mi domina, io attingo dalle vostre labbra e dal vostro cuore una fiamma che mi brucia? Ah! Questa notte mi sono accorto che il vostro ritratto non vi assomiglia. Parti a mezzogiorno, ti vedrò fra tre ore. Nell'attesa, *mio dolce amore*, un milione di baci, ma tu non mandarmene, poiché mi bruciano il sangue!

Ripensa in continuazione a quel corpo, a quella donna. Vuole tenerla imprigionata fra le sue braccia, come per trattenere non solo lei, ma anche tutto ciò che lei rappresenta, il suo passato, le sue amicizie, forse il suo patrimonio, il suo posto in quella società parigina di cui sa bene di aver raggiunto solo la soglia.

Con lei al suo braccio apparterrà definitivamente a quel mondo in cui è entrato durante una notte di guerra civile, sotto il diluvio del 13 vendemmiaio. Tramite questa donna vuole proclamare al mondo la sua vittoria, il rango che ha conquistato. Vuole averla accanto tutte le notti, ogni volta che avrà desiderio di lei, perché lei sarà la sua sposa.

Ma Giuseppina sfugge. Mentre l'attende nell'anticamera di un notaio, Monsieur Raguideau, da cui è voluta andare, Napoleone si avvicina alla porta socchiusa. Ode il notaio borbottare: — E che? Sposare un generale provvisto solo di cappa e spada, fareste davvero un bell'affare! — Che possiede, questo Bonaparte? Una bicocca? Neppure quella! Chi è? Un piccolo generale della guerra civile, senza avvenire, al di sotto di tutti i grandi generali della Repubblica! Tanto varrebbe sposare un fornitore dell'esercito!

Napoleone si domina. Vorrebbe irrompere nell'ufficio del notaio, ma si allontana, avvicinandosi a una finestra. Avrà quella donna. Lui la conosce. Sa cosa gli provoca: quel bruciore nel sangue. Conosce il suo corpo. È il primo corpo di donna che tiene così nelle sue mani, che può accarezzare, amare a modo suo. È la prima donna che lo tocca in quella maniera. Senza ritegno, con quella dolcezza e audacia, quella maestria che lo saziano, lo esaltano, fanno rinascere il suo desiderio nel momento stesso in cui lo crede appagato.

E dovrebbe rinunciarvi!

La vede ogni giorno. Scopre che lo spazio di una giornata può contenere, oltre ai compiti militari, anche un incontro con lei, l'amore con lei, pensieri per lei, lettere per lei.

Nel frattempo vede Barras, Carnot, La Révellière-Lépeaux, uno dei cinque membri del Direttorio esecutivo.

Il desiderio di lei, anziché esaurire le sue energie, gli dà una forza nuova.

Il 7 febbraio 1795 sono pronte le pubblicazioni di matrimonio, e nei giorni seguenti il Direttorio si decide ad affidargli il comando dell'Armata d'Italia.

— È la dote di Barras — mormorano gli invidiosi.

Zittisce Luigi e Junot, indignati per quei pettegolezzi.

Deve spiegare che è stato nominato comandante in capo dell'Armata d'Italia perché i generali Schérer, Augereau, Sérurier, Masséna e alcuni altri non stanno riportando vittorie decisive, e perché il Direttorio esige successi e bottino per riempire le casse vuote, ed è a Napoleone che assegnano l'incarico di vincere per riempirle.

Il 23 febbraio il decreto di nomina a capo dell'Armata d'Italia è pronto. Il 25 il Direttorio nomina il generale Hetry comandante dell'Armata dell'Interno.

Sono giorni febbrili. Napoleone impartisce le disposizioni per il passaggio delle consegne, nomina degli aiutanti di campo, prepara i piani per la sua campagna.

La sera dispiega le sue carte nel salottino di Giuseppina, nella residenza privata di rue Chantereine. Il cane Fortuné, un nastro attorno al collo, saltella e abbaia quando Napoleone abbraccia Giuseppina e la sospinge fino al letto, imperioso e appassionato.

A volte la sente lontana, semplicemente sottomessa. E questo lo preoccupa. Tra pochi giorni sarà sua moglie. La stringe con impeto. Riesce a immaginare la sua passione? Lei sorride, le labbra chiuse.

L'avvinghia a sé. Sarà sua moglie.

Occorre un contratto di nozze. Giuseppina dichiara quattro anni di meno. Napoleone lo sa. Lui s'invecchia di diciotto mesi. Che importano i dettagli. Vuole questo matrimonio.

Quando Monsieur Raguideau legge che il futuro sposo "dichiara di non possedere alcun immobile né alcun bene mobile oltre al suo guardaroba e alla sua dotazione di guerra", Napoleone si alza, rilegge la frase, chiede che venga depennata. È prevista la separazione dei beni tra i coniugi. Giuseppina, in caso di decesso di Napoleone, riceverà 1500 franchi. Conserva la tutela dei suoi figli, Ortensia ed Eugenio. L'atto reca la lista del suo corredo: quattro dozzine di camicie, sei sottogonne, dodici paia di calze di seta... Napoleone apparentemente non presta attenzione, ma si irrigidisce quando si menzionano, tra i beni di Giuseppina, due cavalli neri e una carrozza.

È stato Barras a farle consegnare questo equipaggiamento dalle scuderie nazionali, in risarcimento dei beni perduti dal generale Beauharnais sotto il Terrore.

Il 9 marzo 1796 (19 ventoso anno IV), giorno delle nozze, fissate per le nove di sera presso il municipio in rue d'Antin, Napoleone ha chiamato a raccolta gli aiutanti di campo. Assegna a ciascuno il suo compito. La nomina a capo dell'Armata d'Italia è stata resa ufficiale il 2 marzo. La partenza per Nizza, sede del quartier generale, è fissata per l'11 marzo. Bisogna che gli aiutanti di campo preparino le tappe, l'alloggiamento di Napoleone, convochino i generali.

D'un tratto Napoleone solleva la testa e trasale. Sono le nove passate. Al municipio Barras, Tallien e Giuseppina si staranno spazientendo.

Seguito da uno dei suoi ufficiali, Le Marois, Napoleone si precipita. Ha già regalato a Giuseppina un piccolo anello di zaffiro come fede nuziale. All'interno sono incise le parole: "Al Destino".

Sono le dieci quando arriva al municipio. Incespica sugli scalini correndo.

Sono tutti là ad aspettarlo. Il sindaco Le Clerq sonnecchia alla luce delle candele.

Napoleone lo scuote. Ha inizio la cerimonia, che è breve. Giuseppina mormora il suo consenso. Sì, esclama Napoleone a voce alta.

Poi conduce via Giuseppina.

È sua per due notti.

L'11 marzo, in compagnia del fratello Luigi, di Junot e dell'organizzatore Chauvet, Napoleone parte per il quartier generale dell'Armata d'Italia.

Giuseppina è ferma sulla scalinata. Le fa un cenno.

"È mia. Come lo sarà l'Italia."

Vedevo il mondo scorrere sotto di me...

27 marzo 1796 - 5 dicembre 1797

21

Nella vettura postale, Napoleone tace. Durante il cambio dei cavalli, con un gesto, chiede a Junot carta da lettera, inchiostro e penna, poi si allontana dalla sala dove verrà servita la cena.

Si siede a un tavolino. Comincia a scrivere.

La separazione da Giuseppina è straziante. Ha bisogno di lei. Vorrebbe che il proprio corpo fosse accanto al suo. Si ribella a quell'assenza che sente come una mutilazione.

Vuole avere tutto.

Lei e il comando in capo dell'Armata d'Italia.

Perché andare verso una cosa costa l'allontanamento dall'altra? Stupido, ingiusto, inaccettabile.

E questo viaggio verso Nizza che non finisce mai! L'arrivo è previsto solo per la fine di marzo. La vettura si ferma a Fontainebleau, Sans, Troyes, Châtillon, Chanceaux, Lione, Valence. Napoleone si tratterrà due giorni a Marsiglia per rivedere sua madre.

A ogni tappa è tentato di tornare a Parigi, di strappare Giuseppina al suo salotto, ai suoi amici, di costringerla a seguirlo.

Ma non è ancora il momento. Lei lo seguirà più tardi. Lui deve per prima cosa assolvere a un arduo compito. L'Armata d'Italia, infatti, è la più sguarnita tra quelle della Repubblica. È chiamata a svolgere un ruolo minore: bloccare una parte delle truppe austriache affinché le grandi Armate del Reno, ben equipaggiate, quelle dei generali Moreau o Pichegru, riportino la vittoria decisiva su Vienna.

Vincere con questi 30.000 soldati dell'Armata d'Italia è una sfida che deve raccogliere, e questo pensiero lo infervora. Si sente sollevato come se lo trasportasse un'onda.

Chiama Junot, chiede del documento che Carnot gli ha consegnato il 6 marzo, la *Direttiva per il generale in capo dell'Armata d'Italia*. La rilegge ancora una volta. Vi ritrova le idee da lui così spesso esposte ad Augustin Robespierre, Doulcet de Pontécoulant, allo stesso Carnot:

> Il semplice attacco del Piemonte non raggiungerebbe lo scopo che il Direttorio esecutivo deve prefiggersi, quello di scacciare gli austriaci dall'Italia e di ristabilire al più presto una pace gloriosa e duratura... Il generale in capo non deve perdere di vista che la cosa principale è nuocere agli austriaci.

Nel leggere le righe conclusive non può fare a meno di sogghignare:

Il Direttorio insiste, prima di terminare la presente Direttiva, sulla necessità di assicurare il sostentamento dell'Armata d'Italia all'interno e attraverso i paesi occupati e di fornirle, grazie alle risorse offerte dai luoghi, tutto ciò di cui potrà aver bisogno. Il generale esigerà forti tributi, e la metà del loro importo verrà versata nelle casse riservate alla paga dell'armata.

Prendere agli italiani tutto quel che si può, strappare con la forza tutto quel che si vuole: ecco il senso della Direttiva. E con il bottino sostentare, pagare, armare i soldati, e rimpinguare le casse del Direttorio.

E sta bene. Questa è la guerra. Questo è il potere delle armi.

Ripiega il documento. E subito è come se scivolasse dalla cresta dell'onda nella sua voragine, dall'esaltazione all'abbattimento.

Riprende la penna. Ripensa a Giuseppina.

Ti ho scritto ieri da Châtillon... Ogni istante mi allontana da te, amica adorata, e ogni momento mi vien meno la forza per sopportare questa lontananza. Tu sei l'oggetto perpetuo del mio pensiero; la mia immaginazione si estenua per indovinare quel che fai. Se ti vedo triste il mio cuore è dilaniato e la mia sofferenza cresce; se sei contenta e folleggi con i tuoi amici, ti rimprovero di aver troppo presto dimenticato questa dolorosa separazione; allora diventi leggera e da quel momento non ti immagino capace di nessun sentimento profondo.

Come vedi, non mi accontento facilmente... Mi dolgo di quanto sia stato repentino il mio allontanamento da te... Possa il mio genio che mi ha sempre tutelato in mezzo ai più grandi pericoli, proteggerti, circondarti, lasciando me esposto. Oh, non essere allegra, sii un po' malinconica... Scrivimi, mia dolce amica, e a lungo, ricevi i mille e uno baci dell'amore più tenero e più sincero.

Sigilla la lettera senza rileggerla, poi scrive l'indirizzo:
"Alla cittadina Beauharnais, rue Chantereine n. 6, Parigi."
Porge la lettera a Junot senza dire una parola
E già è preso dalla voglia di scrivere di nuovo. Ma deve attendere la prossima sosta.

Ecco Marsiglia. La carrozza procede a passo d'uomo lungo le strade strette e affollate che scendono verso le banchine del porto. Napoleone si sporge. Riconosce l'odore di salmastro, il tanfo dei frutti marci. È come se il recente passato ritornasse trasportato da quel vento freddo, da quegli effluvi, gli stessi che si riversavano in rue Pavillon, quando andava a rendere visita ai suoi.

Lui ha cambiato la loro vita. Era suo dovere, e adesso è il suo orgoglio. Sua madre, i suoi fratelli e le sorelle hanno potuto lasciare l'appartamento miserabile in rue Pavillon, e anche la residenza di Cypières. La carrozza passa davanti all'edificio imponente e austero dove sono alloggiati gli esiliati corsi. Letizia Bonaparte ha vissuto là tredici mesi, sopravvivendo grazie agli aiuti forniti dal Direttorio del dipartimento.

Sua madre non conoscerà più tutto questo, mai più.

La carrozza si ferma davanti al numero 17 della quarta traversa di rue Rome, a qualche decina di metri dalla residenza di Cypières. Napoleone scende, osserva la facciata di quell'imponente dimora borghese. Là adesso vive sua madre, in uno degli appartamenti più belli e più spaziosi di Marsiglia.

È stato lui, suo figlio, a permettere questo.

Le sue sorelle Paolina e Carolina, che grazie a lui sono divenute due giovani ele-

ganti, gli corrono incontro precipitosamente, lo tempestano di domande. E il matrimonio? E la sposa? Letizia Bonaparte, severa, aspetta che lui si avvicini e si lasci abbracciare. Lo fa con tenerezza e deferenza. Lei lo scruta. Napoleone sente quello sguardo materno, sospettoso, inquisitorio, come se sua madre stesse cercando ie tracce di un compromesso, forse addirittura di un tradimento. Sa molto bene che lei non approva il matrimonio con "quella donna". I suoi figli le hanno riferito che ha già due bambini, che ha sei anni più di Napoleone, che ha avuto numerosi amanti, fra i quali Barras senza alcun dubbio. Una donna scaltra che ha saputo, con abilità da cortigiana, sedurre, ingannare e portarle via il figlio.

Letizia Bonaparte però non dice niente. Prende la lettera di Giuseppina che Napoleone le porge. Risponderà certamente, mormora infilando la lettera dell'*Altra* nella tasca.

— Eccoti dunque, gran generale — esclama prendendo Napoleone per le spalle e spingendolo verso la finestra per vederlo in piena luce.

Ama quello sguardo di ammirazione di sua madre. Le riferisce ciò che ha ottenuto per Gerolamo, Luciano e Giuseppe, e per lo zio Fesch.

Lei e le sorelle hanno ricevuto il denaro? e i vestiti sono piaciuti?

Lei lo abbraccia. — Figlio mio. — Lo scongiura di non esporsi.

Lui la stringe a sé. Possa vivere a lungo. Ha bisogno di lei. Le sussurra:

— Se voi moriste, non avrei altro che dei sottoposti al mondo.

Si stabilisce all'hotel Princes, in rue Beauvau, suo quartier generale. Riceve le autorità locali. Quando un ufficiale, Fréron, in cui riconosce il rappresentante del popolo, quel Fréron a cui tante volte aveva chiesto udienza, avanza verso di lui, lo fissa e lo costringe, con lo sguardo, a fermarsi.

Seduto a tavola da Fréron, il quale la sera stessa offre una cena in suo onore, rimane silenzioso, con il volto severo. È il generale in capo. Quando Fréron, con tono familiare, gli ricorda la propria intenzione di sposare Paolina, lui lo zittisce con un movimento sdegnoso della testa.

L'indomani, prima della partenza, Napoleone passa in rassegna le truppe della guarnigione di Marsiglia. Legge negli occhi dei soldati, dei sergenti, dei capitani, uno stupore ironico. Che generale è mai quello? Un artigliere. Lo dicono "matematico e sognatore", un intrigante, un generale di vendemmiaio. Cosa sa fare? Comandare il fuoco dei cannoni che sparano a raffica sulla folla? Venga su un vero campo di battaglia!

Si ferma davanti a qualcuno di quegli uomini. Li costringe ad abbassare lo sguardo. Sono suoi inferiori. E non solo perché è il generale in capo, ma anche perché la sua mente li contiene tutti, perché non sono che pedine del suo progetto, mentre lui è inarrivabile per loro. Questi uomini non possono neanche immaginare chi è e di che cosa è capace. Sono inferiori perché è lui che prevede il futuro, che deciderà la loro sorte, se morranno o vivranno, a seconda che scelga di mandarli all'assalto o di lasciarli a riposo.

Come si può vivere senza comandare gli uomini?

Tutta l'Armata d'Italia dovrà abbassare gli occhi davanti a lui, obbediente.

Tuttavia, quando scende dalla carrozza, il 27 marzo 1796, in rue Saint-François-de-Paule, a Nizza, i soldati di guardia dinanzi alla casa Nieuwbourg, dove deve prendere alloggio, neanche lo salutano. Napoleone s'irrigidisce.

La casa è bella. La scala, sostenuta da colonne di marmo, è candida. Vetrate decorano le alte finestre. Un ufficiale si avvicina, si presenta, Napoleone lo squadra, ripete il suo nome, tenente Joubert. L'ufficiale spiega che si tratta di una delle dimore più

confortevoli di Nizza, situata di fronte alla sede dell'amministrazione centrale. Napoleone si volta, indica i soldati con le scarpe sfondate e che sembrano — dice alzando la voce — dei "briganti".

Joubert esita, Napoleone comincia a salire le scale.

— Lasciano l'armata senza denaro — spiega Joubert — alla mercè dei furfanti che ci amministrano. I nostri soldati sono anche dei cittadini. Hanno un coraggio da leoni, sono pazienti, ma muoiono di fame e malattie. Non siamo certo trattati come i signori dell'Armata del Reno!

Napoleone entra nell'appartamento a lui riservato, al secondo piano. Il sole inonda le stanze. A est il torrione della fortezza che protegge la baia degli Angeli si confonde con le rocce. Il mare sfavilla.

Joubert si trattiene sulla soglia.

— Il governo si aspetta grandi cose dall'armata — dice Napoleone. — Bisogna portarle a termine, e far uscire la patria dalla crisi in cui versa.

Comandare quegli uomini, ricostruire un esercito con quella massa di miserabili. Si getta subito con impegno in quell'impresa, comincia a dettare a Junot, a scrivere, a impartire ordini:

— Può darsi che un giorno io perda una battaglia, ma non perderò mai un solo momento per ingenuità o pigrizia.

Non serve a niente lamentarsi dello stato delle truppe, rammaricarsi di non averne di migliori. È con quegli uomini che deve vincere. Non vi sono mai scuse per la sconfitta, non c'è perdono per chi fallisce.

— Il soldato senza rancio si spinge a eccessi di furore che fanno vergognare di essere uomini — esclama. — Ne farò degli esempi terribili o smetterò di comandare questa soldataglia.

Fa deporre sul tavolo le borse contenenti i 2000 luigi d'oro che il Direttorio gli ha consegnato per condurre la sua campagna. Un'elemosina. Ma il denaro verrà dalle conquiste.

Si chiamino a raccolta le truppe.

Gli ufficiali trasaliscono. Subito?

— Non perderò mai un minuto — risponde Napoleone.

Entrano i generali. Se ne sta a gambe divaricate, la feluca in testa, la spada al fianco. Si sente al centro dei loro sguardi carichi di gelosia, di risentimento e tracotanza. Ciascuno di quegli uomini, Sérurier, Laharpe, Masséna, Schérer, Augereau, quest'ultimo soprattutto, con la sua alta statura e le larghe spalle da lottatore, ritiene di aver più diritto di Napoleone a occupare il posto di generale in capo.

Tutti hanno dato prova di sé. Ma chi è questo generale di ventisette anni che non ha mai comandato altro se non un esercito di polizia al servizio della Convenzione? Augereau lo squadra da capo a piedi.

Napoleone fa un passo avanti. Quegli uomini non sono che palle di cannone. Lui è l'artigliere che darà ordine di aprire il fuoco.

Li fissa uno dopo l'altro. Ogni volta è una prova di forza. Un piacere caldo e vibrante sale in lui quando Masséna e poi Schérer abbassano lo sguardo. Gli altri lo distolgono a loro volta. Augereau si ostina ancora per pochi istanti.

Dirgli con gli occhi: "La vostra statura non v'impedirà di essere fucilato immediatamente". E sentirsi deciso e pronto a farlo. Questo significa comandare.

Augereau distoglie lo sguardo.

Infine i generali escono. Napoleone sente Masséna esclamare:

— Quella specie di generale crede di poterci annullare con un'occhiata, crede di farci paura.

Io li annienterò.

Napoleone si mette al tavolo di lavoro, di fronte alla baia. Comandare è anche scrivere, perché le parole sono azioni.

Scrive al Direttorio:

> Voi non avete idea della situazione amministrativa e militare dell'armata. Sinistri presagi la tormentano. È senza pane, indisciplinata, insubordinata... Amministratori avidi ci tengono nell'indigenza assoluta... La somma di 600.000 franchi che ci era stata promessa non è mai arrivata.

Interrompe la lettera.

Questo comando, in simili condizioni, con 70.000 austro-sardi radunati in Piemonte e in Lombardia, è la prima grande prova.

Se sono quello che sento di essere, allora sarà vittoria, l'ascesa di un altro gradino. Verso che cosa? Verso l'alto. Ancora una volta, non c'è altra scelta che avanzare, agire con ciò di cui si dispone.

Riprende la penna: "Qui si deve appiccare il fuoco, ordinare fucilazioni". Poi aggiunge, marcando i tratti delle lettere: "Malgrado ciò, andremo avanti".

Al lavoro. Azione, azione.

Napoleone non aspetta nemmeno che Berthier, il nuovo aiutante di campo, abbia preso posto: comincia a dettare. Ha l'impressione di leggere un testo che sfila davanti ai suoi occhi. È come se il pensiero diventasse parola senza essere prima formulato nella mente.

Serve un magazzino con cento addetti per l'artiglieria e le armi. Occorre provvedere dappertutto alla distribuzione di carne fresca ogni due giorni. Le somme trattenute dai commissari di Guerra devono essere versate nelle casse dell'esercito. Le razioni degli uomini e dei cavalli non dovranno essere diminuite senza apposita autorizzazione. Il generale Berthier dovrà segnalare gli ufficiali che si sono distinti.

Napoleone si ferma. D'un tratto appare pensieroso:

— Dal trionfo alla caduta, il passo è breve. Un nonnulla ha sempre deciso i più grandi avvenimenti.

Poi si avvicina a una scrivania su cui sono stati dispiegati i piani strategici e le mappe.

— Prudenza, saggezza — mormora. — È solo con molta abilità che si raggiungono le grandi mete e si superano tutti gli ostacoli, altrimenti non si arriva a nulla.

Guarda Berthier, che si è fatto avanti.

— Ho preso la mia decisione — gli dice.

Indica col dito gli assi prescelti per l'attacco.

Un'intera notte di veglia per portare a termine quel piano strategico. Una notte durante la quale ha "evidenziato tutti i pericoli e tutti i contrattempi possibili", una notte di dolorosa inquietudine. Adesso tutto è dimenticato, e resta solo quel che deve essere fatto perché l'impresa riesca.

Trattiene l'indice sulla mappa, il braccio teso, immobile, mentre dentro di lui un'eccitazione vitale come quella che provava risolvendo un problema di matematica sembra scuotere ogni parte del suo corpo, senza che niente traspaia.

Si avvicina alla finestra.

— Il segreto delle grandi battaglie consiste nel sapersi schierare e concentrare al momento giusto — afferma senza guardare Berthier.

Congedandolo, sussurra:

— Occorrono gli assi per tracciare un diagramma.

All'improvviso la fatica, lo sfinimento, l'avvicinarsi della fredda notte che cala, la solitudine, l'impossibilità di dormire perché il pensiero continua a mulinare, trascinato dal suo stesso impeto. Solo il piacere, nell'appagamento dato da un corpo che si offre, potrebbe placare per qualche istante quel turbine di interrogativi di cui deve liberarsi, scrivendone a Giuseppina: "Che cos'è il futuro? E il passato? Cosa siamo noi? Quale fluido magico ci avvolge, nascondendo le cose che più desideriamo conoscere?".

Come la desidera! Com'è dura la lontananza! Perché questa vita divisa?

Se un giorno non mi amerai più, dimmelo. Saprò almeno non essere impari alla sventura. Verità, franchezza senza limiti... Giuseppina! Giuseppina! Ricordi quel che ti dissi una volta: la natura ha dato a me un'anima forte e determinata; ha forgiato te con veli e merletti. Hai forse smesso di amarmi?... Addio, addio, mi corico senza di te, dormirò senza di te. Te ne prego, lasciami dormire. Sono molte notti ormai che ti sento tra le mie braccia. Sogno meraviglioso! Ma non sei tu!

Va e viene nella stanza, come per strapparsi di dosso quell'ossessione che lo opprime, lo tormenta. Cosa starà facendo? Starà pensando a lui?

La sua pelle scotta.

Spalanca la porta. Mandino a chiamare i suoi aiutanti di campo.

La mattina vengono radunate le truppe. Arrivando, sente un brusio. Vede ondeggiare le fila dei soldati che si sporgono in avanti per vederlo. Le divise sono scompagnate. Perfino gli ufficiali, in testa ai loro uomini, hanno un aspetto da briganti.

Il brusio non cessa neanche quando si avvicina alla prime file. Ecco una nuova prova. Tira le redini del cavallo, s'inarca. Sovrasta quel fluttuare di uomini che volgono il viso verso di lui. Occorre fare di quella marmaglia un esercito. La stessa metamorfosi ha dovuto compierla a Tolone. Ma qui il compito è più arduo, più impegnativo. Ora è il generale comandante in capo.

— Soldati — esclama — siete mal vestiti, mal nutriti; il governo vi deve molto ma non può darvi nulla.

Il brusio aumenta. Ora è in mare e deve tenere il timone.

— La vostra pazienza, il coraggio che dimostrate in mezzo a queste pietre sono ammirevoli. Ma non vi procurano alcuna gloria, nessun onore vi ricompensa.

Il vociare si affievolisce. Lo ascoltano.

— Io voglio...

Percorre con lo sguardo la cupa distesa dove il sole fa brillare le canne dei fucili.

— Voglio condurvi nelle pianure più fertili del mondo. Ricche province, grandi città, saranno vostre.

E continua:

— Saranno in vostro potere.

Sulla piazza, tra le facciate color ocra dei palazzi, adesso regna il silenzio.

— Vi troverete onore, gloria e ricchezze.

Ripete: ricchezze.

— Soldati d'Italia, manchereste forse di coraggio e di perseveranza?

Il suo cavallo scalpita. D'improvviso il silenzio è rotto. Il mare viene scosso da un frastuono confuso in cui è impossibile riconoscere consensi o rifiuti.

La sera, seduto di fronte al generale Schérer, di cui ha preso il posto, ascolta l'ufficiale che gli espone nei dettagli la situazione sui diversi fronti. Infine Schérer commenta il discorso della mattina: — Gli uomini hanno reagito bene.

Come ci si può accontentare dell'incerto? È necessario che una truppa sia legata al suo comandante come i pianeti sono legati al loro sole.

Come poter contare su di essa se ogni uomo, ogni unità, ogni ufficiale procedono a modo loro e pensano prima a se stessi che a obbedire?

Un'intera notte non basta a calmare Napoleone.

Alla mattina, quando Berthier gli comunica che il 3° battaglione del 209° reggimento, accampato in place de la République, si sta ammutinando, ha un sussulto.

Seguito dal suo aiutante di campo si precipita per le scale, divora le strade, si trova di fronte ai soldati rivoltosi e a ufficiali esitanti.

Morire piuttosto che accettare l'insubordinazione. Un vecchio soldato che non osa guardarlo grida:

— Non ce la racconta giusta con le sue fertili pianure! Cominci intanto a darci le scarpe per poterci arrivare!

Napoleone si fa avanti, solo, in mezzo alla truppa. È come una lama affilata che affonda in un corpo molle.

— I granatieri, responsabili della ribellione, saranno tradotti davanti a un consiglio militare... — comincia. — Il comandante sarà messo agli arresti. Gli ufficiali e i sottufficiali che sono rimasti nei ranghi senza parlare sono tutti colpevoli.

Il vocio si spegne, i soldati si rimettono in riga. Gli ufficiali abbassano la testa.

"Ora posso vincere."

Il 2 aprile 1796 si mette in marcia verso Villefranche. Dopo qualche centinaio di metri si ferma davanti a una casa, posta al centro di un giardino. Passano le truppe, avanzando a ritmo sostenuto. Quegli uomini sono nelle sue mani. Vanno a battersi, accettando la morte. Ieri ha fatto fucilare dei saccheggiatori e distribuire acquavite e luigi d'oro ai generali.

La porta della casa si apre. Si presentano il conte Laurenti e sua figlia Émilie. Sono passati solo diciotto mesi da quando gli notificarono lo stato d'arresto, proprio in quella casa. Chi mai potrà ostacolare il suo cammino? Solo la morte, che gli appare una cosa impossibile. Non ha nemmeno ventisette anni.

Alcuni ufficiali gli si fanno intorno. La strada costiera da lui scelta è esposta al tiro dei cannoni delle navi inglesi che incrociano in prossimità della costa. Prenderla è poco prudente, suggeriscono. Lui sembra non udire, abbraccia Laurenti e sua figlia.

Un capo deve dare l'esempio e non deve esitare a procedere sotto l'imperversare del fuoco. Balza in sella veloce e alla testa del suo stato maggiore imbocca la strada costiera.

Le bianche scogliere cadono a picco su un mare calmo. L'orizzonte è sgombro da nuvole.

Napoleone si volge verso Berthier che cavalca a un'incollatura di distanza: — La temerarietà ha buon esito tante volte quante fallisce: per lei, la vita offre possibilità uguali... in guerra la fortuna è la metà di tutto.

Tace per qualche istante, poi riprende:

— In guerra, l'audacia è il calcolo migliore che possa fare il genio... Tanto vale affidarsi al proprio destino.

Il 3 aprile il quartier generale è a Mentone, il 5 ad Albenga. I generali sono là, in-

torno a lui in un'ampia stanza bianca, davanti a un tavolo sul quale sono sparse le mappe. I loro corpi, i loro volti, le armi e le uniformi emanano forza e potenza.

"Ma non osano guardarmi."

— Annibale ha valicato le Alpi. Noi le abbiamo aggirate.

La campagna d'Italia può avere inizio.

22

Napoleone osserva i battaglioni dei granatieri mentre si inoltrano ad andatura rapida lungo la stretta strada che conduce al colle di Cadibona. La discesa è ripida. La montagna sovrasta il mare come una grande cuspide che separa la costa del Mediterraneo dal Piemonte, e più in là dalla Lombardia.

Tira le redini. I cavalli degli ufficiali di stato maggiore nitriscono. In quest'alba del 10 aprile 1796 il vento soffia dalla montagna portando con sé i sentori freddi delle foreste e delle pianure, e piega i lauri e la vegetazione della costa.

Qui c'è la pace. Al di là del valico la guerra. Gli austriaci dei generali Beaulieu e Argenteau sono in attesa in prossimità del passo, a Montenotte e a Dego. I piemontesi del generale Colli sono leggermente arretrati più a ovest, a Millesimo, e ancora più su verso le montagne, a Mondovì.

Napoleone sprona il cavallo sulla strada. Gli ufficiali lo seguono, i soldati avanzano lentamente, poi si rimettono in marcia dietro lo stato maggiore.

Napoleone non abbassa la testa verso gli uomini, che si scostano rompendo le righe per lasciarlo passare.

Bisogna sapere come mandare quelle centinaia, migliaia di uomini verso la morte. Dalla loro accettazione del sacrificio dipende la riuscita dei suoi piani.

Per tutta la notte, ad Albenga, si è lasciato trasportare dall'immaginazione.

Ha visto gli austriaci ricacciati verso la Lombardia, i piemontesi battuti, costretti a chiedere la pace. Perché ciò si avveri è necessario scompaginarli, dividerli, batterli separatamente e, una volta messo in ginocchio il Piemonte, inseguire gli austriaci verso la valle del Po, verso Lodi, verso Milano.

Tutto dipende da quegli uomini che avanzano ai lati della strada e che devono saper accettare la morte. Devono marciare notte e giorno per spostarsi più velocemente da un punto all'altro, sorprendere il nemico dove non se lo aspetta. Trovarsi sempre più numerosi là dove si scatena l'attacco.

E allora, cosa importa che ci siano 70.000 austriaci e piemontesi, se i soldati dell'Armata d'Italia dilagano e sommergono unità più deboli al momento dell'attacco! Napoleone sprona il cavallo.

Fa un segno agli ufficiali e ai sottufficiali che procedono accanto ai loro uomini. Bisogna affrettare il passo.

Nel momento in cui si allontana, sente che vengono impartiti gli ordini di accelerare la marcia.

Marciare per morire, marciare per uccidere.

Comandare è sapere dove si mandano gli uomini a morire, dove si va a uccidere degli uomini.

Comandare è saper morire. Saper ordinare il sacrificio. E per questo è necessario che il pensiero sia teso come un arco, e che le parole scocchino come frecce.

Combattono a sud di Montenotte. Chi? Il comandante di brigata Rampon, che resiste agli assalti degli austriaci di Argenteau.

Napoleone esce dalla sua tenda. Il campo di battaglia è coperto di fumo. È il momento di scegliere. Il generale Masséna deve aggirare gli austriaci, il generale Laharpe attaccare frontalmente. Gli aiutanti di campo scattano.

Saper aspettare.

Il 12 aprile, a Montenotte, gli austriaci sono battuti. Il 13 vengono ancora sconfitti a Millesimo e a Dego.

Napoleone è seduto su una cassa coperta da un tappeto rosso scuro: 2600 prigionieri, forse 8000 morti fra gli austriaci, e un migliaio tra i suoi uomini.

Rampon avanza, coperto di sangue e di fango. La guerra è dimenticare i morti e felicitarsi con i vivi.

Napoleone abbraccia Rampon e lo promuove generale di brigata.

Poi, continuando a camminare, le mani dietro la schiena, ascolta i rapporti. Alcune unità si sono disperse per cercare cibo e bevande. Masséna ha dovuto radunare parecchi uomini che stavano scappando dai combattimenti intorno a Dego.

Si sono verificati casi di saccheggio.

Come battersi, come morire e uccidere se viene a mancare la disciplina? Napoleone chiama Berthier e detta:

> Il generale in capo condanna gli orribili saccheggi a cui si sono lasciati andare uomini perversi che si presentano ai loro corpi soltanto dopo la battaglia... Si dovranno fucilare sul posto gli ufficiali o i soldati che, con il loro comportamento, inducano altri al saccheggio distruggendo con ciò la disciplina, provocando disordine nell'esercito, compromettendone la salvezza e la gloria.

E continua precisando: "Verrà loro strappata di dosso la divisa e agli occhi dei loro concittadini saranno bollati come vigliacchi".

Poi si china sulle mappe, traccia delle frecce con mano precisa. Tre vittorie in quattro giorni. La sua assenza di gioia lo stupisce. La sconfitta sarebbe insopportabile. Ma il successo non lo inebria. Perché c'è sempre un'altra battaglia. L'azione termina insieme alla vita.

— Aggiriamo i piemontesi del generale Colli — dice Napoleone.

Non dorme più, se non per pochi minuti, risvegliandosi pronto, ma sempre più pallido, le frasi sempre più spezzate, le idee quasi affilate dalla notte insonne.

Il 21 aprile Colli è sconfitto a Mondovì, ma ancora una volta la gioia è offuscata.

Parte delle truppe si è di nuovo dispersa per darsi al saccheggio. Bisogna infierire. Fucilare, degradare. Se il pugno di ferro della disciplina non stringe gli uomini in un fascio, come accetteranno di andare alla morte?

Cammina per l'accampamento. D'improvviso soldati e ufficiali gridano: — Viva il generale Bonaparte! — Alcuni inviati del generale Colli si sono presentati per chiedere un armistizio.

"A me. Esile fiamma di contentezza."

Il 25 aprile gli inviati del re di Piemonte e Sardegna, Vittorio Amedeo, si presentano a Napoleone a Cherasco.

Sono deferenti e ossequiosi. Napoleone invita i nobili piemontesi La Tour e Costa de Bauregard a sedersi davanti a lui. Gli aiutanti di campo rimangono in piedi, stringendosi intorno al loro generale in capo.

Napoleone inizia a parlare.

I piemontesi dovranno consegnare tre piazzeforti, Coni, Tortona e Valenza. Dovranno fornire all'esercito francese tutti gli approvvigionamenti necessari. Le con-

dizioni di pace saranno discusse a Parigi, poiché, dice, lui per il momento è soltanto il generale in capo dell'esercito della Repubblica francese. I due nobili piemontesi s'inchinano, ma cominciano a discutere le proposte avanzate da Napoleone.

— Signori — dice schiudendo appena le labbra — vi avverto che l'attacco generale è previsto per le due, e non sarà rinviato di un solo momento.

Poi incrocia le braccia e rimane in attesa. Si sente forte della propria risolutezza, della potenza delle armi e del timore che incutono.

Il 26 aprile, prima dell'alba, i piemontesi firmano l'armistizio. Sente i soldati gridare: — Viva il generale Bonaparte!

Com'è facile, per un generale vittorioso, imporre la propria legge agli uomini.

L'alba è silenziosa. Napoleone, seguito da alcuni ufficiali, esce dalla casa dove si è insediato lo stato maggiore.

Le strade di Cherasco sono ingombre di vetture e carretti pieni di fieno fresco su cui sono adagiati i feriti. Certi gemono, i monconi sanguinanti. Alcuni soldati sono accasciati sulla nuda terra, la schiena appoggiata contro i muri delle case.

Giunto in fondo a una strada, Napoleone si spinge verso un dosso da dove può dominare il paesaggio. Le colline e gli affluenti del Tanaro e dello Stura sono coperti da una nebbia azzurrognola. In un campo sono allineati dei cadaveri. Uomini curvi li frugano come sciacalli, e quando si rialzano hanno tra le braccia sciabole e sacche piene di munizioni. Ciò che è giunto alla fine, ciò che è morto, non esiste più. Importa solo quel che resta da fare.

Risale rapidamente verso la sede dello stato maggiore. Le parole gli si affollano nella mente. Ci sono stati morti, feriti, disertori, razziatori, vigliacchi, battaglioni sopraffatti dal panico, saccheggiatori che sono stati fucilati. Una realtà sanguinosa e piena di fango.

Si ferma un attimo davanti a un carretto dove tre uomini feriti, addossati uno all'altro, stanno agonizzando. Erano dei vigliacchi, colpiti alla schiena? Ladri sorpresi da un ufficiale e condannati? Oppure eroi? Chi lo sa?

Entra nel suo alloggio.

Comincia a dettare a Berthier il proclama che gli ufficiali dovranno leggere di fronte alle truppe, e che sarà stampato e distribuito a tutti.

Questo proclama diventerà la verità di quei giorni di battaglia. Non ci sarà mai altra verità all'infuori di quella:

Soldati! In quindici giorni avete riportato sei vittorie, avete preso ventuno bandiere, cinquantacinque pezzi d'artiglieria, numerose piazzeforti, avete conquistato la parte più ricca del Piemonte… Privi di tutto, avete affrontato tutto; avete vinto battaglie senza cannoni, attraversato fiumi senza ponti, compiuto marce forzate senza scarpe, bivaccato senza acquavite e spesso senza pane. Le falangi repubblicane, i soldati della libertà erano gli unici in grado di sopportare quello che voi avete sopportato. Ve ne rendiamo grazie, soldati! Eppure, soldati, è come se non aveste fatto nulla, perché molto vi rimane ancora da fare.

Poi si china sul tavolo dove sono sempre dispiegate le mappe. Segue col dito le linee che si disegnano nella sua mente, e che, lui lo sa, è il solo a intuire, a prefigurare. Gli austriaci di Beaulieu sono là, dove finisce il suo dito.

— Domani… — inizia.

Si ferma, con un gesto invita Berthier a prendere appunti per il Direttorio.

— Domani marcerò su Beaulieu, lo obbligherò a guadare di nuovo il Po, subito dopo attraverserò il fiume, occuperò tutta la Lombardia; entro un mese spero di es-

sere sulle montagne del Tirolo, d'incontrare l'Armata del Reno per combattere insieme in Baviera.

Tutto è ancora da fare.

23

Napoleone si alza in piedi sulle staffe e si gira. Cherasco, all'orizzonte, non è più che una sagoma color ocra che fende la nebbia fitta in cui avanza, fin dall'alba, la brigata dei granatieri. Ha fiducia in quegli uomini che lui stesso ha scelto e che ha posto agli ordini del generale Dallemagne. Quest'ultimo aveva già comandato i granatieri durante l'assedio di Tolone.

Però è Napoleone che apre la colonna.

La battaglia che sta per iniziare per il possesso della Lombardia, nel cui cuore è incastonato un gioiello, Milano, lui vuole viverla in anticipo, con i piedi nel fango del campo di battaglia. Non prova alcuna paura. La morte non lo riguarda. Vuole attraversare il Po per primo. E non smette di osservare quel fiume, un lungo nastro d'argento che, quando la nebbia comincia a diradarsi, appare immenso e maestoso, protetto da alti pioppi immobili come alabardieri. In quella stessa pianura, qualche lega più a nord, nei pressi di Pavia, Francesco I, nel 1525, fu sconfitto e preso prigioniero da un generale di Carlo V.

"Qui il regno di Francia ha perso una partita. Questa è la rivincita, e sarò io a giocarla."

Accelera l'andatura. È la notte tra il 6 e il 7 maggio 1796. Il Po viene raggiunto a Piacenza. Si comincia a sparare. Napoleone si lancia all'attacco, i granatieri lo seguono. Il nemico indietreggia. Non ci si ferma.

Quando spunta il giorno, Napoleone vede davanti a sé la Lombardia.

Il sole gioca con l'acqua delle paludi e degli stagni. La terra è grassa. Le cascine, vaste e imponenti.

Ecco le terre fertili.

In lontananza s'intravede un altro nastro d'argento, l'Adda, affluente del Po. Le città che si vanno profilando sulla pianura somigliano a bastimenti, con i campanili come alberi: ecco Lodi, ecco Cremona.

A metà mattina del 9 maggio, mentre si procede a tappe forzate verso Lodi, il cui ponte consentirà di attraversare l'Adda, compare all'improvviso un aiutante di campo, l'uniforme bianca di polvere, annunciando che gli austriaci sono passati al contrattacco.

Durante la notte le truppe del generale Laharpe sono state prese dal panico. Laharpe è stato ucciso dalle pallottole dei suoi stessi soldati, che lo hanno scambiato per uno della cavalleria nemica.

"Avanti, più velocemente."

Il 10 maggio Napoleone entra a Lodi. Migliaia di uomini, quelli delle divisioni di Masséna e Augereau, sono già là. Avanzano lentamente lungo i vicoli. Napoleone, seguito dalla sua brigata di granatieri, si dirige verso gli argini avvolti dal fumo.

Il ponte sull'Adda è spazzato dal fuoco di una ventina di cannoni austriaci caricati a mitraglia. Lungo tutto il ponte sono disseminati morti e feriti. Si sentono fischiare i proiettili.

Si spara da una riva all'altra.

Tocca a me. Tutto il corpo è attraversato da un moto fulmineo che lo proietta in avanti, sciabola sguainata, sul ponte, nella grandine dei proiettili e nel fuoco della mitraglia.

Deve passare. Il futuro è alla fine di quel ponte, sull'altra sponda del fiume.

Non sente niente, soltanto il suo cuore che la corsa gli fa scoppiare nel petto.

I granatieri lo seguono. La cavalleria guada il fiume a monte. Il nemico è costretto a indietreggiare. I granatieri riprendono fiato, appoggiandosi ai fucili, in piedi fra i corpi dei caduti. Napoleone li guarda. Gli si avvicinano. Proprio come loro, come un semplice soldato, ha saputo affrontare il rischio della morte. I granatieri sollevano i fucili, lanciano grida. Sono vivi. Sono vincitori. Viva il generale Bonaparte!

Si è battuto come un "piccolo caporale", dice un granatiere. Viva il piccolo caporale!

Là, in quella pianura del Po dove Francesco I è stato sconfitto, lui ha riportato la vittoria.

Entra a Cremona. Esige da Parma un tributo di due milioni di franchi oro, e l'approvvigionamento di 1700 cavalli.

Le fattorie spalancano i loro granai. Le città, i loro forzieri e i loro musei. Il parmigiano è talmente gustoso accompagnato dal pane di segale e dal lambrusco spumeggiante. Le case, i castelli, le chiese traboccano di quadri con cui si stipano le carrozze in partenza per Parigi.

I soldati cantano e ridono, le labbra arrossate dalla schiuma del vino. Alcuni patrioti italiani si fanno incontro a Napoleone. Ode le grida della folla: — Viva Buonaparte, il liberatore dell'Italia!

Saliceti, commissario dell'Armata d'Italia, lo scaltro e ambiguo Saliceti, l'accusatore pentito, fomenta questa esplosione nazionalista a favore dell'unità d'Italia.

Milano si arrende.

"Questa città, gli archi di trionfo, nel giorno dell'Ascensione del 1796, le donne che avanzano con le braccia cariche di fiori, il palazzo Serbelloni che apre le sue porte, tutte queste acclamazioni, sono per me."

Napoleone si stabilisce in una delle grandi sale del palazzo, rivestite di stucchi. Ha appena saputo che a Parigi è stata firmata la pace con il Piemonte. Nizza e la Savoia diventano francesi.

È lui che ha sottomesso il re del Piemonte alla propria volontà.

Scrive al Direttorio: "Se vorrete ancora concedermi la vostra fiducia, l'Italia sarà vostra".

"Loro? O mia?"

Quel pensiero folgorante lo abbaglia. Forse tutto gli è possibile?

— Vedo il mondo scorrere sotto di me — mormora — come se fossi sollevato in aria.

Chiama Marmont.

— Non hanno visto ancora niente — gli dice.

Il pavimento in parquet rosso, tirato a cera, scricchiola sotto i suoi stivali.

Napoleone consulta i documenti sparsi in disordine su un tavolo di marmo. Con voce velata di disprezzo elenca:

— La provincia di Mondovì verserà tributi per un milione. Metto a disposizione del Direttorio due milioni in gioielli e lingotti d'argento, più ventiquattro dipinti, capolavori di maestri italiani. E i membri del Direttorio possono contare inoltre su una decina di milioni.

Sono soddisfatti?

Marmont gli porge un plico che un corriere ha appena consegnato da parte del Direttorio. Napoleone lo apre con un gesto brusco, poi scorre la lettera.

Il Direttorio gli consiglia di dirigersi verso l'Italia centrale e meridionale, Firenze, Roma, Napoli, mentre il generale Kellermann lo sostituirebbe a Milano e in Lombardia.

Rimane immobile al centro della stanza, quasi tramortito. Si incurva, incassando le spalle. Dunque lo si vorrebbe spodestare, allontanare, forse per farlo cadere in qualche incidente militare o politico.

Credono forse che sia cieco?

Riprende a camminare.

Non si finisce mai di lottare. Si può essere liberi delle proprie azioni solo quando si può decidere da soli, quando si è al vertice.

Credono che voglia sottomettersi? È lui che rimpingua le casse del Direttorio. Lui che riporta vittorie mentre in Germania le Armate del Reno avanzano a fatica.

— Ho condotto una campagna senza consultare nessuno — inizia a dire.

Chiede a Marmont di scrivere. Detta:

Non avrei concluso nulla di buono se mi fossi dovuto mettere d'accordo con un altro. Ho avuto spesso la meglio su forze ben maggiori pur essendo privo di tutto. Perché, certo della vostra fiducia, il mio modo di procedere è stato rapido quanto il mio pensiero... Ognuno ha il proprio modo di fare la guerra. Il generale Kellermann ha maggiore esperienza e la condurrebbe meglio di me; ma noi due insieme la faremmo malissimo. Credo che un cattivo generale valga più di due buoni.

Marmont farfuglia per l'emozione e la collera.

Napoleone alza le spalle. Cederanno. Tremeranno all'idea delle sue dimissioni.

— La fortuna non mi ha arriso oggi perché io disdegni i suoi favori — esclama. — È femmina, e più mi dà, più esigerò da lei.

Marmont si rassicuri.

— Ai giorni nostri nessuno ha concepito alcunché di grande. Spetta a me solo darne l'esempio.

Si avvicina alla finestra, la spalanca. Milano la Grande è lì davanti a lui, le sue strade brillano sotto la pioggia fine di primavera.

Murat entra nella stanza, sbraita, all'improvviso sbotta:

— Sostengono che voi siete tanto ambizioso da volervi mettere al posto del Padreterno.

— Il Padreterno? Mai, è un vicolo cieco!

Murat e Marmont escono.

È solo.

Sente da lontano, troppo lontano, il rumore delle carrozze sul selciato e i rintocchi delle campane.

Questa cupa notte è un abisso in cui sprofonda. È tutto troppo tranquillo. Il palazzo Serbelloni è un'isola di silenzio nel silenzio. Il campo di battaglia risuona ancora di esplosioni o grida, di gemiti o del crepitio dei proiettili. La mente è piena dei furori della guerra. Deve agire senza tregua. Dimenticare il vuoto che ha dentro.

La notte, qui a Milano, solo Giuseppina potrebbe popolarla.

Le ha scritto tante volte. Nel momento in cui tacciono le esplosioni e cala il silenzio, è lei la sua ossessione. Non si può vivere solo di suprema ambizione. Ci vuole del tempo perché lo stato delle cose muti, anche quando lo si sconvolge come fa lui.

Ha deciso di pagare le truppe in denaro contante. Ed è stato acclamato dai soldati.

Ha firmato gli armistizi con Parma, Modena, Bologna, Ferrara, le legazioni papali, e ogni volta ha ottenuto tributi di parecchi milioni e beni in natura, quadri, manoscritti.

Il Direttorio naturalmente ha capitolato di fronte alle sue minacce di dimissioni.

Ha capitolato ancora quando lui ha ridotto i poteri dei commissari governativi. — I commissari non hanno nulla a che vedere con la mia politica — ha dichiarato Napoleone. — Faccio quello che voglio. Che si occupino, una buona volta, dell'amministrazione delle entrate pubbliche, almeno per il momento. Il resto non li riguarda. Spero davvero che non rimangano a lungo in carica e che non me ne mandino altri.

"Faccio quello che voglio."

Con gli uomini, con il Direttorio, ma non con lei!

Quando gli abitanti dei villaggi o i cittadini di Pavia aggrediscono i soldati, si oppongono alle requisizioni, "faccio quello che voglio". La città di Lugo, dove cinque dragoni sono stati uccisi, è sottoposta a rappresaglie militari. Centinaia di persone prese a sciabolate, le case saccheggiate, gli abitanti che oppongono resistenza uccisi.

"Faccio quello che voglio."

Ma lei? Cosa si può fare con una donna che sfugge, il cui silenzio tormenta, la cui assenza tortura e il cui desiderio, nella solitudine della notte, ossessiona?

Scriverle, ancora, sempre, supplicandola di raggiungerlo qui, a Milano. E temere tutto da lei.

Il vetro del suo ritratto si è rotto. È un presagio. È malata, oppure lo tradisce.

Se mi amassi, mi scriveresti due volte al giorno, ma devi intrattenerti con i signorini in visita fin dalle dieci della mattina e poi ascoltare frottole e stupidaggini fino all'una dopo mezzanotte. Nei paesi dove vigono buone usanze, dalle dieci di sera ognuno se ne sta a casa propria, e in quei paesi si scrive al proprio marito, si pensa a lui, si vive per lui. Addio, Giuseppina, sei un mostro che non riesco a capire.

Ma come sbarazzarsi di quella passione quando si ha bisogno della passione per vivere, e quando, anche avendo vinto sei battaglie in quindici giorni, ci sono quelle notti vuote tra un combattimento e l'altro?

Napoleone si sfoga con suo fratello Giuseppe.

"Tu conosci il mio amore, sai quanto sia ardente, sai che non ho mai amato che Giuseppina, che lei è la prima donna che adoro... Addio, amico mio, tu sarai felice. Io sono stato destinato dalla natura a non avere di brillante altro che le apparenze."

Dunque, sottomettersi a lei, riconoscere la propria debolezza, confessarle questa schiavitù:

Tutti i giorni, ripensando ai torti che subisco, mi sforzo per non amarti, invece, ti amo sempre di più... Ti svelerò il mio segreto; non curarti di me, resta a Parigi, abbi degli amanti, che tutti lo sappiano, non scrivermi mai, ebbene, ti amerò per questo dieci volte di più! Non è follia, febbre, delirio? E non ne guarirò mai! Oh sì, perdio, ne guarirò.

Non sa nulla, ma sospetta. La gelosia lo divora. Gli viene riferito che Giuseppina, soprannominata ora "Nostra Signora delle Vittorie", cena a casa di Barras. Che Murat e Junot, gli aiutanti di campo da lui inviati a Parigi per chiedere a Giuseppina di raggiungerlo, sono divenuti suoi amanti. Che si porta appresso ovunque la sua ultima conquista, il suo "burattino", il tenente Hippolyte Charles, un uomo "divertente" con uniformi sgargianti e attillate che mettono in risalto le sue forme di giovane seduttore.

Napoleone non vuole sentire. Non vuole sapere. Ma scrive: "Senza appetito, senza sonno, senza interesse per l'amicizia, per la gloria, per la patria, solo tu, tu, e il resto del mondo non esiste più per me, come se si fosse annullato".

E di colpo non può più trattenere il suo dolore: "Gli uomini sono così spregevoli" scrive. "Tu sola cancellavi ai miei occhi la vergogna della natura umana! Non credo nell'immortalità dell'anima. Se tu muori, morirò anch'io all'istante, ma per annichilimento."

Per qualche giorno non può farle recapitare quelle lettere che rimangono troppo spesso senza risposta.

Ritorna alle sue mappe e alla guerra. Lascia Milano, si dirige verso Mantova, la piazzaforte imprendibile che regge tutta la Lombardia e si trova alle porte del Veneto. Domina le strade che, fiancheggiando il lago di Garda, conducono al Tirolo, ai valichi da dove si potrà arrivare in Austria. Vienna conquistata come Milano? Perché no?

Comincia a fantasticare. Solo qualche giorno prima ha rivolto ai suoi soldati un proclama per rallegrarsi con loro delle vittorie riportate: — Soldati, vi siete precipitati come un torrente in piena dall'alto dell'Appennino: avete travolto e disperso tutto ciò che ostacolava la vostra marcia.

Domani, non potrebbero forse al suo comando scendere lungo i pendii delle Alpi verso il Danubio?

Pone l'assedio a Mantova. Vigila su ogni particolare. Scende da cavallo, sceglie la postazione dei cannoni, calcola gli angoli di tiro. D'improvviso vacilla, pallido, sviene, stremato. Lo portano fino alla sua tenda. Ma lui si rialza, allontana gli aiutanti di campo, riprende la penna.

"Ti mostrerò le tasche piene di lettere che non ti ho spedito perché erano troppo stupide... Scrivimi dieci pagine, solo questo potrà consolarmi un po'."

Soffre. È un dolore lancinante che torce il ventre, opprime.

"La stanchezza, la tua assenza, è troppo tutto insieme... Tornerai, vero? Sarai qui accanto a me, sul mio cuore, tra le mie braccia, sulla mia bocca! Metti le ali, vieni, vieni. Un bacio sul cuore e poi uno più giù, molto più giù!"

La desidera. "Ti do mille baci sugli occhi, sulle labbra." E la voglia che ha di lei è acuita dalla gelosia che lo perseguita.

Scrive perfino a Barras: "Sono disperato, mia moglie non viene, ha qualche amante che la trattiene a Parigi. Maledico tutte le donne, ma abbraccio i miei buoni amici".

Dunque sa. E non vuole sapere.

Tu sai che non potrei mai vederti con un amante, ancor meno accettare che tu ne abbia uno: strappargli il cuore e vederlo sarebbe per me una cosa sola; e poi, se potessi alzare la mano sulla tua persona che mi è sacra... No, non oserei mai, ma direi addio alla vita se quel che in essa esiste di più sacro m'ingannasse. Sono certo del tuo amore.

Si illude.

Non vuole ricordare tutti i pettegolezzi che circolano su di lei, i nomi degli amanti di Giuseppina che gli vengono riportati e che lui conosce: Barras, Hoche prima di lui, e forse il palafreniere di Hoche, un enorme pezzo d'uomo, e poi Murat, Junot, Hippolyte Charles. Ha voglia di uccidere e di morire.

Poi viene a sapere che finalmente si è messa in viaggio per Milano.

L'esplosione di gioia e di fervore cancella tutto, rancori e sospetti.

Entra nell'alloggio degli aiutanti di campo, passa dall'uno all'altro. Ordina a Mar-

mont di dirigersi al galoppo incontro a Giuseppina Beauharnais, con una scorta d'onore.

Organizza il suo arrivo come se fosse un piano di battaglia. Percorre le stanze di palazzo Serbelloni, fa spostare alcuni mobili, cura la disposizione di suppellettili, quadri, tappeti. Lei ama il lusso. Sfoga la sua impazienza impartendo ordini: il letto, ampio, qui, le cortine del baldacchino, blu con i passamani d'oro.

Gli dicono che Junot, da lui inviato a Parigi per portare al Direttorio le bandiere prese al nemico, ritorna con Giuseppina accompagnata dal luogotenente Charles. Che importa! Non c'è tempo per la gelosia. Lei arriva. La carrozza attorniata dalla scorta dei dragoni si arresta nel cortile di palazzo Serbelloni.

Si precipita. Lei è lì, sorridente, il cane Fortuné tra le braccia. La stringe a sé, davanti agli ufficiali. Non guarda né Junot né Charles. La trascina via. Vorrebbe che lei affrettasse il passo, ma Giuseppina cammina piano, preoccupandosi dei suoi bagagli, parlando di Fortuné, come lei spossata dal lungo viaggio. Chiude la porta della camera da letto.

Lei ride della sua foga. Si fa amare.

Due giorni, due giorni soltanto per tentare di arrivare al limite del piacere e di quel corpo che stringe fino a schiacciarlo, e che il più delle volte si abbandona passivo, sembra subire ma poi, d'improvviso, si risveglia audace, provocante, con una libertà di gesti che affascina e spaventa Napoleone, come se stesse di fronte a un abisso di cui non conoscerà mai il fondo.

Poi, una mattina, Napoleone cinge la sciabola.

Allaccia la cintura da generale, si mette la feluca. Il viso di Giuseppina è tranquillo. All'angolo della sua bocca lui non aveva mai notato quelle due piccole rughe, simili a segni d'indifferenza, sotto la maschera del sorriso.

E quando si è appena separato dal lei, già risente della sua assenza, della sua perdita. Non si è saziato. Vorrebbe averla ancora, ma i cavalli scalpitano. Gli ordini si susseguono. È la guerra che fa sentire la sua voce grave.

Wurmser, il generale austriaco, è in marcia alla testa di 24.000 uomini. Discende lungo la riva orientale del lago di Garda, verso Verona e Mantova. Il generale Quasdanovich segue la riva occidentale.

I dadi sono lanciati di nuovo. La vittoria non è mai certa.

Deve lasciare Giuseppina.

"Lei sa che cosa è la guerra? Riesce a immaginare quello che sento?"

Il suo corpo si offre ancora una volta all'amplesso, poi si distacca.

Bisogna gettarsi nella guerra. Sarà lei a riempire il vuoto.

Il 6 luglio Napoleone scrive:

"Ho sconfitto il nemico. Sono morto di fatica. Ti prego di recarti subito a Verona, perché credo di essermi seriamente ammalato. Ti mando mille baci. Sono a letto."

Ma si può restare coricati quando si è al comando di migliaia di uomini che vanno incontro alla morte?

Così, combatte.

E la sera scrive.

"Raggiungimi; che almeno, prima di morire, si possa dire: siamo stati felici per tanto tempo!"

Il cannone tuona.

"Abbiamo catturato seicento prigionieri e ci siamo impadroniti di tre cannoni. L'uniforme del generale Brune è stata colpita da sette proiettili senza che lui rimanesse ferito, è davvero fortunato!

"Mille baci ardenti quanto tu sei glaciale."

È solo. Eppure è attorniato da una folla di uomini. Alcuni soldati gridano il suo nome:
— Viva Bonaparte! — Altri lo chiamano in modo familiare il "nostro piccolo caporale".
Smontano da cavallo degli aiutanti di campo, recando un plico.

Alla periferia della città sono state avvistate le giubbe bianche dei fanti austriaci.
— Bisogna lasciare Verona, generale. — Le avanguardie di Wurmser, dunque, sono già arrivate fin là. Altri corrieri annunciano che più a ovest le truppe del generale Quasdanovich hanno raggiunto Brescia. Le divisioni di Masséna e di Augereau sono indietreggiate. Gli ulani si sono spinti molto avanti. Sono nei dintorni di Mantova. Attaccano i convogli e le carrozze isolate.

Napoleone legge nell'atteggiamento degli ufficiali e sul viso dei soldati l'inquietudine e l'angoscia, la paura della sconfitta, la tentazione della fuga. In poche ore tutto quello che ha conquistato dall'inizio della campagna d'Italia forse sarà perduto.

Vorrebbe tanto lasciarsi andare per un momento, trovare sostegno, chiedere consiglio. Ha la sensazione di essere schiacciato dal peso di tutte le decisioni che deve prendere. Dubita di se stesso.

Convoca i generali ai suoi ordini. È stato forse commesso qualche errore? Di fatto Wurmser e Quasdanovich avanzano, vittoriosi.

Augereau, Masséna, Sérurier entrano nella stanza e subito Napoleone capisce che non può aspettarsi niente da loro.

Essere comandanti in capo vuol dire essere soli.

Allora, tranquillamente, senza mostrare l'ansia che lo divora, afferma che la forza di un esercito, "come ci ha insegnato Guibert", è il prodotto della velocità per la massa. È necessario quindi spostare le truppe a forte andatura. Marciare giorno e notte per poter sorprendere il nemico. Sconfiggerlo. E marciare, marciare ancora fino a raggiungere un altro obiettivo.

Decide dunque di togliere l'assedio a Mantova, manovra che confonderà e disorienterà gli austriaci, per dirigersi in seguito a nord con tutte le truppe per battere Quasdanovich. Poi tornerà per affrontare Wurmser, sicuro di aver riportato una grande vittoria liberando Mantova, "che noi avremo volutamente abbandonato".

— Togliere l'assedio a Mantova... — comincia a obiettare Sérurier.
— Togliere l'assedio. E avanzare — ribatte Napoleone con voce tagliente.

È solo. E questo lo estenua. Se almeno potesse confidarsi, sentirsi rassicurato, consolato, amato. Potersi togliere solo un momento quella corazza, non essere più solo, che pace!

Invece è solo.

Scrive sforzandosi di usare una bella grafia perché Giuseppina possa leggerlo senza troppa impazienza:

> Sono due giorni che non ricevo tue notizie. Oggi ci ho ripensato almeno trenta volte. Mando a chiamare il corriere, mi dice che è passato da te e che tu gli hai detto di non avere nulla da ordinargli. Suvvia, brutta cattiva, crudele tiranna, piccolo mostro adorabile! Tu ridi delle mie minacce e della mia stupidità! Oh, lo sai bene, se potessi rinchiuderti nel mio cuore, ti farei mia prigioniera.

L'idea di avere accanto Giuseppina, di non restare più solo diventa ossessiva. Se potesse avere almeno questo, una donna amata, che non fugga, che non sia come la vittoria definitiva, che non è mai acquisita, probabilmente ne sarebbe appagato.

E lo scrive.

"Spero che tu possa accompagnarmi al mio quartier generale per non lasciarmi più. Non sei forse l'anima della mia vita e il sentimento del mio cuore?"

L'indomani, 22 luglio 1796, insiste:

> Mi dici che la tua salute è buona; ti prego perciò di venire a Brescia. Manderò all'istante Murat a procurarti un alloggio in città, come tu desideri... Porta con te la tua argenteria e una parte delle cose che ti sono necessarie. Viaggia a piccole tappe e con il fresco, non affaticarti... Ti verrò incontro il giorno 7 al più tardi.

Scrivere a Giuseppina, esprimere quella passione, vuol dire non sentirsi solo, vuol dire dimenticare, nel breve tempo di un messaggio, la guerra. Come se d'un tratto per lui non esistesse altro che quella donna, quell'amore. Apre alcune lettere indirizzate a Giuseppina, come se violasse una piazzaforte. Poi se ne scusa, si umilia, promette che è l'ultima volta, e lui, che mette in ginocchio gli austriaci di Wurmser e i croati di Quasdanovich, implora il perdono: "Se sono colpevole, ti chiedo scusa".

Si sente meglio per aver parlato per qualche minuto dei propri sentimenti, essersi impegnato unicamente con se stesso, come se, di fatto, fosse soltanto un giovane uomo che non ha ancora festeggiato, il 15 agosto 1796, i suoi ventisette anni.

"In sella adesso, alla testa delle truppe. Avanzare, combattere."

A Lonato, il 3 agosto, Quasdanovich è schiacciato. Wurmser, entrato trionfalmente a Mantova come previsto, lascia la città per correre in soccorso del suo alleato sconfitto.

Adesso bisogna battere Wurmser.

Napoleone attraversa le strade di Brescia, riconquistata. I soldati si lavano nelle fontane, si dissetano con quell'acqua che zampilla chiara rinfrescando tutte le strade. I carri stipati di fucili requisiti nelle fabbriche di armi sobbalzano sul selciato di questa città operosa, *Brescia armata*.

Napoleone entra nel municipio situato in piazza Vecchi. È là che ha stabilito il suo quartier generale. Sente delle risate, si ferma. Compare Giuseppina, circondata da alcuni ufficiali; Murat si pavoneggia; il giovane capitano Hippolyte Charles tiene in braccio il cane Fortuné. Napoleone li scansa senza riguardo. Tutti si allontanano. Lei è là, mia, "schiena minuta, piccolo seno bianco e sodo sotto il musetto incorniciato da un fazzoletto alla creola, da mordere, e quella piccola selva nera".

La trascina nella sua stanza con una sorta di furore.

Dietro la porta chiusa, il cane abbaia. Ma Napoleone impedisce a Giuseppina di aprire a Fortuné. Lei desiste.

Più tardi, a cena, mentre Giuseppina tiene il cane sulle ginocchia, Napoleone, indicandolo, non può fare a meno di bisbigliare ad Arnault, uno scrittore seduto accanto a lei, con tono a metà tra l'amaro e l'allegro: — Vedete, quel signorino è il mio rivale. Era padrone del letto di madame, quando l'ho sposata. Ho provato a sloggiarlo: pretesa inutile. Mi è stato detto che dovevo decidermi a dormire altrove o accettare il condominio. La cosa mi disturbava parecchio, ma dovevo prendere o lasciare. Mi sono rassegnato. Il beniamino è stato meno accomodante di me. Ne porto il segno qui, sulla gamba. — Ma subito si pente di questa confidenza. Ha già terminato di cenare. Il tempo trascorso a tavola gli è sempre sembrato tempo perso. Obbliga gli altri ospiti a lasciare la stanza, e rimane finalmente a tu per tu con Giuseppina. Il cane ringhia.

Un giorno e mezzo con lei. Una sola notte. I cavalli al galoppo. I cannoni in lontananza. Le truppe di Wurmser avanzano. Sono stati segnalati degli ulani alle porte di Brescia. Giuseppina piange. Ha paura. È meglio che torni a Milano, con una scorta comandata da Junot.

— Addio bella, adorata, incomparabile, divina. Wurmser pagherà care le lacrime che ti fa versare — dice Napoleone.

Sconfigge Wurmser a Vastiglina il 5 agosto, e il 7, dopo aver riconquistato Verona, mette di nuovo sotto assedio Mantova.

"Ho deciso da solo. La vittoria è mia."

Ma per quanto tempo? Wurmser sta riunendo le truppe, riceve rinforzi. Davidovich sostituisce Quasdanovich. A ogni istante che passa, tutto può essere rimesso in discussione. Questa incertezza del futuro gli è insopportabile. Lo estenua.

Junot chiede di essere ricevuto. Racconta come, sulla via del ritorno, una pattuglia di ulani abbia assalito la carrozza di Giuseppina Beauharnais. C'è stata battaglia. Due cavalli morti e le ruote della carrozza spezzate da una palla di cannone. Giuseppina ha dovuto chiedere in prestito un carretto di contadini e rifugiarsi a Peschiera, prima di raggiungere Milano.

Deve nascondere l'angoscia e congratularsi con Junot. Accettare che Giuseppina resti a Milano, dia ricevimenti fastosi a palazzo Serbelloni, da aristocratica realista qual è rimasta, circondata da uomini pieni di premure.

"Posso tollerare tutto ciò?"

Napoleone s'infuria. Vuole che il capitano Charles sia mandato via, che venga cacciato dall'Armata d'Italia. Napoleone domanda a Junot se è vero, come gli hanno riferito, che Giuseppina è andata varie volte a passeggiare sulla riva del lago di Como con Charles. Junot tace. Lui sa. Tutti sanno.

"Devo ammettere che sono un marito infelice e tradito?"

"Sei una donna crudele e perversa" scrive a Giuseppina "tanto perversa quanto leggera. È sleale tradire un povero marito, un tenero amante. Deve forse perdere i suoi diritti solo perché è lontano, oppresso dal dovere, dalla fatica e dalle angustie?"

Ma a che serve supplicare, criticare: "Senza la sua Giuseppina, senza la certezza del suo amore, cosa gli resta sulla terra, cosa potrebbe fare?"

"Mi darà ascolto?"

Allora le parla della guerra:

"Ieri c'è stata una battaglia sanguinosa, il nemico ha perso molti uomini ed è stato completamente sopraffatto. Ci siamo impossessati della periferia di Mantova."

Ma cos'è, per lei, la guerra? E perché mai dovrebbe comprendere il senso di quelle nuove vittorie? Quelle scelte fatte in solitudine, e quella gioia inconfessabile quando il nemico viene preso in trappola? Davidovich è stato sconfitto a Rovereto il 4 settembre, grazie a un attacco concentrato. E dopo di lui Wurmser, sconfitto a Primolano il 7 settembre e il giorno seguente a Bassano e che, come ultima scelta, si è dovuto barricare a Mantova, impotente.

"Giuseppina può immaginare quello che esigo dai soldati?"

In sei giorni sono avanzati combattendo per 180 chilometri. E in quindici giorni la seconda offensiva di Wurmser è stata stroncata. Chi sferrerà la prossima?

"Questo dovere, la guerra, è insaziabile, mi divora. Ci vorrebbe l'amore di mia moglie per difendermi da questo carnivoro."

Ma le tue lettere, Giuseppina, sono fredde come i cinquant'anni, assomigliano a un matrimonio di quindici anni. Vi si leggono il senso dell'amicizia e i sentimenti dell'inverno della vita. È molto cattivo, brutto, sleale da parte vostra. Che altro vi resta per

rendermi ancor più degno di pietà? Smettere di amarmi? Oh, già fatto. Odiarmi? Ebbene, io me lo auguro: tutto avvilisce tranne l'odio; ma l'indifferenza, dal cuore di marmo, dall'occhio inerte, dal portamento stanco...

Dunque è guerra anche contro di lei.

Non ti amo assolutamente più, al contrario, ti detesto. Sei davvero spregevole, goffa, sciocca, inetta... Cosa fate dunque, signora, tutto il giorno?... Chi sarà mai l'uomo meraviglioso, il nuovo amante che assorbe ogni vostro attimo, tiranneggia le vostre giornate e v'impedisce di occuparvi di vostro marito? State in guardia, Giuseppina, una bella notte, spalancate le porte, eccomi!

Un momento di rabbia in una notte d'autunno, mentre le piogge inondano la Lombardia, l'umidità impregna perfino l'uniforme, la nebbia scende sulle paludi intorno a Mantova. La fatica, lo sfinimento, il freddo, la febbre, la scabbia che a volte riappare, tormentano quel corpo magro dalla pelle giallastra che tuttavia è costretto a resistere, a tenersi saldo in sella, passando da una città all'altra, da Bologna a Brescia, da Verona alla periferia di Mantova. Notizie provenienti da Vienna annunciano che l'Impero sta riunendo nuove truppe, più numerose, più agguerrite, meglio armate, sotto il comando del generale Alvinczy. Occorre tenersi pronti, di nuovo.

Napoleone passa in rassegna le truppe. Ascolta le lamentele dei soldati e degli ufficiali. In città uno di loro è stato insultato, un altro aggredito. Le strade non sono più sicure. — La popolazione ci è ostile — ripetono. Un carico di dipinti inviati a Parigi è dovuto ritornare a Coni, perché nelle campagne piemontesi bande armate assaltano i convogli dell'esercito e le pattuglie. Questi contadini ci odiano, spiegano a Napoleone.

Ancora una volta è solo davanti al futuro.

Sarà possibile tenere l'Italia, il Piemonte e la Lombardia, Bologna e Verona con un'armata che conta appena 40.000 uomini, e che è minacciata da forze talmente superiori da sembrare imbattibili, giunte dalla Croazia, dall'Ungheria, dalla Germania, dall'Austria?

Riceve Miot de Mélito, il rappresentante della Repubblica in Toscana. Quell'uomo basso e loquace viene a esporre la situazione. Napoleone lo interroga. Osserva il diplomatico, indovina la sua sorpresa. Questi si aspettava infatti di trovarsi di fronte uno di quei generali alla Masséna, orgogliosi e collerici.

— Voi non assomigliate agli altri — dice a Napoleone. — Le vostre opinioni politiche e militari... — s'interrompe, farfuglia, come se non osasse confessarlo:

— Siete la persona più lontana dagli atteggiamenti e dalle idee repubblicane che io abbia mai conosciuto.

— Dobbiamo farci degli alleati — dice Napoleone — per difendere i fianchi e le retrovie.

Si allontana, curvo, i capelli ispidi gli ricadono sul viso pallido, smunto.

— Si stanno coalizzando contro di noi da ogni parte — riprende. — Il prestigio delle nostre truppe sta svanendo. Abbiamo i giorni contati. L'influenza di Roma è enorme. Roma sobilla, infervora il popolo.

S'interrompe:

— È necessario adottare una condotta tale da assicurarci alleati, sia tra il popolo che tra l'aristocrazia.

Quindi incrocia le braccia ed esclama:

— Si può far tutto con le baionette, tranne appoggiarvisi.

Bisogna ricorrere ad altre armi:

— La politica, le istituzioni.

Si ricorda delle sue letture. Potrebbe ripetere tutte le annotazioni prese a Parigi o a Valence quando saziava la sua sete di sapere sui libri di storia. Torna con la memoria alle *Istituzioni* di Giustiniano. Perché non creare qui, nel cuore dell'Italia, delle Repubbliche alleate, come quelle che l'antica Roma aveva fatto nascere intorno a sé?

— Il Direttorio esecutivo... — interrompe Miot.

Napoleone ha un moto di stizza. Che ne sanno i membri del Direttorio? Cosa fanno? Gli ha scritto. Ha sollecitato insistentemente "l'invio di truppe se vi preme conservare l'Italia". Hanno risposto consigliando un atteggiamento prudente. Non bisogna avvantaggiare i patrioti italiani, hanno scritto.

— Al contrario — riprende Napoleone — bisognerebbe indire un congresso a Bologna e a Modena e farvi partecipare gli Stati di Ferrara, Bologna, Modena e Reggio. Questo congresso creerebbe una legione italiana, costituirebbe una specie di federazione, una repubblica confederata.

Miot è sconvolto. Quelli non sono gli orientamenti del Direttorio.

Napoleone alza le spalle.

Il 15 ottobre la riunione ha luogo a Modena alla sua presenza, e i cento deputati proclamano la Repubblica Cispadana.

Il potere, la politica, la diplomazia: comincia ad assaporare questi frutti che la vittoria delle armi gli permette di cogliere e di gustare, ora che è il generale in capo di un esercito vittorioso.

Il commendatore d'Este, fratello del duca di Modena, chiede di essere ricevuto. Saliceti, ambiguo e insinuante, si avvicina, e mormora che l'inviato di Modena porta con sé quattro milioni in oro distribuiti in quattro casse.

— Sono del vostro paese — dice Saliceti. — Conosco gli affari della vostra famiglia. Il Direttorio non riconoscerà mai i servigi da voi resi. Quanto vi viene offerto vi appartiene, accettatelo senza farvi scrupoli e senza render pubblica la cosa; il contributo del duca sarà diminuito in proporzione, e lui sarà ben felice di aver acquisto un protettore.

— Voglio restare libero — dichiara Napoleone.

Un rappresentante del governatorato di Venezia offre poco dopo sette milioni in oro. Con un gesto Napoleone congeda il finanziere.

Che cosa sono mai quelle somme che gli propongono, quando sente crescere dentro di sé ambizioni e desideri immensi? Non vuole saperne di quei piccoli assaggi di potere. Vuole tutto il potere. Vuole servirsi della politica e della diplomazia per ben altri scopi che non quelli di rimpinguare le sue casse personali. Che saranno comunque piene, se lui riuscirà. A far che? Quando cerca di capire quel che vuole davvero, non riesce mai a definirlo. Vuole molto, vuole di più. Non concepisce che possano esistere dei limiti. E adesso che ha conosciuto molti degli uomini che contano in quei ricchi piccoli Stati, duchi, conti, principi, comincia a pensare che nessuno possa dominarlo, perché si sente più forte di tutti quelli che ha incontrato. Non ha forse sconfitto i generali austriaci?

Scrive all'imperatore d'Austria in tono quasi perentorio:

Maestà,

l'Europa vuole la pace. Questa guerra disastrosa dura da troppo tempo.

Ho l'onore di avvertire Vostra Maestà che, se non invierà i plenipotenziari a Parigi per avviare i negoziati di pace, il Direttorio esecutivo mi ordinerà d'invadere il porto di Trieste e di distruggere tutti gli insediamenti di Vostra Maestà sull'Adriatico. Finora ho

evitato di mettere in atto questo piano per non aumentare il numero delle vittime innocenti di questa guerra.

Mi auguro che Vostra Maestà si dimostri sensibile alle disgrazie che minacciano i suoi sudditi, e restituisca al mondo la pace e la tranquillità.

Con il rispetto dovuto a Vostra Maestà

Bonaparte

La firma suona come una sfida, in calce a quella missiva che è, lui lo sa bene, un vero e proprio ultimatum.

Al ricordo di quello scritto Napoleone, nelle vaste e gelide sale del palazzo degli Scaligeri a Verona, è preso da un'ansia che non riesce a dominare. Gli stemmi degli Scaligeri sulle pareti riproducono l'emblema medievale della famiglia: una scala. Lui, il piccolo corso, non sarà voluto salire troppo in alto? Le truppe di Alvinczy si stanno avvicinando, tre volte più numerose delle sue. Migliaia di uomini si trovano negli ospedali, feriti, spossati da mesi di marce e combattimenti ininterrotti. In occasione dei primi scontri con Alvinczy, il 6 e l'11 novembre, a Caldero, nelle vicinanze di Verona, è stato necessario retrocedere.

Napoleone è stato sconfitto. Non ha chinato il capo malgrado il dolore insopportabile del fallimento. Ha camminato nel fango al fianco dei suoi soldati. Domani combatterà ancora. Vincerà. Perché, lo sente, se l'onda nera della sconfitta sommergerà ancora l'Armata d'Italia, allora tutti i fallimenti, le fatiche, le invidie, i rancori, schianteranno i soldati, e lui, loro comandante in capo, per primo.

Scrive al Direttorio.

"Vi prego di farmi avere al più presto dei fucili, non avete idea di quanti ne consumano i nostri."

Il Direttorio deve essere messo al corrente della situazione.

"L'inferiorità dell'armata e lo sfinimento anche dei suoi uomini più valorosi mi fanno temere il peggio."

Come sfamarli?

"I tedeschi, lasciando il campo, hanno commesso ogni sorta di atrocità, tagliato gli alberi da frutta, bruciato le case e saccheggiato i villaggi."

È il generale in capo. Tuttavia, sopra di lui, i membri del Direttorio devono assumersi le loro responsabilità, come lui si assume le proprie:

Le sorti dell'Italia e dell'Europa vengono decise qui, in questo momento. Tutto l'Impero è ancora in fermento... Mancano pochi giorni all'arrivo di cinquemila uomini; e sono già due mesi che vi chiedo rinforzi... Io faccio il mio dovere, l'armata il suo. La mia anima è straziata, ma la mia coscienza è tranquilla. Soccorsi, soccorsi.

Tuttavia, quando marcia tra le paludi di Alpona, il 14 novembre 1796, non pensa più ai soccorsi. Si fa con quel che c'è.

Avanza alla testa delle truppe lungo angusti sterrati che attraversano gli acquitrini. La città di Arcole è immersa nella nebbia. L'acqua delle paludi è ghiacciata, fetida. Gli austriaci di Alvinczy sono trincerati sull'altra sponda. Numerosi ufficiali cadono feriti accanto a Napoleone, perché anche loro avanzano compatti lungo quegli stretti argini, offrendo in tal modo un facile bersaglio al nemico.

Ecco un ponte di legno, come a Lodi.

Il corpo di Napoleone è percorso dallo stesso fremito di allora. Bisogna rischiare ogni volta il tutto per tutto, se si vuole vincere.

Napoleone s'impegna nella battaglia, accompagnato da un tamburo che dà la carica. Non guarda dietro di sé. Strappa una bandiera dalle mani di un sergente, la

sventola, gridando: — Soldati, non siete più i vincitori di Lodi? — Avanti! Inciampa tra i corpi. Lo urtano. Alcuni granatieri gli passano avanti, una raffica nemica e rovinano a terra. È solo, il petto offerto agli spari. La morte non è niente, se arriva nel momento cruciale dell'azione. Muiron, il suo compagno dell'assedio di Tolone, il migliore fra tutti i suoi aiutanti di campo, gli fa da scudo. Un sussulto. Muiron viene colpito. Il suo corpo si accascia contro quello di Napoleone. È indispensabile avanzare. Scivola, urta contro un pilone del ponte, barcolla, e tutto svanisce.

La notte lo avvolge.

Quando riapre gli occhi, ascolta senza dire una parola suo fratello Luigi, il quale gli spiega che è svenuto, e che l'hanno trasportato via dalla palude proprio nel momento in cui un gruppo di croati arrivava dall'altra riva per catturarlo.

Si rialza. Quella era la prova. Il momento buio. È vivo. Alvinczy è sconfitto.

Dà ordine che la cavalleria insegua gli austriaci. Un ufficiale commenta a bassa voce che è una mossa rischiosa che non si pratica mai.

— La guerra è immaginazione — dice Napoleone chiudendo gli occhi.

Ripensa a Muiron, agli uomini i cui cadaveri, simili a tronchi trasportati dalla corrente, affioravano sulle acque delle paludi di Alpona. Sarebbe potuto essere uno di loro. Morto come Muiron, che ha dato la vita per lui. Ma tutto è possibile, perché è ancora vivo. La morte lo ha sfiorato come per fargli capire che non lo voleva, che lui era ancora più forte di lei.

Nella carrozza che lo porta a Milano si sente esausto ma risoluto. Le sue membra sono indebolite dalla stanchezza. È scosso dalla tosse. Ma solo la morte può impedirgli di agire. E ha tante cose da fare ancora. Il Direttorio ha inviato da Parigi il generale Clarke, incaricato di condurre le trattative con Vienna.

"Dunque, non si fidano di me. Di me, del vincitore. Di me, che sono osannato in tutta Parigi per i miei successi."

La sua fama è tale che rue Chantereine, dove abita Giuseppina, è stata ribattezzata "rue de la Victoire", e in un teatro si sta rappresentando un'opera in onore di Napoleone, intitolata *Il ponte di Lodi*. Ogni sera gli spettatori si alzano in piedi per applaudire l'eroico e vittorioso generale.

I membri del Direttorio però lo temono. Le rivalità tra gli uomini sembrano non avere mai fine.

"Che almeno mia moglie mi consoli."

Il 27 novembre Napoleone entra a palazzo Serbelloni. Non è necessario spingersi oltre la scalinata. Il palazzo è vuoto, morto. Lei dov'è? A Genova, invitata dal Senato a presiedere alcuni festeggiamenti. È partita con Hippolyte Charles. — Fucilatelo! — grida. Poi si ricompone. Che motivo potrebbe invocare? La gelosia? Chi è più ridicolo? Il marito o l'amante? Non rimane che la disperazione, come una morte minore che ripropone nella vita privata quella caduta nelle paludi di Alpona, dall'alto del ponte di Arcole.

Scrive a Giuseppina:

Sono arrivato a Milano, mi sono precipitato da te, avevo lasciato tutto per vederti, per stringerti fra le mie braccia... ma tu non c'eri: rincorri le feste di città in città, ti allontani da me quando arrivo... Avvezzo ai pericoli, conosco i rimedi per i contrattempi e i mali della vita. Eppure l'infelicità che provo è infinita. Credevo di non meritarmela.

Sarò qui fino al giorno 9. Non disturbarti; divertiti; la felicità è fatta per te. Il mondo intero è ben felice di procurarti piacere, e solo tuo marito è molto, molto infelice.

La notte è interminabile. Quando arriverà l'alba? Quella vittoria su Giuseppina, non l'avrà. Ha impartito ordini affinché Hippolyte Charles, stavolta, venga cacciato dell'Armata d'Italia per volontà del generale in capo, come aveva già tentato di fare. Ma Giuseppina aveva pianto, supplicato. E lui era tornato sulla sua decisione.

Le scrive:

> Immersa come sei nei piaceri, avresti torto a farmi la minima concessione... Non ne valgo la pena, e la felicità o l'infelicità di un uomo che tu non ami non ha il diritto di destare il tuo interesse... Sbaglio quando esigo da te un amore simile al mio: perché pretendere che il pizzo pesi quanto l'oro? Ho torto perché la natura non mi ha dato attrattive sufficienti per avvincerti, ma quello che ti chiedo, Giuseppina, sono degli sguardi, della stima, perché io ti amo alla follia e in modo esclusivo.

Lascia Milano.

Ha fretta di ritrovare la guerra. Lei non tradisce.

Sulla pianura di Rivoli s'intravedono, nella notte del 14 gennaio 1797, i falò degli avamposti austriaci del generale Alvinczy, tornato con nuove truppe. Di fronte, a qualche centinaio di metri soltanto, i fuochi che brillano come una volta stellata sulla sommità delle colline sono quelli delle divisioni di Joubert e Masséna.

La notte trascorre nei preparativi della battaglia. Là a sinistra, di riserva, Masséna. A destra, verso l'Adige, la divisione di Joubert. Al centro Berthier e i suoi uomini.

La mattina arriva presto. Insieme a Murat e all'aiutante di campo Le Marois bisogna ispezionare le truppe al fronte. Un reggimento si ritira. Viene sferrato il contrattacco. Alcuni ufficiali si lanciano al galoppo dopo aver ricevuto gli ordini.

La battaglia è incerta. D'improvviso, al suono della fanfara e a truppe spiegate, sopraggiungono dei rinforzi, quelli del 18° reggimento. Napoleone si fa loro incontro. Le parole che pronuncia risuonano come un rullo di tamburi:

— Bravo 18°, avete seguito un nobile slancio; avete accresciuto la vostra gloria; per coronarla, a ricompensa della vostra condotta, avrete l'onore di attaccare per primi coloro che hanno avuto l'ardire di aggirarci.

Gli risponde un coro di evviva, gli uomini caricano con le baionette innestate, travolgono gli austriaci, che cominciano ad arrendersi a centinaia gridando: — Prigionieri! Prigionieri!

C'è solo il tempo di comandare e agire.

Scende la notte. Varie decine di ufficiali sono raggruppati all'interno di due stanze. Napoleone è tra loro. Mangiano pane raffermo e prosciutto rancido.

Napoleone ironizza sulla qualità di quel "vitto".

— Vitto d'immortalità è sempre gradito — esclama il capitano Thiébaud.

Ma subito dopo l'ufficiale abbassa lo sguardo, improvvisamente intimidito, lui che ha combattuto tutto il giorno, a sciabola sguainata. È questo che conferma in Napoleone la certezza di aver ricevuto quel dono che permette di comandare gli altri uomini.

Sceglie il suo posto tra i pagliericci. Va a dormire in mezzo ai suoi ufficiali. Condivide la loro sorte, ma è solo.

La mattina deve parlare ai soldati, congelati dal freddo della notte. Comandare vuol dire non arrendersi di fronte alle loro sofferenze, ma esigere da loro che avanzino ancora per battere Wurmser, il quale tenta di portare rinforzi ad Alvinczy e a un altro generale austriaco, Provera. — Generale, vuoi la gloria? — grida un soldato. — Sta bene, ne avrai un fottio, di gloria!

Si muovono con rapidità.

Sconfiggeranno Wurmser alla Favorita. Provera si arrenderà con le sue truppe, mentre Wurmser capitolerà definitivamente il 2 febbraio ed evacuerà Mantova.

Ci si sente diversi, quando si vince in quel modo, quando si sentono le ovazioni di uomini disposti a morire per obbedire a un ordine. Quando i milanesi vedono 22.000 prigionieri che attraversano la città scortati dai suoi soldati verso la Francia. Quando rientra a Verona circondato dai capofila che sventolano più di trenta bandiere sottratte al nemico a Rivoli.

Si parla e si scrive diversamente quando si può dire ai propri soldati: "Avete riportato la vittoria in quattordici battaglie strategiche e settanta combattimenti. Avete catturato più di 100.000 prigionieri, strappato al nemico cinquecento pezzi d'artiglieria da campagna e duemila cannoni da assedio... Avete arricchito il Museo di Parigi di oltre trecento opere, capolavori italiani antichi e moderni".

"E quelli del Direttorio pretenderebbero di impartire i loro ordini da Parigi? La politica, la diplomazia, io sono anche questo."

Napoleone riceve gli inviati del papa e firma insieme a loro il trattato di pace di Tolentino: ai sedici milioni già promessi, devono aggiungerne altri quindici, e cedere Avignone.

"Cambierò la carta della Francia."

Ed ecco il mare.

Il 4 febbraio 1797 Napoleone occupa Ancona. Solo, si spinge fino in fondo al molo. Guarda dritto davanti a sé.

— In ventiquattr'ore da qui si raggiunge la Macedonia — dice a Berthier che incontra sulla banchina.

La Macedonia, terra natale di Alessandro il Grande.

D'improvviso, tutte le vittorie ottenute appartengono al passato, già polveroso.

Qualche giorno dopo scrive a Giuseppina:

Sono ancora ad Ancona. Non ti dico di raggiungermi perché non è ancora tutto finito. Del resto questo paese è tristissimo, e tutti hanno paura.

Parto domani per le montagne. Tu non mi scrivi mai... Non mi sono mai tanto annoiato come in questa brutta guerra.

25

Le montagne si innalzano davanti a Napoleone. Si è fermato all'inizio della strada che, partendo da Treviso, conduce al primo fiume che dovranno attraversare, il Piave. Al di là si stendono altre due valli, quella del Tagliamento e quella dell'Isonzo.

I soldati avanzano davanti a lui, lentamente e a fatica. La strada è stretta e la pendenza già forte. Gli uomini sono stanchi, come lui. Ha scritto loro:

"Non c'è altra speranza per la pace che andarla a cercare negli Stati ereditari della casa d'Austria."

Tuttavia è necessario combattere ancora, affrontare un nuovo generale austriaco, l'arciduca Carlo, il quale ha radunato le sue truppe in Tirolo, nei pressi del passo di Tarvisio, a monte di quei due fiumi.

E per questo è necessario addentrarsi in quelle valli sassose, attraversare il Piave, il Tagliamento, l'Isonzo, marciare su pendii coperti di pietrisco, dominati da massicci calcarei di un bianco venato d'azzurro, con fianchi e cime così frastagliati che la montagna appare come un immenso scheletro scarnificato.

È più avanti, in Tirolo, Friuli e Carinzia, verso Judenburg e Klagenfurt, che s'incontreranno di nuovo pianure e foreste.

Qui il terreno pietroso è frantumato, tagliente.

Napoleone è inquieto.

"Via via che mi inoltrerò in Germania avrò sempre più addosso il nemico... Tutte le forze dell'imperatore sono mobilitate, e tutti gli Stati della casa d'Austria si stanno organizzando per contrastarci." Pensa ai contingenti francesi rimasti inattivi sul Reno e aggiunge: "Se si tarda ad attraversare il Reno, per noi sarà impossibile resistere a lungo".

Tuttavia le truppe di Moreau restano immobili sulle rive del Reno; quelle sulle rive del Sambro e della Mosa, di cui il generale Hoche ha ripreso il comando, sembrano voler sferrare l'attacco, ma quando?

E se fossero loro a riportare la vittoria sull'Austria, il nemico principale, se ottenessero da Vienna la firma della pace, che rimarrebbe della gloria dell'Armata d'Italia e del suo generale in capo?

Questo interrogativo lo assilla da molte notti.

Già ad Ancona, a Tolentino, mentre attendeva gli inviati del papa nell'umidità di un inverno piovoso, vi aveva riflettuto in solitudine, percorrendo a grandi passi la sua camera, congedando gli aiutanti di campo che si presentavano.

Per chi sta combattendo? Per chi ha ottenuto quelle vittorie? Per gli uomini del Direttorio, quei leguleii, quegli "sfaccendati", o per sé?

La sua pelle, in quelle notti di febbraio del 1797, si è nuovamente coperta di pustole e di croste. Vuole scrivere a Giuseppina, ma non trova le parole, come se l'interrogativo che lo travaglia fosse troppo assillante per consentirgli di esprimere un'altra passione.

È in gioco la sua vita. Le carte che tira, le gioca per sé. Perché mai dovrebbe lasciar condurre il gioco da uomini che gli sono inferiori? Quali sono i loro meriti? Sono avidi. Pensano solo al loro potere. Hanno mai rischiato la vita in battaglia? Sanno cosa si prova quando si attraversa un ponte sotto la mitraglia? Con quale diritto impongono la loro volontà? Perché eletti dal popolo? In apparenza. Di fatto si sono ritagliati una Costituzione per poter conservare le loro poltrone e i loro beni. E fanno prendere a cannonate quelli che la contestano. Sono costoro che vorrebbero arraffare la posta in gioco? In nome della Francia? In nome dei francesi?

"Non ho già fatto più di quanto loro non faranno mai? Io gioco per me stesso."

Bisogna sconfiggere l'arciduca Carlo e avviare i negoziati con Vienna per essere non soltanto il generale vittorioso, ma anche l'uomo della pace.

Bisogna agire con rapidità, perché non si può mettere in ginocchio l'Austria con 40.000 uomini preoccupandosi al tempo stesso di sorvegliare tutte le città e le campagne italiane, dove la maggioranza della popolazione odia i francesi.

Napoleone e le sue truppe marciano verso nordest.

Il 12 marzo attraversa il Tagliamento. Joubert è a Bolzano e a Bressanone, Bernadotte a Trieste.

Il 28 marzo Napoleone entra a Klagenfurt. In breve tempo le avanguardie raggiungono Leoben, nel cuore della Stiria. Dalle alture di Semmering Napoleone

scorge la vasta pianura del Danubio e indovina, a un centinaio di chilometri, tra le brume dell'orizzonte, le cupole e i tetti di Vienna.

Non lasciarsi inebriare. Limitarsi al "sistema" che ha stabilito: vittoria e pace al più presto possibile.

Il 31 marzo, nella sua tenda, scrive un messaggio destinato all'arciduca Carlo. Ha raccomandato all'aiutante di campo, pronto ad avanzare verso le linee austriache, di consegnare personalmente il messaggio al generale in capo austriaco.

Segue a lungo con lo sguardo l'ufficiale che si allontana lungo le strade di Klagenfurt.

Le parole appena scritte, che risuonano ancora nella sua mente, hanno poche possibilità di essere intese. L'arciduca Carlo non è assolutamente disposto a prendersi delle libertà nei confronti delle autorità di Vienna. Ma l'imperatore d'Austria non è un "leguleio" o uno "sfaccendato", come quelli che governano a Parigi. E costoro, dal momento che la popolazione verrà a conoscenza di quel messaggio, saranno costretti, un giorno, a fare i conti con Napoleone.

Ha scritto all'arciduca:

> I militari valorosi fanno la guerra e desiderano la pace. Non abbiamo ucciso abbastanza, e inflitto abbastanza sofferenze alla povera umanità? I suoi lamenti si odono ovunque... Avete intenzione di meritare il titolo di benefattore dell'umanità e salvatore della Germania?... Quanto a me, se la proposta che ho l'onore di farvi può salvare la vita anche a un solo uomo, mi riterrò più fiero dell'alloro civico che avrò meritato in tal modo che non dell'infausta gloria che può derivare dalle vittorie militari.

Aspetta, s'inoltra ancor più nella Stiria, raggiunge Judenburg, Leoben.

I nuovi successi, a Neumarkt e Unzmarkt, non gli procurano alcun piacere. Sembrano insignificanti dopo quelli di Lodi, Arcole, Rivoli. Forse ha esaurito le emozioni più forti che può offrirgli la guerra in quanto tale? All'inizio lo esaltava. Ma è da circa un anno che ci convive, che vede cadaveri fino ad averne la nausea, che vede cadere i migliori, fra cui Muiron al ponte di Arcole, quando volle salvargli la vita. Ora che ha quasi ventotto anni sa che la guerra è soltanto un mezzo, uno strumento di cui conosce parecchie funzioni. Ma può ancora sorprenderlo? È quel che si ottiene grazie a essa ad attirarlo: la gloria, il potere sugli uomini, non solo i soldati ma gli uomini tutti nella loro vita quotidiana, le loro istituzioni e i loro svaghi.

Osserva intorno a sé gli ufficiali, gli aiutanti di campo, i generali, Joubert, Masséna, Bernadotte. Sono bravi soldati, coraggiosi, capaci. Ma lui è già oltre, fra coloro che non si accontentano di comandare un'armata, sia pure come generali in capo, ma vogliono potere decisionale su tutte le armate. Quelli che detengono il potere politico.

Quelli o quello?

In ogni caso, se vuole essere fra quelli o, perché non osare pensarlo, il solo, deve prima affrontare coloro che hanno il potere a Parigi.

Napoleone conosce i cinque membri del Direttorio, Barras, Carnot, Reubell, Barthélemy, La Révellière-Lépeaux. Il 13 vendemmiaio lui è stato il braccio armato di Barras. Quegli uomini non si preoccupano minimamente del rispetto delle leggi. Ha vissuto la Rivoluzione. Sa bene che, proprio come su un campo di battaglia, risolutiva è la spada, ovvero i rapporti di forza.

Chiama uno dei suoi aiutanti di campo, Lavalette. L'ufficiale accenna un inchino. Quella cortesia rispettosa ma senza ossequiosità, quell'"aria da persona di mondo", Napoleone le conosce. Sono le stesse degli aristocratici, dei vecchi realisti.

Lavalette è fidato, intelligente. Deve essere un eccellente informatore: Napoleone lo invita a sedersi.

Dovrà incontrarsi con Carnot. Questi è, con Barthélemy, molto vicino agli ambienti realisti che è possibile incontrare al club di Clichy. Sarebbe disposto Carnot a liquidare la Repubblica per amore della stabilità? Occorre sapere come la pensa, cosa sta preparando. Tra qualche settimana si terranno le elezioni. Tutto lascia prevedere che i realisti avranno la meglio. Per contro i triumviri Barras, Reubell, La Révellière-Lépeaux sono sicuramente decisi a dare il via a un altro vendemmiaio.

Napoleone va e viene. Questo gioco lo eccita. Sente di esservi portato. È una guerra, però sotterranea, ovattata. Una partita a scacchi. Ci si affronta come sui campi di battaglia, ma con regole più complesse, giocatori più esperti, caselle e pezzi più numerosi. La guerra assomiglia al gioco della dama. La politica, a quello degli scacchi.

Anche la scacchiera è soggetta a forze contrastanti che potrebbero scatenarsi all'improvviso, spazzando via pezzi e giocatori. Napoleone ricorda le scene nel cortile delle Tuileries, le donne invasate che il 10 agosto mutilavano i cadaveri degli svizzeri.

— La democrazia forse è selvaggia — mormora — ma ha le sue viscere e può rimanere toccata.

Lavalette dovrà curare la pubblicazione di nuovi giornali, dovrà incontrare scrittori, giornalisti, e tutti quanti abbiano influenza sull'opinione pubblica. Che tutti sappiano chi è Bonaparte, quali sono le sue imprese, e quale il suo desiderio: la pace. Oratori, romanzieri, poeti, pittori, tutti dovranno parlare delle meravigliose gesta del generale Bonaparte.

Lavalette approva.

— L'aristocrazia — prosegue Napoleone — rimane sempre fredda, non è vero? Non perdona mai.

Poi impartisce le sue disposizioni. Ripete a Lavalette che dovrà incontrare Carnot. Bisogna rassicurarlo, placarlo.

— Ditegli, come se fosse una vostra opinione, che alla prima occasione mi ritirerò dalla mischia; che, nel caso quell'occasione non si presenti, rassegnerò le dimissioni; cercate di cogliere bene l'effetto che queste parole avranno su di lui.

Il 13 vendemmiaio era stato l'uomo di Barras. Questa volta gioca solo per se stesso.

La scena si va allestendo. Il 13 aprile, nella cittadina di Leoben, i due plenipotenziari austriaci chiedono di essere ricevuti.

Napoleone li fa attendere, affinché quei due "signori", due nobili eleganti e impettiti, il generale conte di Merveldt e il conte di Beauregard, capiscano che non sono loro a tirare le fila del negoziato.

Immaginando la loro impazienza, malgrado ostentino ostentata impassibilità, Napoleone prova il piacere del giocatore che anticipa di parecchie mosse lo svolgimento della partita. Ha imparato, sta imparando, a mettere gli uomini, anche i più esperti, in una condizione di svantaggio. Tutto conta in quella lotta tra uomo e uomo, tra potere e potere, che è una discussione.

Vuole ottenere dall'Austria la rinuncia al Belgio e alla riva sinistra del Reno. In cambio offrirà il Veneto, di cui ancora non ha il controllo, ma gli basterebbe un pretesto per rovesciare il potere del Doge. La Francia conserverà le isole Ionie.

Queste proposte dovranno rimanere segrete. Che penserebbero i veneti? Come le giudicherebbero i membri del Direttorio, che intendono invece cedere all'Austria, se consenziente al negoziato, la Lombardia?

Napoleone entra lentamente nella stanza dal soffitto basso dove si trovano i due

plenipotenziari. Vincerà, perché sa quel che vuole. Ciò che fa la forza di un uomo, generale o capo di Stato, è saper vedere più lontano e con maggior rapidità dei suoi avversari.

Il 18 aprile vengono firmati i Preliminari di Leoben fra Napoleone e gli inviati di Vienna.

"Ho mosso la mia pedina."

Di nuovo una notte insonne.

Deve giocare su tutte le caselle. Mandare un corriere presso il Direttorio con il testo dei Preliminari, e minacciare sommessamente di rassegnare le dimissioni se non verrà accettato. Trovare le parole per costringere quegli uomini a non opporre un rifiuto, anche se non crederanno a una sola delle frasi che leggeranno. Stringerli nella rete. E non prestare il fianco alle critiche. Chiama un aiutante di campo, detta:

Quanto a me, vi chiedo un periodo di riposo. Ho meritato la fiducia di cui mi avete investito... e ottenuto più gloria di quanta ne occorra per essere felici... La calunnia si sforzerà invano di attribuirmi intenzioni malvagie, la mia carriera civile sarà limpida e semplice come la mia carriera militare. Tuttavia dovete capire che ho bisogno di lasciare l'Italia, e vi chiedo insistentemente di volermi spedire, insieme alla ratifica dei Preliminari di pace, i vostri ordini in merito ai primi orientamenti da dare agli affari d'Italia, e un congedo per poter tornare in Francia.

Un periodo di riposo?
Cos'è il riposo?
La notte del 19 aprile 1797 alcuni ufficiali affannati, il viso stravolto dalla stanchezza, s'introducono nel quartier generale. Con uno sguardo Napoleone li ferma. Comandare è tenere le distanze.

— Quattrocento... — comincia uno.

A Verona quattrocento soldati francesi, per la gran parte feriti ricoverati nei letti d'ospedale, sono stati uccisi, sgozzati, pugnalati, massacrati da bande di contadini.

A Venezia una nave francese ormeggiata nella rada del Lido è stata assalita e il suo comandante ucciso.

Napoleone congeda gli ufficiali. La vendetta serve a mantenere l'ordine. Alla violenza bisogna rispondere con una violenza ancora maggiore. Ha imparato questa regola durante la sua prima giovinezza, a Brienne, alla scuola militare, e ad Ajaccio, nel corso dei suoi primi incarichi di comando e delle sue prime battaglie.

Ma si può anche utilizzare la vendetta dovuta come pretesto per un'azione già decisa. Se l'avversario si scopre senza aver previsto l'attacco che lo minaccia, tanto peggio per lui. Occorre colpire presto e forte.

"Credete" scrive Napoleone al Doge di Venezia "che le mie legioni d'Italia tollereranno il massacro che voi fomentate? Il sangue dei miei fratelli d'armi sarà vendicato."

La repressione si abbatte sui massacratori di Verona, e le truppe francesi entrano a Venezia. È la fine della Repubblica di Venezia, che vantava tredici secoli d'indipendenza. Potrà essere consegnata all'Austria in cambio del Belgio e della riva sinistra del Reno. Il Direttorio, dopo lunghe discussioni, finisce per approvare i Preliminari di Leoben.

"Disegno la nuova carta dell'Europa."

Alcuni giorni dopo Napoleone apre le prime lettere inviategli da Parigi dal suo aiutante di campo Lavalette:

Mio caro generale, tutti hanno gli occhi fissi su di voi. Tenete nelle vostre mani le sorti della Francia intera. Firmate la pace e le cambierete aspetto come per incanto. Anche se doveste ottenerla sulle sole basi del trattato preliminare di Leoben, concludetela... E poi, mio caro generale, venite a godere delle benedizioni di tutto il popolo francese che vi chiamerà suo benefattore. Venite a stupire i parigini con la vostra moderazione e la vostra filosofia.

Napoleone rilegge la missiva.
Ama quella primavera del 1797.

26

Napoleone ora ha ventotto anni. Impara a governare. Ha stabilito che alloggerà con i familiari, giunti da Marsiglia, con il suo stato maggiore, i suoi ospiti e tutte le persone che ora lo attorniano al castello di Mombello, a dodici chilometri da Milano, una costruzione sontuosa che ha scelto per sfuggire alla calura dell'estate lombarda.

Giuseppina è al suo fianco. Finalmente!

La può vedere ogni momento, quando vuole. Tutto cambia, anche per una sposa, una volta che si è al potere. Lei non si reca più al Corso, la passeggiata delle signore eleganti di Milano, che vanno in giro nelle loro basse carrozze, le *bastardelle*, per farsi ammirare dai cavalieri che le affiancano, sostando poi al caffè Corsia dei Servi per gustare dei gelati.

Napoleone non gradisce questo corteggiamento assiduo da parte degli ufficiali.

Anche qui a Mombello le stanno sempre intorno, ma lo temono.

Ama vedere Giuseppina presiedere alle cene che vengono date tutte le sere sotto un'ampia tenda allestita nel parco. La tavola è apparecchiata per quaranta coperti.

Napoleone parla, tutti lo ascoltano in religioso silenzio, volgono la testa verso di lui. È il padrone di casa. Impone menù frugali: antipasto, zuppa, bollito, insalata e frutta, e un solo tipo di vino.

Amministra e governa quel mondo: le sorelle Paolina e Carolina, suo fratello Gerolamo, Eugenio e Ortensia Beauharnais.

Sente spesso gravare su di sé lo sguardo della madre e coglie anche le occhiate che lei getta a Giuseppina. Sa che non la ama, ma Giuseppina qui è al suo posto, circondata da diplomatici austriaci o napoletani, tutti aristocratici. Lui la osserva. Ha la grazia e l'eleganza della viscontessa di un tempo. A volte è colto da un improvviso desiderio di lei. Allora la trascina via con sé. Non gli importa cosa penseranno i convitati del suo modo di fare.

In occasione di una gita al lago Maggiore in compagnia di Berthier e del diplomatico Miot de Mélito, si era già accorto dell'imbarazzo dei due uomini, che abbassavano lo sguardo quando lui si prendeva la libertà di abbracciare Giuseppina. Ma insomma! È sua moglie, ed è lui a stabilire le regole.

Da tanto tempo non si sentiva così felice, così leggero, forse quella è addirittura la prima volta.

Il suo corpo sta riacquistando le forze. L'energia non gli è mai mancata, ma poco a poco si sta liberando della stanchezza e di quell'orribile scabbia che lo aggredisce sempre meno di frequente.

Decide della vita di chi gli è accanto, e questo gli dà una gioia profonda, forse una delle più intense che abbia mai provato. La sorella Elisa ha sposato a Marsiglia un modesto capitano corso, Felice Baciocchi. E sia. Disapprova, ma è costretto ad

accettare. Però il matrimonio religioso verrà celebrato nella cappella del castello, insieme a quello da lui voluto tra la sorella Paolina e il generale Leclerc. Baciocchi, dal momento che gli inglesi hanno lasciato la Corsica dal mese di ottobre 1796, verrà nominato comandante della piazza di Ajaccio. Giuseppe, ora che i seguaci di Pasquale Paoli se ne sono andati insieme agli inglesi, è riuscito a farsi eleggere deputato di Ajaccio al Consiglio dei Cinquecento, uno dei rari eletti tra quelli reputati giacobini in una maggioranza di tendenza monarchica. Giuseppe sarà nominato ambasciatore della Repubblica a Roma. Sono favori che i capi del Direttorio non possono rifiutare. Luigi Bonaparte è già capitano. Luciano, l'indipendente, l'ambizioso, è commissario delle Armate, quella del Nord, quella del Reno, in seguito andrà in Corsica, ma soprattutto ama bighellonare a Parigi.

Quanto alla donna vestita in nero dinanzi alla quale tutti si inchinano con rispetto, Letizia Bonaparte, poiché desidera tornare in Corsica, verrà organizzato per lei un viaggio regale.

La sensazione del potere, la consapevolezza di poter influire sul destino degli altri, quanta fiducia in se stessi sanno infondere!

Esce sulla scalinata. In lontananza vede le cime ancora innevate delle Alpi. I generali Berthier e Clarke, e più indietro Lannes, Murat e Marmont, si tengono a qualche passo di distanza.

Lo aspettano per andare a tavola.

Un gruppo di italiani, contadini dei dintorni o cittadini di Milano, è tenuto a bada da alcuni dei trecento legionari polacchi che presidiano il castello. Questi soldati sono uomini giganteschi, reclutati dal principe Dombrowski, come lui esiliati dal loro paese smembrato e occupato. Gli sono devoti anima e corpo.

Regnare significa suscitare ammirazione e devozione.

Napoleone ripensa a Muiron sul ponte di Arcole. Il sacrificio degli uomini per colui che hanno eletto loro capo legittima l'autorità di quest'ultimo.

Gli italiani si accalcano. Vogliono assistere alla cena. Come avveniva a Versailles, ai tempi del Re Sole.

Ed ecco che viene annunciato il marchese del Gallo, ambasciatore di Napoli a Vienna.

"Vengono qui da me, sono quelli di una volta, i cortigiani dei re e degli imperatori."

E ci sono anche i Lannes e i Murat, plebei, soldati della Rivoluzione.

La donna che avanza al fianco di Giuseppina è la Saint-Huberty, un'attrice che ebbe il suo momento di gloria prima della Rivoluzione. Si dice sia sposata al conte d'Antraigues, un agente realista che i servizi d'informazione dell'esercito segnalano attualmente a Venezia, del quale si racconta che sia al servizio della corte di Vienna, di Londra e di Luigi XVIII.

"Vigilare, impartire l'ordine di ricercarlo."

Ecco l'ambasciatore di Francia Miot de Mélito che si ferma, aspettando un gesto da parte di Napoleone per avanzare e parlargli della pace ormai vicina, dal momento che il marchese del Gallo è là e altri diplomatici italiani stanno arrivando. Si congratula con Napoleone per la creazione delle Repubbliche Cisalpina e Ligure. Gli pone domande sul suo ruolo futuro.

Confidarsi con qualcuno, ogni tanto, perché in questo modo le idee prendono forma e vigore, inducono coloro che ne vengono messi a parte a prendere a loro volta una decisione, fanno tremare o sognare, preparano l'avvenire. Confidarsi per dire delle mezze verità, lasciare il dubbio sulle proprie ambizioni pur rivelandole in parte.

— Lascerei l'Armata d'Italia — dice Napoleone — solo per svolgere un ruolo simile a quello che svolgo qui, e non è ancora arrivato il momento... Può darsi che la

pace serva a soddisfare i desideri dei nostri "sfaccendati" di Parigi, e se bisogna farla sarò io a farla. Se ne lasciassi a qualcun altro il merito, ciò lo collocherebbe, agli occhi dell'opinione pubblica, ben più in alto di tutte le mie vittorie.

"Basta discorsi seri, ceniamo."

Napoleone prende posto. Racconta alcuni aneddoti, per la maggior parte presi dalla Storia. Tutti gli occhi sono fissi su di lui.

Con un gesto annuncia che la cena è finita.

Cammina da solo all'ombra del parco, tra le grida di evviva degli italiani che lo acclamano "liberatore d'Italia". Aspetta il marchese del Gallo, gli comunica che, dopo la pace, amerebbe riprendere i suoi studi di astronomia o di matematica. Potrebbe vivere qui, in questa residenza lontana dai rumori della città, svolgendo, soltanto per la popolazione dei dintorni, un ruolo di giudice di pace.

Giuseppina li raggiunge.

— Non credete a una sola parola — dice a Gallo con la sua voce languida. — È lo spirito più inquieto, la mente più attiva e feconda di progetti che esista al mondo, e se smettesse di occuparsi dei massimi sistemi metterebbe ogni giorno a soqquadro la casa, e sarebbe impossibile vivere con lui.

Ride.

Lui la zittisce con uno sguardo. Adesso può farlo.

Si avvicina al marchese del Gallo. — Conoscete il conte D'Antraigues? — gli domanda.

Poi si allontana senza attendere la risposta del marchese.

Berthier lo aspetta in uno dei salotti del castello, con pesanti soffitti intagliati e tendaggi di velluto scuro che creano, nella sala sovraccarica di mobili, un'atmosfera soffocante.

Su un tavolo che gli serve da scrittoio Napoleone scorge un voluminoso portadocumenti rosso, dalla chiusura dorata.

Interroga Berthier con lo sguardo. Quel portadocumenti è stato sottratto al conte D'Antraigues, che il generale Bernadotte, conformemente agli ordini ricevuti, ha tratto agli arresti. L'agente del re si trovava in compagnia dell'ambasciatore di Russia Mordvinof. D'Antraigues aveva un passaporto russo, la qual cosa gli aveva consentito di lasciare Venezia occupata dalle truppe francesi e di superare i primi posti di blocco. Bernadotte lo ha catturato a Trieste. Il prigioniero è stato trasferito a Milano.

Ogni cosa, ogni essere vivente ha un lato nascosto, oscuro. È quello, spesso, il più vero. Ma solo pochi conoscono quel segreto. Gli altri, la massa, il popolo, scoprono solo in seguito la verità: il loro eroe non era che una marionetta di cui qualcuno manovrava i fili.

Napoleone pensa a Mirabeau, tanto ammirato: nel suo forziere di ferro confiscato alle Tuileries era stata trovata la prova che il re lo aveva pagato come uno qualunque dei suoi volgari agenti.

Aiutandosi con un pugnale, Napoleone fa saltare la serratura del portadocumenti rosso. Comincia a sfogliare le pagine coperte da una scrittura sottile. Si ferma. Riconosce dei nomi: quello del generale Pichegru, che è stato appena eletto presidente del Consiglio dei Cinquecento e dunque è il capo della sezione realista, uno dei membri più attivi del club realista di Clichy.

Legge i trentatré fogli. Si tratta del rapporto consegnato a D'Antraigues da un agente realista, Montgaillard. Le prove del tradimento del generale Pichegru quando era comandante dell'Armata del Reno e della Mosella risultano schiaccianti.

Agenti dell'esercito degli esuli di Condé e gli austriaci hanno preso contatti con il generale Pichegru. Il 1° aprile 1795, a Parigi, ha sedato con durezza una rivolta di sanculotti. È un buon segno. Montgaillard gli propone, da parte di Condé, di attuare con il suo esercito un colpo di Stato che porti alla restaurazione della monarchia. Come ricompensa del suo tradimento riceverà il bastone di maresciallo, la croce di commendatore di San Luigi, il castello di Chambord, due milioni in contanti, 120.000 franchi di rendita, reversibile per metà a sua moglie e per un quarto ai suoi figli, e perfino quattro cannoni!

Napoleone rilegge. È come se nelle linee nemiche si aprisse un varco. Con quelle prove, a Parigi, avrà modo di condizionare gli eventi. Potrà fornire a Barras lo strumento che permetterà di denunciare e sconfiggere Pichegru e i realisti, vincitori delle elezioni, con l'accusa di tradimento.

Sospende la lettura. Quando la riprende ha un sussulto. Montgaillard scrive a D'Antraigues che potrà ottenere "tra breve da parte di *Eléonore* un risultato positivo quanto quello che aveva ottenuto da *Baptiste*".

"Baptiste" è lo pseudonimo impiegato per indicare Pichegru. "Eléonore", quello per nominare Bonaparte. Montgaillard valuta intorno ai 36.000 franchi il prezzo per comprare Bonaparte.

Napoleone allontana i fogli. Il suo nome in quel documento indebolisce le prove contro Pichegru. Perciò è necessario eliminare ogni allusione all'Armata d'Italia. È sufficiente che D'Antraigues accetti di siglare i fogli che si limitano all'affare Pichegru. Non ci si può privare di un'arma simile.

— Conducete D'Antraigues al castello — ordina Napoleone.

È notte. La stanza è avvolta nell'oscurità. Napoleone vede entrare D'Antraigues, un uomo elegante e sicuro di sé. Tuttavia il suo viso esprime ansietà. Vede prima Berthier, poi riconosce Napoleone. Protesta con veemenza. Dispone di un passaporto russo, è un diplomatico.

— Suvvia, i passaporti, perché fidarsi dei passaporti? — dice Napoleone. — Vi ho fatto rilasciare un passaporto solo per essere più sicuro di prendervi.

— Non conosciamo questo nuovo diritto politico, in Russia — replica D'Antraigues.

— Ebbene, lo conoscerete. L'imperatore interpreti questo avvenimento come vuole, la cosa non ci interessa. Se mi fossi trovato a Trieste, il suo ambasciatore sarebbe stato arrestato, i suoi averi confiscati, insieme ai suoi documenti, e l'avrei rimandato da solo a riferire la notizia in Russia. Voi siete mio prigioniero, e non ho intenzione di liberarvi.

Ci vuole una bella botta per sbalestrare l'avversario in modo che capisca la durezza di chi gli sta di fronte.

— Ora parliamo d'altro.

Napoleone fa sedere D'Antraigues su un grande canapè, si siede accanto a lui mentre Berthier spinge dinanzi a loro un tavolino sul quale sono disposte le carte trovate nel portadocumenti rosso.

Valutare un uomo. Sapere quante lusinghe e quante minacce servono per indurlo a cedere, è così che si acquisisce la facoltà di condizionare, di comandare e guidare gli uomini.

— Siete troppo illuminato — esordisce Napoleone — e avete troppo ingegno per non sapere che la causa che avete difeso è una causa persa. I popoli sono stanchi di lottare per degli imbecilli, e i soldati di combattere per dei codardi. In Europa la rivoluzione è fatta. Adesso è necessario che abbia il suo corso. Guardate gli eserciti dei re: i soldati sono coraggiosi, gli ufficiali però sono scontenti, e vengono battuti.

Napoleone raccoglie le carte.

— In Francia è in atto una cospirazione — continua. — E io voglio stroncarla. Per far questo ci serve aiuto, e allora sarete contento di noi... Tenete, firmate queste carte, ve lo consiglio.

Tende i fogli manomessi. D'Antraigues protesta. Il suo portadocumenti è stato violato. Quelle non sono le sue carte.

Napoleone si alza, dà in escandescenze.

— Insomma, ve ne infischiate di me! Tutto ciò è folle, non ha alcun senso. Ho aperto il vostro portadocumenti perché così mi andava. L'esercito non segue le procedure di un tribunale. Io non vi chiedo di riconoscere le vostre carte: vi chiedo di firmare quei quattro quaderni...

Napoleone gli offre in cambio di recuperare i suoi beni in Francia, e perfino di fargli ottenere un incarico all'ambasciata di Vienna.

— Non accetto, monsieur, nessuna delle vostre proposte — replica D'Antraigues.

Cosa crede quell'ingenuo? In che mondo s'immagina di vivere?

— Prove! Prove! Oh! Bene, se ce n'è bisogno, le fabbricheremo!

Quell'uomo dovrà cedere.

Qualche giorno dopo Napoleone incontra la moglie di D'Antraigues, che è venuta con il suo bambino di cinque anni a rendere visita a Giuseppina Beauharnais.

Napoleone si dirige verso di lei: bisogna saper esagerare la collera che si cova dentro.

— Forse domani alle sei vostro marito uscirà di prigione, e io ve lo rimanderò a casa alle undici con dieci pallottole nel ventre.

La Saint-Huberty stringe a sé il figlio. Lancia un grido. Il bambino piange.

— E mio figlio, non è abbastanza cresciuto per il macello? — urla la donna. — Quanto a me, vi consiglio di farmi fucilare, perché vi ucciderei ovunque vi trovassi...

Giuseppina entra, trascina via la Saint-Huberty che le urla in faccia: — Mi avevate detto che Robespierre era morto, madame, ed eccolo resuscitato. Ha sete del nostro sangue. Farà bene a spargerlo, perché andrò a Parigi e otterrò giustizia...

Robespierre?

Ricordando il fratello di Maximilien, Napoleone, mentre si allontana, s'interroga. Forse quegli uomini che seminarono il terrore, anche se governarono per mezzo della ghigliottina, erano soprattutto degli ingenui.

D'Antraigues il 9 giugno accetta di ricopiare le sedici pagine rimaneggiate e di firmarle. Il portadocumenti rosso viene spedito a Barras. I triumviri del Direttorio hanno ormai un'arma decisiva contro Pichegru e i deputati realisti, nonché contro i membri del club di Clichy.

— Opera mia — dichiara Napoleone.

Ordina che D'Antraigues venga rilasciato in cambio della promessa di non fuggire.

Che viva. Che fugga pure, se proprio vuole. Il traditore non può più nulla ormai.

O forse sì. La sua corrispondenza viene aperta, le sue lettere consegnate a Napoleone.

Una sera, camminando lentamente nel suo ufficio, Napoleone legge il ritratto che D'Antraigues ha fatto di lui. Si ferma spesso, come davanti a uno specchio.

D'Antraigues scrive:

Questo genio della distruzione... perverso, crudele, maligno, ricco di risorse, insofferente di limiti, sprezzante della vita e che antepone a tutto l'ambizione, bramoso di

essere il dominatore assoluto e pronto a morire piuttosto che non divenire tale, senza freni, per il quale i vizi e le virtù, verso cui nutre la più profonda indifferenza, non rappresentano niente altro che dei mezzi, costui è l'emblema dell'uomo di Stato. Naturalmente portato alla violenza estrema, ma limitato in questo dall'esercizio di una crudeltà più calcolata che gli fa controllare gli eccessi di furore e differire le vendette, fisicamente e mentalmente incapace di restare inattivo anche per un solo momento... Bonaparte è un uomo di bassa statura, dall'aspetto gracile, gli occhi febbricitanti, che ha nello sguardo e nell'espressione qualcosa d'inquietante, di subdolo, di maligno, un uomo laconico, ma che si abbandona all'eloquio quando la sua vanità è messa in discussione o viene contrastata; di salute estremamente cagionevole, per una malattia del sangue. È coperto di croste, e questo disturbo accresce la sua violenza e la sua energia vitale.

Quest'uomo è sempre preso dai suoi progetti, senza un attimo di distrazione. Dorme tre ore per notte, prende medicine solo se i dolori diventano insopportabili.

Quest'uomo vuole dominare la Francia, e con la Francia l'Europa. Ogni altra cosa, all'infuori di questo, non sembra rappresentare per lui, anche nel successo, altro che un mezzo. Allora ruba spudoratamente, si appropria di tutto, accumula tesori immensi in oro, argento, gioielli, pietre preziose. Ma lo fa solo per potersene servire. Lo stesso uomo che è capace di spogliare di tutto una comunità, elargirà senza esitare un milione a chi saprà rendergli un servizio... Con lui un accordo si conclude con due parole, in due minuti. È questo il suo modo di affascinare, sedurre, corrompere, ingannare.

"Sono così?"
Napoleone esce nel parco del castello di Mombello.

Cammina. Si è alzato un vento di burrasca, come succede spesso la sera dopo la violenta calura del pomeriggio. Non sempre scoppia un temporale, ma l'aria è tanto carica di elettricità da crepitare, e a tratti sembra squarciarsi. I fulmini illuminano il cielo nerastro in lontananza, verso i laghi e le montagne.

"Mi vedono così. I miei nemici."
Voler crescere, voler imporre il proprio marchio, significa fomentare le calunnie, l'odio degli invidiosi, dei rivali.

Non si può vivere senza nemici. Coloro che non sono odiati non sono nulla. Non riescono in nulla.

"Sono così? Lo sono."

27

Piove. Tutta la valle del Tagliamento è coperta di nuvole basse. È la fine del mese di agosto del 1797. Napoleone sosta sulla scalinata del castello di Passariano. Da lì scorge, alla fine del viale spazioso fiancheggiato dai pioppi, le carrozze dei plenipotenziari austriaci che si allontanano. Hanno preso alloggio non lontano dal castello, a Campoformio. Altri hanno scelto di risiedere a Udine. Ma vengono a trattare qui, al castello di Passariano. Né il conte Ludwig von Cobenzl, un diplomatico agguerrito, né il marchese del Gallo, né il generale conte di Merveldt sembrano aver fretta di concludere la pace. Continuano a discutere dei Preliminari firmati a Leoben.

Per far passare le giornate ricorrono a tutta la loro frivolezza ed eleganza, alla loro arte della conversazione. Corteggiano Giuseppina Beauharnais con le maniere affettate degli aristocratici. Partecipano anche alle partite a carte e a dadi che lei organizza per ingannare il tempo.

Napoleone fa il suo ingresso nel castello sbattendo le porte. Non è un ingenuo. Quei diplomatici aspettano l'esito degli avvenimenti di Parigi. Sperano che, nella

lotta che divide il Direttorio, i sostenitori di Pichegru, i realisti, i membri del club di Clichy abbiano la meglio. Così, addio pace. E a Parigi ci sarebbe il ritorno della monarchia.

"Impossibile. Quale sarebbe il mio destino?"

Napoleone è entrato in azione. Proclami e giornali sono stati distribuiti in migliaia di copie ai soldati dell'Armata d'Italia. "Soldati, voi avete dei doveri verso la Repubblica... I realisti, nel momento stesso in cui verranno allo scoperto, avranno vinto... Guerra senza quartiere ai nemici della Repubblica e della Costituzione dell'Anno III", questo hanno avuto modo di leggere.

La faccenda comunque è complessa. Non bisogna scoprirsi troppo. Napoleone ripete a Lavalette: "Intrattenete rapporti con tutti, guardatevi dallo spirito di parte; riportatemi la verità, e riportatemela spassionatamente".

Come scegliere una strategia, se la nebbia non si è ancora diradata?

Lavalette spiega: Barras e La Révellière-Lépeaux si sono appellati al generale Hoche e alla sua armata per attuare un colpo di Stato antimonarchico. Il generale però, dopo essersi impegnato, si è tirato indietro di fronte alle critiche e agli intrighi. I capi del Direttorio stanno cercando un altro braccio armato.

"Non sarò più il generale Vendemmiaio."

Ma ecco Augereau, a cui Napoleone affida l'incarico, unitamente a tre milioni per Barras: sarà lui ad agire. Napoleone ha ricevuto una sua lettera poco dopo l'arrivo a Parigi: "Prometto di salvare la Repubblica dagli agenti del Trono e dell'Altare".

Lavalette consiglia a Napoleone di tenersi personalmente in disparte, di non compromettere la sua gloria di generale vittorioso nella repressione che si sta preparando a Parigi.

"Hanno ricevuto i documenti di D'Antraigues?" domanda Napoleone.

"Saranno il pretesto per la repressione, per dare il colpo di grazia" precisa Lavalette. "Le vittime sono già state designate. È già stata data segretamente alle stampe la confessione di D'Antraigues che prova il tradimento di Pichegru. Sui muri sono affissi manifesti che denunciano il complotto dello straniero."

Attendere il colpo di sciabola che sarà inferto da Augereau, tenersi a distanza ma non rimanere inattivi.

Napoleone convoca insistentemente al castello di Passariano gli uomini a cui ha affidato il compito di pubblicare, a Parigi e a Milano, giornali destinati ai cittadini che contano e ai militari. Sfoglia i primi numeri del "Courrier de l'armée d'Italie", del "Patriote français", di "La France vue de l'Italie" o del "Journal de Bonaparte et des hommes vertueux". S'infuria. Troppo prudenti! Non bisogna lasciare senza risposta gli attacchi dei giornali monarchici e proporre invece idee semplici, forti. — Che si parli di me, delle mie imprese — dice.

Un capo non è mai lodato abbastanza.

Legge ad alta voce una frase del "Courrier": — Vola e colpisce come il fulmine, è dappertutto e vede tutto.

Ecco quello che bisogna scrivere. Detta: "Ho visto re ai miei piedi, avrei potuto avere cinquanta milioni nelle mie casse, avrei potuto aspirare a ben altre mete; ma sono un cittadino francese, sono l'inviato e il primo generale della Grande Nazione, so che i posteri mi renderanno giustizia".

Se non si martellano queste verità nei giornali che lui stesso paga, chi le proclamerà?

Ci sono ottanta giornali monarchici, esclama, che ogni giorno diffondono menzogne e calunnie.

Vedo che quelli del club di Clichy vogliono passare sul mio cadavere per arrivare a distruggere la Repubblica. Dicono: "Non temiamo questo Bonaparte, abbiamo Pichegru". Bisogna pretendere che questi esuli vengano arrestati, che venga distrutta l'influenza degli stranieri. Bisogna esigere che vengano fatti a pezzi i torchi dei giornali venduti all'Inghilterra, più sanguinari ancora di Marat.

Quando i suoi intellettuali, Jullien, un giacobino, Regnault de Saint-Jean-d'Angély, ex membro della Costituente, e lo scrittore Arnault se ne sono andati, chiama Berthier. Vuole che ogni mattina gli siano letti i principali giornali francesi e stranieri. La situazione a Parigi è incerta. Si tratta, come in guerra, di non lasciare nulla al caso. L'opinione pubblica conta.

Tra una frase e l'altra Napoleone s'interrompe. "Alla nazione occorre un capo, un capo illustre per la sua gloria, e non per le sue teorie di governo, per le belle frasi o i discorsi da ideologo di cui i francesi non capiscono nulla... Una Repubblica di trenta milioni di persone, che idea! Con i nostri costumi, i nostri vizi! È una chimera di cui i francesi si sono invaghiti, ma che passerà, come tante altre. Hanno bisogno di gloria per appagare la loro vanità; ma di libertà non capiscono nulla. Guardate l'esercito: le vittorie che abbiamo recentemente riportato, i nostri trionfi, hanno già restituito al soldato francese il suo vero carattere. Io sono tutto per lui."

Poi guarda a lungo Berthier. Non si può rivelare sempre tutto, nemmeno a chi ci è fedele. E tuttavia bisogna suggerire, perché quest'uomo comprenda, contribuisca alla realizzazione del progetto.

"Il partito favorevole ai Borboni sta risollevando la testa" riprende Napoleone. "Non voglio contribuire al suo trionfo. Un giorno indebolirò certamente il partito repubblicano, ma non voglio che ciò vada a profitto della vecchia dinastia, non voglio saperne assolutamente di svolgere il ruolo di Monk che ristabilì la monarchia in Inghilterra dopo Cromwell, non lo voglio, né voglio che altri lo facciano..."

È il mio "sistema": io gioco per me stesso.

Il 9 settembre Napoleone apre la lettera che Lavalette gli ha spedito con un corriere speciale. Le idee si affollano nella sua mente.

Il 4 settembre, 18 fruttidoro, alle tre della mattina, Parigi è stata occupata militarmente dalle truppe di Augereau. I realisti sono stati arrestati. Barras trionfa. Carnot è in fuga. Barthélemy, l'altro membro del Direttorio, fedele al club di Clichy, è stato arrestato. Il Consiglio dei Cinquecento e il Consiglio degli Anziani sono stati epurati. Enormi manifesti affissi su tutti i muri riproducono le carte di D'Antraigues. — Opera mia — dice Napoleone ripiegando la lettera.

È lui che ha mandato Augereau a Parigi e ha scoperto il tradimento di Pichegru. Pichegru viene arrestato.

Alcuni giorni dopo un'altra lettera annuncia a Napoleone la morte del generale Hoche, da lungo tempo malato di tubercolosi, e l'allontanamento del generale Moreau, sospettato di complicità con i realisti.

"Ormai ci sono soltanto io."

Bisogna rassicurare i capi del Direttorio che hanno rafforzato il loro potere, e che adesso potrebbero temere quel generale glorioso il cui nome viene acclamato a Parigi, e che gode del favore di una parte della stampa.

Allora, il 10 ottobre, Napoleone si siede al suo tavolo e scrive al Direttorio: "Vo-

glio rientrare nella massa, prendere il vomere di Cincinnato e dare l'esempio del rispetto per i magistrati e dell'avversione per un regime militare che ha distrutto tante repubbliche e rovinato tanti Stati".

"Siete tranquilli adesso, signori del Direttorio?"

28

Napoleone si trova nel salotto del castello di Passariano ove abitualmente riceve il conte di Cobenzl.

Il plenipotenziario di Vienna arriverà da Campoformio tra pochi minuti e Napoleone è deciso a concludere il negoziato di pace. Ora che il pericolo di un colpo di Stato realista a Parigi è scongiurato, è necessario che, agli occhi di tutti i francesi, Napoleone sia l'uomo della pace.

— Io non ho ambizioni — esordisce Napoleone guardando Berthier, che ha appena terminato di leggergli i giornali di Parigi.

Cantano tutti le lodi del generale Bonaparte.

— O meglio — continua — l'ambizione mi è talmente naturale, è così innata in me, così legata alla mia esistenza, come il sangue che mi scorre nelle vene; come l'aria che respiro; non modifica mai il ritmo delle mie azioni, non devo mai combattere né per lei né contro di lei; non mi mette mai fretta; non fa altro che adattarsi alle circostanze e all'insieme delle mie idee.

Che cos'è l'ambizione? Preferirebbe definirla energia, desiderio di avanzare. Per andare dove? Sa che, se la pace sarà conclusa, dovrà lasciare l'Italia. Non può rimanere in questo paese che ha conquistato ma che non è il suo, e dove dipenderebbe dalle decisioni di Parigi. Dovrebbe ritornare a Parigi, ma quale incarico potrebbe svolgervi? Essere uno dei membri del Direttorio? "Il frutto non è maturo" ha pensato spesso. Allora, meglio andare ancora più lontano.

Si è recato spesso sulle rive dell'Adriatico.

Ha potuto osservare, a est e a sud, le sue coste frastagliate che ricordano quelle della Corsica e sembrano già annunciare la Grecia e l'Oriente. Sogna, immagina. Basterebbero poche ore per raggiungere le isole Ionie, sul punto di divenire francesi. Poi ha un altro scatto di fantasia; ci vorrebbero pochi giorni di navigazione per raggiungere Malta, la piccola roccaforte nel cuore del Mediterraneo. E così, di isola in isola, giungere fino al continente degli antichi conquistatori, entrare in città mitiche, Alessandria, Gerusalemme. Ma per questo bisognerebbe avere il controllo del mare, ridurre il potere dell'Inghilterra.

— Distruggere l'Inghilterra vuol dire mettere l'Europa ai nostri piedi — dice al diplomatico Poulssiègue affidandogli l'incarico di una missione di spionaggio a Malta. E quando il diplomatico si mostra stupito davanti a questi discorsi, Napoleone manifesta una certa insofferenza. Perché dovrebbe sempre stare a spiegare un'intuizione, un sogno?

— Non è lontano il tempo — mormora — in cui capiremo che, per distruggere veramente l'Inghilterra, dovremo impadronirci dell'Egitto.

Naturalmente, il diplomatico non ha letto i *Viaggi in Siria e in Egitto* di Volney, il vecchio amico conosciuto un giorno in Corsica.

Napoleone è immobile, gli occhi fissi sull'orizzonte.

"Più lontano."

Comunque, prima di tutto bisogna concludere la pace con l'Austria.

Il conte di Cobenzl si siede con eleganza, accavalla le gambe, comincia a esporre i suoi argomenti.

Napoleone cammina con impazienza nel salotto. Non può stare ad ascoltare. Per chi lo prende, quell'aristocratico? Per un piccolo diplomatico, un titolato qualunque, che si può far girare in tondo come un asino? Sono giorni e giorni che i negoziati segnano il passo.

Napoleone sente montare la collera, ma non si preoccupa di contenerla. Che il boato esploda, che la lava erompa! A volte bisogna ruggire.

— Il vostro Impero — esclama improvvisamente — è una vecchia sgualdrina abituata a farsi violentare da tutti... Dimenticate che la Francia ha vinto e che voi siete stati sconfitti... Dimenticate che qui voi negoziate con me, circondato dai miei granatieri.

Gesticola. Rovescia il tavolino. Il servizio da caffè rovina a terra andando in pezzi. Napoleone si ferma, vede lo stupore e la paura misti a ironia che alterano il viso del conte di Cobenzl.

Senza dubbio l'aristocratico lo ritiene un "insensato", come ha confidato a persone vicine.

Insensato? Chi vince non lo è mai.

Una settimana dopo, il 17 ottobre, Cobenzl firma a Campoformio, in nome dell'Austria, il trattato di pace con la Francia, confermando i Preliminari di Leoben. L'Austria cede alla Francia il Belgio. Lascia la Lombardia alla Repubblica Cisalpina. La Francia si annette le isole Ionie: Corfù, Zante, Cefalonia, ma in cambio l'Austria riceve Venezia e la terraferma fino all'Adige.

— Sapete — racconta Lavalette sei giorni dopo aver lasciato la capitale — che a Parigi vi chiamano il "grande Pacificatore"? Si acclama il vostro nome. Il ritorno di vostra moglie è stato salutato come quello di una regina. Aleggia su di voi la gloria del generale vittorioso e quella del saggio.

Napoleone ascolta. Ha da poco ricevuto le congratulazioni del Direttorio per la conclusione del trattato di Campoformio. Il nuovo ministro degli Esteri, Talleyrand, l'ex vescovo di Autun, che Napoleone non ha mai incontrato, gli scrive:

Ecco dunque un trattato di pace alla Bonaparte... Il Direttorio è soddisfatto, l'opinione pubblica affascinata. Tutto va per il meglio. Ci sarà forse qualche piagnisteo da parte degli italiani; ma fa lo stesso. Addio, generale Pacificatore! Addio, amicizia, ammirazione, rispetto, riconoscenza: non so nemmeno dove chiudere l'elenco.

"Piagnisteo degli italiani": ecco un ministro che si preoccupa ben poco del Veneto consegnato agli austriaci, ecco un uomo che sembra capire cosa sono la politica e la diplomazia.

— A Parigi sarà un trionfo — assicura Lavalette. — Si accalcheranno lungo la strada dove passerete.

— Bah! — esclama Napoleone. — Il popolo accorrerebbe in massa al mio passaggio anche se andassi al patibolo.

Quando gli viene comunicata la sua nomina a comandante in capo dell'Armata d'Inghilterra, destinata a preparare l'invasione, e quando, l'indomani, un altro dispaccio arrivato da Parigi lo incarica di rappresentare la Repubblica al Congresso di Rastadt, dove si deve organizzare l'applicazione del trattato di Campoformio, non manifesta alcuno stupore.

Sa che alcuni deputati e, tra i membri del Direttorio, Reubell non hanno apprez-

zato le clausole del trattato. Non tutti hanno dimostrato il realismo di Talleyrand. Ma come si sarebbe potuto respingere quella pace attesa e salutata con tanto entusiasmo?

— Mi invidiano, lo so — dice Napoleone. — Anche se mi incensano. Ma non mi condizioneranno. Si sono affrettati a nominarmi generale dell'Armata d'Inghilterra per allontanarmi dall'Italia, dove sono più un sovrano che un generale. Vedranno cosa succederà quando io non sarò più lì.

Tuttavia parte senza rimpianti.

Riunisce gli ufficiali a palazzo Serbelloni. Passa davanti a loro lentamente. Ogni volto gli ricorda un momento dei due anni trascorsi combattendo. Dalla primavera del 1796, quando ha assunto il comando di una banda di "briganti", a questi granatieri fedeli fino alla morte, a questi capitani e generali dalle uniformi sgargianti che lo circondano ammirati nei salotti fastosamente arredati: nella sua vita c'è stata una rivoluzione.

Ieri era soltanto il generale Vendemmiaio, ed ecco che oggi è acclamato, festeggiato, osannato come il "generale Pacificatore".

Si allontana dagli ufficiali che gli sono intorno. Si ricorda di Muiron, che mise il suo corpo come scudo tra lui e la morte. Muiron, morto come migliaia di altri, giovani vite piene come la sua di energia, di desiderio, di ambizione. Sente di portare su di sé tutta quella eredità di forza e di sangue. Sente di vivere per tutti quei morti e grazie a loro. Unito a loro per sempre, ossessionato dal loro ricordo.

— Trovandomi lontano dall'armata — dichiara — mi potrebbe consolare solo la speranza di ritrovarmi presto con voi, per lottare contro nuovi pericoli. Qualunque destinazione il governo assegni ai soldati dell'Armata d'Italia, essi saranno sempre il valoroso sostegno della libertà e della gloria del nome francese.

"Io sono divenuto quel nome."

Nella notte tra il 17 e il 18 novembre 1797 Napoleone arriva a Torino.

L'ambasciatore di Francia Miot de Mélito lo ospita per qualche giorno nella sua residenza.

Napoleone non riesce a dormire. Va e viene nell'ampio salotto, guarda appena Miot, deferente e silenzioso. Napoleone parla innanzi tutto a se stesso in questa circostanza, una sorta di parentesi tra una parte della sua storia che si conclude e un'altra che comincia e che già vuole sondare.

— Quegli avvocati di Parigi che stanno al Direttorio non capiscono nulla dell'arte del governo, sono menti limitate. Voglio vedere che cosa intendono fare a Rastadt. Dubito fortemente che possiamo intenderci e andare d'accordo a lungo.

S'interrompe. Sembra quasi scoprire la presenza di Miot, poi, senza lasciarlo con gli occhi, aggiunge:

— Quanto a me, mio caro Miot, ve lo dichiaro, io non posso più obbedire; ho assaporato il comando e non saprei rinunciarvi. La mia decisione è presa, se non posso essere io il padrone, lascerò la Francia; non vorrei aver compiuto tante imprese per lasciarle nelle mani di qualche avvocato...

Alle nove della mattina la carrozza lascia Torino.

Napoleone passa per Chambéry, Ginevra, Berna, Soletta, Basilea.

Guarda le folle che lo acclamano, e intravede riflesso sui finestrini il suo viso magro, pallido, stanco. Tuttavia, quando la carrozza si ferma balza a terra, vivace ed energico. Tutti gli si fanno intorno, lo interrogano sulle sue opinioni. Lui però taglia corto, cena in pochi minuti, frugalmente, riparte all'alba, attraversa il Brisgau e ar-

riva alle porte di Rastadt il 25 novembre, di sera. Fa fermare la carrozza per cambiare la scorta. Bisogna far colpo sul popolo. Entra in città su una carrozza scortata da trenta giganteschi ussari di Veczay, trainata da otto cavalli bardati da parata.

Con il suo seguito occupa un'intera ala del castello. Ma subito si ritrova invischiato nei negoziati tra i diplomatici. Non è il padrone, bensì il subalterno del membro del Direttorio Reubell, il responsabile dei rapporti diplomatici. Attorno a sé non ha più i fedeli granatieri, né la corte del castello di Mombello. È irritato. Non si può accettare di essere sminuiti quando si è stati grandi.

Nella sala dei negoziati incontra Axel Fersen, il delegato della Svizzera, che è stato amante di Maria Antonietta. Lo squadra dalla testa ai piedi.

— La Repubblica francese non tollera — gli dice in tono imperioso — che uomini a essa fin troppo noti per i loro legami con la vecchia corte di Francia vengano a sfidare i ministri del primo fra i popoli della terra.

Poi gli volta le spalle. Non sopporta il "cicaleccio diplomatico".

Il 30 novembre, dopo aver messo alle strette i diplomatici, cambia le ratifiche del trattato. Il 2 dicembre convoca il suo aiutante di campo Murat e gli ordina di raggiungere Parigi per preparare il suo arrivo. Il 3 dicembre 1797 parte a sua volta. Si ferma a Nancy il 4, solo per poche ore.

I massoni della loggia San Giovanni di Gerusalemme lo accolgono festosamente, ma lui risponde con poche parole. È distratto. Sembra che sogni. Ha indossato abiti borghesi e arriva a Parigi con una vettura postale il 5 dicembre 1797, alle cinque di sera, accompagnato da Berthier e Championnet.

Giuseppina deve essere in viaggio lungo le strade italiane, poiché lui le ha ordinato di raggiungere Parigi. Non vuole pensare a lei. Immaginarla è sofferenza, gelosia.

Parigi è deserta. Né frastuono né cortei. Entra in casa sua, in rue Chantereine. Ma la via si chiama ormai "rue de la Victoire".

Il silenzio e la discrezione, quando ci si aspetterebbe ovazioni di saluto alla sua gloria, sono un altro mezzo per stupire.

Come governare gli uomini senza stupirli?

Parte settima

Qui tutto si logora...
Devo andare in Oriente

5 dicembre 1797 - 19 maggio 1798

29

È appena arrivato e già affida a uno dei suoi aiutanti di campo un messaggio per il ministro degli Esteri del Direttorio, Charles-Maurice de Talleyrand-Périgord. Non dubita che Talleyrand lo riceverà.

— Devo incontrare quell'uomo domani stesso — dice Napoleone.

Si può indovinare il carattere di un uomo anche se non lo si è mai visto, e Talleyrand, da quando è stato nominato ministro nel mese di luglio 1797, ha lasciato capire di essere un alleato pronto a servire pur di servire se stesso.

Non è nient'altro che questo, un'alleanza tra uomini di potere.

Napoleone si ricorda della prima lettera inviata da Talleyrand. "Giustamente spaventato dalla natura rischiosa delle mie funzioni, sento il bisogno di essere rassicurato dalla certezza di quanto la vostra gloria apporterà in mezzi e vantaggi ai negoziati" aveva scritto Talleyrand il 24 luglio 1797.

L'ex vescovo di Autun spaventato? L'uomo che nel 1790 ha celebrato la messa alla festa della Federazione, ha trascorso alcuni anni in esilio in America e in Inghilterra, giusto il tempo di vedere arrestarsi la lama della ghigliottina, e al suo ritorno in Francia, grazie all'appoggio di Barras e agli intrighi delle donne da lui tanto amate, prima fra tutte Madame de Staël, la figlia di Necker, ha ottenuto dal Direttorio il ministero degli Esteri, quell'uomo dubiterebbe dunque delle proprie capacità? Suvvia, nulla può spaventare un uomo come quello. La sua lettera significa soltanto: stringiamoci la mano, abbiamo interessi comuni. In seguito altri segnali l'hanno confermato.

Il 6 dicembre, alle undici di mattina, quando entra nei salotti di palazzo Galliffet in rue Bac, Napoleone non dimentica tutto ciò. Talleyrand gli ha fatto capire che mal sopporta l'autorità del Direttorio, e soprattutto quella di Reubell, incaricato della politica estera. Questo è già sufficiente alla nascita di una buona intesa.

Eccolo, dunque.

Viene verso Napoleone. È un uomo di alta statura, dal colorito pallido, i capelli incipriati come ai tempi dell'Ancien Régime, il naso all'insù. Sembra impacciato, sorride ironicamente. Zoppica. È difficile indovinarne l'età.

Nel salotto uomini e donne convenuti per conoscere Napoleone si sono alzati in piedi. Talleyrand fa le presentazioni con aria quasi annoiata: Madame de Staël. Un'eccentrica che Napoleone degna appena di un sorriso. Non si fida di quella donna che lo divora con gli occhi, che gli ha scritto lettere infiammate. Cos'è una donna che non si accontenta della seduzione che nasce dalla sua stessa natura femminile, che parla forbito e mostra tanta impudenza? Una donna che cerca di mascherare la

183

propria spregevolezza. Napoleone le volge le spalle, saluta il navigatore Bougainville, poi segue Talleyrand nel suo studio.

Napoleone osserva il ministro. È come se lo immaginava, il collo avvolto da una cravatta, il busto chiuso in un'ampia redingote, la voce forte e profonda, il portamento rigido, da gran signore che sembra guardare le cose dall'alto, lo sguardo fisso, disilluso. Un uomo che non si accontenta di chiacchiere. Un giocatore abile. Eppure manifesta ostentatamente la propria ammirazione per Napoleone; lui, più vecchio, riconosce che il giovane eroe ha in mano carte migliori. Nel suo atteggiamento, tuttavia, c'è un distacco sufficiente perché Napoleone non avverta né ossequiosità né il riconoscimento di uno stato di inferiorità. "Siete di mano" sembra dire Talleyrand "vi favorirò nel gioco, ma non rinuncio a nulla."

"Ci vogliono compagni di questo genere nella partita che giocherò."

— Siete nipote dell'arcivescovo di Reims che è presso Luigi XVIII — esordisce Napoleone.

Ripete ad arte "Luigi XVIII", come un realista. E prosegue:

— Ho anch'io uno zio arcidiacono in Corsica. È lui che mi ha educato. Voi sapete che essere arcidiacono in Corsica è come essere vescovo in Francia.

Un modo per suggerire che, al di là degli interessi immediati, hanno entrambi una comunanza di origini, a garanzia della loro intesa.

Il primo incontro ha termine. Il salotto si è riempito. Un brusio deferente accoglie Napoleone.

— Cittadini — dichiara — sono sensibile alle premure che mi dimostrate. Ho fatto come meglio potevo la guerra, e come meglio potevo la pace. Spetta ora al Direttorio saperne trarre profitto, per il benessere e la prosperità della Repubblica.

Deve essere prudente. Certi giornali già lasciano intendere che lui aspirerebbe alla dittatura. Che viene a fare a Parigi? si domandano. Perciò deve disorientare quegli avversari, non mostrarsi avido di gloria, piacere alla maggioranza della gente e comportarsi da modesto cittadino, preoccupato non dei propri interessi ma di quelli della Repubblica.

Cena da Reubell, quello, tra i membri del Direttorio, più ostile alle clausole del trattato di Campoformio, il superiore e l'avversario di Talleyrand. Deve fingere riservatezza e disinteresse.

Agli occhi dell'opinione pubblica, in ogni modo, il Direttorio è composto da uomini corrotti, rivali tra loro. È importante perciò non compromettersi con nessuna delle fazioni e dimostrare di non essersi arricchiti con la guerra.

Se riceverà ospiti in rue de la Victoire, saranno anzitutto uomini di scienza e di lettere, uomini di cultura, membri dell'Istituto, militari. Non dovrà confondersi con i politici. Berthollet, Monge, Laplace, Prony, Bernardin de Saint-Pierre, Desaix o Berthier: questi cittadini sono al di sopra di ogni sospetto. Parlerà di metafisica e poesia a Marie-Joseph Chénier, darà una dimostrazione di matematica a Laplace, suo vecchio esaminatore alla scuola militare.

Scommessa riuscita, quando sente Laplace esclamare: — Tutto ci aspettavamo di ricevere da voi, tranne una lezione di matematica!

Un'idea si fa strada: candidarsi all'Istituto per il posto lasciato vacante da Carnot. Subito i giornali ne parlano. Napoleone li legge ogni mattina. I giornalisti sono stupiti: il generale non sembra preoccuparsi che di questa candidatura onorevole, disinteressata.

Il 25 dicembre Napoleone è eletto da trentacinque votanti nella prima classe dell'Istituto, Scienze fisiche e Matematica, sezione delle Arti meccaniche.

L'indomani prende posto tra Monge e Berthollet per assistere, alle quattro e mezza del pomeriggio, alla prima seduta dell'Istituto. Quella sera Madame Tallien, a una cena, si congratula con lui.

Sono passati meno di tre anni ed è vicino alla vetta. Ma è troppo presto per far vedere che lo sa.

Deve ancora fingere di non essere nulla e di non occuparsi di nulla.

Ha imparato a non lasciarsi inebriare dall'adulazione. In occasione della cerimonia ufficiale che il Direttorio ha organizzato in suo onore al palazzo del Luxembourg, evita di girarsi verso quelli che lo acclamano al grido di — Viva Bonaparte! Viva il generale della Grande Armata! — Le strade attorno al palazzo sono piene di una folla entusiasta.

"Sono là per me. Gridano il mio nome."

Conscio di questo successo, vede diversamente i cinque membri del Direttorio con i loro ampi mantelli rossi poggiati sulle spalle, le grandi gorgiere bianche, le trine, gli abiti ricamati in oro, il copricapo nero sollevato da una parte e adorno di un pennacchio tricolore.

"Non sono i loro nomi quelli che la folla ripete. Non è per loro che il cannone tuona, non è per loro che è stato innalzato un altare della patria circondato dalle statue della libertà, dell'uguaglianza e della fraternità, né è per loro che i cori intonano *Le chant du retour*, scritto da Chénier con musica di Mehul: è per me."

Eppure loro, i cinque direttori, hanno il potere di organizzare tutto ciò. Il potere è una rete di complicità, di garanzie e controgaranzie, una tela di ragno che lega tra loro centinaia di uomini.

E loro ancora gestiscono tutto questo.

Talleyrand pronuncia il discorso rivolgendosi verso Napoleone:

— Penso a tutto ciò che ha compiuto per farsi perdonare questa gloria, a quell'atavica semplicità che lo contraddistingue, al suo amore per le scienze astratte... Nessuno ignora il suo profondo disprezzo per l'esibizionismo, per il lusso, per lo sfarzo, per le mediocri ambizioni degli spiriti comuni. Lungi dal temere la sua ambizione, credo che forse saremo noi, un giorno, a doverlo incitare per strapparlo alle dolcezze del suo ritiro di studioso...

Napoleone, impassibile, le labbra serrate, lo sguardo fermo, ascolta. Senza bisogno di accordi, Talleyrand lo sta favorendo.

"La mia modestia deve rifulgere."

Napoleone è deciso a pronunciare solo poche parole, come si conviene a chi ha scelto di stare in disparte.

— Il popolo francese, per essere libero — esordisce — doveva combattere contro i re. Per ottenere una Costituzione fondata sulla ragione, c'erano diciotto secoli di pregiudizi da vincere... Quando il benessere del popolo francese poggerà su leggi più organiche, l'Europa intera sarà libera.

Lo acclamano. La folla avrà capito che il paese non dispone ancora di leggi siffatte? E che lui, Napoleone, ne è consapevole? Era necessario dirlo, a costo di essere imprudenti, perché lui deve incarnare la volontà di cambiamento.

È da quando è arrivato a Parigi che gli pongono domande. Cosa vuol fare? Contano su di lui perché infine il paese si plachi, e perché non si succedano più colpi di Stato. Doveva dunque lasciar capire che proprio quello è il suo intendimento.

Il giorno seguente la cerimonia rimane in casa, in rue de la Victoire. Riceve la visita di Bourrienne, che era presente al palazzo del Luxembourg.

— Cerimonia di una freddezza glaciale — dice. — Tutti avevano l'aria di studiarsi l'un l'altro, e ho notato più curiosità che gioia o testimonianza di vera riconoscenza.

Hanno paura, spiega Napoleone, mi odiano.

Mostra una lettera ricevuta la mattina stessa, in cui si dà per certa l'esistenza di una cospirazione per avvelenarlo.

— Coloro che mi acclamavano mi avrebbero volentieri soffocato sotto le corone trionfali.

Prudenza, dunque. Sarà bene occultare la propria gloria e l'orgoglio, e vigilare sulla propria vita.

Chiede a un fedele servitore, un ex soldato, di accompagnarlo. È lui che lo serve a tavola e gli versa il vino.

Sieyès e François de Neufchateau, tra i quali Napoleone è seduto al banchetto offerto in suo onore dalle due Assemblee, il Consiglio degli Anziani e quello dei Cinquecento, si stupiscono di quelle precauzioni. Sono già rimasti sorpresi vedendolo arrivare in una "carrozza molto modesta", in abiti civili ma con stivali e speroni, come per poter balzare a cavallo in caso di necessità.

Risponde con un mezzo sorriso. Fingono forse d'ignorare che chi dà fastidio viene ucciso? Lui lo sa. E lui dà fastidio. I giacobini lo sospettano di voler instaurare una dittatura. I membri del Direttorio temono per il loro potere.

Perciò, anche durante quel banchetto con ottocento coperti, quattro portate, ottocento valletti, trentadue maggiordomi, e poi vino del Capo e Tokaj, carpe del Reno e primizie di ogni specie, il suo servitore personale cambierà il suo coperto, i suoi piatti, i suoi bicchieri, e gli presenterà delle uova à la coque.

Da Talleyrand, la cosa è diversa.

Alle dieci e mezza di sera del 3 gennaio 1798 Napoleone entra nelle sale del palazzo Galliffet, dove Talleyrand e quasi cinquecento invitati lo attendono.

Gli artigiani hanno lavorato per settimane alle decorazioni del palazzo. Cantanti, danzatori, musicisti, rappresentano i loro spettacoli su palchi posti al centro delle sale. Sono state disposte dappertutto piante ornamentali, e sui muri fanno bella mostra copie dei capolavori di cui Bonaparte si era impadronito in Italia. Nei cortili gruppi di soldati hanno montato le loro tende. Scale e salotti sono profumati di ambra. Le donne, vestite secondo lo stile romano o greco, avvolte di mussola, seta e crespo, sono state scelte dallo stesso Talleyrand per la loro eleganza e la loro bellezza.

Napoleone osserva Giuseppina, noncurante, sorridente, un diadema con un cammeo tra i capelli. È una delle più belle. Ed è sua.

Ha quel che aveva sognato. I trionfi, le donne e tanti uomini potenti che lo circondano. Ma non ne è toccato. Ha scelto di non indossare l'uniforme, bensì una redingote in tinta unita, nera, abbottonata fino al collo.

Prende sottobraccio lo scrittore Arnault. Entrano in una sala da ballo dove si volteggia al suono di una nuova aria, una "controdanza" che chiamano *la Bonaparte*.

È al centro della festa, e tuttavia è irritato. Si china verso Arnault. Che vengano allontanati gli importuni, dice. Non può parlare liberamente. Quel ballo dato da Talleyrand è in suo onore, ma lui non ne è il sovrano. Scorge tra gli invitati tre componenti del Direttorio. Ecco il vertice del potere. Questo pensiero lo ferisce. La festa suona falsa, c'è qualcosa che stride. Troppa curiosità intorno a lui, e poco vero rispetto. Ma questo lo si ottiene soltanto quando si possiede tutto il potere.

Arnault, che è stato separato da Napoleone dalla folla, ritorna in compagnia di una donna che Napoleone riconosce subito.

— Madame de Staël — dice Arnault — sostiene di aver bisogno, presso di voi, di un'ulteriore raccomandazione oltre a quella del suo nome, e vuole che ve la presenti. Permettetemi, generale, di obbedirle.

Si forma una piccola cerchia. Napoleone osserva quella donna corpulenta che parla con enfasi, si congratula con lui e gli rivolge delle domande. Il disprezzo e la collera lo invadono. Non è uomo da lasciarsi condizionare da una donna per la quale non prova alcun desiderio. Una donna non solo spregevole ma anche presuntuosa. Dicono che sia una scrittrice, che abbia l'ambizione di coltivare delle idee politiche. Lei!

— Generale, qual è la donna che amate di più? — gli domanda Madame de Staël.

— La mia.

— È troppo semplice, ma qual è quella che stimate di più?

Forse vorrebbe che lui rispondesse: una donna capace di pensare, che si preoccupa del governo della città, che scrive. Chi crede di avere di fronte a lei? Un chiacchierone da salotto letterario?

— Quella che sa occuparsi meglio della casa — risponde Napoleone.

— E questo è ancora comprensibile. Ma insomma, quale sarebbe per voi la prima fra le donne?

— Quella che fa più figli, madame.

Gira i tacchi e si reca nella sala del banchetto in mezzo a una siepe di mirti, allori e ulivi. Suonano *Le chant du départ*. Solo le donne restano sedute. Talleyrand rimane dietro la sedia di Giuseppina. Napoleone ha preso sottobraccio l'ambasciatore di Turchia, Esseid Ali.

Il cantante Lays intona in onore di Giuseppina una canzone, di cui verrà chiesto il bis:

Del guerriero, del vittorioso eroe,
amica cara,
voi che possedete il suo cuore,
voi sola e la patria,
d'un grande popolo al suo difensore
pagate il debito immenso
prodigandovi perché sia felice.
La Francia ne sarà sollevata.

Napoleone osserva Talleyrand, chino sulla spalla di Giuseppina.

Quell'uomo è un maestro di abilità. Un alleato prezioso.

Talleyrand però non ha il potere. È solo un protetto di Barras, e un subordinato di Reubell, che lo ricopre di sarcasmi e lo disprezza.

Sono quelli gli uomini che bisogna raggirare, costi quel che costi, senza per questo doversi confondere con loro. Napoleone li raggiunge al palazzo del Luxembourg. Lavora al progetto di invasione dell'Inghilterra. Non è forse il generale in capo dell'armata incaricata di quella missione?

È in piedi, davanti al Direttorio. Espone la difficoltà dell'impresa. Ha ordinato l'allestimento della flotta di Brest. Ha incontrato Wolf-Tone, il patriota irlandese. Si potrebbe progettare uno sbarco in Irlanda, e suscitare in tal modo la rivolta contro l'invasore inglese.

Sente che a poco a poco sta disarmando le critiche. Il lavoro paga.

All'inizio del mese di gennaio viene convocato d'urgenza. A Roma si sono verificati avvenimenti di una certa gravità. I romani, fomentati dal clero, hanno attaccato le truppe francesi. Il generale Duphot è stato assassinato. L'ambasciatore Giuseppe Bonaparte ha dovuto lasciare la città.

Napoleone passa le consegne, scrive al generale Berthier che l'ha sostituito al comando dell'Armata d'Italia.

Tuttavia, anche in queste circostanze drammatiche, spesso le attenzioni che gli rivolgono celano altre mire politiche. Allora si difende. Allontana i generali che reputa suoi rivali, Bernadotte e il suo subordinato di un tempo, Augereau, il quale ha scritto che Bonaparte era "un confusionario ambizioso e un assassino". Sono state fatte circolare alcune copie di questa lettera fra i deputati. E Napoleone ne è venuto a conoscenza.

Si è infuriato. Ha stracciato la copia della lettera. Deve sempre stare in guardia.

Il 18 gennaio Talleyrand chiede di vedere Napoleone.

Napoleone si reca al palazzo Galliffet. Talleyrand lo accoglie con manifestazioni di ammirazione più insistenti del solito. Conversa un po' e finalmente rivela il motivo dell'incontro.

Il 21 gennaio verrà festeggiato nell'antica chiesa di Saint-Sulpice il quinto anniversario dell'esecuzione di re Luigi XVI. E il Direttorio auspica che Bonaparte assista alla cerimonia.

Talleyrand sorride e tace. Napoleone lo guarda fisso negli occhi.

— Non ho un incarico pubblico — dice. — La mia presenza non si spiegherebbe.

La trappola è evidente. Da molte settimane si sforza di rimanere al di sopra delle parti, ora vogliono costringerlo a schierarsi.

Tre giorni prima in uno dei più rinomati caffè di Parigi, il Garchy, vicino al Palais-Royal, era scoppiata una rissa tra ex esiliati realisti e giacobini, finita con un morto e alcuni feriti. In quell'occasione Napoleone aveva protestato violentemente, indignandosi, parlando di vandalismo, di rapina, di massacro perpetrato in nome delle idee giacobine. Ha perfino accusato la polizia di aver organizzato quel "crimine efferato", quella "spedizione di assassini". Lui è per l'ordine e per la fine di qualsiasi violenza. Devono essere cancellate una volta per tutte le vecchie rivalità tra giacobini ed esiliati. Ci vuole un governo retto dai migliori.

È ciò che ha organizzato nelle Repubbliche italiane.

Questo affascina di lui: è l'uomo che vuole ristabilire la pace nel paese. E i membri del Direttorio credono di poterlo invischiare in quella celebrazione della morte di Luigi XVI!

Talleyrand insiste.

È una festa di antropofagi, commenta bruscamente Napoleone. Un'orrenda pagliacciata.

Si calma tanto in fretta quanto prima si era adirato:

— Non intendo discutere se la condanna di Luigi XVI sia stata giusta o sbagliata. Si è trattato di un infausto incidente.

Continua dicendo che non concepisce le feste nazionali se non come celebrazioni di vittorie. Solo le vittime cadute sul campo di battaglia meritano compianto.

Restano entrambi in silenzio, poi, lentamente, Talleyrand spiega che è la Legge a reggere il paese. Essa prevede questa celebrazione. L'influenza del generale Bonaparte sull'opinione pubblica è tale che lui ha il dovere di presenziare a quella cerimonia. I membri del Direttorio che lo hanno invitato si meraviglierebbero della sua assenza, penserebbero che ha deciso di contestare la Repubblica.

— È il momento? — domanda Talleyrand. S'interrompe, poi aggiunge che Napoleone potrebbe presentarsi alla cerimonia a Saint-Sulpice in abiti civili, tra i suoi colleghi dell'Istituto.

— Le apparenze sarebbero salve — mormora Talleyrand.

Napoleone non risponde, ma il 21 gennaio 1798 si unisce al corteo. Ascolta il discorso di Barras, che presta giuramento di "odio alla monarchia e all'anarchia". Poi i cori intonano il *Serment républicain*, musica di Gossec e testo di Chénier:

Qualunque usurpatore voglia asservir la Francia
ch'egli provi all'istante la pubblica vendetta
ch'egli cada sotto il ferro, e le sue membra sanguinanti
nella pianura ai voraci avvoltoi siano abbandonate.

Infine, viene letta un'ode di Lebrun-Pindaro:

Se c'è qualcuno in cerca di un padrone,
da un re a un altro nell'universo
vada il giogo a mendicare
questo francese indegno d'esser tale.

Alla fine della cerimonia la folla, che sembra ignorare il Direttorio, rimane in attesa. Napoleone esita ad affrontarla. Vorrebbe allontanarsi, ma l'hanno visto, cominciano a gridare: — Viva Bonaparte! Viva il generale dell'Armata d'Italia!

Riesce a fatica a lasciare la piazza.

Quegli uomini, qualunque cosa cantino, vogliono un capo.

Forse è il momento di agire.

Gira attorno al suo palazzo in rue de la Victoire. Non parla nemmeno a Giuseppina, che lo osserva, cerca di avvicinarsi.

Deve incontrare Barras, che in questo momento presiede il Direttorio. Barras è un sostenitore dell'ordine. Dovrebbe capire che è necessario riformare le istituzioni. Farla finita con quel governo a cinque del Direttorio, per sua natura impotente. Napoleone avanza delle congetture. In Italia ha dato una Costituzione alle Repubbliche da lui create. Se diventasse membro del Direttorio potrebbe, insieme a Barras, cacciare gli altri tre, e istituire così un potere esecutivo efficace.

Barras lo riceve al palazzo del Luxembourg, con il fasto di cui si compiace. È un uomo grasso. Parla lentamente, come se pronunciare qualche parola fosse una fatica insostenibile.

Quell'uomo immerso nei piaceri, ghiotto di cibo e di potere, gaudente, amante, si dice, di tutti i vizi, può ancora nutrire delle aspirazioni?

Napoleone esita a parlare, poi d'improvviso inizia:

— Il regime del Direttorio non può durare. È stato ferito a morte dopo il colpo di Stato del 18 fruttidoro. La maggioranza della nazione, giacobini e realisti, lo rifiuta.

S'interrompe, poi, senza distogliere gli occhi da Barras, dice, scandendo ogni parola:

— Bisogna fare in modo che sia eleggibile in via eccezionale il vincitore dell'Italia, il pacificatore. Dopo, una volta al potere, noi due potremo cacciare via gli altri del Direttorio. E fondare in questo modo un potere basato sull'ordine e sulla tolleranza. Il momento è propizio.

Napoleone si avvicina. Barras è seduto. È rimasto immobile.

— L'opinione pubblica è favorevole — riprende a dire Napoleone — ma il favore popolare è come la tempesta, passa in fretta.

Barras si risolleva di colpo. Suda. Rotea gli occhi, parla con voce tonante.

Tutto questo è impossibile. Se il Consiglio eleggesse Bonaparte membro del Direttorio violerebbe la Costituzione. Il Direttorio respingerebbe una simile decisione.

Alza ancora di più il tono:

— Tu vuoi sovvertire la Costituzione, ma non ci riuscirai, e non distruggerai che te stesso. Forse Sieyès ti ha istigato con perfidi consigli, finirete male tutti e due.

Ancora una volta Napoleone è solo, a una svolta del suo destino.

Non ci si può fidare che di se stessi.

Contava su Barras. Ma questi preferisce far marcire il paese piuttosto che correre un rischio. Che fare? Su chi può contare? "Il frutto non è maturo." Se agisce, rischia di favorire i giacobini, che lo guardano con sospetto e si sbarazzerebbero volentieri di lui, oppure può favorire la controrivoluzione, che non vuole veder trionfare. D'altronde, il paese respingerebbe entrambe le eventualità. E non è ancora il momento di proporre una terza via, quella che lui vorrebbe prendere con Barras. Da solo non ce la può fare, non ancora.

Nei giorni che seguono rimane a casa, cupo. Come altre volte, vagheggia una partenza.

Il 29 gennaio un fattorino gli consegna una relazione che Talleyrand ha presentato due giorni prima al Direttorio. Si tratta di un lungo testo, nel quale il ministro degli Esteri preconizza l'occupazione dell'Egitto. "L'Egitto, che la natura ha posto così vicino a noi" scrive fra l'altro Talleyrand "presenta immensi vantaggi dal punto di vista dei commerci, sia dall'India che da altri luoghi... L'Egitto non è niente per la Turchia che non ha l'ombra di un'autorità."

Napoleone rilegge quel testo varie volte nel corso della giornata. Ha pensato talmente spesso all'Egitto molti anni prima, in Corsica, quando ascoltava da Volney il racconto dei suoi viaggi lungo il Nilo, e ancora di recente, a Passariano, che quella relazione gli suona familiare.

La sera, quando arriva Bourrienne, Napoleone lo conduce subito in un salotto, lontano da Giuseppina.

— Non voglio restare qui — dice nervosamente. — Non ho niente da fare. I membri del Direttorio non vogliono ascoltare ragioni. Sento che, se rimango, colerò a picco in breve tempo. Qui tutto si logora, già non ho più gloria, questa piccola Europa non ne procura abbastanza. Bisogna andare in Oriente, tutte le grandi glorie provengono da lì. Tuttavia, prima voglio compiere un sopralluogo sulle coste per accertarmi di persona di quello che si può fare. Vi porterò con me, insieme a Lannes e Sukowsky. Se il successo di un'invasione dell'Inghilterra è, come temo, dubbio, l'Armata d'Inghilterra diventerà l'Armata d'Oriente e io andrò in Egitto.

30

Napoleone è all'estremità del molo del porto di Anversa. Pioviggina e fa freddo. È da più di una settimana che va di porto in porto, da Étaples a Boulogne e Calais, da Dunkerque a Ostenda. Quelle sera stessa vuole arrivare a Bruxelles, di lì ripartire con una carrozza postale per Givet, Lille e Saint-Quentin, e raggiungere Parigi verso il 20 febbraio 1798.

Segue con lo sguardo il riflusso del mare. Tutto è grigio, il cielo, l'orizzonte, le onde, la sabbia, i blocchi del molo. Non sono i colori che lui conosce, quelli delle sue scogliere, del suo mare. Ma non è questo che importa. Nulla di quanto ha visto lo soddisfa. Come invadere l'Inghilterra con quelle poche navi, spesso poco più che barche, quando gliene servirebbero a centinaia?

Si avvicina a un gruppo di marinai. Osserva quegli uomini di cui non conosce la lingua. Eppure a Boulogne e a Dunkerque ha capito perfettamente quel che gli dicevano altri marinai. Le navi inglesi pattugliano lungo le coste. Sono numerose: fregate, imbarcazioni per l'avvistamento, brigantini. Alcune hanno a bordo più di quaranta cannoni.

I marinai hanno parlato liberamente a quel piccolo generale che si è presentato con il nome di generale Lasne.

Napoleone scruta un'ultima volta l'orizzonte. Poi risale sulla carrozza. Bourrienne lo interroga: il generale è soddisfatto di quel che ha visto? Aggiunge da parte sua che le forze navali messe a disposizione dell'Armata d'Inghilterra gli sembrano del tutto insufficienti.

"Cosa crede? Che non me ne sia reso conto?"

— È un azzardo troppo rischioso — risponde Napoleone in tono brusco e irritato. — Non voglio mettere in gioco le sorti della nostra bella Francia.

La sera, in un teatro di Bruxelles, viene riconosciuto, ma la sua aria cupa allontana gli importuni.

Sulla strada per Parigi rimane altrettanto serio.

Dunque deve rinunciare all'invasione dell'Inghilterra e lasciare la Francia, per impegnarsi in quell'avventura egiziana tanto sognata, che presenta tuttavia pericoli e incertezze incalcolabili. Ma quale altra scelta gli lasciano?

Si gira verso Bourrienne:

— Non c'è niente da fare con quella gente. I membri del Direttorio non capiscono nulla di ciò che è veramente grande. Non hanno alcun potere d'intervento. Ci servirebbe una flotta per la spedizione, e gli inglesi hanno già più navi di noi. Dobbiamo riprendere i nostri progetti sull'Oriente, è là che ci sono grandi risultati da conseguire.

Si chiude di nuovo nel suo silenzio.

Serba rancore a Barras, quel vizioso, quel vigliacco che ha rifiutato di agevolargli l'ingresso nell'ultima cerchia del potere. È per questo che si vede costretto a scegliere l'Egitto: non può più restare a Parigi, ad aspettare che la sua gloria marcisca.

Allora l'Oriente, l'Egitto.

Quando una decisione è presa, bisogna eseguirla fino in fondo.

Incontra i membri del Direttorio, Talleyrand, che ha da poco finito di redigere un rapporto sul progetto di spedizione. Comandare, però, significa non delegare a nessuno il compito di organizzare.

Detta dei dispacci a Berthier. Le fedeli truppe dell'Armata d'Italia devono recarsi a Genova e tenersi pronte per l'imbarco. Chiede di essere ricevuto dal Direttorio. Guarda quei cinque uomini con disprezzo e ira repressa. Hanno scelto di allontanarlo dalla Francia. Allora dovranno accettare le sue decisioni.

Vuole 25.000 fanti, 3000 cavalieri senza cavalli, le cavalcature verranno trovate sul posto. Vuole cento pezzi di artiglieria, cento cartucce per ogni uomo, e da otto a nove milioni per le spese.

I loro visi si scuriscono. E non è tutto.

Napoleone riprende con voce imperiosa:

— Voglio autorità illimitata, carta bianca dal governo sia per gli affari di Malta, sia per quelli d'Egitto e di Siria, di Costantinopoli e delle Indie.

Nota l'ironia mista a incredulità e terrore che stravolge ora i volti di Barras e Reubell.

"Accetteranno tutto, perché vogliono allontanarmi. Hanno paura."

— Voglio la facoltà di conferire tutti gli incarichi, e anche quella di scegliere il

mio successore — riprende. — Voglio pieni poteri e ufficialmente: tanto di sigillo per trattare con la Porta d'Oriente, con la Russia, con le varie potenze dell'India e con le reggenze dell'Africa.

"Pensano che io sia un uomo pericoloso, singolare, forse matto. Vogliono sbarazzarsi di me."

Napoleone resta in silenzio per un lungo momento, poi aggiunge:

— Voglio effettuare il mio rientro in Francia quando e come vorrò.

"Si guardano tra loro. Mi vedono rientrare a Parigi, la fronte coperta di allori ancor più gloriosi di quelli strappati in Italia. Ma ritengono che abbia pochissime possibilità di ritornare!

"Abbassano la testa per dissimulare la loro speranza. Acconsentono ai miei voleri.

"È una scommessa. La più rischiosa della mia vita.

"Ma quale altra strada imboccare? La mia vita è fatta in modo tale che, nei momenti cruciali, non mi resta altra scelta che quella di essere fedele a me stesso e raccogliere la sfida, oppure rinnegare me stesso e non essere più io, per diventare un uomo qualunque, come loro."

Eppure sono loro che regnano. Che impongono ancora le loro decisioni.

Questo pensiero riempie Napoleone di astio. Borbotta, s'interrompe mentre redige la lista dei nomi degli ufficiali e degli studiosi che vuole portare con sé nella spedizione. Perché questa spedizione dovrà stupire Parigi. Lui non sarà soltanto il guerriero e il pacificatore, ma anche colui che riporta alla luce una civiltà dimenticata e immensa, la civiltà di quella terra attraversata dai faraoni, da Erodoto e Alessandro, Cesare e Pompeo.

Nell'enunciare quei nomi è rapito di nuovo dal sogno, e la sua collera svanisce. Si infiamma:

— Colonizzerò quel paese. Vi farò arrivare artisti, artigiani di ogni sorta, donne, attori. Mi bastano sei anni, se tutto va bene, per andare in India... Posso percorrere l'Asia Minore da liberatore, arrivare in trionfo nella capitale del vecchio continente, cacciare da Costantinopoli i discendenti di Maometto e sedermi sul loro trono.

— Sei anni — mormora Bourrienne che ascolta affascinato.

— Sei anni, Bourrienne, oppure pochi mesi, tutto dipende dagli eventi.

Si rabbuia. Cosa succederà a Parigi, quando sarà lontano da quella città dove si gioca il suo destino?

— Sì — mormora. — Ho tentato tutto. Non mi vogliono.

Ricomincia a camminare, calcando pesantemente il pavimento del salotto nella residenza privata di rue de la Victoire.

— Bisognerebbe destituirli — riprende alzando la voce — e proclamarmi re. Ma non devo pensarci adesso. La nobiltà non acconsentirebbe mai. Ho sondato il terreno. Non è ancora il tempo. Sarò solo, Bourrienne. Non ho ancora finito di stupirli.

Fissa la partenza per i primi di maggio del 1798, a Tolone, dove sono convenute tutte le navi dai porti del Mediterraneo sotto il controllo francese, da Trieste a Genova a Nizza.

I giornali, il 25 aprile, riportano perfino che "il generale Bonaparte ha lasciato Parigi il 3 floreale, 22 aprile, a mezzanotte, dopo aver preso congedo dal Direttorio alle tre e aver cenato a casa del membro del Direttorio Barras, insieme al quale ha poi assistito alla rappresentazione del *Macbeth* al teatro Feydeau".

Se Napoleone si ritrova di fronte ai membri del Direttorio, quel 23 aprile, non è per salutarli, ma al contrario per rimettere in discussione la sua partenza.

La vigilia, mentre sorvegliava gli ultimi preparativi del suo viaggio, si è presentato in rue de la Victoire un messaggero arrivato da Vienna. Il messaggio è breve: la residenza del generale Bernadotte, nella capitale dell'Impero d'Austria, è stata invasa dalla folla e saccheggiata. I membri dell'ambasciata di Francia si sono dovuti difendere. Bernadotte ha lasciato Vienna.

Sta forse per ricominciare la guerra con l'Austria? È quello l'evento che permetterà di passare all'azione?

Napoleone medita tutta la notte. Può presentarsi come l'uomo capace di impedire la riapertura delle ostilità. Può recarsi a Rastadt, riallacciare i rapporti con il conte di Cobenzl, ritornare a Parigi avendo consolidato la pace. Meglio Rastadt che l'Egitto!

Invia dei messaggeri alla volta dell'Italia. Le truppe non si devono imbarcare a Genova, che rimangano in attesa.

Si reca dai membri del Direttorio. Ascoltano Napoleone che si dice certo di poter ricomporre l'incidente. Talleyrand lo appoggia. Napoleone insiste.

Forse la sua opportunità sta lì. Forse deve rischiare tutto piuttosto che allontanarsi. Forse deve sopraffare i membri del Direttorio e prendere il potere adesso.

Il 28 aprile Barras si presenta in rue de la Victoire.

Napoleone guarda quell'uomo di cui ha già preso le misure mentre si complimenta con Giuseppina, poi avanza, e comunica a bassa voce che il Direttorio si augura una partenza per l'Egitto senza altri rinvii. Non si pone più il problema di una missione a Rastadt.

Dunque hanno deciso.

Ancora qualche ora d'incertezza, poi Napoleone prende la sua decisione. Partirà. Un telegrafo trasmette gli ordini. I messaggeri si lanciano al galoppo e la macchina della spedizione si rimette in moto.

Il 5 maggio Napoleone annuncia ai suoi che lascerà Parigi per l'Egitto. Stanno già preparando la grossa berlina, che viene ricoperta per proteggere i bagagli. Vi prenderanno posto Marmont, Bourrienne, Duroc e Lavalette.

Giuseppina si è avvicinata. Napoleone la guarda in silenzio. Verrà anche lei, dice.

Arnault entra nel salotto, esplode:

— Il Direttorio vuole allontanarvi... La Francia vuole che restiate — esclama rivolto a Napoleone. — I parigini vi rimproverano la vostra rassegnazione. Protestano più forte che mai contro il governo. Non temete che finiscano per prendersela con voi?

Cosa c'è di più mutevole, di più imprevedibile, di meno affidabile della folla?

— I parigini — risponde Napoleone — protestano ma non passeranno ai fatti. Sono scontenti, ma non sono infelici.

Sorride, avanza di pochi passi.

— Se montassi in sella, nessuno mi seguirebbe.

Poi aggiunge in tono imperioso:

— Partiremo domani.

Lasciano Parigi il 6 maggio 1798, alle tre della mattina. Viaggiano la maggior parte del tempo sotto la pioggia.

Nella berlina tutti tacciono. Gli scossoni spingono spesso gli occupanti gli uni contro gli altri. Giuseppina dorme. Napoleone, con gli occhi sbarrati, sembra non aver bisogno di dormire.

La sua vita corre, nessuno potrà più fermarla.

Un colpo violento fa sobbalzare la carrozza sulla scorciatoia per Roquevaire. Hanno scelto quel percorso per evitare Marsiglia e raggiungere più in fretta Tolone.

La copertura della berlina, alta sulle ruote, si è impigliata al ramo di un albero.

Scendono, fanno luce. Napoleone fa qualche passo: davanti a lui un ponte crollato che l'uragano ha sprofondato in un burrone.

— La mano della provvidenza — dice Marmont mostrando il ramo.

Senza quel ramo la carrozza si sarebbe schiantata tra i massi del torrente.

Napoleone risale sulla berlina.

— Presto — esclama.

Deve andare senza esitazione fino in fondo a quella scelta.

È di nuovo il momento di agire.

Il 10 maggio, a Tolone, riconosce quel mare di un blu intenso, il sole che già brucia, e le vele bianche che si stagliano contro un cielo di una luminosità accecante.

Dalla sua finestra nell'edificio della Marina non smette un attimo di contemplare il paesaggio, l'orizzonte al di là del quale immagina quella terra d'Egitto che tanti conquistatori hanno attraversato dagli inizi della Storia.

I suoi passi ricalcheranno le loro impronte. Indossa l'uniforme e parte per ispezionare la flotta.

Ogni volta che la sua imbarcazione si avvicina a una nave, vengono sparati due colpi di cannone in segno di saluto.

È il generale in capo di questa armata, nella quale cinque anni prima era giovane capitano sconosciuto, lui che reca ancora sulla pelle i segni della scabbia contratta a Tolone.

La sera la città viene illuminata in suo onore. Giuseppina è accanto a lui. Si sente forte.

L'indomani passa in rassegna le truppe. Davanti agli uomini allineati, sotto quel cielo che sente suo, tra gli odori del mare, dei pini e degli ulivi che gli sono tanto familiari, ritrova l'energia e la vitalità che da più di un mese reprimeva nella Parigi degli intrighi e delle manovre tortuose.

Qui, nell'azione, di fronte al mare, tutto è più limpido. Come la luce della sua infanzia.

— Ufficiali, soldati — esordisce — sono al vostro comando da due anni. All'epoca eravate sul canale di Genova, nella miseria più nera, privi di tutto, avendo sacrificato perfino i vostri orologi per sopravvivere: vi promisi che avrei posto fine alla vostra miseria, vi guidai in Italia. Lì, tutto vi fu concesso... Non ho mantenuto la parola?

L'ondata di consenso, quel "Sì!" urlato dai soldati, lo solleva. Ecco quel che si chiama vivere.

— Ebbene — riprende — sappiate che non avete fatto ancora abbastanza per la patria, e che la patria non ha fatto ancora abbastanza per voi. Vi condurrò in un paese dove, grazie alle vostre future imprese, andrete al di là di ciò che oggi stupisce i vostri ammiratori, e renderete alla patria quei servizi che essa ha il diritto di aspettarsi da un'armata invincibile. Io prometto...

S'interrompe per un momento, lascia che s'instauri il silenzio.

— Prometto a ciascun soldato che al ritorno di questa spedizione avrà a sua disposizione di che acquistare due ettari di terra.

Le fanfare suonano. I soldati gridano: — Viva la Repubblica immortale!

Alle cinque di mattina del 19 maggio, Napoleone si trova sulla poppa della nave che si allontana dalla banchina. Giuseppina gli fa gesti di saluto. Lui la guarda a lungo. Voleva veramente imbarcarsi con lui come gli ha lasciato capire, oppure non era che una proposta senza seguito che lei immaginava sarebbe stata respinta? Non lo vuole sapere. Vuole partire con l'illusione che lei desiderasse stargli accanto.

Guarda verso il mare aperto. La rada è coperta di bastimenti. Centottanta navi sono in attesa di salpare alle sei. Ancorata a poche centinaia di metri di distanza, l'*Orient*, la nave ammiraglia, si erge come una fortezza alta tre piani, ciascuno armato di quaranta cannoni.

Napoleone sale a bordo, prende subito posto sul ponte di comando. Il comandante Casabianca impartisce l'ordine di alzare le vele. Il mare è increspato da onde corte. I tredici vascelli di linea aprono la formazione, controvento, seguono le navi da trasporto affiancate dalle fregate, dagli avvisi, dai brigantini.

Alcune navi stivate al massimo sfiorano il fondale. Quando l'*Orient* comincia a muoversi, sfiora anch'esso il fondale, si inclina, poi prende il largo.

Napoleone non si è mosso. Rimane molte ore sul ponte mentre le navi raggiungono il mare aperto.

Lui è il destino di quei 34.000 uomini.

Lui ha scelto le divisioni, i generali, i cannoni. Ha sorvegliato personalmente la composizione della commissione delle arti e delle scienze, da lui voluta nel corpo di spedizione.

Per riuscire, bisogna cercare di prevedere tutto.

Si gira verso Marmont che gli sta accanto:

— Misuro i miei sogni con il compasso della ragione.

Parte ottava

Essere grandi vuol dire
dipendere da tutto

19 maggio 1798 - 9 ottobre 1798

31

Napoleone sta in ascolto, dritto e immobile sul ponte dell'*Orient*. Navigano lungo le coste della Corsica. Il vento è calato. Il tempo è bello. Già s'intravede capo Bonifacio, e più oltre si profilano all'orizzonte le alture della Sardegna. Poi faranno rotta verso la Sicilia, quindi verso Malta, Creta, e infine verso Alessandria.

Napoleone dà ordine alla banda di riunirsi sul ponte di coperta anteriore. I musicisti cominciano a suonare. E subito, dalle navi più vicine, rispondono le fanfare. Le voci dei soldati ammassati sui ponti si uniscono al rullo dei tamburi e al suono degli ottoni.

Da una nave all'altra viene ripreso in coro *Le chant du départ* che, dal 1794, è intonato da tutte le armate.

> Al suono del suo canto, la vittoria ci apre la barriera,
> la libertà guida i nostri passi.
> Da nord a sud la tromba di guerra
> suona l'ora del combattimento.
> Tremate, nemici della Francia.

Gli uomini hanno bisogno di questa comunione.
Il ritornello viene cantato a voce spiegata:

> La Repubblica ci chiama.
> Sappiamo vincere o sappiamo morire.
> Per lei deve vivere un francese,
> per lei un francese deve morire.

L'ammiraglio Brueys si avvicina, parla forte per farsi sentire, ma Napoleone si gira dall'altra parte. Lui già sa. L'ammiraglio da parecchi giorni manifesta una certa preoccupazione. Una fregata che ha raggiunto il convoglio all'altezza di Bastia ha avvistato in lontananza una squadra navale inglese. Un altro messaggio, trasmesso da Genova a una nave francese, reca le stesse informazioni. Le navi inglesi stanno dando loro la caccia, con alla testa il *Vanguard* dell'ammiraglio Nelson.

Napoleone si allontana.

Erano settimane che non provava più un tale senso di pace. Nei giorni precedenti la partenza era attanagliato dall'ansia. Ma da quando ha preso il mare prova una

sensazione gioiosa di leggerezza e di disponibilità. È tra le braccia del vento, del mare, della sorte. Non può più nulla. Se le vele inglesi si profilano all'orizzonte, se lo scontro inizia, allora in effetti bisognerà decidere, scegliere. Per il momento, che l'ammiraglio Brueys taccia e vigili sulla navigazione, faccia riparare le vele quando il tempo lo permette e forzi l'andatura bordeggiando per arrivare più rapidamente alla meta.

Scende la notte. Uno dopo l'altro i musicisti smettono di suonare, e si sente soltanto lo scricchiolio degli scafi e degli alberi, e lo schioccare delle vele. Il convoglio che occupava tutta la distesa del mare, come una città maestosa che inalbera le sue bandiere e i suoi stendardi, è sparito, inghiottito dall'oscurità. Napoleone guarda la volta celeste, quella scia lattiginosa che attraversa il cielo come una flotta luminosa, fatta di una miriade di navi che niente può arrestare.

Ed è questa la certezza che pervade Napoleone. Va da un estremo all'altro del suo destino, trascinando con sé quella flotta e quelle decine di migliaia di uomini.

Lascia il ponte di comando. Nell'ampia "sala di ritrovo" che ha fatto allestire accanto alla sala da pranzo e alla sua cabina, gli ufficiali e alcuni membri della spedizione, da lui invitati a cena per trascorrere insieme la serata, si alzano in piedi.

Ha stabilito fin dal primo momento una disciplina rigorosa. Bourrienne, al quale impartiva le disposizioni, si era stupito di quella che aveva definito "un'etichetta di corte". Perché no? In mare più che altrove, e specialmente nel deserto, dove si dovrà combattere e marciare per giorni interi, l'ordine, la disciplina, la gerarchia sono fondamentali. È dunque necessario che i gradi che permettono di accedere al vertice siano ben marcati, rispettati. Anche le disposizioni e il lusso devono ricordare a tutti che il generale in capo è un uomo a parte.

I soldati sono ammassati sugli interponti dell'*Orient*. Il loro vitto diventa ogni giorno più detestabile. I vestiti sono impregnati del vomito sparso ogni giorno dagli uomini che si sentono male. E quasi tutti si sentono male. Tuttavia, il generale in capo e quelli che gli sono vicini devono sfuggire alla sorte comune. Non per il gusto del lusso, ma perché sono quelli che comandano. E perché i privilegi di cui beneficiano sono il segno delle loro responsabilità e del loro ruolo.

Napoleone sa che il modo in cui vive a bordo dell'*Orient* suscita critiche. — Usanze di corte in un accampamento spartano — mormorano. Gli riferiscono il pettegolezzo. Mentre attraversa la sala da gioco, qualcuno ha esclamato: — Non si ottiene lustro e considerazione tramite i privilegi, ma con l'amore per la patria e la libertà.

Napoleone si è fermato, cercando con gli occhi l'insolente, ma ha trovato soltanto facce contrite, sguardi sfuggenti.

Ha esclamato con voce potente: — Giochiamo, monsieurs. Vediamo a chi il caso regala privilegi e svantaggi.

Si è scatenata una baraonda. I luigi d'oro hanno ricoperto le carte. I giocatori di faraone, il gioco di corte a Versailles, hanno intascato le loro puntate.

Cos'è l'uguaglianza al gioco? È il caso a scegliere tra vincitori e perdenti. E nella vita?

Napoleone prende posto nella sala di ritrovo in mezzo ai suoi ufficiali. — Parliamo dell'uguaglianza — esordisce — e quindi della disuguaglianza tra gli uomini.

Interroga con lo sguardo Monge, seduto vicino a lui, poi Bourrienne e il generale Caffarelli. Junot già sonnecchia. Eugenio Beauharnais sogna. Berthollet borbotta. Non uno, tuttavia, si sottrarrebbe a quei dibattiti quotidiani instaurati da Napoleo-

ne, perché il pensiero deve essere costantemente in movimento, e ogni istante, ogni sguardo, possono far nascere una riflessione.

— La disuguaglianza — riprende.

Hanno letto Rousseau? Caffarelli comincia: — Le leggi che consacrano la proprietà consacrano un'usurpazione, un furto.

La discussione è aperta.

Napoleone si alza: — Andiamo sul ponte.

Camminano in gruppo. Il tempo è mite. Parlano per gran parte della notte. La seduta degli "Istituti", come Napoleone chiama quei dibattiti, proseguirà l'indomani.

Chiede a Bourrienne di seguirlo nella sua cabina. Si corica. Ha fatto attaccare ai piedi del letto delle palle di ferro per cercare di ridurre il rollio. Ma non è servito a nulla. A volte è costretto a rimanere coricato. Bourrienne legge. Monge e Berthollet lo raggiungono. Si parla di Dio, dell'Islam, del fatto che le religioni sono necessarie ai popoli.

Napoleone all'improvviso s'interrompe. Vuole che Bourrienne riprenda ad alta voce la lettura del Corano. Il libro è catalogato là, accanto alla Bibbia, nella biblioteca, nel settore "Politica".

Il 9 giugno, di prima mattina, Napoleone sale sul ponte di comando dell'*Orient*. L'ammiraglio Brueys tende il braccio. All'orizzonte decine di vele formano un increspamento bianco. Con il cannocchiale Napoleone avvista il convoglio partito da Civitavecchia che sta per raggiungere il grosso della flotta. E quella striscia di terra scura che si distingue appena al di sopra del mare è Malta, con l'isola di Gozo che ne dista solo poche centinaia di metri.

Napoleone chiede che gli portino la sua sciabola, poi comincia a dettare minacce in forma di ultimatum per il Gran maestro dei Cavalieri di Malta, Hompesch.

Gli comunica che vuole rinnovare la provvista d'acqua di tutte le navi. Esige la resa dei cavalieri. Sa per certo che occuperà l'isola, poco importa la risposta che riferiranno gli ufficiali che lasciano l'*Orient* a bordo delle scialuppe.

L'isola deve passare sotto il controllo della Francia. Il suo possesso fa parte del piano. E nulla vi si può opporre. Deve essere scavalcata come un avamposto durante l'assalto che prosegue la sua corsa per giungere ben oltre.

— Il generale Bonaparte — detta — è determinato a procurarsi con la forza quel che dovrebbe essergli accordato secondo il principio dell'ospitalità che è alla base del vostro ordine.

Lo sbarco delle truppe può avere inizio.

Sente delle voci che cantano *La Marsigliese*. Sono i soldati del 9° reggimento che assaltano le difese dell'isola di Gozo. Napoleone li osserva con il cannocchiale. Impartisce ordini. Con un gran movimento di cavi vengono calate le scialuppe, i fanti vi salgono a bordo. Alcune toccano terra dopo pochi minuti, e subito il fumo degli incendi si alza qua e là.

Napoleone ordina alle batterie di aprire il fuoco. Deve dimostrare che niente arresterà la sua forza. In capo a poche ore il Gran maestro Hompesch chiede di parlamentare.

Napoleone, allora, può percorrere le strade di La Valletta. Cammina lentamente in questa città dalle strade lastricate disposte a scacchiera. Qui, come in Italia, cammina sulla Storia. È il successore dei cavalieri delle Crociate.

Riceve i cavalieri nel loro stesso palazzo, sul quale già sventola la bandiera della Repubblica. — Coloro che sono francesi e hanno meno di trent'anni — dichiara —

vengano a conquistare la loro parte di gloria unendosi alla spedizione. Quanto agli altri, hanno tre giorni per lasciare l'isola.

Poi prosegue la visita. È il padrone di quello che può essere definito uno Stato. Nulla può resistere alla sua volontà, e ciò eccita la sua immaginazione.

Detta codici, decreti, riorganizza tutta l'amministrazione dell'isola.

Nel suo andare e venire lungo l'ampia sala dell'ordine, si ferma a volte dinanzi a uno dei tanti blasoni dei cavalieri. Per qualche minuto smette di dettare. Ci sono voluti secoli per fare questo Stato. A lui bastano poche ore per costruirne uno diverso. E per riorganizzare, in sedici paragrafi, l'amministrazione dell'isola, abolire i titoli nobiliari. Si accorge che i suoi aiutanti lo osservano, impietriti, con un'ammirazione piena di rispetto.

Un uomo dall'alto del potere può, e ne ha già avuto il presentimento in Italia creando le Repubbliche Cisalpina e Ligure, cambiare l'intero ordine delle cose. Un uomo che comanda dei soldati in armi può altrettanto, più di un popolo in rivolta, più di una plebaglia disordinata. Questa idea lo esalta. È fiero del suo operato.

Cammina per le strade di La Valletta. Entra nella cattedrale di San Giovanni, trasformata ora in fonderia. Si eseguono i suoi ordini.

In ciascuna cappella sono stati installati dei forni che servono a filtrare al crogiuolo tutto l'oro e l'argento delle reliquie. Dieci artigiani battono colpi di martello sugli oggetti preziosi prima di fondere i pezzi.

Rientra nel palazzo dei cavalieri. Ordina che venga affisso il proclama che ha appena finito di rileggere: "Tutti gli abitanti dell'isola di Malta diventano cittadini francesi e appartengono alla Repubblica... Il valore di un uomo non dipende dalla sua nascita, solo i suoi meriti e le sue capacità lo distinguono".

Passano le ore, i giorni. Mentre passeggia nei giardini del palazzo dei cavalieri, ascolta i suoi generali. Lannes si lamenta del comportamento di alcuni soldati che hanno saccheggiato un convento a Gozo, cercato di usare violenza alle monache, minacciato i propri ufficiali. Altri parlano delle numerosissime prostitute che avrebbero accolto i francesi.

Lui ascolta. Di che cosa ci si ricorderà? Di quella feccia? Delle case saccheggiate, delle reliquie fuse, e anche delle donne violentate, della brutalità dei soldati, dei cadaveri, oppure che lui è stato qui, da conquistatore, prima di raggiungere Alessandria?

Che cosa resterà nella memoria dei popoli? Il ricordo delle violenze, oppure quello della liberazione di duemila schiavi musulmani dal bagno penale di Malta?

Si siede nel giardino del palazzo. Gli portano un cesto colmo di arance appena colte. Sotto la buccia spessa e amara del frutto, la freschezza vellutata, succosa della polpa.

Il 18 giugno, dal momento che la missione è compiuta e i venti soffiano a favore, Napoleone dà all'ammiraglio Brueys l'ordine di salpare. L'Orient si allontana, mentre la guarnigione rimasta a Malta saluta la partenza del convoglio con salve di cannone.

La calura, in poche ore, diventa più opprimente, malgrado la brezza marina. Le coste della Grecia, di Citera e Creta che si scorgono in lontananza sono avvolte, a metà giornata, da una bruma grigiastra che solo i venti della sera e della prima mattina riescono a dissipare. Napoleone resta sul ponte di comando. Queste sono le terre dove passò Ulisse, là le coste lungo le quali navigarono le galee romane. Ecco il regno di Minosse, la culla della mitologia.

È il solo a entrare in comunione con quei paesaggi carichi di Storia? Parla senza

sosta. Rievoca la decadenza di città e imperi, di Grecia, d'Oriente, d'Occidente. È necessaria la volontà di un uomo pari a un Alessandro o a un Cesare per disegnare le frontiere di una nuova potenza. Ed è qui che si conquista la gloria.

Il 27 giugno, al crepuscolo, Napoleone ordina a Brueys di chiamare a poppa dell'*Orient* la fregata *Junon*.

Guarda gli uomini ammassati in silenzio sul ponte della fregata che si è accostata. Attendono come se attendessero gli oracoli di una divinità. Ma è lui che pronuncia le parole a cui si deve obbedire. Il comandante della fregata ascolta le istruzioni: raggiungere Alessandria e imbarcare il console di Francia, Magallon.

Bisogna aspettare il ritorno della fregata. Rinfresca. Un vento proveniente da nord investe le navi del convoglio. Spira sempre più forte. Le onde sono alte, rabbiose, si rovesciano sui ponti delle navi. I soldati si sentono male. Tuttavia si riuniscono per ascoltare la lettura di un proclama di Napoleone. Li osserva mentre gli ufficiali leggono. Gli uomini fanno fatica a tenersi in piedi nella tempesta, ma a poco a poco iniziano a prestare attenzione. È necessario che capiscano. Napoleone dice: — Colui che violenta è un mostro, colui che saccheggia ci disonora. — Sono avvertiti. Non potrà certo impedire tutto. Gli uomini in guerra, lui li conosce. Ma potrà infierire. Parla per prevenirli e per educarli, per chiedere loro di essere superiori a se stessi. Comandare è questo.

Soldati!
    State per iniziare una conquista i cui effetti sulla civiltà e sul commercio mondiale sono incalcolabili...
    Intraprenderemo marce faticose, affronteremo molte battaglie; riusciremo in tutte le nostre imprese; la buona sorte è con noi.
    I popoli presso i quali andiamo a vivere sono maomettani; il loro primo articolo di fede è il seguente: Non vi è altro Dio all'infuori di Dio, e Maometto è il suo profeta.
    Non contraddíteli; agite con loro come abbiamo agito con gli ebrei, con gli italiani; abbiate rispetto per i loro muftì e per i loro imam come ne avete per i rabbini e per i vescovi. Abbiate verso le cerimonie prescritte del Corano, per le moschee, la stessa tolleranza che avete avuto per i conventi, per le sinagoghe, per la religione di Mosè e di Gesù Cristo.
    Le legioni romane proteggevano tutte le religioni. Troverete usanze diverse da quelle dell'Europa: dovrete farci l'abitudine.
    La prima città che incontreremo è stata costruita da Alessandro. Troveremo a ogni passo ricordi degni di suscitare l'ammirazione dei francesi.

Si leva solo qualche evviva, il vento è troppo forte, il mare troppo agitato.

Il 30 giugno, in piena tempesta, la *Junon* è di ritorno.

Il console Magallon riesce a salire a bordo dell'*Orient* malgrado le onde sospingano violentemente la sua scialuppa contro la fiancata. Parla a Napoleone reggendosi ai tramezzi della cabina. Una squadra navale inglese forte di altre dieci imbarcazioni ha appena lasciato Alessandria. Ha il compito di pattugliare in attesa del convoglio francese.

Napoleone sale subito sul ponte. Indovina sul volto dell'ammiraglio Brueys quel che lo preoccupa. Nelson non è lontano. La tempesta impedisce uno sbarco nelle prossime ore.

Dobbiamo aspettare, insiste Brueys.

— Ammiraglio, non abbiamo tempo da perdere. Il fortunale mi dà solo tre gior-

ni. Se non ne approfitto siamo perduti. Essere grandi vuol dire dipendere da tutto. Per parte mia, dipendo da avvenimenti decisi da un'inezia.

Viene dato l'ordine di sbarcare nella baia del Marabut, a ovest di Alessandria.

Dall'*Orient* Napoleone vede scialuppe cariche di truppe rovesciarsi in mare. Sente le grida dei soldati, la maggioranza dei quali non sa nuotare.

È il momento più rischioso. Napoleone cammina sul ponte, le mani dietro la schiena. È in preda all'ansia, l'impazienza lo attanaglia.

Il 1° luglio 1798, alle quattro del pomeriggio, sale a bordo di un galeone maltese per avvicinarsi alla costa. Poi salta su una scialuppa e all'una della mattina raggiunge la costa.

Finalmente terra!

Misura il terreno a grandi passi, impartisce i primi ordini. La notte è limpida. Le truppe continuano a sbarcare. Si sente di nuovo calmo e determinato. Si sdraia. Dormirà sulla terra che fu di Alessandro.

Alle tre di mattina si sveglia, passa in rassegna le truppe. I soldati sono inzuppati. Scruta i loro volti, poi ordina alle divisioni di Kléber, Menou e Bon di marciare verso Alessandria.

Adesso, non è lo sfarzo che deve contraddistinguere un capo, ma il suo coraggio e la sua audacia.

Napoleone, con passo sostenuto, si mette alla testa della colonna. Al suo fianco procede il generale Caffarelli, che ha una gamba di legno.

Ben presto comincia il dominio del sole, della sete, della sabbia, dei beduini, della luce accecante e del calore così opprimente da mozzare il respiro e impregnare di sudore gli abiti di lana.

Napoleone cammina senza voltarsi. Ogni tanto sente un grido soffocato e un tonfo. Un uomo è crollato, sfinito, le labbra e la lingua gonfie per la sete.

I pozzi sono asciutti.

D'improvviso, dalla sommità di una duna, si intravedono le fortificazioni di Alessandria.

A qualche centinaio di metri si erge la colonna di Pompeo.

Napoleone si siede sul suo basamento. Un ufficiale gli porta qualche arancia di Malta che lui addenta. Sono amare e ricche di zucchero al tempo stesso.

32

Fin dai primi spari che rimbombano nell'afa opprimente Napoleone sa. La staffetta riferisce che la popolazione di Alessandria accoglie le avanguardie della divisione di Kléber con le pietre e i fucili. Alcuni cavalieri arabi hanno caricato. Le difese sono state sbaragliate dalle truppe, ma in città la resistenza continua. Una moschea è stata posta sotto tiro. Le truppe sono penetrate all'interno, uccidendo tutti quelli che vi si trovavano, uomini, donne, bambini. Il generale è riuscito a fermare il massacro.

La staffetta riparte. Dalla città arrivano le urla delle donne che si confondono con le detonazioni. Passano alcuni feriti, sostenendosi l'un l'altro, poi si lasciano cadere sul suolo rovente.

Napoleone sa, da quel momento.

Alla barbarie della guerra si aggiungeranno qui l'ostilità e l'odio che sembrano

emanare da quello stesso calore soffocante, dalla luce che divora gli occhi, dall'arsura che secca la bocca e irrita la pelle. Dal corpo tutto indolenzito, dai piedi insanguinati per la marcia notturna, Napoleone sente che dovrà continuamente tenere duro per far fronte a quel clima, per vincerlo e imporre ai suoi uomini di avanzare, di combattere malgrado tutto.

Qui, tutto sarà più difficile. Qui, tutto sarà spietato. Bisognerà uccidere anche il solo ricordo del Corso di Milano, dei castelli di Mombello e Passariano, delle cerimonie al palazzo del Luxembourg o del ricevimento di Talleyrand a palazzo Galliffet.

Talleyrand, avrà riferito a Costantinopoli l'ambasciata per avvertire i turchi che l'invasione dell'Egitto non è rivolta contro di loro? Napoleone ne dubita. Dovrà dimenticare l'Italia, non pensare più a Giuseppina. E ciascun soldato dovrà fare lo stesso per quanto lo riguarda.

Ne saranno capaci gli uomini che sono appartenuti all'Armata d'Italia?

I membri del Direttorio Barras e Reubell, tutti quei gaudenti rimasti a Parigi, immaginano cosa significhi trovarsi in quel luogo, la pelle bruciata, circondati dalla morte?

Dovranno respingere la morte ogni giorno, essere più implacabili di lei, non lasciarsene attirare. Servirsi della morte per combatterla.

Questo pensiero acuisce la sua tensione. Si sente come un arco. Indomito. Quella guerra, quando avrebbe potuto scegliere di nascondersi tra le mollezze degli intrighi del Direttorio, tra un salotto e un boudoir, tra donne e pettegolezzi, quella guerra è la prova che fin dall'antichità è imposta all'eroe.

Accettarla vuol dire essere un eroe, al pari di coloro che hanno già calpestato quella terra, al pari di colui che ha fondato quella città, Alessandria.

Napoleone lancia un ultimatum al governatore di Alessandria: "Siete un uomo molto ignorante e presuntuoso... Il mio esercito ha sconfitto una delle prime potenze d'Europa. Se entro dieci minuti non vedrò sventolare la bandiera della resa, dovrete rendere conto davanti a Dio del sangue versato inutilmente per vostro volere".

Un messaggero reca contemporaneamente la notizia che il generale Kléber è stato ferito alla fronte da un proiettile, e che una delegazione si sta avvicinando per prestare giuramento di obbedienza e consegnare la città.

La vede arrivare circondata da soldati armati. I turbanti variopinti e le sete delle lunghe tuniche spiccano sul colore cupo delle uniformi. I cammelli sovrastano il gruppo dei delegati. C'è un gran disordine ai piedi della colonna di Pompeo. — Cadì, sceicchi, imam — comincia Napoleone — vengo a restituirvi i vostri diritti, a differenza degli usurpatori... Adoro Dio più di quanto non facciano i mamelucchi, vostri oppressori, e rispetto il suo profeta Maometto e il venerabile Corano.

È così che si deve parlare. Gli uomini hanno bisogno delle loro credenze e di questo genere di parole.

Si parlamenta. I musulmani presentano le loro lamentele. Alcuni soldati avrebbero derubato degli arabi che pure non si opponevano alla loro avanzata.

Gli ufficiali spiegano che uno di questi soldati è già stato arrestato. Aveva rubato un pugnale a un arabo.

— Sia giudicato.

L'uomo arriva, balbettante, la pelle gonfia per le scottature, il viso stravolto dalla paura. Viene interrogato. Confessa.

La morte per combattere la morte.

Il soldato viene giustiziato a pochi passi dalla colonna di Pompeo.

I delegati s'inchinano, fanno atto di obbedienza a Napoleone. Lui entra ad Alessandria.

I vicoli sono stretti. Il calore sembra ristagnarvi. Alcune donne lanciano strane grida acute. Napoleone è a cavallo, attorniato dai membri della delegazione e da una scorta di guide. All'improvviso, nello stesso istante in cui si sente uno sparo, avverte un colpo allo stivale sinistro, e il suo cavallo scarta. Gridano. Si spara contro la casa da cui è partito il colpo.

"La morte mi ha sfiorato di nuovo."

Si stabilisce nella casa del console di Francia, e subito, mentre intorno a lui tutti parlano ancora del tiratore solitario trovato con sei fucili intorno a sé, e che è stato poi abbattuto, Napoleone comincia a impartire ordini.

All'indomani, 2 luglio, parata di truppe con tanto di fanfara e ufficiali in alta uniforme, poi partenza delle prime unità alla volta del Cairo. Chiama il console Magallon e sceglie per l'avanzata delle truppe la strada di Damanhur, per non dover attraversare il Nilo, sul quale navigano imbarcazioni di mamelucchi. Non dà tregua agli ufficiali, esige che venga installato un laboratorio per confezionare nuove uniformi più leggere. Napoleone vorrebbe trasmettere a coloro che lo ascoltano la sua energia, la sua impazienza, la sua consapevolezza che ogni secondo deve essere impiegato in maniera attiva.

Dice: — San Luigi, qui, passò otto mesi a pregare, quando avrebbe dovuto passarli a marciare, a combattere, a insediarsi nel paese.

Come rendere quegli uomini, quei soldati, pronti all'azione come lui? Oggi il Cairo, e domani... cosa? Più avanti, più in alto.

Comincia a dettare a Bourrienne un proclama agli egiziani che durante la notte dovrà essere stampato in arabo, turco e francese, e poi affisso in tutte le città, letto ad alta voce e distribuito dalle truppe in marcia.

— In nome di Dio, clemente e misericordioso. Non c'è altra divinità all'infuori di Dio: non ha figli e regna solo.

Bourrienne solleva la testa.

"Cosa crede? Che si possa parlare ai musulmani come si parla ai cristiani?"

— In nome della Repubblica francese fondata sulla libertà e sull'uguaglianza...

Detta parlando a scatti, prendendosela con i mamelucchi, l'aristocrazia guerriera che opprime gli egiziani:

Quale intelligenza, quale virtù, quali conoscenze distinguono i mamelucchi perché debbano possedere in esclusiva tutto ciò che rende dolce la vita? C'è una bella terra, una bella schiava, un bel cavallo, una bella casa? Di certo appartiene ai mamelucchi!

Ma Dio è giusto e misericordioso verso il popolo... Tutti gli uomini sono uguali davanti a Dio. Soltanto l'intelligenza, la virtù e il sapere creano una differenza tra loro... Nessun egiziano verrà più escluso dalle cariche pubbliche, e tutti potranno aspirare ai ranghi più elevati... in questo modo il popolo sarà felice... Cadì, sceicchi, imam, dite al popolo che anche i francesi sono dei veri musulmani. La prova ne è che sono stati a Roma la Grande e hanno distrutto il trono del papa, che istigava incessantemente i cristiani a muovere guerra ai musulmani; e poi sono stati nell'isola di Malta e ne hanno espulso i cavalieri, che pensavano che fosse Dio a volere quella loro guerra contro i musulmani... Felici, sì, felici gli egiziani che si uniranno rapidamente a noi... ma sventura a coloro che si uniranno ai mamelucchi.

Che Dio abbia in gloria il sultano ottomano, che Dio abbia in gloria l'esercito fran-

cese! Che Dio maledica i mamelucchi e renda meraviglioso il destino della nazione egiziana.

Scritto al quartier generale di Alessandria, il 13 messidoro dell'anno VI della Repubblica (1° luglio 1798), o fine Muharram 1213 dell'Egira.

Nota il sorriso di Bourrienne e quello degli ufficiali che ripetono ironicamente: — Anche i francesi sono dei veri musulmani. — Va su tutte le furie. Cosa sanno loro di come si governano gli uomini? Lui vuole rivoluzionare l'Egitto trasformandolo in una Repubblica, vincere i pregiudizi dei suoi abitanti, farne degli alleati. Quel proclama, lo riconosce, "è una cialtroneria, ma delle più alte!". Come farsi intendere dagli uomini se non si suona la musica che conoscono? C'è un solo altro mezzo: le armi, e la paura che esse incutono.

Il 2 luglio, di prima mattina, Napoleone ispeziona le truppe. Il caldo è già torrido. Gli uomini dovranno marciare malgrado la sete. Si metteranno in cammino al comando dei generali Desaix e Reynier.

Si dirige verso un gruppo di soldati che, dopo essere stati prigionieri dei beduini, sono fuggiti o sono stati liberati. Chinano il capo. Poi alcuni si mettono a parlare: raccontano quel che hanno visto: torture, mutilazioni. Uno piange, il corpo scosso dai singhiozzi. I beduini l'hanno sodomizzato.

— Pezzo d'idiota, lo credo bene che soffri — esclama Napoleone. — Hai scontato la tua imprudenza. Dovevi restare con la tua brigata. Ringrazia il cielo di essertela cavata così a buon mercato. Avanti, non piangere più.

Ma l'uomo non smette di singhiozzare. Napoleone si allontana, passa di nuovo davanti alle truppe. Occorre dare battaglia al più presto, prima che la paura e il dubbio disgreghino l'armata. Bisogna spingere quegli uomini in avanti perché restino in piedi, altrimenti crolleranno sul posto. Il terrore di essere catturati, torturati, umiliati, dovrà spronarli a vincere.

Organizzare tutto, prevedere tutto, dirigere tutto.

Nella calura che rende penoso ogni gesto e opprime al punto di togliere il respiro, Napoleone non smette di muoversi e detta continuando a camminare. Ispeziona le difese di Alessandria perché lascerà la città per raggiungere l'armata e sferrare l'offensiva. Percorre il bazar, osserva le donne dal viso velato, controlla l'approvvigionamento delle unità, il numero dei cavalli. Organizza un'amministrazione cittadina.

Di notte l'aria è talmente soffocante da non lasciarlo dormire.

Si alza, chiama l'aiutante di campo. Ricorda quel sergente che è stato uno dei primi a oltrepassare le fortificazioni e che ha visto combattere dalla colonna di Pompeo? Che sia decorato. Poi pensa alla flotta. Cosa ordinare all'ammiraglio Brueys? Di restare nella rada di Abukir, o di raggiungere Malta o Cordova, oppure di cercare di entrare nel porto di Alessandria? Nelson, sicuramente, tornerà con la sua squadra navale. Napoleone esita. Brueys ritiene di potersi difendere ad Abukir, se sarà attaccato. Non ha sufficienti riserve d'acqua per raggiungere Malta o Cordova. Quanto al porto di Alessandria, le navi rischiano di incagliarvisi.

Una punta d'inquietudine s'insinua nella mente di Napoleone. Sente di non controllare il destino della squadra navale. Ma non è uomo di mare. Deve fidarsi. E tuttavia non ama delegare né il potere né le responsabilità.

Il 7 luglio una caligine rossastra vela il sole. L'aria è carica di sabbia che brucia il viso. Il *Khamsin*, il vento del sud, ha cominciato a soffiare. Nondimeno bisogna

partire per Damanhur, attraversare il deserto. Napoleone cavalca davanti allo stato maggiore, agli uomini della scorta e al quartier generale. Gli studiosi Monge e Berthollet si sono uniti alla truppa. Sono le cinque del pomeriggio. Migliaia di granelli di sabbia gli sferzano il viso. Soffre in ogni parte del corpo, come tutti i soldati di Desaix e Reynier, che hanno attraversato quel deserto pietroso e torrido. Alcuni uomini si sono suicidati. Le cisterne d'acqua che dovevano trovarsi scaglionate lungo il percorso erano spesso vuote, perché il canale fiancheggiato dalle truppe era a secco. Gli occhi accecati dal sole, le labbra spaccate dall'arsura, senz'acqua, con addosso quelle uniformi di lana, lo stomaco vuoto, poiché non si trova niente nei villaggi, le retrovie sono state annientate, i soldati ammazzati, torturati. Desaix ha lanciato appelli per ricevere soccorso. Gli uomini stanno impazzendo.

Napoleone cavalca tutta la notte, superando le divisioni di Bon e Vial che si dirigono anch'esse a Damanhur.

Vede quegli uomini che marciano nella notte. Immagina la loro sofferenza e la loro paura. Sa che i soldati si lamentano, se la prendono con i loro ufficiali, accusano il Direttorio di averli deportati qui per sbarazzarsi del "loro" Bonaparte. Ma se la prendono anche con lui. Perché non li ha provvisti di borracce d'acqua? Si ricordano dei discorsi sentiti in Italia. Che diamine se ne fanno di quei due ettari di terra promessi dal generale?

Eppure quegli uomini sono con lui nel deserto. E come lui non hanno che una via d'uscita: vincere. Dunque devono continuare a marciare. Deve incitarli ad avanzare. Deve far rispettare la disciplina. Salvarli, adesso, significa spronarli in avanti.

Alle otto è a Damanhur.

Entra nella capanna semibuia dove lo attende lo stato maggiore. Gli vengono offerti un bicchiere di latte e delle gallette di frumento. Pronuncia qualche parola, ma è colpito dalle facce dei generali. Alcuni sono furenti, altri stanchi e disperati.

Napoleone deve innanzi tutto tacere per dar loro modo di sfogarsi. Questa avventura è senza speranza, dice uno di loro. Gli uomini stanno impazzendo, aggiunge un altro. Perdono la vista, si uccidono. Non sono più in grado di combattere.

Napoleone si avvicina. Non dice nulla ma li fissa, poi annuncia che è necessario proseguire la marcia verso Ramanieh sul Nilo. Devono a tutti i costi stroncare i mamelucchi di Murad Bey. Comandare vuol dire essere ostinati.

Si riparte il 9.

Stesse tribolazioni, poi d'improvviso, dopo i miraggi, ecco il Nilo.

Napoleone vede le righe spezzarsi, i dragoni e i fanti gettarsi nell'acqua del fiume con tutte le armi, bere, e vede corpi trascinati via dalla corrente, morti per aver bevuto troppo, morti per lo choc e lo sfinimento. Lungo la riva del fiume si stendono campi di angurie su cui gli uomini si gettano per saziarsene.

Li osserva. Sono arrivati fin lì malgrado fossero allo stremo delle forze, malgrado il disgusto, il malcontento, la malinconia, la disperazione di uomini che nulla, dopo la campagna d'Italia, preparava a questo mondo così diverso, alla violenza di questo paese.

Eppure lo hanno fatto perché lui lo ha voluto. E adesso devono combattere.

L'11 luglio, alle tre, li passerà in rassegna.

Si fa annunciare da un rullo di tamburi. Cavalca lentamente. Hanno spazzolato le uniformi. Le loro armi brillano.

Napoleone si ferma davanti a ciascuna delle cinque divisioni. Convoca gli ufficiali. S'inarca. Tutti gli sguardi sono rivolti a lui.

— Vi avverto — esclama — che non abbiamo concluso le nostre sofferenze: avre-

mo battaglie da affrontare, vittorie da riportare, e deserti da attraversare. Infine arriveremo al Cairo dove avremo tutto il pane che vorremo!

Allontanandosi sente le voci degli ufficiali che ripetono quelle parole ai loro uomini, e canti che s'innalzano.

Si batteranno e vinceranno.

Allo spuntare del giorno dà ordine alla banda di suonare *La Marsigliese*. Vede avanzare sulla linea dell'orizzonte la cavalleria dei mamelucchi. Alcuni portano elmetti dorati, altri dei turbanti. Le loro ricche tuniche risplendono. Ciascun mamelucco dispone di una carabina, di pistole, di un giavellotto e dieci scimitarre.

Napoleone riunisce i suoi aiutanti di campo. Vuole che le divisioni formino dei quadrati. Gli ufficiali sono stupiti. È la prima volta che si ricorre a una formazione del genere.

Cosa ne sanno? È una tattica che austriaci e russi hanno già adottato contro gli ottomani. L'esercito francese però non l'ha mai sperimentata. Ripete gli ordini. La fatica è scomparsa. Fa collocare i cannoni agli angoli dei quadrati, ciascun lato dei quali consiste di sei file di fanti. Al centro verranno disposti i carriaggi, "gli asini e i sapienti", grida qualcuno.

In nessun quadrato dovranno aprirsi brecce in seguito a un assalto.

In effetti i mamelucchi per una mattinata intera andranno a cozzare su questi blocchi, per poi darsi alla fuga.

I cadaveri che vengono depredati sul campo di battaglia di Chebreis sotto le tuniche hanno delle borse colme d'oro. Si portavano addosso tutti i loro tesori. I soldati cominciano a spogliarli.

Ma già due o tre ore dopo Napoleone dà l'ordine di ripartire.

Attraversa quell'inferno di calura nel quale gli uomini si trascinano. Vede soldati crollare, altri, rimasti indietro, vengono decapitati dai beduini che brandiscono in aria le loro teste e poi fuggono. Villaggi vengono dati alle fiamme, razziati. Infine il 21 luglio, alle due del pomeriggio, raggiungono Embabeh, dopo una marcia massacrante. Il caldo è intenso. Da lontano, sulla destra, Napoleone vede le piramidi, e sulla sinistra i minareti e le cupole del Cairo.

Resta dapprima solo, immobile, lo sguardo che corre dalle piramidi ai minareti, poi al Nilo. Qui si trova nella culla della Storia. Si ricorda delle notti trascorse a Valence leggendo voracemente i libri che raccontano le gesta dell'antichità ed evocando la storia di quei popoli.

Non è là come un viaggiatore quale fu Volney e tanti altri che lo hanno fatto sognare, ma come conquistatore.

Convoca i generali. Si riuniscono intorno a lui. Le divisioni formeranno un quadrato, inizia a dire. Mentre parla, però, sente che dovrebbe trasmettere a quegli uomini la consapevolezza del momento che stanno vivendo.

— Andate, e pensate che dall'alto di quei monumenti — dice infine indicando le piramidi — quaranta secoli di Storia vi guardano.

Vede i primi assalti dei mamelucchi spezzarsi contro i quadrati. Vede le divisioni mettersi in movimento per stroncare i mamelucchi asserragliati nelle fortificazioni di Embabeh. Sente i cannoni che sparano a raffica, poi gli urli dei soldati che prendono d'assalto le mura.

Immagina la carneficina. Vede i soldati precipitarsi sui cadaveri dei mamelucchi e depredarli. Laggiù, in un duello corpo a corpo, un tenente francese affronta un

mamelucco a gran colpi di sciabola. Da questa parte i mamelucchi si gettano nel Nilo e fuggono.

È la vittoria. Passa a cavallo vicino ai carri di Murad Bey che i soldati stanno frugando. Vede altri soldati recuperare con la baionetta i cadaveri dei mamelucchi trascinati via dalla corrente per poterli depredare. Poi di colpo scende la notte.

Cammina da solo. Ha vinto. Qui, sotto lo sguardo dei secoli. Vede in lontananza la città del Cairo rischiarata dagli incendi appiccati dai predoni beduini e dai fellah. I mamelucchi hanno dato alle fiamme più di trecento navi. Il cielo è di brace, e le piramidi svettano rossastre nel buio della notte.

È il colore del sangue.

Si sente esausto.

Non entra ancora al Cairo. Aspetta senza impazienza, come se, ottenuta quella vittoria, si trovasse il vuoto davanti. Entra nella casa di campagna di Murad Bey a Giza. Attraversa le ampie stanze arredate con divani ricoperti di sete lionesi bordate con frange di fili d'oro. Passeggia tutto solo nel giardino, in mezzo alle più svariate piante odorose, si siede sotto un pergolato coperto di viti cariche di numerosi grappoli.

La solitudine gli pesa.

Dopo l'impazienza, le marce forzate, l'enorme tensione, è colto dalla malinconia. Pensa a Giuseppina. Chiama Junot. Ha bisogno di parlare di lei, di tranquillizzarsi, perché la gelosia lo assale di nuovo, perché dubita, e vorrebbe al tempo stesso essere illuminato e lasciato nella sua cecità. Ma Junot esplode. È tempo, in questa serata di vittoria, di affrontare la verità. Può un vincitore come il generale Bonaparte accettare di essere tradito?

Napoleone sobbalza. Ripensa improvvisamente a un ufficiale, un giovane che gli arabi avevano catturato sulla strada del Cairo e che i rapitori si proponevano di liberare dietro riscatto. Lui aveva rifiutato. E gli arabi lo avevano immediatamente ucciso con una pallottola in testa. Napoleone aveva assistito, poi aveva ripreso la sua strada. Non si poteva cedere al ricatto in quel modo. Si sente come l'ufficiale preso prigioniero. Junot, parlando, gli brucia le cervella. Giuseppina l'ha tradito, dice, ed elenca i nomi degli amanti che lei ha ostentato davanti a tutti. Bonaparte non aveva mai sospettato nulla?

Napoleone congeda Junot, si trattiene a lungo nel giardino. Poi viene sopraffatto dall'ira, rientra in casa, rovescia i soprammobili, si scontra con Bourrienne che accorre. Lo scruta. Non ci si può fidare di nessuno. Si è soli. — Voi non mi siete affatto devoto — grida. — Le donne…

Gli manca il respiro. — Giuseppina — mormora con voce sorda. Riconosce finalmente Bourrienne.

— Se mi foste stato devoto — riprende — mi avreste informato di tutto quello che ho appena appreso da Junot: ecco un vero amico.

Emette un ruggito. La voce gli si spezza.

— Giuseppina… E io sono a cento leghe… Dovevate dirmelo! Giuseppina, lei, ingannarmi…

Si allontana. Vorrebbe spaccare tutto.

— Maledetti. Sterminerò quella razza di cicisbei e damerini! Quanto a lei, il divorzio, sì, il divorzio, un divorzio pubblico, sensazionale! Devo scrivere, ora so tutto…

Si gira verso Bourrienne:

— È colpa vostra! Dovevate dirmelo.

Sente vagamente Bourrienne che parla di vittoria, di gloria.

— La mia gloria! Oh! Non so cosa darei perché quel che mi ha detto Junot non

fosse vero, tanto amo quella donna! Se Giuseppina è colpevole, è necessario che il divorzio mi separi da lei per sempre! Non voglio essere lo zimbello di tutti i fannulloni di Parigi. Scriverò a Giuseppe; lui farà pronunciare il divorzio!

Entrano nel giardino alcuni ufficiali. Hanno saputo che lì c'è una vigna, dell'uva. Napoleone si tiene in disparte mentre vendemmiano allegramente. Ha la testa vuota. Non prova più nulla, la collera lo ha sfinito.

Un messaggero rimane a lungo al suo cospetto senza che lui lo veda. L'ufficiale racconta che le due compagnie di fanteria, precedute dalla banda militare, sono entrate al Cairo come previsto, insieme a una delegazione venuta a presentare la resa della città.

— Non un'anima lungo il cammino — dice. — Soltanto le grida acute delle donne che risuonavano in tutti gli harem.

Gli harem? Napoleone solleva la testa e congeda brutalmente il messaggero.

Napoleone si stabilisce al Cairo, nel palazzo di Mohammed el Elfi, sulla piazza Ezbekieh, soltanto il 24 luglio.

Gli stanno tutti addosso. Deve ancora creare un'organizzazione. Istituisce un Divan, un consiglio composto dai capi religiosi della moschea di Al Azhar, gli ulema. Detta tutto il giorno e prosegue l'indomani.

Organizza delle unità di polizia basandosi sulle ex milizie ottomane.

Ogni tanto s'interrompe a metà frase, come se all'improvviso si ricreasse il vuoto, poi riprende. Bisogna metter fine ai saccheggi delle case dei mamelucchi da parte degli egiziani e dei soldati. Estende il principio del Divan all'insieme dei territori conquistati. Passano le ore. Si presentano dei commercianti. Sperano di poter riaprire le loro botteghe. È già la notte del 25 luglio. È di nuovo solo. Il vuoto.

Scrive a Giuseppe:

> Potrò rientrare in Francia fra due mesi: ti raccomando i miei interessi. Ho molti dispiaceri familiari, perché il velo è stato completamente squarciato. Mi resti solo tu sulla terra. La tua amicizia mi è assai cara; per diventare un misantropo non mi resta che perderla e vedermi tradito anche da te. È una condizione ben triste quella di provare insieme tutti i sentimenti per una stessa persona in un unico cuore... Mi capisci?

Sì, Giuseppe capirà. Anche lui deve conoscere da molto tempo il comportamento di Giuseppina.

"Fa in modo" continua Napoleone "che al mio ritorno trovi una casa in campagna, nei dintorni di Parigi o in Borgogna. Conto di passarvi l'inverno in ritiro."

Si alza, va fino alla finestra. La notte è lacerata dal latrare ininterrotto dei cani randagi che vagano in branco per le strade deserte. Napoleone ritorna al suo tavolo e scrive.

"Sono stanco della natura umana. Ho bisogno di pace e di solitudine. Qualsiasi forma di grandezza mi annoia. Il sentimento è inaridito, la gloria insipida. A ventinove anni ho dato fondo a tutto, non mi resta altro che diventare un perfetto egoista!"

Esita per un momento.

Pensa a quei soldati con i corpi mutilati, squartati, bruciati, alle loro teste tranciate da un colpo di scimitarra ed esibite dai mamelucchi come trofei.

Rilegge la frase, poi aggiunge:

"Desidero conservare la mia casa. Non la darei mai a nessuno, chiunque esso sia. Non possiedo più che l'indispensabile! Addio mio unico amico, non sono mai stato ingiusto verso di te!"

Non dorme. Odia quelle notti infuocate, quei cani che latrano. Comincia un rapporto per il Direttorio: "È difficile trovare una terra più fertile e un popolo più miserabile, più ignorante e abbrutito".

Prevede che non riuscirà a sedurre quel popolo. È troppo diverso. Gli ulema, se ne accorge da mille segnali, non si sono lasciati abbindolare dalle sue dichiarazioni a favore della loro religione. Ordina che la popolazione consegni tutte le armi. Teme una rivolta. E l'inquietudine lo assale di nuovo. Per il momento, quali che siano le sue aspettative per il futuro, deve rimanere in questa città. "Il Cairo" annota per il Direttorio "conta più di 300.000 abitanti e ha la peggior plebaglia del mondo." Ogni giorno deve prendere decine di decisioni, far fronte a tutto. Il 31 luglio scrive al generale Menou, che controlla il delta:

> I turchi possono essere governati soltanto con la massima severità; tutti i giorni faccio tagliare cinque o sei teste nelle vie del Cairo. Finora abbiamo dovuto risparmiarli per cancellare la reputazione di terrore che ci aveva preceduto: oggi, al contrario, dobbiamo prendere i provvedimenti necessari perché questi popoli siano ridotti all'obbedienza; e obbedire, per loro, significa aver paura.

Il 13 agosto è seduto sotto la sua tenda, vicino a Salheyeh, al confine con il deserto del Sinai. È incerto se oltrepassarlo. Interroga i suoi ufficiali. È possibile raggiungere Ibrahim Bey, che è fuggito verso la Siria e viene inseguito da una decina di giorni? Non hanno il tempo di rispondere: arrivano dei messaggeri, ansimando. Il 1° agosto, spiegano, la flotta di Nelson ha distrutto quella dell'ammiraglio Brueys nella baia di Abukir. Solo qualche nave si è salvata dal disastro. Il mare continua a restituire i cadaveri dei marinai. L'*Orient* è esploso, e lo scoppio e lo spostamento d'aria si sono sentiti fino ad Alessandria. Brueys è morto.

Scende un silenzio opprimente. — Siamo prigionieri — esclama ad alta voce un ufficiale.

Napoleone si alza. Dice con voce ferma: — Brueys è morto, si è comportato bene.

Poi si mette a camminare sotto la tenda davanti agli ufficiali, senza smettere di fissarli. — Ebbene, monsieurs — riprende in tono risoluto — ecco che siamo obbligati a fare grandi cose!

Si avvicina a loro.

— Le faremo! Se c'è da fondare un impero, lo fonderemo. Mari di cui non siamo padroni ci separano dalla patria, ma nessun mare ci separa dall'Africa né dall'Asia.

Li scruta. La maggior parte di loro abbassa lo sguardo.

— Siamo molti, non ci mancheranno certo uomini da reclutare nelle nostre fila. Non ci mancheranno certo armi e munizioni, ne avremo in quantità: all'occorrenza le fabbricheremo.

Gli ufficiali ridono nervosamente mentre lui esce dalla tenda, guardando lontano.

33

Ritorna al Cairo. Il 14 agosto 1798, quando entra nell'ampia sala dei ricevimenti del suo palazzo in piazza Ezbekieh, scende immediatamente il silenzio. Si sente solo lo zampillare dell'acqua nella fontana monumentale che occupa il centro della sala.

Indovina le domande che affiorano sulle labbra di tutti, degli ufficiali, dei bey e degli ulema. I volti di questi ultimi sono impassibili, e tuttavia legge nei loro occhi l'esultanza. Il disastro di Abukir è noto a tutti.

Lo guardano di soppiatto. Si siede. Deve mostrarsi sereno. Fa un gesto.

I domestici si affaccendano intorno a sette caffettiere poste sul fuoco. Offre caffè e zucchero. S'informa della festa del Nilo che sarà celebrata l'indomani, 15 agosto, e di quella indetta per l'anniversario della nascita di Maometto. Sanno che lui è nato in quello stesso giorno, ventinove anni prima?

Mentre le autorità musulmane lo osservano bevendo lentamente il loro caffè, dichiara: — Intendo fondare un regime basato sui principi del Corano, i soli autentici, i soli che possano fare la felicità degli uomini.

Si alza. L'incontro è terminato. Riaccompagna i suoi ospiti fino all'ampia scalinata di marmo, alabastro e granito di Assuan.

Berthier e Bourrienne sono rimasti nella sala. Non osano aprir bocca. Lo seguono mentre percorre le sale del palazzo il cui proprietario, Mohammed Bey el Elfi, è fuggito nell'Alto Egitto. È l'unico palazzo del Cairo con i vetri alle finestre e un bagno a ogni piano.

Napoleone si ferma.

Nemmeno i suoi ufficiali più vicini lo capiscono. Cosa credono? Che si sia convertito all'Islam? Un giorno, dovendo ricevere i membri del Divan, si è vestito come un turco indossando una tunica all'orientale e un turbante; Bourrienne e Tallien, giunti da poco in Egitto, si sono messi a ridere. E lui ha desistito, indossando di nuovo la redingote nera abbottonata fino al collo. Doveva scegliere se disorientare i suoi soldati o eventualmente incantare gli egiziani. Gli animi non gli sono parsi ben disposti. Non per questo rinuncerà ai suoi progetti. Ha intenzione di creare delle unità militari composte di schiavi negri dell'Alto Egitto, di beduini, di uomini un tempo servi dei mamelucchi. Ne risulterebbe in tal modo un esercito a immagine del paese, dell'impero che ancora sogna di fondare. Risolverebbe così anche il problema degli effettivi, dal momento che il suo esercito si va assottigliando, i malati si ammassano negli ospedali e la peste flagella le città della costa.

Deve vigilare su tutto. Interroga Berthier. È stato imposto ai soldati, così come lui aveva chiesto, di fare un bagno al giorno e di tenere pulite le uniformi? A che punto è la stampa del "Courrier d'Égypte", il primo giornale destinato a informare l'esercito?

Guarda Berthier. Apprezza molto quell'uomo efficiente, scrupoloso. Lo stima per la passione che nutre per una milanese, la signora Visconti, rimasta in Italia. Berthier desidera parlarne.

— Riesco a comprendere la vostra passione, ma non l'adorazione — mormora Napoleone.

Berthier china il capo. Ha chiesto di poter rientrare in Europa. Non ha fatto mistero delle sue motivazioni. Ma sa che la flotta è stata distrutta.

— Se vi imbarcaste su una fregata — aggiunge Napoleone — potreste raggiungerla in breve tempo.

Poi, prendendo Berthier e Bourrienne a testimoni, accusa l'ammiraglio Brueys di imprevidenza, e l'ammiraglio Villeneuve di non aver dato battaglia e di essere fuggito dalla rada, secondo testimonianze unanimi.

— L'impero del mare appartiene ai nostri avversari. Ma per quanto grande sia stata la disfatta, non si può attribuirla alla volubilità della dea Fortuna; lei non ci ha ancora abbandonato. Anzi, è venuta in nostro aiuto in questa impresa più di quanto abbia mai fatto.

Vede lo stupore sui volti di Bourrienne e Berthier.

— Ora non ci resta altro da fare che organizzare la nostra conquista — spiega.

— Quel che amo in Alessandro — continua — non sono le sue campagne milita-

ri, ma i suoi metodi politici. È stata la mossa di un grande politico, stabilirsi ad Ammon per regnare sull'Egitto.

Berthier e Bourrienne avranno capito?

— Il mio progetto — prosegue Napoleone — è governare nel modo in cui la maggioranza degli uomini vuol essere governata. È questa, credo, la maniera per riconoscere la sovranità del popolo. Se governassi una nazione di ebrei, ricostruirei il tempio di Salomone.

Si interrompe. Il 18 agosto assisterà alla festa del Nilo, poi, qualche giorno dopo, a quella in onore di Maometto, il 21 settembre si celebrerà la festa della Repubblica, e in seguito, il 4 ottobre, la ricorrenza del 13 vendemmiaio. In quei giorni si dovranno riunire le bande musicali, i generali in alta uniforme e le truppe.

Berthier e Bourrienne si allontanano.

"Domani, 15 agosto 1798, compirò ventinove anni."

Il 18 agosto, alle sei della mattina, quando il sole già scalda, Napoleone precede di qualche metro i generali e le autorità cairote che si recano al *Megyas*.

È lì che verrà aperta la diga che permetterà alle acque del Nilo di inondare una parte della campagna intorno alla città, e di riversarsi nel canale. Le bande suonano. Si sparano salve di artiglieria. Infine l'acqua dilaga.

Napoleone osserva la corrente e la folla. Comincia a gettare delle monete. Si azzuffano per raccoglierle, lo seguono quando torna verso il suo palazzo di piazza Ezbekieh.

Il 21 agosto la città è di nuovo in festa per l'anniversario della nascita del Profeta. Napoleone presiede le parate militari. La forza deve essere ostentata. Si siede in mezzo agli ulema per il grande banchetto. Detesta quella carne di montone troppo grassa, quelle pietanze troppo speziate. Ma immerge comunque le dita nella salsa, afferra i pezzi di carne come tutti gli altri commensali.

Il generale Dupuy, che comanda la piazza del Cairo, si china verso Napoleone.

— Stiamo ingannando gli egiziani — dice — con questa nostra finta osservanza della loro religione, alla quale non crediamo più di quanto crediamo a quella del papa.

Perché rispondergli? Quanti uomini saprebbero vivere senza religione? E sarebbe possibile governare un popolo che non riconosca il potere di un Dio? E che non tema il castigo divino? O quello delle armi?

Napoleone vuole dunque che, il 21 settembre, forze militari ancor più numerose partecipino alla festa della Repubblica. Fa costruire sulla piazza Ezbekieh una pista circolare al centro della quale viene innalzato un obelisco ligneo con iscritti i nomi dei soldati caduti nel corso della conquista. Un tempio circonda il monumento. Reca sul frontale, a grandi lettere d'oro, la scritta: "Non c'è altro Dio all'infuori di Dio, e Maometto è il suo profeta". Le bandiere tricolori vengono issate insieme ai colori turchi, al berretto frigio e alla mezzaluna.

Per governare bisogna coalizzare le forze, gli uomini, le idee e tenere stretto tutto quanto in un pugno di ferro.

Questo è stato sicuramente il principio di tutti i conquistatori, di tutti gli imperatori, di tutti gli uomini che hanno voluto imprimere il loro marchio sulla storia dei popoli.

Lui appartiene a quella schiera. Ne è certo adesso, mentre osserva i soldati sfilare sulla pista circolare, e i cavalieri lanciarsi in gare simili a quelle che dovevano svolgersi un tempo in quei luoghi, nel corso dei secoli che videro civiltà oggi scomparse.

Avanza verso un altare su cui sono stati deposti il Corano e le tavole dei Diritti dell'Uomo. Si rivolgerà ai soldati, celebrerà le loro imprese ed esalterà la Repubblica.

Comincia a parlare. Sente che le sue parole rimangono senza alcuna eco. Nessuno grida — Viva la Repubblica! — Gli uomini sono stanchi, preoccupati per la guerra con la Turchia che sanno imminente, angosciati all'idea di rimanere schiavi della loro stessa conquista.

Alza il braccio. L'artiglieria spara a salve, poi i fuochi d'artificio illuminano il cielo.

L'entusiasmo degli uomini è come una mongolfiera che si sgonfia. Bisogna alimentarla di continuo. Altrimenti, nulla è possibile.

Ma non starà vacillando anche lui?

Si mette subito all'opera. Fonda l'Istituto per l'Egitto. Ama recarvisi. Non ne è il vicepresidente?

Monge, il presidente, lo accoglie nel palazzo che apparteneva a Qassim Bey e che è situato a Nasrieh, nei sobborghi del Cairo.

Tutti gli studiosi della spedizione alloggiano là, negli edifici che sorgono intorno a un giardino ombroso.

Napoleone entra nella sala delle riunioni che una volta era il salotto principale dell'harem. Monge, Berthollet, Geoffroy Saint-Hilaire sono seduti intorno a lui. Li ascolta. Le scoperte sono state numerosissime. A Rosetta, spiega appassionatamente Berthollet, il capitano Bouchard ha scoperto sul lato levigato di un grosso blocco di basalto un'iscrizione greca, a quanto pare tradotta in geroglifici e in una terza scrittura che non è stato possibile identificare. Sarà finalmente possibile, forse, decifrare i geroglifici comparandoli alle altre grafie?

Napoleone ascolta. Dimentica i suoi sogni imperiali, l'idea di marciare alla volta dell'India, di stringere alleanza con Tippu Sahib, il sultano del Mysore, il quale è talmente avverso agli inglesi da accettare che i francesi creino a Mysore un club giacobino!

Visita la biblioteca che è stata sistemata in uno degli edifici: soldati, ufficiali e alcuni sceicchi si trovano fianco a fianco. Attraversa il giardino, passa davanti al laboratorio e agli atelier dei pittori. A volte prende parte, nel giardino dell'Istituto, alle discussioni degli studiosi.

È attratto da un altro sogno, quello della conoscenza. Sapere, conoscere. L'entusiasmo che lo aveva contraddistinto negli anni dell'adolescenza lo afferra di nuovo:
— Dignità della scienza — dice prendendo il braccio di Geoffroy Saint-Hilaire. — È il solo termine che renda esattamente il mio pensiero. Non conosco miglior impiego della vita di un uomo che quello di lavorare alla conoscenza della natura e di tutto ciò che in essa vive, di tutto ciò che è posto sotto il suo dominio nell'ordine delle cose.

Continua a parlare con fervore. Bisognerebbe disegnare una mappa dell'Egitto, ritrovare le tracce di quel canale dei faraoni che partiva da Suez in direzione del Mediterraneo.

— Andrò a Suez — dichiara alzandosi.

Monge e Geoffroy Saint-Hilaire lo accompagnano fino all'ingresso dell'Istituto. Li osserva attentamente. Quegli uomini hanno un'aria felice. Interroga Geoffroy Saint-Hilaire. — Qui ho incontrato uomini il cui solo interesse è costituito dalle scienze — dice Saint-Hilaire in tono esaltato. — Mi sembra di vivere al centro di una calda sorgente di luci... Noi ci occupiamo con entusiasmo di tutte le questioni che riguardano il governo e le scienze alle quali ci siamo volontariamente consacrati.

È lui che ha permesso tutto ciò.

Rientra nel suo palazzo. Le strade intorno alla piazza Ezbekieh da qualche settimana hanno cambiato aspetto. Sono stati aperti dei caffè, gestiti da cristiani del Cairo. Una folla brulicante si accalca davanti alle bottegucce. Molti soldati si aggirano comprando polli, montoni, barattando cose che a volte hanno saccheggiato nel corso delle azioni contro i beduini. Parecchi di loro sono accompagnati da donne, di tutte le età, che sono state anch'esse comprate. Queste indossano abiti europei. Li esibiscono con fierezza.

Accanto a lui, tra i suoi ufficiali, nota la stessa ricerca del piacere. Ciò lo irrita e lo ferisce. Eugenio Beauharnais si fa vedere in compagnia di una giovane nera il cui corpo flessuoso attira tutti gli sguardi.

Certe sere, quando Napoleone rimane da solo, nel cuore della notte, il ricordo di quelle donne lo ossessiona. Nel caldo umido che stimola la lussuria sente il bisogno di avere un corpo accanto a sé. Numerosissime prostitute passeggiano nelle vicinanze del palazzo. Non riesce a dormire. I latrati dei cani lacerano la notte. Eppure aveva dato ordine di eliminare tutti quei branchi di randagi. Sono stati accerchiati sulla piazza grande e abbattuti a decine, gli dicono, ma ce ne sono a centinaia, imprendibili.

All'improvviso prova una sensazione di impotenza, l'amarezza lo assale. Anche lui, come i suoi ufficiali, si sente prigioniero.

Gli sceicchi gli hanno offerto delle donne. Le ha trovate troppo grasse, troppo vecchie, ammassi di carne flaccida. Si è sentito umiliato. E il ricordo di Giuseppina riaccende la collera che prova nei suoi confronti.

Una sera lo sceicco El Bekri ha spinto davanti a lui una giovinetta di sedici anni. Ha trascorso con lei alcune notti. Ma che cos'è una donna che sa solo subire? Lei lo ha soddisfatto e annoiato. E lui si è sentito ancora più solo. Dopo qualche settimana l'ha mandata via. È uscito in compagnia dei suoi aiutanti di campo che frequentano il Tivoli. È stato lui a volere l'apertura di quel teatro alla francese. Ci sono piste da ballo, sale da gioco e anche una biblioteca. Le poche donne che hanno seguito la spedizione fanno a gara di seduzione, corteggiate dagli ufficiali.

Si siede a un tavolo. Osserva il pubblico. Eugenio Beauharnais e Junot gli hanno parlato di una giovane donna bionda, moglie di un certo tenente Fourès, seducente e allegra. Lei è là. La guarda insistentemente per tutta la serata. La vuole. Gli è necessaria. Lei non smette di girarsi verso di lui. Napoleone prova, per la prima volta dopo tanti mesi, un desiderio imperioso che cancella ogni altro pensiero.

Sa che tutti hanno notato il suo atteggiamento. Mormorano indicando Pauline Fourès. Non se ne preoccupa. Vuole. Dunque, deve avere.

Non ha alcun dubbio che lei cederà. Dal modo in cui risponde ai suoi sguardi, capisce che è pronta a darsi a lui. Prende informazioni. Ha vent'anni. È stata modista. Ha seguito suo marito travestita da soldato. I suoi capelli biondi, dicono, sono così belli, così lunghi, da coprirla come un manto.

Detta un ordine: — Si ordina al cittadino Fourès, tenente del 22° reggimento cacciatori a cavallo, di partire con la prima diligenza da Rosetta per recarsi ad Alessandria e lì imbarcarsi… Il cittadino Fourès sarà latore di dispacci, che potrà aprire solo in mare, nei quali troverà le istruzioni che lo riguardano.

Così agiscono i re.

Non è forse diventato pari a un sovrano?

Lei cede. Si stabilisce in una casa vicino al palazzo, in piazza Ezbekieh. Napoleone va a passeggio con lei in calesse. Sa che la chiamano "Cleopatra" o "nostra regina d'Oriente". Si sazia del suo corpo, della sua allegra spontaneità, delle sue chiac-

chiere vivaci. Lei è la sua "Bellilote", è quello il suo soprannome. E quando il tenente Fourès ritorna, perché gli inglesi, dopo aver catturato la nave sulla quale viaggiava, l'hanno liberato per creare un incidente con Napoleone, lei divorzia. È sufficiente una parola. Lei è la prima donna con la quale può comportarsi da padrone. Non è più il giovane generale che una donna esperta poteva sedurre con qualche moina, grazie al proprio fascino, per imporgli i propri desideri. È lui, ormai, che comanda. Ed è come se Bellilote gli avesse svelato che lui ama sentirsi proprio così. Che bisogna comportarsi da conquistatori anche con le donne. Lei lo ha liberato da quella sottomissione volontaria che, per alcuni anni, aveva fatto di lui lo spasimante sconsolato di Giuseppina. Tutto questo non esiste più.

Perché non sposare Bellilote? A volte ci pensa. Infatti ora divorzierà da Giuseppina, verso la quale nutre rancore. È finalmente così facile, così divertente amare una donna come Bellilote!

Se lei gli desse un figlio, non esiterebbe a sposarla. — Ma che volete — dice a Bourrienne — la sciocchina non ne può avere.

Sarebbe il momento opportuno, del resto?

Quella donna lo distrae, lo soddisfa, gli dà equilibrio. Presiede alle cene, si trova sempre al suo fianco. È scortata dagli aiutanti di campo. Eugenio Beauharnais si è ribellato. Lui è il figlio della legittima sposa, ha esclamato. Napoleone non ha risposto, ma l'ha dispensato dal servizio. Non vuole che insorgano problemi con Eugenio, bravo soldato e devoto aiutante di campo. Inoltre non tollera che la sua vita privata sconfini nei doveri e nelle responsabilità del suo ruolo pubblico.

Giuseppina non è mai riuscita a indurlo a rinunciare ai suoi doveri. Come potrebbe riuscirci Bellilote?

Una donna può illuminare o offuscare il suo destino, ma non sarà certo una donna quel destino.

Ha dovuto soffocare la rivolta di una parte della popolazione del Cairo. Gli uomini hanno ucciso, saccheggiato, depredato con furia cieca. Per fermarli si è reso necessario aprire il fuoco sulla moschea Al Azhar. Il generale Dupuy è stato assassinato, l'aiutante di campo Sulkowski è caduto a sua volta mentre effettuava una ricognizione nei dintorni del Cairo.

— È morto, è felice — esclama Napoleone.

Lo pervade un furore rivelato solo dal pallore e da una sorta di impazienza.

— Sono sommamente disgustato da Rousseau — esplode. — Il buon selvaggio è una bestia.

Sono stati uccisi quasi trecento francesi, e sicuramente sono morti quasi tremila insorti. Ora si dovrà infierire, ordinare che nella cittadella siano eseguite decapitazioni e che i cadaveri vengano gettati nel Nilo, mentre i soldati si abbandoneranno a saccheggi, violenze, uccisioni.

A quel punto sarà necessario trattenere il braccio vendicatore, opporsi agli ufficiali e ai soldati, che vorrebbero "far passare immediatamente a miglior vita coloro che hanno visto le truppe francesi ripiegare".

Ecco cosa chiedono le truppe, e che bisogna rifiutare loro, perché non si può governare un popolo soltanto con il terrore. Non l'hanno capito?

All'indomani della rivolta Napoleone riceve le autorità. Si inginocchiano. Lui li fissa. Quegli ipocriti si fingono sottomessi quando invece hanno incitato il popolo all'insurrezione.

— Sceriffi, ulema, predicatori delle moschee — li investe — rendete noto al popolo che coloro i quali, per leggerezza di spirito, si dichiarassero miei nemici, non

avranno scampo né in questo mondo né nell'altro... Felici coloro che, in buona fede, saranno i primi ad allearsi con me.

Li fa alzare.

— Verrà un giorno — prosegue — in cui vi convincerete che tutto ciò che ho fatto, e tutto ciò che ho voluto, mi è stato ispirato da Dio. Voi capirete allora che, anche se tutti gli uomini si riunissero per opporsi ai disegni di Dio, non potrebbero impedire l'attuazione delle sue sentenze, ed è a me che ha dato l'incarico di attuarle.

— Il tuo braccio è forte e le tue parole sono di zucchero — gli dicono.

È quello il linguaggio che deve usare, e non deve inebriarsene.

E tuttavia, a ogni passo che compie, la presenza della Storia è talmente forte da inebriarlo. Riceve nella sua tenda i mercanti dello Yemen, le cui carovane si spingono fin nelle Indie. Tratta con i beduini. Si reca alle fonti di Mosè, là dove, dalle rocce del Sinai, sgorga dell'acqua dolce.

Si trova sulle terre dove si è forgiata la religione degli uomini. Anche lui attraversa il mar Rosso, e la marea lo sorprende d'improvviso con la sua scorta. I cavalli sono costretti a tenersi a galla nella notte che scende. Assomigliano ai soldati del faraone che stanno per essere inghiottiti dal mare. Ma raggiungono finalmente la riva, nel fragore delle onde. Il generale Caffarelli ha perduto la sua gamba di legno.

Napoleone si inoltra su un promontorio da cui si domina il flusso della marea. Ecco dove sono nati i miti. Lui è qui ritto in piedi, ed è qui che il suo destino si alimenta. Qui, forse, nascerà la sua leggenda.

Sulla via del ritorno scopre il canale scavato dai faraoni. Smonta da cavallo, lo percorre per un lungo tratto.

Il tempo, come la sabbia, seppellisce il lavoro degli uomini, ma lascia vivere la loro leggenda.

Ritrova Bellilote. Vive insieme a lei qualche giorno di calda passione e di oblio.

Infatti sa che dovrà allontanarsi e ritrovare la solitudine dell'azione. L'immaginazione lo conduce lontano. La Turchia ormai è in guerra. Le sue truppe sono giunte in Siria e si dirigono in Egitto. Bisogna fermarle. E quindi affrontarle. Sconfiggerle, e vedere in tal modo spalancarsi le porte per l'India o per Costantinopoli.

All'inizio del mese di febbraio, tuttavia, un commerciante francese, Hamelin, riesce a superare il blocco navale inglese. Reca notizie dall'Europa. La Francia deve far fronte a una coalizione, le sue conquiste sono minacciate. — Se nel mese di marzo il rapporto del cittadino Hamelin sarà confermato, e se la Francia si solleverà in armi contro i re, tornerò in Francia — afferma Napoleone.

Le porte dell'avvenire si sono riaperte.

Lascia il Cairo per la Siria.

Conducono alla sua presenza tre granatieri del 32° reggimento, accusati di aver ucciso due donne egiziane nella loro casa, nel corso di un tentativo di furto. Il Divan vuole che sia il generale in capo a giudicarli.

Sono lì davanti a lui, emaciati, protestano la loro innocenza, ricordando i combattimenti a cui hanno preso parte. Napoleone li interroga. Si confondono. Alcune prove, un bottone, un brandello di uniforme, li accusano. Decide da solo. Saranno fucilati.

Alcune ore dopo vengono giustiziati alla presenza di tutta la brigata, dopo aver alzato il calice "alla salute di Bonaparte".

Ascolta il racconto dell'esecuzione. Alcuni soldati hanno protestato, altri si sono congratulati per quella punizione in nome dell'ordine, della disciplina e della giustizia. Dice al medico Desgenettes che si trova al suo fianco:

— Come diavolo si potrebbe contestare ragionevolmente, a un uomo al quale lo Stato affida talvolta la vita di 100.000 uomini, il diritto di reprimere, in base a una sua convinzione personale, dei delitti tanto gravi...

Fa qualche passo, poi aggiunge:

— Un generale in capo deve essere investito di un potere terribile.

34

Fa freddo. Napoleone si volta indietro. A qualche centinaio di metri il villaggio sta bruciando. Sente ancora qualche grido, poi, mentre si allontana circondato dalla scorta a cavallo, quelle grida svaniscono. Berthier gli si avvicina e, continuando a galoppare, gli chiede delle sue ferite. Napoleone dà un colpo di sperone al cavallo e soffoca un gemito. La coscia è dolorante, la testa sembra esplodergli, pulsa dove ha ricevuto il colpo, sulla tempia. Si volta di nuovo. La compagnia in sella ai dromedari forma una schiera che nasconde alla vista le fiamme che avvolgono il villaggio dove, quel 15 febbraio 1799, avrebbe potuto morire. Si era trovato isolato insieme a Berthier lasciando che la scorta li distanziasse, i contadini si sono precipitati verso di lui armati di bastoni e d'improvviso lo hanno circondato, colpito. Poi è spuntata la cavalleria, menando fendenti, uccidendo, bruciando il villaggio.

Questa disavventura è un altro segno del destino. Da quando avanza verso nord, alla testa dei 13.000 uomini che compongono la sua armata, non è animato da alcun entusiasmo. Eppure attraversa il paese della Bibbia, quello dove arrivarono anche i Crociati. Immagina una rivolta delle popolazioni cristiane di Palestina e un'insurrezione degli arabi coalizzati contro i loro dominatori ottomani. Se ciò avvenisse, potrebbe raggiungere sia l'India sia Costantinopoli, e stravolgere la carta del mondo. Ma tutto ciò, con suo stesso stupore, lo lascia in uno stato di cupa indifferenza.

Il 17 febbraio 1799 arriva a El Arich. Le truppe del generale Reynier hanno conquistato la fortezza. Napoleone attraversa lentamente il campo, dove i soldati hanno acceso grandi fuochi su cui arrostiscono montoni o quarti di cavallo. Hanno montato tende spaziose, e guardando all'interno Napoleone scorge alcune donne, nere abissine e circasse. Per terra sono disposti materassi e stuoie.

Sarà in grado quell'armata di arrivare fino all'Indo? I soldati non gli prestano attenzione. Arriva il generale Reynier, accompagnato dai suoi ufficiali. La fortezza di El Arich era ben difesa, spiega, ma l'attacco è stato sferrato di sorpresa. Gli ottomani sono stati assaliti nel sonno. Gli uomini che hanno partecipato all'attacco hanno subito poche perdite, mentre tra i turchi ci sono pochissimi sopravvissuti, e indica col braccio i corpi ammassati al suolo.

Napoleone viene avanti. — È una delle migliori operazioni militari possibili. — Poi mostra l'accampamento. L'indisciplina vi regna sovrana. Perché quei fuochi davanti ai quali ogni gruppo bivacca a modo suo? Dove sono finiti gli approvvigionamenti? Chi distribuisce i viveri?

Improvvisamente Reynier si adira, protestando contro quelle accuse. I suoi ufficiali lo difendono. Il generale Kléber, sopraggiunto in quel momento, aggiunge che non si era provveduto a niente, e che non si può sostentare un esercito con le sole provviste confiscate al nemico.

Napoleone li squadra con severità.

L'armata lascerà El Arich il 21 febbraio, dice. Marcerà verso Gaza, Giaffa, San Giovanni d'Acri.

Si dirige verso la sua tenda, vede riuniti intorno a un fuoco Monge, Berthollet,

l'interprete Venture, il pittore Vivant Denon, il medico Desgenettes e altri studiosi, che spera seguiranno l'armata in Siria.

— Palestina, terra di massacri — dice Venture.

Napoleone lo sa. Pensa al dio Moloch, al quale i fenici sacrificavano vite umane, alle stragi degli innocenti volute da Erode, dai romani, dai crociati. La morte, qui, ha generato la Storia.

Lui, oggi, incarna la Storia in divenire. La testa e la gamba gli dolgono sempre. Ma è vivo. I suoi nemici sono morti. Non c'è altra legge, dall'inizio dei tempi.

Il 25 febbraio 1799 entra a Gaza.

La pioggia cade ininterrottamente. Avanza nell'acqua e nel fango. I cammelli muoiono per il freddo sulla strada di Ramaleh. Due monasteri di pietra color ocra sovrastano la piccola città. Napoleone vi si reca. Uno è di rito armeno, l'altro di rito cattolico. Gli si fanno intorno. Stringono le sue mani. Alcune donne, dalla pelle bianchissima, si inginocchiano davanti a lui. Le ascolta. È il primo cristiano che sia arrivato fin lì da secoli. Attraversa le sale a volta seguito dal medico Desgenettes. Qui, dice, organizzeremo un ospedale militare. Mentre lasciano il monastero cattolico, vede arrivare i primi feriti, ammassati sui carri.

Continua a piovere. Le truppe, che nel frattempo ha raggiunto, avanzano lentamente verso Giaffa. Capisce la loro fatica, il loro sfinimento. Gli uomini, soldati e ufficiali, detestano allontanarsi ancora di più dalla Francia, e dallo stesso Egitto, dove hanno contratto ormai le loro abitudini. A quale scopo? Spezzare l'esercito turco? Perché non aspettare che raggiunga il Nilo? Perché andargli incontro? Dovranno mettere sotto assedio le città, dopo ogni combattimento? A cosa serve aver lodato Maometto, chiamato gli arabi a unirsi all'armata, se poi essi si dimostrano ovunque così barbari, feroci, spietati?

Il 4 marzo arrivano a Giaffa.

Napoleone osserva quella città che occorre espugnare. È situata su un'altura che assomiglia a un pan di zucchero. Le case degradano lungo i pendii, protette da un muro di cinta fiancheggiato da torri. Nel vento freddo prepara il piano d'attacco, poi, a lavoro quasi ultimato, si reca nelle trincee.

I soldati si stringono intorno a lui, ai piedi del pendio sul quale si dovranno inerpicare. Detta a Berthier un messaggio per il governatore di Giaffa: "Dio è clemente e misericordioso... È per scongiurare le sventure che si abbatterebbero sulla città, che il generale Bonaparte chiede al pascià di arrendersi prima di esservi costretto da un attacco in procinto di essere sferrato".

Napoleone segue con lo sguardo l'ufficiale incaricato di consegnare il messaggio. L'uomo si avvicina a una delle porte del muro di cinta della città, gli aprono, lo trascinano dentro.

Sulle trincee scende il silenzio. All'improvviso sui bastioni spuntano delle siluette. Brandiscono la testa dell'ufficiale. Immediatamente scoppia un urlo, e le truppe si lanciano all'attacco prima ancora di ricevere l'ordine.

Dopo, sembrano dimenticare che il nemico è un essere umano.

Napoleone sente le urla, vede la carneficina. I soldati ritornano, le baionette rosse di sangue. Rientrano all'accampamento carichi di bottino, spingendo davanti a sé donne e fanciulle che venderanno o baratteranno con altre mercanzie.

Napoleone si ritira nella sua tenda. Si sente come svuotato. Il suo corpo è gelido. Nella roccaforte sono ancora barricati due o tremila turchi, gli dice Berthier. Sembra che in città ci siano dei casi di peste. Il saccheggio ha gettato l'armata nello scompiglio.

Napoleone sembra uscire da un letargo. Ordina che vengano inviati due ufficiali a verificare la situazione. Eugenio Beauharnais si fa avanti. Vuole essere uno di loro. Napoleone acconsente. Ha di nuovo lo sguardo fisso.

Beauharnais ritorna dopo alcune ore. Ha ottenuto la resa incondizionata dei turchi. Stanno capitolando e abbandonano le armi.

Napoleone si alza. Mormora, pallido in volto:

— Cosa vogliono che ne faccia, che diavolo hanno combinato laggiù? — Convoca un consiglio di guerra. Squadra i suoi ufficiali, tutti abbassano lo sguardo.

— Dobbiamo rimandare gli egiziani nella loro terra — dice Napoleone. E poi domanda: che fare degli altri?

Nessuno risponde. Cammina, le mani dietro la schiena, il corpo incurvato. Si ricorda di un libro di Volney che aveva letto a Valence, poi delle loro conversazioni in Corsica. Un conquistatore della Palestina aveva fatto innalzare una piramide di teste mozzate per impossessarsi del paese con il terrore.

La morte del nemico è un'arma.

— Dobbiamo — ricomincia.

Gli ufficiali escono. Rimane impietrito, gelido.

Nelle dune a sudovest di Giaffa accadrà l'inevitabile.

I prigionieri saranno divisi in piccoli gruppi. Alcuni tenteranno di salvarsi gettandosi in mare. L'acqua si arrosserà. E quando i soldati avranno esaurito le munizioni, colpiranno con la baionetta.

Sente le urla di quelli che vengono sgozzati. E dopo alcune ore avverte l'odore di morte che sale da quel carnaio di quasi tremila corpi.

È un conquistatore della Palestina tra gli altri conquistatori.

Detta a Bourrienne, che lo guarda con una sorta di terrore, un proclama destinato agli abitanti della Palestina, a quelli di Naplusa, di Gerusalemme e di San Giovanni d'Acri:

> È bene che voi sappiate che tutti gli sforzi umani contro di me si sono rivelati inutili, poiché tutto quanto io intraprendo è destinato a riuscire. Coloro che si dichiarano miei amici prosperano. Coloro che si dichiarano miei nemici periscono. Quanto è appena accaduto a Giaffa e a Gaza deve farvi comprendere che, se sono implacabile con i miei nemici, so essere generoso con i miei amici e soprattutto clemente e misericordioso con i poveri.

Poi, con un gesto brusco, congeda Bourrienne.

Si siede. Dove si trova? Chi è? Cosa ha fatto? Dove sta andando? Non sa da quanto tempo si trova in quella posizione. Forse la notte è trascorsa senza che si sia mosso, poiché ormai è giorno pieno.

Il medico Desgenettes è davanti a lui. Da quanto tempo gli sta parlando di quei malati ammassati nell'ospedale? Hanno enormi bubboni nella regione inguinale e sul collo. Si tratta di peste. Desgenettes comunque ha tentato di rassicurare gli uomini. Lui stesso ha immerso la punta di un pugnale nel pus di un malato, poi si è punto l'ascella e l'inguine.

Napoleone si alza e si reca immediatamente all'ospedale. Alcuni ufficiali del suo stato maggiore lo seguono guardandolo spaventati, come quando ha ordinato l'esecuzione dei prigionieri.

Quegli sguardi lo giustificano, lo assolvono. Lui è di un'altra tempra. I suoi gesti non devono essere giudicati con il metro ordinario degli uomini. Il ruolo che ha,

vuole avere, e avrà nella Storia giustifica tutto. Non teme la morte. La sfida. E se la morte lo avrà, vorrà dire che si è sbagliato sul senso del proprio destino.

Gli appestati sono distesi nella penombra, c'è un fetore ripugnante di escrementi. Ogni angolo dell'ospedale è occupato dai malati.

Napoleone cammina a passi lenti. Interroga Desgenettes sull'organizzazione dell'ospedale. I suoi ufficiali rimangono a qualche passo da lui, tentano di impedirgli di chinarsi su ogni malato, di parlargli, di toccarlo.

Il re, a Reims, toccava i malati di scrofolosi.

Il re era un taumaturgo.

Lui deve essere come quei re. La sua paura, le sue emozioni, non contano. È sottomesso alla sola legge del proprio destino, e compie i gesti che quella legge gli impone. Dimentica quel che prova per essere soltanto ciò che deve fare.

Entra in un'angusta stanza dell'ospedale. I malati vi giacciono ammassati. Uno di questi è là, morto, riverso su un giaciglio. Ha il volto deformato dalla sofferenza. Le vesti ridotte a brandelli e insozzate dal pus fuoriuscito dalla rottura di un enorme bubbone.

Napoleone non esita. Afferra quel corpo. Alcuni ufficiali tentano d'impedirglielo. Ma lui stringe contro di sé il soldato morto e lo porta via.

Cosa teme? Soltanto di non essere all'altezza del compito a cui è chiamato. La morte, la propria e quella altrui, non è nulla.

La peste non lo ha colpito. Ma il destino è là, nella baia di Haifa: due navi di linea inglesi, la *Tigre* e il *Teseo*, subito raggiunte da cannoniere e navi turche, sono all'ancora.

Napoleone occupa Haifa, all'estremità meridionale della baia. Sull'altra penisola, a nord, in posizione dominante su un piccolo porto, sorge la cittadella di San Giovanni d'Acri, sormontata da una torre imponente.

Contempla a lungo la vasta baia spalancata sul mare. Sa chi sono gli uomini che ha davanti. Il governatore di San Giovanni d'Acri è chiamato "Djezzar il Macellaio". Napoleone si ricorda dei racconti di viaggio di Tott, letti a Valence insieme ai libri di Volney. Djezzar il Macellaio, racconta Tott, aveva fatto murare vivi negli spalti eretti attorno a Beirut centinaia di cristiani di rito greco, lasciandone fuoriuscire solo le teste per potersi rallegrare dei loro tormenti. Ecco chi è l'uomo che ha ricevuto aiuto dall'inglese Sidney Smith. Napoleone aveva incontrato Smith per la prima volta durante l'assedio di Tolone. Costui aveva bombardato la flotta francese nella rada mentre le truppe della Convenzione, di cui Napoleone faceva parte, s'impossessavano della città. Da allora non ha smesso di combattere contro la Francia. Napoleone si ricorda di una lettera ricevuta nel 1797, poco dopo il 13 vendemmiaio, nella quale Sidney Smith, agli arresti a Parigi, chiedeva di essere liberato in cambio di prigionieri francesi. Napoleone non aveva risposto. Poco dopo era venuto a sapere della sua evasione, avvenuta grazie alla complicità di alcuni agenti del re, tra i quali Le Picard de Phélippeaux.

Phélippeaux! È a San Giovanni d'Acri, comandante d'artiglieria di Djezzar il Macellaio. Anche questo è un segno.

— Phélippeaux… — comincia Bourrienne.

Napoleone lo zittisce con un cenno del capo. Quell'incontro, lì sotto le mura di San Giovanni d'Acri, è un nodo del destino.

Gli tornano alla memoria tutti gli scontri avuti con Phélippeaux alla scuola militare. I calci sotto il tavolo del refettorio, la rivalità, l'odio. Troveranno qui la conclusione definitiva.

La città viene posta d'assedio. Si scavano trincee per avvicinarsi ai bastioni e alle enormi torri costruite dai crociati. Si tenta di aprire un varco a colpi di mine. L'artiglieria d'assedio, indispensabile, che doveva arrivare per mare, è stata bloccata al largo dalle navi di Sidney Smith. I cannoni turchi devastano le postazioni, e Napoleone, che assiste al loro tiro incrociato, sa che Phélippeaux, che comanda il fuoco, applica gli insegnamenti ricevuti da entrambi.

Gli assalti si susseguono, inutili e micidiali. L'accampamento francese intorno a San Giovanni d'Acri assomiglia a una grande fiera. Si vendono vino, acquavite, fichi, pane arabo, uva e perfino burro. Anche donne.

Napoleone lo sa, ma l'armata poco a poco gli sfugge di mano. È sempre più duro mantenere la disciplina. Gli riferiscono le frasi degli ufficiali, la reticenza dei generali, la rabbia dei soldati. Bourrienne depone sul suo tavolo alcuni proclami che Sidney Smith fa lanciare ogni giorno dall'alto delle mura dentro le trincee. "Quelli tra voi" legge Napoleone "di qualsiasi grado, che volessero sottrarsi al pericolo che li minaccia, dovranno senza alcun indugio manifestare le loro intenzioni. Verranno scortati ovunque vogliano andare."

Napoleone, con gesto sprezzante, getta via il proclama. Non un soldato cederà a questa tentazione, dice. Detta un ordine del giorno a Berthier. Centinaia di cristiani sono stati massacrati a San Giovanni d'Acri da Djezzar il Macellaio, sottolinea. Che hanno fatto Smith e Phélippeaux? Sono complici. I prigionieri francesi vengono torturati, decapitati, imbarcati su navi colpite dalla peste. Bisogna troncare ogni rapporto con gli inglesi. I procedimenti di Smith sono quelli di un folle, incalza.

Gli attacchi devono ricominciare. Caffarelli viene ucciso. Gli ufficiali cadono a decine alla testa dei loro uomini. Kléber mormora:

— Bonaparte è un generale da 10.000 uomini al giorno!

Deve affrontare queste accuse.

Napoleone riunisce i generali. Murat fa un passo verso di lui:

— Voi siete il carnefice dei vostri uomini. Dovete essere davvero ostinato e cieco per non accorgervi che non potrete mai sottomettere la città di San Giovanni d'Acri.

Ascoltare senza adirarsi. Non rispondere.

— All'inizio i vostri soldati erano entusiasti, ora bisogna costringerli a obbedire! — riprende Murat. — Considerato il loro stato d'animo, non mi stupirei se smettessero del tutto di obbedire agli ordini.

Napoleone volta le spalle, si allontana verso la sua tenda senza dire una parola.

Perché quegli uomini non capiscono qual è la posta in gioco? A San Giovanni d'Acri ci sono i tesori del pascià e armi sufficienti per 300.000 uomini.

Bourrienne è entrato insieme a Berthier. Li interpella.

— Se riesco in quest'impresa — dichiara — solleverò in armi tutta la Siria, furente per la ferocia di Djezzar. Avete visto la popolazione, come implorava la sua morte da Dio a ogni assalto. Marcerò su Damasco e Aleppo. Avanzando nel paese infoltirò la mia armata con tutti gli scontenti. Annuncerò al popolo l'abolizione della schiavitù e dei governi tirannici dei pascià. Arriverò a Costantinopoli con masse di uomini armati. Rovescerò l'Impero turco. Fonderò in Oriente un nuovo grande Impero per il quale mi ricorderanno i posteri. E forse ritornerò a Parigi, attraverso Adrianopoli o attraverso Vienna, dopo aver annientato la casa d'Austria.

Legge sui visi di Bourrienne e Berthier che il suo sogno non è condiviso, che dovrà trascinarli riportando ogni giorno una vittoria, tenendosi per sé il fine ultimo.

Berthier annuncia che le truppe di Kléber si trovano in difficoltà nella regione del monte Tabor, vicino a Nazareth e Tiberiade.

Lasciamo l'Impero d'Oriente. Andiamo a sconfiggere il sultano di Damasco che tenta di accerchiare le truppe francesi!

Napoleone sferra l'offensiva. I turchi fuggono. Molti cercano scampo gettandosi nel lago di Tiberiade, dove i soldati li inseguono, uccidendoli con le baionette. L'acqua ben presto si arrossa.

La vittoria è completa. Napoleone cammina lungo i vicoli di Nazareth. Alcuni animali si dissetano nella vasca di pietra di una fontana. Napoleone si ferma: forse esisteva già ai tempi in cui nascevano le religioni?

I monaci del monastero di Nazareth lo accolgono, offrendogli ospitalità per la notte. Visita la cappella. Il priore parla in tono grave, mostrando la colonna di marmo nero che l'angelo Gabriele spezzò sfiorandola con il tallone.

Si levano delle risa tra gli ufficiali e i soldati. Napoleone, con uno sguardo, ristabilisce silenzio. Questo è uno dei luoghi dove ha avuto inizio la Storia. I capi villaggio avanzano. Viene cantato il *Te Deum* per celebrare la vittoria. I monaci e la popolazione di religione cristiana circondano Napoleone. È il successore dei crociati. Sono felici. I cristiani si credono affrancati dai loro tiranni. Non li deluderà.

Per quanto tempo godranno di questa libertà?

Quando rientra al campo di San Giovanni d'Acri, la situazione è peggiorata. Gli assediati hanno ricevuto rinforzi di artiglieria e di uomini.

Napoleone si isola nella sua tenda.

Sono stati sferrati otto assalti, invano. Gli basta percorrere il campo per valutare lo sfinimento dei soldati, e soprattutto la loro indisciplina. La sola buona notizia riguarda la morte di Phélippeaux.

"È lui che la morte ha scelto di prendere, non me."

Ma la situazione deve essere risolta una volta per tutte. Tra le carte che i suoi aiutanti di campo gli hanno consegnato, trova una lettera del Direttorio datata 4 novembre.

"Sta a voi decidere, d'accordo con i valorosi e illustri uomini da cui siete attorniato" gli scrivono.

A lui la decisione. Ascolta le notizie che un commerciante arrivato dall'Italia riporta dal suo lungo viaggio. Le truppe francesi avrebbero ripreso Roma e Napoli. L'uomo non ne sa molto di più. Ma quelle poche parole sono sufficienti. Napoleone viene colto dall'impazienza. Le sorti dell'Europa sono di nuovo in discussione. Se Napoli è caduta, l'Austria non può che dichiarare guerra alla Francia.

"E io sono qua, in questo pasticcio, a combattere dei barbari con uomini stanchi, scontenti, con la peste alle costole."

Deve partire, togliere l'assedio e raggiungere la Francia.

Prima di tutto, però, deve dare un senso a quanto è accaduto. I sacrifici e la sofferenza non devono essere stati chiesti invano. Servono parole per trasformare la realtà, per offrire a quegli uomini qualcosa da sognare affinché si sentano fieri di quanto hanno fatto. Scrive:

> Soldati, avete attraversato il deserto che separa l'Africa dall'Asia più velocemente di un esercito di arabi... Avete disperso sui campi del monte Tabor quella moltitudine di uomini accorsi da tutte le parti dell'Asia nella speranza di saccheggiare l'Egitto... Noi adesso rientreremo in Egitto. Per la conquista del castello di Acri non vale la pena di perdere altro tempo. Gli uomini valorosi che potrebbero perdere la vita in quell'impresa servono oggi a scopi più importanti... Soldati, dobbiamo ancora percorrere un cammino faticoso e pieno di pericoli... Vi incontrerete una nuova occasione di gloria.

La decisione è presa.

— Dovremo organizzare la ritirata. Faremo saltare in aria l'artiglieria dopo aver bombardato fino all'ultimo San Giovanni d'Acri. Poi ci metteremo in marcia, e attraversando i villaggi sfileremo al suono della fanfara, con le bandiere prese al nemico che sventoleranno in testa al nostro passaggio.

Ordina che i feriti vengano caricati sui cavalli. Tutti gli uomini validi andranno a piedi.

— Generale, quale cavallo vi riservate? — domanda l'attendente.

— Tutti andranno a piedi, coglione, io per primo: non conosci gli ordini?

Cammina in testa ai soldati. Ha messo la sua carrozza a disposizione di Monge, Berthollet e del matematico Gostaz, tutti e tre malati. Feriti e appestati si trascinano lungo le strade di Haifa e sulla piazza di Tanturah, a Giaffa. Vengono sorretti, a volte abbandonati a terra. Qualcuno chiede di essere finito.

Napoleone, dopo aver nuovamente visitato l'ospedale di Giaffa, si avvicina al dottor Desgenettes.

Lo guarda a lungo. Ci sono una trentina di malati che non possono essere trasportati.

— Dell'oppio — dice soltanto.

Desgenettes ha un fremito in tutto il corpo.

— Il mio dovere è quello di tenerli in vita — dice.

Non avvelenerà quei malati.

— Non intendo sopraffare i vostri principi — risponde Napoleone. — Ma il mio dovere è quello di tenere in vita l'armata.

Si allontana. Troverà degli uomini disposti a somministrare l'oppio agli appestati.

— Se avessi la peste… — comincia.

Vorrebbe che gli fosse concessa questa grazia.

Riprende la testa della marcia, mentre i genieri fanno saltare le fortificazioni di Giaffa.

Deve avanzare, e udire gli spari dei suicidi, i colpi di grazia inferti ai soldati che chiedono la morte, e ai quali i compagni la concedono.

I campi vanno a fuoco. Le navi inglesi bombardano la colonna a cui anche i beduini non danno tregua.

Il 9 giugno arrivano finalmente a Salahyeh, dopo aver attraversato il deserto del Sinai.

Napoleone sa che la truppa è furente. Cos'è un esercito che esita e si ribella? Deve riprendere il controllo dei soldati. È da sempre un ufficiale. "Quelli che sollevano obiezioni saranno puniti" scrive "se necessario con la pena di morte, qualora l'insubordinazione si verifichi durante una marcia forzata o sotto il fuoco nemico."

Il 17 giugno 1799 entra al Cairo dalla porta della Vittoria, Bab al Nasr. Ha dato ordine al comandante della guarnigione, il generale Dugua, di preparare un'accoglienza trionfale. Il suolo è ricoperto di foglie di palma. Le bande militari suonano, la folla dei curiosi si accalca. Aprono la marcia le bandiere strappate al nemico.

Napoleone, una volta giunto in piazza Ezbekieh, prende posto al centro e vede sfilare davanti a sé quegli uomini dal portamento marziale, ciascuno dei quali regge una bandiera e una foglia di palma.

La fortezza di San Giovanni d'Acri, le grida degli uomini fucilati a Giaffa, i lamenti degli appestati, tutto questo svanisce in un passato che gli sembra già lontano.

È vivo. Torna da vincitore. L'avvenire si dischiude. Si dirige verso il palazzo.

Pauline Fourès lo aspetta sulla scalinata.

Sente di nuovo abbaiare i cani. Si alza. Pauline Fourès, la sua Bellilote, dorme. Va alla finestra. Di lì può vedere i minareti. Dovrà restare ancora a lungo in quella città, ora che non si spingerà più verso Costantinopoli o l'India?

Scende la scala di marmo, fa scorrere la mano sul granito di Assuan. Deve lasciare quella città dove si sente ormai preso nella trappola dell'abitudine.

I cani sono tornati a popolare ossessivamente le notti del Cairo. Bisognerebbe spingerli di nuovo verso la piazza e ucciderli. Ma dopo qualche settimana sarebbero di nuovo lì, a scorrazzare in branchi nei vicoli, latrando fino a far scoppiare la testa.

Deve partire, ritornare in Francia, in Europa.

Il 21 giugno scrive all'ammiraglio Ganteaume di tener pronte a salpare le due fregate che si trovano nella rada di Alessandria, la *Muiron* e la *Carrère*.

Muiron, il cui sacrificio gli ha salvato la vita sul ponte di Arcole.

Così è, alcuni cadono, altri proseguono il loro cammino.

Ritorna nella sua camera. Pauline Fourès non si è mossa.

Partire? Ma quando?

Spia l'occasione propizia. Sa che dovrà cogliere al volo l'attimo favorevole, compiere un balzo, non lasciarsi trattenere. L'occasione arriverà, ne è sicuro, perché, una volta ancora, si tratterà per lui di scegliere tra la vita e la morte. E la vita urge in lui con tanta violenza che prevarrà sulla morte.

Forse a San Giovanni d'Acri, dove si è infranto il suo sogno, la sua volontà non è stata abbastanza ferma? O forse l'immaginazione lo aveva spinto troppo lontano?

"Il compasso della sua ragione" deve restare padrone della situazione. Non deve cedere all'impazienza, ma, al contrario, comportarsi come se contasse di rimanere per sempre in quella città, nascondere le sue vere intenzioni, lasciare a chi rimarrà una conquista perfettamente compiuta. Almeno per quanto è possibile.

Si presenta alle autorità del Divan con fare arrogante. La sua parola deve essere onorata:

— Apprendo che i nemici hanno sparso la voce della mia morte. Guardatemi bene, e accertatevi di persona che sono Bonaparte in carne e ossa... Voi, membri del Divan, dovete denunciare i ribelli e i simulatori. Dio mi ha dato un potere terribile. Quale castigo li attende! La mia spada è lunga e non conosce incertezze.

Dovrà ancora uccidere, dunque. È così.

Il 23 giugno riceve il generale Dugua, che comanda la roccaforte. Cosa fare di quell'ammasso di prigionieri? Bisognerebbe risparmiare sulle munizioni, e anche giustiziare più in sordina, dice.

Dugua esita un istante prima di continuare:

— Ho in mente, generale, di ricorrere all'opera di un boia.

— Accordato — dice Napoleone.

La morte per governare la vita.

I carnefici sono egiziani, o greci. Sono musulmani che annegano le prostitute nel Nilo, nel rispetto della legge islamica che condanna i rapporti tra una musulmana e un infedele.

È necessario lasciarli fare. Le malattie veneree si stanno diffondendo tra i soldati. E l'armata deve essere ripresa in pugno, riorganizzata, protetta, perché gli uomini e la disciplina stanno cedendo, anche al vertice della gerarchia.

Kléber si fa beffe di lui. Napoleone osserva a lungo alcune caricature che hanno

messo sul suo tavolo, disegnate da Kléber. Quell'uomo magro, che sembra posseduto da un'ossessione, malato, è lui, così come lo vede Kléber.

L'armata, ormai stanca, mormora contro di lui.

Il 29 giugno, alla prima riunione dell'Istituto egiziano, il dottor Desgenettes si alza in piedi, furibondo, parla di "adulazione mercenaria", di "despota orientale", accusa Napoleone di voler fare della peste la causa del fallimento della campagna di Siria, ovvero, di voler addebitare al medico la responsabilità della sconfitta.

Non ribattere, aspettare che Desgenettes ritrovi la calma, dica:

— Io so, monsieurs, so, generale, dal momento che siete qui in altra veste che quella di membro dell'Istituto, e che volete essere ovunque il capo. So che mi sono lasciato andare con troppa veemenza ad affermazioni che avranno eco lontano da qui; ma non ritratterò una sola parola... E mi basterà la riconoscenza dei soldati.

Ogni giorno che passa lo rafforza nella sua decisione: deve lasciare l'Egitto, ma ha bisogno di una vittoria clamorosa, altrimenti la partenza, a dispetto di tutti gli sforzi compiuti per garantire stabilità al paese, sembrerà la fuga di uno sconfitto.

Cerca questa vittoria prima a sud, stabilendo il suo quartier generale ai piedi delle piramidi per prepararsi a combattere Murad Bey, l'inafferrabile.

Ogni giorno, nel caldo implacabile, marcia sotto il sole, fermamente deciso ad aspettare che le pattuglie avvistino l'accampamento di Murad Bey, o perlomeno i segnali attraverso i quali si dice che ogni notte il sultano comunichi con la moglie rimasta al Cairo.

Il 15 luglio un gruppo di cavalieri, il viso cotto dalla sabbia, reca una notizia: la flotta anglo-turca ha sbarcato un contingente di migliaia di uomini ad Abukir.

Inutile ascoltare il resto. Ecco il segno del destino, ecco l'istante da cogliere.

Napoleone dà gli ordini. È la battaglia che aspettava. Dovranno procedere ad andatura forzata, riunirsi a Ramanyeh, poi raggiungere Abukir e accertarsi che i turchi si siano attestati lungo il fiume.

Deve rifiutare ogni invito alla prudenza, mettere a tacere gli ufficiali che vorrebbero attendere l'arrivo della divisione di Kléber.

La notte del 24 luglio Napoleone convoca Murat. Spiega la strategia d'attacco. Bisogna caricare i turchi, respingerli verso il mare. Napoleone non ha incertezze. È così che si dovrà agire. Prende sottobraccio Murat, lo conduce fuori della tenda. La notte è limpida. L'alba sta per spuntare.

— Questa battaglia deciderà le sorti del mondo — afferma.

Coglie lo stupore di Murat, che risponde:

— O almeno le sorti dell'armata.

— Le sorti del mondo — ribadisce Napoleone.

Sa di non poter lasciare l'Egitto senza prima aver riportato una vittoria che cancelli gli episodi più cruenti o discutibili, lasciando nella memoria futura solo ricordi di gloria.

Murat sferra l'attacco all'alba del 25 luglio 1799 e sbaraglia i turchi. Migliaia di corpi arrossano il mare di sangue, proprio nel punto dove tanti marinai francesi persero la vita un anno prima.

Quando Kléber arriva la battaglia è terminata, Murat viene nominato generale di divisione.

— È una delle battaglie più belle che abbia visto — dice Napoleone — e uno degli spettacoli più orribili.

Kléber il reticente, il sarcastico, Kléber l'ostile, si fa avanti.

Quel corpo possente, Napoleone lo soggioga. Kléber tende le braccia.

— Generale, siete grande come il mondo — gli dice — e il mondo non è abbastanza grande per voi.

Napoleone si lascia abbracciare.

È il 2 agosto. Gli ultimi ottomani che resistevano nel forte di Abukir si sono arresi nel pomeriggio, larve tremanti, affamate, ferite, che Napoleone ha dato ordine di rifocillare e curare. Poi ha inviato due ufficiali a bordo della *Tigre*, la nave del commodoro Sidney Smith, ancora e sempre lui, per trattare uno scambio di prigionieri.

Sono le dieci di sera. Napoleone si è coricato. Il sonno, finalmente, arriva. In lontananza, il rumore ritmico del mare. Si sveglia di soprassalto. Uno dei suoi aiutanti di campo entra nella tenda e gli annuncia che il segretario di Sidney Smith è lì e desidera parlargli per conto del commodoro.

Napoleone siede sul bordo della branda da campo, guarda l'inglese avanzare verso di lui. È un uomo alto, dai modi ossequiosi, e gli depone davanti un pacco di giornali che sir Smith tiene a mostrare al generale in capo. Ci sono "La Gazzetta di Francoforte" e "Il Corriere di Londra". Napoleone comincia a leggere, senza preoccuparsi della presenza dell'inglese. I numeri più recenti recano la data del 10 giugno. Erano mesi che Napoleone non riceveva più notizie.

Le parole e i nomi che legge lo feriscono. Sconfitte francesi in Italia, per opera del maresciallo Suvorov: i russi! In Germania, disfatte per opera dell'arciduca Carlo. Lo stesso da lui già sconfitto in precedenza. Tutte le conquiste spazzate via. Il Direttorio, diviso al suo interno, passa da una crisi all'altra.

"E io sono qui, nell'impossibilità di raddrizzare la situazione, di trarne un vantaggio personale, cogliendo l'attimo in cui tutto è possibile, quando il frutto è finalmente maturo. Un altro può agire."

Interroga l'inglese, il quale conferma le notizie, lasciando intendere che Sidney Smith spera che i francesi abbandonino l'Egitto, e si possa avviare una trattativa al riguardo.

Napoleone lo riaccompagna fino alla sua imbarcazione, poi, a passo svelto, torna nella tenda e riprende la lettura dei giornali.

Gli uomini del Direttorio hanno perduto quello che lui aveva conquistato. Vittorie e morti si sono rivelate vane.

Getta a terra i giornali.

— Miserabili, è mai possibile! Povera Francia! Cosa hanno fatto! — esclama. — Ah, che coglioni!

Non riesce più a dormire. È necessario lasciare l'Egitto, in fretta.

15 agosto 1799: è il giorno del suo trentesimo compleanno. Un periodo della sua esistenza si è concluso. Seduta di fronte a lui, Pauline Fourès chiacchiera, spensierata, in giubba da ussaro e stivali, i lunghi capelli biondi sciolti sulle spalle.

Lei non sa. Nessuno, a eccezione dei pochi uomini che lo accompagneranno, deve sospettare la sua partenza.

Fa finta di ascoltare Bellilote. Lei pensa al futuro. Quando si deciderà a divorziare? Lei è libera. Lui le ha promesso, o perlomeno le ha lasciato intendere, che la sposerà. Gli dice queste cose allegramente, senza animosità. Lui scuote il capo. — La mia sposa è il potere. La mia unica passione, la mia unica amante, la Francia. Mi corico con lei. — Non ha fatto promesse che a se stesso: essere ciò che vuole. Ciò che sente di poter essere. Ma per questo deve fingere, deve rimanere presente, perché non si capisca che è già lontano, altrove, in Francia, a Parigi, per imporsi su quel Direttorio di intriganti, incapaci, impotenti e corrotti.

Come d'abitudine, si presenta davanti alle autorità del Divan. Li saluta alla maniera musulmana. Compie la preghiera insieme a loro. Poi dice: — Non è forse vero che nei vostri libri è scritto che dall'Occidente arriverà un essere superiore con l'incarico di continuare l'opera del Profeta? Non è vero inoltre che vi è scritto che quell'uomo, mandato da Maometto, sono io?

Non osano protestare. La vittoria che ha appena riportato li ha sbalorditi, annichiliti. Sono sottomessi.

Napoleone si chiude nel suo palazzo, comincia a scrivere le disposizioni che lascerà a Kléber, che ha scelto come successore. Scrive senza sosta, per ore, spiegando i metodi che bisogna impiegare per governare l'Egitto. Tuttavia, se la situazione divenisse critica, a causa della peste o della mancanza di rinforzi dalla Francia, "sarete autorizzato a concludere la pace con l'Impero ottomano, anche se l'evacuazione dell'Egitto fosse la condizione principale".

Posa la penna.

L'Egitto non lo riguarda più.

Mentre detta un dispaccio in cui comunica che si recherà sul Delta per un sopralluogo, il che servirà a confondere le idee, s'interroga. Chi partirà con lui? Ha bisogno soltanto di uomini fidati, devoti anima e corpo, coraggiosi. Per un capo è questo l'indispensabile. Perciò condurrà con sé i suoi aiutanti di campo e la sua guardia personale. "Trecento uomini scelti" pensa "sono una cosa immensa." Lo accompagneranno Bourrienne, suo confidente e ottimo segretario, il generale Berthier, insostituibile capo di stato maggiore, Murat, Marmont, Andréossy, Bessières. Sono giovani, coraggiosi, fedeli. È la fedeltà che conta innanzi tutto. Pensa a Rustam Raza, il mamelucco che il sultano El Bekri gli ha offerto al ritorno dalla campagna di Siria e che, in seguito, gli ha dimostrato l'attaccamento e la discrezione di uno schiavo. Ci vuole un capo per un uomo di tal fatta, che non ignora nulla, che può vedere e sentire i segreti più intimi, e sa tacere. Rustam verrà, insieme a Monge, Berthollet e Vivant Denon, che hanno dato prova anch'essi di coraggio e fedeltà, e che testimonieranno di fronte all'Istituto le scoperte fatte.

Nessun altro.

Vede entrare Pauline Fourès. Lei non immagina. E lui non le dice nulla. Ha rappresentato una breve parentesi nella sua vita. È stato generoso con lei e lo sarà ancora se si incontreranno di nuovo. Ma è in gioco il suo destino, più grande del destino di chiunque altro, e di fronte al quale non deve conoscere debolezza.

Finalmente, il 17 agosto, nel pomeriggio, arriva il corriere dell'ammiraglio Ganteaume. La flotta inglese ha lasciato gli approdi sulle coste egiziane, sicuramente per andare ad approvvigionarsi di acqua a Cipro. Per qualche giorno sarà possibile uscire dal porto di Alessandria.

Non aspettare. Decidere all'istante. Avvertire quelli che prenderanno parte al viaggio. Impartire gli ordini.

Avvicinarsi a Pauline Fourès, abbracciarla, darle mille luigi e allontanarsi subito, velocemente. Cavalcare fino a Bulaq e, da lì, fino ad Alessandria, e attendere sulla spiaggia che faccia notte.

Ha trent'anni. Ecco che, di nuovo, il futuro gli si dischiude davanti. Tutto può accadere. Un naufragio. La cattura da parte di un incrociatore inglese. La condanna da parte del Direttorio con l'accusa di diserzione. Ne sono capaci. Oppure, più semplicemente, arrivare troppo tardi, quando qualcun altro, Bernadotte, Moreau, Sieyès, o Barras, avrà già colto, staccandolo dal ramo con la sciabola, il frutto del potere, ormai maturo.

Scruta il mare mentre scende la notte. Gli alberi di due fregate e quelli di due avvisi si profilano sull'orizzonte screziato di rosso.

Si avvicina il generale Menou. Sarà lui a comunicare la notizia a Kléber, che è già stato convocato, ma Napoleone deve partire quella notte stessa, prima che Kléber arrivi.

Prende Menou sottobraccio, cammina a passi rapidi lungo la spiaggia. Quell'uomo panciuto ansima, non riesce a rispondere.

— Il Direttorio ha perso tutto ciò che avevamo conquistato, voi lo sapete, Menou — comincia Napoleone. — Tutto è compromesso. La Francia è sballottata tra la guerra fuori dei confini e la guerra civile. È vinta, umiliata, prossima a soccombere.

Si ferma. Guarda il mare:

— Devo tentare la sorte del mare per andare a salvarla.

Riprende a camminare.

— Se ci arriverò — prosegue — guai agli sproloqui dei tribuni e agli imbrogli delle consorterie.

Farà giustizia di tutto.

— Qui — addita l'entroterra e, in lontananza, la città di Alessandria — la mia presenza è superflua, Kléber può sostituirmi degnamente.

Consegna a Menou le istruzioni, poi lo abbraccia.

La notte ha inghiottito improvvisamente uomini e navi. Non c'è luna. È necessario, malgrado il rischio di essere scoperti, accendere dei fuochi per segnalare la direzione alle imbarcazioni che finalmente toccano riva. Il mare è piatto, le navi immobili come se si fossero arenate in una melma nera.

All'alba del 23 agosto una piccola imbarcazione accosta la fregata *Muiron*. Sale a bordo un uomo implorante. È un membro dell'Istituto, Parseval Grandmaison, il quale ha compreso la vera ragione del viaggio dei suoi colleghi e supplica di essere accolto sulla nave.

Napoleone guarda a lungo quell'uomo. È riuscito a forzare la porta. E questo merita una ricompensa. Lo accoglie a bordo.

Alle otto, con la prima brezza, vengono issate le vele e le navi si allontanano dalla costa egiziana, che diventa ben presto solo una linea scura e infine scompare.

Napoleone non è più impaziente. Si siede su un affusto di cannone. A poche centinaia di metri di distanza la fregata *Carrère* segue la *Muiron*. Davanti alle due fregate, alcuni avvisi fanno da ricognitori, bordeggiando.

Il vento ha impiegato parecchio ad alzarsi. Napoleone è il più calmo tra tutti quelli che sono a bordo. — State tranquilli, passeremo — continua a ripetere.

Le vele si sono gonfiate. L'ammiraglio Ganteaume si appresta a illustrare la rotta: navigherà lungo le coste dell'Africa del Nord, poi piegherà per risalire lungo la Corsica.

— Governo sotto la vostra stella — dice.

Poco dopo si avvicina Berthollet. Avverte che tra gli uomini c'è molta inquietudine.

— Chi teme per la propria vita — dice Napoleone — è certo che la perderà. Occorre saper osare e calcolare allo stesso tempo, affidandosi per il resto alla dea Fortuna.

Si alza, cammina sul ponte. Per molte settimane dovrà affidarsi alla Fortuna. Ora che ha scelto, non può fare più nulla.

— Il futuro non conta — dice girandosi verso Berthollet che lo ha seguito. — Solo il presente deve essere tenuto in considerazione.

Il presente è fatto di lunghi giorni di navigazione, del vento che scema o s'inasprisce, delle vele che sembra di avvistare e che poi scompaiono, di libri da leggere.

Ascolta uno degli aiutanti di campo al quale, dopo pranzo, ha chiesto di leggere ad alta voce le *Vite parallele*. Ama Plutarco, perché è un narratore che sa animare il racconto. Ama i giorni in cui può lasciare che la mente vaghi libera, perché quello è l'unico modo di agire, affidando tutte le decisioni al vento, al mare e alla Fortuna.

Dice: — Noi non possiamo nulla contro la natura delle cose. I bambini sono caparbi. Un grand'uomo non lo è. Cos'è la vita umana? La traiettoria di un proiettile.

— Chi carica, chi prende la mira, chi accende la miccia? — domanda Berthollet.

Napoleone cammina a grandi passi. Le parole salgono alle labbra. Esprimono il suo pensiero oppure gioca con loro? Dice quel che sente, e tuttavia, in ogni momento della sua vita, ha operato una scelta. Confida a Berthollet: — Una potenza superiore mi spinge verso un fine che ignoro; finché non sarà raggiunto io sarò invulnerabile, incrollabile, ma dal momento in cui non sarò più necessario, basterà un nonnulla per abbattermi.

Ma perché parlare di queste cose con Berthollet o Monge? Quegli studiosi provano forse, come lui, la sensazione di essere spinti da una forza superiore, hanno, come lui, presentimenti e certezze che nulla potrebbe spiegare?

Lui sa che gli inglesi non lo intercetteranno. Sa che la Francia è stanca di guerre tra giacobini ed esuli, che vuole la pace interna, e che aspetta l'uomo in grado di offrirgliela.

Forse quell'uomo è già sul posto?

È la sua unica preoccupazione.

Il 30 settembre guarda i rilievi della costa corsa nel sole che tramonta, poi gli giungono i profumi della macchia, e ben presto vede apparire la roccaforte e le case di Ajaccio.

Il 1° ottobre la *Muiron* getta l'ancora, e subito spuntano imbarcazioni da tutte le parti.

Come hanno saputo?

Gridano, acclamano. Nessuno rispetta l'obbligo della quarantena. Vogliono vedere Napoleone, toccarlo. Lo abbracciano. Riconosce, tra la gente che affolla la banchina, la sua balia, Camilla Ilari, una donna anziana che subito lo stringe a sé. È la sua infanzia, così vicina eppure così lontana, che abbraccia. Apprende che Luigi, da lui mandato in Francia nel 1798, è stato ad Ajaccio e poi ha di nuovo raggiunto il continente con la madre.

Napoleone si reca nella casa di campagna di Melilli. Ritrova nella memoria ogni particolare di quel luogo, e tuttavia non prova alcuna emozione. Quel mondo è sepolto dentro di lui come uno scenario che ha abbandonato e che non lo riguarda più, mentre tutti lo circondano di premure interessate. — Che noia — mormora. — Questo luogo pullula di parenti.

Chiede che gli portino gli ultimi giornali arrivati dalla Francia. Legge avidamente le notizie, constata che la situazione militare si è normalizzata; Masséna, il "suo" Masséna, ha riportato molte vittorie in Italia; il generale Brune resiste nella Repubblica batava, ma a Parigi, dove Sieyès conduce il gioco, è in atto una crisi politica.

È necessario lasciare la Corsica, arrivare in tempo.

Finalmente, il 7 ottobre, il vento si alza, possono salpare.

Napoleone rimane a prua finché vengono avvistate le coste francesi.

È il momento più pericoloso della traversata. La squadra navale inglese incrocia

lungo la costa. Al largo di Tolone vengono avvistate delle vele, che per fortuna si allontanano.

La mattina del 9 ottobre si entra nel golfo di Saint-Raphaël.

La cittadella di Fréjus apre il fuoco contro quella squadra navale sconosciuta.

Dalla prua Napoleone vede la folla che si precipita sulle banchine e poi si getta nelle imbarcazioni, rema verso le fregate, gridando: — Bonaparte!

L'ammiraglio Ganteaume si avvicina nel momento in cui la *Muiron* viene invasa dalla folla.

— Vi ho condotto dove il vostro destino vi chiamava — dice l'ammiraglio.

Napoleone viene sollevato e portato in trionfo.

— È arrivato! È arrivato! — gridano.

Scende dalla fregata. Sulla banchina si forma un corteo. Chi pensa alla quarantena, al rischio della peste?

Viene preparata una carrozza.

Se è là, è perché la Fortuna lo ha protetto.

"Chi potrebbe fermarmi?"

Sì, seguitemi.
Sono il dio del presente

9 ottobre 1799 – 11 novembre 1799 (20 brumaio anno VIII)

36

Diciassette mesi da quando ha lasciato la Francia! Era primavera, il mese di maggio del 1798, e ora è autunno. Il letto del fiume Durance è invaso da flutti melmosi. Il tempo minaccia tempesta, e gli acquazzoni a tratti costringono a fermare i cavalli.

A quell'epoca viaggiava verso Tolone. Giuseppina gli era accanto e gli manifestava tutto il suo affetto. Pronta, così aveva detto, a seguirlo in Egitto.

Ora sa che ne è stato di lei, del capitano Charles, dei suoi amanti.

Quando svaniscono i rumori della folla che circonda la carrozza ogni volta che attraversa un villaggio, gridando: — Viva la Repubblica! Viva Bonaparte! — e Napoleone può finalmente rimanere solo con i suoi pensieri, rabbia e amarezza lo invadono.

Vorrebbe poter dimenticare, ma gli basta vedere Eugenio Beauharnais, seduto di fronte a lui, per essere assalito dai ricordi.

Ad Avignone il popolo ferma la carrozza. Vogliono festeggiare Bonaparte, il vincitore, l'uomo della pace. Pronuncia poche parole: — Non sono un uomo di parte, appartengo interamente al popolo francese. — Lo acclamano. Celebrano la sua vittoria ad Abukir. La notizia dunque è arrivata fin qui, e, come aveva previsto, il popolo non ricorda che quella. Segue con lo sguardo Murat il quale, con la sua scimitarra trattenuta da cordoni, si pavoneggia, abbronzato, mentre racconta agli ufficiali della guarnigione che lo attorniano il famoso assalto. Il mamelucco Rustam è al centro di una folla che gli rivolge mille domande, vuole toccare la sua uniforme. Rustam cerca di fendere il cerchio che gli si stringe intorno. Quando arriva vicino a Napoleone, riesce a dirgli che le carrozze che trasportavano i bagagli sono state depredate nei dintorni di Aix, e sono bloccate. E ripete: — Beduini francesi hanno rubato. Beduini francesi.

Sentendo queste parole la folla rumoreggia. I briganti tormentano i viaggiatori, svaligiano le diligenze. È necessario tornare alla pace e all'ordine. — Anche il Direttorio ci deruba! — grida qualcuno. — Tutti briganti, tutti! — gridano altri.

Napoleone si avvicina alle autorità del posto, che lo mettono a parte delle loro lamentele, lusingate dell'attenzione che dimostra. Il generale Bonaparte sa che il Direttorio vuole istituire un tributo obbligatorio per derubare la brava gente, quelli che hanno dei beni? E poi ci sono gli *chouan*, che occupano ancora parte della Vandea e minacciano Nantes. Chi può assicurarci che gli esuli non rientreranno, esigendo la restituzione delle terre che sono state vendute come beni nazionali e che abbiamo comprato? Bisogna salvare la Repubblica, dicono.

— Io sono per la nazione — dichiara Napoleone mentre sale sulla carrozza.

E dal predellino esclama: — Non dovranno più esistere fazioni, non ne tollererò nessuna. Viva la nazione!

Le grida — Viva la Repubblica! Viva Bonaparte! — lo accompagnano lungo tutte le vie di Avignone. In seguito, lungo tutto il tragitto, nei villaggi della valle del Rodano, viene accolto dalle stesse acclamazioni.

Mentre si avvicina a Lione vede penzolare dalle finestre di tutte le case le bandiere tricolori. I postiglioni, nelle stazioni di cambio, hanno issato delle coccarde con gli stessi colori.

Sono per lui.

A Lione tutte le case sono illuminate a festa e imbandierate. Vengono sparati dei fuochi d'artificio. La folla è talmente fitta che le carrozze devono procedere al passo.

Davanti alla porta dell'hotel vede dei granatieri, e sulla scalinata i suoi fratelli, Luigi e Giuseppe.

Da ogni parte si grida: — Viva Bonaparte che viene a salvare la patria!

Saluta la folla con modestia. Sente che l'onda che lo trasporta è potente e profonda, ma deve guardarsi da ogni eccesso e da ogni insofferenza. Sa ciò che vuole: arrivare al potere. Vale di più di tutti quegli uomini che si stanno sbranando. Ha trent'anni. Ha comandato decine di migliaia di uomini. Ha affrontato la morte insieme a loro. Ha vinto. Abbatterà tutti gli ostacoli. Ma dovrà essere prudente. I Barras e i Sieyès sono abili, scaltri.

Si apparta con Giuseppe.

Napoleone vorrebbe per prima cosa parlare della situazione di Parigi, informarsi su quel che fanno questi e quelli. Ma altre domande gli vengono alle labbra: Giuseppina, Giuseppina, ripete.

Giuseppe comincia a parlare con voce soffocata, poi si lascia andare all'ira. Non paga più a Giuseppina la rendita di 40.000 franchi che Napoleone gli aveva ordinato di corrisponderle. Lei ha coperto di ridicolo il nome dei Bonaparte. Ha vissuto con il capitano Charles alla Malmaison, una tenuta acquistata da lei. Ha continuato a incontrarsi con Barras. L'hanno vista a casa di Gohier, il presidente del Direttorio. Quale uomo di potere non le viene attribuito come amante? È sommersa dai debiti. Ha favorito Charles nei suoi traffici con gli approvvigionamenti delle armate.

— Nostra madre... — prosegue Giuseppe.

Napoleone lo interrompe. Indovina i sentimenti di sua madre e delle sue sorelle. Divorzierà, dichiara. E questa parola gli torce la bocca. Ripete la frase, facendosi del male. È cambiato, e tuttavia, durante tutto il viaggio in carrozza, dal Fréjus in poi non ha fatto altro che pensare al corpo di sua moglie, al suo profumo. Vorrebbe sottometterla, come una piazzaforte che ha resistito a lungo all'assedio e alla fine si arrende, e alla quale viene imposta la legge del vincitore. Ormai lui è l'uomo acclamato da tutti. Si avvicina alla finestra, vede alcune carrozze che si allontanano. Chiama un aiutante di campo. L'ufficiale spiega che il generale Marbot, il quale sta per recarsi in Italia a prendere il comando, aveva prenotato una serie di camere, che l'albergatore ha poi messo a disposizione del generale Bonaparte.

Nulla deve essere trascurato. Un uomo umiliato o semplicemente offeso può diventare un nemico.

Napoleone impartisce alcuni ordini. Si recherà all'hotel dove nel frattempo è sceso Marbot allo scopo di salutarlo e di scusarsi. Nella partita che sta giocando, ogni uomo può essere una pedina fondamentale.

Come può esserlo ogni donna.

Pensa a Giuseppina. Può inimicarsela in un momento come questo?

Lasciano Lione, e malgrado l'ora mattutina una folla entusiasta si presenta nuovamente davanti all'hotel gridando: — Viva Bonaparte, il salvatore della patria!

Napoleone ha voluto rimanere solo con Giuseppe nella carrozza. Non parliamo più di Giuseppina, dice. Guarda il paesaggio dei monti del Forez avvolti nella bruma. La carrozza seguirà la strada del Borbonese, più stretta e meno sicura, ma che permette di raggiungere Parigi più velocemente.

Ora è necessario agire in fretta. Dal suo rientro in Italia non ha mai dubitato che un giorno sarebbe arrivato al potere, a Parigi. Adesso però quelle acclamazioni, quelle grida, trasformano ciò che era soltanto un sogno in una realtà che ora dovrà plasmare, sulla quale dovrà intervenire.

Si china verso Giuseppe per interrogarlo.

— C'è un uomo che conta più di tutti gli altri — afferma Giuseppe. — Sieyès.

Napoleone si ricorda di quell'uomo sulla cinquantina, deciso e insieme prudente, un ex sacerdote. Nel 1789 ha scritto un libello in cui dava una sua interpretazione personale degli eventi: *Cos'è il Terzo Stato?* Poi, durante la Convenzione e il Terrore, per dirla come lui, "ha vissuto". Giuseppe spiega che Sieyès ha avuto un abboccamento con il loro fratello Luciano, eletto dalla Corsica nel Consiglio dei Cinquecento. Sieyès vuole una riforma per rafforzare il potere esecutivo rispetto alle due Assemblee, i Cinquecento e gli Anziani. Ha cercato un generale per imporla. Luciano ha preso parte a tutte le trattative. Sieyès ha pensato al generale Jubert, il quale però è rimasto ucciso nella battaglia di Novi. Il generale Moreau ha manifestato una certa circospezione. Napoleone è a conoscenza di quello che ha detto Moreau una volta saputo del suo ritorno in Francia? Ha pronunciato questa frase davanti a Luciano: — Ecco l'uomo che fa per voi, realizzerà il vostro colpo di Stato molto meglio di me.

E Bernadotte? domanda Napoleone. Ostile, risponde Giuseppe. Ma è il marito di Désirée Clary, e forse questo lo renderà più malleabile. Si può sicuramente contare sul generale Leclerc, il marito di Paolina. E parecchie truppe di stanza a Parigi sono composte da ex soldati dell'Armata d'Italia. L'uomo che conta, tuttavia, insiste Giuseppe, è Sieyès. Quanto al ministro di Polizia, Fouché, è un uomo intelligente e degno del seminarista e dell'oratore che fu. È un repubblicano, regicida e sostenitore del Terrore, autore di massacri durante i bombardamenti contro i realisti di Lione. Il suo assistente Réal, un ex giacobino, è molto vicino a Luciano. Dirige la polizia giudiziaria.

Napoleone ascolta. Non deve commettere errori. Ricorda la doppiezza di Fouché, uomo enigmatico, con i capelli rossi e le palpebre tanto pesanti da nascondergli quasi gli occhi. Napoleone ha beneficiato del suo aiuto il 13 vendemmiaio, la qual cosa ha permesso a Fouché di rientrare nelle grazie di Barras.

Dovrebbe ottenere l'appoggio di Barras. Ma come presentarsi in veste di salvatore della patria, se ci si allea con l'uomo che, agli occhi della gente, è l'incarnazione stessa della corruzione? Tanto vale contare su quel "tris di preti": Sieyès, Fouché, Talleyrand.

— Gohier — mormora Napoleone.

— Avvocato, cinquant'anni, pavido, ma presidente in carica del Direttorio.

Giuseppe sospira, poi aggiunge che i coniugi Gohier sono in ottimi rapporti con Giuseppina, che spesso è loro ospite.

Giuseppina, ancora.

Lei non è in casa il 16 ottobre 1799 alle sei della mattina, quando Napoleone entra nella sua abitazione di rue de la Victoire.

Sua madre gli va incontro con aria grave, poi arrivano le sorelle, Luciano. Lo aspettavano. Non serve porre domande. Le loro prime parole sono di condanna per l'infedele, l'intrusa, l'assente. Dov'è? Rispondono quasi a malincuore che ha lasciato Parigi per recarglisi incontro, eppure Giuseppe e Luigi lo hanno incontrato, dicono in tono sarcastico. Mentre lei non è riuscita a trovare suo marito!

— Ho preso la strada del Borbonese — mormora Napoleone.

Poi è invaso dall'ira. Divorzierà, si preparino i bauli di Giuseppina, si portino all'ingresso. Divorzierà.

Vorrebbe riposare ma è troppo teso, e arrivano già le prime visite. Si presenta Collot, il fornitore dell'esercito, che Napoleone non ha più visto dai tempi dell'Armata d'Italia. Viene a offrire il suo aiuto. Mentre parla arrivano i primi rumori della folla, che nel frattempo si è assiepata in rue de la Victoire al canto della *Marsigliese* e gridando il nome di Bonaparte.

Napoleone ascolta appena i discorsi di Collot. Voleva un ritorno discreto. Deve puntare ancora per qualche giorno sulla modestia. Scoprirà le sue batterie solo dopo essersi accertato di tutte le postazioni. Solo allora aprirà un fuoco d'inferno. Ma per il momento si impongono moderazione e prudenza.

Collot vede in un angolo i bauli di Giuseppina.

— Volete lasciarla? — domanda.

— Non c'è più niente in comune tra lei e me.

Napoleone si rimprovera questa risposta, ma il suo rancore è stato più forte del riserbo che deve imporsi.

Collot scuote il capo. Porta delle argomentazioni. Non è il caso, dice, di occuparsi di beghe familiari.

— La vostra grandezza ne sarebbe sminuita, voi non siete più agli occhi della Francia un marito come quelli di Molière.

Napoleone non se la sente di contestare quelle parole così sagge. Fanno breccia.

— L'importante è che non vi presentiate in una luce ridicola — conclude Collot.

Napoleone non può accettare di capitolare subito di fronte a un argomento talmente forte, che pure aveva già preso in considerazione tra sé e sé. Va in collera per camuffare la sua incertezza.

— No, è deciso — replica. — Non metterà più piede in casa mia. Che importa quel che diranno!

Si allontana, sbatte la porta. Sa bene che mente a se stesso. Deve tener conto dell'opinione pubblica. Eppure, quando rivede Collot che insiste sull'argomento, dicendosi sicuro che alla fine Napoleone perdonerà, grida:

— Se non fossi sicuro di me stesso mi strapperei il cuore e lo getterei nel fuoco.

Non vuole più pensare a lei, ma sa che, qualunque cosa abbia detto, non ha messo la parola fine. Lei è troppo ben collocata al centro della scacchiera perché possa considerarla soltanto una sposa infedele. Eppure è anche questo. Ed è ancora la donna che desidera.

Réal, l'assistente di Fouché, chiede di essere ricevuto. Si osservano. Si studiano con circospezione. Fouché, dice Réal, è pronto a sostenere un progetto che salverebbe la Repubblica dal doppio pericolo, giacobino e realista. È ministro della Polizia generale. Può dare un aiuto finanziario decisivo. Collot aveva già offerto 500.000 franchi.

"Se questi uomini rischiano il loro denaro, vuol dire che credono nel mio successo."

Non c'è un solo giorno da perdere. Napoleone viene ricevuto da Gohier, il presidente del Direttorio. È dunque a casa di quell'uomo così mediocre, così compassato, così pavido, che Giuseppina trascorre le sue serate. Ma rappresenta pur sempre l'autorità. Deve circuirlo.

— Le notizie che ci sono arrivate in Egitto erano talmente allarmanti — dice Napoleone — che non ho esitato a lasciare la mia armata per venire a condividere i vostri pericoli...

— Generale — dice Gohier — i nostri pericoli *erano* grandi. Ma ne siamo venuti fuori brillantemente. Voi arrivate a proposito per celebrare con noi i numerosi trionfi dei vostri compagni d'arme...

È di questo dunque che stanno parlando! Di mettere in evidenza le vittorie dei generali Moreau, Brune, Masséna, che hanno allentato la morsa nemica. Ma non potranno zittire, perlomeno nell'immediato, quella folla che si raccoglie in rue de la Victoire, oppure, la mattina del 17 ottobre, davanti al palazzo del Luxembourg, quando Napoleone si presenta dinanzi ai membri del Direttorio.

Napoleone ha scelto di indossare abiti civili, il corpo stretto in una redingote verdastra, un cilindro a completare quella strana tenuta. Appesa a cordoni di seta porta una scimitarra turca.

Quando china la testa viene acclamato. E davanti ai membri del Direttorio mantiene lo stesso atteggiamento modesto. Mostra la sua arma.

— Cittadini direttori — dichiara — giuro che non sarà mai sguainata se non per difendere la Repubblica e il suo governo.

Li guarda. Oseranno condannarlo, rimproverargli di aver lasciato l'Egitto, mentre sentono che la folla continua a gridare il suo nome? Sanno bene che dovranno trovargli un posto nella Repubblica. Guarda intensamente Barras, Gohier, Moulin. Non può contare su di loro. Tutt'al più può impedire loro di nuocergli. Restano Sieyès e Roger Ducos, che sono alleati, ed è con loro che bisogna vedersela, ma ogni tratto del viso di Sieyès esprime al contempo sussiego e diffidenza. Vuole mantenere il comando del gioco.

Luciano gli ha riferito ciò che Sieyès avrebbe confidato ai suoi:

— La spada di Bonaparte è troppo lunga.

Perciò deve tranquillizzarlo, oppure diventargli indispensabile. Infatti, su quale altro generale potrebbe contare Sieyès?

Si congratulano con lui. I cinque del Direttorio non oseranno contrastarlo in alcun modo.

Esce dal palazzo del Luxembourg ostentando allegria e baldanza davanti alla folla. Bisogna che tutti sappiano che il potere non ha nulla da rimproverargli.

Rientra in rue de la Victoire. Deve riallacciare i contatti. Riceve quelli che hanno deciso di giocare con lui quella partita definitiva e rischiosa.

Ascolta Talleyrand. Ecco un uomo che è stato costretto a rassegnare le dimissioni dalla carica di ministro. E non sogna altro che riconquistarla. "Il suo interesse garantisce dunque per lui."

È accompagnato da Roederer, un membro dell'Istituto, e da altri che parlano per avidità di potere.

Napoleone li osserva mentre ripetono: — Generale, bisogna impossessarsi del potere.

Ma sarebbe lui solo a pagare per i loro buoni consigli, se si avventurasse troppo presto fuori della trincea.

Sceglie dunque di restare in rue de la Victoire, rifiutando perfino di ricevere le delegazioni di ufficiali e soldati che vengono a salutarlo e si trattengono a lungo nella via sperando di poterlo incontrare.

Impossessarsi del potere?

— Credete che la cosa sia possibile? — domanda a Roederer che insiste sull'argomento.

— È quasi fatta.

Si limita a consegnare a Roederer una copia del giornale "Le Messager" uscito quella stessa mattina, 20 ottobre. Ci sono i primi segnali di una controffensiva dei suoi avversari, forse anche dei giacobini, o forse di Barras.

"Bonaparte" c'è scritto "è partito così precipitosamente e così segretamente dall'Egitto per sfuggire a una sedizione generale della sua armata."

Roederer e Talleyrand si indignano. Napoleone li osserva senza dire una parola. Deve agire perché, se non conquista il potere, lo spezzeranno. La gloria si offusca in fretta, e la popolarità si tramuta spesso in condanna. Ma se agisce dev'essere per vincere.

E a tal fine non deve trascurare nulla.

Ha avuto ragione a riconciliarsi con Giuseppina.

È rientrata di notte. Il portiere ha acconsentito ad aprirle malgrado le disposizioni ricevute.

Napoleone l'ha sentita arrivare. Si è subito chiuso nella sua camera. Lei è venuta a bussare alla porta. Lo ha supplicato. E quella voce implorante lo ha commosso. Lei è alla sua mercé, così come l'ha spesso desiderata, e non l'ha mai avuta.

Lui non cede. La lascia piangere, riconoscere i propri torti, chiedere perdono. Non si muove, ma nel suo cuore si solleva una tempesta in cui si fondono il desiderio e l'interesse, il gusto della rivincita e il calcolo.

Lei si allontana, e Napoleone, pensando che abbia rinunciato, prova immediatamente una sensazione di abbandono. La desidera ancora di più. Ha capito ancora meglio quanto abbia bisogno di lei.

Spia ogni rumore, qualcuno scende le scale. Riconosce le voci di Eugenio e Ortensia Beauharnais che lo supplicano di perdonare la madre.

Viene travolto dall'emozione. Ama Eugenio. In Egitto ha diviso con quel ragazzo pericoli e gioie. L'ha visto diventare un uomo, un soldato. Ha fiducia in lui. Perché dovrebbe rinunciare, adesso, al sostegno di tutto il clan Beauharnais? Può permettersi di fare a meno di una parte della sua "armata" familiare?

Non cede a Giuseppina, ma ai suoi figli.

Ha aperto la porta. Giuseppina si è precipitata verso di lui, ha cominciato ad accarezzargli il viso. Lui ha ritrovato il suo profumo, il suo corpo così flessuoso, che gli si incolla.

L'ha amata per tutta la notte.

È diventato il padrone di quella donna, forse perché non l'ama più come un tempo, quando la supplicava accecato dalla passione.

La vede sorridere l'indomani, quando entra Luciano che credeva deciso il divorzio del fratello. Napoleone lo trascina via. Non è il momento di parlare di questo, sono affari miei.

Luciano non insiste. Napoleone presta ascolto a quel ragazzo di ventiquattro anni, appassionato di politica e che è riuscito, con l'aiuto del suo nome, ad avere un certo peso nel Consiglio dei Cinquecento, a diventare l'interlocutore di Sieyès.

Luciano parla nervosamente. Sieyès, dice, vuole un governo più ristretto, composto di tre consoli invece di cinque membri del Direttorio. Intende organizzare il trasferimento delle Assemblee da Parigi a Saint-Cloud e far loro votare la riforma delle istituzioni.

— Posso dargli assicurazione che acconsentirete a essere uno dei tre consoli? — domanda Luciano.

— No, diamine, guardatevene bene.

È ancora troppo presto. Noi arriveremo dopo. Sieyès è fin troppo conosciuto come moderato, addirittura come reazionario, fautore di un ritorno alla monarchia, legato, forse, agli Orléans.

— Non voglio schierarmi con nessuna fazione — ribadisce Napoleone.

Quella che sta conducendo è una guerra sotterranea. Eccitante come un'offensiva, a base di colpi indiretti. Gli serve l'appoggio di Sieyès, ma senza sollecitarlo e senza sbandierarlo. Deve sbarazzarsi dei membri del Direttorio, ma, se è possibile, evitare un colpo di Stato. Deve conquistare la piazzaforte dall'interno, con l'appoggio delle Assemblee dei Cinquecento e degli Anziani.

"Non sarò un generale che si impossessa del potere con la forza."

Perciò ignora Sieyès nel corso di una cena a casa di Gohier, e quest'ultimo riferisce a Napoleone, l'indomani, il commento amareggiato di Sieyès:

— Avete notato il comportamento di quel piccolo insolente nei confronti di un'autorità che avrebbe dovuto farlo fucilare?

Troppo tardi.

Blandisce il generale Moreau: — Era da tanto tempo che desideravo conoscervi.

Il 23 ottobre si reca ancora una volta al palazzo del Luxembourg e, senza insistere, fa capire ai due membri del Direttorio che presenterà la propria candidatura. Gohier, Moulin, in apparenza rattristati ma in realtà soddisfatti, gli rispondono che "il patto sociale esige tassativamente i quarant'anni di età per entrare nel Direttorio".

Tanto peggio per loro.

La folla continua a osannarlo. I giornali, che legge attentamente ogni mattina, scrivono che "gli oligarchi non riusciranno ad aizzare il popolo contro Bonaparte".

Quel 23 ottobre Luciano viene eletto presidente del Consiglio dei Cinquecento. Ecco conquistata un'altra posizione.

Ma ogni medaglia ha il suo rovescio.

Si onora il nome di Bonaparte e la persona di Luciano, però si spera anche di relegare Napoleone in un ruolo militare.

Se sognano che questo sia ancora possibile, guai al risveglio!

Nulla è certo, comunque, finché non si è ottenuta la vittoria.

Bernadotte non ha forse rifiutato di partecipare a un banchetto al fianco di Napoleone? — Un uomo che ha violato la quarantena può benissimo aver portato con sé la peste — ha detto — e io non ho la minima voglia di cenare con un appestato.

Sono trascorsi solo dieci giorni dal rientro di Napoleone a Parigi.

37

Napoleone ha solo pochi minuti da dedicare a ciascuno dei suoi visitatori. Li prende sottobraccio, li conduce fino in fondo al salotto. Il giardino che s'intravede attraverso le porte-finestre della rotonda è invaso dalla nebbia. Un fuoco scoppiettante rischiara e riscalda la stanza.

Giuseppina sta davanti al camino, sorride invitando gli ospiti a pazientare, intrattenendo gli aspiranti interlocutori. Napoleone le getta un'occhiata.

È necessario essere amabili con tutti, lusingarli, invitarli a tornare.

Giuseppina sa ricevere alla perfezione gli ufficiali di ogni grado, i membri dell'Istituto, i dignitari e i banchieri che si recano a rue de la Victoire perché si mormora, nella Parigi di quelli che contano, quella che brulica di pettegolezzi e ambizioni, che il generale Bonaparte andrà presto al governo, che sta preparando un colpo di Stato.

I sobborghi sono calmi, schiacciati dalla miseria e dalla mancanza di lavoro, stanchi di quel susseguirsi, da dieci anni ormai, di speranze e delusioni, di violenze e repressioni. Non aspirano più che ad avere quanto basta per comprare un pezzo di pane. Sognano la pace, perché i giovani non siano più obbligati ad andare a combattere al confine per ingrassare i Barras e i fornitori dell'esercito.

Dunque, perché non eleggere quel generale Bonaparte, coperto di vittorie, che già una volta ha firmato la pace?

Ma non è più una faccenda dei sobborghi e dei movimenti di piazza. È nei salotti e nelle caserme, nelle Assemblee che ormai si regola la questione del potere.

Napoleone si è reso conto che la partita si gioca tra poche decine di uomini.

Riconosce, in conversazione con Giuseppina appoggiata al camino, l'aiutante generale Thiébaud, che aveva prestato servizio in Italia, e il 13 vendemmiaio era tra quelli che lo avevano aiutato.

— Pranzerete con noi — gli dice.

Giuseppina siede in mezzo a loro.

— Solo voi, durante la mia assenza, vi siete comportato bene — continua Napoleone.

Osserva Thiébaud, il quale sulle prime appare intimidito, poi comincia a parlare dei piani di una nuova campagna d'Italia.

È il momento? Possibile che neanche lui comprenda che prima è necessario regolare la questione del potere a Parigi?

Napoleone, innervosito, interrompe Thiébaud.

— Una nazione è sempre ciò che si è capaci di farla diventare — dice. — Non esiste un cattivo popolo sotto un buon governo, così come non esistono truppe imbelli sotto comandanti valorosi. Ma cosa sperare da persone che non conoscono né il loro paese né i suoi bisogni, che non comprendono né il loro tempo né gli uomini, e che trovano soltanto ostacoli là dove invece dovrebbero trovare aiuto?

Napoleone si alza. Non riesce a star seduto a tavola per più di qualche minuto. Comincia a camminare nel salotto.

— Ho lasciato la pace e ritrovo la guerra — esclama. — I vantaggi della vittoria sostituiti da sconfitte disonorevoli. L'Italia era conquistata; ora è invasa, e la Francia è minacciata. Ho lasciato ricchezze e trovo ovunque povertà; quegli uomini abbassano al livello della loro incapacità la Francia che degradano e che li condanna…

Accompagna Thiébaud, lo scruta attento. Può fidarsi di lui?

— Che cosa possono sperare dei generali da un governo di avvocati? — riprende Napoleone. — Perché i luogotenenti siano pronti al sacrificio è necessario un capo in grado di apprezzarli, di dirigerli, di sostenerli…

Thiébaud si allontana. Deve trattenerlo, e suggerirgli: — Date il vostro indirizzo a Berthier!

Vedere e rivedere quelli che contano. Pranzare e cenare con loro. Presentarsi davanti al Direttorio, un'altra volta, anche se ha capito che intendono emarginarlo.

— Vediamo se riusciamo a far sì che la gente lo dimentichi — ha detto Sieyès.

Eppure Sieyès è il solo, tra i cinque del Direttorio, che potrebbe essere un alleato! Ma Sieyès non vuole uno che gli sia pari. Vuole solo una spada da utilizzare a suo vantaggio e riporre nel fodero non appena risolta la questione. Napoleone deve anche far fronte alle voci calunniose messe in giro da Barras. "Il piccolo Caporale" ha detto proprio lui, il corrotto, lui e i suoi mercenari vanagloriosi, lui che è stato l'amante di Giuseppina! "ha accumulato una fortuna con le campagne d'Italia."

— È un'accusa indegna — ribatte Napoleone quando viene ricevuto dai membri del Direttorio. — Del resto, se pure fosse vero che avessi concluso in Italia affari tanto convenienti, non sarebbe certo a spese della Repubblica che avrei fatto fortuna.

Gohier il mellifluo, lo spasimante di Giuseppina, Gohier il pavido risponde che "tutti i beni di valore chiusi nelle casse del generale in capo non gli appartengono più della gallina nascosta nello zaino del povero soldato di cui ha ordinato la fucilazione. Se avete fatto fortuna in Italia, questo non poteva accadere che a spese della Repubblica!".

— La mia presunta ricchezza è una favola alla quale possono credere soltanto quelli che l'hanno inventata! — replica Napoleone.

"Cosa sperano, questi leguleii? Non hanno ancora capito che per me c'è una sola via d'uscita, vincere? Vincere contro qualcuno di loro, come Sieyès, o contro tutti?"

Giuseppina sa come calmarlo. È una donna abile. Conosce quegli uomini uno a uno. È necessario parlare con loro, conquistarli. Non metterseli contro.

Napoleone fa qualche passo. È d'accordo, sebbene quel comportamento gli ripugni. Chiama Bourrienne a testimone:

— Ricordatevi di una cosa. Bisogna sempre andare incontro al nemico e fargli buon viso, altrimenti penserà d'incutere timore e diventerà audace.

Incontra Barras. Lo ascolta impassibile quando questi, in tono distaccato, gli dice:

— La vostra sfera, Bonaparte, è quella militare. Prenderete il comando dell'Armata d'Italia. La Repubblica si trova in frangenti talmente difficili che solo un presidente può salvarla. Non vedo altri che il generale Hédouville. Che ne pensate, Bonaparte?

Salutare e girare i tacchi.

Incontrare il generale Jourdan, del quale si dice che sarebbe vicino ai giacobini che preparerebbero un colpo di mano per il 20 brumaio. Tranquillizzarlo senza illuderlo.

— Sono convinto delle vostre buone intenzioni e di quelle dei vostri amici, ma in questa circostanza non posso essere con voi. Del resto, non dubitate, tutto sarà fatto nell'interesse della Repubblica.

Rivedere il generale Moreau: offrirgli una sciabola di Damasco tempestata di brillanti del valore di 10.000 franchi.

Parlare con il generale Bernadotte, "l'uomo-ostacolo", cercare di portarlo dalla propria parte, o quanto meno, impedirgli di essere ostile. Ma quest'ultimo si schiererà con il vincitore. Dunque, bisogna vincere.

Adesso, 1° novembre, 10 brumaio, non è più tempo di ricognizioni e pattugliamenti: bisogna preparare l'assalto.

Napoleone accetta finalmente un chiarimento definitivo con Sieyès. Il colloquio avviene a casa di Luciano.

Non appena Sieyès si siede, Napoleone comincia a rivolgergli delle domande. Deve spiazzare quell'uomo, fargli intendere che non sarà un suo subordinato, ma un suo pari.

— Voi conoscete le mie intenzioni — dice Napoleone. — È arrivato il momento di agire. Avete preso tutte le vostre misure?

Non lasciare che Sieyès si perda in un dedalo di cavilli costituzionali, interromperlo.

— Occupatevi dunque esclusivamente di trasferire a Saint-Cloud le Assemblee e di costituire contemporaneamente un governo provvisorio. Approvo la riduzione a tre membri di questo governo provvisorio, e acconsento a essere uno dei tre consoli provvisori insieme a voi e al vostro collega Roger Ducos.

Il silenzio di Sieyès e quello di Luciano rivelano a sufficienza il loro stupore davanti a quella dichiarazione brutale.

— Altrimenti, non contate su di me. Non mancano i generali per far eseguire il decreto degli Anziani.

"Ma quale generale oserebbe mettersi contro di me dal momento che tutti sanno qual è il mio scopo?"

A volte, tuttavia, viene preso dall'inquietudine.

Una sera, a casa di Tayllerand, in rue Taitbout, sente arrivare al trotto un plotone di cavalleria. I soldati si arrestano davanti alla casa. Talleyrand, zoppicando, si affretta a spegnere le candele. Nella strada si è fermata una vettura circondata da cavalieri.

"Forse vogliono arrestarmi. Chi protesterebbe? Gli alleati di oggi, quelli che vengono ogni giorno in rue de la Victoire, si schiererebbero con i vincitori. Il popolo non alzerebbe un dito. Per chi lo farebbe?"

Talleyrand riaccende le candele ridendo. Si trattava solo di un banchiere scortato fino alla propria abitazione.

Tuttavia è necessario prendere precauzioni. L'opinione pubblica può cambiare. Il 6 novembre, entrando nel tempio della Vittoria, la chiesa di Saint-Sulpice, dove il Consiglio dei Cinquecento e il Consiglio degli Anziani offrono un banchetto in onore suo e del generale Moreau, Napoleone sente, confuse fra le acclamazioni, delle grida ostili.

Mangia solo tre uova e una pera.

Quei cibi, almeno, nessuno può averli avvelenati.

Nella chiesa addobbata con bandiere e con una grande scritta, "Siate uniti, sarete vincitori", fa freddo. I musicisti eseguono alcune arie trascinanti, ma l'atmosfera è cupa. Fuori pioviggina. A turno le personalità si alzano in piedi per un brindisi. — Alle armate di terra e di mare della Repubblica! — esclama Luciano in qualità di presidente del Consiglio dei Cinquecento.

— Alla pace — dice Gohier. Moreau esclama: — A tutti i fedeli alleati della Repubblica!

Napoleone si alza in piedi, aspetta qualche minuto, guarda la sala dove le ombre delle colonne disegnano un labirinto. Dice con voce sonora:

— All'unione di tutti i francesi!

Poi, senza attendere oltre, lascia il banchetto.

È più importante incontrare di nuovo Sieyès per confermare l'accordo, Barras per fargli capire che deve rassegnare le dimissioni, Fouché per stringere un'alleanza con il ministro della Polizia generale, Bernadotte per accertarsi della sua neutralità.

Il 17 brumaio, 8 novembre, Napoleone è a casa, in rue de la Victoire. Canticchia. Tutto è pronto. Ha riletto i volantini, i manifesti, i proclami che annunceranno il cambiamento di governo. Poi convoca per l'indomani 18 brumaio, 9 novembre, a

casa sua, alle sei della mattina, i generali e gli ufficiali. Alcune truppe, spiega a Sebastiani e a Murat, saranno dislocate in place de la Concorde, poiché il Consiglio dei Cinquecento ha sede a palazzo Bourbon e il Consiglio degli Anziani alle Tuileries, e saranno spostati a Saint-Cloud soltanto il 19 brumaio.

Scrive un invito a cena al presidente Gohier per l'indomani sera. Questo dovrebbe rassicurarlo.

Poi Napoleone ci ripensa, chiama Giuseppina. Gohier le aveva fatto la corte, vero? Che sia dunque lei a invitare quell'imbecille per l'indomani mattina.

Lei sorride, prende la penna e scrive:

Al cittadino Gohier
presidente del Direttorio unico della Repubblica francese

Mio caro Gohier, venite domani con vostra moglie a colazione da me, alle otto della mattina. Non mancate; devo parlarvi di cose molto interessanti.

Addio, mio caro Gohier, contate sempre sulla mia amicizia più sincera.

Lapagerie Bonaparte

È mezzanotte quando Eugenio Beauharnais consegna a Gohier quell'invito per l'indomani, 18 brumaio.

38

Sono le cinque della mattina. Napoleone apre la vetrata della rotonda, fa qualche passo in giardino. La notte è fredda e chiara. Sui prati, vede nella luce gelida le tracce lucenti della brina.

Oggi, 18 brumaio, è il giorno del primo atto. È calmo, come sempre nei momenti che precedono la battaglia, quando le truppe cominciano a muoversi. I dragoni e i cavalieri di Sebastiani e Murat devono già aver preso posizione in place de la Concorde e alle Tuileries, e i primi deputati del Consiglio degli Anziani stanno arrivando al palazzo.

Napoleone rientra in camera, si veste con calma scegliendo l'uniforme più semplice, senza fronzoli, che contrasterà con le tenute sfarzose dei deputati, dei membri del Direttorio e anche dei generali. Dieci minuti circa dopo le sei, i primi ufficiali cominciano a presentarsi all'ingresso di rue de la Victoire. Hanno stivali e pantaloni bianchi, e la feluca con un pennacchio tricolore. Napoleone fa un giro in giardino, li saluta, verifica che il corpo di guardia si trovi sul posto.

I generali dovranno aspettare lì, intorno a lui, la notifica del decreto che i deputati del Consiglio degli Anziani, se il piano riuscirà, voteranno alle Tuileries.

Ben presto la casa si riempie di persone.

Deve parlare con tutti, affinché ciascuno si senta personalmente considerato e coinvolto. Napoleone prende posto nel suo piccolo gabinetto di lavoro, e fa cenno a Berthier di introdurre a turno i militari.

Il generale Lefebvre entra per primo. È un uomo che deve essere rassicurato. Napoleone sa che questo raduno, forse illegale, lo preoccupa. Ma deve accattivarsi Lefebvre, che comanda la 17° divisione e rappresenta le truppe della regione di Parigi e la Guardia nazionale del Direttorio. Napoleone lo abbraccia. Lefebvre vuole che la Francia rimanga nelle mani di quegli avvocati che derubano la Repubblica? esordisce Napoleone prima di fare il processo al Direttorio. Poi slaccia la sciabola.

— Ecco, in pegno di amicizia, la sciabola che portavo in Egitto, è vostra, generale.

Lefebvre, gli occhi pieni di lacrime, prende la sciabola. Esce dallo studio proclamandosi pronto a "gettare nella Senna quella razza di legulei".

Primo successo.

In fondo è così facile manovrare gli uomini. Quasi tutti gli uomini.

Ma nulla si può dare per scontato finché il decreto non verrà comunicato, perché in genere gli uomini accettano di correre dei rischi solo se hanno la certezza di vincere.

Giuseppe entra in compagnia del generale Bernadotte.

— Come? Non siete in uniforme? — esclama Napoleone.

Bernadotte spiega che non è in servizio e non vuole prender parte a un atto di ribellione.

— Ribellione, ribellione, contro un mucchio di imbecilli, gente che cavilla da mattina a sera! — dice Napoleone. — Credete forse di poter contare su Moreau, su Macdonald, su... Verranno tutti con me, Bernadotte. Voi non conoscete gli uomini. Promettono molto e mantengono poco.

Non deve commettere errori con Bernadotte il quale, agitando il suo bastone cavo contenente una spada, esclama: — Posso lasciarmi uccidere, ma non sono il tipo d'uomo che si costringe suo malgrado...

Deve sorridere, e limitarsi a chiedere a Bernadotte di non osteggiarlo.

— Come cittadino, vi do la mia parola d'onore che non agirò, ma se il corpo legislativo e il Direttorio me ne daranno l'ordine...

Napoleone prende Bernadotte sottobraccio.

— Non vi useranno — dice trascinando Bernadotte. — Temono di più la vostra ambizione che la mia. Personalmente, sono certo di non averne altra se non quella di salvare la Repubblica.

Accompagna Bernadotte fino alla soglia.

— Voglio ritirarmi alla Malmaison con qualche amico — dice.

Bernadotte, colpito, lo guarda incredulo.

Bisogna osare tutto, quando la battaglia è in corso.

Napoleone chiama Giuseppe: — Vostro cognato il generale Bernadotte farà colazione da voi.

Così sarà sorvegliato.

Napoleone attraversa il salotto, fendendo a fatica la massa degli ufficiali. Immagina i loro interrogativi. Quegli uomini cominciano a innervosirsi. Se il decreto non dovesse arrivare...

Sopraggiunge Giuseppina. E Gohier? domanda Napoleone. Il presidente del Direttorio non si è presentato in rue de la Victoire. Ha declinato l'invito, e ha mandato la moglie da sola.

Tutto può ancora cambiare, e tuttavia Napoleone è sicuro del successo finale. Perché non c'è altra via d'uscita che andare fino in fondo, quali che siano le conseguenze.

In salotto si fa un gran vociare. Sono le otto e trenta. Due ispettori questori del Consiglio degli Anziani, accompagnati da un "messo di Stato" in alta uniforme, si aprono un varco tra gli ufficiali. Vengono a comunicare il testo del decreto votato dagli Anziani.

Napoleone, in piedi nel suo studio, lo scorre con lo sguardo. È conforme a quanto era stato stabilito con Sieyès. Le Assemblee saranno trasferite nel municipio di

Saint-Cloud l'indomani, 19 brumaio, a mezzogiorno. "Il generale Bonaparte è incaricato di rendere esecutivo il presente decreto. Prenderà tutte le misure necessarie per la sicurezza della rappresentanza nazionale." Dovrà presentarsi davanti al Consiglio degli Anziani per prestare giuramento.

Rilegge. Afferra la penna senza neanche degnare di un'occhiata gli ispettori. Aggiunge una riga che gli attribuisce il comando della Guardia del Direttorio. Ha già l'appoggio di Lefebvre. Ha vinto la prima battaglia. È lui che conduce il gioco, e non Sieyès.

Entra nel salotto, tenendo il testo in mano. Lo sbandiera, lo legge. È per legge il comandante di tutte le truppe. Gli ufficiali sfoderano le loro spade, le brandiscono e lo acclamano.

Chi potrebbe fermarlo?

A cavallo!

L'aria della prima mattina è pungente. Il cielo è terso. Napoleone ha preso il comando della truppa. Sente dietro di sé il martellare dei cavalli. I generali e gli ufficiali lo seguono a qualche metro. Parigi è bella. La folla si sta già radunando. All'altezza della Madeleine, Marmont raggiunge il corteo con un gruppo di ufficiali, poi arrivano i cavalieri di Murat.

Napoleone respira a pieni polmoni, il viso sferzato da un vento vivace.

Scende da cavallo davanti alle Tuileries, s'incammina, seguito da alcuni generali, fino alla sala riservata ai deputati del Consiglio degli Anziani. Vede tutti quegli occhi che lo fissano, quella moltitudine di volti, quegli alti colletti dai galloni dorati. Ha un attimo d'esitazione.

— Cittadini rappresentanti, la Repubblica stava morendo — comincia. — Voi lo avete capito e il vostro decreto è giunto appena in tempo a salvarla. Guai a quanti vorrebbero discordia e disordine! Io li fermerò, con l'aiuto del generale Lefebvre, del generale Berthier e di tutti i miei compagni d'arme.

Riprende fiato. Non ama quelle riunioni di "avvocati".

— Nulla, nella storia, assomiglia alla fine del diciottesimo secolo — esclama. — Nulla, nella fine del diciottesimo secolo, assomiglia al momento attuale.

"Vogliamo una Repubblica fondata sulla vera libertà, sulla libertà civile, sulla rappresentanza nazionale: l'avremo, lo giuro sul mio nome e su quello dei miei compagni d'arme."

— Lo giuriamo — ripetono gli ufficiali.

Applaudono. Si alza un deputato, ricordando il rispetto dovuto alla Costituzione, ma il presidente Lemercier sospende la seduta. Si riuniranno domani a Saint-Cloud.

Ha vinto la seconda battaglia.

Tutti si congratulano con lui. Ma finché un combattimento non è finito, non si può dare nulla per scontato. Esce nel giardino delle Tuileries. Le truppe sono radunate. Tutto dipende da loro. Scorge un intimo di Barras, Bottot, lo afferra per un braccio, lo spinge davanti alle truppe, lo affronta violentemente.

— Che ne avete fatto di quella Francia che vi avevo lasciato così splendente? — grida. — Il furto è stato eletto a sistema! L'esercito è stato abbandonato a se stesso! Dove sono i prodi, i 100.000 compagni che lasciai coperti di allori? Cosa sono diventati?

Allontana Bottot, fa un passo avanti. — Questo stato di cose non può durare! Entro tre mesi ci condurrà al dispotismo. Ma noi vogliamo la Repubblica, una Repubblica fondata sulle basi dell'uguaglianza, del principio della libertà civile e della tolleranza politica!

"Soldati, l'armata si è unita di slancio a me, come io mi sono unito al corpo legislativo!

"A sentire qualche facinoroso, saremmo tutti nemici della Repubblica, noi che l'abbiamo consolidata con le nostre opere e il nostro coraggio! Non vediamo persone più patriottiche dei valorosi mutilati al servizio della Repubblica!"

Scrosciano gli applausi. Vengono sollevati i fucili e le spade.

Napoleone monta a cavallo e passa in rassegna le truppe.

Sono solo le undici e trenta del 18 brumaio, e Napoleone ha la sensazione che il primo atto sia concluso.

Certo, c'è Gohier, il presidente del Direttorio che rifiuta, a un certo punto, di firmare il decreto. Secondo Cambacérès, ministro della Giustizia, la sua firma è necessaria.

— Gli uomini di legge intralciano sempre il corso delle cose — mormora Napoleone.

Ma Gohier si piega, firma, e assicura che si rivedranno l'indomani, a Saint-Cloud, se non ci sarà più un Direttorio!

Domani...

Forse avrebbe dovuto concludere tutto entro oggi. Napoleone però cancella questo rimpianto. Non vuole un colpo di Stato militare brutale e arrogante, accompagnato da cannonate, fucilate e arresti. Intende essere, secondo le parole dei manifesti affissi attorno alle Tuileries, dei volantini distribuiti tra la gente per suo ordine, "un uomo sensato, che agisce bene".

Nelle prime ore del pomeriggio, alle Tuileries, Talleyrand entra nel suo studio. Napoleone lo interroga con lo sguardo. Barras ha accettato di rassegnare le dimissioni, vinto senza aver combattuto. Ecco le vittorie migliori! Perché usare la violenza quando si può prevalere con le sole minacce?

Napoleone chiama gli ufficiali del suo stato maggiore, dispiega la mappa di Parigi. Domani le truppe dovranno essere dislocate alle Tuileries, agli Champs-Elysées, sulla strada che conduce a Saint-Cloud. Occorre ostentare la propria forza, per rassicurare la gente onesta, terrorizzare eventuali oppositori e impedire loro di agire.

Si avvicina Fouché, spiega che ha fatto bloccare le porte di Parigi.

— Buon Dio, perché tutte queste precauzioni? — esclama Napoleone. — Noi procediamo di pari passo alla nazione e grazie alla sua sola forza. Nessun cittadino dovrà preoccuparsi, e il trionfo dell'opinione pubblica non dovrà avere nulla in comune con l'entusiasmo delle giornate vissute da una minoranza di rivoltosi!

Non capiscono che Parigi deve vivere una giornata qualunque?

— Ascoltate.

Legge il proclama alle truppe che sarà pubblicato domani, 19 brumaio.

— La Repubblica è mal governata da due anni... La libertà, la vittoria e la pace ristabiliranno la Repubblica al posto che occupava in Europa, e che solo l'insipienza o il tradimento hanno potuto farle perdere...

È chiaro?

— La nazione intera.

Si gira verso Sieyès che esige l'arresto di alcuni sobillatori giacobini, scuote il capo, rifiuta.

Non dice che ha già incaricato Saliceti di tranquillizzare i giacobini e promettere loro, a nome del generale, "un chiarimento franco e puntuale", precisando che Sieyès voleva arrestarli mentre Bonaparte li ha difesi. Domani, i giacobini non andranno a Saint-Cloud.

Sieyès china la testa.

Avrà capito Sieyès che la sera del 18 brumaio non è più l'unico vincitore, come sperava di essere? Che Napoleone ha dato la sua impronta al corso di tutta la giornata? Domani?

Domani, a Saint-Cloud, è vero.

— Non è andata poi tanto male oggi — dice Napoleone a Bourrienne, in rue de la Victoire. — Vedremo domani.

Estrae due pistole dalle fondine e le porta con sé nella sua camera.

<h1 style="text-align:center">39</h1>

Oggi, 19 brumaio anno VIII, 10 novembre 1799, è il giorno dell'ultimo atto.

Napoleone, dal salotto, osserva il cielo plumbeo. Pioviggina. Nel camino il fuoco stenta ad attecchire. L'umidità impregna la stanza.

In rue de la Victoire c'è meno folla che il giorno precedente. Parlottano. Sono uomini fidati. È necessario comunque parlare con ciascuno di loro per rassicurarli, perché certi hanno già espresso qualche timore. Come reagiranno i deputati delle due Assemblee? Si lasceranno convincere? Ieri sono stati colti di sorpresa. Hanno avuto tutta la notte per accordarsi.

Napoleone scaccia con un gesto quei timori. E tuttavia lo assillano. Una battaglia interrotta è una battaglia metà persa e metà vinta. Nulla si può dare per scontato. E la giornata che comincia non lo convince.

È vero, ha verificato il dispositivo militare. Le truppe saranno dislocate lungo tutto il percorso. I soldati di Murat occuperanno lo spiazzo davanti al castello di Saint-Cloud, e accerchieranno in tal modo la guardia del Direttorio, di cui occorre diffidare. Ma non è stato previsto niente in merito allo svolgimento della giornata. Luciano Bonaparte e Sieyès hanno affermato che gli Anziani e i Cinquecento decideranno di accettare la nomina dei tre consoli e il rinvio delle sedute delle Assemblee di qualche settimana. È sicuro?

Napoleone si rammarica di non controllare pienamente la situazione. Crede alla dea Fortuna, ma non ama affidarsi all'improvvisazione, al caso.

Si avvicina Cambacérès, il volto preoccupato.

— Non abbiamo concordato nulla — dice il ministro della Giustizia. — Non so come potrà andare a finire.

Napoleone alza le spalle. Bisogna tranquillizzare Cambacérès.

— In quelle riunioni ci sono pochi partecipanti. Li ho visti e ascoltati tutto il giorno, ieri. Che povertà, che interessi meschini!

Fa qualche passo. Suggerisce al generale Lannes, che è ferito, di non partire per Saint-Cloud. Poi, abbracciando Giuseppina, le sussurra: — Questa non è giornata da donne.

Forse ci saranno dei combattimenti.

Partono in carrozza, scortati da un distaccamento di cavalleria.

Napoleone è silenzioso, sente Bourrienne, seduto accanto a lui, mormorare a Lavalette mentre attraversano place de la Concorde:

— Domani dormiremo al Luxembourg oppure finiremo qui.

Con un cenno del mento Bourrienne indica il punto della piazza dove si allestiva la ghigliottina.

La strada è ingombra di carrozze spesso cariche di bagagli, come se coloro che si dirigevano a Saint-Cloud avessero già progettato un'eventuale fuga. Dovunque, nei dintorni del castello, ci sono bivacchi di soldati.

Mentre attraversa lo spiazzo, Napoleone vede alcuni gruppi di deputati del Consiglio dei Cinquecento, con la toga bianca stretta in vita da una cintura blu e il tocco rosso sul capo, dirigersi verso il padiglione dell'Orangerie.

Al suo passaggio alcuni soldati gridano: — Viva Bonaparte! — Da un gruppo di deputati dei Cinquecento si levano delle grida:

— Scellerato, mascalzone! — Non gira neanche la testa.

L'ultimo atto della rappresentazione deve concludersi con la sua vittoria. Poiché, se è sconfitto, perde tutto.

Entra nello studio che gli è stato riservato, attiguo ai salotti. È una stanza arredata solo con due poltrone su cui sono già seduti Sieyès e Roger Ducos, i due futuri consoli. C'è un freddo umido. Le fiamme nel camino sembrano continuamente sul punto di spegnersi.

Napoleone comincia a camminare nella stanza. Aspettare, non agire, rimettersi ad altri per il proprio destino, è insopportabile.

Sono soltanto le tredici e trenta.

Lavalette, l'aiutante di campo, annuncia che Luciano Bonaparte ha appena aperto la seduta del Consiglio dei Cinquecento.

Aspettare, dunque. Napoleone si gira verso Sieyès e Ducos. Stanno chiacchierando. Come possono lasciare che i loro destini si decidano senza intervenire? Entra un aiutante di campo. Napoleone lo afferra per la spalla, lo conduce lontano dalle poltrone. L'ufficiale, indicando Sieyès, mormora che quest'ultimo ha dato ordine al suo cocchiere di tenere la carrozza pronta nascosta tra gli alberi, per poter fuggire nel caso la faccenda si metta male. Talleyrand, spiega l'ufficiale, è arrivato insieme al banchiere Collot e si è insediato in una casa vicino al castello.

Sono tutti prudenti, pronti a pararsi le spalle. Lui gioca il tutto per tutto.

Entra l'aiutante di campo Lavalette. Sembra preoccupato: i Cinquecento sono in tumulto. I deputati hanno gridato: — No alla dittatura! Abbasso i despoti! Viva la Costituzione! — Il presidente, Luciano Bonaparte, ha dovuto accettare che i deputati prestino giuramento di fedeltà alla Costituzione dell'anno III.

Sieyès sorride. Naturalmente, non è affatto scontento delle accuse mosse a Napoleone.

— Vedete cosa fanno — esclama Napoleone.

Sieyès alza le spalle. Il giuramento di rispettare tutta la Costituzione in effetti è un po' esagerato. Ma...

Napoleone si gira, s'infuria contro un comandante di battaglione che non si è attenuto ai suoi ordini. — Qui sono io a dare gli ordini! — grida. — Arrestate quest'uomo, mettetelo in prigione.

Cammina avanti e indietro. Questa giornata, lo sentiva, si presenta incerta. Spalancano la porta. Cosa vogliono i due generali deputati Jourdan e Augereau, di cui si dice siano simpatizzanti dei giacobini?

Si aggirano già come avvoltoi perché credono che farò marcia indietro di fronte all'opposizione parlamentare?

Sono venuti a proporre un compromesso, un'azione concertata con loro. Sono certi che Bernadotte ha sparpagliato i suoi uomini nei sobborghi, ed è pronto a scatenare un assalto di sanculotti.

Se non agisco sarò sconfitto.

Napoleone allontana Augereau.

— Il vino è versato — dice. — Ora bisogna berlo. Rimani tranquillo.

Abbandona quella stanza dove soffoca. Non si lascerà intralciare da quelle manovre, né irretire dai discorsi di quegli avvocati.

Entra nella galleria d'Apollon. Il Consiglio degli Anziani ha sospeso la seduta. Forma una massa compatta, rossa e blu. Napoleone vorrebbe avanzare, ma non riesce ad arrivare al podio.

Deve agire, cioè parlare.

— Rappresentanti del popolo — esordisce — non vi trovate affatto in circostanze ordinarie, state sopra un vulcano.

I deputati cominciano a rumoreggiare. Si sente a disagio. Non ama dare spiegazioni.

Quegli uomini, ai quali dice: — Ve lo giuro, la patria non ha difensori più zelanti di me; mi sacrificherò interamente per far eseguire i vostri ordini — chi sono? Cosa hanno fatto perché lui sia costretto a ottenere il loro consenso?

— E la Costituzione? — urla uno di loro.

Napoleone s'inarca.

— La Costituzione? È il caso per voi d'invocarla? Può costituire ancora una garanzia per il popolo francese? La Costituzione? È invocata da tutte le fazioni e tutte l'hanno violata; tutte l'hanno disprezzata.

Si infervora. Riprende fiato. Un deputato che gli è vicino propone di dare alle stampe quel discorso. Ma altri chiedono spiegazioni. Non ha ancora parlato dei pericoli che sta correndo la Vandea, dei realisti che minacciano Nantes, Saint-Brieuc, Le Mans.

Napoleone ribadisce:

— Non appartengo a nessuna fazione, perché l'unico grande partito cui appartengo è il popolo francese.

Eppure sente che le sue parole non fanno presa. Quegli uomini, drappeggiati nei loro abiti blu, la fronte coperta dal tocco rosso, il busto avvolto nelle cappe bianche, la vita stretta da cinture rosse, non si lasciano convincere.

Si gira verso l'ingresso della sala:

— Granatieri, voi di cui scorgo i cimieri, voi, prodi soldati, di cui vedo le baionette...

I deputati si alzano, minacciano, urlano. Eppure sono gli Anziani, quelli che gli sono più favorevoli!

Li osserva. Sono ostili. Non potrà mai portarli dalla sua parte, visto che formano un gruppo così compatto. Allora si lascia andare. Le parole sgorgano senza che lui riesca più a controllarle, spazzando via ogni diplomazia, ogni prudenza.

— Se qualche oratore prezzolato dallo straniero proponesse di mettermi fuori legge — esclama — possa il fulmine della guerra annientarlo all'istante, mi appellerei a voi, valorosi soldati, miei prodi compagni d'arme...

I deputati schiamazzano.

— Ricordatevi — grida Napoleone — che la dea Vittoria e la dea Fortuna marciano al mio fianco...

Sente Bourrienne che gli sussurra:

— Uscite, generale, non sapete più quel che dite.

Ma cos'altro dire a quel genere di avvocati sordi a tutto!

— Vi invito a prendere quelle misure salutari che l'incombere del pericolo richiede imperiosamente — prosegue. — Troverete sempre il mio braccio pronto a far eseguire le vostre decisioni.

Attraversa la galleria d'Apollon. Cammina a passo veloce. Allontana quelli che, come Bourrienne, gli raccomandano prudenza, sconsigliandogli di presentarsi all'Assemblea dei Cinquecento, dove la maggioranza dei deputati gli è ostile. Non capiscono che è meglio battersi male piuttosto che non battersi affatto? È convinto che non otterrà nulla da quei deputati con la moderazione. Sieyès, accanto a lui, resta in silenzio. Sulle scale che conducono all'Orangerie lo scrittore Arnault, arrivato da Parigi, lo ferma per parlargli: ha appena lasciato Fouché.

— Fouché garantisce per Parigi, generale, ma spetta a voi garantire per Saint-Cloud. Lui crede che occorra far precipitare gli eventi, se volessero intralciarvi con le loro lungaggini... Anche il cittadino Talleyrand pensa che non ci sia più tempo da perdere.

Tuttavia, nel momento in cui sta per entrare nella sala dell'Orangerie, dove sono riuniti i Cinquecento, si cerca di trattenerlo.

Lui si svincola. Deve spezzare ogni indugio. Scortato dai granatieri, fende la calca che affolla il corridoio e spalanca la porta, avanzando da solo.

Davanti a lui, gli uomini in tocco rosso. Grida, urla. I volti dell'odio.

— Dittatore, fuorilegge! Abbasso il despota!

Un deputato, che svetta sopra tutti gli altri, si scaglia in avanti, colpisce con violenza la spalla di Napoleone.

— Generale, è per questo che hai vinto, dunque? — domanda.

Qualche grido di "Viva Bonaparte!" è subito ricoperto da urla che ripetono: — Fuorilegge, fuorilegge.

Per un istante gli si annebbia la vista. Si sente soffocato dalla ressa. Vede alcuni deputati brandire dei pugnali. Si graffia le croste e le pustole del viso. Il sangue gli cola lungo le guance. Si sente sollevato, trasportato.

È in salotto. Sieyès è di fronte a lui, calmo.

— Vogliono mettermi fuori legge, proprio loro — dice.

— Sono loro che ci si sono messi — risponde Sieyès. — Dobbiamo far intervenire le truppe.

Napoleone in pochi secondi ritrova la calma. Non voleva un colpo di mano militare. E non lo vorrebbe tuttora. Ma non può perdere.

Si sentono grida provenienti dall'Orangerie.

Le porte del salotto si aprono. Comunicano che i Cinquecento hanno decretato la messa fuori legge del generale.

Non può perdere. Sguaina la spada e urla dalla finestra: — Alle armi! Alle armi!

Si precipita nel cortile seguito dai suoi aiutanti di campo, monta a cavallo. Arriva Luciano, a capo scoperto. Chiede un cavallo.

Sieyès esclama:

— Ci mettono fuori legge! Ebbene, generale, limitatevi a metterli fuori della sala!

Luciano, in piedi sulle staffe, grida:

— Un tamburo, un rullo di tamburo!

Il tamburo risuona. Poi è silenzio.

— Francesi, il presidente del Consiglio dei Cinquecento vi comunica che la grande maggioranza del consiglio si trova, in questo momento, sotto la terribile minaccia di alcuni deputati che brandiscono pugnali... Questi odiosi briganti, sicuramente al soldo dell'Inghilterra... hanno osato parlare di mettere fuori legge il generale incaricato dell'esecuzione del decreto del Consiglio degli Anziani... Questa minoranza di folli si è messa fuori legge da sola... Gli autori di questa proscrizione non sono più i rappresentanti del popolo, ma i rappresentanti del pugnale!

Acclamazioni risuonano in tutto il piazzale e nel cortile.

Napoleone fa fatica a restare in sella. Il suo cavallo scalpita e scarta.

Napoleone sa che quello è il momento cruciale della giornata. Ed è certo di uscirne vittorioso. Deve farlo.

— Soldati — grida — vi ho condotto alla vittoria, posso contare su di voi?

Alcuni uomini alzano il fucile e la spada, rispondono di sì.

Quel suono riempie, esalta Napoleone.

— Alcuni facinorosi cercano di mettermi contro il Consiglio dei Cinquecento. Ebbene, li ridurrò alla ragione! Posso contare su di voi?

Gridano: — Viva Bonaparte!

— Ho cercato di rivolgermi a loro con le parole — riprende Napoleone — e mi hanno risposto con i pugnali.

Ha vinto. Basta qualche altra parola.

— Da troppo tempo ormai la patria è tormentata, depredata, saccheggiata! — esclama. — Da troppo tempo ormai i suoi difensori sono umiliati, immolati. Questi valorosi che ho vestito, pagato, mantenuto a prezzo delle nostre vittorie, in quale stato li ritrovo...

— Viva Bonaparte!

— Per tre volte ho aperto le porte della Repubblica, e per tre volte le hanno richiuse.

— Viva Bonaparte!

— Sì, seguitemi, sono il dio del presente!

Le acclamazioni riprendono. Sente Luciano che gli grida:

— Tacete dunque, credete di parlare a dei mamelucchi?

Luciano ha ragione: non deve più parlare.

Napoleone si china, dà un ordine al generale Leclerc. I granatieri cominciano a muoversi e, mentre i tamburi battono la carica, si dirigono verso l'Orangerie. Si vedono alcuni deputati del Consiglio dei Cinquecento che scavalcano le finestre, lasciano cadere il tocco rosso e si sbarazzano della toga bianca per fuggire nel parco. E si sente Murat gridare: — Toglietemi di mezzo tutta quella gente là fuori!

Fa buio. Sono le sei del pomeriggio.

Non rimane che aspettare nel salotto. L'aiutante di campo Lavalette reca la notizia che gli Anziani hanno votato il decreto sostituendo il Direttorio con una commissione esecutiva composta di tre membri. Ma ci vuole il voto dei Cinquecento.

I soldati si recano a Saint-Cloud, nelle osterie, nei giardini, nei caffè, per rintracciare i deputati che sono fuggiti e riportarli all'Orangerie affinché votino quando verrà il loro turno.

Napoleone va e viene nel salotto. Il castello, ora, è silenzioso. Si sente il trapestio dei soldati che cominciano a lasciare Saint-Cloud.

Verso mezzanotte Luciano entra nel salotto, raggiante.

Legge il decreto: — Il corpo legislativo crea una commissione consolare esecutiva composta dai cittadini Sieyès, Roger Ducos, ex membri del Direttorio, e dal generale Bonaparte, che sono nominati consoli della Repubblica.

Poi Napoleone prende posto nel corteo che accompagna i consoli fino alla sala delle riunioni dove presteranno giuramento di fedeltà "alla Sovranità popolare, alla Repubblica francese una e indivisibile, all'Uguaglianza, alla Libertà e al Sistema rappresentativo".

Napoleone pronuncia queste parole per ultimo.

All'alba dell'11 novembre 1799 è divenuto console.

Nella carrozza che alle cinque della mattina lo riporta a Parigi, resta in silenzio. Nell'oscurità avverte che Bourrienne, seduto accanto a lui, lo sta fissando.

Ma Napoleone, gli occhi chiusi, non volta la testa.

La vettura passa accanto ad alcuni soldati che si fanno da parte sul ciglio della strada. Sono allegri. Cantano:

Sì, andranno, andranno
gli aristocratici alla Lanterna.

Napoleone sa benissimo che, qualunque cosa faccia, è pur sempre figlio della Rivoluzione. Ma la Rivoluzione volge al termine, come l'alba.

Apre gli occhi. La carrozza entra a Parigi. Le strade sono deserte, silenziose. Il rumore delle ruote e degli zoccoli dei cavalli della piccola scorta risuona tra le facciate dei palazzi con le imposte serrate.

Prova un sentimento, fino a quel momento sconosciuto, di serena potenza. Dopo tutti i mesi trascorsi in Egitto, tra tante incertezze e rovesci di fortuna, dopo le ore in cui a Saint-Cloud ha visto balenare i pugnali dell'odio, in cui, a ogni istante, avrebbe potuto perdere tutto, gli sembra finalmente di aver superato gli ultimi ostacoli. Davanti a lui si spalanca l'orizzonte, la sua vita. Tutto adesso sarà grandioso. Lo sente. Lo vuole.

Sì, la Rivoluzione è finita.

Lui è l'uomo che chiude un'epoca per aprirne una nuova.

Finalmente! Finalmente! Il giorno sta sorgendo! L'avvenire mi appartiene!

IL SOLE DI AUSTERLITZ

L'Italia napoleonica

REPUBBLICA ELVETICA
REGNO DI BAVIERA
IMPERO D'AUSTRIA
Milano
Venezia
Po
Torino
Genova
IMPERO
PROVINCE ILLIRICHE
IMPERO OTTOMANO
Lucca
Principato di Lucca
FRANCESE
Firenze
REGNO D'ITALIA
MARE ADRIATICO
CORSICA
Roma
REGNO DI NAPOLI
Principato di Pontecorvo
Principato di Benevento
Napoli
REGNO DI SARDEGNA (ai Savoia)
MAR TIRRENO
MARE IONIO
Palermo
MAR MEDITERRANEO
REGNO DI SICILIA (ai Borboni)
ALGERIA
TUNISIA

Impero francese
Stati nella sfera d'influenza francese

Per Anne e Antoine Ottavi

La mia amante è il potere. Ho fatto troppo per conquistarla per lasciarmela portar via o sopportare che me la insidino.

Non sono un re. Non voglio che mi insultino come un re. Mi trattano come una bertuccia reale! Io non sono una bertuccia reale! Sono un soldato uscito dal popolo, e mi sono fatto da solo. Posso essere paragonato a Luigi XVI?

NAPOLEONE BONAPARTE

Parte prima

Né rivoluzionario né realista:
sono nazionalista

11 novembre 1799 (20 brumaio anno VIII) - 7 settembre 1800

1

Napoleone ha trent'anni e quattro mesi. Sente gridare: — Viva Bonaparte! Viva la pace!

Si avvicina alla vetrata del salotto della rotonda, la stanza più ampia del suo palazzo.

In fondo al giardino, dietro le siepi, scorge la piccola folla che ha invaso rue de la Victoire. È dall'alba che lo sta aspettando. Si è radunata quando ha saputo, dai giornali e dai manifesti affissi per le strade, che il giorno prima, 19 brumaio, è stato scelto come uno dei tre consoli provvisori della Repubblica e ha già prestato giuramento nel cuore della notte, davanti ai deputati riuniti al castello di Saint-Cloud.

I curiosi vanno e vengono lungo la cancellata del giardino, sperando di riuscire a scorgere Bonaparte e Giuseppina Beauharnais. Alcuni circondano la carrozza, con i quattro cavalli neri già attaccati, che è ferma davanti al portone.

I cavalli dei dragoni della scorta scalpitano e nitriscono. I musi degli animali sono avvolti da un vapore che, in pochi istanti, si confonde con la bruma.

Il clima è freddo e umido.

Clima di stagione, quell'11 novembre 1799, 20 brumaio anno VIII.

Sono passate da poco le undici.

Bourrienne, il segretario di Napoleone, apre la porta di casa. Gli altri due consoli provvisori, Sieyès e Roger Ducos, stanno già aspettando Napoleone al palazzo del Luxembourg, ieri sede del Direttorio, oggi del Consolato che è nato nella notte.

Napoleone si avvia, poi si ferma un istante davanti allo specchio che troneggia sul caminetto.

Venticinque giorni, solo venticinque giorni prima, entrava in quello stesso salotto arrivando dall'Egitto.

Era l'alba. Il palazzo era vuoto. Voleva ripudiare Giuseppina che non si trovava in casa. E adesso lei è ancora lì, in quella lunga tunica diafana che lascia intravedere il suo corpo. È lì che si appoggia con grazia indifferente al caminetto. Già vestita e truccata, come in ogni momento della giornata. Un nastro di seta blu trattiene i riccioli che le incorniciano il volto incipriato.

Sono passati venticinque giorni. Ha rinunciato al divorzio. Certo, non ha dimenticato quello che ha scoperto: che Giuseppina è frivola e adultera. Che lo ha ingannato. Ma nella preparazione di quelle due memorabili giornate del 18 e 19 brumaio si è rivelata un'alleata utile, efficiente. Una moglie tenera e attenta.

In soli venticinque giorni, tutto è cambiato.

Il 16 ottobre, la mattina del suo ritorno a Parigi dall'Egitto, Napoleone Bonaparte era soltanto un generale che aveva abbandonato la sua armata. Un generale che godeva, sì, del sostegno dell'opinione pubblica, ma rischiava un'accusa di diserzione e la destituzione da parte del governo.

Ha rischiato il tutto per tutto.

Ieri, 10 novembre, a Saint-Cloud, nella sala dell'Orangerie, quando i deputati del Consiglio dei Cinquecento si sono precipitati contro di lui gridando: — Fuorilegge! Morte al dittatore! Fuorilegge! — per qualche istante ha creduto di aver perso la partita. Si è anche spaventato.

E le tracce sono ancora lì, sul suo volto livido, che, circondato da quella muta urlante, minacciosa, si è graffiato con le unghie, facendo scoppiare le pustole di cui è cosparso, strappando le croste, facendo colare il sangue.

I deputati hanno ferito un granatiere che lo proteggeva. Ma cosa poteva sperare, quella banda di avvocati che, dopo aver ripetutamente violato la Costituzione, ora la invocava come un testo sacro?

Ieri, nella notte, ha stigmatizzato il loro comportamento, tutto quell'odio, quel grido "feroce degli assassini contro la forza destinata a punirli". Sono le parole del proclama che ha subito dettato, e che Bourrienne gli sta consegnando stampato su un manifesto. Manifesto che Fouché, da efficiente ministro della Polizia generale, avrà già fatto affiggere su tutti i muri di Parigi.

Solo venticinque giorni fa era un generale che inseguiva il potere.

Ieri pomeriggio era addirittura un uomo solo, minacciato.

Stamane, 20 brumaio, è uno dei tre consoli provvisori della Repubblica.

Uno? Deve essere *il primo* dei tre.

È questo che sarà deciso tra poche ore. È questo il suo scopo.

Si dirige verso la porta. Giuseppina lo abbraccia. Napoleone sorride e si divincola. È un uomo diverso da quello di venticinque giorni fa.

La vittoria è sempre una consacrazione.

Attraversa il giardino a passo veloce in compagnia di Bourrienne, ma senza guardarlo. Parla, ma solo per se stesso:

— Un governo appena nato ha bisogno di abbagliare, di stupire. Appena non brilla più, cade.

In strada cominciano a risuonare delle grida. Devono averlo visto arrivare. Sente l'ordine urlato da un ufficiale: — Il generale in capo, console della Repubblica.

Ecco chi è, ora.

Gli accordi non sono ancora stati presi, ma sa bene che sarà lui il primo dei tre consoli. Chi oserà contestare la sua supremazia?

E dopo, verso cosa, verso dove si dirigerà? È una domanda che comincia già a ossessionarlo. Ma lui conosce la risposta. Deciderà al momento opportuno. Anche se sente già di non potersi fermare. Il suo equilibrio è nel movimento in avanti. Sempre in avanti.

Sale in carrozza, le grida in strada aumentano.

— Una grande reputazione — dice nel momento in cui la carrozza comincia a muoversi — è come un gran rumore. Più se ne fa, più si sente lontano. Le leggi, le istituzioni, i monumenti, le nazioni, tutto cade. Ma il rumore resta e riecheggia nelle generazioni successive.

I cavalli vanno al trotto. Con un cenno Napoleone ordina ai dragoni della scorta di allontanarsi dai fianchi della vettura. Vuole vedere ed essere visto. Si sente la parola "pace" in lontananza.

Napoleone si sporge dalla carrozza. Le strade, in questo giorno di Decadi, destinato al riposo, sono quasi vuote.

— Il mio potere — mormora Napoleone rannicchiandosi in un angolo — dipende dalla mia gloria, e la mia gloria dalle vittorie che ho riportato. Il mio potere crollerebbe se non lo alimentassi con nuove glorie e vittorie.

Quando la carrozza si avvicina alla Senna, nei quartieri del faubourg Saint-Honoré, i passanti sono più numerosi. I curiosi sono radunati davanti ai manifesti affissi sui muri, e dalla carrozza riesce a leggere le grandi lettere nere:

PROCLAMA
DEL GENERALE IN CAPO
BONAPARTE
19 BRUMAIO, ORE 11 DELLA SERA

Fouché ha assolto il suo compito.

La carrozza entra in place de la Concorde, e i cavalli prendono il galoppo. Nella nebbia fittissima, la piazza sembra un anfiteatro abbandonato, in rovina.

— Le conquiste hanno fatto di me quel che sono — riprende Napoleone. — Solo le conquiste possono mantenermi al potere.

2

Accompagnato dal rullio dei tamburi della Guardia che saluta il suo passaggio, Napoleone avanza sotto i portici del palazzo del Luxembourg. Si sta recando alla prima seduta del Consolato.

Conosce bene il palazzo. C'è venuto da povero postulante. Ma da ieri Barras, il capo che lui si recava a riverire, è soltanto un uomo privo del potere, che coverà nell'oscurità le ricchezze rapinate ai vertici dello Stato. Solo poche ore prima Barras era uno dei membri del Direttorio, ai quali bisognava render conto, di cui si spiavano timorosamente gli ordini. Quei tempi sono finiti.

Entra nel salotto dai soffitti affrescati. Sieyès e Roger Ducos lo stanno aspettando in piedi.

Sono quelli gli uomini che dividono il potere con lui. Ducos è solo una comparsa, ma Sieyès è un abile giocatore, un uomo pieno di idee, un protagonista della Rivoluzione. È con lui che bisogna fare i conti.

Napoleone lo osserva. Sieyès gli sembra vecchio, privo di vera energia. Se dovesse scoppiare la guerra tra loro, Sieyès non potrebbe mai vincere. E deve saperlo. Certo, come durante gli ultimi venticinque giorni cercherà di tendergli delle trappole, di utilizzare l'arma della sua abilità.

"Forse è convinto di poter fermare un uomo come me con le arguzie del giurista e gli articoli della Costituzione!"

Sieyès chiude le porte e si accerta accuratamente che siano ben chiuse.

— È del tutto superfluo mettere ai voti la presidenza — dichiara Ducos, sedendosi. — Vi appartiene di diritto, generale.

Napoleone guarda Sieyès, il quale tace ma non può dissimulare una leggera smorfia. Napoleone si siede nella poltrona posta al centro, poi dichiara che rifiuta una presidenza permanente.

Occorre saper attendere il momento giusto, lasciare che sia Sieyès a scoprirsi.

Quella che sta per iniziare è un'epoca provvisoria. Sarà la Costituzione, quella che deve essere elaborata, a decidere il ruolo di ciascuno di loro.

"Se Sieyès si illude di potermi seppellire sotto gli onori, si sbaglia di grosso."

Sieyès si è alzato. Preoccupato, va a controllare di nuovo che le porte della sala siano ben sprangate. Poi indica un comò.

— Vedete quel bel mobile, generale? Non potete immaginare il suo valore.

Spiega poi che i membri del Direttorio hanno previsto di dividersi, alla fine del loro mandato, la somma nascosta in quel comò.

— Ormai non ci sono più direttori — conclude Sieyès. — Quindi siamo noi i legittimi proprietari di tutto. Che ne facciamo?

Ma allora quest'uomo è avido quanto Barras! Quelli che hanno fame d'oro inseguono il potere per la ricchezza che può procurare loro. Basta quindi ingozzarli d'oro perché abbandonino il potere, che non è il vero oggetto della loro passione.

— Io non so niente dell'esistenza di quella somma di denaro — dice Napoleone, voltando la testa dall'altra parte. — Quindi potete dividerlo tra voi, che siete ex direttori. Ma fate in fretta, perché domani sarà troppo tardi.

I due aprono il comò e cominciano a sussurrare, a discutere sulla divisione di quegli 800.000 franchi che hanno già contato. Vorrebbero che Napoleone facesse da arbitro.

— No, mettetevi d'accordo tra voi — dice lui. — Se una qualsiasi voce mi coinvolgerà in questa storia, sarete costretti a restituire tutto.

I due consoli tacciono, si osservano. Alla fine Sieyès si aggiudica 600.000 franchi.

E pensare che nelle casse del governo non c'è denaro neanche per pagare i corrieri che devono trasmettere i dispacci in provincia o al generale Championnet, comandante in capo dell'Armata d'Italia!

Come è possibile?

Napoleone consulta gli ex ministri, sfoglia un dossier dopo l'altro. L'esercito non viene né pagato né nutrito né equipaggiato. Convoca un alto funzionario della monarchia, Gaudin, il quale è anche il candidato di Sieyès alla carica di ministro delle Finanze. L'uomo sembra efficiente e discreto.

— Lavorate da molto tempo nelle finanze? — domanda Napoleone.

— Da vent'anni, generale.

— Abbiamo bisogno della vostra collaborazione. Ci conto molto. Forza, venite a prestare giuramento. Abbiamo fretta.

Avverte in ogni istante del giorno questa urgenza. Nomina senza indugi i ministri. Talleyrand riprende il suo posto al ministero degli Esteri. Laplace, il competente esaminatore già conosciuto da Napoleone alla scuola militare, è ministro dell'Interno. Ma l'essenziale, per lui, sono i lavori della commissione incaricata di elaborare la nuova Costituzione.

Sieyès ha in mente un progetto molto astuto, che prevede un grande elettore a vita collocato al vertice di una piramide composta dalle Assemblee: un Senato, un corpo legislativo, un Tribunato. In pratica, un uomo senza potere, eletto dai notabili, il che dona l'apparenza del suffragio universale, mentre la designazione degli elettori viene fatta dall'alto.

Napoleone esamina rapidamente i progetti di Sieyès. Quel modo di svuotare il suffragio universale della sua realtà non gli dispiace. La fiducia viene dal basso, l'autorità dall'alto; e poi, il popolo, che cos'è?

Interroga vari ideologi, quei pensatori che sognano un dispotismo illuminato.

Li incontra durante i ricevimenti che organizza al Petit-Luxembourg, dove si è insediato con Giuseppina. Ascolta uno di loro, Cabanis, che gli dice: — È indispensabile che la classe ignorante non eserciti più alcuna influenza sulla legislazione né sul governo. Tutto deve essere fatto per il popolo e in nome del popolo, niente deve essere fatto attraverso il popolo e sotto la sua pressione inconsulta.

Riunisce alcune commissioni che lavorano direttamente con lui. Poi, una sera, Roederer si avvicina, gli sussurra la proposta di Sieyès. Napoleone accetterebbe di diventare quel grande elettore a vita progettato da Sieyès?

Bisogna rimanere impassibili, limitarsi ad ascoltare.

— Il grande elettore — continua Roederer — godrà di un appannaggio di sei milioni di franchi e potrà disporre di tremila uomini di guardia. Si installerà a Versailles e nominerà, questa sarà la sua funzione, i due consoli.

Ecco la trappola. Squalificare l'uomo che accetterà questa funzione senza potere reale.

— Vi ho inteso bene, Roederer? Mi viene proposta una carica dove nominerei tutti quelli che avrebbero qualcosa da fare e dove non potrei occuparmi di niente...

Si allontana da Roederer, alza il tono di voce, in modo che tutti i membri della commissione possano sentirlo:

— Così il grande elettore sarebbe un'ombra, l'ombra disincarnata di un re fannullone. Conoscete qualcuno che abbia un carattere così vile da compiacersi di una simile scimmiottatura? Io non accetterei mai un ruolo ridicolo. Piuttosto niente, che rendermi ridicolo.

Quando Sieyès si presenta davanti alla commissione, Napoleone lo interpella subito, vivacemente:

— Come avete potuto credere, cittadino Sieyès, che un uomo d'onore, un uomo di talento e con qualche disposizione per gli affari avrebbe accettato di diventare un maiale all'ingrasso di qualche milione, nel castello reale di Versailles?

— Ma allora volete essere re — mormora Sieyès.

Il suo tono, però, è già quello amaro dell'uomo sconfitto.

Si è scoperto troppo presto. È perduto.

Adesso bisogna procedere senza indugi, giorno dopo giorno, notte dopo notte. Napoleone ispira, corregge, anima le sedute di lavoro. Piega le resistenze. Convince o disarciona.

Tiene d'occhio Sieyès il quale, poco a poco, si tira in disparte.

Si va al voto: alle tre Assemblee verrà aggiunto un Consiglio di Stato e, al vertice dell'edificio, un primo console, vera pietra angolare, eletto per dieci anni, il quale dominerà gli altri due consoli dotati solo di voto consultivo. Abilità e ironia: Napoleone si rivolge con voce calma a Sieyès per domandargli di proporre i nomi dei tre consoli.

Sieyès esita, poi, con voce stanca, pronuncia i nomi che Napoleone si aspetta di sentire: Bonaparte, Cambacérès (che ha votato la morte del re con il beneficio della condizionale) e Lebrun, un uomo vicino ai realisti.

Napoleone si congratula per la scelta:

— Non sono né rivoluzionario né realista, sono nazionalista. E amo gli onesti di qualsiasi colore.

Il testo della Costituzione sarà sottoposto al voto del popolo. Ed è Napoleone in persona a redigere il preambolo:

"Cittadini, la Rivoluzione è strettamente legata ai princìpi che l'hanno originata. Ora si è conclusa."

È la fine del 1799. La fine del secolo. Napoleone ha trent'anni. Entra nel diciannovesimo secolo da vincitore.

Non ricorda più le sconfitte, gli assalti inconcludenti a San Giovanni d'Acri. Gli sembra che basti volere con ostinazione per ottenere, per vincere. Gli uomini che si sono messi contro di lui hanno dimostrato poca intelligenza, poca volontà o poco coraggio?

Li osserva: cortigiani, servili, avidi. Fa assegnare a Sieyès un bene nazionale, la tenuta di Crosnes, come "ricompensa nazionale". Cambacérès? "È l'uomo più adatto a mettere del rigore nella bassezza." Talleyrand, già vescovo di Autun? "Appartiene alla Rivoluzione solo per i suoi comportamenti disdicevoli. Giacobino e disertore del suo ordine all'Assemblea costituente, il suo interesse garantisce per lui."

Con gli occhi fissi, Napoleone ascolta Talleyrand che gli ripete:

— Voglio lavorare solo con voi. Non c'è alcuna stupida presunzione da parte mia. Vi parlo solo nell'interesse della Francia.

"Come potrei non dominare un verminaio di gente simile?"

Si precipitano tutti ai ricevimenti che il primo console organizza nei salotti del palazzo del Luxembourg. Elemosinano uno sguardo durante le serate all'Opéra alle quali Napoleone assiste. Giuseppina, quando è solo con lei, gli riferisce quello che dicono nei salotti. Ha sentito i versi che si mormorano a Parigi? Se li fa ripetere.

A Bonaparte Sieyès ha fatto dono d'un trono
sotto pomposé vestigia pensando di seppellirlo,
a Sieyès Bonaparte ha fatto dono di Crosnes
per pagarlo e svergognarlo...

Giuseppina ride. Ma lo sa, Napoleone, cosa dicono degli altri due consoli, Cambacérès e Lebrun? Che sono i due braccioli della poltrona nella quale lui è seduto!

Vorrebbe trascinarlo nella loro camera, ma Napoleone la lascia. Deve riflettere.

Solo nel suo studio, scorre i rapporti di polizia. L'opinione pubblica gli è favorevole. In un teatro un attore ha declamato, a proposito di un personaggio della commedia: — Grazie al suo coraggio, ci ha protetti tutti dalla morte e dal saccheggio. — Gli spettatori si sono alzati e hanno applaudito a lungo. Alcuni gridavano: — Viva il primo console!

Deve a ogni costo preservare e alimentare quel sentimento dell'opinione pubblica. Una mattina, mentre rientra un po' esaltato per le acclamazioni che hanno accompagnato la sua lunga cavalcata nelle strade di Parigi, Roederer gli dice in tono cauto:

— Le acclamazioni che sentite non sono niente in confronto a quelle scatenate da La Fayette nel 1789 e nel 1790.

E pochi mesi dopo La Fayette era costretto all'esilio!

Bisogna sempre consolidare una vittoria.

Il 16 gennaio 1800 Napoleone convoca un Consiglio segreto. Occorre discutere dei giornali, dichiara. Forgiano l'opinione di migliaia di persone.

— Che cos'è un giornale? Un club diffuso. Un giornale agisce sui suoi abbonati proprio come l'oratore di un club sul suo uditorio.

A cosa può servire proibire discorsi che raggiungono poche centinaia di persone, se poi si lasciano circolare tranquillamente quotidiani che ne influenzano cento volte di più? È indispensabile sopprimere i giornali indocili. Bisogna che i giornali-

sti siano "uomini di provata fede". Il Consiglio approva, redige un decreto che sopprime sessanta giornali su settantatré.

Uscendo dalla riunione Napoleone prende sottobraccio Bourrienne e mormora:
— Se mollo le briglie alla stampa, non resto al potere tre mesi!

Quale sarebbe stato, allora, il senso di tutte le battaglie che ha combattuto? A cosa gli sarebbe servito vincere?

Spesso, nelle serate mondane al palazzo del Luxembourg o alla Malmaison, mentre Giuseppina sfarfalla da un invitato all'altro, abile, attenta con ciascuno, si tratti di un regicida o di un emigrato, lui ascolta i racconti del periodo rivoluzionario. E si rende conto di conoscerne solo alcuni episodi minori. Durante quei dieci anni, dal 1789 al 1799, ha vissuto quasi sempre lontano dalla Francia. Le cose di cui viene a conoscenza lo rafforzano nell'idea che, se vuole consolidare il suo potere, deve essere colui che, dopo il decennio della Rivoluzione, incarna il ritorno all'ordine, alla sicurezza, alla pace.

Quando riceve la notizia che Washington è morto, il 14 dicembre 1799, coglie l'occasione.

Ordina a Talleyrand: — Voglio un lutto nazionale di dieci giorni, una cerimonia solenne al Tempio di Marte (l'antica chiesa degli Invalides).

Perché lui deve diventare, nell'opinione pubblica, il Washington della Francia, l'uomo della riunificazione.

Giacobini? Emigrati? "Io mi servo di tutti quelli che sono in grado di avanzare insieme a me... Posti importanti sono aperti ai francesi di tutte le opinioni, purché abbiano intelligenza, capacità e virtù."

Sa bene che non basta reprimere o proscrivere. Bisogna conciliare e sedurre.
Scrive al generale Jourdan:
"Avete ricevuto un'offesa nella giornata del 19 brumaio? Ebbene, sono lieto di dirvi che, superate le prime difficoltà, desidero ardentemente vedere il vincitore di Fleurus imboccare la strada che conduce all'organizzazione, alla vera libertà, alla felicità."

A un deputato dei Cinquecento che è stato proscritto dopo brumaio dice: — Venite con me, il mio governo sarà quello della giovinezza e dello spirito.

Sarebbe tutto così semplice, se il paese avesse l'unità e la disciplina di un esercito! È la sua convinzione. E anche la sua abilità.

"Il semplice titolo di cittadino francese" sostiene "vale indubbiamente più di quelli di realista, giacobino, fogliante, di quelle mille e una denominazioni partorite dallo spirito di fazione che da dieci anni tentano di far precipitare la nazione in un abisso da dove è ora di salvarla per sempre."

Non ignora che, ogni giorno, Giuseppina riceve anche i parenti di emigrati che vogliono ottenere la cancellazione dei loro cari dalle liste di proscrizione. Conosce i passi che sua moglie compie nei vari ministeri. Giuseppina tesse per lui una tela che arriva lontano, alle famiglie dei Montmorency, dei Ségur, dei Clermont-Tonnerre. Continui pure ad accoglierli ogni mattina nel suo salotto. Dicono che è una realista? Che importa! Lui tiene saldamente in pugno le redini del paese. E non teme le critiche degli "anarchici", dei giacobini irriducibili. La loro ora è passata, pensa. La Francia ha conosciuto il Comitato di salute pubblica, gli Arrabbiati e Robespierre. Certo, è stato utile agitare di tanto in tanto la minaccia giacobina. Ma ormai è soltanto uno spauracchio.

Il pericolo realista è molto più serio.

Gli *chouan* continuano a combattere in Vandea. Napoleone promette loro una totale amnistia se depongono le armi. Lascia celebrare le messe di domenica, anche se il giorno è stato cancellato dai calendari repubblicani e sostituito con le Decadi. Come comportarsi con i realisti, se non come con tutti gli altri? Sedurli, comprarli, minacciarli e costringerli a piegarsi.

E quando Talleyrand, a metà dicembre, gli annuncia che Hyde de Neuville, un realista che abita a Parigi, e Fortuné d'Andigné, uno dei capi *chouan*, desiderano incontrarlo, non esita a riceverli.

Talleyrand introduce i due uomini con la sua etichetta da Ancien Régime. Napoleone è cortese e comprensivo.

Legge lo stupore negli occhi di Andigné e Neuville. I due realisti hanno l'aria curata degli aristocratici; lui ha volutamente scelto una tenuta semplice, una divisa di colore verdastro. Nel giro di pochi minuti, comunque, impone la sua mordace ironia, il suo cinismo.

— Mi parlate in continuazione del re, ma voi allora siete dei realisti? — domanda.

Si mostra sorpreso. Come si può seguire un principe che non ha nemmeno il coraggio di salire su una barca di pescatori per raggiungere i suoi fedeli che combattono per lui? Quanto può valere un re che non ha mai tirato di spada?

— Io non sono affatto un realista — conclude.

Si avvicina al caminetto, si volta bruscamente verso Andigné.

— Cosa volete diventare? — interroga. — Generale? prefetto? Voi e i vostri diventerete quello vorrete.

Una volta lanciata l'esca, bisogna aspettare. Ma quei due non sembrano abboccare. Deve blandirli, dire che capisce la loro lotta, che è pronto a ristabilire le libertà religiose.

— Anch'io, cosa credete, voglio dei buoni preti. Li riabiliterò. Non per voi, ma per me.

Lancia un'occhiata a Hyde de Neuville: questi ha l'aria più scaltra di Andigné. Deve cercare di instaurare una certa complicità con lui.

— Non è che noi nobili abbiamo molta religione — riprende — ma è necessaria per il popolo.

I due continuano a tacere. Allora bisogna minacciarli.

— Se non vi decidete a fare la pace, marcerò contro di voi con 100.000 uomini. Incendierò le vostre città, brucerò le vostre case.

Si interrompe, cambia tono.

— Ma è già stato versato troppo sangue francese in questi ultimi dieci anni.

Volta loro le spalle. Il colloquio è terminato.

E ora, visto che la seduzione e la minaccia non hanno avuto successo, occorre agire. Bisogna esigere la sottomissione degli insorti.

"Solo uomini senza fede e senza patria, perfidi strumenti di un nemico straniero, possono continuare a sollevarsi in armi contro la Francia." Bisogna rinforzare le truppe per dar peso a quelle parole.

Nel gennaio del 1800 si registrano le prime rese. Cadoudal, uno dei più fanatici capi *chouan*, rinuncia alla lotta in febbraio.

Napoleone non manifesta alcuna gioia. Come se, nell'impegno che si è ormai assunto, sapesse che non c'è mai una fine.

Deve organizzare l'amministrazione dei dipartimenti, ricevere i banchieri, ottenere da loro un prestito di tre milioni. Deve riprendere il controllo dell'esercito, lu-

singare i generali, sorvegliare Augereau e, soprattutto Moreau, il più abile, quello che si è maggiormente coperto di gloria. Lasciargli intendere che ha il ruolo più importante e scrivergli: "Ormai sono solo una specie di manichino che ha perso la sua libertà e la sua felicità. Invidio il vostro felice destino; voi potete andare con i vostri valorosi a compiere belle imprese. Darei volentieri la mia porpora consolare in cambio delle spalline di comandante di brigata".

Moreau non si lascerà certo abbindolare, ma quelle di Napoleone sono pur sempre parole abili. Le stesse che la volpe rivolge al corvo.

Nel suo studio al piano terra, dove ha ricevuto Hyde de Neuville e Andigné, Napoleone prova una sensazione di vuoto e di spossatezza. Fouché gli ha riferito dei sospetti sul generale Moreau, che intratterrebbe rapporti con i realisti. Forse perfino con Georges Cadoudal.

Sente un'acuta nostalgia per l'intensità delle vigilie di battaglia, per la fusione che si opera in quei momenti tra gli uomini, soldati e ufficiali; per la forza invincibile che essi rappresentano nell'istante in cui, con lo stesso slancio, vanno tutti alla carica.

Vorrebbe ritrovare tutto questo. Insegue invano quelle emozioni da quando è primo console, dato che, nell'amministrazione degli uomini e nel governo delle cose, che rientrano tra i suoi compiti, la "fusione" è soltanto un miraggio vagheggiato.

Perciò torna a occuparsi sempre più spesso di questioni militari. Chi può credere, d'altronde, che la pace possa consolidarsi senza nuove vittorie?

— Viva Bonaparte! Viva la pace! — continua a gridare la gente al suo passaggio.

Ogni volta che sente la folla gridare quelle parole, Napoleone si irrigidisce. È la pace che vogliono? Anche lui! Ma senza illusioni.

Ha scritto al re di Prussia, Federico Guglielmo III, che non gli è nemico, rinnovandogli "Auguri sinceri per la prosperità e la gloria di Vostra Maestà".

Ha scritto all'imperatore d'Austria, Francesco II: "Estraneo a qualsiasi sentimento di vana gloria, il mio primo desiderio è quello di fermare l'imminente spargimento di sangue".

Ha scritto anche a Giorgio III, re d'Inghilterra:

La guerra che da otto anni sconvolge le quattro parti del mondo deve necessariamente essere eterna? Non c'è dunque modo di intendersi?... Abusando delle loro forze, Francia e Inghilterra possono ancora a lungo ritardarne l'esaurimento e provocare l'infelicità di tutti i popoli; ma io oso affermare che la sorte di tutte le nazioni civili è strettamente legata alla fine di una guerra che incendia il mondo intero.

La pace!

Tiene sullo scrittoio le corrispondenze degli agenti che Talleyrand e Fouché sovvenzionano nei vari paesi d'Europa o negli ambienti dell'organizzazione realista di Parigi. A Londra, come a Vienna, ci si prende gioco di lui per il suo desiderio di pace. Pitt afferma che il mezzo più sicuro per riportare la pace sarebbe la restaurazione della monarchia a Parigi. E ha anche aggiunto che il primo console è "il figlio e il campione di tutte le atrocità della Rivoluzione!".

Che fare, allora?

Riorganizzare l'esercito, creare una forza di riserva da poter spostare rapidamente da un fronte all'altro e, soprattutto, pensare al soldato, perché tutto dipende da lui. Si può vincere soltanto se il soldato accetta di morire. Per questo è indispensabile che creda nel suo capo, che lo veda vicino a sé, che sia ricompensato quando compie un atto di coraggio.

Napoleone crea diversi riconoscimenti al merito (fucili, trombe, decorazioni) per

i granatieri, i cavalieri, i tamburi. Si irrita quando un membro dell'Istituto deride "quei gingilli di vanità".

— È con quei gingilli che si possono guidare gli uomini — risponde. — Credete forse di riuscire a far combattere degli uomini ricorrendo alle analisi? Mai. Quelle vanno bene soltanto per lo studioso nel suo laboratorio. Al soldato servono la gloria, i riconoscimenti, le ricompense.

Giuseppina ha ricevuto alla sua tavola i due granatieri che, al castello di Saint-Cloud, il 19 brumaio, si sono interposti tra Napoleone e i deputati dei Cinquecento proteggendolo con i loro corpi. Alla fine del pranzo ha infilato al dito di Thomé, granatiere che ha avuto l'uniforme lacerata dai pugnali, un diamante da 2000 scudi. E lo ha abbracciato e baciato.

Ecco come bisogna agire con gli uomini. Ricompensarli e adularli. La Guardia consolare indossa uniformi nuove, sfarzose. È comandata da Murat, che ha appena sposato Carolina Bonaparte. È la Guardia che sfila in parata il giorno in cui vengono proclamati i risultati del plebiscito sulla nuova Costituzione: ben 3.011.007 cittadini hanno approvato. I "no" sono stati 1562. Qua e là le astensioni erano così numerose che è stato necessario riempire le urne di "sì".

È così che si governa!

Napoleone confida a Bourrienne, che gli ha comunicato queste cifre: — Bisogna parlare agli occhi, questo piace al popolo.

E, avvicinandosi alla finestra e guardando il giardino che circonda il palazzo del Luxembourg, ha aggiunto: — Nelle caserme la semplicità è di rigore; ma in una grande città è necessario che il capo di un governo attiri su di sé gli sguardi con ogni mezzo possibile!

Ormai ha deciso: si trasferirà alle Tuileries.

Il 19 febbraio 1800 il corteo di carrozze lascia il palazzo del Luxembourg per raggiungere le Tuileries, che sono appena state rimesse a nuovo.

Rimbombano salve d'artiglieria. Tremila soldati, la banda militare, un gigantesco tamburo maggiore che fa volteggiare la sua mazza e la cavalleria precedono la vettura dei consoli, tirata da sei cavalli bianchi, dono dell'imperatore d'Austria in occasione della firma della pace di Campoformio.

Napoleone indossa un abito rosso ricamato in oro.

Lungo tutto il percorso, dai quai della Senna fino alle cancellate del Louvre, c'è una folla immensa. Grida: — Viva Bonaparte! — Sulla place du Carrousel sono schierate le truppe. Napoleone monta a cavallo e le passa in rivista.

Alza la testa. Legge su uno dei posti di guardia costruiti durante la Rivoluzione: "Il 10 agosto 1792 la monarchia in Francia è stata abolita e non ritornerà mai più."

Fa un cenno. Che la sfilata abbia inizio. Quando passano davanti a lui brigate dimezzate, con le bandiere lacerate, si scopre ostentatamente il capo. La folla, che è dappertutto, ammassata perfino sui tetti, lo acclama.

Poi entra nel castello delle Tuileries.

Sale al primo piano. È lì che ha deciso di trasferirsi, negli appartamenti che una volta erano occupati da Luigi XVI e dalla sua famiglia. Giuseppina si sistemerà al piano terra.

Percorre le stanze con Roederer. Sono immense, sinistre.

— Generale, come è triste — mormora Roederer.

— Sì, come la gloria.

Napoleone gli volta le spalle, si isola. Ancora una volta il vuoto. Entra nella stanza di Giuseppina e ha un lampo di allegria vedendola in piedi, accanto al letto.

— Forza, piccola creola — le dice — distenditi sul letto dei tuoi sovrani.

Giuseppina però non sorride. Vuole parlare. Lui glielo impedisce. Non sa che farsene dei suoi timori davanti al ricordo dei re. Non vuole ascoltare i suoi presentimenti.

Adesso è qui, alle Tuileries, lui che, il 10 agosto 1792, ha attraversato le stesse sale in mezzo alla plebe infuriata.

Non sono passati neppure otto anni.

L'indomani mattina, di buon'ora, percorre la galleria di Diana dove ha fatto collocare i busti dei grandi uomini che ammira di più: Demostene, Bruto, Cesare, Washington, Federico II, Mirabeau. Cammina lentamente, fermandosi davanti a ogni volto.

Commenta il corteo del giorno prima, le acclamazioni della folla quando si è scoperto il capo davanti alle bandiere.

— La gioia del popolo era vera — dice a Bourrienne che l'accompagna. — E poi, basta consultare il grande termometro dell'opinione pubblica, il corso delle rendite: 11 franchi il 17 brumaio, 21 oggi! Con questo, posso lasciar schiamazzare i giacobini. Ma che non alzino troppo la voce!

Ritorna sui suoi passi, si ferma davanti al busto di Alessandro, poi passa a quello di Annibale, e di nuovo a quello di Cesare:

— Bourrienne, non basta essere alle Tuileries, l'importante è rimanerci.

Guarda verso place du Carrousel. Scorge la scritta che celebra il 10 agosto.

— Chi non ha ospitato questo palazzo? — mormora. — Briganti, membri della Convenzione...

Tende il braccio. È laggiù, dalle finestre della casa del fratello di Bourrienne, che ha visto assediare le Tuileries e capitolare Luigi XVI.

Esclama:

— Che provino a venire!

3

Napoleone ama la notte fonda. Il tempo sembra dilatarsi. Nel silenzio e nell'oscurità che avvolgono i suoi appartamenti, ha l'impressione che si allenti la stretta che dall'alba lo soffoca.

Entra in bagno. Si distende. Rustam, il mamelucco che lo segue dall'Egitto, si affretta a mettere altra legna nel camino. Napoleone ha bisogno di calore. Durante la giornata deve combattere in continuazione una sensazione di freddo penetrante. Quando esce di casa, incrocia freddolosamente sul petto i risvolti della redingote di panno grigio.

Forse è la magrezza che gli impedisce di lottare contro quella sensazione. Quella mattina batteva letteralmente i denti nello studio, mentre Bourrienne gli leggeva articoli dei giornali inglesi e tedeschi. Quelli francesi non gli interessano granché. A volte è lui stesso a dettare gli articoli!

Ha interrotto per un istante il segretario e gli ha detto:

— Ho freddo. Vedete come sono sobrio e magro? Be', nessuno può togliermi di testa l'idea che a quarant'anni diventerò un grande mangiatore e ingrasserò. Prevedo che la mia costituzione cambierà, eppure faccio abbastanza esercizio fisico. Ma che volete? È un presentimento, andrà senz'altro così.

Chiude gli occhi. L'acqua caldissima lo ricopre interamente. I muscoli si rilassa-

no un po' alla volta, anche quello della spalla destra che, a volte, quando è in preda alla collera o all'emozione, si contrae. La spalla si solleva allora in una specie di tic nervoso incontrollabile.

L'acqua calma anche i bruciori e i pruriti che lo perseguitano durante il giorno. A scatenarli, a volte, basta uno di quei dispacci dall'estero che confermano la caparbietà di Pitt e degli austriaci. Oppure un corriere del generale Moreau, il quale non è d'accordo, in nome della prudenza, con il suo piano d'attacco che prevede di attraversare la Svizzera per prendere alle spalle gli austriaci, e insiste invece per passare direttamente il Reno. Ma non deve, non ancora, criticare o schiacciare Moreau. La sua reputazione è troppo solida. Mantiene ottimi rapporti con numerosi ufficiali. La prudenza è la prima regola da adottare nei confronti di quelli che dispongono di un reale potere sugli uomini in armi.

In tarda mattinata, dopo aver letto i rapporti di polizia, firmato le risposte alle lettere, dettato direttive e istruzioni, si è chiuso nel gabinetto topografico, riservato alle mappe. Vuole conoscere gli spostamenti di tutte le armate, i loro approvvigionamenti. Bisogna che le spie inglesi e austriache si convincano che l'armata di riserva in via di costituzione a Digione è solo uno specchietto per le allodole, destinato a far credere loro che i francesi vogliano creare un nuovo corpo di battaglia. Bisogna quindi parlare di quella forza di riserva con enfasi, in modo da rafforzare in loro l'idea che si tratta di un'azione propagandistica. Ma, nello stesso tempo, accelerare la costituzione del corpo d'armata.

Di tutto questo non ha detto nulla agli altri due consoli né al Consiglio di Stato, al quale ha reso visita. Cambacérès, che non ama le assemblee, ha paura che il Consiglio di Stato assuma troppa importanza, diventi la sede di una possibile opposizione. Ma evidentemente non conosce gli uomini, anche se li ama giovani e ben fatti! È vero che è il loro corpo ad attirarlo, e non il loro spirito.

Per addomesticare gli uomini, basta viziarli. L'espressione è azzeccata, non vi pare? "Tratterò così bene quelli che nominerò nel Consiglio di Stato, che in pochissimo tempo quella carica diventerà la meta di tutti gli uomini di talento che desiderano avere successo."

Certo, c'è ancora qualche chiacchierone di troppo al Tribunato, qualche membro dell'assemblea che mormora: — Se si osasse parlare in questi luoghi di un idolo di quindici giorni, ricorderemmo che abbiamo visto abbattere un idolo di quindici secoli. — Altri, come quel tale Benjamin Constant, osano parlare di un "regime di servitù e di silenzio".

Napoleone esce dalla vasca. Il ricordo di quelle frasi, subito soffocato dalle proteste e dalle scuse dei loro autori, basta a cancellare la calma che a poco a poco era scesa in lui.

— Farò tagliare le orecchie a quegli avvocati! — dice all'aiutante di campo al quale sta ricordando quelle frasi.

Ma si trattiene. Non è quello il modo di agire.

Esce dalla stanza da bagno. Il mamelucco, aiutato da due giovani abissini che servono anche a tavola, lo asciuga.

Scenderà da Giuseppina.

Deve parlarle di questioni di denaro. Dei debiti incredibili che lei sta accumulando per gioielli, acconciature, cappelli, mobili, soprammobili.

Certo, è una donna che sa dare ricevimenti. E lui apprezza la Malmaison, il vecchio palazzo vicino a Rueil che Giuseppina ha acquistato e arredato con eleganza. Vi

si reca dal mezzogiorno di sabato al mezzogiorno di lunedì. Si pranza normalmente in venti e più. A volte ci sono anche cento invitati. Giuseppina, lo ha saputo dai rapporti di polizia e da Bourrienne, ma anche dalle voci che corrono, è indebitata per oltre un milione di franchi. Forse il doppio! Deve incaricare Bourrienne di sistemare i conti. Con 600.000 franchi. Che minacci i creditori i quali sicuramente hanno gonfiato le fatture. Una volta pagati quei debiti, però, Giuseppina ricomincerà subito. Ne è sicuro. Ci vuole molto denaro per lei. E anche per garantirsi il futuro. D'altronde, che senso avrebbe essere al potere e non possedere denaro? Il potere è anche denaro. Per il momento, Napoleone dispone dei 500.000 franchi che spettano al primo console. Gli altri due consoli hanno diritto a 150.000 franchi. Dispone anche dei fondi per le spese della "casa consolare", che ammontano a circa 600.000 franchi.

Quando un abito, giacca e pantaloni, costa solo 32 franchi, un cavallo tre franchi, una giornata di lavoro è pagata da uno a due franchi, lo stipendio di un generale di divisione non arriva a 40.000 franchi l'anno, il suo appannaggio può sembrare enorme, ma non ci può essere uguaglianza tra chi ordina e chi obbedisce.

"E poi, dovrei essere io il solo a non disporre di una fortuna mentre tutti gli altri si sono arricchiti?"

Luciano, nominato ministro dell'Interno, è invischiato in tanti traffici, è oggetto di tanti pettegolezzi, che dovrà assolutamente allontanarlo. Giuseppe, che gestisce i fondi della famiglia Bonaparte, è membro del Consiglio di Stato e si è installato nel sontuoso castello e nella tenuta di Mortefontaine. È là che Murat e Carolina hanno celebrato il loro matrimonio. Inoltre è proprietario di un elegante palazzo costruito da Gabriel in rue Rocher. Paolina e suo marito, il generale Leclerc, abitano in un palazzo di rue de la Victoire. Letizia Bonaparte è attorniata da finanzieri che le elargiscono consigli per i suoi investimenti.

"È la mia famiglia. Devo loro tutto questo. È nell'ordine delle cose. Come la povertà e la miseria. L'intelligenza e l'idiozia. Il diritto di comandare e il dovere di obbedire."

"Pensieri da aristocratico? E perché no? A condizione che la nobiltà sia aperta ai talenti, che si acceda all'élite grazie all'impegno, al coraggio e al sapere. Bisogna operare la *fusione*, ecco la parola che voglio utilizzare, tra la Francia di prima, quella dell'Ancien Régime, e la Francia nuova, quella nata dalla Rivoluzione. E io sono questa fusione, io sono nazionale."

Il 25 febbraio 1800, nella casa di campagna di Talleyrand, a Neuilly, Napoleone, magro, gli occhi lucidi, si aggira tra gli aristocratici del faubourg Saint-Germain che il ministro degli Esteri, l'ex vescovo di Autun, ha radunato per una fastosa serata. Laharpe, critico e traduttore, recita alcuni versi; Garat, un tempo capo riconosciuto degli Incredibili, quei realisti che seguivano le mode più stravaganti, canta in compagnia di Madame Walbonne, la cantante del momento. I salotti sono illuminati da centinaia di candele. Gli ori e gli argenti brillano. Napoleone riconosce alcuni intimi del defunto Luigi XVI, Barbé-Marbois, il cavaliere di Coigny, La Rochefoucauld-Liancourt. C'è anche l'abate Bernier, che sta trattando con gli *chouan* per indurli a deporre le armi e sottomettersi.

Ma non si illudano, quei realisti! Sono loro che si alleano al potere, e non il potere che si allea con loro!

Quando Frotté, uno dei capi *chouan*, cade nelle mani dei soldati del generale Brune, il suo salvacondotto non lo protegge.

"Quel miserabile Frotté" scrive Napoleone "ha preferito farsi prendere piuttosto che consegnare le armi."

Nessuna esitazione quando scrive: "Data la situazione, deve essere fucilato. Così la pace si consoliderà nella ex Normandia".

Quasi ogni giorno vengono fucilati cinque o sei *chouan*.

Pugno di ferro per quelli che non vogliono sottomettersi. Tanto più che Fouché gli riferisce alcuni progetti per attentare alla sua vita, per rapirlo lungo la strada della Malmaison.

"Non è venuto il momento della mia morte."

Spesso, la sera, Napoleone esce in compagnia di Bourrienne. Va a passeggiare per le strade di Parigi, con la sua redingote grigia e un cappello rotondo ficcato in testa. Fa qualche piccolo acquisto, parla con i passanti come se fosse un qualsiasi cittadino che critica il primo console. E si diverte ad ascoltare le risposte.

Una sera di marzo va al Théâtre des Italiens senza scorta. Danno *Le Sabine*. La Guardia consolare presidia gli ingressi, armata. Si informa sulla causa di quello spiegamento di forze, come se fosse un normale passante.

— Tanto rumore per nulla — commenta quando gli rispondono che stanno aspettando il primo console.

Si fa riconoscere soltanto nel momento in cui un ufficiale grida:

— Arrestate quell'uomo!

Non teme per la sua vita.

Riceve, in un salotto delle Tuileries, Georges Cadoudal, un colosso realista, un irriducibile combattente *chouan*. È il secondo incontro, ma questa volta sono soli, mentre la prima volta l'ha incontrato in compagnia di altri capi vandeani, nella speranza di spingerli a una riconciliazione. Cadoudal? Un bestione bretone, fanatico, capacissimo, pensa Napoleone, di strangolarlo o di fargli saltare le cervella.

Eppure vuole allettarlo, disarmarlo, farne, perché no? un generale. Molto meglio che continuare ad avere quel pugnale vandeano ficcato nel fianco fino all'impugnatura, mentre le armate austriache si radunano sul Danubio e marciano verso l'Italia e il Reno.

Cadoudal sembra infuriato, va avanti e indietro nel salotto.

Gli aiutanti di campo hanno lasciato la porta socchiusa, pronti a intervenire in caso di pericolo.

Ma perché temere quel colosso? Il domatore deve diffidare del leone, non tremare davanti a lui.

Bisogna toccare tutte le corde per scoprire che l'uomo è avido di potere, accecato dalla passione. Un nemico irrecuperabile. E sia.

— Voi vedete tutto storto — conclude Napoleone — e fate male a non voler accettare compromessi. Ma…

Bisogna sempre lasciare un'ultima possibilità.

— Ma — riprende Napoleone — se insistete a tornare nel vostro paese, potete andarvene liberamente come siete arrivato a Parigi.

A Fouché il compito di seguire quell'uomo, di sorvegliare i realisti, di soffocare i complotti che architettano con la complicità degli inglesi.

"Assassinarmi? Oppure tentare di fare di me il restauratore della monarchia?"

Tutti i giorni Giuseppina e sua figlia Ortensia gli parlano degli emigrati, il cui elenco è stato definitivamente chiuso il 25 dicembre 1799. Per poter tornare in Francia, dopo quella data, devono ottenere la cancellazione dalla lista. E Giuseppina continua ad aiutare questi e quelli nei loro tentativi.

— Quelle donne diaboliche sono pazze! — si indigna Napoleone. — È il faubourg

Saint-Germain che le fa girare la testa. Sono diventate gli angeli tutelari dei realisti, ma non fa niente, non ce l'ho con loro.

Un giorno di marzo del 1800 Talleyrand gli consegna una lettera appena ricevuta e che, a quanto dice, è passata di mano in mano. Il ministro non si mostra affatto indignato, anzi, sorride indifferente.

Napoleone apre la lettera, la scorre rapidamente. Reca la firma di Luigi XVIII. Ha un lampo d'orgoglio. Adesso è lui che abita nel palazzo delle Tuileries. Mentre il re è in esilio. Il re elemosina. Lo adula come un cortigiano.

"Quale che sia il loro comportamento apparente" scrive Luigi XVIII "gli uomini come voi, Monsieur, non ispirano mai inquietudine."

Napoleone alza la testa, guarda Talleyrand. Chissà se ha letto la lettera malgrado i sigilli? Ne conosce il contenuto?

"Avete accettato una carica eminente e ve ne sono grato" continua il fratello di Luigi XVI. "Meglio di chiunque altro, voi sapete che ci vogliono forza e potenza per fare la felicità di una grande nazione."

Con una rapida occhiata Napoleone legge le frasi successive:

> Salvate la Francia dai suoi stessi furori e avrete soddisfatto il più profondo augurio del mio cuore; restituitele il suo re, e le generazioni future benediranno la vostra memoria. Voi sarete sempre troppo necessario allo Stato perché io possa compensare con posti importanti il debito del mio antenato e il mio.

Napoleone ha voglia di sorridere.

Perché mai dovrebbe cedere il suo posto per diventare il secondo di un re la cui unica forza è il passato di una dinastia rovesciata dal popolo?

Porge la lettera a Talleyrand. Forse risponderà, ma più tardi. Adesso bisogna fare la guerra, dice. Per poter imporre la pace.

Il 17 marzo 1800 fa srotolare una carta geografica dell'Italia nel gabinetto topografico, accanto al suo studio. Si inginocchia, per poco non vi si distende sopra, studia ogni particolare. Colloca qua e là spilli con la capocchia nera o rossa.

Il generale austriaco Melas ha installato il suo quartier generale ad Alessandria. Ha cominciato ad assediare Masséna che resiste a Genova.

Napoleone segue con il dito sulla carta una linea che collega i vari spilli. Bisogna attraversare le Alpi, dice, al Gran San Bernardo, con l'armata di riserva radunata a Digione, poi battere Melas in pianura.

— Qui, a San Giuliano.

Bourrienne si china, legge il nome della cittadina vicina: Marengo.

Occorre agire in fretta. Il tempo manca sempre. Si deve poter approfittare della resistenza di Masséna a Genova e delle vittorie del generale Moreau, il quale è finalmente riuscito, anche se con troppa prudenza, ad attraversare il Reno.

Il 5 maggio 1800 Napoleone, camminando avanti e indietro nello studio, detta al segretario, seduto a un tavolino sotto la finestra, una lettera per Moreau.

> Stavo partendo per Ginevra quando il telegrafo mi ha informato della vittoria che avete riportato sull'esercito austriaco: gloria, tre volte gloria!
> La situazione dell'Armata d'Italia è molto critica: Masséna, assediato a Genova, ha viveri fino al 5 o al 6 pratile; le truppe di Melas sembrano considerevoli, anche se piuttosto indebolite.
> Vi saluto affettuosamente.

> *Bonaparte*

Impartisce gli ultimi ordini. Allontanarsi da Parigi significa lasciar esacerbare il groviglio delle ambizioni. È una nuova sfida: se vince, il suo potere sarà consolidato. Se viene sconfitto...

Convoca Giuseppe e gli affida la gestione dei fondi per tutta la durata della campagna. Giuseppe comincia una frase. Vorrebbe che...

Bisogna interromperlo. Tutti conoscono il grande desiderio di Giuseppe: essere il suo successore designato. Ma è troppo presto.

Fouché entra a sua volta nello studio, parla dei complotti degli inglesi e poi riferisce di una cospirazione giacobina che ha smantellato. Tutto sarà calmo a Parigi, assicura.

"Chi può avere fiducia in uomini che da dieci anni sopravvivono a forza di abbandoni, voltafaccia, tradimenti e vigliaccherie?

"Sono fedeli soltanto alla forza vittoriosa.

"Tutto dipende, ancora una volta, dalla sorte delle armi.

"Dunque, tutto dipende da me e dalla Fortuna."

La sera del 5 maggio Napoleone è all'Opéra. Viene letto il bollettino che annuncia la vittoria di Moreau a Stockach. Gli spettatori si alzano e applaudono a lungo.

Poco dopo Napoleone lascia la sala.

Il 6 maggio, alle due della mattina, sale sulla carrozza postale che deve condurlo a Digione, dove lo attende l'armata di riserva.

4

La strada è deserta. La carrozza corre a gran velocità verso Sens e Avallon. Il finestrino della portiera è aperto, e spesso Napoleone si sporge fuori. Gli piace respirare l'aria carica dei profumi della foresta. Il clima è mite. Le foglie di un verde leggero lasciano filtrare una luce soffusa. Bourrienne e Duroc, seduti di fronte a lui, hanno insistito per fargli leggere delle lettere e firmare risposte. Ha rifiutato. Quelle prime ore del viaggio sono un momento riservato alle fantasticherie. Guarda i campi coltivati, i villaggi, gli ampi viali che si aprono nella foresta di Fontainebleau; poi, quando entrano a Sens, dove fa colazione da Bourrienne, ammira la maestà e la forza della cattedrale, la bellezza massiccia di quelle case borghesi:

— Bella Francia.

Durante il pasto, consumato in soli trenta minuti, ripete: — Bella Francia, ah, con che piacere tornerò a scoprirla!

Poi si riparte per Avallon, dove è previsto il pernottamento. La giornata è luminosa, calda.

— Il sole che ci illumina è quello che splendeva a Lodi e ad Arcole — mormora.

L'Italia, terra delle sue prime vittorie. E come non potrebbe oggi far meglio di allora? "Non sono forse riuscito, quattro anni fa, a cacciare le orde di sardi e austriaci con una debole armata?"

Sonnecchia, mentre comincia a far buio. Lui è come Alessandro, sussurra sottovoce, che dava tutto alla Grecia. Lui dà tutto alla Francia. "Morto a soli trentatré anni, che nome ha lasciato!"

Lui ha conquistato Milano, Il Cairo, Parigi. È il primo console; ma cosa resterebbe di Napoleone Bonaparte, nella posterità, se domani fosse sconfitto in Italia?

Ad Avallon, dove arrivano alle sette di sera, legge la posta fin quasi a mezzanotte, impartisce gli ordini per le tappe successive. Poi, partenza all'alba per Digione.

Le strade sono intasate di truppe in marcia verso la città. I soldati lo riconoscono e lo acclamano.

A Digione arringa le truppe, poi via per Auxonne.

È come se rientrasse nel suo passato di sottotenente. Ombre del passato avanzano. Visita la direzione dell'artiglieria: — Ecco una sala dove ho fatto tante tombole!

Sono passati così pochi anni da quei giorni, e tanti di quegli eventi, che prova un senso di vertigine e si affretta a ripartire.

La notte, man mano che ci si innalza verso gli altipiani del Giura, diventa più fredda, più densa. Continua a superare truppe in marcia.

A Morez tutte le case sono illuminate. Come non rispondere al sindaco che, sulla piazza dove la sua carrozza si è fermata, lo accoglie gridando: — Cittadino primo console, facci il piacere di mostrarti! — Si è radunata una piccola folla e ripete: — Bonaparte, mostratevi ai buoni abitanti del Giura! Siete proprio voi! Siete venuto a darci la pace?

Rispondere: — Sì, sì — e ripartire.

Il 10 maggio Napoleone è a Ginevra. Incontra Necker. Dunque sarebbe questo l'uomo che nel 1789 deteneva parte del potere in Francia? Napoleone lo osserva, lo ascolta. Tutto qui? Un ideologo e un banchiere! Ma come avrebbero potuto, uomini del genere, salvare la monarchia?

"E dove posso arrivare io, che sono di ben altra tempra?"

Si sente rinsaldato nelle sue ambizioni, nelle sue certezze.

Appena terminato il colloquio, detta i suoi ordini: il generale Lannes deve immediatamente intraprendere la scalata del Gran San Bernardo e impadronirsi del forte di Bard, dall'altra parte del passo, nella valle della Dora Baltea, poi di Ivrea.

Deve valicare il passo prima del 15 maggio.

La decisione è presa. Adesso bisogna raccogliere la sfida.

Il passo è situato a 2472 metri. Fino a pochi giorni fa nevicava. I sentieri sono stretti e corrono lungo strapiombi e ghiacciai. È necessario smontare i cannoni, trascinare a braccia gli affusti issati su delle slitte. Ma se l'esercito riesce a passare, come quello di Annibale, allora si potrà piombare sulle retroguardie del generale austriaco Melas, sempre immobilizzato dalla resistenza di Genova, e in tal caso il Piemonte e Milano saranno conquistati.

Bisogna scrivere al generale Moreau, chiedergli di far bloccare con 15.000 uomini gli altri passi alpini. Mentre traccia quelle righe, la mano esita. Come accettare ancora, e per quanto tempo, di dipendere da un Moreau, del quale sospetta la gelosia e le ambiguità? Come ammettere di essere costretto a ricorrere a lui? Un capo ha bisogno di esecutori pronti e devoti, non di persone che pensano al loro tornaconto.

Eppure scrive: "Se la manovra viene eseguita con spostamenti rapidi, decisi, e voi la prendete a cuore, l'Italia e la pace sono nostre. Vi ho detto già fin troppo: il vostro zelo per la prosperità della Repubblica e la vostra amicizia per me sono sufficienti a guidarvi".

Il 20 maggio Napoleone è a Martigny. Al suono della banda e del rullo dei tamburi, le truppe di Lannes hanno valicato il passo nella nebbia e nella neve, squarciando le loro calzature sul ghiaccio, cibandosi dei biscotti che i soldati hanno appeso a mo' di ghirlanda intorno al collo. Tuttavia, dice Lannes, il forte di Bard è imprendibile. È situato su un picco in mezzo alla valle. Bisogna aggirarlo, ma i cannoni del forte minacciano l'avanzata delle truppe francesi.

Alle otto, con il cappello coperto di tela cerata, in redingote grigia, pantaloni e gilet

bianco, giacca blu, Napoleone monta a cavallo, con spada e frustino. Cavalca fino a Bourg-Saint-Pierre. Una guida conduce il mulo con cui valicherà il passo. Il cielo è coperto. Il mulo sale lentamente, e il tempo è contato. Cosa sta succedendo, nel frattempo, a Parigi? Quanti giorni ancora Masséna riuscirà a resistere a Genova? E quel forte di Bard? Sarà proprio costretto a tenerselo puntato alla schiena, minaccioso?

Gli zoccoli del mulo scivolano. Napoleone oscilla pericolosamente verso l'abisso della Dranse. La guida lo afferra e lo sostiene.

"Ancora una volta la morte mi ha sfiorato!"

Ecco l'ospizio, le alte volte, le pietre grigio scuro, la camera mortuaria dove le salme attendono da secoli una sepoltura in terra consacrata, la cappella e la biblioteca. Fa molto freddo. Napoleone sfoglia un volume di Tito Livio, cerca il racconto del passaggio di Annibale attraverso le Alpi. Poi il priore lo invita a cena: manzo bollito e salato, ragù di montone e legumi secchi, formaggio di capra e groviera, accompagnati da un buon vino bianco d'Aosta. Ma non ci si può attardare oltre. Un corriere arriva con la notizia della resistenza del forte di Bard. Imprendibile, dice Berthier. Lasciatelo stare, cadrà più tardi, come un frutto troppo maturo.

Cala la notte. Bisogna ripartire, scendere scivolando sul ghiaccio e la neve, dormire in un fienile del villaggio di Étroubles.

Dappertutto in quelle vallate Napoleone si sente circondato dalle ombre della storia. Si ferma ad Aosta. Vuole visitare l'arco di trionfo di Augusto e le fortificazioni romane. Ripercorre i passi dei conquistatori e degli imperatori, come in Egitto. Il 25 maggio sta galoppando in compagnia di Duroc davanti alla scorta, quando di colpo si trova di fronte una pattuglia della cavalleria austriaca che gli intima la resa. Fortunatamente, la sua scorta arriva a briglie sciolte.

"Anche questa volta la Fortuna mi ha protetto!"

Il 2 giugno fa attaccare sei cavalli bianchi alla carrozza che deve portarlo a Milano. Ma si scatena un temporale, piove a dirotto, e i milanesi se ne stanno tappati in casa.

Ormai è abituato alle acclamazioni, al trionfo, e il silenzio della città lo irrita. Si arrabbia, convoca Bourrienne. Occorre cancellare quella brutta impressione, liberare i prigionieri politici rinchiusi dagli austriaci, ridare vita alla Repubblica Cisalpina.

All'una della mattina detta un dispaccio indirizzato ai consoli. Tra la realtà e le parole chi, a Parigi, vedrà la differenza? Le parole conquisteranno una verità propria. "Milano" comincia a dettare parlando a scatti "mi ha offerto una manifestazione spontanea e commovente."

A Parigi tutti gli invidiosi, i complottatori, i rivali, i vigliacchi, gli avidi che si intrufolano, abilmente sopravvissuti a tanti periodi di terrore, spiano qualche segno di debolezza da parte sua. Non bisogna lasciargli sperare niente.

Mentre detta una lettera per Fouché, cammina avanti e indietro nelle grandi sale del palazzo: "Vi raccomando ancora, colpite vigorosamente il primo, chiunque sia, che osi allontanarsi dalla linea, è la volontà di tutta la nazione". Fouché ha sempre bisogno di essere rassicurato, adulato. Quell'uomo è furbo, ma teme per la sua carica, come chiunque. Sostiene di essere minacciato anche lui, calunniato. "La risposta a tutti gli intrighi, a tutte le cabale, a tutte le denunce" continua Napoleone "sarà sempre questa: che durante il mese della mia assenza Parigi rimanga del tutto tranquilla. Dopo un tale servizio, si è al di sopra di ogni calunnia."

Probabilmente in questo modo riuscirà a tenere legato a sé Fouché. Quanto al popolo, ci vogliono altre parole.

Da poche ore Napoleone ha saputo della capitolazione dell'Armata d'Egitto. "Che il cittadino Lebrun rediga personalmente un articolo, per far capire all'Europa che se io fossi rimasto in Egitto, quel paese apparterrebbe ancora alla Francia."

In tutta la sciagurata vicenda egiziana, una sola buona notizia: il ritorno del generale Desaix. Gli scrive subito: "Vi ho votato tutta la stima dovuta agli uomini del vostro talento, ma con un'amicizia che il mio cuore, ormai vecchio e che conosce troppo profondamente gli uomini, non prova per nessun altro".

"È vero, ogni giorno che passa gli uomini mi deludono! Passi ancora per i nemici, quel Georges Cadoudal che, secondo la polizia, sta organizzando con una cinquantina di cavalieri della vecchia casa reale un complotto per assassinarmi o rapirmi!"

"Prendete quel furfante di Georges vivo o morto" detta. "Se riuscite a catturarlo, fatelo immediatamente fucilare nel giro di ventiquatt'ore."

Georges: da lui non ci si può aspettare altro che odio! Ma i suoi fratelli, Giuseppe, Luciano, dei Bonaparte che si preoccupano già di una possibile sconfitta, e cominciano a intrigare!

Napoleone agita davanti a Bourrienne la lettera appena ricevuta da Giuseppe. Con frasi un po' imbarazzate il fratello maggiore gli ricorda che è lui il candidato alla sua successione. "Non puoi aver dimenticato quello che mi hai detto più di una volta..." gli scrive.

"Sì, il mio cuore è proprio vecchio!"

Eppure la sera del 4 giugno, quando Napoleone entra alla Scala di Milano, i cui ori brillano alla luce dei candelieri, e il pubblico al gran completo si alza per acclamarlo, l'amarezza svanisce. La folla plaudente è un balsamo. Le voci che salgono fino a lui sono una carezza che lo trasporta lontano.

Riconosce, davanti al coro dell'opera barocca in programma, *Le vergini del sole*, quella giovane cantante di carnagione scura, i lineamenti marcati, le guance un po' paffute, i capelli di un nero giada che le coprono le spalle. È Giuseppina Grassini. L'aveva già incontrata nel 1796 e non l'aveva presa in considerazione.

Si ricorda della sua passione di allora per Giuseppina Beauharnais, del suo accecamento.

I tempi sono cambiati.

Forse Giuseppina Grassini si è un po' appesantita, ma sembra sempre affascinata da lui, mentre avanza verso il palco dove è seduto. Difatti non gli toglie di dosso gli occhi.

È una donna da prendere, come un paese che si consegna al vincitore. E niente, oggi, potrebbe trattenere Napoleone. La sola misura che conosce è quella del suo desiderio, della sua volontà.

Napoleone è quello che è e vuole essere.

Alla fine dello spettacolo si dirige con passo deciso verso i camerini degli artisti. Lo applaudono, tutti si inchinano davanti a lui, lo conducono da Giuseppina Grassini.

Lei arrossisce di piacere, gli prende il braccio. Lo seguirà, mormora, dovunque lui vorrà condurla.

Gli si abbandona tutta la notte.

A lui piace vederla in estasi, spasimante, riconoscente.

Quando, la mattina seguente, Berthier entra nel salotto, Napoleone ride compiaciuto per la sorpresa del generale che scopre la cantante a colazione con lui.

— Canterà a Parigi — dichiara Napoleone.

Poi pensa alla moglie. Bisognerà invitare anche altri cantanti insieme alla Grassini, perché Giuseppina è gelosa. Ma dovrà accettare, cos'altro potrebbe fare?

"Sono io che decido, ormai. I tempi in cui dipendevo da lei sono finiti. Io dipendo solo dalla Fortuna."

La Fortuna, però, sembra esitare. Un corriere annuncia la capitolazione di Masséna a Genova il 4 giugno. Il feldmaresciallo Melas ha ormai la possibilità di ripiegare in Lombardia.

Bisogna correre sul posto. Napoleone lascia Milano, attraversa il Po per raggiungere le truppe di Lannes che si stanno già scontrando con l'esercito austriaco del generale Ott, che risale da Genova. Ma quando Napoleone arriva sui campi di battaglia, a Montebello, Lannes ha già vinto. — Le pallottole piovevano sulla mia divisione come grandine sui vetri delle finestre — racconta Lannes.

Napoleone passa tra le truppe. Gli uomini sono esausti ma felici. La vittoria trasfigura. Bisogna accordare un segno di attenzione a ciascuno di loro, tirare l'orecchio a quello, porre una domanda a un altro:

— Da quanto tempo sei in servizio?

— È il primo giorno che mi trovo in prima linea — risponde il granatiere Coignet, che si è distinto nel combattimento.

Bisogna segnalarlo per un riconoscimento: un fucile.

— Vai, quando avrai alle spalle quattro campagne, entrerai nella mia Guardia.

È in questo modo che si riesce a creare un legame personale con un soldato.

"La fortuna mi sorriderà?"

Ecco Desaix con i suoi lunghi capelli stretti da un nastro. Desaix parla dell'Egitto. Le ore passano. — Non voglio periodi di riposo — dichiara Desaix. — Qualsiasi grado o incarico vorrete assegnarmi, ne sarò felice. Impegnarmi ad accrescere la gloria della Repubblica, la vostra gloria, questo è il mio unico desiderio.

Napoleone ascolta.

"L'uomo è sincero. Potrebbe essere il mio secondo. Se fossi re, lo farei principe. Ha un carattere all'antica. È disinteressato ed entusiasta. Non sono abituato a conoscere il disinteresse."

Desaix si vede affidare una divisione.

Poi, per molti giorni, è l'attesa. Il cielo è opprimente, minaccia temporali. Piogge violente si abbattono sulla pianura, gonfiano i fiumi. Forse il nemico ne approfitterà per sottrarsi, per sfuggire alla rete in cui si trova imprigionato. Occorre prendere una decisione, scatenare le truppe all'inseguimento.

Il 14 giugno, alle sette di mattina, gli austriaci attaccano, e per più di sette ore, tra i canali e le chiuse, sui terreni irrigati, si combatte. Le truppe del generale Victor ripiegano. I reparti sbandano. Napoleone ode il grido che corre tra i soldati: — Tutto è perduto! — La piana di Marengo si copre di fuggiaschi.

Napoleone è seduto su un rialzo del terreno al bordo della strada. Tiene il cavallo per la briglia e fa volare piccole pietre con il frustino. Non vede né le palle di cannone che fischiano sulla strada né i soldati che passano.

Si è sbagliato. Ha inseguito l'esercito austriaco, credendo che volesse sottrarsi. Ha disperso le proprie forze per braccarlo, e Melas ha attaccato con tutta la sua potenza, 30.000 uomini e cento cannoni.

È stato lui ad applicare i miei dettami: "Tenere unite le proprie forze, non essere vulnerabili da nessuna parte... non distaccare mai truppe da un'armata: alla vigilia di un attacco, un battaglione può decidere la giornata".

Napoleone chiama un aiutante di campo, scrive frettolosamente su un foglio appoggiato al ginocchio un messaggio per Desaix, che a quell'ora si sta allontanando da Marengo, con i suoi uomini, diretto a Novi. "Pensavo di attaccare il nemico. Mi ha anticipato. Tornate, in nome di Dio, se potete ancora farlo."

"La Fortuna che mi sorrideva sta forse per abbandonarmi?"

Napoleone monta a cavallo.

— Coraggio, soldati! — esclama. — Arrivano i rinforzi. Tenete duro.

Tener duro. Non lasciarsi crescere dentro l'idea che la Fortuna stia girando. E correre fra le prime file della Guardia consolare che sta portando soccorso alle truppe di Lannes. E tuttavia la ritirata continua. Qua e là si sentono i soldati urlare: — Viva Bonaparte! — Ma la piana è coperta di morti e feriti. La lotta è impari. Ai francesi sono rimasti soltanto pochi pezzi di artiglieria. Alle tre del pomeriggio la battaglia è perduta. Napoleone sente pesare su di sé gli sguardi degli ufficiali del suo stato maggiore, carichi d'ansia. Poi, improvvisamente, giunge al galoppo un aiutante di campo che grida:

— Dov'è il primo console?

Desaix sta arrivando, annuncia.

"La Fortuna mi sorride di nuovo?"

Ed ecco comparire la divisione di Desaix, con le sue batterie e i cavalieri, "come una foresta che il vento fa vacillare". Marmont raduna i cannoni rimasti e fa aprire immediatamente il fuoco. I granatieri di Desaix sono nascosti dietro certe siepi. Tutto si decide in quell'istante.

Napoleone dà ordine alla cavalleria di Kellermann, schierata all'ala sinistra, di caricare. I seicento cavalli si lanciano facendo tremare il suolo. I cannoni di Marmont sparano senza interruzione. I granatieri di Desaix fanno fuoco e poi caricano anche loro. Desaix è tra gli innumerevoli caduti, ma gli austriaci, sorpresi mentre già s'illudevano di aver vinto, si danno a una fuga precipitosa o si arrendono, con alla testa il generale Zach.

Napoleone resta solo, a lungo.

"Seimila francesi sono caduti nella piana di Marengo. Ma la vittoria farà rientrare nelle loro tane tutti quelli che a Parigi aspettavano speranzosi la mia morte."

— Generale — esclama Bourrienne entusiasta. — Questa sì che è una bella vittoria, dovete essere soddisfatto!

"Soddisfatto? Strana parola! Desaix è morto. Ah, se avessi potuto abbracciarlo dopo la battaglia, come sarebbe stata bella questa giornata! E la Fortuna, prima di sorridermi, si è mostrata incerta."

"Eppure sono soddisfatto. Questa vittoria è mia. Basterà dettarne il resoconto proprio come sarebbe dovuta essere."

Il 15 giugno Napoleone si trova nel suo quartiere generale. Si presentano il generale Zach e il principe Lichtenstein, rispettosi, vinti.

Il primo console parla chiaro: — Le mie volontà sono irrevocabili... Potrei esigere molto di più, e la mia posizione mi autorizzerebbe a farlo, ma ho deciso di moderare le mie pretese per il rispetto che porto ai capelli bianchi del vostro generale, che stimo.

Le armi dettano legge. L'armistizio viene concluso. I francesi occupano gran parte della Lombardia, Genova deve essere restituita. Anche le piazzeforti devono essere cedute ai francesi. Rimane da utilizzare questa vittoria scrivendo ai consoli, parlando di quei granatieri ungheresi o tedeschi prigionieri che gridano "Viva Bonaparte!"

e concludere: — Mi auguro che il popolo francese sia fiero del suo esercito. — E confidare: — Quando si vedono soffrire tanti bravi giovani, si ha un solo rimpianto, quello di non essere feriti come loro, per condividerne i dolori.

Ma non bisogna lasciare nulla al caso. È necessario organizzare le celebrazioni del ritorno, affinché la vittoria di Marengo sia indimenticabile. La Guardia consolare deve partire per Parigi e giungervi prima del 14 luglio. Quella festa deve essere brillante: "I fuochi d'artificio farebbero un ottimo effetto".

Tuttavia occorre anche fingere modestia. Napoleone detta una lettera per Luciano, ministro degli Interni.

"Arriverò a Parigi all'improvviso. È mia ferma volontà di non trovare né archi di trionfo né alcun genere di cerimonia. Ho un'opinione troppo alta di me per attribuire importanza a certi fronzoli. Conosco un solo trionfo, quello della soddisfazione pubblica."

È così che si conquista l'opinione pubblica.

A Milano l'ha già conquistata. Percorre le strade tra l'entusiasmo della folla. Assiste a un *Te Deum* in Duomo.

Che cosa sanno dei sentimenti dei popoli e del modo di governarli, gli "atei di Parigi"?

Confida ai preti italiani, brutalmente:

— Nessuna società può esistere senza morale; e non c'è buona morale senza religione. Solo la religione può dare allo Stato un sostegno fermo e durevole. Una società senza religione è come un vascello senza bussola, che non può né seguire la sua rotta né sperare di entrare in porto.

Lui è il primo console, l'unico padrone a bordo. Visto che è così che si guidano i popoli, deve assistere a un *Te Deum*, incontrare il cardinale Martiniana a Vercelli e dirgli che desidera un accordo, un Concordato con il nuovo papa, Pio VII.

Che gli "ideologi" strillino pure, non ha alcuna importanza!

Ascoltino piuttosto le esclamazioni della folla che assedia l'hotel des Célestins a Lione, dove Napoleone è giunto il 28 giugno. Tutti gridano: — Viva Bonaparte! — A Digione, il 30 giugno, le donne della città coprono di fiori il suo percorso.

A Sens hanno tracciato sul frontone di un arco di trionfo le parole: *Veni, Vidi, Vici.*

Come per Cesare.

Desaix è morto a Marengo. — Riferite al primo console che muoio con il dispiacere di non aver fatto abbastanza per vivere nella memoria dei posteri — ha confidato prima di spirare. E Napoleone, quello stesso giorno, il 14 giugno, riceve anche la notizia dell'assassinio di Kléber al Cairo per opera di un fanatico musulmano.

"La morte per gli altri, la vittoria per me."

Alle due della mattina, il 2 luglio 1800, la sua carrozza entra nel cortile delle Tuileries.

5

Quelle grida prima lontane, che poi aumentano sempre di più, le grida che lo svegliano, provengono dalla folla che arriva dalle periferie.

Napoleone si alza, si avvicina alla finestra. Una folla di donne si accalca contro le cancellate delle Tuileries. Quando le guardie aprono i cancelli, si precipitano dentro gridando: — Viva il primo console! Viva Bonaparte!

Bourrienne entra nella stanza. Dal momento dell'annuncio della vittoria di Ma-

rengo, riferisce, Parigi è in festa. Napoleone deve mostrarsi. Il primo console si affaccia alla finestra dello studio. Le grida raddoppiano, acute.

Napoleone ricorda le giornate del 1792, otto anni prima. Era una splendida giornata, come questa, e il popolo furioso invadeva le Tuileries, in armi, con grida di morte.

Napoleone si volta verso Bourrienne.

— Le sentite tutte queste acclamazioni? — esordisce.

Poi, quasi in un mormorio, come se non osasse neanche confessarlo, aggiunge:

— Per me queste acclamazioni sono dolci come il suono della voce di Giuseppina. Sono felice e fiero di essere amato da un simile popolo.

Il cannone degli Invalides comincia a rombare a intervalli regolari. Tra le esplosioni assordanti, si sente la banda della Guardia consolare che suona nei giardini, e le ovazioni della folla coprono spesso il suono dei tamburi e dei cimbali.

Si presentano i consoli, i ministri, i membri del Consiglio di Stato e quelli dell'Istituto, le delegazioni delle Assemblee, uno dopo l'altro. Napoleone li scruta. Sono pieni di ammirazione, servili. Quanti di loro hanno sguazzato negli intrighi? Quanti, dopo l'arrivo del primo corriere che annunciava la sconfitta nella battaglia di Marengo, si sono rallegrati? Eppure deve coprire con un velo d'ipocrisia quei momenti, non pensarci.

— Cittadini — esordisce — eccoci di nuovo qui! Avete fatto un buon lavoro da quando vi ho lasciati?

— Non quanto voi, generale.

Prende prima uno poi l'altro sotto il braccio, si allontana in sua compagnia.

— Che avreste fatto se fossi morto? — interroga.

Alcuni protestano vivacemente. Altri confessano la loro inquietudine durante quelle ore d'incertezza sulle sorti della battaglia. Si denunciano l'un l'altro. Quello ha pensato di spingere al potere Carnot, che è il ministro della Guerra. Roederer afferma che avrebbe sostenuto Giuseppe Bonaparte.

Il 2 luglio trascorre così.

La sera, nel lungo crepuscolo, Napoleone scorge dalla finestra numerosi edifici illuminati. Un lampo si alza verso il cielo dalle parti di faubourg Saint-Antoine. Stanno sparando dei fuochi d'artificio. E ballano nelle strade. Improvvisamente, alla vista di quei fuochi, diventa triste. Gli piacerebbe che Giuseppina Grassini fosse già arrivata a Parigi. La riceverà qui, in un piccolo appartamento del mezzanino che ha fatto arredare e che si trova giusto sopra il suo appartamento ufficiale.

La conversazione avuta con Roederer l'ha irritato. È un uomo pretenzioso, che parla senza tatto. — Ci sarebbe più sicurezza nel paese — si è sentito dire — se ci fosse accanto a voi un erede naturale.

"Ancora una volta, ha evocato la mia scomparsa."

È stato costretto a ripetergli: — Non ho figli. Non ne sento alcun bisogno e non mi interessa averne. Non ho il senso della famiglia. Il mio erede naturale è il popolo francese. Ecco mio figlio.

Roederer tuttavia ha continuato a parlare di eredi, di figli, ancora e sempre di figli.

— Sono discorsi senza senso — ha replicato Napoleone.

Roederer, né più né meno degli altri ideologi, non ha idea di cosa significhi governare.

"Solo io, in virtù della mia posizione, posso saperlo. Sono convinto che nessuno a parte me, nemmeno Luigi XVIII, nemmeno Luigi XIV, in questo momento riuscirebbe a governare la Francia. Se muoio, è una sciagura."

Ma per tutta la serata l'argomento è tornato, come una fitta lancinante. La mattina dopo, il 3 luglio, se ne vedono le tracce sul volto di Napoleone.

Passa in rivista le truppe montando un cavallo bianco con gualdrappe di velluto rosso chiaro ricamato d'oro. I pittori Isabey e Vernet hanno installato i loro cavalletti nel palazzo. Nel corso della giornata va a vedere lo schizzo di Isabey.

— Sarei io quell'uomo con la redingote slavata, chino sulla criniera del cavallo così riccamente ornato? Quella tristezza sul volto grigio pietra, quegli occhi infossati e lucidi, quasi febbrili, sarebbero i miei? Ma do veramente questa sensazione di stanchezza e di malinconia?

— Vi ho ritratto come siete, cittadino primo console — risponde Isabey.

Non gli piacciono tutte le cerimonie cui deve sottostare per giorni e giorni. Sono necessarie, ma lo lasciano spossato. Deve inaugurare un quai Desaix, attraversare il Champ-de-Mars e la spianata delle Tuileries nella pesante calura del 14 luglio, con la folla che rompe gli sbarramenti, invade gli Invalides e lo acclama.

Per fortuna, c'è quel momento magico di promessa quando vede Giuseppina Grassini avanzare nella navata del Tempio di Marte, la chiesa degli Invalides: canterà sotto le bandiere prese al nemico. La sua voce annuncia i piaceri della notte, quando si presenterà, come convenuto, alla piccola porta dell'appartamento del mezzanino, e Rustam le aprirà per guidarla verso la camera. Un momento di pace.

Prima di allora, però, bisogna assistere al banchetto di cento coperti che si svolgerà alle Tuileries.

Con impazienza Napoleone aspetta l'istante dei brindisi. Il presidente del Tribunato alza il bicchiere "alla filosofia e alla libertà civile!". Napoleone grida con voce forte, prima ancora che il presidente si sia seduto: — Al 14 luglio! Al popolo francese, nostro padrone e sovrano!

Lo applaudono da spellarsi le mani quando lascia la sala.

Giuseppina Grassini lo sta già aspettando, ne è sicuro.

"Cosa sanno di me? Mentre io conosco tutto di loro, e so che avrebbero applaudito qualsiasi cosa avessi detto."

La mattina seguente, come ogni giorno, ascolta i consoli, i membri del Consiglio di Stato o quelli di una commissione che ha creato per redigere un nuovo codice civile.

Spesso si lascia prendere dalla collera.

Cosa capisce quella gente delle necessità del paese? Molte volte è l'avidità a dettare i loro ragionamenti.

Certo, lui giustifica il desiderio degli uomini, anche quello dei propri fratelli, di arricchirsi. Lo stesso Bourrienne, che vede ogni giorno a tutte le ore, non pensa ad altro. E ci sono anche i cortigiani, quelli che sognano un matrimonio con Ortensia Beauharnais. Duroc e Bourrienne ci hanno fatto un pensiero. Ma questo lo urta.

— Sono circondato da furfanti — esclama Napoleone. — Tutti rubano! Come si fa? Questo paese è corrotto. Ed è sempre stato così. Quando uno era ministro, si costruiva un castello.

Esce nel parco della Malmaison, fa una breve passeggiata e torna a lavorare, dimenticando l'ora dei pasti, dedicando loro solo una decina di minuti, appartandosi con i consoli, i ministri, i membri dell'Istituto o i generali venuti da Parigi.

Li osserva. Quegli ufficiali, che conosce da anni, sono cambiati.

— Quando si è combattuto in tante guerre — mormora — lo si voglia o no, si ha diritto a un buon patrimonio.

Ma il popolo? Quel popolo che solo dieci anni prima è insorto in nome dell'uguaglianza. Come fargli accettare la ricchezza sfacciata di pochi di fronte alla povertà della maggioranza?

Napoleone si irrita con i chiacchieroni, con gli ideologi che non immaginano neanche che il problema esiste. Pronunciano complimenti inutili. Un giorno, durante una riunione del Tribunato, li provoca:

— Non sono un re. Non voglio che mi insultino come un re. Mi trattano come una bertuccia reale!

Li guarda, quei personaggi importanti, parolai, ideologi che hanno combattuto l'autorità senza capire che l'autorità è necessaria, non foss'altro che per resistere alle rivoluzioni. Sono spiriti vuoti e falsi. Varrebbero forse qualcosa di più se avessero ricevuto qualche lezione di geometria.

— Io non sono una bertuccia reale! — riprende. — Sono un soldato uscito dal popolo, e mi sono fatto da solo. Mi si può paragonare a un Luigi XVI? Io ascolto sempre tutti, ma è la mia testa il mio solo e unico consiglio!

Detta, imperioso. Corregge. Diventa giurista. Gli piace questo lavoro di organizzazione. Crea e modella le istituzioni. Qui apre nuove strade, là decreta l'obbligo di creare degli archivi. Concepisce la Banca di Francia. Tra una decisione e l'altra, a volte, va a caccia di volpi intorno alla Malmaison, ma senza passione.

Cavalca, distratto, rapito dai suoi pensieri.

Ha già riportato la sicurezza nel Sud della Francia, contro i briganti che si dichiaravano realisti. Prosegue nella pacificazione dell'Ovest. Vorrebbe fare la pace con le altre nazioni, quella che il popolo reclama. Ma l'Austria resiste: a fine luglio ha respinto le sue proposte di pace. E poi c'è sempre l'Inghilterra, irriducibile. Forse bisognerà riprendere la guerra.

Innanzi tutto, però, è indispensabile conservare quel che si ha. Di ritorno nel suo studio scrive a Masséna, che comanda in Italia. "È necessario dare degli esempi. Abbandonate al saccheggio il primo villaggio del Piemonte che osa insorgere e poi appiccategli fuoco."

È la legge delle armi.

Se Luigi XVI avesse fatto prendere a cannonate il popolo che invadeva le Tuileries, forse sarebbe ancora re. Bastano però le armi a mantenere gli uomini nei ranghi?

"Ai soldati, agli eroici generali della battaglia di Marengo, ho fatto distribuire onorificenze: sciabole, fucili, decorazioni. Sono loro che abbiamo celebrato."

Ma il popolo?

Questa domanda l'ossessiona. A cosa valgono le leggi se istituzioni stabilite da secoli, e lui ha vissuto tutto questo, vengono rovesciate da un'enorme ondata?

"Bisognerebbe discuterne, ma gli stessi testimoni non sono in grado di farlo. Sieyès, che ha vissuto tutta l'epoca, è soltanto un metafisico. Forse Roederer."

Dibatte con Roederer nel parco della Malmaison.

— La società non può esistere affatto senza la disuguaglianza dei mezzi — afferma Napoleone. — E la disuguaglianza dei mezzi non può esistere senza religione.

Lancia un'occhiata a Roederer.

"È un ideologo. Non ama il linguaggio geometrico che uso io. Le mie dimostrazioni disturbano le sue arguzie da ipocrita."

— Quando un uomo muore di fame accanto a un altro che è ricco sfondato — riprende Napoleone — non può accettare questa differenza, se non c'è un'autorità che gli dice: "Dio vuole così; è necessario che ci siano poveri e ricchi nel mondo; ma poi, e per l'eternità, la divisione si farà in modo diverso".

Sorride vedendo la smorfia di Roederer. Ricorda quando aveva tentato di vincere un premio all'Accademia di Lione, sognando di imitare Rousseau. A quel tempo Rousseau era uno dei suoi maestri. Gli uomini cambiano. Anche lui è cambiato.

— Per la tranquillità della Francia — mormora Napoleone — sarebbe stato meglio che Rousseau non fosse mai esistito.

— E perché mai, cittadino console?

— È lui che ha preparato la Rivoluzione.

— Non credevo che proprio voi poteste lamentarvi della Rivoluzione.

Napoleone fa qualche passo in silenzio.

— Forse sarebbe stato meglio, per la tranquillità della terra, che né Rousseau né io fossimo mai esistiti!

"Ma io sono qui, ho letto Rousseau e sono uscito dalla Rivoluzione."

Giuseppina non si preoccupa di tutto ciò.

Riceve gli inviati del conte d'Artois o di Luigi XVIII. La contessa di Guisa, amica del conte d'Artois, invitata a colazione alla Malmaison, assicura che i Borboni, una volta ritornati sul trono di Francia, nominerebbero Napoleone loro conestabile. E molti degli amici e dei parenti di Napoleone cominciano a coltivare il pensiero di un possibile ritorno del re, per assicurarsi l'avvenire.

Perfino Bourrienne lo confessa.

— Che fine faremo? — gli confida. — Voi non avete figli...

Camminando con le mani dietro la schiena, superando un piccolo ponte che separa lo studio dal viale del parco della Malmaison dove ama tanto passeggiare, Napoleone, con una sorta di stanchezza, reclinando la testa, spiega:

— Quali che siano le loro promesse, i Borboni rientrerebbero in Francia mossi dal feroce desiderio di riconquistare tutta la loro eredità. E gli 80.000 emigrati che li accompagnerebbero condividerebbero quel desiderio. Quale sarebbe allora la sorte dei regicidi, degli uomini che si sono esposti in prima fila durante la Rivoluzione? E i beni nazionali? E quella montagna di transazioni effettuate negli ultimi dodici anni, che fine farebbe? Siete in grado, Bourrienne, di prevedere fin dove si spingerebbe la reazione?

A passi lenti, Napoleone rientra nel suo studio.

— So bene — gli dice ancora — quanto le donne, Giuseppina e Ortensia, vi tormentino. Ma non parliamone più. Ormai ho deciso. Mi lascino fare e si occupino di cucito.

Mostra una lettera a Bourrienne. Ecco cosa gli ha scritto di nuovo Luigi XVIII.

"State perdendo tempo prezioso: noi possiamo garantire la pace e la tranquillità della Francia; dico noi perché ho bisogno di un Bonaparte per riuscirci, e Bonaparte non potrebbe riuscirci senza di me."

Napoleone fa un cenno a Bourrienne. Vuole dettare la sua risposta al Borbone. È il 7 settembre 1800.

Monsieur,
ho ricevuto la vostra lettera, vi ringrazio delle gentili espressioni che mi rivolgete.
Non dovete desiderare di ritornare in Francia: dovreste marciare su 100.000 cadaveri.
Sacrificate il vostro interesse alla tranquillità e alla felicità della Francia... La storia ve ne renderà merito.
Io non sono insensibile alle sventure della vostra famiglia. Contribuirò volentieri a rendere piacevole e tranquillo il vostro ritiro.

Bonaparte,
Primo console della Repubblica

Ci vuole una religione per il popolo

settembre 1800 - luglio 1801

6

La notte, spesso, Napoleone fugge da palazzo. Scende una scala buia, spinge una piccola porta. Ed ecco la strada, l'odore delle foglie morte, il vento carico di pioggia. Laggiù, a un centinaio di metri, nella luce delle lanterne, gli uomini della Guardia consolare fanno la ronda davanti alle cancellate del palazzo. Qui regna l'oscurità. Le Tuileries sono solo una facciata scura davanti alla quale sfilano rari passanti.

Pochi passi e già Napoleone è diventato una sagoma anonima che può confondersi nella folla e che nessuno riconoscerà sotto quella redingote nera, il cappello rotondo schiacciato fin sulle sopracciglia. Non ha bisogno di guardare Berthier, che lo accompagna. Indovina l'ansia e la paura del generale. D'altronde, tutti quelli che escono con lui senza scorta per mescolarsi con i cittadini sono colti dalla stessa paura. Duroc o gli aiutanti di campo stringono saldamente il calcio della pistola.

Ma è lui che vogliono uccidere. Eppure Napoleone non teme la morte. Sarà lei a scegliere il momento. E lui sente che non è ancora venuto. Comunque, Parigi è un nido di complotti. Lo sa bene.

Napoleone si volta verso Berthier, l'interroga sull'ultima cospirazione scoperta. Realista o giacobina? Da quando ha risposto alla lettera di Luigi XVIII, i fanatici del giglio hanno una sola speranza: eliminarlo.

— Se dovessi credere a Fouché... — comincia Napoleone prima che Berthier abbia il tempo di rispondergli.

Secondo il ministro della Polizia, i complotti dei realisti per rapirlo o assassinarlo si moltiplicano. Il denaro inglese scorre a fiotti. Ma si può credere a Fouché? Non è legato a doppio filo con i giacobini? Non tende forse a proteggerli perché teme sopra ogni cosa il ritorno dei Borboni, che gli farebbero pagar caro il suo passato di regicida e di terrorista? E la "coda di Robespierre" si agita ancora.

Napoleone non può farci nulla: detesta quegli uomini, dei fanatici capaci solo di distruggere. Non li capisce. Cosa sperano? Almeno i realisti hanno uno scopo preciso: riconquistare, con un re, i loro privilegi e i loro beni. Ed è per questo che li osteggia. Metterebbero la Francia a ferro e a fuoco. Non si cancella una rivoluzione, si può solo incanalarla, correggerla. Si costruiscono, sulle macerie che ha lasciato, grandi "edifici di granito", nuove istituzioni. È a questo compito che lui si dedica tutti i giorni, dall'alba alla notte. Ed è anche per poter sfuggire qualche ora a quel lavoro immane, che ogni tanto fugge dal palazzo delle Tuileries. Vuole assaporare la libertà, guardare quelle donne che lo adescano.

Quella notte riceverà Giuseppina Grassini. È anche per non doverla aspettare che cammina per le strade. Presto la casa che ha scelto per lei, in rue de la Victoire, sarà arredata. Allora potrà farle visita, forse tutte le notti. Non dovrà temere che spunti all'improvviso Giuseppina, che Constant, il primo valletto di camera, o Rustam, il mamelucco, corrano ad avvertirlo che "la generalessa" sta arrivando, che intende salire per rendere visita al primo console. È gelosa. Curioso rovesciamento delle cose! Perciò la Grassini, nella sua casa di rue de la Victoire, canterà solo per lui. La sua voce è come il suo corpo, piena, screziata, vellutata, languida. Lo avvolge.

— Era un piccolo globo infernale — spiega Berthier.

Deve tornare con il pensiero alla morte che lo spia. A quei giacobini che, nei loro libelli clandestini, auspicano la nascita dal popolo francese di "migliaia di Bruti". Esaltano il tirannicidio.

"Io, tiranno?"

Napoleone si volta verso Berthier.

— È già da un anno che governo, e non ho ancora versato una goccia di sangue. "Vogliono la mia morte. Ma perché? Cosa sperano? Avranno solo disordine e sconfitte, perché l'Austria riprenderebbe subito la guerra, l'Inghilterra continuerebbe a osteggiare la Francia. Oppure questi apprendisti stregoni apriranno la strada alla restaurazione dei Borboni. A meno che non cerchino un altro primo console, più docile, disposto a stare ai loro voleri, e che non voglia essere nazionale ma seguire la loro politica di partito."

— Cosa fa il generale Moreau? — domanda Napoleone interrompendo per l'ennesima volta Berthier.

Moreau rappresenta il solo vero pericolo. È a Parigi, in regolare congedo. Riceve diversi generali: Brune, Augereau, Lecourbe. Dicono che veda anche Sieyès, la talpa, e Madame de Staël, che si prende per un uomo politico. Ma Moreau potrebbe anche servire i realisti: è una vera minaccia. Bisognerà disarmarlo, sedurlo o ingabbiarlo.

— Un piccolo globo infernale — riprende Berthier.

Gli uomini di Fouché, spiega, sono stati messi in allarme da un'esplosione verificatasi nel quartiere della Salpêtrière, in casa di un certo Chevalier, un vecchio impiegato del Comitato di salute pubblica. Hanno scoperto uno strano marchingegno, un barile cerchiato di ferro, pieno zeppo di chiodi a testa grossa, frammenti di vetro e di ferro. Una miccia permetteva di far esplodere quella bomba. In seguito all'inchiesta hanno arrestato una decina di giacobini.

— Avevano intenzione di far saltare la Malmaison — conclude Berthier.

Napoleone resta in silenzio.

Tra lui e loro, i suoi nemici rivoluzionari o nobili, è una lotta all'ultimo sangue. Cos'hanno capito di quello che vuole realizzare? Di quello che sta tentando per il suo paese?

— Io sono il solo capace di rispondere alle attese della nazione francese — mormora. — Il solo…

Berthier sembra sorpreso dalla dichiarazione.

— Se sembro sempre pronto a tutto, a far fronte a tutto — continua Napoleone — è perché, prima di intraprendere qualsiasi cosa, io medito a lungo, prevedo quello che potrebbe succedere.

Si ferma e fissa Berthier.

— Non è certo un genio che mi rivela in modo istantaneo in gran segreto quello che devo dire o fare in una circostanza imprevista per gli altri: è la meditazione.

"Voglio stringere insieme tutti i francesi. E non lasciarli in balia né del ritorno da vendicatori degli emigrati né del furore cieco degli anarchici."

È per questo che, in occasione della festa della Repubblica, il 23 settembre, ha voluto che la salma di Turenne venisse trasportata sotto la cupola degli Invalides. Ha organizzato un corteo straordinario: le spoglie mortali del grande capo militare trainate da quattro cavalli bianchi; i soldati dell'Armata d'Italia, i vecchi generali e la Guardia consolare a fargli da scorta, passando in mezzo a un'enorme folla radunata sui quai della Senna. Ma il giorno dopo, in place des Victoires, ha posato la prima pietra di un monumento che sarà innalzato alla gloria di Desaix e Kléber, "morti lo stesso giorno, nello stesso quarto d'ora", uno a Marengo, l'altro al Cairo.

Bisogna onorare questi tre eroi francesi, tenerli uniti nel ricordo.

— Che cosa gridava la folla, Berthier? "Viva Bonaparte! Viva la Repubblica!"

È quell'unione che vorrebbero soffocare, assassinando lui.

— Rientriamo — dice a Berthier.

Sale la scala privata. Sul pianerottolo che dà accesso all'appartamento del mezzanino intravede la silhouette di Constant.

— È già là — mormora il valletto.

Napoleone scosta Constant con un gesto brutale e apre la porta. Giuseppina Grassini è distesa sul letto.

"Dimentichiamo la morte, dimentichiamo."

La mattina dedica molto tempo alla sua toilette. Si sofferma a lungo a esaminare il suo volto grigio, reso ancora più magro dai capelli, che adesso porta molto corti. Osserva, appoggiata su una poltrona, l'uniforme di colonnello della Guardia che ha deciso di indossare. Constant l'aiuta a vestirsi.

Gli piace quella giacca sobria di un blu scuro con risvolti rossi e blu, quel gilet, i pantaloni bianchi, le spalline d'oro e gli stivali neri. Per un istante ricorda la sua uniforme di tenente d'artiglieria.

— La più bella — mormora a Bourrienne che sta entrando.

Bourrienne ha il volto grave.

Non ci si può abbandonare alla nostalgia quando si è al vertice della piramide.

— Andiamo — dice a Bourrienne.

Hanno rapito un senatore, Clément de Ris. I rapitori reclamano un riscatto, ma si ignora se abbiano altri scopi. Forse Clément de Ris è in possesso di documenti compromettenti per certi personaggi importanti che, quando il primo console era in Italia, hanno complottato, credendo nella sua sconfitta?

Non c'è bisogno che Bourrienne pronunci il nome di Fouché. Quell'uomo pallido, dagli occhi velati, è in tutti i misteri politici. Che vuole?

Bourrienne però non ha ancora finito. Alcuni giacobini sono stati denunciati da un loro complice. Preparano l'assassinio del primo console in occasione della rappresentazione di un'opera al Théâtre de la République, in rue de la Loi, il 10 ottobre. Cosa bisogna fare con quegli uomini?

Bourrienne elenca i nomi. Tra loro ci sono un pittore, Topino-Lebrun, un italiano, Ceracchi, e Demerville, che era stato al servizio del Comitato di salute pubblica... Bourrienne esita a proseguire. Con un cenno della testa Napoleone lo incita a continuare.

— Aréna, un corso, fratello di un deputato dei Cinquecento che, il 19 brumaio, era fra i contestatori armati di pugnale.

I vecchi odi insulari non si spengono mai!

Bisogna arrestare i congiurati?

Napoleone esita. Occorre ribaltare la situazione, servirsi di quel complotto per mobilitare l'opinione pubblica e, forse, smascherare Fouché.

— Al contrario, bisogna lasciare che il complotto segua il suo corso — decide.

In guerra come in politica, per combattere gli avversari è necessario conoscere le loro intenzioni, lasciare che si scoprano, fingere debolezza o ignoranza. Per poi colpire nel momento che si è scelto.

Il 10 ottobre, nei corridoi illuminati del teatro, Aréna e i suoi complici vengono arrestati. Sono armati di pugnale. Adesso è sufficiente denunciare all'opinione pubblica quegli "spettri del settembre", quegli uomini sporchi di sangue che il popolo ha respinto perché si ricorda dei massacri del settembre 1792.

Il giorno seguente, durante la rivista militare in place du Carrousel, la folla acclama Bonaparte con un entusiasmo mai visto prima.

A questo punto può veramente mostrare la sua forza, disprezzare "quei sette o otto disgraziati che, pur volendo, non avevano la possibilità di commettere i crimini che meditavano".

Può rassicurare il popolo. Dichiarare che "governare la Francia dopo dieci anni di eventi così straordinari è un compito difficile". Ma perbacco! "Il pensiero di lavorare per il migliore, per il più potente popolo della terra" infonde un coraggio ineguagliabile.

E voi, Fouché?

Napoleone guarda il ministro che si mostra scettico e calmo, dubita del complotto.

— Per avere delle prove dovete vedermi con un pugnale conficcato nel cuore? — grida Napoleone.

"Io sono il bersaglio perché sono la chiave di volta dell'edificio. Domani ci sarà un'altra *congiura dei pugnali*. E se morissi?"

Deve pensare anche a quell'eventualità. Prevedere chi lo sostituirà.

— È un vuoto che esiste nel patto sociale — spiega a Cabanis, uno dei senatori che gli sono devoti.

Cabanis fa finta di non capire. Eppure è uno di quelli che lo hanno aiutato nella preparazione del 18 brumaio. Ma è un uomo prudente.

— Questo vuoto deve essere riempito. Se si vuole garantire la sicurezza dello Stato — prosegue Napoleone — è indispensabile che ci sia un console designato.

Napoleone si ferma davanti alla finestra del suo studio. Di fronte a lui c'è un grande specchio dalla cornice finemente lavorata:

— Sono il bersaglio di tutti i realisti, di tutti i giacobini. Ogni giorno la mia vita è in pericolo, e lo sarebbe ancora di più se, costretto a ricominciare la guerra, dovessi mettermi di nuovo alla testa delle truppe.

Cabanis è rimasto immobile, come se temesse di poter tradire il proprio pensiero con un qualsiasi movimento.

— In tal caso, quale sarebbe la sorte della Francia? Come non pensare a prevenire i mali che seguirebbero inevitabilmente un simile evento?

"La mia morte.

"Per combattere la morte i re hanno creato dinastie.

"E io?"

Napoleone cammina avanti e indietro a grandi passi nel suo studio alle Tuileries. Dà un calcio a un libello che ha appena scaraventato per terra. Il libello scivola sul pavimento fino alla sedia occupata da Bourrienne.

— Avete letto questa roba? — domanda Napoleone.

Inutile attendere la risposta. Tutti hanno letto quelle poche pagine. Quella mattina stessa Giuseppina è entrata in camera sua. Come ogni volta il suo corpo, il suo profumo, hanno turbato e irritato Napoleone.

Cosa vuole? Ricomincerà a parlargli con amara ironia delle visite che lui fa a Giuseppina Grassini? Lo interrogherà sul piacere che gli dà quella donna? Non gradisce affatto che Giuseppina cerchi di stabilire con lui una relazione equivoca in cui si dice di tutto. Non è così che vorrebbe vivere con sua moglie. Rifiuta i comportamenti dei libertini che si compiacciono del piacere che il partner prova con altri. Detesta il vizio e la perversità. Ma Giuseppina sa sfruttare il turbamento che continua a ispirargli.

Con movenze feline si è seduta sulle sue ginocchia. Gli ha accarezzato i capelli, poi ha sussurrato, le labbra incollate al suo orecchio:

— Ti prego, Bonaparte, non farti re. È quel maledetto Luciano che ti spinge, ma tu non ascoltarlo.

L'ha allontanata. Si è chiuso a lungo in bagno per la toilette, poi è sceso nel suo studio. Dove Bourrienne stava leggendo quel libello. Gliel'ha strappato di mano e l'ha scagliato a terra.

— Ebbene, Bourrienne, cosa ne pensate?

Bourrienne esita. Napoleone tende la mano, e Bourrienne raccoglie il libello. Napoleone lo prende e comincia a sfogliarlo.

È d'accordo, Bourrienne, con quello che c'è scritto su quei fogli che recano il titolo: *Parallelo tra Cesare, Cromwell, Monk e Bonaparte*? Ha letto cosa ha scritto questo Louis de Fontanes? "È a dei Carlo Martello, a dei Carlo Magno, e non a dei Monk, che bisogna paragonare Bonaparte."

Napoleone scaraventa di nuovo il fascicolo per terra. Trema dalla collera. Conosce questo Fontanes, un marchese rientrato dall'emigrazione dopo il 18 brumaio. È un uomo di lettere che scrive sul "Mercure de France", un buon oratore. Agli Invalides ha celebrato con talento la memoria di Washington. E quello stesso giorno Elisa Baciocchi ha fatto capire a Napoleone che quell'uomo era il suo amante. È stato costretto ad accettare. Del resto, cosa potrebbe rimproverare a sua sorella Elisa? L'hanno costretta a sposare un poveraccio, un piccolo ufficiale corso senza talento né ambizioni, mentre lei è una donna di carattere. Ha rivisto Fontanes a casa di Luciano. Da quando Luciano Bonaparte è rimasto vedovo, Elisa si occupa della vita mondana del fratello, ministro dell'Interno. È lei che organizza i ricevimenti e anima un salotto letterario dove si radunano La Harpe, Arnault, Roederer. È lei la stella che brilla in compagnia di Fontanes. E sono stati sicuramente lei e Luciano, con la complicità di Giuseppe, a pensare che, dopo la *cospirazione dei pugnali*, fosse necessario esprimere pubblicamente l'idea che Napoleone doveva diventare re, sovrano ereditario, il fondatore di una dinastia. Naturalmente, visto che Luciano, Giuseppe, Elisa, tutto il clan dei Bonaparte pensa e vuole quella cosa, Giuseppina è contraria. Ecco perché è venuta quella mattina a esercitare il suo fascino, a parlargli di quel "maledetto Luciano".

"Si detestano reciprocamente. Lei teme che, se diventassi re, dovrei avere un erede che non può darmi. Ha paura di venire ripudiata, di essere costretta al divorzio.

"Do a tutti quello che posso, e loro si azzannano come cani famelici. Fremono d'impazienza. E sono io quello che feriscono. Hanno avuto l'idea di scrivere, parlando della mia morte: dov'è il successore di Pericle?... I Nerone, i Caligola, i Claudio presero il posto a Roma del più grande dei mortali, vilmente assassinato... Francesi! Voi dormite sull'orlo di un abisso."

— Generale — esordisce Bourrienne — penso che questo scritto sia quanto mai controproducente e rischi d'influenzare in modo negativo l'opinione pubblica. Mi sembra intempestivo, perché rivela prematuramente i vostri progetti.

"Cosa ne sa Bourrienne dei miei progetti? Che cosa se ne dice in giro?"

Napoleone convoca Fouché. Lo interroga e si irrita alle sue risposte.

— È vostro fratello Luciano che ha preso questo libello sotto la sua protezione — spiega Fouché. — Stampa e diffusione sono state realizzate dietro suo ordine, proviene direttamente dal ministero dell'Interno ed è stato spedito a tutti i prefetti.

Napoleone annusa nervosamente alcune prese di tabacco. Quei gesti nervosi, le aspirazioni, l'odore acre del tabacco non lo calmano come avviene di solito, ma lo irritano ancora di più.

— Non me ne importa un bel niente! — replica secco. — Il vostro dovere, quale ministro della Polizia, era di mettere agli arresti Luciano e di rinchiuderlo nella prigione del Tempio.

Annusa altre prese.

— Quell'imbecille non sa più cosa inventare per compromettermi — conclude.

Pensa a Luciano, alla loro infanzia, e anche alle iniziative del fratello minore che, ai tempi dello scontro con Paoli, hanno cambiato il corso degli eventi. Ma ci sono anche stati, per cancellare tutte le diffidenze precedenti, il 19 brumaio, il coraggio e la prontezza di Luciano. Senza di lui, forse, quella giornata sarebbe finita con un disastro.

"È mio fratello. È la mia famiglia. Faccio per loro tutto quello che devo."

Giuseppe è stato designato a guidare la delegazione che sta conducendo i negoziati con l'Austria, a Lunéville. Resta Luciano, che è ministro.

Napoleone s'infuria con Roederer.

Luciano è un uomo capace e intelligente, ma è una testa dura da cui non si riesce a cavare nulla.

Luciano non può più continuare a essere ministro dell'Interno. Troppe chiacchiere su di lui a causa di quel libello. Per non parlare di tutti gli affari in cui è invischiato. Avrebbe preso perfino delle tangenti sugli acquisti di grano inglese! Luciano non doveva insozzare così il nome dei Bonaparte.

— Sapete che cosa mormorano le spie di Fouché? Che Luciano avrebbe favorito la cospirazione degli assassini dell'Opéra. Contro di me!

Momenti di tensione, più insopportabili dei minuti d'incertezza di una battaglia. Napoleone riceve Luciano per annunciargli che lo destituisce dalle sue funzioni di ministro dell'Interno per nominarlo ambasciatore della Francia a Madrid.

Una volta terminato il colloquio, bisogna affrontare gli sguardi di tutti coloro che aspettano nel salotto delle Tuileries da più di due ore.

Giuseppina è seduta in una comoda poltrona. Nasconde bene la sua gioia. Teme e detesta Luciano. A meno che un giorno non sposi Ortensia Beauharnais e dia un erede a Napoleone. Ma può anche sperare di sposare Ortensia con Luigi Bonaparte, che Napoleone continua a ritenere un "giovane eccellente".

Elisa Baciocchi si tiene discosta, nell'ombra. È sul punto di piangere e lancia

sguardi velenosi a Ortensia la quale, seduta accanto alla madre, non ha la discrezione, nella gioia, di Giuseppina.

Napoleone attraversa il salotto. I generali Lannes, Murat, Lecourbe, gli aiutanti di campo, i consiglieri di Stato, Chaptal, che sa già di essere il successore di Luciano Bonaparte al ministero dell'Interno, si fanno da parte.

Sente ridere, si volta.

Luciano parla allegramente con Giuseppina, si china verso di lei, le sussurra qualcosa all'orecchio.

"Ecco la mia famiglia: rivalità feroci mascherate con un sorriso.

"Preferisco la guerra."

E la guerra è già lì, che bussa alle porte dell'Est.

A Lunéville, nei negoziati che sta conducendo, Giuseppe si scontra con la cattiva volontà dell'Austria. E dietro l'Austria ci sono il denaro e la determinazione dell'Inghilterra.

Le due potenze saranno costrette ad accettare le conquiste della Repubblica solo dopo essere state definitivamente sconfitte. Pretendono che la Francia rientri nei confini precedenti al 1789. E Londra sosterrà Vienna.

Bisognerà lasciare di nuovo Parigi? Esponendosi così agli intrighi e ai complotti di una capitale in spasmodica attesa delle notizie dal fronte, dove molti spereranno nella sconfitta di Napoleone?

Il 3 dicembre 1800, le cinque del pomeriggio. Napoleone, nel suo studio alle Tuileries, scrive personalmente a Giuseppe:

> Se parto, la casa d'Austria se ne ricorderà per sempre. Perciò è necessario che tu mi comunichi il più rapidamente possibile se qualsiasi residuo di speranza è perduto, come potrebbe far pensare il discorso appena pronunciato da Pitt a Londra.

Napoleone comincia a impartire ordini perché si preparino le tappe lungo la strada per la Germania. Il giorno stesso però, il 3 dicembre, il generale Moreau, dopo molto esitazioni, sorprende le truppe di Vienna e le sconfigge a Hohenlinden.

La strada per Salisburgo è spalancata. Quasi 10.000 prigionieri austriaci rifluiscono dietro le linee francesi. Vienna corre il rischio di essere presa in una tenaglia, perché le truppe del generale Brune stanno avanzando in Toscana e possono risalire verso la capitale dell'Impero.

"La guerra può essere vinta senza di me?"

Napoleone distende le mappe della Germania sul pavimento. Ha l'impressione che Moreau tardi a inseguire gli austriaci e rinunci, per eccesso di prudenza, ad annientarli. Ma deve trattenere i rimproveri: Moreau è suscettibile, geloso; e viene acclamato da ogni parte.

Napoleone gli scrive:

> Non vi ho ancora detto tutta l'ammirazione che hanno suscitato in me le vostre belle e sapienti manovre. In questa campagna avete di nuovo superato voi stesso. Quei poveri austriaci sono proprio ostinati: facevano conto sui ghiacci e le nevi, ma non vi conoscono ancora abbastanza. Vi saluto affettuosamente.

"Immagino quello che la vittoria può far nascere nella mente di Moreau. Un generale glorioso e ambizioso rappresenta sempre, qualsiasi cosa pensi, un pericolo. E ci sono troppe persone che vogliono la mia caduta o la mia morte, perché qualcuno non pensi a Moreau. Come ci penso io."

— Se morissi fra tre o quattro anni di febbre nel mio letto — dice a Roederer — e, per completare il mio romanzo, facessi testamento, consiglierei alla nazione di evitare accuratamente un governo militare. Le direi di nominare un magistrato civile.

Roederer è sorpreso. Stavano parlando dell'Austria e della vittoria di Moreau a Hohenlinden.

— Non ci vogliono affatto generali per la carica di primo console — prosegue Napoleone. — Ci vuole un civile. L'esercito obbedirà di più a un potere civile che a un potere militare.

Cosa sono i generali uno per l'altro? Dei rivali che si detestano, si spiano, convinti ciascuno di valere quanto gli altri. E immaginano che basti vincere sul campo di battaglia per essere capaci di governare.

— In Egitto, quando c'è stata la rivolta del Cairo, l'intera armata voleva che si appiccasse il fuoco a tutte le moschee, che si sterminassero i preti — mormora Napoleone. — Non ho dato retta a nessuno. Ho fatto punire i capi della rivolta, e tutto si è placato. E tre settimane dopo l'armata era soddisfatta.

Sospira.

— Se morirò tra quattro o cinque anni, la costruzione sarà terminata. Potrà resistere. Se dovessi morire prima, non so che cosa potrebbe succedere.

Alza la mano verso Roederer, impedendogli di replicare.

— Un primo console militare che non sapesse governare — continua — lascerebbe tutto in mano ai suoi luogotenenti.

Spinge con un piede la mappa della Germania.

— Moreau — conclude — parla sempre e soltanto di governo militare. Non capisce nient'altro.

8

È il 24 dicembre 1800. Napoleone è seduto davanti al camino, nel salotto delle Tuileries. Indossa l'uniforme blu con i risvolti rossi e bianchi di colonnello della Guardia. La mano destra è infilata nel gilet bianco. Il bicorno è calcato fin sulle sopracciglia. Ha gli occhi chiusi. Sente tutto quel vocio. Giuseppina e Ortensia si stanno avvicinando, accompagnate da numerosi generali. Riconosce le voci di Lannes, Berthier, Lauriston, e quella del suo aiutante di campo Rapp. Non si muove. Deve andare con loro all'Opéra, dove è in programma un oratorio di Haydn, *La creazione*. Ma preferirebbe restare alle Tuileries, solo, per prolungare con se stesso come unico interlocutore le conversazioni avute durante tutta la giornata nel suo studio con i suoi collaboratori. Spetta a lui decidere. A lui analizzare, comprendere, ed è per questo che deve "meditare" la guerra! Sarà disposta l'Inghilterra ad accettare la pace finché la Francia si estenderà fino alla sponda sinistra del Reno, dopo aver assorbito il Belgio e l'Olanda? Non è stato lui, ma la Convenzione, a intraprendere quell'espansione, ad avviare quelle guerre che lui ha ereditato! Lui è il legatario di quelle ambizioni. Ha sostituito davanti alla scacchiera il Comitato di salute pubblica, ma la partita era cominciata ben prima di lui! Che fare? Rinunciare a quei territori sarebbe come accettare che un Borbone si installasse nel faubourg Saint-Antoine! Ma tenerli vuole dire la guerra!

Giuseppina gli sussurra qualche parola, insiste perché Napoleone vada all'Opéra con loro. Lui lavora troppo, insinua. La musica servirà a distrarlo. Allora si alza, scende la scalinata. Lo attende la scorta dei granatieri, i loro cavalli scalpitano. Na-

poleone si avvicina alla carrozza, alza gli occhi, scorge il cocchiere, César, che sembra oscillare sul sedile. Forse è ubriaco.

Napoleone sale in vettura. I granatieri partono al trotto e la carrozza prosegue a velocità sostenuta, infilando poco dopo rue Saint-Nicaise. Di colpo accelera ancora, con i cavalli al galoppo. Napoleone sonnecchia. Un granatiere a cavallo ha ordinato a una carrozza di spostarsi perché la vettura del primo console possa superare un carretto abbandonato in mezzo alla strada. Una bambina tiene le briglie del cavallo che traina il carretto.

César ha frustato i cavalli appena la strada si è liberata. La carrozza ha sfiorato il carretto, poi ha svoltato a sinistra, in rue de la Loi.

Bruscamente, Napoleone ha l'impressione che abbiano sparato una cannonata contro di lui. Nel dormiveglia immagina di vivere una scena di battaglia. Si sveglia. Si sentono grida, rumore di vetri in frantumi e nitriti. Si sporge: dietro di lui, in cielo, c'è un'enorme luce rosso cupo.

La carrozza si ferma all'incrocio con rue Boucheries. Un ufficiale si avvicina. Napoleone ha capito, prima ancora che l'ufficiale gli spieghi che si è trattato di un attentato. Un carretto è esploso pochi minuti dopo il passaggio del primo console.

— Andate a impartire gli ordini. Voglio tutta la Guardia consolare in armi — esclama Napoleone.

Dunque hanno tentato di ucciderlo.

È calmo e sereno. Si volta verso un secondo ufficiale:

— Andate a dire a Madame Bonaparte di raggiungermi all'Opéra.

Poi fa segno a César di ripartire.

Ancora una volta la morte l'ha soltanto sfiorato, come per ricordargli la precarietà del suo potere e la necessità di non abbassare mai la guardia.

Chi sono quelli che volevano eliminarlo? Senza alcun dubbio i complici dei cospiratori dei pugnali, quei terroristi che forse hanno stretto un patto con qualche generale giacobino, quegli invidiosi, quei veterani delle campagne della Repubblica che non concepiscono il ritorno alla pace civile, all'ordine, all'unione di tutti i francesi. Chissà se, dietro di loro, non c'è anche Moreau?

Scendendo dalla carrozza davanti all'Opéra, Napoleone vede accorrere generali e ufficiali. La terribile esplosione è stata udita in tutta Parigi. Alcune case sono state sventrate, tutte le finestre del quartiere delle Tuileries sono andate in frantumi. Ci sono stati numerosi morti, feriti gravemente mutilati. Una donna ha avuto i seni tranciati da un pezzo di ghisa. Sono stati ritrovati i resti di una bambina sparsi dappertutto.

Bisogna schiacciare questi terroristi.

Fa il suo ingresso all'Opéra, apre la porta del palco.

— Quei delinquenti volevano farmi saltare per aria — dice a Junot.

Poi si siede.

— Datemi un programma dell'oratorio — aggiunge con voce calma.

Ma tutti gli spettatori sono in piedi e gridano: — Viva il primo console! — Le ovazioni sono così forti da far tremare i muri dell'Opéra. A più riprese Napoleone si affaccia e, ogni volta che fa per sedersi, le acclamazioni lo costringono a rialzarsi. Solo dopo molti minuti può far cenno all'orchestra di cominciare a suonare.

Ascolta le prime battute musicali. Per l'ennesima volta, l'iniziativa dei suoi nemici può tornargli utile, se sa contrattaccare, approfittare dell'emozione per agire.

Lascia l'Opéra. Man mano che si avvicina alle Tuileries, la folla diventa più numerosa. Lo acclamano appena riconoscono la sua carrozza. Nei salotti delle Tuile-

ries i suoi gli vanno incontro, preoccupati. Vede Fouché isolato; il viso glabro e impassibile del ministro della Polizia lo irrita.

— Ebbene Fouché — lo apostrofa — mi direte ancora una volta che sono i realisti?

Non gli piace affatto la risposta di Fouché, il quale si ostina e mantiene una calma sovrana, insistendo nel dire che proverà che si tratta proprio di realisti.

Napoleone non può ammetterlo. Negli ultimi tempi ha moltiplicato le sue aperture verso gli emigrati. Chi sono quei Ceracchi, Aréna, Topino-Lebrun che volevano assassinarlo all'Opéra poco tempo prima?

— Giacobini! — ripete. — Terroristi! Dei miserabili in rivolta permanente, sempre con le armi in pugno contro qualsiasi governo.

Cammina a grandi passi nel salotto. La sua cerchia l'approva. È come sostenuto da quel mormorio, dall'isolamento di Fouché.

— Non me la darete a bere questa volta! Qui non c'entrano *chouan*, emigrati, vecchi nobili, preti — martella.

Si tratta di giacobini.

Avanza verso Fouché.

— Voglio dare un esempio clamoroso...

È irritato perché Fouché continua a ripetere che si tratta di *chouan* e che gliene fornirà le prove entro otto giorni. Gli volta le spalle.

Resta sveglio per buona parte della notte.

Quasi tutti quelli della sua cerchia gli hanno consigliato di destituire Fouché e il prefetto di polizia, Dubois: il ministro ha troppi ricordi del suo passato di terrorista. E il prefetto è un incapace.

Ma lui esita. Bisogna colpire i giacobini sospetti di simpatia per i cospiratori dei pugnali e non lasciarsi convincere da Fouché ma, al tempo stesso, si può lasciarlo agire a suo modo.

In ogni caso è necessario servirsi dell'emozione popolare per far capire che è lui il bastione contro il ritorno dei tempi della ghigliottina. Perché, se c'è una cosa che i francesi non vogliono più è proprio quella.

La decisione è presa. L'attentato di rue Saint-Nicaise deve diventare un'arma tra le sue mani. Un'arma per annientare i suoi nemici e per stringere i francesi intorno a sé.

Quando scende nel cortile del palazzo delle Tuileries per assistere alla grande parata delle truppe, la folla lo acclama. Gli ufficiali, nelle sale della guardia del palazzo, fanno lo stesso. Il presidente del tribunale, le autorità municipali e dipartimentali, tutti vengono ad assicurargli il loro zelo. È poi la volta dei membri del Consiglio di Stato e dell'Istituto di presentarsi a rendergli omaggio.

I discorsi si succedono ai discorsi, e vengono ribaditi i giuramenti di fedeltà. Napoleone osserva quegli uomini dalle parole premurose ed enfatiche. Non si fa illusioni. Per quegli uomini lui è solo un utile scudo. Deve dominarli attraverso la paura che li ossessiona.

— Un pugno di briganti mi ha attaccato direttamente — dichiara. — Quelle centinaia di miserabili che hanno calunniato la libertà attraverso i crimini che hanno commesso in suo nome, verranno finalmente messi nell'impossibilità assoluta di nuocere. Sono gli uomini del settembre, i rimasugli di tutti i sanguinari che hanno attraversato la Rivoluzione macchiandosi di crimini.

Ma c'è sempre Fouché che continua, l'unico, a mostrare scetticismo e ad assicurare che si tratta di un complotto realista.

La sera stessa, nel salotto di Giuseppina, dove sono radunate tutte le mogli dei

generali e delle autorità, qualcuno riferisce le sue parole. Napoleone passa di lì e, rivolgendosi al prefetto di polizia Dubois, sibila: — Al vostro posto mi vergognerei molto di quello che è successo ieri! — Poi, a voce alta perché tutti possano sentirlo: — Fouché ha le sue ragioni per tacere. Protegge i suoi. Ed è normale che protegga un mucchio di uomini che si sono coperti di sangue e di delitti! Non è forse stato uno dei loro capi? Sappiamo bene cosa ha fatto a Lione e sulla Loira. Ebbene, sono la Loira e Lione a spiegarmi il comportamento di Fouché.

Si guarda intorno.

Soltanto Giuseppina difende Fouché, perché pensa che il ministro della Polizia sia ostile a una trasformazione del Consolato in monarchia, il che comporterebbe per Napoleone il desiderio di un erede e il ripudio di una sposa che non può più avere figli. Ma tutti gli altri tremano al ricordo del Terrore. Ed è bene che se ne ricordino. Conviene che la Francia tema un ritorno della ghigliottina.

Nel giro di poche ore viene stilato un elenco di 130 giacobini da deportare.

Davanti al Consiglio di Stato Napoleone parla con voce roca per la collera e la determinazione. Non importa se quei giacobini in particolare non sono implicati direttamente nell'attentato di rue Saint-Nicaise, precisa.

— È un grande esempio che dobbiamo dare, indispensabile per legare la borghesia alla Repubblica. È impossibile riuscirci finché questa classe si vedrà minacciata da duecento lupi rabbiosi che aspettano solo il momento per gettarsi sulla preda.

Mentre parla guarda in faccia, uno per uno, i membri del Consiglio di Stato che l'ascoltano. Nei loro occhi legge l'incertezza.

"Hanno paura sia dei giacobini sia di prendere posizione! Codardi!"

— Sono talmente convinto della necessità di farne un caso esemplare, che sono pronto a far comparire davanti a me quegli scellerati, a giudicarli e a firmare la loro condanna. Oltre tutto non parlo per me stesso, ho sfidato ben altri pericoli, la mia fortuna mi ha sempre protetto e conto che continui a proteggermi. Ma qui si tratta dell'ordine sociale, della morale pubblica e della gloria della nazione.

I giacobini saranno deportati alle isole Seychelles.

"La vita sociale è una guerra. Loro mi combattono, io li distruggo."

Sono loro i colpevoli dell'attentato di rue Saint-Nicaise?

Fouché chiede di essere ricevuto dai tre consoli. Napoleone va e viene, Fouché parla con voce monotona.

— La polizia ha lavorato bene — afferma. — Ho promesso una ricompensa di 2000 luigi agli informatori.

Fouché distoglie gli occhi dal suo sguardo, ma basta sentirlo e vederlo per capire che è riuscito nella sua impresa, che sta per trionfare.

— Partendo dai resti della giumenta attaccata al carretto carico di esplosivi in rue Saint-Nicaise — spiega — la polizia è risalita al venditore del cavallo. E ha potuto così identificare l'acquirente, un certo François Carbon. Sempre basandosi sui rottami, è stato possibile identificare il bottaio che aveva preparato i barili pieni di polvere. I colpevoli sono tre *chouan*, agenti di Georges Cadoudal...

Fouché si interrompe, fissa Napoleone che continua a camminare avanti e indietro per la stanza:

— Sono i realisti François Carbon, Limoëlan e Saint-Réjeant — aggiunge.

— Quest'ultimo è stato il capo degli *chouan* nel dipartimento d'Ille-et-Vilaine. François Carbon — prosegue lento Fouché — è stato arrestato il 18 gennaio, e Saint-Réjeant dieci giorni dopo. Limoëlan è riuscito a fuggire, ma è braccato.

Sono *chouan*, ripete Fouché. Il marchingegno infernale è opera di una congiura realista ispirata da Georges Cadoudal.

— Trovatelo, arrestatelo — dice soltanto Napoleone.

Si è sbagliato? Non doveva far proscrivere quei giacobini che non avevano contribuito a confezionare quel "marchingegno infernale"?

Ma non volevano anche loro eliminarmi?

Non sono forse altrettanto pericolosi, addirittura più accaniti dei realisti?

Il 9 gennaio i giacobini compromessi nella *cospirazione dei pugnali* sono stati condannati a morte. Eppure il loro complotto non ha avuto neanche un inizio di esecuzione. Il marchingegno infernale di rue Saint-Nicaise, invece, ha provocato la morte di ventidue persone e ne ha ferite altre cinquanta.

Alla mezzanotte del 29 gennaio 1801 si tiene alle Tuileries un Consiglio segreto.

Presiede Napoleone, affiancato dagli altri due consoli e da alcune personalità, Portalis, Talleyrand, Roederer.

Si discute della domanda di grazia presentata da alcuni dei condannati della cospirazione dei pugnali.

La grazia è respinta per tutti.

Vengono ghigliottinati il 31 gennaio.

Davanti al Consiglio di Stato, il 26 dicembre Napoleone ha dichiarato che si trattava di una vendetta, "che deve essere clamorosa per un delitto così atroce":

— Ci vuole del sangue.

9

Napoleone si ferma sulla soglia del salotto dove Giuseppina, come tutte le sere, alle Tuileries o alla Malmaison, riceve gli ospiti.

Osserva Laure Junot. L'ha conosciuta quando era bambina. Ma non aveva mai prestato attenzione a quella che per lui a quel tempo era solo la figlia di Madame Permon, un'amica dei Bonaparte quando abitavano a Montpellier. Madame Permon aveva vegliato Carlo Bonaparte durante la sua agonia in quella città, nel 1785. Napoleone le aveva espresso più volte la propria riconoscenza. Aveva perfino pensato di sposarla, benché avesse molti più anni di lui.

Guarda Laure con piacere. Emana voglia di vivere. Tutto il suo corpo esprime freschezza e vigore. È bella? Ma cosa significa bella? È fresca, senza trucco, una mora dai movimenti vivaci, un po' appesantita perché incinta, ma così piacevole da guardare. Come una pianta vigorosa e sana.

Sfiora con gli occhi Giuseppina. Ha un lieve moto d'insofferenza e di collera. È così truccata, così piena di artifizi che, a volte, avrebbe quasi voglia, suo malgrado, di ferirla, di aggredirla. È una donna che sta invecchiando, alla quale è sì molto attaccato, ma che, nonostante gli abbia dato piacere, nonostante gli sia stata utile, l'ha anche ingannato, umiliato. E adesso è incapace di dargli un figlio.

Distoglie gli occhi perché lei lo ha visto. E non vuole che indovini i suoi pensieri. Ma lei li conosce già.

Nel parco della Malmaison, due giorni prima, l'ha costretta a una passeggiata in calesse con Laure Junot. La proprietà supera i 300 ettari.

Ha notato subito la faccia imbronciata di Giuseppina quando è salita in vettura. Tuttavia ha dato ordine al cocchiere di lanciarsi a tutta velocità ed è balzato a cavallo, come un giovanotto. Dopo tutto, non ha ancora trentadue anni! Giuseppina è

più vecchia di lui, se ne rende sempre più conto. Osserva Laure Junot, seduta nel calesse. E la vivacità della giovane lo incanta e lo stuzzica.

Quando la vettura si è trovata davanti un ruscello, Giuseppina ha ripetuto che non voleva traversarlo, che aveva paura. Allora lui ha preso Laure tra le braccia, ha attraversato il ruscello a piedi e ha dato ordine al cocchiere di frustare i cavalli. Giuseppina è scoppiata in singhiozzi. Lui si è sentito colpevole e, nello stesso tempo, ostacolato da quella donna. Perché non deve avere una sposa, una donna come Laure Junot?

— Sei pazza — ha borbottato, intuendo che Giuseppina era gelosa di Laure.

Infatti lei sa che a volte, la mattina presto, quando Laure è sola alla Malmaison e Junot è rimasto al suo posto di comando a Parigi, Napoleone va a trovarla per il piacere di vederla e toccarla; più grande di lei, malizioso, le sue intenzioni e i suoi gesti si fermano sull'orlo dell'equivoco.

— Sai che odio quanto la morte tutte queste gelosie — dice a Giuseppina. — Andiamo, baciami e taci. Sei brutta quando piangi. Te l'ho già detto.

Lei si è asciugata le lacrime, ma non ha smesso di essere gelosa: di Laure Junot o di Giuseppina Grassini.

Già, la Grassini, l'italiana. Napoleone ha deciso di cacciarla da Parigi. Non accetta di essere solo sua, di essere costretta ad aspettarlo nella casa che ha voluto per lei e dove la raggiunge nel cuore della notte, quando finalmente ha finito di firmare dispacci, di scrivere, di lavorare con i consoli, con gli aiutanti di campo o i ministri.

La cantante ripete che si annoia. E Fouché, con quell'incomparabile abilità che è solo sua, con quell'arte da poliziotto e da prete, ha fatto capire a Napoleone non solo che era imprudente, in quel periodo di attentati, andare a trovare la sua cantante di notte, accompagnato solo da un domestico, ma anche che la Grassini si consolava in compagnia di un violinista, un certo Rode.

Ha saputo mantenersi impassibile davanti a Fouché, ma il ministro non si è lasciato ingannare. Da cosa o da chi si lascerebbe ingannare? Quell'uomo è troppo tortuoso e troppo intelligente per avere fiducia in lui, eppure, proprio per questo, gli è indispensabile. Per il momento.

Ma la Grassini se ne deve andare! Dopo tutto, è solo una donna.

Se la prende con se stesso per essere stato tanto sottomesso a una donna in passato, quando era innamorato di sua moglie. Era così giovane, così ingenuo. Che ne sapeva delle donne e del loro potere?

Adesso invece gli basta comparire all'Opéra, in un salotto, qui, alle Tuileries, alla Malmaison o nel palazzo di Cambacérès, o da Talleyrand, a Neuilly, perché le donne gli si offrano. E perché mai dovrebbe respingerle? Loro lo desiderano. Perché è lui, per il denaro, per la gloria. E lui ha bisogno di loro. Rappresentano un momento di pace dopo l'aridità dei consigli, delle discussioni sulla legge finanziaria o sul codice civile, dopo quella permanente promiscuità con la morte e la crudeltà che è il potere.

Le porte sono chiuse. I candelabri inondano la stanza di una luce gioiosa. Le donne sono là, si offrono come città aperte che non è nemmeno necessario assediare.

D'altronde, non ne avrebbe neanche il tempo. Fortunatamente lo intuiscono. Attendono un ordine.

Adora la loro sottomissione, il loro abbandono, e quel gioco rapido che può condurre a suo piacimento.

Del resto non ha molta importanza. Lui prende. Poi ricompensa. A volte ritornano.

Come quella Madame Branchu, una cantante dal corpo generoso con la quale ha passato alcune ore piacevoli.

Tutto ciò conta così poco, in definitiva, che a volte arriva a preferire il lavoro a una donna. Così succede che un'attrice, Mademoiselle Duchesnois, si precipita all'appuntamento che lui le ha fissato, si spoglia obbedendo all'ordine di Constant, il suo primo valletto di camera, e lo aspetta a letto. Poi, all'alba, riceve dallo stesso valletto l'ordine di rivestirsi!

La testa, quella notte, era troppo piena di preoccupazioni per consentirgli la minima distrazione.

E quell'altra, Mademoiselle Bourgoing, anche lei attrice, arriva mentre il suo amante in carica, il bravo Chaptal, ministro dell'Interno, è nell'ufficio del primo console perché la discussione si è prolungata. Se Chaptal si faceva qualche illusione, e a quanto pare se ne faceva, sulla virtù della sua amante, rimane atrocemente deluso. Appena ha sentito annunciare l'arrivo di Mademoiselle Bourgoing, in uno scatto d'ira ha chiuso i suoi dossier, ha lasciato lo studio e inviato una lettera di dimissioni.

E pensare che Mademoiselle Bourgoing non è stata nemmeno ricevuta!

Però lei non lo perdona. Sparla, racconta, diffonde pettegolezzi e confidenze di donna umiliata, offesa.

Ma è solo un odio in più. Stare al potere significa imparare a essere odiati.

Napoleone entra nel salotto. Tutti si voltano verso di lui, le conversazioni si interrompono per un istante, poi riprendono in tono più basso.

Si avvicina a Carolina Murat per scambiare solo poche parole con la giovane sorella. È come gli altri fratelli, Luciano o Giuseppe, o sua sorella Paolina: avida. Mai soddisfatta di quello che ha ottenuto. Ma cosa si immagina? Che il padre abbia lasciato loro in eredità il governo della Francia, e che dovrebbero dividerselo i figli?

È lui, Napoleone, che ha vinto.

Eppure è la sua famiglia, e non può e non vuole rinnegare i legami di sangue.

Si volta a guardare Ortensia Beauharnais che chiacchiera con Duroc, un aiutante di campo. Dal modo come si comporta, da come gli parla, si intuisce che è attirata da quell'ufficiale. Già diverse volte ha lasciato intendere che vorrebbe sposarsi. Giuseppina però ha altri progetti. Pensa, sebbene si detestino, a un matrimonio con Luciano Bonaparte il quale, da quando è ambasciatore in Spagna, non fa che aumentare la fortuna che aveva iniziato ad accumulare quando era ministro dell'Interno. Giuseppina si ricorda di aver pensato anche di sposare Ortensia con Luigi Bonaparte. Così, immagina, le due famiglie sarebbero definitivamente intrecciate. E l'erede di Napoleone, perché quello è il grande problema, potrebbe essere il figlio di Ortensia!

Napoleone si allontana. Si sente al tempo stesso coinvolto e assai lontano da quelle piccole manovre. È persuaso che il suo destino traccerà l'avvenire in modi imprevedibili. Allora, perché lasciarsi invischiare in quei progetti di donne? Perché perdere tempo con le calunnie che gli riferiscono con compiacenza, secondo cui lui sarebbe addirittura l'amante di Ortensia? Proprio lui!

Vuole raggiungere il colonnello Sebastiani, uno di quelli che il 19 brumaio ha disperso i deputati dei Cinquecento con i suoi soldati di ritorno dall'Italia. Ma ecco Roederer che parla dell'organizzazione delle finanze. Napoleone si lascia coinvolgere nella discussione:

— Io non mi secco affatto se mi contraddicono. Voglio solo essere aiutato a capire. Parlate chiaramente. Ditemi tutto quello che pensate: siamo tra noi, siamo in famiglia.

Ancora una volta, però, come nelle discussioni con i giuristi a proposito del codice civile, ha la certezza di cogliere più in fretta degli altri il succo del problema.

Forse tutti quegli studiosi dimenticano l'esperienza, il semplice buonsenso. Oppure non hanno letto, come invece ha fatto lui, il *Codice* di Giustiniano, di cui ricorda a memoria interi brani.

Improvvisamente esclama: — È più facile fare le leggi che farle eseguire... È come se mi deste 100.000 uomini e mi diceste di farne dei buoni soldati.

Fa qualche passo, poi si volta. Occorre saper stupire, sorprendere.

— Ebbene — riprende — vi risponderei: "Datemi il tempo di farne ammazzare la metà, quelli che restano andranno bene".

Gli piace vedere i suoi interlocutori sconcertati, ridotti al silenzio.

Sempre più spesso, ma forse l'ha sempre pensato, ha la sensazione di essere il solo a vedere giusto e lontano. E in ogni caso tocca a lui decidere. Lo fa per il codice civile, la nuova legge finanziaria, la costruzione di tre ponti a Parigi, uno che deve raggiungere il Jardin des Plantes, un secondo che collegherà l'Île de la Cité a l'Île Saint-Louis, mentre l'ultimo permetterà di passare dal Louvre all'Istituto.

"D'altronde, dove non comando io si raccolgono soltanto insuccessi."

In Egitto, quel che restava della sua armata è stato sconfitto dai battaglioni inglesi appena sbarcati. In Germania Moreau, chissà con quali intenzioni, non ha inseguito gli austriaci, che aveva battuto, per annientarli definitivamente.

"Bisogna che in ogni momento sia io a dare l'impulso, per decidere di aprire una strada che consenta di valicare il Sempione, o anche solo per incitare le donne a scegliere il lino piuttosto che la mussola, per rilanciare le nostre manifatture!"

L'esercizio del potere, in questo modo, non si interrómpe mai.

Alle nove di mattina Napoleone entra nella sala delle Tuileries dove il generale Junot, primo aiutante di campo e comandante di Parigi, gli fa rapporto. Numerosi ufficiali stanno intorno a Junot. Napoleone cammina avanti e indietro, ricorre spesso alle prese di tabacco. Il generale Mortier, comandante della 1ª divisione militare, spiega con voce esitante che si sono verificati nuovi assalti alle diligenze da parte dei briganti.

Napoleone lo interrompe esclamando:

— Ancora assalti alle diligenze? ancora furti di denaro pubblico? E non siamo capaci di adottare provvedimenti per impedire questi delitti?

Mortier abbassa la testa, in silenzio.

Napoleone continua a camminare, scandisce martellando ogni parola. Parla forte, per tutti i presenti, eppure si ha l'impressione che sia solo, che segua un suo ragionamento.

— Bisogna trasformare i tetti delle diligenze in piccole ridotte. Rafforzare i parapetti con materassi piccoli ma spessi, praticare nei parapetti feritoie e sistemarvi dietro tanti buoni tiratori quanti ce ne potranno stare. Animo, generale, si dia da fare e acceleri l'esecuzione degli ordini.

Segue con gli occhi il generale Mortier che lascia la sala.

"Amo il potere, io, ma lo amo da artista. Lo amo come un musicista ama il suo violino, per estrarne suoni, accordi, armonie..."

"Capiscono queste cose, quelli che si oppongono a me?"

Intervengono presso il Tribunato. Contestano l'opportunità di creare i tribunali speciali. Protestano. Ma chi sono, per permettersi tutto ciò?

— Saranno non più di dodici, quindici metafisici, buoni da gettare a mare. Sono dei parassiti che ho sugli abiti — dice Napoleone a Roederer. — Ma non devono illudersi che mi lascerò attaccare come Luigi XVI. Non lo accetterò.

"Cosa possono fare, d'altronde, quando tutto il popolo mi acclama? e mentre l'e sercito mi è fedele?

"È per questo che ci vuole una pace vittoriosa."

Tuttavia la pace sembra ancora lontana, in quei primi mesi del 1801. L'Austria è stata battuta in Germania e in Italia. L'Inghilterra è irriducibile, ma si può isolarla servendosi della pace e delle alleanze sul continente, e in questo modo minacciarla, costringerla a trattare.

Napoleone scrive a Giuseppe, impegnato a Lunéville nei negoziati con Monsieur Cobenzl, rappresentante di Vienna.

"Che l'Austria si affretti a diventare ragionevole... Fa capire a Monsieur Cobenzl che più i giorni passano, più peggiora la sua situazione, che se le ostilità riprendono, i confini della mia potenza potrebbero diventare le Alpi Giulie e l'Isonzo."

Questo è per Vienna. Rimane il progetto più ambizioso: riuscire a diventare l'alleato dello zar Paolo I.

Napoleone riceve i suoi inviati, Kolyčev e il generale Sprengportern. Bisogna accoglierli con grande fasto alle Tuileries o alla Malmaison. Bisogna abbagliarli.

L'alleanza con San Pietroburgo è la via maestra al sogno di una spartizione dell'Impero turco tra Francia e Russia, l'ipotesi di spedizioni condotte di concerto contro le Indie, la possibilità di stringere tutto il continente europeo tra le mascelle dell'alleanza, e di piegare in tal modo l'Inghilterra. Di costringerla a riconoscere l'annessione alla Francia dei territori della riva sinistra del Reno, che respinge dal 1792.

Napoleone si avvicina al generale Sprengportern, che ha invitato a pranzo alle Tuileries. L'inviato russo è in compagnia di un gruppo di persone. Accanto a lui c'è l'ambasciatore prussiano in Francia, il marchese Lucchesini. E la Prussia può essere un altro ottimo alleato sul continente.

Occorre stupire quei diplomatici, mostrare loro ricchezza e forza.

Napoleone indossa l'abito rosso ricamato d'oro del primo console. Porta appesa al cinturone una sciabola con raffinate decorazioni. Se la toglie, la porge al generale Sprengportern, gli spiega che l'arma è stata impreziosita con i più bei diamanti della corona, il diamante di Sancy sul pomo e quello del reggente sul fodero. La spada passa di mano in mano, torna a Napoleone che la riappende con gesti lenti e dice:

— Non si fonda niente se non tramite la sciabola.

Qualche giorno dopo Luigi XVIII, che si era rifugiato a San Pietroburgo, viene invitato dallo zar Paolo I a lasciare la città. E Giuseppe può annunciare a Napoleone che l'Austria ha firmato a Lunéville un trattato di pace che riprende nell'essenziale quello di Campoformio, confermando dunque la cessione della riva sinistra del Reno alla Francia. Anversa, "quella pistola puntata contro il cuore dell'Inghilterra", resta sotto il controllo francese. La Repubblica Cisalpina si ingrandisce. La Francia può intromettersi negli affari tedeschi.

Napoleone è il fedele erede della politica rivoluzionaria.

Nel sud dell'Europa la Spagna, prendendo atto del trattato di Lunéville, firma il trattato d'Aranjuez. Madrid si impegna a muovere guerra al Portogallo, alleato dell'Inghilterra. In Italia, Parma e Piacenza vengono cedute alla Francia.

All'annuncio della firma del trattato di Lunéville, Parigi, che già sta festeggiando il carnevale, risuona di grida festose.

Napoleone si affaccia alla finestra del suo studio alle Tuileries. Vede quella folla, simile a quella che si è radunata l'indomani della vittoria di Marengo. Ordina alla

banda della Guardia e della guarnigione di Parigi di suonare per animare nelle strade un grande ballo popolare.

Si stacca a malincuore dalla contemplazione di quelle scene di giubilo, si siede allo scrittoio e scrive a Giuseppe: "Ho solo una parola da dirvi: la nazione è contenta del trattato, e io sono assolutamente soddisfatto. Un abbraccio a Julie".

Convoca il prefetto di polizia. Vuole che si rechi in ciascun quartiere, accompagnato dai sindaci, per proclamare davanti al popolo la pace e per leggere la dichiarazione che ha appena stilato:

Francesi,
    una pace gloriosa ha concluso la guerra nel continente. Le vostre frontiere sono state riportate ai confini che la natura aveva assegnato loro. Popoli a lungo separati da voi si ricongiungono con i vostri fratelli e accrescono di un sesto la vostra popolazione, il vostro territorio, le vostre forze. Questi successi li dovete soprattutto al coraggio dei nostri guerrieri... ma anche al benefico ritorno della concordia, a questa unione di sentimenti e di interessi che più di una volta ha salvato la Francia dalla rovina.

Resta solo.

La pace? La vuole. L'ha quasi ottenuta. Deve solo imporla all'Inghilterra. La partita che si sta giocando è lineare. Lui ha in mano il continente europeo. L'alleanza con la Russia è la chiave di questa pacificazione continentale, che presuppone l'allineamento dell'Austria, cosa che è già fatta, e dunque una presenza della Francia in Germania e in Italia.

Riuscirà a tenere insieme tutte quelle pedine? Controllare il Sud e il Nord della scacchiera, l'Est e l'Ovest?

Per quanto tempo ancora si ostinerà l'Inghilterra?

Questi, comunque, sono i dati del problema. Non è in suo potere cambiarli, dal momento che la Francia vuole conservare l'eredità della Rivoluzione: la sponda sinistra del Reno.

Impossibile rinunciarvi. È il cuore sacro dell'eredità.

E quando nelle ampie sale delle Tuileries le delegazioni si succedono per felicitarsi con lui della pace finalmente conclusa, Napoleone si intrattiene con i rappresentanti di Bruxelles:

— I belgi sono francesi — afferma con serenità — come i normanni, gli alsaziani, gli abitanti della Linguadoca e quelli della Borgogna... Quand'anche il nemico avesse installato il suo quartier generale nel faubourg Saint-Antoine, il popolo francese non avrebbe mai ceduto i suoi diritti o rinunciato alla riunificazione con il Belgio.

I rappresentanti belgi salutano con riconoscenza ed entusiasmo. Acclamano Napoleone.

Lui appare preoccupato. La pace è possibile oppure no?

Si reca al castello di Neuilly, dove Talleyrand ha organizzato una sontuosa festa per celebrare il trattato. Il poeta Esménard esalta il primo console. È lui che viene onorato, più che la pace. I presenti, emigrati rientrati dall'esilio, ambasciatori, le più belle donne di Parigi, tutti si accalcano intorno a lui, che si accontenta di passare, sorridente e distante.

"Dal trionfo alla caduta c'è solo un passo."

È un pensiero che lo ossessiona, gli frulla in mente ogni volta che ottiene un successo, ogni volta che la folla lo acclama.

L'idea che la gloria è fuggitiva, che il potere di cui dispone rimane pur sempre precario, non lo tormenta. Vive in lui, semplicemente, come una realtà che constata

e che non deve dimenticare, perché lui sa da dove viene e che cosa ha visto. Lo ripete spesso a Bourrienne, quel 12 aprile 1801, "nelle circostanze più drammatiche, un'inezia, un nonnulla ha sempre deciso i più grandi eventi".

Bourrienne gli porge i dispacci appena giunti alle Tuileries con il corriere del Nord.

Napoleone s'immerge nella lettura.

Lo zar Paolo I è stato strangolato nel suo palazzo, il 24 marzo; è già stato incoronato suo figlio Alessandro, senza alcun dubbio complice degli assassini. Ufficialmente Paolo I è morto d'apoplessia. Gli ambienti russi che avevano a cuore l'alleanza con l'Inghilterra esultano. A Londra è un trionfo.

Napoleone è rimasto immobile al centro della stanza.

Sta stracciando il dispaccio nel momento in cui entra nello studio Fouché, che ha appena ottenuto dai suoi informatori un resoconto dell'assassinio. Paolo I è stato soffocato nella sua camera da letto con una sciarpa e ha avuto il cranio sfondato dall'elsa di una spada. I congiurati ci hanno messo tre quarti d'ora per finirlo.

Napoleone ha una smorfia di ribellione e disgusto.

— Ma come! — esclama. — Un imperatore non è sicuro neanche in mezzo alle sue guardie!

Fouché comincia a spiegargli che la Russia è abituata a fatti del genere, ma Napoleone l'interrompe. Vuole restare solo con Bourrienne.

Percorre avanti e indietro tutta la stanza.

Pensa al suo destino personale in quel palazzo. Checché ne dica Fouché, chi governa costituisce sempre un bersaglio. Non hanno forse tentato di ucciderlo poche settimane prima, in rue Saint-Nicaise? Anche se i tribunali hanno già condannato a morte François Carbon e Saint-Réjeant, nessuno ha ancora trovato né Limoëlan, uno dei tre uomini che hanno concepito quel marchingegno infernale, né il loro ispiratore, Georges Cadoudal. Intanto diversi giacobini continuano ad affilare i loro pugnali. E che dire dei generali? Di un Moreau, di un Bernadotte, gelosi, convinti che potrebbero occupare loro il posto di primo console?

Ma non è questo il peggio. Un lato della scacchiera sta sfuggendo al suo controllo.

— Con l'alleanza dello zar ero sicuro di poter infliggere un colpo mortale alla potenza inglese nelle Indie — si rammarica Napoleone. — Adesso una rivoluzione di palazzo manda all'aria tutti i miei piani!

Come non pensare che dietro gli assassini dello zar si nascondano gli inglesi, gli stessi che continuano a finanziare e a sostenere Cadoudal?

Londra vuole impedire a ogni costo che l'Europa continentale conosca la pace. Ha appena rivolto un ultimatum alle potenze del Nord che, insieme alla Danimarca, hanno costituito una lega di paesi neutrali. L'Inghilterra vuole che i porti siano aperti alle sue mercanzie e si arroga il diritto di perquisire tutte le navi. Per imporre queste pretese, la squadra navale di Nelson è penetrata nel Baltico allo scopo di minacciare Copenaghen.

— Scrivete — ordina Napoleone a Bourrienne.

L'opinione pubblica deve capire che l'Inghilterra ostacola la pace, "una pace necessaria al mondo". Napoleone detta alcune righe che devono essere pubblicate su "Le Moniteur":

"Paolo I è morto nella notte tra il 23 e il 24 marzo. La squadra navale inglese ha attraversato il Sund. La storia ci dirà che relazioni possono esistere tra questi due avvenimenti."

Poi ripete: "Un imperatore, in mezzo alle sue guardie...".

Il 21 aprile 1801, giorno in cui vengono ghigliottinati François Carbon e Saint-Réjeant, due dei responsabili dell'attentato di rue Saint-Nicaise, Napoleone riceve Monge e Laplace, due scienziati che sono anche senatori.

Napoleone mostra il rapporto di polizia che racconta nei dettagli lo svolgimento dell'esecuzione.

Al momento di salire sul patibolo i due *chouan* hanno gridato:

— Viva il re!

Rivolgendosi a Monge e Laplace, Napoleone dice lentamente, come se meditasse ad alta voce: — Bisogna che il popolo francese mi sopporti con i miei difetti, ma che trovi in me il suo tornaconto.

Si interrompe, poi ribadisce quello che ha già dichiarato al Tribunato: — Io sono un soldato, figlio della Rivoluzione, uscito dal seno del popolo, il mio difetto è di non poter sopportare le ingiurie. E non sopporterò di essere insultato come un re.

10

Napoleone si guarda nello specchio che Rustam, il mamelucco, tiene nelle mani. Constant, il primo valletto di camera, si avvicina. Gli porge su un vassoio di metallo dorato il rasoio inglese, che viene cambiato ogni mattina, e il sapone, anche quello prodotto in Inghilterra.

Napoleone però non afferra il rasoio come fa di solito, non comincia a togliersi con rapidi colpi di lama il sapone che ha appena fatto schiumare.

Continua a specchiarsi.

Ieri, nel tardo pomeriggio, nell'atelier di David ha studiato a lungo lo schizzo del quadro che il pittore ha appena iniziato. È così che dovranno vederlo, avvolto in una cappa, sotto un cielo cupo, mentre tiene le redini di un cavallo che s'impenna, criniera e coda al vento, costeggiando il bordo dei precipizi alpini. Sullo sfondo dei soldati che spingono affusti di cannone.

— Bonaparte valica il Gran San Bernardo — ha mormorato David presentandogli il quadro.

Il volto che gli ha dato David assomiglia ben poco a quello che vede nello specchio. Quello del pittore è pieno, la pelle liscia e bianca, i lineamenti armoniosi. Questa mattina, invece, lui ha gli occhi infossati, la pelle di un giallo quasi scuro, il mento che appare troppo lungo nel volto magro.

Che sia il solo a vedersi com'è? O forse la verità è diventata quella che dipinge David? Forse lo vedono già come un eroe, il figlio di un re?

Si volta. D'improvviso ha sentito come un senso di soffocamento. Eppure ogni mattina esige che Rustam spalanchi le finestre. Non sopporta l'aria stantia, gli odori troppo intensi della notte e dei corpi.

— Apri — ordina a Rustam. — Lasciami respirare l'aria che Dio ha fatto.

Il cielo è basso, fa fresco. Sono da poco passate le sette della mattina e il sole di maggio non riesce a filtrare attraverso lo strato di bruma grigia.

Napoleone si rade in pochi minuti. Constant non ha faticato a convincerlo a radersi da solo. Infatti non sopportava l'idea di abbandonarsi immobile nelle mani di un altro. Che importa se si rasa solo superficialmente?

Si asperge il volto con acqua di colonia, poi entra nel bagno bollente. La stanza è già invasa dal vapore. Gode a quel contatto doloroso con l'acqua molto calda, che gli dà il senso esatto del suo corpo e calma l'irritazione quasi endemica della pelle.

Resta immobile per lunghi minuti. È in quella vasca da bagno che di solito si

sente finalmente in pace. A volte, nel bel mezzo della notte, si immerge nell'acqua calda per rilassarsi.

La sera prima ha dovuto subire le lamentele di Giuseppina, alla quale aveva confidato, con malignità, ne conviene, che Luciano a Madrid aveva ricevuto una proposta matrimoniale da parte della corte e dal principe Godoy. Gli spagnoli offrivano l'infanta Isabella come eventuale sposa del primo console, se quest'ultimo si fosse deciso a divorziare. Giuseppina non si lascia mai andare a uno scatto di collera, ma ha assunto la sua aria da santa in lacrime.

Napoleone non sopporta quei bronci e quelle lamentele. Aveva deciso di organizzare, malgrado la notte stesse per calare, una battuta di caccia. Giuseppina alla fine si è lasciata trascinare dal proprio risentimento.

— A caccia! Ma neanche a pensarci, Bonaparte, tutte le nostre bestie sono pregne — ha protestato.

Allora lui ha risposto che avrebbe rinunciato, ma senza astenersi dallo scoccarle un'ultima frecciata: — Tutto qui è prolifico, a eccezione di Madame.

Crudele? Ma non ha forse detto la verità?

Quanto al matrimonio spagnolo discusso da Luciano ("come se fossi figlio di un re, in effetti") Napoleone non ne vuole sapere. Ha detto a Volney, la sera precedente: — Se fossi nella condizione di sposarmi un'altra volta, non è certo in una casata in rovina che andrei a cercare una moglie.

Ma cosa capisce Luciano? Deve essersi fatto corrompere, dal momento che ha accettato la politica di quel principe Godoy che, malgrado le sue promesse, ha condotto soltanto una ridicola guerra contro il Portogallo, una "guerra delle arance", per concludere rapidamente il trattato di Badajoz con Lisbona. Secondo Fouché, oltre tutto, Luciano e il principe Godoy si sono spartiti 30 milioni di franchi. E Luciano ha avuto l'ingenuità o l'audacia di chiedere un ritratto del primo console per donarlo al principe Godoy!

Bourrienne è entrato nella stanza da bagno. Malgrado il vapore, si siede per leggere o scrivere sotto dettatura.

Napoleone comincia a dettare una lettera per Luciano: "Non manderò mai il mio ritratto a un uomo che tiene il suo predecessore in galera e impiega i metodi dell'Inquisizione. Posso servirmene, ma non gli devo altro che disprezzo".

Napoleone esce dalla vasca. Rustam gli asperge tutto il corpo di acqua di colonia e poi lo friziona con la spazzola. — Spazzola forte, come per un asino — lo esorta Napoleone.

Poi passa nella stanza della toilette, dove lo sta aspettando Constant, con in mano i calzoni di cachemire bianco. Ogni giorno si macchiano d'inchiostro, perché a volte Napoleone ci asciuga la penna; oppure del tabacco trinciato in modo grossolano che il primo console fiuta abitualmente.

Bourrienne comincia a leggere le ultime lettere arrivate. Ce ne sono due di Luciano.

Luciano protesta, si scusa: "Non nego che mi manchino molte cose, so da tempo che sono troppo giovane per gli affari".

Bourrienne esita ad andare avanti, poi riprende.

"Di conseguenza voglio ritirarmi per acquisire quello che mi manca... Conosco una sola potenza capace di farmi restare in Spagna, la morte."

Napoleone riconosce in quelle parole gli eccessi di Luciano, e anche la sua energia, la sua gelosia, il suo odio per Giuseppina quando evoca "un nuovo torrente di calunnie e di disgrazie... Vengo fatto a pezzi nei vostri salotti, sono arrivati fino ad accusarmi di stupro, di assassinio premeditato, di incesto".

Basta così!

Luciano, a Madrid, si è lasciato abbindolare dalle "lusinghe della corte". Appartiene a quel genere di uomini che gli adulatori riescono facilmente a corrompere, quelli che si lasciano comprare.

"Su chi posso veramente contare in questa famiglia? La mia famiglia! Gerolamo è nella squadra navale dell'ammiraglio Ganteaume, che ha appena riportato un piccolo successo nel Mediterraneo, ma che non è in grado di soccorrere i resti dell'Armata d'Egitto. Mentre dovremmo avere una marina audace e potente, visto che l'Inghilterra si rifiuta di firmare la pace e la flotta di Nelson bombarda Copenaghen. Ah, se Gerolamo potesse diventare il mio occhio e il mio braccio sull'Oceano! Bisogna incoraggiarlo. Scrivergli."

Napoleone detta:

Apprendo con piacere che vi state abituando al mare. È solo sui mari che si può ancora conquistare un po' di gloria. Salite sugli alberi e imparate a studiare le diverse parti del vascello; voglio che al ritorno da questa crociera mi assicurino che siete altrettanto agile di un buon mozzo. Non accettate che qualcun altro faccia il vostro servizio. Spero che siate sempre presente e pronto quando vi tocca fare i vostri turni di quattro ore.

"Non sono forse stato, prima di tutto, un buon artigliere?"

Ha finito di indossare l'uniforme di colonnello della Guardia e, prima di raggiungere la sala dei rapporti, dove l'aspettano il generale Junot e gli altri ufficiali, legge nello studio la sintesi dei giornali preparata dal bibliotecario particolare, Ripault, poi l'elenco dei libri pubblicati negli ultimi dieci giorni.

Non vuole che quei giornali, o quei libri, riproducano le calunnie della stampa inglese, e che i pennivendoli pagati dal denaro inglese si diffondano in Europa. È in questo modo che si distruggono le istituzioni e la fiducia che il popolo deve avere in chi lo governa. L'ha detto a Saint-Jean-d'Angély, che pure è un suo fedele: — Prima di gridare contro il governo, bisognerebbe mettersi al suo posto...

Più tardi, seduto allo scrittoio, solo nello studio, consulta i rapporti della sua polizia personale, che affianca e sorveglia quella di Fouché. Di chi si può essere veramente sicuri?

Lo zar è stato assassinato nella sua camera da letto, nel cuore del suo palazzo. E suo figlio, Alessandro, era complice!

Al vertice del potere tutto è possibile, e tutto viene dimenticato.

È stato necessario inviare Duroc a San Pietroburgo per tentare di riannodare buone relazioni con Alessandro I e accettare la favola della morte di Paolo I in seguito a un attacco di apoplessia.

"Ma io non sono figlio di un re. Mi difenderò, eccome!"

Prende la penna e scrive a Fouché: "Ecco, cittadino ministro, alcune informazioni della cui autenticità garantisco".

Trasmette a Fouché le segnalazioni ricevute a proposito di Georges Cadoudal, che si trova sempre in Francia, e di quelli che lui chiama "i satelliti di Georges e i suoi commessi abituali".

Bisogna prenderli, vivi o morti.

Si alza. Deve ancora ascoltare i rapporti del generale Junot, poi avrà finalmente chiuso i preliminari della giornata.

A quel punto cominceranno le cose veramente importanti!

Il 22 maggio 1801 Napoleone attende nel tardo pomeriggio la visita di monsignor Spina, arcivescovo di Corinto, inviato del papa.

Esce nel parco della Malmaison. Il clima è mite. Si volta e scorge, nel salotto del padiglione sud, Talleyrand e l'abate Bernier. Ha incaricato quei due di negoziare con monsignor Spina, a Parigi già da alcuni mesi, un Concordato con il papa. Ma le trattative vanno per le lunghe.

Sa bene che Talleyrand, vescovo che a suo tempo ha prestato giuramento di fedeltà alla costituzione civile del clero, sostenitore convinto del matrimonio dei preti (per forza: pensa di sposarsi), è contrario a questo accordo; come molti altri ideologi e studiosi tipo Monge o Laplace, generali che fanno professione di ateismo, seguaci di Voltaire d'accatto e altri, tutti sono ostili a qualsiasi riavvicinamento con il papa.

"Ma cosa capiscono della mia politica? Per pacificare e controllare il paese, ci vuole un ritorno alla religione."

L'ha spiegato chiaramente a tutti quanti: — Dopo un esercito vittorioso, non conosco migliori alleati di coloro che dirigono le coscienze in nome di Dio.

Sarà necessario ribadirlo. E soprattutto prendere in mano di persona il negoziato, come tutte le volte che la posta in gioco è importante. E quale posta in gioco non è importante quando si governa?

È per questo che il diplomatico François Cacault è partito per Roma con istruzioni precise: — Trattate il sovrano pontefice come se avesse 200.000 uomini — gli ha detto Napoleone.

Ma non è certo perché l'avversario è potente che bisogna trattarlo con i guanti o capitolare davanti a lui.

Dopo tutto, Enrico VIII ha fondato la religione anglicana. Altri sovrani sono protestanti. E i re di Francia erano gallicani!

"Perché dovrei inchinarmi proprio io?"

L'abate Bernier gli si fa incontro. Napoleone ha fiducia in questo ex agente generale delle truppe vandeane, che si è schierato con lui per ambizione e per realismo. Bernier ha il fisico di un contadino, ma parla con la dolcezza persuasiva di un curato e possiede l'abilità e l'intelligenza di un gesuita.

Monsignor Spina è già arrivato, annuncia Bernier. Bisogna accoglierlo con educazione e, nello stesso tempo, metterlo sull'avviso, mostrargli che non si è disposti a cedere su niente di essenziale. Fargli capire che il rifiuto di un accordo può costare caro al papato. Perderà tutte le Legazioni, territori ai quali tiene moltissimo.

Già dalle prime frasi Napoleone vede balenare l'inquietudine negli occhi di monsignor Spina. Occorre impressionarlo di più, rinunciare al linguaggio mellifluo e contorto della diplomazia romana.

— È con me che dovete mettervi d'accordo — gli dice Napoleone, camminando avanti e indietro nel salotto.

Ogni tanto si ferma per annusare una presa di tabacco.

— È in me che dovete aver fiducia — riprende. — Sono io, solo io che posso salvarvi!

Si avvicina all'arcivescovo.

— Volete la restituzione delle Legazioni? Volete liberarvi delle truppe francesi? Tutto dipenderà dalla risposta che darete alle mie domande, in particolare sull'argomento dei vescovi.

Spina si sprofonda nella sua poltrona. Balbetta. È come se ogni parola pronunciata da Napoleone fosse uno schiaffo che lo colpisce in pieno volto.

È il momento di caricare furiosamente, come in guerra.

— Sono nato cattolico e niente mi sta più a cuore del ristabilimento del cattolicesimo in Francia — esordisce Napoleone scandendo lentamente le parole.

Poi d'improvviso parla in tono secco e imperioso:

— Ma il papa fa di tutto per spingermi a diventare luterano o calvinista, trascinando con me tutta la Francia!

Adesso martella le frasi, le accompagna con vivaci movimenti della mano.

— Che il papa cambi comportamento e mi ascolti — scandisce. — Altrimenti ristabilisco una religione qualsiasi, e ridò al popolo un culto con campane e processioni! Faccio a meno del Santo Padre, ed egli non esisterà più per me.

Volta le spalle all'arcivescovo, si dirige verso il parco e aggiunge:

— Invii oggi stesso un corriere a Roma per spiegargli quel che le ho detto.

È soddisfatto. Lasciando la Malmaison, Spina ha parlato con la remissività di qualcuno che si è già sottomesso.

— A volte basta dare una spinta alle cose — dice Napoleone a Talleyrand. — Dopo, sono loro che vi trascinano.

È convinto di aver trovato il tono giusto, quello di chi non si lascia impressionare dall'avversario, fosse anche il papa. Sa quel che vuole, un Concordato che gli lasci il diritto di designare i vescovi. L'accordo restituirebbe al papato l'autorità sulla Chiesa di Francia, ma in cambio della perdita della sua preminenza. Il cattolicesimo non sarebbe altro che la religione praticata dal primo console, e la Chiesa rinuncerebbe a rivendicare i suo vecchi possessi venduti come beni nazionali.

È sicuro di avere in mano le carte vincenti, dal momento che non teme di giocarle. E del resto c'è forse un uomo, fosse anche il papa, che potrebbe impedirglielo?

L'abate Bernier gli confida che Spina ha mormorato che il primo console "gli ha fatto perdere la bussola".

Tanto meglio! È così che si vince!

Pochi giorni dopo Napoleone incontra ancora monsignor Spina nei giardini illuminati del castello di Neuilly. L'arcivescovo avanza verso di lui, in mezzo agli ospiti invitati da Talleyrand per festeggiare il viaggio in Francia del re e della regina di Etruria, il granducato di Toscana, che Napoleone ha voluto ribattezzare così. Il sovrano è Luigi di Borbone, genero del re di Spagna. Napoleone è attorniato da una folla premurosa. Osserva la coppia reale. Sono i primi Borboni che mettono piede in Francia dopo la Rivoluzione.

Prova una soddisfazione profonda. Accoglie da padrone i discendenti dell'illustre famiglia. Infatti, anche se l'ospite d'onore è Luigi di Borbone, è il primo console che i poeti incensano. È per lui che cantano quelle arie italiane. È per compiacerlo che hanno ricreato una vasta scenografia che rappresenta la piazza di Palazzo Vecchio a Firenze.

Monsignor Spina gli annuncia che il cardinale Consalvi, segretario di Stato del Vaticano, ha lasciato Roma diretto a Parigi per concludere i negoziati del Concordato.

Napoleone ascolta con un leggero sorriso questa notizia che conosce già, la conferma che ha trattato monsignor Spina com'era giusto fare.

Luigi di Borbone si avvicina a Napoleone e gli dice:

— Insomma, voi siete italiano, siete dei nostri.

"Ma cosa crede, questo Borbone che io ho fatto re? Che ho qualcosa da spartire con lui? Io italiano? Io?"

Risponde seccamente:

— Io sono francese.

Ama la Francia. Ricorda i primi anni ad Autun e a Brienne, come si comportavano con lui, le beffe subite, il suo accento, il desiderio che aveva di tornare in Corsica per combattere a fianco di Paoli, il liberatore del suo popolo.

Ma ormai non prova più alcuna nostalgia per l'isola della sua infanzia. Di lei gli resta solo la famiglia, i fratelli, le sorelle, la madre. Conosce i loro difetti, ma anche loro si sono separati dalla Corsica, insieme a lui. Oppure li hanno cacciati. E lui, in mezzo ai francesi e ai suoi soldati d'Egitto o d'Italia, è diventato francese.

Conosce questo paese, che non gli è stato donato, ma che ha conquistato e del quale vuole la grandezza. In fondo, lui e questa nuova nazione sorta nel 1789 sono nati insieme. Eppure non si accontenta di questo. Perché la Francia non è cominciata con la Rivoluzione. Vuole che attraverso di lui si realizzi la fusione di tutte le epoche della storia francese. Solo lui può riuscirvi, perché non appartiene ad alcun clan politico, perché viene da fuori, perché la memoria di questo paese lui l'ha acquisita sui libri di storia. Non rimpiange i tempi di prima del 1789. Ma sa che un "prima" esiste. Ed è anche per questo che vuole la pace all'interno della nazione, il Concordato: affinché la pacificazione religiosa ristabilisca definitivamente l'ordine nella società e nelle anime.

Dice a Bourrienne:

— Sono convinto che una parte della Francia si farebbe protestante, soprattutto se io favorissi questa propensione; ma sono ancora più certo che la maggioranza resterebbe cattolica.

Medita, pensoso.

— Temo le diatribe religiose — riprende — i dissensi nelle famiglie, gli inevitabili disordini. Ristabilendo la religione che ha sempre prevalso nel paese e che prevale ancora nei cuori, e lasciando al tempo stesso alle minoranze il diritto di esercitare liberamente i loro culti, sono in armonia con la nazione e accontento tutti quanti.

Mostra a Bourrienne il libro che Elisa gli ha regalato. L'autore, François René de Chateaubriand, è un emigrato rientrato dall'esilio che frequenta il salotto della sorella di Napoleone. Il suo libro, *Atala*, esalta il genio del cristianesimo. Ecco il sentimento di questo popolo, ecco cosa desidera oggi.

Pensa spesso alla religione, in quella primavera del 1801, mentre proseguono i negoziati con gli inviati del papa.

Soggiorna sempre più spesso alla Malmaison, dove convoca ogni giorno il Consiglio, i ministri. La sera, nel fresco che sale dal parco e dai boschi, Giuseppina presiede ai ricevimenti. Accoglie il re e la regina d'Etruria, mentre Napoleone galoppa e va a caccia a dispetto di Giuseppina. E passeggia nel parco.

Una sera invita Thibaudeau ad accompagnarlo. Apprezza questo antico membro della Convenzione, ora membro del Consiglio di Stato, e lo prende amichevolmente in giro chiamandolo "il giacobino incipriato". Ma è un buon interlocutore.

— Sapete… — gli dice Napoleone mentre camminano lentamente. — Domenica scorsa ero qui e passeggiavo in questa solitudine, in questo silenzio della natura. D'improvviso mi è giunto il suono della campana di Rueil e mi sono commosso: com'è forte la potenza delle abitudini dell'infanzia e dell'educazione!

Lancia un'occhiata a Thibaudeau che l'approva.

— Allora mi sono detto... — continua Napoleone — chissà che impressione deve fare su uomini semplici e creduloni!

Si ferma, prende Thibaudeau per il braccio.

— Che i vostri filosofi e i vostri teologi rispondano a questo! Ci vuole una religione per il popolo. Ed è necessario che questa religione sia nelle mani del governo. Oggi cinquanta vescovi emigrati e pagati dall'Inghilterra dirigono il clero francese. Bisogna distruggere la loro influenza. E l'autorità del papa è indispensabile per riuscirci.

Ricomincia a camminare, rimane in silenzio alcuni minuti, poi mormora:

— Diranno che sono papista. Ma io non sono niente. Ero maomettano in Egitto; sarò cattolico per il bene del popolo.

Fissa Thibaudeau. Può veramente dire tutto quello che pensa?

— Io non credo affatto alle religioni — confida. — Ma l'idea di un Dio...

Indica il cielo.

— Chi è che ha fatto tutto questo?

Ascolta, la testa china, Thibaudeau che si sforza di spiegargli che, anche se si crede in Dio, il clero non è poi così necessario.

Napoleone scuote la testa. È così ingenuo, questo Thibaudeau?

— Il clero esiste da sempre — afferma Napoleone. — Ed esisterà finché nel popolo ci sarà uno spirito religioso, e questo spirito gli è connaturato... Perciò occorre assolutamente alleare i preti alla Repubblica.

Si sente libero, ma conosce la forza dei pregiudizi. Bisogna fare i conti con loro quando si vuole governare un popolo.

Per ricevere il cardinale Consalvi, finalmente arrivato a Parigi, ha indossato la divisa rossa ricamata d'oro di primo console e porta al fianco la sciabola consolare impreziosita di diamanti.

Vede il cardinale avanzare nella spaziosa sala dei ricevimenti delle Tuileries, dove sono radunati i ministri e i rappresentanti delle Assemblee. Tutti indossano i loro abiti da cerimonia. È indispensabile che questa udienza sia particolarmente solenne.

Gli si fa incontro. Il cardinale Consalvi è in abito nero, calze e collare rossi, il copricapo dei cardinali della curia romana.

È una nuova partita quella che ha inizio, e Napoleone deve vincerla.

— Io venero il papa, che è una persona straordinaria — esordisce a voce bassa — e desidero accordarmi con lui; ma non posso accettare le modifiche al Concordato che avete pensato a Roma... Vi sarà presentata una nuova bozza. È assolutamente indispensabile che la firmiate entro cinque giorni.

Consalvi sembra sconcertato. Deve riferire a Roma, dichiara.

— Non è possibile.

Napoleone ha alzato di poco il tono, ma il suo sguardo obbliga Consalvi a chinare il capo.

— Ho validissime ragioni per non accordare il minimo rinvio. Voi firmerete tra cinque giorni — aggiunge — oppure andrà tutto a monte e adotterò una religione nazionale. E vi assicuro che non mi sarà affatto difficile portare a compimento l'impresa.

Ha tracciato il piano di battaglia. Adesso tocca a Giuseppe Bonaparte condurre a termine il negoziato con l'abate Bernier.

Quando rivede Consalvi, il 2 luglio, alla Malmaison, sembra che l'accordo sia ormai cosa fatta.

— Sapete, eccellenza — gli dice Napoleone sorridendo — quando non ci si mette d'accordo con il buon Dio, ci si arrangia con il diavolo.

Non ascolta nemmeno le proteste di Consalvi. Non presta alcuna attenzione al suo nervosismo. Lui non è preoccupato. Il suo progetto deve andare a buon fine.

Resta alla Malmaison. È febbricitante. Vomita. Talvolta soffre di violenti dolori al costato. Pensa che dovrà convivere con la malattia, che sarà possibile domarne gli effetti. Nutre anche fiducia nel suo nuovo medico, Corvisart. Gli porge il braccio. Corvisart applica delle sanguisughe. La pelle si gonfia. Sente una dolorosa sensazione di bruciore. E non può dare udienza. Ma può leggere, scrivere. Non vuole assolutamente essere schiavo del suo corpo.

— Lo stato di malattia — dice — è un momento adatto per trovare un accordo con i preti.

La mattina del 14 luglio si prepara a presiedere la festa della Concordia. Mentre termina di dettare il proclama nel quale celebra la pace continentale, la fine ormai prossima delle "divisioni religiose" e la scomparsa dei "dissensi politici", e al termine del quale afferma: "Gioite francesi, gioite della vostra posizione, tutti i popoli invidiano il vostro destino", Giuseppe entra nello studio.

Ha un'espressione che oscilla tra la contrizione, l'inquietudine e la soddisfazione.

Napoleone ha un moto d'impazienza: che Giuseppe gli dia subito il testo concordato con Consalvi. Lo prende, lo sfoglia, lo legge velocemente e poi lo scaraventa nel camino, dove, malgrado il caldo estivo, fa sempre tenere acceso il fuoco. Perché Giuseppe ha accettato tutte quelle concessioni? Lui non cederà.

La sera, alla cena che offre alle Tuileries, apostrofa il cardinale Consalvi. Vuole usare un tono sprezzante, mostrare la propria forza e la propria collera:

— Ebbene, Monsieur cardinale, avete voluto rompere! E sia. Non ho bisogno del papa. Se Enrico VIII, che non aveva neanche la ventesima parte del mio potere, ha voluto cambiare la religione del suo paese ed è riuscito alla perfezione nel suo progetto, io saprò fare molto meglio.

I 250 invitati alla cena tengono tutti gli occhi fissi su Napoleone e Consalvi.

Bisogna colpire ancora più forte.

— Cambiando la religione in Francia — riprende Napoleone — la cambierò in quasi tutta l'Europa, ovunque si estende l'influenza del mio potere. Roma si accorgerà presto delle perdite che dovrà subire. Piangerà, ma non ci saranno più rimedi.

Napoleone si allontana da Consalvi e aggiunge a voce alta, perché tutti gli invitati lo sentano:

— Potete tornarvene a Roma, è quanto di meglio vi resta da fare. Avete voluto rompere, ebbene sia, ve la siete cercata.

Non cedere. Eppure, in fondo al cuore sente salire una domanda. È la strada giusta?

Gli si fanno intorno, insistono perché conceda un'ultima possibilità al negoziato.

— Ebbene — dice a Giuseppe e a monsignor Consalvi — per dimostrarvi che non sono io che voglio rompere, accetto che le commissioni si riuniscano domani per l'ultima volta. Vedano se è possibile sistemare le cose, ma se si separano senza concludere nulla, considererò definitiva la rottura, e il cardinale se ne potrà andare.

Nella notte tra il 15 e il 16 luglio, alle due della mattina, il Concordato viene firmato.

Il legame tra i realisti e la Chiesa è spezzato. I preti sono di nuovo in mano al potere. E lui potrà designare i vescovi.

Napoleone assapora questo istante.

È il pacificatore. Ha imposto le sue decisioni al trono millenario del papa. Come sono riusciti a fare, nel corso della storia, solo alcuni sovrani. E lui, ormai, è uno di quelli.

Si avvicina alla finestra. Piove. È solo. Scrive a Giuseppina, che in compagnia di Ortensia prende bagni di acque termali a Plombières e Luxeuil.

"Il clima è talmente brutto che rimango a Parigi. La Malmaison, senza di te, è troppo triste. La festa è stata bella, ma mi ha un po' stancato."

La pace è il primo dei bisogni
e la prima delle glorie

luglio 1801 - marzo 1802

12

Napoleone galoppa da più di due ore, senza meta, saltando ruscelli e siepi, addentrandosi nei boschi. Ha percorso i sentieri del Butard, la tenuta che ha appena acquistato per ingrandire ancora l'estensione della Malmaison. A volte attraversa l'aia di una delle fattorie che si trovano sulla proprietà. I contadini si scostano al suo passaggio, sorpresi. Ma lui non si ferma. Gli piace cavalcare così, per ore e ore, seguito soltanto da Rustam, il suo mamelucco, o da un aiutante di campo. È come se fosse solo. Ha bisogno di quello sforzo fisico. Ha bisogno di mettere alla prova la resistenza e l'agilità del suo corpo. Non sopporta di restare rinchiuso giorno dopo giorno in un salotto o in uno dei suoi studi, dai quali alcuni ministri non escono mai, passando dall'uno all'altro.

Sono tutti preoccupati, perfino spaventati, quando vengono a sapere che ha voluto compiere una delle sue scorribande nella campagna e nelle foreste. È forse il comportamento di un primo console che ha appena concluso dei negoziati con un cardinale, segretario di Stato del sovrano pontefice? Ma quello che li sorprende è che, appena sceso da cavallo, è capace di presiedere una seduta del comitato incaricato di elaborare il progetto del codice civile, ed è in grado di fare le pulci a questo e a quello, perfino a Portalis, avvocato membro del Consiglio di Stato, uomo di profondo sapere, dotato di una memoria prodigiosa.

Se vuole essere il primo, deve essere dappertutto, mostrare a quelli che governa che sono inseriti in un sistema di pensiero e di azione che li domina e di cui lui è l'unico organizzatore.

— Bisogna essere il capo dappertutto e in ogni situazione.

Torna verso la Malmaison. È il 15 agosto 1801. Oggi compie trentadue anni. Ha trattato come un padrone e imposto la sua legge a una delle più vecchie case regnanti d'Europa, gli Asburgo d'Austria. E ha costretto il pontefice a piegarsi. Lui, Napoleone Bonaparte.

Scende da cavallo.

Se riuscisse a riportare finalmente la pace generale in Europa, e per questo occorre riannodare i rapporti con la Russia del nuovo zar, Alessandro I, e firmare un trattato con l'Inghilterra, allora avrebbe veramente messo fine all'epoca di disordini che da oltre dieci anni insanguina la Francia e l'Europa.

Entra nel salotto. Vede Talleyrand, il ministro degli Esteri, appoggiato a una sedia.

"Si dice che si è fatto fare un paio di stivali per potermi seguire a cavallo, malgrado la sua infermità."

Con un cenno, Napoleone lo chiama. Talleyrand si avvicina zoppicando, ha comunque un'aria indifferente, un sorriso appena abbozzato sul viso.

La sua calma e il suo contegno irritano Napoleone. Vorrebbe scuotere quell'uomo impassibile che, anche quando tiene il comportamento più servile, sembra inaccessibile. Non abbandona mai la presa. Cosa rimproverargli, d'altronde? Con poche battute suscita l'ilarità di tutte le dame del salotto. I consoli? mormora. Li nomina solo in latino, con *Hic*, *Haec*, *Hoc*: *Hic*, il maschile, è Napoleone; *Haec*, il femminile, è Cambacérès, di cui tutti conoscono i costumi sessuali; *Hoc*, il neutro, è Lebrun.

Talleyrand, lingua pronta e tagliente.

Dirigendosi verso lo studio, Napoleone dà le sue istruzioni a Talleyrand che lo segue a un passo di distanza.

Il nuovo ambasciatore russo, Markov, è appena arrivato a Parigi.

— Chiedetegli dei passaporti per la Russia, dove desidero inviare un ufficiale, il cittadino Caulaincourt, colonnello dei fucilieri.

Napoleone accenna a Talleyrand che può sedersi, ma il ministro preferisce rimanere in piedi appoggiando la mano sullo schienale di una sedia.

— Voglio — continua Napoleone — che facciate capire a Markov che quell'ufficiale deve essere ricevuto personalmente da Sua Maestà l'imperatore Alessandro.

Talleyrand approva.

Occorre sempre scavalcare gli intermediari, cercare di parlare faccia a faccia con colui che decide.

"Così ho la certezza di poterlo convincere.

"E bisogna parlare chiaro, come ho fatto con il cardinale Consalvi. Dire a Markov, che ha protestato a nome della Russia perché la Francia occupa il Piemonte e lede così il reuccio di Sardegna: ebbene, venite a riprendervelo!"

I diplomatici e i sovrani, in fondo, sono uomini come gli altri.

Non ha pensato sempre così, anche quand'era sottotenente a sedici anni? A quel tempo, forse, immaginava che Pasquale Paoli fosse un personaggio fuori del comune, superiore a tutti gli altri. Ma poi, a Corte, lo ha conosciuto, e le illusioni sono svanite. In seguito ha conosciuto tanti uomini di ogni genere che, a trentadue anni, è convinto di non poter più essere sorpreso da nulla.

Ancora così giovane, ha condotto migliaia di uomini alla morte. Ha ordinato di aprire il fuoco su altri uomini. Ha fatto fucilare. Ha rifiutato la grazia ai condannati.

Ripensa all'accampamento di Giaffa, alla confusione che regnava tra i soldati, alle donne che avevano portato con loro. Ripensa all'ordine che aveva impartito di radunare nel cortile del lazzaretto tutte le donne che erano fonte di problemi. Le avevano condotte tutte là dentro.

Una compagnia di cacciatori le attendeva per aprire il fuoco. Era stato lui a ordinarlo.

Sa bene che da quel giorno lo considerano un "mostro disumano che fa scorrere il sangue più per piacere che per necessità".

Non è toccato né da quel ricordo né da questo giudizio che poté leggere, allora, in uno scambio epistolare dei suoi ufficiali.

"Cosa ne sanno, quelli che mi giudicano, della necessità che si impadronisce di chi comanda?

"Ci sono casi in cui spendere uomini costituisce un'economia di sangue."

È per tutte le guerre che ha guidato e vinto che vuole la pace.

Lo ripete a Talleyrand. Bisogna far capire all'Inghilterra che il desiderio di concludere un trattato è sincero.

— Spiegate loro, cittadino ministro, che data la posizione in cui si trova la Francia, io tratto con tutte le potenze e ho assunto come regola quella di non dar mai un'impressione di malafede.

Ma Talleyrand lo capisce?

Napoleone alza il tono. Talleyrand deve, come nel negoziato con il papa, che non finisce mai, fissare un limite.

— Se vogliono tirarla per le lunghe, sono deciso a rompere. Voglio che tutto sia concluso prima del 10 vendemmiaio (2 ottobre).

Napoleone si volta verso Talleyrand:

— Diteglielo con fierezza: rischiano di perdere tutto, come l'imperatore d'Austria, se pretendono di più.

Ma cosa possono le parole, quando le armi e la forza non le sostengono?

Napoleone convoca generali e prefetti: vuole che dalla Gironda alla foce dell'Escaut si costruiscano nuove fortificazioni, si collochino pezzi d'artiglieria. Vuole che si armino navi di ogni dimensione, che dappertutto vengano istituite stazioni di posta. L'Inghilterra deve temere l'invasione e sapere che non può niente contro la Repubblica. La flotta di Nelson per ben due volte è stata respinta a Boulogne dall'ammiraglio Latouche-Tréville. Ecco l'esempio che bisogna seguire. È a colpi di cannone che si fa intendere la ragione.

L'11 ottobre 1801, alla Malmaison, un corriere reca la notizia: i preliminari di pace sono stati firmati a Londra. L'Inghilterra si impegna a restituire le colonie alla Francia, alla Spagna e all'Olanda. Malta sarà restituita ai cavalieri di San Giovanni, e l'isola d'Elba sarà posta sotto la sovranità francese.

Napoleone medita qualche minuto, con il dispaccio in mano. Non si dice niente dell'espansione territoriale della Francia sul continente; neppure della Louisiana, di Santo Domingo e del commercio marittimo. In pratica, hanno evitato di parlare di quello che era veramente il nocciolo della questione.

— Fate sparare i cannoni a salve — ordina Napoleone. — Che si festeggi la firma, stasera a Parigi, con una fiaccolata.

Per le vie della capitale la gente grida: — Viva la Repubblica! Viva Bonaparte! — A Londra l'aiutante di campo di Napoleone, Lauriston, che è venuto a ratificare i preliminari, è accolto con entusiasmo. La gente stacca addirittura i cavalli della sua carrozza e la trascina allegramente per la città illuminata.

Napoleone sorride vedendo avanzare Talleyrand che non riesce a dissimulare la sua irritazione. Riferisce con voce un po' troppo acuta che ha saputo della firma dei preliminari di pace sentendo tuonare il cannone degli Invalides.

— Non sono forse l'*Hic*? — domanda Napoleone.

Hic, maschile!

L'espressione coniata da Talleyrand per designarlo gli cade assai bene. Si sente pienamente maschio. E non si priva né di Madame Branchu né di Mademoiselle Duchesnois né di Giuseppina.

Quando presiede alcune sedute del Consiglio di Stato dedicate allo studio del codice civile e osserva gli uomini riuniti intorno a lui, ha la certezza di dominare, per il vigore dello spirito e del corpo, quei dignitari che d'altronde dipendono in tutto e per tutto da lui.

Ascolta il rapporto di Portalis sul codice civile. L'uomo legge lentamente, perché, a quasi cinquantacinque anni, sta perdendo la vista. La memoria e l'intelligenza sono vivaci, ma il corpo non è all'altezza.

"Io ho solo trentadue anni! E ho appena ratificato il Concordato, finalmente approvato a Roma dal Sacro Collegio dei cardinali."

Al cardinale Consalvi è stato donato un cofanetto di diamanti da 15.000 franchi, e uno da 8000 a monsignor Spina, più 12.000 franchi da distribuire negli uffici della segreteria di Stato.

Gli uomini sono uomini. "E gli uomini sono come le cifre: assumono valore solo in base alla loro posizione."

Hic, maschile!

Portalis sta parlando dell'articolo che il codice civile consacra al matrimonio. È favorevole al mantenimento del divorzio ma, spiega, "l'infedeltà della donna presuppone una maggior corruzione ed effetti più pericolosi di quella del marito". Il divorzio sarà dunque un diritto per il marito, se la donna è adultera, ma il marito non sarà considerato colpevole, a meno che non introduca la concubina nella casa comune.

Portalis si volta verso Napoleone, quasi a cercare un'approvazione.

Il divorzio: ci ha pensato rientrando dall'Egitto, quando l'hanno messo al corrente delle infedeltà di Giuseppina.

Oggi nella sua famiglia tutti si augurano che divorzi, anzi, è il loro più grande desiderio: i suoi fratelli Giuseppe e Luciano, le sue sorelle, Paolina e anche Elisa, e forse anche sua madre.

Napoleone comincia a rispondere lentamente: — Che cos'è una famiglia distrutta? Che fine fanno i figli che non hanno più padre? Che non possono unirsi in uno stesso abbraccio con gli artefici ormai disuniti dei loro giorni? Ah, stiamo ben attenti a incoraggiare il divorzio! Fra tutte le mode, questa sarebbe la più funesta. Non imprimiamo il marchio della colpa sul marito che vi fa ricorso, ma compiangiamolo come un uomo al quale è toccata una grande sventura. Che i sani costumi respingano la triste risorsa che la legge non ha potuto rifiutare agli sposi infelici.

Si alza e proclama con voce forte:

— Bisogna che la donna sappia che, uscendo dalla tutela della famiglia, passa sotto quella del marito.

13

Sono già trascorsi due anni dal 18 brumaio. Nella notte tra l'8 e il 9 novembre 1801 Napoleone non riesce a prendere sonno. Non cerca di ricordare tutto quello che ha compiuto in questi ultimi due anni. Cammina avanti e indietro nello studio delle Tuileries. Non ha svegliato Rustam. Non vuole immergersi nel solito bagno caldo.

Va verso lo scrittoio. Rilegge il proclama che ha redatto la sera prima e che sarà letto la mattina stessa. L'ha scritto di getto, come sua abitudine:

Francesi,
l'avete finalmente ottenuta tutta intera, questa pace che avete meritato grazie a prolungati e generosi sforzi! Il mondo vi offre ormai solo nazioni amiche... Facciamo in modo che alla gloria delle battaglie succeda una gloria più dolce per ogni cittadino, meno temibile per i nostri vicini.

Ha detto quello che spera e quello che il popolo desidera, ma sa bene che niente è definitivamente concluso. È persuaso che tutto ancora resta da fare, che niente

ancora è certo e garantito, anche se ha dovuto, con quelle frasi, esaltare quel che è stato fatto.

La pace? Londra ha firmato i preliminari, è vero, ma ogni giorno che passa rivela che è rimasta in guardia, gelosa dei suoi diritti. Sicuramente si tratta solo di una tregua.

Pochi giorni prima Fox, uno dei parlamentari inglesi più influenti, è venuto a Parigi per incontrarlo. Hanno parlato a lungo, ma Fox si è dimostrato preoccupato davanti a ogni progetto francese.

Al Louvre, mentre visitava l'esposizione dei prodotti delle manifatture francesi, aveva il viso cupo del rappresentante di una nazione dedita al commercio che si reca da un concorrente.

Qualcuno ha avuto la pessima idea, offrendo un mappamondo al primo console, di affermare, indicando l'Inghilterra, quanto quell'isola fosse piccola! Fox si è infiammato: — Sì — ha dichiarato. — È in quell'isola così piccola che nascono gli inglesi, ed è in quell'isola che vogliono morire. — Poi ha preso il mappamondo tra le braccia e ha aggiunto: — Ma durante la loro vita riempiono questo globo intero e lo avvolgono con la loro potenza.

"Non ho potuto far altro che approvare. Ma in ogni istante sento la resistenza dell'Inghilterra, e la pace non è ancora conclusa."

Gli inglesi si preoccupano di tutto. Anche solo dell'annuncio della partenza per Santo Domingo di una spedizione diretta dal generale Leclerc e destinata a riconquistare l'isola dove gli indigeni, con alla testa Toussaint Louverture, si sono impadroniti del potere. Eppure, si tratta di una colonia francese che loro non hanno mai rivendicato.

Cos'è che li preoccupa?

Che Napoleone abbia scritto agli abitanti di Santo Domingo assicurandoli che, "quale che sia la vostra origine e il vostro colore" sono tutti "francesi, tutti liberi e uguali davanti a Dio e alla Repubblica"?

Gli inglesi hanno forse paura del contagio della libertà? O, piuttosto, che lo zucchero e il caffè di Santo Domingo spezzino il loro monopolio?

Forse temono che i francesi intendano costituire in America un Impero francese, dal momento che Paolina Bonaparte accompagna in marzo il generale Leclerc.

Napoleone resta immobile al centro dello studio.

In effetti ci ha pensato, è vero. Al centro starebbe Santo Domingo riconquistata e pacificata; a est la Martinica e la Guadalupa; a sud la Guyana; e a nord la Louisiana.

Si abbandona all'immaginazione per alcuni istanti.

Deve affrettare la partenza della spedizione.

Che campo immenso si stende davanti a lui!

L'avvenire lo chiama. Come potrebbe soffermarsi a enumerare tutto quello che è stato fatto negli ultimi due anni?

Legge ancora alcune frasi del proclama: "Francesi, due anni fa, in questo stesso giorno, sono terminati i dissensi civili, sono state annientate tutte le fazioni!".

Ma anche questo compito di pacificazione non è concluso!

Nelle tre Assemblee qualcuno tenta di ricostituire un'opposizione.

Al Consiglio di Stato, al corpo legislativo, al Senato, c'è sempre chi fa la fronda, chi critica la firma del Concordato con il papa!

Le fazioni non sono mai morte!

Quante volte lo ha ripetuto: "Le grandi assemblee si riducono a delle consorterie, e le consorterie all'odio".

Niente è mai veramente finito. Mai.

Si siede al suo tavolo, comincia a scorrere con lo sguardo le lettere che Bourrienne ha già suddiviso. Lo adulano. Lo sollecitano. Lo subissano di proposte.

Si sofferma a leggere il messaggio del Consiglio generale della Senna, che propone di innalzare un arco di trionfo in onore del primo console della Repubblica. Questa è la sorte di chi governa. In certe assemblee gli abbaiano dietro, in altre lo incensano.

Ma ha mai conosciuto altro? Gli sembra di essere sempre stato il primo. Fa fatica a immaginare o ricordare la sua vita di prima. Forse ha sempre creduto così fermamente che avrebbe conquistato il potere supremo, da non tenere in alcun conto il tempo in cui viveva.

Adesso, cos'altro fare se non pensare al futuro?

Comincia a rispondere al Consiglio generale:

> L'idea di dedicare monumenti agli uomini che si rendono utili al popolo fa onore alle nazioni.
>
> Accetto l'offerta del monumento che volete innalzarmi; che la piazza dove avete deciso di collocarlo resti designata: ma lasciamo a tempi futuri la preoccupazione di costruirlo, se confermeranno la buona opinione che voi avete di me.
>
> Vi saluto affettuosamente.

"L'uomo superiore è impassibile: lo disprezzano, lo lodano, lui continua per la sua strada.

"Ma a volte bisogna fingere la collera o lasciarla esplodere. Quando gli uomini che io ho nominato nelle Assemblee, o che ho tollerato quando avrei potuto proscriverli, si rivoltano contro di me, non posso che dire: sono dei cani."

Napoleone non riesce a stare fermo, cammina per lo studio, da un angolo all'altro; lancia un'occhiata fuori dalla finestra, distratto per un istante dai movimenti delle sentinelle della Guardia consolare.

Ma perché questa folla di tribuni, legislatori, senatori, consiglieri di Stato?

— Mai le Assemblee hanno espresso, al tempo stesso, prudenza ed energia, saggezza e rigore — mormora.

Si rivolge a Stanislas de Girardin. È un membro del Tribunato, buon amico di Giuseppe. Gli è devoto. I suoi colleghi, però, da qualche settimana creano in continuazione incidenti procedurali. Discutono senza fine. Respingono gli articoli del codice civile, un modo per far capire che sono ostili al primo console e, soprattutto, alla sua politica di riconciliazione con la Chiesa.

— Incontro quei cani ovunque — riprende Napoleone. — Dappertutto mi mettono i bastoni fra le ruote. Non è così che si edifica una grande nazione. Il Tribunato è un ostacolo che ritarda l'esecuzione delle migliori intenzioni...

Ascolta distrattamente la risposta di Girardin. Alza le spalle quando il membro del Tribunato afferma che, in fin dei conti, si tratta solo di un pugno di oppositori.

— Senza dubbio, ma sono sempre i cani che assediano la vostra tribuna. Si intendono fra di loro, hanno dei capifila...

E uno di loro, forse, è Sieyès.

Non si diffida mai abbastanza del rancore degli uomini e della loro ostinazione nel nuocere, nel tentare di riconquistare quello che hanno perso.

È appena stato celebrato il secondo anniversario del 18 brumaio, ed ecco già rispuntare Sieyès.

"Come può pensare di vincere adesso contro di me, quando ha perso due anni fa?

"Eppure gli uomini sono ciechi per quel che riguarda la loro forza e la loro posizione.

"E gli ambiziosi di secondo rango coltivano solo idee meschine."

Napoleone si rivolge adesso a Cambacérès.

Ogni volta che si trova di fronte quell'uomo pensa al nomignolo che gli ha affibbiato Talleyrand: *Haec*, femminile. Ed è vero che quel console incipriato, profumato, dalla pelle rosea e dai gesti graziosi, dal passo danzante, ha qualcosa di femminile. Va pazzo per i giovani, ne è sempre attorniato. E passi. In ogni caso è un buon giurista, fedele. Inventa soluzioni che permettono di aggirare gli ostacoli. Ha l'abilità, la sensibilità e la scaltrezza che hanno spesso quelli con le sue tendenze sessuali. Suggerisce di non rinnovare il mandato ai membri delle Assemblee, del Tribunato e del corpo legislativo che fomentano l'opposizione. E consiglia di utilizzare a tale scopo il Senato, lasciando a quest'ultimo il compito di redigere l'elenco degli esclusi.

— Lasciamo intendere che seguiamo la Costituzione — spiega Cambacérès. — Si possono fare molte cose usandola al meglio.

Napoleone fa una smorfia. Quel sotterfugio necessario gli dispiace. Resta alcuni momenti in silenzio.

— Che la testa della Medusa non si mostri più nelle nostre tribune e nelle nostre Assemblee — decide. — Voglio che siano esclusi i dissidenti e che si mettano al loro posto uomini benpensanti. La volontà della nazione è che nessuno impedisca al governo di fare il bene della nazione. Non deve esistere opposizione per almeno vent'anni.

Borbotta.

— Dieci uomini che parlano fanno più rumore di diecimila che tacciono. Ecco il segreto degli abbaiatori da tribuna. Il governo sovrano rappresenta il popolo sovrano, e non può esserci opposizione contro il sovrano.

Si avvicina a Cambacérès, lo scruta. Qualsiasi opposizione ha bisogno di un capo. Il secondo console conosce bene Sieyès. Saprà fargli pervenire il messaggio. Perché Sieyès può essere tentato di giocare la carta dei grandi elettori.

— Il comportamento di Sieyès in queste circostanze — esordisce Napoleone — dimostra in modo inoppugnabile che, dopo aver concorso a stracciare tutte le Costituzioni dal 1791 in poi, vuole riprovarci anche con quella attuale.

Cambacérès è attento, il suo volto liscio non esprime alcuna opinione.

— È veramente straordinario — riprende Napoleone parlando a scatti e con brutalità — che Sieyès non si renda conto della follia del suo atteggiamento. Dovrebbe accendere un cero a Notre-Dame per essersela cavata bene e in un modo così insperato.

Napoleone volta le spalle a Cambacérès e osserva dalla finestra il cielo blu invernale. E aggiunge:

— Ma più divento vecchio, più mi accorgo che ognuno deve seguire il suo destino.

"Dove mi conduce il mio?"

Non ha più neanche il tempo di interrogarsi! Sa soltanto che c'è un unico "segreto per dominare il mondo: essere forti, perché nella forza non c'è né errore né illusione, è il vero nella sua nuda essenza".

E questo vale per ogni atto, dal momento in cui si è deciso di guidare gli uomini.

Quando arriva a Parigi Lord Cornwallis, il negoziatore inglese che sta mettendo a punto ad Amiens il trattato di pace sulla base dei preliminari di Londra, Napoleone vuole un'esibizione di grande sfarzo. — Bisogna mostrare a quegli orgogliosi britanni che non siamo ridotti alla fame.

Convoca il generale Duroc. Apprezza molto questo aiutante di campo che lo segue fedelmente dalle campagne in Italia. Duroc è stato ferito a San Giovanni d'Acri. È tornato dall'Egitto a bordo della *Muiron*, con la piccola scorta dei fedeli. "Mi piace il suo carattere. È freddo, secco, severo. E poi, Duroc non piange mai."

Lo fa accomodare, lo osserva.

— Il governo — gli dice — deve essere una rappresentazione permanente. — È per questo che ha voluto esibire un grande fasto per l'inglese Cornwallis. Ma è del popolo che bisogna preoccuparsi, prima di tutto: — L'opinione pubblica è una potenza invisibile, misteriosa, alla quale nulla può resistere, ma non c'è nulla di più mobile, di più vago e più forte.

Duroc è attento, serio, quasi grave, come suo solito.

— E per quanto capricciosa — riprende Napoleone — l'opinione pubblica è vera, ragionevole, giusta, molto più spesso di quanto non si pensi.

Legge sul volto di Duroc una sorta di stupore.

"È proprio necessario spiegargli per filo e per segno che voglio mettere fine al disordine che regna alle Tuileries?"

Giuseppina riceve una coorte di persone stravaganti, donne che appartengono al suo passato, quello di Madame Tallien e di Madame Hamelin, donne che l'opinione pubblica definisce, appunto, "esibizioniste di nudità garzate" o "sacerdotesse delle scamiciate". Macchiano l'immagine del primo console.

— Voglio che siate il governatore del palazzo delle Tuileries — dice a Duroc. — Sarete assistito da quattro prefetti di palazzo.

"I tempi cambiano. Che importa se la gente pensa che queste nomine creano intorno a me un'atmosfera di corte? E perché no? Ci vuole un'etichetta, ed è per questo che Duroc deve essere governatore del palazzo."

Avrà un seguito militare di corte con quattro generali. Napoleone esita un istante, poi fa i nomi di Lannes, Bessières, Davout e Soult. Saranno assistiti da otto aiutanti di campo. I prefetti del palazzo saranno incaricati del servizio interno, del regolamento dell'etichetta e della supervisione sugli spettacoli.

— Ci vorranno delle damigelle per accompagnare la moglie del primo console — mormora. — Vedo bene Madame Lannes, Madame Savary, Madame Murat e, soprattutto, dame di compagnia provenienti dai ranghi della nobiltà: Madame de Rémusat, Madame de Lucay.

Si interrompe, lancia un'occhiata ironica a Duroc.

— E Ortensia Beauharnais — conclude.

I sordidi pettegolezzi secondo cui la figliastra sarebbe la sua amante non lo toccano. Però si stanno diffondendo sempre più, e il matrimonio di Ortensia potrebbe mettervi fine.

Nella ristretta cerchia delle Tuileries si dice anche che Ortensia sarebbe innamorata di Duroc.

Ma lui è rimasto impassibile.

"Eppure deve sapere che non sono ostile al matrimonio, al contrario.

"Ho detto a Bourrienne, perché glielo ripetesse: offro 500.000 franchi a Duroc, lo nomino comandante dell'8ª divisione militare. Partirà per Tolone con la moglie il giorno dopo il suo matrimonio, e vivremo separati. Non voglio generi in casa."

Ma Duroc non dà alcuna risposta. Probabilmente conosce i progetti di Giuseppina, che per sua figlia sogna un principe o un Bonaparte, e non un qualsiasi generale Duroc.

Napoleone ha uno scatto di malumore, scuote lentamente la testa.

Quell'unione familiare che si sta preparando, lui la subisce. È un'astuzia di Giuseppina per legarlo sempre di più a sé.

Napoleone ha elevato di grado Luigi, che era stato suo aiutante di campo in Italia e in Egitto. Ne ha fatto il suo ambasciatore, in seguito un generale di brigata. Lui non abbandona mai i suoi fratelli. Come potrebbe farlo, poi, se diventasse il marito di Ortensia, per la quale prova un sincero affetto? E come gli sarebbe difficile, a quel punto, rompere con Giuseppina, una volta che le due famiglie fossero così strettamente intrecciate!

Napoleone non ignora nulla di tutto ciò.

Sa bene, inoltre, che Luigi ha contratto una malattia venerea, soffre di crisi di malinconia e spesso si crede perseguitato.

"Ma è mio fratello. E visto che Duroc non mi risponde, per prudenza o per mancanza di interesse per Ortensia, allora cediamo a Giuseppina."

Il 3 gennaio 1802, alle Tuileries, Napoleone assiste alla firma del contratto di matrimonio.

L'indomani si reca in rue de la Victoire. Alle 11 di sera il cardinale Caprara celebra il matrimonio religioso nella spaziosa sala dove è stato allestito un altare.

Napoleone guarda dritto davanti a sé. Accanto a lui Giuseppina singhiozza e sospira rumorosamente: avrebbe voluto con tutto il cuore che in questa occasione il suo matrimonio civile con Napoleone fosse benedetto dal cardinale. Murat e Carolina, che erano sposati solo civilmente, si preparano a ricevere, dopo Ortensia e Luigi, la benedizione del cardinale.

Giuseppina tenta di prendere la mano di Napoleone. Lui la ritrae. Non cederà. Giuseppina può piangere quanto le pare. Nel suo destino, vuole conservare la porta aperta a un'altra unione, con un'altra donna, in seno alla Chiesa.

Certo, si può sempre rompere anche un matrimonio religioso. Ma perché moltiplicare le difficoltà? Se un giorno si deciderà, la rottura del suo matrimonio civile tramite il divorzio sarà molto più facile.

È uno dei primi a uscire dalla sala.

Murat si pavoneggia in una uniforme rutilante. Carolina, per una volta, sembra soddisfatta. Talleyrand sussurra: — Carolina Murat ha una testa da Cromwell sulle spalle di una bella donna.

È lei che comanda in casa, e ha appena deciso l'acquisto di una grande tenuta, a La Motte Saint-Héraye. È lei che ha comprato l'hotel Thélusson per 500.000 franchi. Sempre lei ha supplicato, preteso, che venisse accordata a Murat, prima che ritornasse al suo posto di comando a Milano, la somma di 30.000 franchi al mese per spese straordinarie...

Napoleone ha ceduto. Non si tratta forse della sua famiglia?

L'indomani, alle Tuileries, il primo console presiede il pranzo nuziale in onore dei novelli sposi. Né Ortensia né Luigi hanno l'aria felice. Luigi è pensieroso, assente. Ortensia sembra non far caso a lui. Solo Giuseppina è felice e radiosa. Dà l'impressione di aver dimenticato la tristezza del giorno precedente e il suo mancato matrimonio religioso. L'unione di Luigi con Ortensia è la sua prima grande vittoria. Al contrario, Letizia Bonaparte, i fratelli e le sorelle del primo console, sembrano cupi in volto.

Ma sta proprio scritto che non si possa mai unire gli uomini in uno stesso movimento? La fusione delle fazioni è un esercizio impossibile. È proprio necessario che tutti quanti, contrapponendosi uno all'altro, addirittura odiandosi, si ritrovino solo nel riconoscimento di un unico capo?

Non è possibile "vincere la necessità se non tramite il potere assoluto"?

Si china verso Giuseppina, le annuncia che fra qualche giorno partirà per Lione, dove si riunirà una Consulta composta da delegati italiani.

— Si dà per certo che ti farai eleggere re d'Italia — mormora Giuseppina.

Bonaparte ride. Si ricorda della tragedia di Voltaire, *Edipo*, che aveva letto molto tempo prima. Recita:

— Ho creato sovrani, ma non sono mai voluto esserlo.

Tre giorni dopo, l'8 gennaio 1802, una volta lasciate le Tuileries per Lione, pensa ancora al pranzo nuziale, a tutta quella gente radunata intorno a lui, fratelli, sorelle, ufficiali, dignitari.

Alla fine del banchetto ha dovuto far la predica a Luigi il quale, come un qualsiasi cittadino, aveva inviato delle banali partecipazioni di nozze.

"Quando capiranno chi sono io? Quello che mi devono? Il rispetto della loro situazione, del nome e dei titoli che portano? Non provano alcuna gratitudine."

Ha proposto a Giuseppe la presidenza della Repubblica Cisalpina, ma lui ha rifiutato con arroganza, rispondendo che non voleva sopportare il "giogo" del fratello ed essere solo "un manichino politico".

Per accettare, ha posto delle condizioni: che vengano ritirate le truppe francesi, Murat lasci Milano, e il Piemonte sia riunito alla Repubblica Cisalpina.

Ma cosa crede, il fratello maggiore, di aver conquistato lui tutto questo?

La carrozza corre nella campagna coperta di neve. Sono le due della mattina. Napoleone ha deciso di pernottare alla stazione postale di Lucy-le-Bois, nel dipartimento della Côte-d'Or, di pranzare ad Autun e di fare tappa a Chalon. L'11 si fermerà a Tournus e arriverà a Lione in serata.

Un po' prima di Lucy-le-Bois scorge dei grandi falò accesi ai bordi della strada.

Quando la carrozza si avvicina, i contadini si precipitano gridando: — Viva Bonaparte! — Alla stazione postale è già radunata una piccola folla che manifesta il suo entusiasmo. Le stesse scene si ripetono lungo tutto il percorso.

Lo amano davvero?

"Che cos'è la popolarità? La bonarietà? Chi fu più popolare, più bonario del povero Luigi XVI? E qual è stato il suo destino? Ghigliottinato! Ciononostante, tutto quello che viene fatto senza il popolo è illegittimo."

Napoleone si rannicchia in un cantuccio della carrozza che, di nuovo, è lanciata a tutta velocità. Supera Tournus, si avvicina a Lione.

In chi avere fiducia?

"L'amicizia è solo una parola. Io non amo nessuno. No, non amo i miei fratelli. Giuseppe, forse, un poco; e poi, se lo amo, è per abitudine, perché è il mio fratello maggiore. Duroc? Ah sì, a lui voglio bene... Quanto a me, la cosa mi è indifferente; so bene di non avere veri amici. Finché sono quel che sono, me ne farò tanti quanti ne vorrò. In apparenza. Bisogna lasciar piagnucolare le donne, è affare loro, ma per me niente sentimentalismi! È necessario essere fermi, avere il cuore saldo; in caso contrario, non bisogna impicciarsi né di guerre né di governo."

Si assopisce.

Arriva a Lione alle otto di sera dell'11 gennaio 1802.

Si sporge dalla carrozza. La città è illuminata. La vettura avanza piano lungo le strade che portano al palazzo del municipio. Napoleone osserva il leone addormentato posto sulla sommità di un arco di trionfo, sotto il quale la carrozza passa lentamente.

Comincia subito a ricevere alcuni delegati italiani. È previsto l'arrivo di 450 rappresentanti che costituiscono la Consulta della Repubblica Cisalpina.

Con il passare dei giorni, prova sempre più la netta sensazione di cambiare la sorte degli uomini, la sorte dell'Italia e dell'Europa. Si rivolge ai delegati in italiano, in una chiesa sconsacrata dove si è radunata la Consulta. Lo acclamano. Salutano in lui il presidente della Repubblica Italiana. L'italiano Melzi viene nominato vicepresidente.

Lo chiamano "l'immortale Bonaparte", "l'eroe del secolo". È il liberatore di un popolo. Sente di essere trascinato da una forza immensa.

Il 25 gennaio 1802, sulla place Bellecour, passa in rivista le truppe ritornate dall'Egitto.

Il clima è splendido, il sole scintilla in un cielo luminoso. Questa giornata d'inverno asciutta e fredda risuona delle grida di entusiasmo della folla, dei soldati che innalzano i berretti o gli elmi sulla canna dei fucili. Tra loro ci sono mamelucchi, coopti, siriani e, soprattutto, i suoi vecchi granatieri, di cui riconosce i volti, di cui talvolta ricorda perfino i nomi. Combattenti d'Italia e d'Egitto, sopravvissuti di San Giovanni d'Acri e di Abukir.

Stringe loro la mano. Dà qualche tiratina d'orecchi.

"Chi è più popolo di un esercito?"

Si attarda a lungo. Si rammarica di dover lasciare quegli uomini in armi che lo acclamano.

Cosa sarebbe senza di loro?

Ben poco.

14

Al suo ritorno a Parigi, il 30 gennaio 1802, alle sei e trenta del pomeriggio, Napoleone comincia immediatamente a leggere i dispacci inviati da Giuseppe, che conduce i negoziati con Lord Cornwallis ad Amiens.

È irritato, non riesce a restare seduto al suo scrittoio.

Ma questi inglesi vogliono davvero la pace o fingono abilmente? Tirano per le lunghe le trattative per rafforzarsi durante la tregua e romperla quando gli farà comodo?

Smette di leggere.

Il viaggio di ritorno da Lione è stato faticoso e noioso. La strada tra Lione e Roanne era battuta da una pioggia frammista a neve. Il freddo era pungente alle stazioni della posta di Roanne, Nevers e Nemours.

Chiama Rustam. Vuole un bagno ancor più caldo del solito. Si immerge e resta a lungo nell'acqua. Poi torna al suo tavolo.

Allontana le lettere di Giuseppe, le leggerà più tardi. Sfoglia un opuscoletto scritto a mano che circola per Parigi ed è stato sequestrato dalle spie della polizia. Il rapporto che lo accompagna riferisce che se ne parla dappertutto. Che ci si passa di mano in mano questo testo di cui si ignora l'autore.

Napoleone lo scorre rapidamente e sente come una frustata sulla pelle. Chi è quello sconosciuto che osa insultarlo, calunniarlo, intitolare quei pochi versi *La napoleonide*?

Chiude gli occhi, si calma. È il prezzo che bisogna pagare alla gloria e al successo. Legge:

Arriva, questo perfido straniero,
si siede insolente al di sopra delle nostre leggi.
Vile erede del parricidio,
disputa ai boia le spoglie dei re
sicofante vomitato dalle mura d'Alessandria
per l'obbrobrio della patria

e per il lutto dell'universo.
I nostri vascelli e i nostri porti accolgono il transfuga,
dalla Francia ingannata riceve un rifugio
e alla Francia restituisce le catene.

Ma cosa combina, Fouché?
Questo poema in versi è di un realista, sicuramente membro di una delle tante società segrete, forse dei Filadelfi, che continuano a cospirare e sognano di assassinarlo. Si alza. Il bagno e la collera lo hanno riscaldato. Non sente più la stanchezza del viaggio di quattro giorni. Deve prendere in mano gli affari di polizia in modo più deciso di quanto non abbia fatto finora.
Comincia a scrivere:

Cittadino Fouché,
il ristabilimento della pace con le grandi potenze mi permette di occuparmi con maggior attenzione dei problemi di polizia. Desidero quindi essere informato di tutto, in modo dettagliato, e lavorare insieme a voi almeno una volta e spesso due volte al giorno, quando sarà necessario.

Solleva la testa, riflette alcuni secondi, riprende a scrivere:
"Le ore più comode sono la mattina alle undici e la sera sempre alle undici."

Non può tollerare che circolino certi scritti! È indispensabile scoprire l'autore, metterlo in galera. Non si può lasciare che gli "scribacchini" avvelenino l'opinione pubblica francese. Ordina dunque a Fouché di raddoppiare la vigilanza per non consentire l'introduzione in Francia dei testi degli emigrati, che spesso risiedono a Londra.
Sfoglia vecchi dossier, ritrova gli opuscoli che lo descrivono come un "brigante". Li rilegge come si trattasse di una medicina amara che si infligge per rinfrancarsi. Perché, nel momento in cui si discute di un trattato di pace con l'Inghilterra, deve sapere quello che pubblicano su di lui, a Londra, un Ivernois o un Peltier, entrambi emigrati, uno da Ginevra, l'altro da Parigi. Ma non sono i soli. Altri dipingono perfino la sua infanzia, per meglio calunniarlo.
C'è scritto in uno di quei libelli:

Bonaparte non ha mai conosciuto l'amabile spensieratezza dell'infanzia: cupo, sornione, vendicativo, riuniva i vizi comuni ai tiranni più feroci e, per una singolare conformità di gusto con Domiziano, trascorreva come lui ore e ore a uccidere le mosche, divertimento degno di colui che, un giorno, avrebbe scoperto che il suo più dolce passatempo era far sterminare gli uomini.

Deve imporsi di non provare niente davanti a quelle frasi ridicole e ignobili. Non deve odiare quegli esseri che vogliono abbatterlo, che lo accusano di tutto, di "pizzicare a sangue Giuseppina, per il piacere di farle del male", di aver fatto assassinare Desaix sul campo di battaglia di Marengo per sbarazzarsi di un rivale!
— Un uomo, un vero uomo, non odia — ripete. — La sua collera e il suo malumore non durano più di un minuto.
Eppure di lui hanno scritto le cose peggiori. Ritrova questa descrizione, pubblicata anch'essa a Londra. La rilegge.

Pretendono che questo grand'uomo di Stato, questo gran condottiero, questo gran filosofo, sia nemico della dissolutezza, privo perfino di quelle debolezze che si possono rimproverare a qualche grande uomo.

In realtà ha due gusti che si trovano raramente riuniti nello stesso uomo: è dissoluto con le donne e, al tempo stesso, dedito al vizio di cui hanno falsamente accusato Socrate. Cambacérès lo asseconda meravigliosamente in questa vergognosa tendenza. Non mi stupirei affatto se un giorno, per imitare Nerone in tutto, facesse sposare uno dei suoi paggi a uno dei suoi mamelucchi. Senza alcun rispetto per la decenza, non si cura nemmeno di nascondere i suoi rapporti incestuosi. Ha vissuto pubblicamente con le due sorelle, le cosiddette Madame Carolina Murat e Paolina, moglie del generale Leclerc. La prima se ne vantava con tutti. È risaputo, inoltre, che siccome la moglie di Luigi Bonaparte, figlia di Giuseppina, era rimasta incinta di Napoleone, lui costrinse il fratello a sposarla.

Si rialza. Prova un'impressione di disgusto che riesce a scacciare solo a fatica.
"Desidero" scrive a Giuseppe "che parliate a Lord Cornwallis dell'oscena opera che troverete in allegato, e che gli facciate capire quanto è contrario alla dignità dei due Stati lasciare che a Londra un emigrato stampi simili scemenze."

A meno che questa valanga di ingiurie riprese dalla stampa di Londra, dove è sempre trattato da "avvelenatore", non sia la prova che l'Inghilterra si ritrae davanti alla firma di un trattato di pace.
Riceve Talleyrand. Il ministro si dichiara convinto che il governo di Addington voglia la pace, ma che sia sottoposto alla pressione delle lobby dei negozianti e dei fabbricanti d'armi. — La fede pubblica di quel paese non ha il suo cuore a St James, ma alla Borsa di Londra — spiega Talleyrand. — Lo scrive Otto, il nostro ambasciatore.
— Allora si tratta soltanto di una tregua — mormora Napoleone.
Sarebbe penoso, scoraggiante.
— Se Lord Cornwallis è in buona fede — conclude — la pace deve essere firmata entro il 19 marzo.

Spera molto in questa pace. Sa bene che, se verrà finalmente conclusa, si tratterà comunque di una pace incerta, fragile. Ma almeno gli permetterebbe di dedicarsi soltanto all'amministrazione della Francia.
È così impaziente che, in quei giorni di attesa, prende ancor più decisioni del solito, moltiplica le sue iniziative.
Si reca in place des Invalides, una mattina. Interroga gli operai. Vuole che la piazza sia portata a termine rapidamente. Assiste all'inizio dei lavori per una nuova strada che collegherà le Tuileries a place Vendôme. Visita il castello di Saint-Cloud, che deve diventare un palazzo consolare.
Il 26 marzo 1802, al rientro da una di queste ispezioni a Parigi, riceve la notizia che il trattato di pace è stato finalmente firmato ad Amiens.
Londra deve evacuare Malta, e la Francia, a sua volta, i porti napoletani che occupa. Non si dice nulla, in questo trattato di Amiens, delle conquiste francesi sul continente europeo, e nemmeno dell'apertura dei porti alle mercanzie inglesi.
Ma è comunque la pace, la tanto attesa pace.
Il 27 marzo Napoleone ordina a Constant di prepararargli un abito di seta, calze bianche e calzature con borchie d'argento.
Intende ricevere in abito civile gli ambasciatori per celebrare la firma del trattato.
— Dal 1792, è la prima volta che la Francia non si trova più in guerra con qualcuno — mormora Napoleone.
Eppure quella stessa mattina del 27 marzo 1802, giorno della celebrazione della pace, ha già posto al ministro della Marina una domanda che lo ossessiona: — Se per disgrazia la pace non fosse durevole, cosa sarebbe possibile fare?

Ritenete che io debba al popolo un nuovo sacrificio? Lo farò...

aprile - agosto 1802

15

Napoleone volta le spalle a Bourrienne e si avvicina alla finestra. Il cielo di quel 3 aprile 1802 è di un azzurro leggero, quasi trasparente.

Bourrienne parla con voce soffocata. Come potrà giustificarsi? È stato preso con le mani nel sacco. Eppure, il segretario tenta di spiegare che lui non è coinvolto in quella storia di fallimenti. Conosce a malapena i fratelli Coulon, uno dei quali si è appena suicidato e che, dopo aver incassato centinaia di migliaia di franchi, non sono stati in grado di fornire gli equipaggiamenti che dovevano consegnare alla cavalleria. Quanto ha intascato Bourrienne per quell'affare? Napoleone non vuole nemmeno porgli la domanda. Si ricorda del suo compagno di studi a Brienne. È il suo più vecchio amico. Amico? Si sono ritrovati nel 1792. Hanno gironzolato insieme per le vie di Parigi. Hanno la stessa età.

"L'ho fatto uscire di prigione dove era stato rinchiuso in quanto emigrato."

Da allora Bourrienne l'ha seguito in Italia, a Campoformio, in Egitto, il 18 brumaio. Non è trascorso un giorno senza che abbia scritto sotto dettatura decine di lettere. È anche il confidente di Giuseppina.

"Mi ha mentito per lei, lo so. E si è arricchito. Ho visto brillare il suo occhio da gazza, cupido. Ho accettato. Ma adesso è troppo."

Bourrienne continua a giustificarsi.

"Quanti uomini ho incontrato sulla mia strada, uomini in cui avevo fiducia e che mi hanno tradito!"

Pensa a Saliceti, che l'ha denunciato nel 1794. Quello lo ha perdonato e allontanato da Parigi, prima in Corsica e poi in Italia. Pensa a tutti quelli che si sono serviti di lui, Tallien, Barras.

Ma c'è motivo di stupirsi? Non si può avere fiducia in nessun altro che in se stessi.

Bourrienne continua a parlare, ma con una voce così bassa, così debole, che non lo si sente più. Infine muove le labbra senza pronunciare una parola.

Con un gesto, Napoleone lo manda via. Che vada ad Amburgo a rappresentare la Francia come incaricato d'affari. Continuerà, se può, a rubare!

Ma su chi può contare?

Ecco il nuovo segretario, Méneval. Napoleone lo scruta. Secondo Giuseppe, che con Méneval ha lavorato, quel giovanotto di ventiquattro anni è discreto, efficiente.

Napoleone gli comunica le sue istruzioni. Deve essere disponibile in ogni momento e in ogni circostanza, giorno e notte. Per questo alloggerà alle Tuileries, dove

gli verranno riservate quattro stanze al piano dei domestici. Ma deve essere sempre "là", Napoleone protende il braccio e indica tra l'appartamento interno e l'appartamento segreto. E non deve farsi aiutare da nessuno nel suo lavoro. Né da un segretario né da un copista.

Napoleone comincia subito a dettargli il regolamento del culto che verrà aggiunto al Concordato. Quegli articoli organici si riveleranno una pessima sorpresa per il papa ma, dopo tutto, non fanno che riprendere la vecchia tradizione gallicana di indipendenza della Chiesa di Francia nei confronti di Roma, e il principio secondo cui è il governo che esercita la sorveglianza sui culti.

"E sarò io a scegliere i vescovi."

Per celebrare il Concordato, Napoleone ha designato monsignor de Boisgelin, cardinale arcivescovo che, venticinque anni prima, ha pronunciato il sermone per la consacrazione di Luigi XVI!

Scruta il volto di Méneval, ma questi pensa solo a scrivere sotto dettatura. È troppo giovane per essere stato giacobino, per essere sciocato da questa volontà di riannodare la catena del tempo, di ristabilire l'autorità dello Stato e la pace religiosa.

Ma certamente qualcuno si ribellerà.

"E alcuni, nell'esercito, mi vorrebbero morto."

Li conosce bene: gli Augereau, i Moreau, i Bernadotte, i Lannes e tanti altri generali, veterani del 1792; adesso che la pace è conclusa, strascicano i loro speroni nei salotti di Parigi.

Nelle città conquistate, hanno preso l'abitudine di agire a loro piacimento. E adesso che sono disoccupati, sognano di confrontarsi con colui che è stato uno di loro. Sono convinti che non sia diverso da loro.

"Vogliono uccidermi!

"Fouché ha dovuto ammettere che le informazioni di cui dispongo sono esatte."

Durante un banchetto di generali e ufficiali, uno di loro, il capo squadrone Donnadieu, ha ripetuto che dovevano assassinarmi il giorno di Pasqua, 18 aprile 1802, a Notre-Dame, se vi si celebrerà, come previsto, un *Te Deum* per promulgare il Concordato e gli Articoli organici. Un generale che era stato aiutante di campo di Augereau, Fournier-Sarlovèse, si è impegnato a sparare al primo console nella navata della cattedrale. Si è vantato di essere un eccellente tiratore di pistola.

Di chi non sospettare?

"Si è veramente obbediti dagli inferiori solo quando questi sanno che si è inflessibili."

Congeda bruscamente Méneval.

Pochi giorni dopo, nell'ampio salotto della Malmaison, riceve Portalis, Cambacérès, Lebrun e Roederer per un Consiglio straordinario.

Perché perdere tempo a parlare loro del complotto? Ha fatto arrestare il generale Fournier-Sarlovèse. Ma chi può dire che non avrà dei successori? Troppi uomini, troppi generali hanno nel cuore la gelosia e l'ambizione. La dissimulano ai loro stessi occhi sotto le idee giacobine, veli di ipocrisia per nascondere la voglia di essere al primo posto e il rancore per non essere stati capaci di arrivarci.

— Avete notato — gli domanda Roederer — che il cardinale Caprara, pronunciando il suo discorso al ricevimento ufficiale, tremava come una foglia?

Napoleone non risponde. Il giorno prima, in effetti, ha constatato i timori del legato del papa nella sala delle Tuileries. Tuttavia bisogna diffidare dei preti. Fa pochi passi in giardino e scorge Giuseppina e Ortensia. Potrà almeno avere fiducia nelle

persone che gli stanno più vicino? Una spia della polizia pretende addirittura che Giuseppe, *il mio fratello maggiore!*, rifiuta di stare accanto al primo console durante il *Te Deum* in Notre-Dame, il 18 aprile, e preferisce non trovarsi fra i consiglieri di Stato! Deve avere avuto sentore del complotto e non ci tiene a ricevere una pallottola o una scheggia.

Napoleone rientra nel salotto.

— Il primo console bacerà la patena? — domanda Portalis.

Napoleone si vede inginocchiato e a capo chino, mentre posa le labbra sul calice che contiene l'ostia.

Un moto di stizza percorre tutto il suo corpo.

— Non fatemi fare cose ridicole.

Non teme solo gli scherni e le minacce degli avversari del Concordato. Anche nel Consiglio di Stato si sono sentite delle risate quando Portalis ha letto alcuni passi dell'accordo con il papa. Grazie ai consigli di Cambacérès, tuttavia, l'opposizione delle Assemblee è stata dissanguata. I membri che dovevano essere rinnovati non sono stati estratti a sorte: sono stati semplicemente designati. Così 240 oppositori, quasi la totalità, non hanno più riavuto il loro seggio.

In ogni caso, è piuttosto del potere dei preti che bisogna preoccuparsi. Se si cede loro qualcosa, è finita. I preti intendono riservarsi l'azione sull'intelligenza, sulla parte nobile dell'uomo.

— Si illudono di lasciarmi solo l'influenza sui corpi — annuncia Napoleone con voce corrucciata. — Loro si tengono l'anima e a me gettano il cadavere.

Credono davvero che lui accetterà una cosa simile?

Cammina avanti e indietro a grandi passi nel salotto, a volte si ferma davanti alle porte-finestre aperte. Guarda diritto davanti a sé. Sa cosa deve fare. Nelle settimane, nei mesi a venire, è a quel compito che si dedicherà.

— Non ci sarà un assetto politico stabile se non ci sarà un corpo insegnante con principi stabili — dice voltandosi verso Portalis e le altre personalità. — Finché non si imparerà, fin dall'infanzia, se si deve essere repubblicani o monarchici, cattolici o irreligiosi, lo Stato non formerà mai una nazione.

Tende la mano verso Roederer:

— Voi, Roederer.

Lo incarica di tutto quello che concerne l'istruzione pubblica.

Poi si volta verso Portalis. Innanzi tutto bisogna concludere il Concordato, riaffermando il potere del primo console.

Sorride. Il primo console offrirà a ciascun arcivescovo e vescovo, al momento della loro consacrazione, una croce, un pastorale e una mitra.

— Cittadino Portalis, emanate tutte le disposizioni necessarie perché questi oggetti siano preparati in tempo dovuto...

Si interrompe, il suo sorriso si accentua.

— E pagati al prezzo meno oneroso possibile.

Rimane alcuni minuti silenzioso. Guarda uno dopo l'altro quegli uomini i cui abiti tradiscono l'importanza delle rispettive funzioni. Ma di fronte a lui, nel salotto della Malmaison, sono tutti dei sottomessi.

"Negli affari di governo" pensa "ci vogliono dei compari: senza di loro, la commedia non starebbe in piedi."

Si avvicina a Portalis. Vuole, dice, che la sala da bagno che è accanto al suo studio delle Tuileries venga trasformata in una cappella. Là presteranno giuramento i vescovi che non lo hanno ancora fatto. Sarà la cappella del primo console. Verrà benedetta dall'arcivescovo di Parigi, che vi dirà una messa.

Uscendo dal salotto, comunica di aver scelto come arcivescovo di Parigi monsignor de Belloy.

Si ferma e dice sorridendo di sapere bene che quel vecchio, vescovo di Marsiglia durante l'Ancien Régime, ha ottantadue anni: sarà ugualmente un eccellente pastore per Parigi.

La mattina del 18 aprile 1802 si alza prima del solito.

Vuole che quel giorno di Pasqua sia un giorno di gloria. Si sarebbe potuto accontentare di una promulgazione discreta del Concordato. Invece, malgrado il complotto dei generali, ha confermato il *Te Deum* con messa pontificia a Notre-Dame e il coro del Conservatorio. Ci vuole qualcosa di grandioso perché il popolo possa valutare i cambiamenti che lui ha imposto.

Chiama il primo valletto di camera.

Constant l'aiuta a mettersi l'abito ufficiale di primo console. Indossa i calzoni di seta bianca, la giacca scarlatta senza risvolti con un ampio ricamo di palme d'oro su tutte le cuciture e un collo nero, appende a un cinturone la sciabola d'Egitto, poi prende un cappello alla francese, con pennacchio tricolore. Alle dieci e trenta scende in place du Carrousel. Deve consegnare le bandiere alle nuove unità.

Avanza lentamente. Ha la sensazione di trovarsi su un campo di battaglia, quando, nei primi istanti, si gioca tutto.

D'improvviso esplodono le acclamazioni della folla: — Viva Bonaparte! Viva il primo console!

La giornata sarà bella.

Ha voluto che rimettessero a nuovo le carrozze di gala che venivano utilizzate per le cerimonie di Luigi XVI. I cocchieri e i lacchè indossano livree verdi con galloni d'oro.

Alle undici e trenta sale sulla carrozza tirata da sei cavalli bianchi. Accanto a lui siede Giuseppina. Sono, come lui vuole, simili a una coppia di sovrani.

Una folla immensa li acclama lungo tutto il percorso tra le Tuileries e Notre-Dame. I capi del complotto si illudano pure. Grazie ai suoi informatori, Napoleone conosce il loro piano: ucciderlo durante il *Te Deum* e far marciare su Parigi l'Armata dell'Ovest, quella di Bernadotte, il cognato di Giuseppe Bonaparte, marito di Désirée Clary, ecco come sono gli uomini!

Duroc e Junot, però, hanno ammassato i cacciatori della Guardia consolare alle Tuileries, e le unità passate in rivista meno di un'ora prima sono composte da uomini fedeli.

Il primo console entra nella cattedrale illuminata da centinaia di ceri, traboccante di una folla di personalità.

Vede, nella zona inferiore della navata, le uniformi dei generali. Sussurra a Cambacérès, chinandosi verso di lui:

— Mai un governo militare riuscirà a imporsi in Francia, a meno che la nazione non sia abbrutita da cinquant'anni di ignoranza; tutti i tentativi falliranno, e i loro autori ne saranno le prime vittime.

Parla senza guardare Cambacérès, e forse i presenti immaginano che stia pregando.

— Non è in quanto generale che governo — prosegue — ma perché la nazione ritiene che io abbia le qualità civili tipiche di un buon governante. Se non avesse questa opinione, il governo non starebbe in piedi. Sapevo bene cosa facevo quando, da generale dell'esercito, accettai di diventare membro dell'Istituto. Ero sicuro di essere compreso anche dall'ultimo tamburino.

La messa finisce. Napoleone ricompare sul sagrato.

Ecco la folla entusiasta. Il gruppo dei generali si tiene in disparte.

— È tipico dei militari volere tutto in modo dispotico — riprende. — I civili, invece, sottomettono tutto alla discussione, alla verità, alla ragione.

Accompagnato da Duroc e Cambacérès, si dirige verso i generali. Duroc gli mormora che il generale Moreau non ha assistito alla cerimonia, che l'hanno visto fumare ostentatamente il sigaro al momento del *Te Deum*, sulla terrazza delle Tuileries, attorniato da alcuni ufficiali.

Non dimenticherà Moreau.

— Al giorno d'oggi non bisogna pensare ai secoli di barbarie — dice a Duroc. — Siamo trenta milioni di uomini, tenuti insieme dai Lumi, dalla proprietà e dal commercio; 3-400.000 militari non sono niente di fronte a questa massa. I soldati stessi sono soltanto i figli dei cittadini. L'esercito è la nazione.

I generali si sono allontanati. Hanno avuto paura di affrontarlo.

Uno di loro, il generale Delmas, ha tenuto un atteggiamento provocatorio, braccia conserte e gambe divaricate.

Napoleone conosce quell'eroico ufficiale, comandante della fanteria.

— Allora, cosa pensate della cerimonia? — gli domanda.

— Bel predicozzo — borbotta Delmas. — Mancano solo i 100.000 uomini che si sono fatti ammazzare per abolire tutto questo.

Delmas gli volta le spalle e si allontana.

"Non la finirò mai di dovermi battere."

16

Napoleone si volta di scatto. Domanda al generale Duroc di ripetere quel che ha appena enunciato senza soffermarsi a riflettere. Duroc sembra sorpreso; poi, con voce lenta, specifica di nuovo la situazione della Guardia consolare incaricata della sicurezza del palazzo delle Tuileries. Napoleone si spazientisce. Duroc esita, cerca di capire.

— Quel suicidio… — mormora Napoleone.

Duroc scuote la testa. In effetti, per la seconda volta in un mese si è verificato un suicidio nel corpo dei granatieri. Si tratta, in entrambi i casi, di suicidi per "ragioni d'amore". Il granatiere Gobain, che si è appena ucciso, era un ottimo elemento.

Cosa vuole dire, "ragioni d'amore"?

Napoleone sembra dimenticare la presenza di Duroc. Parla in fretta, come per una messa a punto personale: — Giuseppina ha sempre paura che io cada seriamente innamorato! Non ha ancora imparato che l'amore non è fatto per me.

Guarda Duroc, lo riscopre piuttosto.

— Infatti, cos'è l'amore? — riprende. — Una passione che tralascia tutto l'universo per vedere solo l'oggetto amato. Di sicuro non è nella mia natura operare una tale esclusione.

Scuote la testa:

— Ho sempre amato l'analisi, e se cadessi seriamente innamorato scomporrei il mio amore pezzo a pezzo.

Annusa una presa di tabacco, poi incrocia le mani dietro la schiena e cambia tono, cominciando a dettare:

Il primo console ordina che sia messo all'ordine del giorno della Guardia:
che un soldato deve saper vincere il dolore e la malinconia delle passioni; che ci vuo-

le altrettanto vero coraggio nel sopportare con costanza le pene d'amore quanto nel restare impavidi sotto la mitraglia di una batteria.

Abbandonarsi al dolore senza opporre resistenza, uccidersi per sottrarvisi, significa abbandonare il campo di battaglia prima di aver vinto.

Napoleone congeda Duroc e rimane solo.

La primavera del 1802 è un momento particolare della sua vita. Ha l'impressione che tutto gli sia possibile e, al tempo stesso, che le sue conquiste rimangano fragili e possano venir rovesciate in pochi istanti. Al di là della sua vita, l'opera che ha intrapreso potrebbe scorrere tra le dita del tempo come un pugno di sabbia.

Che cosa resterebbe allora?

Convoca Roederer e Cambacérès. Sono due uomini riflessivi, di cui ascolta spesso i consigli e con i quali, soprattutto, affila i suoi argomenti, per se stesso o prima di presentarli al Consiglio di Stato o al Senato.

Entrambi hanno approvato il Concordato e il senatoconsulto che consente agli ultimi emigrati di rientrare in Francia, purché non tentino di recuperare i loro beni. Quegli aristocratici, a volte, sono il miglior sostegno della sua politica.

Pochi giorni prima Napoleone ha mostrato a Fouché il libro che gli ha appena dedicato il visconte di Chateaubriand. Non c'è niente di più favorevole di uno scritto che esalta il *Genio del cristianesimo*.

Fouché ha abbozzato un sorriso. L'autore e l'editore, per lanciare il libro, avevano atteso il *Te Deum* in Notre-Dame che celebrava il Concordato. Per dargli più risonanza e ottenere migliori vendite!

Fouché! Fouché!

Un uomo che non ha peli sulla lingua, che non accetta di piegarsi, disposto a servire, ma a condizione che serva a lui.

Al momento, il ministro di Polizia ha un solo timore: che le Assemblee accordino a Bonaparte il Consolato a vita. E sta intrigando perché ci si limiti a rinnovare il mandato di altri dieci anni, al termine dei dieci previsti dalla Costituzione. Il che manterrebbe Napoleone al potere fino al 1819. Fouché lascia intendere un po' a tutti che si presenterebbe un consistente pericolo se si agisse in modo diverso.

"Ha indottrinato Giuseppina che mi spia per lui, lo so, ricevendone in cambio una piccola rendita mensile!

"Lei crede che io non sappia niente. Ma quando parla, sento Fouché: — Sarebbe pericoloso scioccare l'élite dell'esercito e gli uomini dai quali il primo console ha ricevuto il suo potere temporale… Si rischia di fargli perdere i vantaggi di una così magnifica posizione, mettendolo su una salita troppo scoscesa o su una discesa troppo ripida.

"E naturalmente Giuseppina ci aggiunge del suo. Come potrebbe un Bonaparte sognare l'alto magistero dei Borboni?

"Ma, suo malgrado, non lo sogna forse anche lei? E io, lo sogno?"

Alla Malmaison, mentre Luciano, Talleyrand, Fontanes e Cambacérès parlavano del futuro, lei si è chinata verso il primo console per sussurrargli:

— Quando mi farai imperatrice dei Galli?

— Cosa? La piccola Giuseppina imperatrice? — ha risposto Napoleone a voce alta, tanto che tutti si sono zittiti. E ha aggiunto:

— È un'assurdità.

Ma è davvero assurdo?

Cambacérès e Roederer lo spingono a modificare la Costituzione, a ottenere il

Consolato a vita, e non un semplice prolungamento di dieci anni come suggerisce Fouché.

Lui ascolta. Si sforza di ragionare con la sua testa.

Come rendere stabile ciò che si agita? Fissare ciò che sfugge? Come arrestare o rallentare la corsa del tempo che lo trascina da sempre? Quel senso di precarietà che continua a pervaderlo?

Ha saputo che, nel corteo diretto verso Notre-Dame, la carrozza su cui avevano preso posto i generali Bernadotte, Augereau, Masséna e Macdonald si era fermata per ordine di Bernadotte. E che i quattro ufficiali erano rimasti incerti se scendere e rivolgersi alle truppe per sollevarle contro il primo console.

La sua intuizione, dunque, aveva colto nel segno quando, nella navata della cattedrale, aveva scorto i generali raggruppati. Lui è alla mercé di uno di quei complotti.

— Una delle cose che contribuiscono maggiormente alla sicurezza dei re — dice a Roederer — è che si tende a collegare l'idea di corona a quella di proprietà. Si dice che il tal re è proprietario del trono dei suoi avi, come di un privato che è proprietario del suo campo. E tutti, essendo interessati al rispetto delle rispettive proprietà, rispettano quella del sovrano.

È solo questione di buon senso, non è vero?

Ma deve compiere il grande passo?

Li vede tutti intorno a sé, come predatori di cadaveri sui campi di battaglia, quelli che lo spingono non solo verso il Consolato a vita, ma anche a designare un successore. Innanzi tutto ci sono i suoi fratelli, Luciano, Giuseppe: ognuno di loro proclama di non voler essere designato come erede, che per succedere a Napoleone ci vorrebbe un uomo come Cambacérès; eppure ciascuno di loro pensa a quello che succederà dopo.

"Dopo la mia morte!"

Napoleone riceve Cambacérès, il quale torna alla carica per sostenere l'idea che è necessario che il primo console venga designato a vita e, inoltre, che abbia la facoltà di nominare il suo successore.

Napoleone cammina avanti e indietro nello studio, a testa bassa. Come ogni volta che ragiona tra sé, moltiplica le prese di tabacco.

Si ferma. Fa entrare Roederer che attendeva in anticamera.

— Finché sarò vivo rispondo io della Repubblica — esclama d'improvviso in modo brutale. — Ma è vero: bisogna prevedere il futuro.

Cambacérès e Roederer approvano.

— Dobbiamo gettare nel suolo di Francia fondamenta di granito — aggiunge Napoleone.

Vuole che vengano creati nuovi licei in tutti i dipartimenti, affinché l'istruzione pubblica formi le menti di quelli che saranno l'ossatura della nazione. E per i migliori cittadini bisognerà istituire un ordine, una nuova cavalleria, quella della Legion d'Onore.

— Molti protesteranno, diranno che si tratta di una nuova nobiltà — mormora Roederer, dopo un momento di riflessione.

— Ci sarà una forte opposizione nelle Assemblee, e anche nel corpo legislativo — aggiunge Cambacérès.

Napoleone esplode:

— Sfido chiunque a citarmi una Repubblica antica o moderna senza onorificenze. So bene che li chiamano fronzoli, orpelli, l'hanno già detto. Ebbene, ho già risposto che è con quei gingilli che si guidano gli uomini.

Gesticola, martella le parole e il pavimento.

— Non credo che il popolo francese ami la libertà e l'uguaglianza. Questi francesi non sono per niente cambiati in dieci anni di Rivoluzione: sono quello che erano i Galli, fieri e incostanti, bisogna dunque alimentare questo sentimento. Bisogna concedere delle onorificenze. Credete forse che fareste combattere gli uomini servendovi dell'analisi?

Cammina a lungo, silenzioso, poi aggiunge in un tono risoluto:

— Credete che si debba contare sul popolo? Grida indifferentemente: "Viva il re! Viva la Lega!". Perciò occorre dargli un orientamento, e per questo ci vogliono degli strumenti.

— Appunto! — insistono Roederer e Cambacérès. — Il Consolato a vita consentirebbe di indicare con certezza la via.

Ascolta distrattamente le loro argomentazioni. Non ha sempre fatto quel che ha voluto? Si immagina forse di poter rinunciare un giorno, dopo dieci o anche vent'anni, alle funzioni che esercita in qualità di primo console? Quell'abito è diventato il suo corpo. La sua pelle.

— Insomma, voi ritenete che io debba al popolo un nuovo sacrificio? Lo farò, se il desiderio del popolo mi comanda quello che suggerite.

Roederer presenta subito il plebiscito da sottoporre al voto del popolo francese, su registri istituiti in ogni comune, per iniziativa del governo. Ai cittadini sarebbero poste due domande: "Napoleone deve essere console a vita?" e "Il primo console dovrà avere la facoltà di designare il suo successore?".

Napoleone rilegge il testo, si avvicina allo scrittoio e con un rabbioso tratto di penna cancella la seconda domanda.

— Non hanno rispettato il testamento di Luigi XVI! — esclama. — Perché dovrebbero rispettare il mio?

Fa alcuni passi, fiuta nervosamente una presa di tabacco, poi aggiunge:

— Un uomo morto, per quanto importante sia stato, non è più niente!

Ripete fra sé questa frase lungo tutto il tragitto che conduce alla Malmaison. Non riesce a immaginare che cosa potrà accadere dopo di lui, e non può accettare l'idea che i suoi fratelli gli succederanno o litigheranno tra loro per occupare il suo posto. O che dovranno dividere il potere con un Moreau oppure con un Bernadotte!

Trascorre una notte difficile alla Malmaison e la mattina dopo, alle sei, fa eseguire delle manovre a due battaglioni della Guardia acquartierati a Rueil e alla Malmaison.

Ama l'aria frizzante dell'alba, i passi cadenzati, l'ordine delle colonne, la geometria dei battaglioni, lo spazio diviso in figure dai contorni precisi.

Mentre impartisce gli ordini, pensa a quel plebiscito. Glielo accorderanno, i francesi, il Consolato a vita? E perché dovrebbero rifiutarglielo? Al Tribunato, solo Carnot ha votato contro la proposta. Al corpo legislativo, solo tre deputati si sono opposti al plebiscito.

Decreta la fine delle manovre militari e invita gli ufficiali dei due battaglioni a colazione alla Malmaison.

Ama molto questi incontri. È nell'esercito e grazie all'esercito che, fin dall'infanzia, ha avuto modo di conoscere gli uomini. Rievoca alcuni episodi dell'assedio di Tolone, poi di altre campagne.

— Il coraggio non si può fingere — afferma. — È una virtù che sfugge all'ipocrisia, ma è come l'amore, vuole la speranza come nutrimento.

"E qual è la mia speranza oggi, mentre mi avvicino ai trentatré anni? Che in tutti i comuni i cittadini, a centinaia di migliaia, votino pro o contro il Consolato a vita?"

Secondo i primi rapporti dei prefetti, da quando i registri sono stati aperti nelle sedi comunali, nei tribunali o presso alcuni notai, una folla numerosa accorre a firmare.

Si alza e, prima di lasciare il tavolo intorno al quale gli ufficiali sono a loro volta balzati in piedi, afferma:

— Quale che sia il mio destino, console o cittadino, vivrò solo per la grandezza o la felicità della Francia.

La sera stessa, nella sala per gli spettacoli della Malmaison, inaugurata per l'occasione, assiste alla rappresentazione di *La serva padrona* di Paisiello da parte della troupe dei cantanti italiani dell'opera buffa.

Ride di gusto alla farsa, sente sua quella lingua italiana. Ha già fatto molto per donare l'indipendenza a quel paese, ma le notizie che riceve da Milano segnalano che il governo della Repubblica Cisalpina è debole. Il destino di quel paese sarà quello di non essere mai un paese?

"La Francia, dal canto suo, sarà sempre una grande nazione."

È fiero di essere francese, di trovarsi alla testa di questo popolo e di questa nazione alla quale si è votato e che gli ha accordato tutto.

"Il più bel titolo sulla terra è di essere nato francese" pensa. "È un titolo donato dal cielo, e a nessuno sulla terra dovrebbe essere dato il potere di revocarlo."

"E io sono il primo console di questo popolo!"

L'indomani mattina, Fouché chiede di essere ricevuto.

Napoleone lo fa volutamente attendere.

Da alcuni giorni ha ricevuto significativi rapporti dai suoi numerosi informatori. C'è stato in effetti un complotto dei generali. Bernadotte ne era l'anima. Avevano progettato di destituire Napoleone con il pretesto che, essendo stato eletto presidente della Repubblica Italiana, non poteva più esercitare le funzioni di primo console! I generali volevano formare una deputazione per minacciarlo di insurrezione se avesse leso le libertà della Francia. Napoleone ha un riso amaro. Bernadotte chiedeva soltanto ai suoi complici di imprigionare il primo console, e non di ucciderlo!

Che cosa può dire di più Fouché? E, quali che siano gli elementi nuovi che riferirà, bisognerà adottare il pugno di ferro? Anche se Bernadotte merita la fucilazione? È popolare nell'esercito, come Moreau. Perché correre il rischio di mettere l'esercito contro il potere? Basterà allontanare Bernadotte e qualche altro generale: Lannes andrà a Lisbona, Brune a Costantinopoli, Macdonald a Copenaghen. E perché non mandare Bernadotte in Louisiana, o in veste di rappresentante della Francia presso gli Stati Uniti d'America?

Napoleone fa entrare Fouché. Il ministro della Polizia ha un volto grave, ma Napoleone non lo interroga, attende, lo osserva mentre comincia a parlare lentamente. È stato necessario arrestare il generale Simon a Rennes, spiega. L'ex capo di stato maggiore di Bernadotte stava spedendo in tutte le guarnigioni, nelle buste blu e rosse dell'Armata dell'Ovest, alcuni libelli contro il primo console.

Napoleone tende la mano. Vuol leggere personalmente i testi sequestrati dalla polizia di Fouché nelle carrozze dirette a Parigi.

Il fascicolo è intitolato: *Appello alle armate francesi da parte di un camerata*. Sono poche pagine che Napoleone sfoglia rapidamente. Poi legge.

Sembra che i generali e le armate che hanno vinto in Italia, in Svizzera e a Hohenlinden siano scomparsi, dissipati come il fumo; primo console, Lunéville, Amiens; Amiens, Lunéville, primo console: ecco tutto ciò che costituisce la nazione francese oggi... Soldati, voi non avete più patria; la Repubblica non esiste più, la vostra gloria è offuscata, e il vostro nome è senza lustro e senza onore!

Napoleone scaraventa il libello per terra.
— Allora? — domanda.
Fouché non perde la calma e risponde che, oltre al generale Simon, sono stati arrestati altri ufficiali, in particolare i due vecchi aiutanti di campo di Bernadotte, il capitano Foucart e il tenente Adolphe Marbot.
Poi Fouché assicura che il generale Bernadotte era del tutto all'oscuro delle attività dei suoi subordinati.
Non abbassa gli occhi quando Napoleone lo guarda fisso.
— Il generale, cognato del cittadino Giuseppe Bonaparte... — continua Fouché.
— Quel pezzo d'imbecille, lo farò fucilare sulla place du Carrousel — lo interrompe bruscamente Napoleone.
Sa che Fouché riferirà le sue frasi. E che faranno tremare.
Si governa anche mediante la paura che si sa ispirare.

17

Con un cenno Napoleone ordina al suo segretario di star fermo. Non gli piace essere disturbato, soprattutto quando detta. Le frasi si concatenano le une alle altre, i pensieri si susseguono fluidi, ed ecco che qualcuno bussa alla porta dello studio, quella che dà sulla scala interna da cui si accede all'appartamento di Giuseppina. Napoleone, però, continua a dettare a Méneval un articolo per "Le Moniteur".
Non lo firmerà, ma tutti sapranno riconoscere il suo pensiero, perché quel giornale, nessuno lo ignora in Francia o all'estero, esprime il punto di vista del primo console. E un lavoro è ben fatto solo quando lo si svolge personalmente.
L'articolo è importante. Tratta della pace. La stampa inglese moltiplica gli attacchi contro la Francia. "Tutti i mali, tutti i flagelli che possono colpire gli uomini vengono da Londra" ripete più volte Napoleone. Il "Times" esagera con le sue "perpetue invettive contro la Francia. Due delle sue quattro mortali pagine sono destinate ogni giorno ad accreditare le più basse calunnie. Tutto quel che ci può essere di volgare, vile e cattivo, quell'ignobile giornale lo attribuisce al governo francese. Qual è il suo scopo? Chi lo paga? Chi vuole influenzare?... L'isola di Jersey è piena di briganti condannati a morte dai tribunali... Georges Cadoudal ostenta apertamente a Londra il *cordon rouge*, la ricompensa per il marchingegno infernale che ha distrutto un quartiere di Parigi provocando la morte di trenta donne, bambini e tranquilli cittadini. Questa protezione speciale non autorizza forse a pensare che, se l'attentato fosse riuscito, gli avrebbero assegnato l'Ordine della giarrettiera? Quando due grandi nazioni stipulano la pace, è per suscitare reciprocamente disordini?"
Bussano con insistenza. Napoleone smette di dettare. Prima che Méneval si sia alzato, Giuseppina entra nello studio del marito.
Evidentemente, ha qualcosa da elemosinare. Napoleone riconosce subito il suo

atteggiamento supplice, quella mimica da bambina spaventata. Non si lascia certo trarre in inganno, ma prova ogni volta un misto di irritazione, soddisfazione e fastidio. Dica in fretta quel che vuole e lo lasci lavorare! È ancora per i suoi debiti che viene a importunarlo? Non intende più pagare! Oppure ha in serbo una di quelle sorprese infantili e sciocche sul tipo dell'ultima che ha dovuto subire? Giuseppina gli ha deposto davanti una cesta coperta da un foulard, e sollevandolo ha scoperto un orribile nano che faceva smorfie e si contorceva.

Ma è pur sempre Giuseppina, la donna con la quale trascorre ancora la maggior parte delle sue notti! Lei sostiene che in questo modo, visto che ha il sonno leggero, lo proteggerà dagli assassini. E a leggere la stampa di Londra, quelli che vogliono ucciderlo non devono mancare né di sostegno né di denaro. Bella pace!

In tono irritato domanda a Giuseppina cosa vuole.

— C'è Madame Grand — mormora la donna. — Ti supplica di riceverla.

Napoleone conosce l'ostinazione delle donne. Sa tutto di questa Madame Grand, figlia di un marinaio della Batavia, danzatrice in un teatro di Calcutta. È passata da un letto all'altro, e attualmente si trova in quello di Talleyrand. Vuole farsi sposare dal ministro, il quale però deve prima ottenere dal papa una riduzione allo stato laicale, visto che è stato vescovo. E, naturalmente, Napoleone viene sollecitato a scrivere una lettera a Pio VII per appoggiare questa richiesta.

Esita. Tiene molto a Talleyrand, uomo tortuoso ma che spesso offre buoni consigli. Tuttavia, da quando Madame Grand si è trasferita nella casa di Talleyrand, in rue Bac, i diplomatici e le loro mogli si rifiutano di partecipare ai ricevimenti del ministro. Il dilemma è semplice: o si sposa, o lascia il ministero degli Esteri.

Napoleone accetta di ricevere la donna e la guarda avanzare. Madame Grand tiene già le mani giunte. Non ha più né grazia né bellezza. Si inginocchia, piange, supplica. Ma che cosa ci trova Talleyrand in quella donna? Non è nemmeno più in grado di dargli dei figli.

Questo pensiero lo ferisce. E lui?

Ha ricevuto una lettera di Roederer: gli annuncia che i risultati del plebiscito sono noti e stanno per essere resi di pubblico dominio: 3.568.885 francesi si sono dichiarati favorevoli al Consolato a vita di Napoleone. Si registrano solo 8374 "no". Roederer però ha aggiunto: — Bisognerebbe vedervi con un erede naturale.

Immerso nei suoi pensieri, Napoleone ha dimenticato Madame Grand, che continua a piagnucolare.

— Basta che Talleyrand vi sposi e tutto sarà sistemato — decide. — Ma è necessario che portiate il suo nome o che non vi facciate più vedere in casa sua.

La donna si rialza, raggiante. Era questo il suo più profondo desiderio, afferma. Il primo console scriverà al papa?

La congeda. Giuseppina lo ringrazia con un cenno della testa. Ancora una volta le ha ceduto. E non capisce se quella sorda collera che prova contro di lei sia dovuta alla debolezza che ha mostrato oppure al ricordo della lettera di Roederer.

Più tardi, nel corso della serata, ritrova Giuseppina alla Malmaison, in mezzo a una folla d'invitati. Gli ospiti si accalcano intorno a buffet con tutte le bevande e i cibi possibili e immaginabili. Napoleone beve un bicchiere di Chambertin, il suo vino preferito. Quando l'orchestra comincia a suonare, conduce Ortensia sulla pista da ballo. La giovane, dopo pochi minuti, gli chiede di fermarsi. È incinta di Luigi, gli confida, mentre il primo console l'abbandona ridendo. Le donne corse, le spiega, lavorano fino al giorno del parto. Le dà un pizzicotto sulla guancia. Ma lo sa che

ha comprato per lei e Luigi il palazzo di Mademoiselle Dervieux, la famosa amante del conte d'Artois? Ortensia lo abbraccia affettuosamente, lo ringrazia di quel dono regale.

È questo che significa essere primo console: non incontrare ostacoli davanti a un desiderio. Potere, se si vuole.

Dopo l'uscita di Madame Grand ha scritto una lettera a papa Pio VII per raccomandargli di concedere a Talleyrand la riduzione allo stato laicale, affinché si possa sposare. "Questo ministro" ha scritto "ha reso servigi alla Chiesa e allo Stato... merita di ottenere questo favore speciale." È sicuro che Pio VII accetterà. Come ha accettato che Giuseppe Fesch, lo zio di Corsica, il fratellastro di sua madre, diventasse arcivescovo di Lione.

Perché no? In fin dei conti Giuseppe Fesch non è peggio di un altro!

Napoleone batte le mani e trascina tutti gli invitati verso il teatro della Malmaison, si siede in prima fila e ordina che abbia inizio lo spettacolo.

Gli piace vedere Ortensia, questo o quello dei suoi aiutanti di campo o anche uno dei suoi generali interpretare una commedia di Beaumarchais. Dimentica la giornata trascorsa alle Tuileries, le notizie che arrivano da Santo Domingo, dove le febbri stanno decimando le truppe francesi. La cattura di Toussaint Louverture ha ulteriormente eccitato gli indigeni.

Dimentica di aver lasciato carta bianca alla sua cerchia, che ha voluto ristabilire la schiavitù in Guadalupa e in Martinica, cosicché la rivolta si sta estendendo anche in quelle isole.

Applaude, ride forte.

Deve rilassarsi, dimenticare, ma il suo pensiero corre a Paolina e a suo marito, il generale Leclerc. Ha la spiacevole sensazione di essersi lasciato forzare la mano da quei mercanti di zucchero e caffè che sognano soltanto di rientrare a Santo Domingo da padroni, di recuperare le loro piantagioni, i loro privilegi, e quindi i loro schiavi.

Ha pensato a loro quando, discutendo con Roederer di un progetto per la nuova Costituzione, ormai necessaria visto che presto sarà proclamato console a vita, ha respinto l'idea che la ricchezza permetta di accedere a liste elettorali composte da notabili.

— Non è giusto fare della ricchezza un titolo di merito — ha affermato. — Spesso un ricco è un fannullone senza merito!... Chi si è arricchito? Coloro che hanno acquistato i beni nazionali, i fornitori, i ladri? Come fondare su una ricchezza conquistata in tal modo un titolo di notabile? — E i coloni di Santo Domingo? Sono forse qualcosa di diverso?

Però, è stato lui stesso a reintrodurre la schiavitù.

Si alza mentre Ortensia, che interpretava Rosina, e il generale Lauriston, il conte Almaviva, stanno salutando. Poi avanza sul proscenio Figaro, interpretato dal prefetto Didelot, che si inchina a sua volta.

Lauriston e Didelot: due nobili dell'Ancien Régime che interpretano una commedia di Beaumarchais per lui che, figlio della Rivoluzione, è stato amico del fratello di Robespierre e ha reintrodotto la schiavitù!

"Come sono strani il mondo e il mio destino!"

Continua a pensarci.

Tra qualche giorno compirà trentatré anni. Con il Consolato a vita e la questione della successione ("un erede naturale", gli ha scritto Roederer) vede già la conclusio-

ne della sua esistenza, come mai prima d'ora. Come se conoscesse tutto del suo destino, che pure è ancora da scrivere. È per questo che si sente irritato, nervoso, con scoppi di impazienza. Come se volesse agire subito, in fretta, percorrere tutta la traiettoria per raggiungere quella conclusione che sarà inserita nei testi costituzionali!

Non può scacciare queste idee mentre si reca a Mortefontaine, nei pressi di Senlis, da suo fratello Giuseppe.

È teso, nervoso. Sta per rivedere tutta la sua famiglia e le persone più vicine radunate insieme.

Giuseppe cercherà di far prevalere il suo ruolo di fratello maggiore, mentre Luciano non nasconderà la propria ostilità nei confronti di Giuseppina.

Man mano che si avvicina alla tenuta, la sua irritazione va crescendo. Non gli piacciono per niente queste riunioni, e dopo pochi minuti passati nel palazzo di Giuseppe, decide di fare una gita in barca.

Sta per scoppiare un temporale. Tutti appaiono maldestri. Dopo poche remate, la barca oscilla, sembra sul punto di rovesciarsi; il generale Bernière, che è seduto accanto a Napoleone, cade in acqua.

Si sentono delle grida. Napoleone ha l'impressione che tutti gli oscuri presentimenti che si sono addensati in lui trovino infine la loro spiegazione. Morirà lì, stupidamente, non a causa di una pallottola o di un pugnale, ma senza gloria, nell'acqua di uno stagno. Vede il cielo e l'acqua confondersi.

Quando rinviene, è disteso sulla riva. Tutti quei volti che lo osservano sono pervasi dalla curiosità.

Si alza di scatto, allontana quelli che lo attorniano, entra in casa ed esige che il pranzo abbia inizio.

Giuseppe, nelle vesti di padrone di casa, vuole dirigere le operazioni, accompagna sottobraccio Letizia Bonaparte, spiega l'ordine dei posti a tavola. La mamma siederà alla sua destra, Giuseppina Bonaparte alla sua sinistra.

"La moglie del primo console deve avere il posto d'onore" decide Napoleone.

E visto che Giuseppe fa finta di non aver sentito, Napoleone prende il braccio di Giuseppina ed entra per primo nella sala da pranzo, si installa al centro della tavola e ordina a Giuseppina di sedersi alla sua destra.

"Ma cosa credono, che sia già morto?"

Gli inglesi non sognano altro. E quanti, tra gli ambasciatori radunati il 3 agosto alle Tuileries per un solenne ricevimento dei diplomatici, condividono lo stesso sogno? Quale criminale, Georges Cadoudal o un altro, sono pronti a pagare perché il loro desiderio si realizzi?

Napoleone passa tra i diplomatici, attorniato dai suoi aiutanti di campo e dai ministri e con gli altri due consoli al fianco.

Si ferma davanti a ciascun ambasciatore. Tutti gli sguardi sono fissi su di lui. Non un gesto sfugge a quei diplomatici di alto rango delle monarchie o degli imperi. Nessuno di loro, di fatto, ha accettato la trasformazione della Francia. E non gli rimproverano solo le sue conquiste. Questo forse si potrebbe accomodare. Il fatto è che Napoleone ha sovvertito l'ordine delle cose. È il riconoscimento della Rivoluzione che rifiutano.

"Ecco la mia scommessa: far ammettere loro che questo paese agisce come vuole, che nessuno potrà mai toccare la nuova ripartizione dei beni, che l'Ancien Régime non tornerà mai più; anche se gli aristocratici rientreranno nel paese, lo faranno quali servitori del nuovo ordine. Il mio."

È questa la sfida della pace. Riuscirà a imporla? Quale legittimità dovrà darsi perché i sovrani di quell'Europa immune dai cambiamenti accettino infine l'esistenza della Repubblica? quella di un re?

Napoleone si ferma davanti a Markov, l'ambasciatore della Russia. Scambia alcune parole con quell'uomo, che, secondo le sue spie, sparla di lui nei salotti. Hanno intercettato una sua conversazione con l'ambasciatore prussiano, Lucchesini, l'uomo davanti al quale sta passando il primo console. Markov sosteneva che Napoleone, pur accettando il titolo di console a vita, non si sarebbe accontentato di quella carica, ma prima o poi avrebbe compiuto un secondo passo pretendendo il titolo di "Imperatore dei Galli". — Non sarebbe affatto un titolo vano — proseguiva Markov — dal momento che in effetti ha già riunito tutti i Galli sotto il dominio francese. — E Lucchesini aveva risposto: — Vuole imitare Carlo Magno, illuminato dai Lumi del nostro secolo... È certo che ha elaborato questo progetto, anche se non ha ancora fissato la data della sua realizzazione.

In realtà, nemmeno lui sa ancora qual è lo scopo che si prefigge.

Ci sarà un *dopo* questa nuova Costituzione che deve essere proclamata l'indomani, 4 agosto 1802. Il testo prevede che sarà console a vita, come gli altri due consoli, ma sarà lui a designarli. Ha inoltre il diritto di scegliere il suo successore. È presidente del Senato e di un Consiglio privato. Le altre due Assemblee sono state spogliate di veri poteri. Il primo console, infine, dispone del diritto di accordare la grazia.

Che cos'è? Si interroga, scrutando quegli ambasciatori e quei ministri. Un re? Gli manca una corona e una consacrazione!

"Mi accoglierebbero meglio, accetterebbero di buon grado la Rivoluzione se la mia testa fosse cinta d'oro e diamanti, e se il rappresentante di Dio in terra mi avesse benedetto? È questo il prezzo da pagare per indurli definitivamente a inginocchiarsi? Far inghiottire loro l'odio, fargli riconoscere che io, figlio della Rivoluzione, sono uguale ai più grandi?"

Ecco che avanzano i membri del Senato.

Gli ambasciatori si sono disposti sui due lati della grande sala. Barthélemy, che era stato marchese e poi membro del Direttorio nel 1795, dichiara che il popolo francese nomina Napoleone Bonaparte console a vita, e che il Senato lo proclama tale. Una statua della Pace, con in mano l'alloro della vittoria, sarà innalzata in suo onore.

Barthélemy prosegue con voce ferma: — Il primo console riceve dai francesi la missione di consolidare le loro istituzioni. Darà loro lo slancio della gloria e il sentimento della grandezza nazionale.

Napoleone risponde lentamente, staccando le parole, con lo sguardo fisso su ciascun viso: — Senatori, la vita di un cittadino è la sua patria. Il popolo francese vuole che gli consacri tutta la mia vita. Obbedisco alla sua volontà.

Non è forse uguale a un re?

Alza la testa, guarda al di sopra della folla delle personalità, e i suoi occhi si perdono nel cielo leggermente velato d'agosto.

— Sono contento di essere stato chiamato a portare giustizia, ordine e legalità su questa terra dall'ordine di Colui da cui tutto emana; sentirò suonare la mia ultima ora senza rimpianti e senza inquietudini per l'opinione delle generazioni future.

"Senatori, a voi tutti i miei ringraziamenti."

È il 15 agosto 1802. Ha trentatré anni.

Quel giorno in tutte le chiese della Repubblica si festeggia il suo compleanno e il Consolato a vita.

La mattina, indossata l'uniforme di primo console, ha ricevuto alle Tuileries i corpi costituiti.

Trecento orchestrali suonavano mentre i consiglieri di Stato, i senatori, i tribuni, i deputati e i ministri presentavano i loro omaggi.

Alle tre del pomeriggio, il solenne *Te Deum* in Notre-Dame.

Quasi un'incoronazione.

La sera, alla Malmaison, si balla. E Ortensia, pur essendo incinta di sette mesi, recita dopo il ballo una breve commedia del cittadino Duval. Mentre applaude, Napoleone pensa alla folla che, in place Vendôme, sta danzando al suono delle quattro orchestre che si esibiscono intorno a un altare a otto facce su cui si può leggere il testo del senatoconsulto.

Ha impartito l'ordine di illuminare tutti i monumenti di Parigi. Sulle torri di Notre-Dame scintilla il leone, il suo segno zodiacale.

Chi avrebbe mai potuto immaginare una cosa simile?

Chi può immaginare quello che riserva il futuro?

Il 21 agosto si reca al palazzo del Luxembourg per presiedere una seduta solenne del Senato.

Ha preso posto nella grande carrozza tirata da otto cavalli bianchi che era appartenuta a Luigi XVI. Alla sua destra e alla sua sinistra cavalcano gli ufficiali dello stato maggiore e gli uomini della Guardia consolare. Lungo tutto il percorso, dalle Tuileries fino al Luxembourg, le truppe formano un interminabile picchetto d'onore. Dietro ai soldati si accalca la folla, silenziosa. Napoleone si sporge, saluta, ma la gente non risponde. Si solleva un po' sul sedile e scorge la carrozza su cui viaggiano i suoi fratelli. Anche loro salutano. Certo, è stato lui stesso a prescrivere a Fouché di non organizzare una particolare accoglienza al suo passaggio. Ma Fouché è talmente contorto che forse ha esagerato nel senso opposto. Secondo gli informatori, sono stati affissi in vari punti di Parigi manifesti con la massima: "Il silenzio dei popoli è la lezione dei re".

Appena rientrato alle Tuileries Napoleone convoca Fouché. Ma il ministro di Polizia, come al solito, si difende, scivola abilmente da un argomento all'altro:

— Malgrado la fusione dei Galli e dei Franchi — sostiene — siamo sempre lo stesso popolo. Siamo sempre quegli antichi Galli che non potevano sopportare né la libertà né l'oppressione.

Cosa sono quelle scempiaggini? Fouché crede forse di poter uscire da quella situazione con bizzarre considerazioni di carattere storico?

— Che volete dire?

— Che i parigini hanno creduto di vedere nelle ultime disposizioni governative la perdita totale della libertà e una propensione troppo marcata per il potere assoluto.

Napoleone annusa una presa di tabacco con una sorta di rabbia. Conosce bene l'accusa di dispotismo che gli viene mossa. È stupida. Questo governo, qui, in questa Francia, non può essere dispotico, dal momento che non si sostiene su un sistema feudale, né su corpi intermedi, né su pregiudizi.

E Fouché lo sa bene.

— Non governerei sei settimane in questo vuoto che si è venuto a creare con la pace — riprende Napoleone — se, invece di essere il padrone, fossi solo un simulacro di autorità.

Detesta l'algido sorriso di Fouché, la sua calma, la sua aria di sufficienza.

— Siate al tempo stesso paterno e affabile, forte e giusto — gli consiglia Fouché — e riconquisterete facilmente quel che vi sembra di aver perduto.

Napoleone si allontana. Dichiara:

— C'è molta bizzarria e capriccio in quella che chiamiamo opinione pubblica.

È sulla soglia della porta.

— Saprò renderla migliore — conclude con voce forte.

Si può annientare il popolo francese, ma intimidirlo, mai!

settembre 1802 - dicembre 1803

18

Sono tutti seduti intorno a lui, nel salotto del castello di Mortefontaine, la residenza di Giuseppe. Le finestre sono spalancate sulla foresta di Senlis, che in quell'inizio del mese di settembre comincia a tingersi di rosso.

Napoleone si alza, si allontana dal cerchio dei familiari ma, con un cenno, esige che Luciano, Giuseppe, Talleyrand, Roederer, Lebrun e Cambacérès continuino a discutere.

Va sulla terrazza. Il clima è dolce, l'aria pregna di odori del bosco. Da lì sente solo la tonalità della voce di Luciano. A eccezione di Talleyrand, che è rimasto in silenzio, tutti gli altri hanno dato addosso a Fouché. Ministro troppo potente, giacobino mascherato, l'uomo che tiene segretamente le fila di tutte le cospirazioni, avversario del Consolato a vita, ostacolo a qualsiasi ulteriore evoluzione.

Sono stati soprattutto Giuseppe e Luciano a insistere su quest'ultimo punto. Napoleone si è limitato ad ascoltare.

Sa bene a cosa pensano tutti.

"Al dopo Napoleone!"

Luciano ha perfino consigliato a Giuseppina di recarsi a Plombières, portando le medicine del buon vecchio dottor Corvisart.

— Mia cara, dimostrate al console che si inganna — le ha detto. — E dateci presto un piccolo erede. — Avrebbe anche aggiunto, e Giuseppina l'ha subito riferito perché Napoleone la rassicurasse:

— E poi, se non volete o non potete, bisogna che Napoleone abbia un figlio da un'altra donna e che voi l'adottiate, perché è necessario assicurare la successione. È nel vostro stesso interesse, e sapete bene perché.

Elisa, la sorella del primo console, la donna di cui Fouché mormora che è divorata "da due passioni, l'amore e l'ambizione", si lascia abbindolare dalle frasi ampollose di Fontanes, suo poeta e amante; e anche lei ha cominciato a tormentare Giuseppina.

A quest'ultima, che le diceva di aver già avuto due figli, Elisa ha replicato con voce acuta:

— Ma mia cara, allora eravate giovane!

Giuseppina si è sciolta in lacrime. Napoleone è intervenuto:

— Non sai, Elisa, che non tutte le verità sono da dire?

E Giuseppina ha raddoppiato i singhiozzi.

Napoleone dà una frustata a un mazzo di fiori che corona un'anfora disposta nell'angolo della terrazza.

Spesso, quando è incastrato in situazioni che non può o non vuole districare, lascia esplodere la collera. Distrugge i fiori del giardino, rompe un vaso di porcellana. Una mattina gli è perfino capitato di scaraventare a terra con un calcio Rustam, che faticava a infilargli uno stivale o sbagliava piede.

Rientra nel salotto. Roederer si volta verso di lui.

Sono tutti d'accordo, dice.

Napoleone annuncia soltanto che rientrerà a Parigi.

Sapeva già, prima di questa riunione, di dover togliere a Fouché il ministero della Polizia generale. Non ha mandato giù l'opposizione al Consolato a vita manifestata così apertamente da Fouché. Questi è anche persuaso che gli aristocratici costituiscano sempre un pericolo. Incredibile! Gli immigrati sono quasi tutti rientrati in patria e si sono precipitati a servire il primo console. Perfino quel Chateaubriand aspira a un posto di diplomatico!

L'unico pericolo sono i generali, vecchi giacobini irranciditi e accecati dall'ambizione e dalla gelosia. Non capiscono che per essere ammessi tra i regni e gli imperi d'Europa occorre che "la forma dei governi che ci circondano si avvicini alla nostra o che le nostre istituzioni politiche siano un po' più in armonia con le loro. Ci saranno sempre sentimenti bellicosi tra le vecchie monarchie e una Repubblica del tutto nuova".

"E allora diventiamo re, e forse accetteranno le conquiste e le trasformazioni della Rivoluzione e della Repubblica."

Napoleone convoca Fouché alle Tuileries. Non vuole inimicarsi quell'uomo. Ma la calma e la sicurezza del ministro lo sorprendono e lo irritano ancora una volta.

— Monsieur Fouché — esordisce Napoleone — avete sempre servito molto bene il governo. È quindi con vero dispiacere che mi separo da un uomo del vostro merito.

Fouché rimane imperturbabile. Sulle sue labbra fluttua quel leggero sorriso insopportabile, come se non fosse per niente sorpreso da ciò che Napoleone gli annuncia. Farà parte del Senato. La nuova situazione internazionale impone la soppressione del ministero della Polizia generale, che sarà posta sotto il gran giudice Régnier, presso il ministero della Giustizia.

— È stato indispensabile — spiega Napoleone — dimostrare all'Europa che io conduco decisamente la Francia in un sistema pacifico, e che mi posso basare sull'amore dei francesi.

Ma un uomo come lui sa bene tutto questo, non può accontentarsi di parole.

— Voi ve lo aspettavate, vero? — interroga Napoleone.

Naturalmente, Fouché annuisce. Gli chiede solo di presentare un memorandum sulla situazione politica e sull'utilizzazione dei fondi segreti del suo ministero.

Napoleone lo ascolta parlare dei pericoli che continuano a incombere sulla Repubblica, della "congrega di eunuchi politici che al primo scossone sarebbero pronti a consegnare la Francia ai realisti e agli stranieri".

Napoleone lo fissa. Quell'uomo è molto risoluto. Dà un'impressione di forza. Adesso sta riferendo che nella cassa segreta restano 2.400.000 franchi.

— Cittadino senatore — dice Napoleone — sarò più generoso e più equo di quanto non lo fu Sieyès nei confronti del povero Roger Ducos, quando si spartirono davanti a me la cassa del Direttorio. Tenete la metà della somma che mi volete consegnare; è un giusto compenso, un segno della mia soddisfazione personale. L'altra metà entrerà nelle casse della mia polizia privata che, sulla base dei vostri saggi

consigli, verrà ulteriormente potenziata. Anzi, vi pregherò spesso di aiutarmi e di offrirmi i vostri suggerimenti al riguardo.

Non bisogna mai abbassare la guardia.

Il nuovo capo della polizia politica, Desmarets, gli ha appena annunciato la cattura a Calais di un prete, l'abate David, il quale, tremante di paura, ha confessato di aver fatto da intermediario tra il generale Moreau e il generale Pichegru esiliato in Inghilterra. Desmarets ha ritenuto opportuno rilasciare l'abate David, per farlo seguire. Ma le sue spie saranno altrettanto efficienti di quelle di Fouché?

Come sempre, Londra offre rifugio ai suoi nemici più acerrimi. Sono senza dubbio gli inglesi a fornire loro i mezzi per agire. La domanda ritorna, ossessiona Napoleone: "Siamo in pace o si tratta soltanto di una tregua?".

Ha deciso di offrire, il quindici di ogni mese, una grande cena di gala. Gli invitati sono artisti, industriali, diplomatici. Il 15 ottobre 1802 presenta a Fox, un parlamentare inglese, e a Lord Holland, tre proprietari di grandi manifatture: Bruguet, Montgolfier e Touney, i quali hanno appena partecipato all'Esposizione industriale nazionale ricevendo una medaglia d'oro.

Poi, durante la cena, interroga Fox che è seduto alla sua destra:

— Ma cosa vuole l'Inghilterra? Perché lascia che il conte d'Artois, fratello di Luigi XVI, passi in rivista un reggimento, mentre Londra non riconosce più quella monarchia, visto che tratta con la Francia consolare?

Fox si confida. Lui è un sostenitore della pace, ma forse è uno dei pochi.

"Sarò di nuovo costretto a fare la guerra, quando la pace è appena agli inizi e, come ogni cittadino di questo paese, comincio a goderne i benefici?"

Napoleone si reca al castello di Saint-Cloud in barca con Ortensia, ormai vicina al momento del parto. Le voci che attribuiscono a lui la paternità del nascituro diventano sempre più insistenti. Ma, dopo tutto, forse è contento che credano una cosa del genere.

Napoleone sostiene con il braccio la figliastra, che avanza a fatica lungo il viale del castello di Saint-Cloud. Guarda il padiglione dell'Orangerie dove, meno di tre anni prima, si è deciso il suo destino. È là che ha preso il potere. Ma poteva anche perdere tutto.

Ha riscoperto da poco il castello di Saint-Cloud. Le Tuileries sono tristi. Lì è troppo vicino a Giuseppina, che ha preso l'abitudine di dormire con lui. Quanto alla Malmaison, è il dominio privato di sua moglie. Bene, Saint-Cloud invece sarà casa sua. E anche se Giuseppina vi si trasferirà a sua volta, è indispensabile, lui si è fatto arredare un piccolo appartamento privato sopra lo studio.

Per ciascuna tappa della vita, ci vogliono dei luoghi. Saint-Cloud è la residenza del primo console a vita.

Avanza lentamente verso il centro della galleria di Apollon. Sorride. Su ciascun lato della galleria riccamente decorata stanno i parenti, gli intimi, gli invitati o gli aiutanti di campo e le donne. Tutti si inchinano, e lui li saluta con un lieve movimento del capo.

Sa che dietro di lui, molto dietro di lui, seguono Cambacérès e Lebrun. Cambacérès porge il braccio a Giuseppina. Poi vengono i membri della casa consolare, seguiti da valletti in livrea verde con i galloni d'oro.

Ci vuole un'etichetta per mostrare il potere e la sua gerarchia.

Bisogna che si sappia che il primo console è sovrano nel proprio paese, come qualsiasi altro sovrano nel suo.

D'altronde, Napoleone ha approvato Talleyrand quando il ministro ha chiesto al governo prussiano di sondare Luigi XVIII, per sapere se i Borboni avrebbero accettato di abdicare in favore di Napoleone Bonaparte.

Così, lo strappo politico della Rivoluzione sarebbe ricucito, e rimarrebbe l'essenziale: i trasferimenti di proprietà, le nuove istituzioni, il codice civile, le camere di commercio, i licei.

È domenica. Napoleone fa il suo ingresso nella cappella. Prende il posto che occupava Luigi XVI. Accanto a lui, davanti ai due consoli, si mette Giuseppina, come una sovrana.

È in quella cappella che viene battezzato il figlio di Ortensia, Napoleone Carlo, nato il 10 ottobre 1802. È Napoleone stesso a portare il piccolo al fonte battesimale. Chissà se ciò farà aumentare ulteriormente i pettegolezzi? Tanto peggio per Luigi. Guarda il neonato. In effetti potrebbe essere un erede legittimo, se è di questo che ha bisogno l'opinione pubblica.

Non agivano così i re? E lui, non deve forse essere sempre più regale, affinché finalmente tutti sappiano che la Rivoluzione è finita?

Vuole conoscere le reazioni del popolo di fronte a questa evoluzione. Respinge con un'alzata di spalle e una mimica di sprezzo quelli che, come Lebrun, lo sconsigliano di recarsi in Normandia, una regione dove sono forti i realisti, che potrebbe riservargli una pessima accoglienza e dove potrebbe correre dei rischi.

Invece è proprio là che deve andare.

Il 29 ottobre 1802, alle sei della mattina, lascia Saint-Cloud nella sua berlina in compagnia di Giuseppina. Pioviggina. Distingue appena, davanti alle carrozze, la sagoma di Moustache, il corriere che lo accompagna in tutti i suoi spostamenti.

Vuole prendersela comoda. La Francia è in pace. Se torna la guerra, dovrà usare di nuovo gli speroni, ma per il momento può fermarsi quando vuole. Scende di carrozza poco dopo Mantes, cammina lungo l'Eure, sotto un cielo che è diventato blu. Vuole vedere il campo di battaglia di Ivry. Stanotte dormirà nella prefettura di Évreux. L'indomani arriverà a Louviers. Poi sarà la volta di Rouen, Honfleur, Dieppe, Le Havre, Beauvais.

A Rouen, all'improvviso, balza a cavallo e, seguito da un pugno di cavalieri di scorta, galoppa fino alle cinque del pomeriggio. Ha bisogno di quelle corse. Si ferma sulle colline che dominano la Senna. Respira a lungo. Si sente libero, felice.

Quando scende da cavallo, viene attorniato dalla folla. È il sovrano. Nello studio che gli allestiscono a ciascuna tappa detta una lettera per Cambacérès, affinché i giornali di Parigi sappiano:

— Ho percorso la mia strada fra due ali di popolo immense, costretto a fermarmi a ogni passo. In tutti i villaggi i preti, sulla soglia delle chiese, sotto i baldacchini, attorniati da una gran folla, cantavano inni e bruciavano incenso.

Critichino pure il Concordato gli eunuchi politici, come li ha definiti Fouché! E Fouché era uno di loro. Ma conosce, Fouché, le recenti dichiarazioni dell'arcivescovo di Tours? Il prelato ha affermato: "Il Consolato è il governo legittimo, nazionale e al tempo stesso cattolico, un governo senza il quale non avremmo né culto né patria".

"I curati normanni le conoscono bene, e mi accolgono e mi benedicono."

A Le Havre, Napoleone trova la città illuminata a giorno. Avanza in mezzo alla folla accompagnato da Giuseppina.

Sono come un re e una regina.

La sera, nella grande sala della prefettura, è lui ad aprire le danze.

A Dieppe vede farsi avanti un uomo anziano, il cui viso gli è familiare. È Domairon, uno dei suoi professori della Scuola militare di Brienne.

Quei tempi d'infanzia e di isolamento sono dunque esistiti? A quel ricordo si sente più forte, invincibile.

Ordina a uno dei suoi aiutanti di campo di prendere nota della situazione di Domairon, per aiutarlo se necessario.

Detenere il potere vuole dire anche gratificare chi si vuole, come si vuole.

Visita ospizi e fabbriche. Lungo le strade che attraversano la campagna, i contadini fermano le carrozze per salutarlo. Lui scende, parla con tutti. Quando le carrozze ripartono, i contadini le accompagnano gridando: — Viva Napoleone Bonaparte! Viva il primo console!

Chi può metterlo in pericolo?

Ascolta distrattamente Beugnot, il prefetto del dipartimento della Senna Inferiore, il quale gli parla delle pretese inglesi, dei rischi di guerra. Si irrigidisce, cammina fiutando tabacco, la sua aria è risoluta, la voce metallica:

— Non ne sono ancora sicuro — replica — ma se l'Inghilterra mi attacca, non sa a cosa si espone... no, non lo sa proprio.

Si ferma, abbassa la testa, gli occhi socchiusi, poi riprende:

— Vedrete cosa sarà stavolta la guerra. Farò di tutto per evitarla ma, se mi costringono, rovescerò tutto quello che mi troverò davanti. Invaderò l'Inghilterra, andrò a Londra e, se non dovessi riuscire in questa impresa, sconvolgerò il continente. Conquisterò l'Olanda, la Spagna, il Portogallo, l'Italia. Attaccherò l'Austria e andrò fino a Vienna per distruggere ogni sorta di alleati di quell'odiosa potenza.

Riprende a camminare verso la folla degli invitati che non osano avvicinarsi.

— Vedranno cosa posso fare e cosa farò. Tremo fin d'ora a quel pensiero, ma mi conosceranno.

Alza la voce, sembra rivolgersi a tutti quanti, e non più soltanto al prefetto:

—. Comunque, continuerò lo stesso a lavorare per assicurare la prosperità della Francia, per far fiorire i suoi commerci, l'agricoltura, le industrie.

Si ferma davanti agli invitati ed esclama:

— E noi saremo felici, a dispetto dei nostri nemici!

È felice. Ha la convinzione che niente possa resistergli. Non conosce la stanchezza. È come se gli applausi, gli evviva, le testimonianze d'ammirazione che lo accompagnano ovunque gli dessero nuove forze.

Quasi ogni mattina, alle sei, monta a cavallo. Salta fossi e ruscelli, scavalca siepi. La scorta lo segue a distanza. I cavalli crollano spossati. Cambia cavallo e riparte. Oppure riceve le autorità del luogo, e lo stupore che legge nei loro occhi per le sue conoscenze precise, la sua energia, lo stimola ancora di più.

A volte intravede fra la folla il volto, il busto, il corpo di una donna, e prova una sensazione di amarezza. Fissa quella giovane. Legge nei suoi occhi l'accettazione, la sottomissione, addirittura l'invito. Vorrebbe potersi fare avanti, allontanare la folla, è sicuro che lei lo seguirebbe.

Non sopporta quella barriera invisibile che gli impedisce di agire come vorrebbe.

E quando si ritrova di fronte Giuseppina che, sorridente e graziosa, si comporta da sovrana, la maltratta.

Lei, però, è la moglie del primo console. Poco dopo il ritorno dalla Normandia a Parigi, una sera di novembre, Napoleone accetta di andare al Théâtre Français con lei. Giuseppina indossa una tunica di mussola rosa, all'antica, che lascia scoperti il petto e le braccia. Non è più bella come una volta, ma è ancora graziosa. Recitano *Ifigenia in Aulide*. A lui piacciono le tragedie. Ama anche l'atmosfera dei teatri, quel fremito della sala quando lui fa il suo ingresso nel palco; intuisce la preoccupazione degli attori per la sua presenza, spettatore speciale.

Ed ecco che, nell'oscurità, appare in scena Clitennestra:

Figlia, bisogna partire e che nulla ci trattenga,
e salvare fuggendo la vostra gloria e la mia.

È Mademoiselle George, statuaria, spalle larghe, braccia tornite, seno prorompente, che declama con voce calda. Si muove con la vivacità della gioventù. La sua pelle ha il biancore del marmo.

Napoleone non riesce più a staccare gli occhi da quel corpo, da quei movimenti della tunica che lasciano intravedere cosce piene. È folgorato. Vuole quella donna.

Appena finita la rappresentazione, rientra alle Tuileries senza attardarsi come fa a volte. Convoca Constant. Il valletto di camera deve informarsi subito su chi è quell'attrice, e convocarla per domani sera a Saint-Cloud. Napoleone non viene nemmeno sfiorato dall'idea che lei possa rifiutare. Le attrici sono così. Soltanto loro? Da quando è circondato dall'aureola della gloria e detiene il potere, sa che le donne, tutte le donne, possono essere conquistate.

E a tarda sera, quando Mademoiselle George entra nell'appartamento privato del castello di Saint-Cloud, Napoleone sa già che è stata l'amante di Luciano, che riceve denaro e doni dal principe Sapieha, un polacco. Ma che importa? Il suo passato non lo riguarda.

Si avvicina. Ci vuole sempre qualche manovra prima di una resa. E questa deve essere completa.

— Voi non dovete accettare niente se non da me — afferma.

Strappa un velo che intuisce essere un regalo del principe Sapieha. Poi schiaccia con il tacco degli stivali un anello e un medaglione.

— Solo da me! — ripete.

Le infila nel seno una grossa mazzetta di biglietti di banca.

Ride. Quella donna deve ritornare. Con lei ritrova qualche momento di pace. Ama la sua giovinezza. Canticchia, insieme a lei. Si addormenta sul suo seno. Ma è vero che ha solo sedici anni? Ne dimostra dieci di più. E lui dieci di meno, mormora lei.

Lui ride ancora. Lei diventa Georgina. La riceve due o tre volte la settimana, a Saint-Cloud, dove risiede sempre più spesso. A volte anche alle Tuileries.

Non gliene importa nulla della gelosia di Giuseppina, che a volte si avventura su per la scala privata ma indietreggia appena scorge Rustam che monta la guardia.

Ha conquistato il diritto di stare con la donna che desidera.

L'epoca degli amori lacrimevoli è passata.

Una sera cena a Saint-Cloud con Giuseppina, Roederer e Cambacérès. Georgina deve raggiungerlo nel cuore della notte. Fissa Giuseppina.

— Più leggo Voltaire — afferma — più mi piace. Fino a sedici anni mi sarei battuto per Rousseau contro tutti gli amici di Voltaire. Oggi è il contrario.

Scuote la testa. È possibile che nessuno riesca a capire i suoi pensieri?

"La vita impone la dura legge della realtà, e Voltaire insegna quella legge molto meglio di quel sognatore di Rousseau."

— *La Nuova Eloisa* — riprende — l'ho letto a nove anni. Rousseau mi ha fatto girare la testa.

Si alza.

Giuseppina non cerca nemmeno di trattenerlo. Ormai dorme con lei solo quando lo decide lui. E succede sempre più di rado.

Mentre aspetta Georgina nell'appartamento privato, legge davanti al caminetto. Al suo arrivo, metterà da parte tutti gli incartamenti e troverà la pace accarezzando quel corpo dalla pelle bianca come il latte.

È inverno. Ama molto quelle notti, quei momenti segreti. Si sente come in una caverna, una sorta di infanzia. Canticchia. Recita. Gioca. Poi Georgina se ne va.

E Napoleone indossa la sua uniforme di primo console.

Rimane a Saint-Cloud tutto il mese di dicembre. È il suo palazzo. Si reca alle Tuileries solo per alcune udienze. Il 5 dicembre riceve Hawkesbury, il ministro inglese accompagnato dall'ambasciatore Withworth. Osserva i britannici. Avrebbe voglia di scuoterli, ma si accontenta di ripetere che le "relazioni della Francia con l'Inghilterra sono il trattato di Amiens, tutto il trattato di Amiens, nient'altro che il trattato di Amiens". Non riesce tuttavia a impedirsi di domandare, con voce corrucciata, perché, conformemente al trattato, l'Inghilterra non ha ancora evacuato Malta.

Hawkesbury rimane impassibile, poi dichiara che Londra ha preso atto dell'annessione del Piemonte e dell'isola d'Elba alla Francia. E del fatto che l'Olanda non è ancora stata evacuata.

— Sono problemi che il trattato di Amiens non ha affrontato — ruggisce Napoleone.

Poi si riprende e, riaccompagnando il ministro e l'ambasciatore, aggiunge:

— La pace, tutta la pace, per consolidare l'Europa.

Mentre rientra a Saint-Cloud, tuttavia, nel grigiore di quel mese di dicembre del 1802, Napoleone ha grossi dubbi.

Forse la guerra bussa di nuovo alle porte. Londra si rallegra della morte del generale Leclerc a Santo Domingo, del fallimento dei progetti di riconquista delle Antille da parte dei francesi, della loro incapacità di costruire un impero coloniale in America. La Francia sarà presto costretta a rinunciare alla Louisiana, non essendo certo in grado di aiutarla se scoppiasse una guerra.

Napoleone attraversa lentamente le gallerie del palazzo di Saint-Cloud. Per celebrare la morte di Leclerc, ha ordinato l'adozione di un lutto di dieci giorni, un lutto di corte. Gli aiutanti di campo portano una fascia nera al braccio e alla spada.

Si rinchiude nel suo studio. Scrive a Paolina di rientrare da Santo Domingo con le spoglie del marito: "Tutto passa rapidamente sulla terra, tranne l'opinione di noi che lasciamo impressa nella Storia".

Convoca Méneval e gli detta un ordine affinché la sorveglianza di Toussaint Louverture, rinchiuso nel forte di Joux, nel Giura, venga rafforzata. Ordina che gli siano tolte le mostrine del grado di generale che "il Negro" si è attribuito.

Non c'è dubbio che quell'uomo morirà lontano da casa, in una gelida e umida fortezza.

La vita è implacabile, e bisogna piegarsi al suo procedere.

Non prova alcun odio per Toussaint Louverture, non lo disprezza perché è nero.

È semplicemente un nemico. E forse Napoleone, o il generale Leclerc, hanno avuto torto a non trattare con lui.

Toussaint Louverture sarebbe potuto essere l'alleato nero della Francia contro l'Inghilterra. Ma ormai è troppo tardi.

Napoleone lascia lo studio e passa nei suoi appartamenti privati.

Georgina lo sta già aspettando. Ma lo sa lei, le domanda, come lo hanno soprannominato gli inglesi? "Il mulatto mediterraneo!"

Ride, accarezzando la pelle candida di Mademoiselle George.

19

Giuseppina piange. Lui non la sopporta più. Si è introdotta un'altra volta nel suo studio. Geme. Si lamenta. È stata ingannata, tradita. Poi, in preda alla gelosia, si lascia andare alla collera.

Napoleone non crede affatto alla sua sincerità e detesta quelle scenate che la moglie ritiene di dovergli fare.

Le dice in tono gelido:

— Imitate Livia e scoprirete in me Augusto.

Ma lei non conosce la storia romana. Allora la fissa e le dice:

— Oh, che brutta pettinatura!

Potrebbe ricordarle le sue infedeltà quando lui era soltanto un marito assente e lei lo copriva di ridicolo. Ma sono tempi così lontani, anche se il ricordo di quell'umiliazione, della sua dipendenza di allora, non si cancella dentro di lui. I motivi di risentimento si accumulano, le incomprensioni si moltiplicano, ognuno valuta quel che ha da guadagnare o da perdere, a continuare a restare insieme.

Giuseppina teme il divorzio più di ogni altra cosa. Si precipita a Plombières per tentare di ritrovare la fecondità. Un figlio è l'unico modo per tenere legato a lei Napoleone.

— Chi vi ha conciato così i capelli? — aggiunge lui, visto che lei continua a tormentarlo.

Giuseppina lascia lo studio.

Tra gli esseri umani, le cose vanno come tra le nazioni. Tutta questione di forza e d'interesse, di onore e di gloria, di ostinazione e d'immaginazione.

Si siede allo scrittoio. Ha davanti a sé una copia di "Le Moniteur". È stato lui a volere che pubblicassero il rapporto redatto dal colonnello Sebastiani dopo un lungo viaggio in Oriente. Sebastiani sostiene che sarebbe facile, con 10.000 uomini, riconquistare l'Egitto. Alla lettura del rapporto, gli inglesi si sono indignati.

Napoleone allontana con una spinta lo scrittoio. Quegli inglesi non hanno memoria! Sono come Giuseppina. Perché non evacuano Malta? Perché non rispettano il trattato di Amiens, invece di fingere di indignarsi, quando sono proprio loro i primi colpevoli?

Ipocriti!

Vuole sapere cosa vogliono davvero gli inglesi. Respinge le raccomandazioni di Talleyrand. Basta diplomazia. Vuole parlare direttamente, senza maschera, senza belletti, con l'ambasciatore inglese Lord Withworth. Lo convoca alle Tuileries il 18 febbraio 1803, di sera.

Guarda avanzare Lord Withworth e gli fa cenno di sedersi a una estremità del grande tavolo che occupa il centro del suo ampio studio. L'ambasciatore se ne sta immobile, impettito. Il suo volto è inespressivo.

"Sarà in grado, quest'uomo, di comprendere quello che voglio dirgli? E a cosa servirà tutto ciò, se Londra si è decisa per la guerra?

"Devo ricordargli tutto quello che l'Inghilterra fa contro la Francia e contro di me. Hanno accordato una pensione a Georges Cadoudal! E poi gli insulti, le calunnie sui giornali! E l'accoglienza calorosa riservata ai principi francesi emigrati!"

Man mano che ricapitola i suoi capi d'accusa, Napoleone si lascia prendere dalla collera.

— Tutti i venti che si alzano dall'Inghilterra mi portano soltanto odio e oltraggi — esclama. — Adesso basta, siamo tornati a una situazione da cui occorre assolutamente uscire. Volete rispettare il trattato di Amiens oppure no?

Si alza di scatto.

— Se volete la guerra, non avete che da dirlo, la faremo con accanimento — urla. — Volete la pace? Dovete evacuare Alessandria e Malta!

Cammina lentamente intorno al tavolo.

— Cosa direbbe il mondo se acconsentissimo alle violazioni di un trattato solenne firmato da noi? Dubiterebbe della nostra energia.

Rimane immobile, appoggia entrambe le mani sul tavolo.

— Quanto a me, la mia scelta è fatta, arrivo fino a dirvi che preferisco possediate le colline di Montmartre piuttosto che Malta!

Lord Withworth rimane a lungo in silenzio, poi inizia a elencare i suoi argomenti.

"Quest'uomo non mi capisce!"

Napoleone lo interrompe. Lui ha rispettato il trattato punto per punto, sostiene. Il Piemonte, l'Olanda e la Svizzera, per i quali si è fatto mediatore, non erano contemplati nel trattato. Sta lavorando per una riorganizzazione della Germania. E ne ha il diritto.

Withworth mormora:

— Il rapporto del colonnello Sebastiani...

Napoleone respinge l'obiezione. Non è degna di due grandi nazioni.

D'altronde, può rassicurare Withworth. Bisogna solo che questi lo ascolti con attenzione. Si china verso l'ambasciatore:

— Io non medito alcuna aggressione. Il mio potere non è tanto saldo da permettermi impunemente aggressioni non motivate. È necessario che siate voi a passare dalla parte del torto.

Si raddrizza.

"Riesce quest'uomo a capire quello che gli dico?"

— Benché ancor giovane, sono arrivato a un potere, a una fama che sarebbe impossibile accrescere ulteriormente — riprende Napoleone. — Credete forse che voglia rischiare questo potere e questa fama in una lotta disperata?

Sembra dimenticare la presenta di Withworth. Parla delle difficoltà di una traversata della Manica per sbarcare in Inghilterra. E conclude:

— Questa azione temeraria, milord, se mi costringete, sono deciso a tentarla... Ho oltrepassato le Alpi in pieno inverno!

Pesta il pugno sul tavolo.

— I vostri pronipoti piangeranno lacrime di sangue per la risoluzione che mi avrete costretto a prendere.

Si siede. Sarà riuscito a convincere Withworth?

— Agite cordialmente con me — riprende Napoleone — e io vi prometto una completa cordialità. Pensate a quale enorme potere eserciteremmo sul mondo se riuscissimo ad avvicinare le nostre due nazioni... Voi con la vostra marina e io con

i miei 500.000 uomini... Tutto è possibile, nell'interesse dell'umanità e della nostra rispettiva potenza, alla Francia e all'Inghilterra unite.

A che serve la franchezza?

Gli inglesi non accettano una Francia forte. Napoleone interpella Talleyrand il prudente, il cauto, l'uomo che vuole continuare a negoziare.

"Non è la continuazione della rivalità iniziata con Luigi XIV? Aggravata dal fatto che io sono il coronamento della Rivoluzione. E gli inglesi la rifiutano. Probabilmente non stipulerebbero mai la pace con un Borbone, ma con me, mai e poi mai!"

E il Borbone è in agguato. Naturalmente, ha respinto la proposta di abdicare in favore di Napoleone.

L'11 marzo Talleyrand chiede di essere ricevuto.

Porge un dispaccio a Napoleone, pur spiegando che il discorso che riferisce non ha alcuna importanza: Lord Withworth l'ha avvertito, non è vero?

Napoleone legge in pochi secondi il testo del messaggio rivolto dal re d'Inghilterra Giorgio III al parlamento. Il re chiede la concessione di nuovi fondi per adottare provvedimenti precauzionali...

— La guerra! — esclama Napoleone.

Talleyrand respinge l'interpretazione. Lord Withworth gli ha ripetuto con insistenza che non si tratta assolutamente della preparazione di ostilità contro la Francia.

Napoleone vorrebbe conservare la calma, ma la sua collera aumenta. Può accettare di lasciarsi schiaffeggiare così impunemente?

Per due notti non riesce a cancellare dalla mente l'idea che Londra si prenda gioco di lui, che alla fine ci sarà la guerra, che l'Inghilterra la vuole, dopo un anno di tregua.

Rimanda a casa Mademoiselle George, quasi brutalmente. Poi la fa richiamare da Constant. Ma non è nello stato d'animo di cantare, ridere o far l'amore.

Due giorni dopo, domenica 13 marzo, è giorno di ricevimento del corpo diplomatico. Il primo console attende tranquillamente l'inizio dell'udienza giocando con Napoleone Carlo, il figlio di Ortensia.

Uno dei prefetti di palazzo, Monsieur de Rémusat, annuncia che gli ambasciatori hanno formato un cerchio in attesa del primo console. Sono tutti presenti e tra loro, precisa, c'è anche Lord Withworth.

Il nome è come un colpo di frusta. Napoleone lascia il bambino, entra nella sala dei ricevimenti e si dirige verso Lord Withworth, ignorando tutti gli altri ambasciatori.

— E così volete la guerra! — esclama Napoleone. — Ci siamo battuti per dieci anni e volete che ci battiamo per altri dieci anni ancora! Come hanno osato dire a Londra che la Francia si sta riarmando...

Parla con violenza, ricorda il contenuto dei trattati.

— Non mi spingo fino a supporre che abbiate voluto intimidire il popolo francese. Perché vedete, milord, si può uccidere il popolo francese, ma intimidirlo mai!

Ascolta distrattamente le frasi dell'ambasciatore che ribadisce il desiderio di pace dell'Inghilterra.

— Allora dovete rispettare i trattati! Guai a chi non rispetta i trattati! — esclama Napoleone.

E si allontana.

Si ferma davanti agli ambasciatori di Spagna e Russia e ripete a voce alta che gli inglesi si rifiutano di tener fede ai loro impegni e che, ormai, bisogna coprire i trattati con un velo nero.

Sa bene di non aver rispettato le usanze diplomatiche, di essersi lasciato trasci-

nare dalla collera, sa che tutto il suo corpo vibrava di sdegno, che ha gesticolato con stizza. Si volta, torna indietro e dice alcune parole cortesi a Withworth, poi lascia la sala del ricevimento.

Non rimpiange il suo scoppio d'ira. Al contrario: sente in se stesso una risoluzione più forte che mai. È preso dal desiderio di agire, di andare avanti, di farla finita con l'incertezza di una pace che la controparte non vuole.

Detta quasi ogni giorno ordini per i generali. Tutti i porti d'Europa devono essere sbarrati per i prodotti inglesi. Ma servono anche uomini: una legge prevede l'arruolamento di 60.000 coscritti di vent'anni. Napoleone fa acquistare legname dappertutto, per costruire una flotta.

Incontra Fouché, preoccupato.

— Come tutti noi, voi siete un risultato della Rivoluzione — gli dice Fouché. — E la guerra rimette tutto in discussione.

Napoleone si irrigidisce. Come fa Fouché a non vedere che non si può indietreggiare su quel punto senza arretrare su tutto?

— Sarebbe contrario all'onore. Se cedessimo su Malta, gli inglesi pretenderebbero Dunkerque! Noi non saremo mai vassalli degli inglesi, tanto peggio per loro!

I dadi, adesso, rotolano.

Napoleone trascorre di nuovo piacevoli notti con Mademoiselle George. Una mattina gli portano la prima moneta da un franco che è appena stata coniata. La soppesa. I cinque grammi contengono nove decimi di argento fine. Ecco un'arma e uno dei motivi della guerra. Gli inglesi non vogliono una Francia dedita ai commerci, ricca, con una moneta stabile. Rompono la pace per soffocare un mercante rivale.

Torna nella stanza. Sotto le parole *Repubblica francese* vede la sua effigie.

Resta a lungo così, giocando con quella moneta che è un'altra delle impronte che lascia nella Storia.

Decide di andare a caccia nei boschi che circondano il palazzo di Saint-Cloud. Cavalca tra gli alberi. Si sente a suo agio. La guerra può venire.

Il 1° maggio riceve Talleyrand, il quale gli presenta una lettera di Withworth.

La guarda appena. Il dado è tratto.

— Se la nota contiene la parola ultimatum, fateglì capire che quella parola racchiude la parola "guerra". Se nella nota non c'è, fate in modo che la aggiunga, osservando che dobbiamo sapere una volta per tutte come regolarci!

Non si può più esitare. Ascolta Talleyrand che insiste con vari argomenti per trattare ancora. Alza le spalle, annusa alcune prese di tabacco, con calma. Accetta i suggerimenti di Talleyrand. D'accordo, si proponga per esempio agli inglesi di affidare Malta alla Russia, oppure accettino che ci installiamo nel golfo di Taranto, in compensazione di Malta. Ma è convinto che rifiuteranno.

— D'altronde, visto che prima o poi sarà inevitabile combattere contro un popolo che non può sopportare la grandezza della Francia, ebbene, meglio oggi che domani — afferma.

Spalanca la finestra. La giornata, quel 1° maggio 1803, è cristallina. Un plotone di soldati compie esercitazioni nei viali del parco che circonda il castello.

— L'energia della nazione non è stata affievolita da una lunga pace — riprende.

— Io sono giovane, gli inglesi hanno torto, più torto di quanto non ne avranno mai. Preferisco di gran lunga farla finita.

Ormai restano solo pochi giorni di attesa, le ultime decisioni da prendere. Gli piacciono questi momenti, quando l'orizzonte si schiarisce e le linee diventano nette.

Convoca il ministro del Tesoro, Barbé-Marbois.

— Ho deciso — gli comunica. — Concederò la Louisiana agli Stati Uniti. La Francia non è in grado di difenderla contro gli inglesi. Chiederò in cambio una somma di denaro per sostenere i costi degli armamenti straordinari che intendo allestire contro la Gran Bretagna.

Nel frattempo, attende le risposte di Londra alle ultime proposte.

Si distrae. Invita Giuseppina, Ortensia, Carolina e Cambacérès a salire su un calesse nel parco di Saint-Cloud. Decide di condurre lui stesso. Frusta i sei cavalli che si imbizzarriscono. Urtando contro qualcosa, il veicolo si rovescia. Lui si ritrova per terra, contuso.

Tutti si precipitano. Rimane un attimo disteso per terra. Pensa alla guerra. A questo concatenarsi di eventi imprevedibili che possono cambiare il corso delle cose. Si rialza da solo, proibendo agli altri di sostenerlo. Dalla carrozza scendono indenni gli altri passeggeri.

Sta calando la notte. Sente Giuseppina proporre a Ortensia di restare a Saint-Cloud, ma la figlia risponde che suo marito, Luigi, gliel'ha proibito.

Napoleone grida, la sua collera esplode. Contro il fratello e forse anche contro tutto quello che sfugge alla sua volontà, contro il futuro che, in ogni istante, è carico di incertezze.

Il 12 maggio Napoleone è alla Malmaison. Si è alzato prima del solito. Passeggia nel parco. Sente il galoppo di un corriere. Un aiutante di campo gli consegna un plico. È un dispaccio di Talleyrand; annuncia che Lord Withworth ha richiesto il suo passaporto e ha lasciato Parigi. Deve fare tappa a Chantilly, poi raggiungere lentamente Calais. Il generale Andréossy, ambasciatore di Francia, ha già lasciato Londra e si dirige verso Dover. Parigi è tranquilla, ma un folto capannello di curiosi ha seguito in silenzio la partenza di Lord Withworth.

Ormai è la guerra.

Napoleone dà un ordine: intende partire subito per Parigi.

Alle Tuileries conferisce con Talleyrand, detta un'ultima proposta per Withworth, che sarà trasmessa all'ambasciatore a Chantilly.

Nessuno potrà dire, davanti alla Storia, che lui non ha tentato fino all'ultimo momento di evitare la guerra, pur sapendo che ormai è ineluttabile.

Lord Withworth non ha neppure risposto.

Napoleone impartisce ordini. Il generale Mortier deve marciare verso Le Havre e controllare la costa. Poi passa in rivista i seicento allievi della Scuola militare di Champ-de-Mars. La sera assiste a una rappresentazione del *Poliuto* al Théâtre de la République.

L'atmosfera è pesante, i versi di Corneille vengono ascoltati in una sorta di raccoglimento. Napoleone ha la sensazione di sentirli per la prima volta:

La più ferma virtù evita i capricci della sorte,
chi si espone al periglio vuol trovar la sua perdita.

Respinge un moto di inquietudine che lo assale.

Ho un'ambizione, ma più nobile e più bella,
questa grandezza perisce, ne voglio una immortale.

E ogni verso gli parla del presente:

Morendo glorioso, morirò contento,
e lo farò ancora se dovessi farlo.

Il 20 maggio si trova nel suo studio delle Tuileries; arrivano i primi corrieri, mentre si accumulano i dispacci telegrafici. Annunciano che l'Inghilterra ha decretato, a partire dal 16 maggio, senza alcuna dichiarazione di guerra, la cattura delle navi francesi e olandesi e delle loro mercanzie. Alcuni corrieri riferiscono dell'arrembaggio di numerosi vascelli. Probabilmente saranno catturati a centinaia, mentre ci si trova ancora in pace.

Napoleone ordina che alle tre del pomeriggio i portavoce del governo annuncino davanti alle tre Assemblee la rottura della pace di Amiens. In risposta agli atti di pirateria inglese prescrive l'arresto di tutti i cittadini britannici.

Cammina avanti e indietro lentamente nel suo studio, passa nella stanza attigua dove sono state srotolate tutte le mappe.

Dopo dieci anni di guerra, la pace di Amiens non è durata neanche un anno!

Quanto durerà la guerra che sta per cominciare?

Si china sulla mappa della regione di Boulogne. Segue con il dito le coste francesi, poi quelle inglesi.

— Visto che gli inglesi vogliono costringerci a saltare il fosso, lo salteremo — dichiara.

E torna nel suo studio.

— In tre giorni — riprende — con la nebbia e circostanze un po' favorevoli, posso impadronirmi di Londra, del parlamento e della banca. Gli inglesi piangeranno lacrime di sangue alla fine di questa guerra.

La sera del 25 maggio presenzia a una rappresentazione del *Tartufo* al Théâtre Français.

Poi trascorre la notte con Mademoiselle George.

Nel frattempo è stato diramato a tutti i militari in congedo l'ordine di raggiungere immediatamente i loro reggimenti.

20

Napoleone sale sulla carrozza che parte subito, traballando sul selciato del cortile del castello di Saint-Cloud. Non lascia quasi il tempo a Méneval di estrarre penne e calamai, di svolgere i fogli di carta, e comincia a dettare:

"Decisione. Duhamel, un ex militare, chiede di conservare abito e cappotto dell'uniforme che vogliono ritirargli. Inviare al colonnello generale Bessières perché renda giustizia a quel vecchio soldato."

Non guarda nemmeno il segretario. Sta immobile, con gli occhi spalancati, come se davanti a lui scorressero le lettere cui deve rispondere, i proclami che deve annunciare, gli ordini che deve impartire. Prova un piacere fisico a dettare. La sua memoria si libera. Parla con voce tesa, come se leggesse quello che enuncia. Cambia il tono e continua a dettare:

A Giuseppina
Plombières

La tua lettera, cara moglie, mi ha messo al corrente del fatto che sei indisposta. Corvisart mi ha detto che è un buon segno, che i bagni ti stanno facendo l'effetto desiderato e ti rimetteranno in sesto. Ciononostante, sapere che sei sofferente è una gran pena per il mio cuore.

Ieri ho visitato le manifatture di Sèvres e Saint-Cloud.

Mille cose affettuose a tutti.

Per la vita

Bonaparte

Tace per qualche minuto. La penna di Méneval scricchiola sulla carta.

Giuseppina insegue sempre la fecondità. Corvisart ha la pretesa di poterle far tornare le mestruazioni. Ci sarà riuscito? E anche se fosse, sarebbe comunque in grado di dargli un figlio? Un figlio che potrebbe essere l'erede?

Napoleone ricomincia a dettare:

"Il generale Sebastiani deve ricordare agli ussari che un soldato deve essere cavaliere, fante, cannoniere, che è sotto le armi per prestarsi a tutto."

Mentre continua a dettare, pensa alla guerra.

Ci sono solo due strade per sconfiggere l'Inghilterra: attraversare la Manica e marciare su Londra, oppure dominare tutta l'Europa, chiuderla ai prodotti inglesi con un blocco continentale.

Ha già scelto la prima strada. Ormai è solo questione di organizzazione, di volontà e di ostinazione. Deve suscitare le energie, radunarle in un solo fascio.

Scrive a ciascuno degli ammiragli, Bruix, Ganteaume, Latouche-Tréville, e a Decrès, il ministro della Marina. Bisogna convincerli che, malgrado la disparità delle forze (uno a tre a favore dell'Inghilterra, che dispone di 120.000 marinai e di più di 120 navi), è possibile far attraversare il braccio di mare a decine di migliaia di uomini, quelli appunto che stanno marciando verso Boulogne, dove sono stati preparati gli accampamenti per riceverli.

Detta altre disposizioni affinché dovunque, a Le Havre, Cherbourg, Tolone, Brest o Genova, inizi la costruzione di navi. E perfino a Parigi, al quai de la Rapée, dove devono essere varati chiatte e barconi a fondo piatto.

Discutendo con Sganzin, un ingegnere della Marina, e con Forfait, l'esperto di costruzioni navali, gli è venuta l'idea di concepire una flottiglia di piccole imbarcazioni. Scialuppe cannoniere, battelli cannonieri e chiatte trasporteranno centinaia di soldati e cannoni. Saranno in grado di navigare sia a remi sia a vela, mentre la bonaccia può immobilizzare le grosse navi.

Non detta più. Vede già quelle migliaia di imbarcazioni che vanno all'arrembaggio dei vascelli di linea inglesi.

Ci vorranno più di 2000 imbarcazioni. Per la traversata bisognerà sfruttare i due o tre giorni, ce ne sono sempre, in ogni stagione, in cui il mare è assolutamente piatto. Anche se si fosse costretti a sacrificare cento di quelle imbarcazioni, l'operazione sarebbe comunque possibile. Si potrebbero radunare più di 160.000 uomini, di cui 120.000 solo a Boulogne.

Se a questi, pure già sufficienti per ottenere la vittoria, si aggiungessero le flotte di navi d'alto mare venute da Tolone, Brest, Ferrol e Texel, capaci di controllare le acque, fosse anche per soli tre giorni, bloccando in tal modo la squadra inglese, allora il successo militare sarebbe certo.

Certo, agirà solo quando avrà tutte le carte in mano.

— In guerra, senza calcolo non si ottiene niente — spiega a Méneval. — Tutto quel che non è profondamente meditato fin nei minimi dettagli non produce alcun risultato.

Si abbandona sul sedile della carrozza.

— E poi — mormora — ci sono le circostanze impreviste, quelle che fanno fallire i buoni piani di battaglia, e a volte fanno riuscire i cattivi.

Quando la carrozza attraversa place Vendôme, ordina al cocchiere di rallentare, poi di girare intorno alla piazza e di fermarsi qualche minuto.

Immagina il monumento cui pensa da tempo, forse da quando Fontanes, l'amante di sua sorella Elisa, lo paragona in continuazione a Carlo Magno.

Scende dalla carrozza, cammina fino al centro della piazza. Forse appartiene davvero alla razza dei costruttori di imperi.

Alcuni passanti si sono fermati e lo acclamano. Risale in vettura e comincia a dettare:

"Verrà innalzata a Parigi, al centro di place Vendôme, una colonna simile a quella eretta a Roma in onore di Traiano. La colonna sarà sormontata da un piedistallo a forma di semicerchio, decorato con foglie di ulivo, su cui sarà collocata la statua di Carlo Magno."

Rientra nel suo studio. Continua a dettare. È indispensabile che tutte le fonderie della Repubblica lavorino giorno e notte.

Cammina tenendo le mani dietro la schiena. Fiuta una presa di tabacco.

Occorre impartire gli ordini per fabbricare e rifornire di munizioni 400 bocche di fuoco da campagna, senza contare l'artiglieria da assedio.

A che punto è la costruzione delle scialuppe?

Tempesta i responsabili dei cantieri con brevi dispacci che i suoi corrieri recapitano in quai de la Rapée e in quai de Bercy.

Le truppe devono esercitarsi in continuazione. Le navi escano in mare e affrontino le fregate inglesi. Bisogna costruire fortificazioni nel porto di Boulogne. Bisogna, bisogna...

Vuole controllare tutto di persona.

S'imbarca su una chiatta in quai des Invalides e dirige la manovra mentre, sulle sponde, i curiosi si affollano, lo riconoscono e lo applaudono. Si mette perfino ai remi, subito dopo il ponte della Concorde.

Vorrebbe remare così fino a Londra!

Presto sarà alla testa della Grande Armata d'Inghilterra, e verrà il momento dell'invasione.

Riceve Philipp von Cobenzl, cugino del cancelliere d'Austria. Intuisce che Cobenzl è a caccia di informazioni. Vienna, come Berlino, non sa cosa pensare della guerra imminente. Dopo la riorganizzazione dei principati tedeschi dietro suggerimento dei francesi, gli austriaci hanno visto ridursi la loro influenza in Germania. L'imperatore d'Austria non sarà mai più imperatore di Germania.

"Ho già ottenuto questo."

— Le guerre inevitabili sono sempre giuste — esordisce Napoleone.

Poi, con voce piatta, come se non avesse alcuna importanza, aggiunge:

— Questa guerra provocherà sicuramente una guerra anche sul continente. In tal caso...

Osserva Cobenzl. Quest'uomo farà il suo bel rapporto a Vienna. Le cose in questo modo saranno chiare.

— In tal caso — riprende Napoleone — dovrei avere dalla mia parte la Prussia o l'Austria. Non mi sarà difficile ottenere l'alleanza della Prussia, dandole un osso da rosicchiare. C'è una sola potenza temibile in Europa, l'Austria.

A Vienna, ora, decidere in quale campo schierarsi. Scruta il volto di Cobenzl.

"L'Austria deciderà in ragione della mia forza o della mia debolezza. Esiste un'altra legge?

"Occorre quindi che io sia forte, invincibile."

Perciò deve preoccuparsi personalmente di ogni dettaglio.

Va a ispezionare l'accampamento di Boulogne, sceglie alcune residenze fisse per i suoi soggiorni. Partecipa alle manovre delle truppe. Vuole vederle imbarcarsi e poi sbarcare.

Dice a Duroc: — La presenza del generale è indispensabile: è la testa, il cuore di un esercito.

Si trasferirà a Boulogne il 24 giugno 1803.

Ha deciso che il suo seguito, che visiterà innanzi tutto le città del Nord, deve essere imponente. Vuole con sé un distaccamento della Guardia consolare, degli aiutanti di campo, il ministro della Marina, Decrès, e quello dell'Interno, Chaptal, l'ammiraglio Bruix, i generali Soult, Marmont, Duroc, Moncey e Lauriston.

La mattina della partenza sceglie con cura l'uniforme che indosserà. Comandare significa essere visti. Metterà quella dei cacciatori delle Guide, abito verde con guarnizioni arancioni e un piccolo copricapo di feltro nero senza galloni, ma con una coccarda tricolore.

Entra negli appartamenti di Giuseppina. Ha deciso che anche lei prenderà parte al viaggio. Come una sovrana che accompagna il suo re.

Le si avvicina, tocca le pieghe della tunica di mussola d'India e scuote la testa.

Desidera, le dice, vederle indossare vestiti colorati, in taffettà o in satin di seta fabbricati a Lione, e non quelle tuniche in tessuto inglese.

Non l'ascolta nemmeno mentre lei si getta sul divano, nasconde il volto dietro un fazzoletto e piange: non può rinunciare ai suoi vestiti di mussola, a quelle tuniche che tutte le donne eleganti di Parigi indossano.

— Ebbene, non le indosseranno più! — esclama brutalmente Napoleone. E le ordina di smettere di piagnucolare:

— Ricordati che non hai più quindici anni, e neanche trenta, per fare così la bambina!

Le lascia pochi minuti per cambiarsi d'abito.

Lo sa che la Francia è in guerra con l'Inghilterra, e che lui ha deciso di proibire tutti i prodotti inglesi?

Lei è la moglie del primo console e deve dare l'esempio.

Giuseppina ha obbedito; ha scelto un vestito blu di taffettà, ampio. Lui le sorride, poi si dirige verso la berlina. La quadriglia di cavalli sta già scalpitando.

In viaggio, potrà continuare a lavorare. Méneval ha già disposto i dossier nei cassetti sistemati appositamente sulla carrozza.

Napoleone dà il segnale della partenza. Ad aprire il corteo è una prima vettura, quella di servizio, nella quale hanno preso posto i furieri incaricati di preparare le tappe. Dietro la berlina del primo console, una terza carrozza trasporta il suo seguito. Con un cenno ha invitato Giuseppina a salire accanto a lui, ma lei non arriverà fino a Boulogne. Scenderà ad Amiens.

Vuole sapere se nelle città a nord di Compiègne, Montdidier, Amiens, Abbeville, la fine della pace ha provocato cambiamenti nell'opinione pubblica. Ma è presto rassicurato: l'accoglienza che gli viene riservata è entusiastica, dappertutto.

È felice di rimanere solo, dopo Amiens. Ad Abbeville, la mattina di buon'ora, cavalca lungo la costa per quasi sei ore. Il vento è frizzante, la giornata splendida, il mare calmo. In lontananza scorge le vele di una fregata inglese. Si ferma. Laggiù in fondo, nella bruma, gli sembra quasi di distinguere le scogliere della costa inglese.

A Boulogne, il 29 giugno, la popolazione si riversa nelle strade per accoglierlo, benché sia arrivato alle dieci di sera. Percorre rapidamente le stanze della casa che gli è stata destinata, in place Godefroy-de-Bouillon. È impaziente. Sale sulla terrazza da dove può ammirare il porto e la rada illuminata dalla luna.

Rimane lassù a lungo. È come se, oltre i moli, all'orizzonte, vedesse la linea del fronte. Vorrebbe potersi muovere subito, ingaggiare battaglia. Scende, convoca il ministro della Marina Decrès, detta, impartisce ordini, traccia la pianta degli accampamenti e dei porti che vuole realizzare o ampliare.

Dorme solo due ore, alle tre e quindici è già sui bastioni. Gli operai sono al lavoro. Vuole vedere tutto. La costa, i bacini, i primi elementi dei tre forti che ha deciso di far costruire.

Si raccolgono enormi pali che verranno conficcati nella sabbia, in mezzo al canale, sui quali si installerà una ridotta dotati di numerosi pezzi d'artiglieria.

Si reca sulla scogliera di Odre, dove verranno allestite delle baracche per lui e per l'ammiraglio Bruix, che comanderà la flotta, e altre per i generali e il ministro della Marina.

Non sente la fatica ma, al contrario, una grande pace. Finalmente può agire. Le idee si traducono in atti, soldati, operai e marinai.

Alle dieci, quando il sole è già alto, fa scendere in mare le cannoniere e le scialuppe armate per vederle manovrare. D'improvviso appaiono due fregate inglesi, e le cannoniere aprono il fuoco. E quando gli inglesi si ritirano, dappertutto esplodono urla di entusiasmo. Ecco quel che ci vuole per i soldati: il combattimento, la vittoria. Non c'è modo migliore per infondere coraggio.

Quando rientra a Boulogne, alle undici, le autorità sono tutte schierate per accoglierlo. Vede avanzare verso di lui il vescovo di Arras, monsignor de la Tour d'Auvergne. Ascolta il discorso dell'ecclesiastico.

— In questa diocesi — dice con voce commossa monsignor d'Auvergne — il vostro vescovo di Arras si gloria di aumentare il numero degli amici di Napoleone. Perché capisce il valore del ristabilimento della religione dei suoi padri.

Ormai Napoleone ne è sicuro: tiene in pugno questo grande paese. Tiene in pugno la Grande Armata.

— Aiutato dal diritto e da Dio — risponde — vi assicuro che, per quanto disastrosa possa essere, la guerra non costringerà mai il popolo francese a inginocchiarsi davanti a quel popolo orgoglioso che si prende gioco di tutto quel che c'è di sacro sulla terra.

Sa che lo seguiranno dovunque vorrà andare. Sull'altra sponda del mare. E più lontano ancora.

Passa da una città all'altra: Dunkerque, Lilla, Nieuport, Ostenda, Bruges, Gand, Anversa, Bruxelles, Maastricht, Liegi, Namur, Mézières, Sedan, Reims. Non è mai stanco di ricevimenti, di cavalcate. Galoppa alla testa di una piccola scorta. Visita i porti, le fortificazioni, le chiese e le fabbriche.

Si sente a casa in quelle contrade che adesso appartengono alla Francia. Ma è la

Francia o il suo Impero? Quella parola gli frulla spesso in testa, quando riceve le deputazioni degli abitanti di Bruxelles, mentre discute della situazione della Chiesa belga con il cardinal Caprara, il quale ha accettato di accompagnarlo come se fosse un sovrano (e non lo è, forse?).

Ama questa vita di corsa, quando prova la sensazione fisica di andare più veloce del tempo, di lanciarsi verso il suo futuro.

A ogni tappa lavora, scrive, detta. Il 12 luglio mette a punto il piano generale per l'invasione dell'Inghilterra. Si china sulle mappe, verifica il numero delle imbarcazioni a fondo piatto di cui ha ordinato la costruzione. Convoca gli ammiragli, i ministri, i generali.

Se volesse una prova del fatto che è lui il capo, la troverebbe vedendoli spossati, sonnolenti. Deve essere lui a infondere loro la sua energia, lui a dare la sveglia, la carica. Come ai consiglieri di Stato che, durante la preparazione del codice civile, si addormentavano durante la discussione degli articoli.

Da dove gli viene quella forza? quell'impossibilità di fermarsi? quell'obbligo di andare avanti, in fretta, fino al termine.

Quale termine?

Fra qualche giorno compirà trentaquattro anni. Ha lasciato Parigi da quasi un mese, e mentre la berlina si inoltra sulla strada che conduce al castello di Saint-Cloud, in quel tardo pomeriggio dell'11 agosto 1803, pensa a tutti i paesaggi attraversati, divorati giorno dopo giorno, al "delirio d'ammirazione" che l'ha accompagnato lungo tutto il viaggio.

Percorre le gallerie del castello, attraversa i salotti, entra nel suo studio e si mette subito a leggere gli ultimi dispacci.

Getta sul tavolo le carte che ha appena letto, stringe i pugni, annusa una presa di tabacco borbottando. L'energia che ribolle in lui non trova modo di esplodere. Si indigna. L'ammiraglio Truguet gli ha scritto che bisogna rinunciare all'idea di invadere l'Inghilterra perché la marina non è pronta.

Ma che razza di uomini sono? L'Inghilterra ha appena decretato la leva di massa per tutti gli uomini dai diciassette ai cinquant'anni! Gli inglesi dunque sanno che lo sbarco è possibile! E sono pronti a tutto per difendersi. Quali sicari avranno pagato? Un'altra volta Georges Cadoudal?

Il volto stravolto dal furore, legge una lettera nella quale una spia assicura che il conte d'Artois ha passato in rivista le truppe in Inghilterra in compagnia dei generali Pichegru e Dumouriez. Sostiene inoltre che Georges Cadoudal sarebbe rientrato in Francia.

Briganti! Non è soltanto il primo console che vogliono uccidere, ma il figlio della Rivoluzione. Loro, i Pichegru, i Dumouriez, tutta gente creata dalla Rivoluzione, adesso lavorano a fianco di uno *chouan*!

Celebrerà la festa della Repubblica; e inoltre accorderà una pensione a Charlotte Robespierre, la sorella di Maximilien, in ricordo dei tempi passati a Nizza. Perché, dopo tutto, anche Robespierre aveva cercato a modo suo di consolidare la Rivoluzione, e hanno fatto di lui un comodo capro espiatorio.

Briganti!

Probabilmente Fouché ha ragione, il pericolo non si annida tra i vecchi giacobini, ma tra quei briganti al soldo dell'Inghilterra e dei Borboni.

"Desmarets, il responsabile della polizia segreta, non ha appena annunciato l'arresto di due emissari di Georges Cadoudal, Quérelle e Sol de Grisolle, la cui missione non poteva che essere quella di assassinarmi?

"Ma devo accordare tanta importanza a quei briganti, nel momento in cui mi preparo per la più grande delle guerre?"

Pensa ai versi del *Cinna*, la tragedia di Corneille che ama in modo particolare e di cui recita spesso sottovoce lunghi monologhi.

Se esistono per tradirmi spiriti così vili,
la mia virtù almeno non mi tradirà.

Ripetendo quei versi, fa il suo ingresso nel salotto di Saint-Cloud dove Giuseppina sta dando un ricevimento.

Madame de Rémusat, una delle dame di compagnia, ha sentito le sue parole.

— *Cinna?* — mormora.

È bella, indossa un vestito in taffettà rosso e blu. E lui ha voglia di parlare. Le dice: — La tragedia deve essere posta ancora più in alto della storia, perché riscalda l'anima, eleva il cuore. La tragedia può e deve creare degli eroi...

Non risponde neppure a Cambacérès che gli parla della Grande Armata, della paura che ispira all'Inghilterra.

Recita:

Se tale è il destino dei grandi sovrani,
che i loro più grandi benefici attirino solo odi,
per loro niente è sicuro; chi può tutto, tutto deve temere.
Cosa! Tu vuoi che ti si risparmi e non hai mai risparmiato!

Fissa Madame de Rémusat:

— Solo da poco sono riuscito a comprendere la conclusione del *Cinna*. Quando non si basa sulla politica, la clemenza è una virtù talmente povera e insignificante, che quella di Augusto, divenuto di colpo un principe bonario, non mi pareva degna di concludere quella bella tragedia. Ma una volta l'attore Monvel, recitandola davanti a me, ha pronunciato le parole "Siamo amici, Cinna" in un tono così abile e suadente, che ho capito che la sua clemenza era solo la dissimulazione di un tiranno, e ho approvato, in quanto frutto del calcolo, quello che mi sembrava un sentimento puerile.

Si allontana di qualche passo, guarda una dopo l'altra le invitate di Giuseppina, poi, fissando quest'ultima, aggiunge:

— Bisogna sempre recitare questi versi in modo che, tra tutti quelli che ascoltano, solo Cinna si lasci ingannare.

Esce dal salotto.

Ha deciso: questa sera si recherà da solo al Théâtre Français, dove Talma interpreta il *Cinna* insieme a Mademoiselle George.

21

Napoleone è seduto sul tappeto, davanti al caminetto. Il suo sguardo si perde nel fuoco che crepita. Non guarda Mademoiselle George, che si è messa accanto a lui ma dà le spalle al camino, il corpo nudo avvolto in un ampio scialle di seta.

È notte fonda.

Napoleone è diviso tra il rancore e il furore. Ripete fra sé quel che ha detto a Giuseppina prima di salire nei suoi appartamenti privati, dove sa che Georgina l'attende: "Dovrò isolarmi da tutti. Contare solo su me stesso".

È quel che pensa da sempre, dai tempi del collegio di Autun, quando suo padre l'ha lasciato solo; da quelli della Scuola militare di Brienne, quando era bersaglio degli scherni dei compagni. Da sempre, quindi. Non dovrebbe essere sorpreso. Eppure, vorrebbe tutt'altro. Continua a credere che i suoi, la sua famiglia, coloro per i quali ha fatto tanto, dovrebbero aiutarlo, capire cosa vuole, sottomettersi anche loro, come ha fatto lui stesso, alla grande legge superiore del destino e dell'ambizione. Ma ogni volta è una delusione.

Ripete: Mademoiselle Jouberthon! Mademoiselle Patterson!

Georgina si avvicina, gli sfiora la spalla, ma smette subito. Napoleone non sopporta nemmeno il suo contatto. Solo. Ecco che cos'è.

Madame Jouberthon, una donna divorziata, vedova di un agente di cambio, donna leggera, a quel che si dice, avendo sposato Luciano è diventata una Bonaparte!

Mademoiselle Patterson è una giovane americana di Baltimora. Il rappresentante francese negli Stati Uniti gli ha annunciato che Gerolamo Bonaparte, il quale ha abbandonato la nave su cui era imbarcato, si è follemente innamorato di questa Patterson e conta di sposarla quanto prima!

Bella, grande famiglia Bonaparte! Aveva altri progetti, sognava ben altro per i suoi fratelli.

Ebbene, sarà solo, guiderà da solo il suo destino, senza aiuti, dal momento che perfino la sua famiglia si rifiuta di sostenere i suoi progetti. Spera forse Luciano che un figlio di Madame Jouberthon diventi un giorno il successore di Napoleone? E Gerolamo, che non ha ancora vent'anni, può sperare di vedersi attribuire una carica, quando ha deciso di sposare una signorina Patterson di Baltimora?

Non capiscono dunque che per farsi accettare da quelli che regnano per quel che sono, cioè dei prodotti della Rivoluzione, devono cambiare?

Giuseppina non era vergine, no di certo, ma era una Tascher de La Pagerie de Beauharnais! E suo marito, un generale, era stato ghigliottinato!

"Io invece l'ho capito bene."

Adesso è quasi re, e i suoi fratelli non sembrano rendersene conto!

Come fondare una dinastia di fronte a simili resistenze, a una tale cecità fra i suoi! Paolina, per fortuna, non ha pianto a lungo il suo generale Leclerc. Ha ricevuto 500.000 franchi di dote e ha sposato il principe Camillo Borghese. Un nome, diamanti, una fortuna. Forse non avrà un marito nel letto, ma otterrà il titolo di principessa!

Si volta e dice a Georgina che gli piacerebbe sentirla recitare un brano della *Fedra*.

Sale su uno sgabello per cercare le opere di Racine. Intanto recita:

Quali selvaggi costumi, quale odio profondo,
vedendovi, non sarebbero addolciti?

Poi scende dallo sgabello prima di aver trovato il volume.

Le comunica che partirà il giorno dopo per Boulogne.

Prende un pugno di biglietti di banca in un cassetto, li infila come fa sempre tra i seni di Georgina.

Le accarezza la schiena mentre lei esce lentamente dalla stanza.

Ha bisogno del vento di mare, della vista dei battelli nella rada di Boulogne, degli evviva dei marinai quando sale a bordo delle navi, dei sessanta colpi di cannone sparati in suo onore dal vascello dell'ammiraglio Bruix, per cancellare finalmente l'amarezza che lo attanaglia da giorni. Per non pensare più né a Luciano né a Gerolamo, né a questo o quel brigante, o agli scribacchini di libelli, comari da salotto, megere che diffondono pettegolezzi.

Come quell'uccello di cattivo augurio, Madame de Staël, che si ostina a volere rimanere in Francia.

Prima di lasciare Parigi per Boulogne, ha dettato due lettere per il gran giudice Régnier. Non vuole che la figlia di Necker, "quella straniera intrigante, rimanga in Francia, dove la sua famiglia ha già fatto abbastanza male", e il cui arrivo, proprio come un uccello di malaugurio, "è sempre stato l'annuncio di qualche disordine".

"Deve essere cacciata.

"Bisogna imprigionare quel Charles Nodier che continua a scrivere libelli contro di me. E se nei corridoi del carcere di Sainte-Pélagie incontra il marchese de Sade, che ho fatto rinchiudere lì dal marzo 1801 perché era intollerabile e continuasse a schernire Giuseppina sotto il nome di Zoloé, uno dei suoi personaggi dissoluti, bene, sparlino pure di me, se lo desiderano, ma dietro le sbarre.

"Cambiamo aria. Dimentichiamo."

Gli piace molto il castello di Pont-de-Briques, a quattro chilometri da Boulogne, dove ha fissato il suo quartier generale, in prossimità degli accampamenti della Grande Armata.

Dorme poche ore, impaziente di ritrovarsi in mezzo alle truppe. Mangia da solo e si reca spesso alla baracca lunga settanta metri che ha fatto costruire sulla scogliera di Odre. Di là vede il mare, le fregate inglesi che veleggiano al largo, le scialuppe cannoniere.

Sale a bordo di una scialuppa. Va da un'imbarcazione all'altra, salutato dal grido lanciato per tre volte dall'equipaggio: "Viva il primo console! Viva Napoleone Bonaparte!". Di giorno cavalca sulle scogliere, malgrado le piogge di novembre e poi di dicembre.

Di notte fa effettuare manovre alle truppe. Assiste agli imbarchi e agli sbarchi tra gli spruzzi del mare, nell'oscurità. Quando rientra nella sua baracca, scrive a Cambacérès e prova il bisogno di rivivere quel che ha appena vissuto; del resto è necessario trasmettere a quelli che sono rimasti a Parigi l'energia che emana dall'accampamento di Boulogne. Detta:

Sono in una baracca al centro dell'accampamento, sulle rive dell'Oceano. Vedo le coste dell'Inghilterra come si vede il Calvaire dalle Tuileries. Si distinguono le case e i movimenti. È un fosso che sarà superato quando avremo l'audacia di tentarlo. Ho motivi per sperare di poter arrivare, in tempi ragionevoli, all'obiettivo che l'Europa si attende. Abbiamo dieci secoli di offese da vendicare.

Una notte, nonostante il maltempo, si spinge verso una scialuppa ammarata. Il vento soffia a raffiche e piove. Guarda gli ufficiali radunati intorno a lui che abbassano la testa. Vuole imbarcarsi, vedere la linea di ammaraggio. Salta sulla scialuppa, si mette al centro ma, appena sciolti gli ormeggi, l'imbarcazione beccheggia, va alla deriva e, in pochi minuti, si incaglia su un banco di sabbia a poche decine di metri dalla riva. Le ondate la sommergono.

Napoleone viene investito in pieno dalle sferzate del mare, ma si sforza di tenersi in piedi. I marinai si gettano in acqua e, stringendosi gli uni agli altri, cercano di spezzare la forza delle ondate. Poi trasportano Napoleone sulle spalle, fra gli spruzzi, fino a riva.

Lanciano urla di gioia, e gli aiutanti di campo, che sono rimasti a terra, li guardano con una sorta di timorosa ammirazione. Napoleone sa di dover essere quel tipo d'uomo, che stupisce, dà l'esempio, sfida la morte. Più tardi, a notte fonda, detta

ancora alcune righe a Cambacérès: "Ho trascorso tutta la giornata al porto, sulle navi e a cavallo. In pratica, mi sono bagnato tutto il santo giorno. In una stagione come questa, non si potrebbe combinare niente se non si affrontasse l'acqua. Per fortuna, io ci riesco perfettamente. Non mi sono mai sentito così bene".

Gli altri invece sono malati. Come quel prefetto di palazzo, Monsieur de Rémusat, appena arrivato a Boulogne, che non è riuscito a sopportare l'umidità del clima. Perché questi uomini si lasciano abbattere così facilmente?

Fa entrare nel salotto del castello di Pont-de-Briques Madame de Rémusat, che è accorsa al capezzale del marito. La compatisce. Ricorda la loro conversazione sulla tragedia, sul *Cinna*?

— Qui — le confida — non sono mai stato meglio. Il mare è orribile, la pioggia non finisce mai di cadere, ma...

Cambia tono e declama:

Io sono padrone di me e dell'universo,
Io sono e voglio esserlo...

Cinna, vero?

Vuole vederla, visto che si trova all'accampamento di Boulogne. La invita nella sua baracca. Ama incontrarla dopo le sue cavalcate, le uscite in mare. Si confida. Sente che l'affascina. Le racconta le sue campagne. Madame de Rémusat ha solo ventidue anni.

— Il periodo che ho trascorso in Egitto è stato il più bello della mia vita, perché è stato il più ideale...

Lei lo ascolta, a volte contesta le sue idee.

— Lo stile non mi preoccupa — le dice. — Io sono sensibile solo alla forza del pensiero. Amo la poesia di Ossian, perché amo i venti e le onde.

Le si avvicina. Non sente, come lui, la passione della vita?

Naturalmente Giuseppina è gelosa, ma dopo tutto è il suo turno. C'è un movimento naturale nella vita che fa rovesciare le cose in una rivoluzione perpetua, come nella meccanica celeste cara a Laplace. Rilegge la lettera che gli ha scritto Giuseppina: "Ecco il mio desiderio, le mie aspirazioni si riducono tutte al fatto di piacerti, di renderti felice. Sì, la mia volontà è anche quella di piacerti, di amarti o, meglio, di adorarti".

Una volta, dall'Italia, era stato lui a scriverle lettere su quel tono.

Rivede Giuseppina e Madame de Rémusat una accanto all'altra nella sala delle Tuileries dove, il 15 gennaio 1804, sua moglie dà quello che lei chiama "un piccolo ballo".

Sorride a entrambe ma si rifiuta di ballare, e parla con Portalis, Lebrun, Girardin.

Con poche frasi riesce a cambiare le loro opinioni. Li travolge come fossero un battaglione di giovani reclute. Non hanno la statura per resistergli. Portalis difende la libertà di stampa? Riporterebbe presto l'anarchia, replica Napoleone.

— Se i giornali potessero dire tutto, Portalis, non direbbero che Portalis è stato un borbonico di cui devo diffidare? Che è stato favorevole alla loro causa in questa o quella circostanza?

Portalis tossicchia, abbassa gli occhi.

— Ma ormai tutto è dimenticato, caro Portalis.

Fa qualche passo, guarda le coppie che danzano. Qui stanno fianco a fianco l'antico e il nuovo. L'aristocratico e il regicida. Cambacérès accanto a Monsieur de Rémusat.

— In questo paese — prosegue Napoleone — non mancano certo fermenti anarchici. Il numero di quelli che non possiedono niente è aumentato grazie a quelli che hanno posseduto molto. Non esiste nel clero, nell'amministrazione civile, fra i militari, nelle finanze, un solo posto che non abbia due titolari, il vecchio e il nuovo. Immaginate che fermenti rivoluzionari può provocare una situazione del genere!

Fa ancora qualche passo, poi saluta con un sorriso Madame de Rémusat.

È per questo motivo, spiega, che ha istituito il libretto degli operai. Per contenere questi fermenti, perché il padrone sappia tutto di colui che impiega, perché sia il suo capo.

— Ma i partiti complottano — continua. — Sanno che, finché sono vivo, i loro tentativi non possono aver successo.

Fiuta una presa di tabacco, poi incrocia le mani dietro la schiena.

— L'obiettivo dei loro complotti sono io — sostiene. — Io solo. Borbonici, terroristi, tutti uniti per pugnalarmi.

Con lo sguardo fa il giro della sala e aggiunge, rivolgendosi a Cambacérès:

— Per difendermi ho solo la mia fortuna, il mio genio, le mie guardie.

Attraversa la sala con passo rapido e invita Cambacérès a seguirlo nello studio.

Prende dal tavolo una lettera di Desmarets. Il responsabile della polizia politica gli ricorda che cinque "briganti" borbonici sono incarcerati nel Tempio, e vuole sapere che sorte riservare a quegli individui: Picot, Lebourgeois, Ploger e, soprattutto, Desol de Grisolles e Quérelle, che sono stati legati a Georges Cadoudal.

Napoleone legge la lettera. Decide: vuole che i cinque siano tradotti immediatamente davanti a un tribunale militare. Che vengano giudicati e condannati. "Parleranno prima di lasciarsi fucilare" conclude. Poi aggiunge:

— Sento che l'aria è piena di pugnali.

Parte sesta

Io sono la Rivoluzione francese
e la sosterrò fino in fondo

gennaio - 28 giugno 1804

22

Napoleone avanza lungo lo schieramento delle truppe lentamente, a meno di un metro dalla prima fila dei soldati. Si ferma ogni due o tre passi. Guarda l'uomo che rimane immobile di fronte a lui. Lo fissa dritto negli occhi. Riconosce questo, interroga quello. Egitto? Italia? Pronuncia qualche frase. Non ha fretta.

Si sente invulnerabile. Eppure, basterebbe uno solo di quegli uomini perché tutto si fermasse. Immagina il colpo di pugnale di un soldato o di un ufficiale uscito dai ranghi, che gli si precipita addosso, con l'arma in pugno. Potrebbero colpirlo qui, alla gola. Oppure, potrebbero spalargli da una finestra del palazzo. È un bersaglio perfetto, nell'ampio cortile delle Tuileries.

Scorge il consigliere di Stato Réal alla finestra del palazzo che si apre accanto a quella del suo studio. Réal ha paura. Gli ha consigliato di non partecipare alla rivista delle truppe. Napoleone non gli ha neppure risposto. Prima ancora che Réal parlasse e gli riferisse le confessioni rese da quel realista, Quérelle, prima di essere fucilato, gli uomini sono quello che sono, sapeva che avevano scatenato la muta contro di lui. Quanti briganti avevano assoldato per braccarlo? Quanto denaro avevano sborsato per riuscire finalmente a uccidere il primo console?

Tutti i rapporti che da settimane arrivano dall'Inghilterra glielo fanno pensare. Georges Cadoudal, riferiscono le spie, vive a Londra nell'opulenza, e riunisce i suoi complici *chouan*. Nella cricca del conte d'Artois e del duca di Berry non si parla che di spedizioni in Francia. I due Polignac, Armand e Jules, proclamano dappertutto di voler sfidare il primo console Bonaparte.

È così semplice, per l'Inghilterra, pagare degli assassini, mentre le è impossibile sconfiggere la Grande Armata e teme l'invasione dell'isola.

"Se muoio, cosa resta della mia opera? Senza di me, tutto può crollare. Senza di me, l'Inghilterra è vittoriosa.

"Quindi devono uccidermi.

"È la battaglia che devo affrontare prima di scatenare la guerra degli eserciti."

Napoleone ha smesso di nuovo di camminare nel cortile delle Tuileries. Il vento turbina, gelido. I volti dei soldati sono rossi. Il freddo si insinua sotto la redingote. Le dita, malgrado i guanti, sono intorpidite. Ma deve trattenersi ancora, esporsi agli attentati.

Il realista Quérelle ha parlato perché aveva paura di morire, tremava all'idea di affrontare i fucili del plotone di esecuzione.

"Io invece temo solo la sconfitta.

"Dovrei forse tremare per un pugno di briganti?"

Si allontana lentamente dal cortile delle Tuileries.

Réal gli si fa incontro. Ha il volto madido di sudore. Sempre camminando, Napoleone gli annuncia che a partire da oggi, 29 gennaio 1804, Réal assumerà "sotto la direzione del gran giudice, l'incarico di aprire istruttorie e di indagare su tutti gli affari relativi alla sicurezza della Repubblica".

Con l'avambraccio, Napoleone scosta alcuni documenti che si trovano sul grande tavolo sistemato al centro dello studio.

Niente oggi conta più di questa battaglia. Non per difendere la sua vita. A quello penserà il destino. Sente dentro di sé tanta forza e tanta energia, che non nutre alcuna preoccupazione per se stesso. Non riusciranno a ucciderlo. Ma bisogna estirpare il male, tutto il male. Eliminarlo alla radice, perché le cospirazioni sono una cancrena.

"Secondo Quérelle, Cadoudal sarebbe sbarcato in Francia e si troverebbe a Parigi con una banda di *chouan* per impadronirsi della mia persona e uccidermi durante un'imboscata."

Bisogna che Quérelle dica tutto. Bisogna trovare, a partire dalla scogliera di Biville, dove gli *chouan* sbarcano tra Dieppe e Le Tréport, tutti i nascondigli dove si sono rifugiati, i complici che li hanno aiutati.

— Voglio sapere tutto: i luoghi, gli uomini, tutte le fila della cospirazione. Tutto.

Réal è stato l'uomo di Fouché. E anche se quest'ultimo non è più ministro, resta comunque un alleato prezioso. Era lui che, poco tempo prima, parlava di "aria piena di pugnali". Deve fare affidamento su Fouché.

"Su di lui posso contare. Ma su chi altro?"

Murat, governatore militare di Parigi dal 15 gennaio. E poi il generale Savary, comandante della gendarmeria d'élite.

— Dovete tenermi al corrente di tutto in ogni momento — comunica Napoleone a Réal.

La caccia è aperta. Hanno voluto fare di me una preda. Vedremo per chi suona l'*hallali*.

Il mese di febbraio è gelido. Napoleone si alza ancora prima del solito e raggiunge subito il suo studio alle Tuileries.

Il fuoco nel caminetto è sempre acceso.

Il primo console rimane spesso lunghi minuti immobile, le mani tese verso le fiamme, gli occhi fissi nel vuoto.

I rapporti di Réal si accumulano. I messaggi di Savary si moltiplicano. Il generale si è recato personalmente alla scogliera di Biville. Lui e i suoi gendarmi si sono travestiti da contadini e contrabbandieri. La scogliera è percorsa da una faglia che i contrabbandieri utilizzano per salire dal mare, con l'aiuto di corde. Scalano così due o trecento piedi. La zona corrisponde precisamente alle descrizioni rese da Quérelle nella prigione del Tempio. È stato arrestato un certo Troche, un orologiaio di Eu che ha assistito e aiutato ben tre sbarchi. Era lui a fare da guida. Non conosce il nome degli individui che sono entrati in Francia, ma sa che si tratta di gente di alto rango, perfino generali. Può confermare lo sbarco di Cadoudal.

Quindi, Cadoudal è davvero in Francia da alcune settimane e si nasconde a Parigi.

La collera invade Napoleone. Ma è mai possibile che non si riesca a trovarlo?

Ricorda l'incontro alle Tuileries con quello *chouan* dal corpo taurino e la testa enorme. Ricorda la brutalità dell'uomo, il suo odio.

Convoca Réal.

Ci sono novità? Esige l'invio di corrieri a ogni arresto, a ogni confessione. Vuole che Réal gli riferisca ogni giorno i risultati dell'inchiesta.

Finalmente si calma, rimane solo.

Réal, Murat e Savary vedono soltanto un aspetto di questa guerra. Come sul campo di battaglia, sono bravi a eseguire fedelmente gli ordini. Ma lui, generale in capo, immagina e intuisce. Questa cospirazione è davvero importante, a misura della posta in gioco. Immensa. Quindi le sue ramificazioni devono essere numerose e profonde. Per Londra infatti, che paga i congiurati e li fa entrare in Francia, si tratta di vincere la guerra imminente.

"Vogliono uccidermi per spezzare le energie della Francia."

Su chi possono contare gli inglesi in Francia? Sui vecchi oppositori, i generali invidiosi. Pensa a Moreau, che si è ritirato nei suoi possedimenti di Grosbois. Secondo i rapporti degli informatori della polizia, costui si fa beffe pubblicamente delle dichiarazioni moralistiche del Concordato, della Legion d'Onore, del primo console. Durante un pranzo ha decorato il suo cuoco con l'ordine della casseruola. Sua moglie è una creola, discendente di una famiglia rivale di quella di Giuseppina. Questa donna ha rifiutato di portare il lutto per la morte del generale Leclerc. Per succedere al primo console, Londra forse ha scelto proprio Moreau, un uomo dall'ambizione sfrenata, che da anni cova gelosia nei confronti di Napoleone.

Moreau! E poi ci saranno sicuramente anche altri generali, come Pichegru, che si trova in esilio a Londra. Augereau? Bernadotte? Probabilmente attendono un segnale. E al loro fianco i Borboni, che sfilano in parate, sognano vendette, la restaurazione della monarchia.

Napoleone attizza il fuoco.

È l'ultima prova prima della vera battaglia.

Réal gli annuncia l'arresto di Picot, un domestico di Cadoudal, oltre a quello di Bouvet de Lozier, che è stato aiutante generale dell'esercito dei principi nonché il più importante collaboratore di Cadoudal.

Ha tentato di suicidarsi, comunica Réal. Lo rianimano. Vuole parlare. Ecco quel che ha cominciato a scrivere: "È un uomo che ritorna dall'ingresso della tomba, ancora coperto dall'ombra della morte, che chiede vendetta contro coloro che, con la loro perfidia, hanno gettato lui e il suo partito nell'abisso in cui si trova".

È come se, di colpo, il fronte nemico si spezzasse in un punto.

È lì che occorre insistere, concentrare tutte le forze.

Réal deve interrogare Bouvet de Lozier fino a fargli confessare tutto. Tutto. Un uomo che ha visto la morte da vicino non è più lo stesso.

"Aspetto."

Il 13 febbraio 1804 Réal si presenta alle Tuileries alle sette di mattina. Napoleone è in bagno, in compagnia di Constant. Si sta rasando.

Interroga con lo sguardo Réal, che ha sul volto i segni di una notte insonne. È impaziente, lancia un'occhiata a Constant. Napoleone sembra non prestare alcuna attenzione alla presenza del suo cameriere.

— Bouvet de Lozier... — esordisce Réal, poi si interrompe.

— I generali Moreau e Pichegru... — riprende con voce acuta, esaltata.

"Due nomi altisonanti, che confermano i miei presentimenti."

Napoleone si precipita, mette una mano sulla bocca di Réal, lo trascina in camera sua, lontano da Constant.

Ascolta tutto il rapporto. Lo immaginava, eppure, in fondo al cuore, non poteva credere al tradimento di Moreau. Ma la testimonianza di Bouvet de Lozier è inesorabile. Moreau ha incontrato il generale Pichegru, rientrato in Francia attraverso le scogliere di Biville. Hanno discusso a lungo in più di un'occasione. Pichegru ha organizzato un incontro tra Moreau e Cadoudal sul boulevard de la Madeleine. I tre uomini hanno confabulato per svariati minuti. Secondo Bouvet de Lozier, Cadoudal si è allontanato furibondo. Moreau e Pichegru desiderano sì rovesciare il primo console, ma a loro vantaggio. Moreau sostituirebbe Napoleone, ma entrambi rifiutano di nominare Georges Cadoudal terzo console.

— Ma voi allora state lavorando per i vostri interessi, non certo per il re! — ha detto Cadoudal. — Se dovesse essere così, giacobino per giacobino, preferisco ancora quello che c'è adesso.

È proprio la grande battaglia. Napoleone si indigna.

Hanno tentato di riunire contro di me tutti quelli che vogliono eliminarmi. E già si azzuffano tra loro. Però la partita non è ancora vinta. Moreau è un generale che gode di grande popolarità, che ha accumulato vittorie, è amato dalla gente e dai soldati che lo credono repubblicano. Quanti alleati ha? Chi, del Tribunato e del corpo legislativo, potrebbe seguirlo? Accusarlo mentre Cadoudal e Pichegru sono ancora uccelli di bosco sembrerebbe una grossa ingiustizia. Agli occhi dell'opinione pubblica significherebbe apparire come un tiranno geloso.

Napoleone deve meditare, soppesare ogni questione.

Occorre arrestare Pichegru mentre è a Parigi, afferma. Poi mormora:

— Ah, Réal, adesso capisco molte cose! Vi ho già detto che non controllate neanche un quarto di questo affare.

Si avvicina a Réal.

"Devo spiegargli, se non c'è ancora arrivato da solo, che questa cospirazione, in questo febbraio del 1804, è forse il momento più terribile dopo il 18 brumaio, il momento in cui la più grande potenza mercantile del mondo, l'Inghilterra, sparge il suo oro sulla Francia perché tutti quelli che mi sono ostili mi attacchino e uccidano."

— Nemmeno adesso sapete tutto, Réal — gli confida Napoleone. — Ma per il momento non vi dirò di più!

Deve rimanere solo.

È una guerra. Occorre saper sfruttare gli errori del nemico. Stavolta Moreau si è scoperto. Non è più soltanto il generale geloso, l'ironico partigiano della Fronda, il marito innamorato di una moglie invidiosa; adesso è un cospiratore che tratta con l'assassino Cadoudal, l'agente dei principi, l'organizzatore dell'attentato del marchingegno infernale. E anche con il proscritto Pichegru, stipendiato da Londra. Con questo, Moreau è condannato.

"Se voglio, posso distruggerlo. È nelle mie mani. O si inginocchia, o è finito."

Quel 14 febbraio 1804, nel bel mezzo della notte, ha convocato un Consiglio segreto. Aspetta che siano tutti seduti in cerchio nella sala del Consiglio, alle Tuileries. Ci sono Cambacérès e Lebrun, i due consoli, uno accanto all'altro. Régnier, il gran giudice, si tiene un po' in disparte. Fouché si è seduto lontano da tutti. Sorride.

"Di certo ha già saputo tutto da Réal. E forse sapeva ancor prima di me."

Ci vuole concisione. Napoleone parla in modo concitato. La cospirazione è evidente. La polizia sta dando la caccia a Pichegru e a Cadoudal. Li prenderanno, o vivi o morti. Ma bisogna pensare anche alla banda dei sicari, a quelli che vogliono rapirmi, uccidermi. E poi c'è Moreau.

Tace. Aspetta. Conosce la prudenza di quegli uomini. La vigliaccheria di alcuni di loro.

— Se non facciamo arrestare Moreau... — riprende con voce calma.

Si alza e cammina.

— Diranno che ho paura di lui! — esplode. — Ma non sarà così. Sono stato il più clemente degli uomini, ma diventerò il più terribile, se necessario. E colpirò Moreau come chiunque altro, dato che è coinvolto in complotti odiosi per le loro finalità e vergognosi per le complicità che presuppongono.

Approvano tutti. Ordinerà dunque l'arresto di Moreau.

Trattiene solo Régnier. Moreau sarà giudicato dal tribunale criminale della Senna, e non da un Consiglio di guerra.

— Altrimenti diranno che mi sono voluto sbarazzare di Moreau facendolo assassinare giuridicamente dalle mie stesse creature.

Una piega amara appare sulla bocca. L'accuseranno comunque di temere in Moreau un pericoloso rivale.

Dorme poco. La mattina del 15 febbraio sale in camera di Giuseppina. Si mette a giocare con Napoleone Carlo, il figlio di Luigi e Ortensia. Accarezza il bambino. È pervaso di quella lucidità mista a stanchezza che segue le notti insonni.

— Sai che cosa ho appena fatto? — dice alla moglie. — Ho appena ordinato l'arresto di Moreau. Questa decisione susciterà un gran chiasso, non credi? Diranno che sono geloso di Moreau, che è una vendetta, e altre mille meschinità del genere! Io, geloso di un Moreau! Questa poi! Mi deve gran parte della sua gloria... Gli ho impedito almeno venti volte di compromettersi, l'ho avvertito che avrebbero cercato di creare discordia tra noi, anche lui se ne rendeva conto, ma è debole e orgoglioso, e si lascia manovrare dalle donne.

Napoleone ha una smorfia di disprezzo.

— Lo hanno spinto i partiti.

L'aiutante di campo gli consegna un dispaccio. Moreau è stato arrestato per strada, nelle vicinanze della sua tenuta di Grosbois. L'hanno rinchiuso nel Tempio. Il generale non ha perso la sua calma.

Napoleone straccia il dispaccio.

"Moreau non immagina neanche le prove che ho contro di lui, le testimonianze di cui dispongo.

"Bisogna informare l'esercito, prevenire le calunnie."

Detta una lettera.

Al generale Soult

Moreau è stato arrestato. Sono stati arrestati anche quindici o sedici briganti. Gli altri si sono dati alla fuga. Sono stati sequestrati una quindicina di cavalli e delle uniformi che dovevano servire per aggredirmi sulla strada che conduce da Parigi alla Malmaison, o su quella tra la Malmaison e Saint-Cloud, con la mia scorta che abitualmente è composta da venti uomini, come sapete.

Convoca Murat.

Occorre guidarlo con mano ferma: ha coraggio, ma è una testa vuota. Lusinga Murat, gli chiede notizie di Carolina, sua moglie, si complimenta con lui per il comportamento delle truppe di Parigi, città di cui è governatore.

Murat è tutto fiero.

— Bisogna che Parigi sia coperta di manifesti che svelino il complotto e annuncino l'arresto dei briganti e di Moreau — gli dice Napoleone. E aggiunge:

— Voglio che Parigi venga chiusa e isolata.

Fiutando tabacco e lanciando di tanto in tanto uno sguardo a Murat, Napoleone precisa i provvedimenti che dovranno essere adottati. Tutti possono entrare a Parigi, ma nessuno ne può uscire. Le guardie a piedi saranno dislocate presso le porte della capitale, mentre quelle a cavallo effettueranno continue ronde lungo le mura esterne; i marinai della Guardia pattuglieranno la Senna giorno e notte. Pena di morte per chi nasconderà Georges Cadoudal e Pichegru.

Una guerra implacabile.

Legge tutti i rapporti di polizia. Per vincere, occorre vedere tutto, sapere tutto, non lasciarsi ingannare da niente.

Si è seduto. Ha davanti a sé i dossier contenenti i rapporti del 18 febbraio 1804. Si sforza di mantenere la calma. Legge il testo di un manifesto affisso ai muri durante la notte.

> MOREAU L'INNOCENTE, L'AMICO DEL POPOLO,
> IL PADRE DEI SOLDATI, È IMPRIGIONATO.
> BONAPARTE, UNO STRANIERO,
> UN CORSO DIVENTATO USURPATORE
> E TIRANNO!
> FRANCESI, GIUDICATE!

Sui muri si può leggere anche l'anagramma di Buonaparte:

> NABOT A PEUR*

Balza in piedi. Paura? La collera lo sommerge. Di Moreau? Di quel brigante? Di Cadoudal e Pichegru?

Esce dallo studio. Oggi è il giorno in cui riceve i diplomatici. Nei rapporti che gli sono stati trasmessi dalla polizia ha letto che tra le persone arrestate figura anche uno svizzero, attaché all'ambasciata di Russia. L'ambasciatore Markov ha chiesto la sua liberazione.

Si dirige immediatamente verso l'ambasciatore e lo interpella:

— La Russia crede forse di avere su di noi una tale superiorità da permettersi simili comportamenti?

Fa un passo indietro e alza ancora la voce:

— Ci crede forse dei pezzenti per sopportare cose del genere? Be', si sbaglia!

Allontanandosi, butta lì:

— Non sopporterò offese da nessun principe della terra!

Poi lascia il salotto e rientra nel suo studio. Riprende la lettura dei rapporti.

Si dice che lui ha riesumato il Comitato di salute pubblica, che sono tornati i tempi del Terrore.

Alza le spalle. Perché no, se risulta necessario per combattere i prìncipi?

Riferisce uno di quei rapporti:

> Tutti parlano dell'arresto del generale Moreau. Tutti i militari che hanno servito ai suoi ordini lo dicono incapace di immischiarsi in una cospirazione, che è un uomo as-

---

* Il nano ha paura.

solutamente onesto, affabile, popolare, un benefattore oltre che un buon generale. Guardano a lui come a un padre e verserebbero volentieri per lui fino all'ultima goccia del loro sangue. Sostengono che questo arresto è una faccenda politica, e non ha nulla a che fare con la giustizia.

Getta sul tavolo il rapporto.

La sua collera si è placata.

"La ragione deve vincere. Moreau gode ancora di grande sostegno nell'opinione pubblica. Se accettasse la mia clemenza, potrei dire come Augusto: siamo amici, Cinna."

Convoca il gran giudice Régnier. Chissà se è l'uomo giusto? Se Fouché fosse ancora ministro della Polizia, ci sarebbe maggior efficienza. Forse Pichegru e Cadoudal sarebbero già stati arrestati.

— Andate a interrogare Moreau in carcere — ordina Napoleone a Régnier. — Conducetelo con la vostra carrozza alle Tuileries, che discuta tutto con me e sono disposto a dimenticare gli errori provocati dalla gelosia, che appartiene più alla sua cerchia che al generale.

Régnier sembra sconvolto.

— Mi avete sentito o no? — ripete più volte Napoleone.

Poi aspetta.

Quel che conta, adesso, è spezzare Moreau, e poco importa che sia condannato o sottomesso.

Le ore scorrono.

Il gran giudice ritorna. Moreau non ha accettato di incontrare il primo console, spiega. Napoleone si gira su se stesso. Moreau è un imbecille. Cadrà appena Pichegru e Cadoudal verranno arrestati.

Ha dato ordine di avvertirlo immediatamente in caso di arresti.

Nella notte tra il 26 e il 27 febbraio lo svegliano. Pichegru è stato bloccato nel suo letto, in rue Chabanais 39. Denunciato, come era prevedibile, per 100.000 franchi, Pichegru ha lottato a lungo prima di essere trascinato via, legato e avvolto nelle coperte. L'hanno condotto dinanzi a Réal e subito dopo alla prigione del Tempio.

"Chi si ricorda del brillante generale Pichegru? Di quand'era all'apogeo della sua fama, presidente dell'Assemblea dei Cinquecento, ex docente di matematica alla scuola di Brienne e proscritto nel 1797 quando, a fruttidoro, inviai Augereau a servire Barras?"

Ma non c'è tempo per pensare al destino di Pichegru. Cadoudal è ancora in libertà.

Nelle ore successive vengono arrestati anche Armand e Jules de Polignac e Monsieur de Rivière.

"Ecco che sono stati presi anche i rappresentanti degli aristocratici con cui ho inutilmente tentato di riconciliarmi! E gli *chouan* arrestati confermano nelle loro confessioni che era atteso l'arrivo di un principe, dopo la mia morte, per riconquistare il paese."

Un principe? Un Borbone? Il conte d'Artois? Il duca di Berry? Chi altro?

Napoleone dice a Talleyrand:

— I Borboni credono di poter versare il mio sangue come quello del più vile degli animali. Ma il mio sangue vale quanto il loro. E gli restituirò il terrore che vogliono ispirarmi. Perdono a Moreau la sua debolezza e il fatto che si sia lasciato trascinare da una stupida gelosia.

La voce si alza, secca, tagliente:

— Farò fucilare senza pietà il primo principe che cadrà nelle mie mani. Così vedranno con chi hanno a che fare.

È l'alba del 1° marzo 1804. Napoleone ha freddo. Ha dormito pochissimo. Si ferma alcuni minuti davanti al caminetto, poi passa dallo studio alla stanza dove sono dispiegati i piani di battaglia e le mappe. Li guarda ma se ne disinteressa quasi subito. Non vuole, non può pensare all'invasione dell'Inghilterra. Almeno per il momento. Non legge più nemmeno i dispacci che gli arrivano dall'ammiraglio Bruix. Dopo, quando la cospirazione sarà stata schiacciata e tutte le radici saranno state estirpate, potrà pensare di nuovo all'invasione, alla Grande Armata.

Ma non è ancora suonata l'ora. Cadoudal si aggira per Parigi con i suoi assassini, i suoi scagnozzi. Moreau tace o nega; Pichegru, nella prigione del Tempio, gira in tondo come un cane rabbioso. E l'opinione pubblica è incerta, non è ancora convinta, malgrado gli arresti, della realtà del complotto.

Napoleone torna al tavolo di lavoro. Ha fatto arrivare dagli archivi del ministero della Polizia i documenti relativi alla cospirazione di Rennes, alcuni libelli redatti e spediti da ufficiali vicini al generale Bernadotte. Quasi due anni prima. Dei manifesti avevano coperto i muri di Rennes.

Ritrova i rapporti di polizia che riproducono i testi di quei manifesti, a volte scritti a mano.

VIVA LA REPUBBLICA! MORTE AI SUOI NEMICI!
VIVA MOREAU!
MORTE AL PRIMO CONSOLE E AI SUOI PARTIGIANI!

Moreau! Dunque la cospirazione è radicata, va avanti da tempo. Non è ancora riuscito a piegare quei pochi ufficiali che, da anni, gli si oppongono in modo sotterraneo e prudente.

Ricorda. Nel 1797, all'epoca del 18 fruttidoro, Moreau aveva sequestrato dei documenti tra i bagagli del generale austriaco Klinglin; rivelavano che già allora Pichegru aveva avviato trattative con i principi e con il nemico. Moreau aveva consegnato i documenti solo quando i realisti erano stati sbaragliati a Parigi.

Ecco il vecchio legame.

È ora di farla finita.

Convoca Roederer.

Lo guarda avanzare. Roederer appartiene a quegli uomini che hanno legato il loro destino al suo.

Napoleone spinge verso di lui i documenti sequestrati da Moreau. Vuole che li esamini.

Roederer si indigna. Come può, l'opinione pubblica, accordare credito a quel Moreau?

Napoleone si avvicina alla finestra.

— Non mi conoscono ancora — dice con voce sorda. — Non ho fatto ancora abbastanza per farmi conoscere.

Roederer si stupisce, scuote la testa.

— Stimo i parigini per questa loro diffidenza — riprende Napoleone. — È la prova che non si inginocchiano come schiavi davanti al primo venuto.

Guarda di nuovo fuori dalla finestra.

— Vi ho sempre detto che mi sarebbero serviti almeno dieci anni per portare a termine il mio piano — aggiunge con voce nervosa. — Infatti siamo solo agli inizi.

Rimane solo. Si sente forte. È fatto per presiedere ai grandi destini del paese. È l'unico in grado di rispondere alle attese della nazione francese. Non vuole consegnare la Francia né all'odio degli emigranti, i Cadoudal, i Polignac, i principi, i Borboni, né abbandonarla al partito avverso.

"Lui, Napoleone, è l'uomo fatto per dare stabilità."

Per riuscirci, deve riorganizzare intorno a sé una monarchia, per sé, in sé.

Forse questa cospirazione crea l'occasione propizia per agire.

Schiaccia il complotto e fonda la propria dinastia.

È teso, come se tutto il suo corpo vibrasse.

Méneval gli consegna i rapporti che sono appena stati trasmessi alle Tuileries. Uno di questi segnala l'arresto del maggiore Rusillon. Il realista conferma che Cadoudal si trova tuttora a Parigi e che si è incontrato con Moreau e Pichegru. Rusillon, precisa il rapporto, ha confessato tutto quello che sa "con un'ingenuità che rasenta l'idiozia".

E sarebbero quelli gli uomini che vorrebbero dirigere la nazione, un'accolita di intriganti maldestri, ciechi, incapaci!

Napoleone apre in fretta un altro dossier e inizia a leggere con attenzione il rapporto di Méhée de La Touche. Sa tutto di questo agente segreto, un maestro dello spionaggio passato da un campo all'altro.

Sfoglia rapidamente le poche pagine del rapporto. L'uomo è in ottimi rapporti con gli inglesi che l'hanno reclutato. Dopo essere stato successivamente al servizio di Luigi XVI e di Danton, è stato coinvolto nei massacri del settembre, prima di diventare informatore della polizia del Direttorio e, infine, di Fouché.

C'è un nome che torna più volte nel rapporto: "Louis-Antoine Henri de Bourbon, duca d'Enghien". Questo principe si troverebbe nella regione di Baden, in prossimità della frontiera francese, a Ettenheim. Sarebbe costantemente in rapporto con i realisti dell'Alsazia e gli emigrati installati a Offenburg.

Un principe di sangue blu, cugino di Luigi XVIII, un Condé, un Borbone.

"Forse è il principe che tutti attendono ed è pronto, se mi uccidono, a rientrare con facilità in Francia."

Napoleone vuole vedere Réal, immediatamente. Vuole sapere tutto del duca d'Enghien. Vuole che la gendarmeria del generale Moncey svolga subito controlli per confermare la presenza del principe a Ettenheim.

Forse è finalmente riuscito a svelare il mistero. Ed è venuto il momento di sferrare un grande colpo. Napoleone reclama da Desmarets informazioni sul duca d'Enghien.

Poche ore dopo può leggere i rapporti della polizia. Il duca si è arruolato come generale nell'esercito dei principi e nelle armate nemiche. È stato uno dei generali più determinati e coraggiosi. La polizia lo sorveglia da mesi e ha potuto constatare che il duca d'Enghien intrattiene frequenti contatti con gli emigrati, i capi del partito realista e, soprattutto, i suoi vecchi compagni d'arme rientrati in Francia. Suo nonno, il principe di Condé, ha negoziato il tradimento di Pichegru.

Napoleone stringe i pugni.

Ecco che i fili si ricongiungono, la cospirazione si annoda.

Più volte, precisano le informazioni della polizia, il duca d'Enghien ha esaltato i meriti del generale Moreau. Un avversario leale e valoroso, ha scritto.

Un principe di sangue reale.

Il generale Pichegru.

Il generale Moreau.

E Cadoudal, l'esecutore.

Ecco la cospirazione messa a nudo.

L'impazienza rende Napoleone febbrile. Vorrebbe agire lui stesso in prima persona. Ma forse il duca d'Enghien ha già lasciato Ettenheim.

Ogni giorno Napoleone martella Réal. Ha ricevuto il rapporto del generale Moncey? I gendarmi hanno visto il duca d'Enghien a Ettenheim?

L'8 marzo 1804, come ogni giorno durante quelle settimane, Napoleone si è alzato all'alba.

Fa fretta a Constant e Rustam, poi scende negli appartamenti di Giuseppina, ma vi si trattiene solo qualche minuto. Risale nel suo studio. Cosa aspettano per portargli i primi dispacci della giornata?

Méneval gli consegna una lettera del generale Moreau.

Napoleone la legge con una smorfia di disprezzo. Moreau non ha né il coraggio di confessare i suoi atti, né l'audacia di rivendicarli, né l'intelligenza di chiedere la grazia. Cerca di argomentare, riconosce i suoi contatti con i cospiratori e afferma che, sì, "gli sono state fatte alcune proposte, ma lui le ha respinte, in base alle sue convinzioni, considerandole pura follia".

— Al giudice! — esclama Napoleone, restituendo la lettera a Méneval.

Moreau ha detto abbastanza per rivelare di aver mentito e di essere stato sollecitato a partecipare a una cospirazione di cui ha nascosto l'esistenza.

E con ciò è finito.

Méneval gli porge una lettera di Talleyrand.

"Scommetto che il ministro degli Esteri sa già che sto indagando sul duca d'Enghien."

"Se la giustizia" scrive Talleyrand "obbliga a punire con rigore, la politica esige che si punisca senza eccezioni."

"Abile, Talleyrand. Fedele per interesse. Come Fouché. Due uomini sui quali posso contare finché la Fortuna è dalla mia."

Ed è così.

Réal entra nello studio sventolando il rapporto del maresciallo Lamothe, della gendarmeria nazionale, che il 4 marzo si è recato a Ettenheim:

— Ho saputo che il soprannominato duca d'Enghien è ancora a Ettenheim, con l'ex generale Dumouriez.

Napoleone dà in escandescenze.

"Anche Dumouriez! Dumouriez, che è passato al nemico nel 1793. Si sono radunati tutti, i traditori, in questa losca cospirazione per uccidermi."

Urla, si avventa contro Réal.

Lo minaccia con il pugno. Il maresciallo Lamothe segnala anche la presenza a Ettenheim di un inglese, quasi sicuramente Spencer Smith, incaricato da Giorgio III di reclutare le spie e pagare i traditori.

— Come! — esclama Napoleone. — Non mi dite nemmeno che il duca d'Enghien si trova a quattro leghe dalla mia frontiera per organizzare complotti militari?

Cammina furioso su e giù per la stanza.

— Sono dunque un cane che si può ammazzare in strada, mentre i miei assassini sono sacri?

Ritorna verso Réal.

— Vogliono attentare alla mia persona! — urla. — E io restituirò colpo su colpo. Saprò sventare i complotti. La testa dei colpevoli sarà la mia giustizia!

Il 9 marzo, alle sette di sera, Cadoudal viene catturato dopo un inseguimento da place Maubert a rue Quatre-Vents, nel quartiere dell'Odéon. Si è difeso, ha ucciso un agente e ne ha ferito un altro. La folla ha aiutato i gendarmi nell'inseguimento e nella cattura.

È stato rinchiuso in una cella del Tempio. La partita è quasi vinta.

Rimane ancora il principe.

— Non sono stato io a detronizzare i Borboni — dice Napoleone a Caulaincourt. — In verità, possono prendersela solo con se stessi. Invece di perseguitarli, di maltrattare i loro amici, ho offerto loro delle pensioni, ho accolto i loro servitori.

Mostra a Caulaincourt il primo rapporto sull'interrogatorio di Georges Cadoudal. Legge: "Cadoudal ha riconosciuto che il pugnale che gli è stato trovato addosso era inglese. Ha assistito senza battere ciglio all'identificazione del corpo dell'agente che ha ucciso".

— I Borboni — riprende Napoleone — hanno risposto ai miei atti armando gli assassini.

Poi aggiunge, determinato:

— Sangue chiama sangue.

24

Napoleone li sente entrare nello studio: solleva un istante la testa e, con un cenno, invita i due consoli Cambacérès e Lebrun, il gran giudice Régnier, Murat, Réal, Talleyrand e Fouché a sedersi. Poi si china di nuovo sullo scrittoio.

Dal momento dell'arresto di Cadoudal, la sera precedente, i rapporti si stanno accumulando. È arrivata la seconda parte dell'interrogatorio del capo *chouan*. Napoleone non prova alcun disprezzo per quel lottatore che confessa con insolenza "di essere venuto a Parigi per colpire il primo console, e che l'aggressione doveva essere violenta".

Evidentemente, Georges non ama essere definito un assassino! Vuole cancellare il ricordo del marchingegno infernale. Afferma di non aver mai avuto intenzione di assassinare. Sofismi.

Napoleone continua a leggere. Quello che gli importa, oggi, è la frase in cui Georges dichiara a sua volta, come altri capi *chouan* arrestati, che "per agire attendeva l'arrivo di un principe francese a Parigi, e il principe non era ancora arrivato".

Un altro prigioniero, Léridant, alla guida della carrozza su cui Cadoudal ha cercato di fuggire, ha reso confessioni ancor più dettagliate: — Ho sentito spesso parlare del fatto che si attendeva un giovane principe. E ho visto arrivare da Georges, a Chaillot, un giovanotto di una trentina d'anni, ben vestito, bel fisico, con un'aria molto distinta. Ho pensato che potesse essere il principe di cui avevo sentito parlare.

Napoleone sposta con la mano i documenti, scruta il volto degli uomini seduti a semicerchio intorno al tavolo.

Chi potrebbe essere questo principe, se non il duca d'Enghien?

La decisione è presa. Farà rapire il principe a Ettenheim, nel Baden. In un paese straniero. Tuttavia, se il colpo di mano riesce, saranno costretti ad abbozzare. Il duca d'Enghien sarà giudicato. Lo condanneranno. È la guerra. È stato il duca d'Enghien a volerla. Dumouriez è con lui. Esitare vorrebbe dire indebolirsi, forse perdere.

Napoleone vuole che ciascuno degli astanti si esprima chiaramente. Ciò gli consente anche di conoscere i suoi collaboratori, in un momento così cruciale. Anche se la scelta è fatta, può valutarla di fronte agli argomenti di quelli che si oppongono.

Cambacérès, il viso arrossato, è l'unico a prendere la parola.

— Penso che se un personaggio come un membro della famiglia dei Borboni fosse in vostro potere, il vostro rigore non arriverebbe fino a...

— Non ho alcuna intenzione di rispettare quelli che mi scatenano contro i sicari — taglia corto Napoleone.

Si avvicina a Cambacérès.

— Certo — riprende questi. — Ma se catturassimo il duca d'Enghien, penso che basterebbe tenerlo in prigione come ostaggio.

Napoleone lo fissa.

— Siete diventato tutt'a un tratto molto avaro del sangue dei Borboni — conclude seccamente.

Che uomini sono questi? Temono forse gli atti che hanno compiuto e si illudono che, rinnegandoli, saranno perdonati?

Napoleone entra nella sala delle mappe. Una volta ottenuta l'approvazione alla sua decisione, vuole dettare immediatamente ordini precisi per mettere in moto tutta l'operazione. Ha convocato il generale Berthier, ministro della Guerra.

Si volta. Cambacérès l'ha seguito. Con un cenno del capo, Napoleone gli fa capire di provare della stima per l'ostinazione del console.

— Voi siete rimasto estraneo ai crimini della Rivoluzione — gli confida Cambacérès. — Così rischiate di esservi coinvolto.

Ma come fa, quest'uomo, a non capire che si tratta di ben altro che di crimini? La storia non è una successione di faccende private.

— Agli occhi del mondo, la morte del duca d'Enghien sarà solo una giusta rappresaglia per quel che è stato messo in atto contro di me — insiste Napoleone. — Bisogna insegnare ai Borboni che i colpi che dirigono contro gli altri possono ricadere su loro stessi!

Non prova alcun odio. Come fa Cambacérès a non rendersi conto che la guerra è iniziata?

"Si tratta di me e dei Borboni, ma non è lo scontro di due famiglie, come in una vendetta, bensì della lotta tra due France."

— Io devo sostenere la Rivoluzione francese, sono suo figlio.

Guarda Cambacérès, il cui volto si è come afflosciato.

— La morte è l'unico mezzo per forzare la casata dei Borboni a rinunciare ai suoi abominevoli tentativi — conclude. — Quando ci si è spinti così avanti, non si può più tornare indietro.

Si mette a cercare tra le mappe, chiama Méneval.

— Aiutatemi a trovare una carta geografica con il corso del Reno — gli dice con una certa impazienza.

È già notte fonda. Con l'indice segue sulla carta il percorso del fiume, si ferma sui villaggi, sui ponti. Quando gli annunciano l'arrivo dei generali Berthier e Caulaincourt, li fa entrare immediatamente, ordina a Berthier di prendere la penna e, con voce tesa, comincia a dettare. Molto in fretta, tanto che spesso deve ripetere perché Berthier possa annotare tutto.

Cittadino generale,
ordinerete al generale Ordener, che è a vostra disposizione per questo scopo, di recarsi nottetempo a Strasburgo con una vettura postale. Viaggerà sotto falso nome. Incontrerà il generale di divisione.
Lo scopo della sua missione è di recarsi a Ettenheim, accerchiare la città, rapire il

duca d'Enghien, Dumouriez, un colonnello inglese e ogni altro individuo del loro seguito...

Le truppe avranno rancio e munizioni sufficienti per quattro giorni.

I due generali avranno cura che regni la più perfetta disciplina, e che le truppe non esigano niente dagli abitanti del luogo. Farete consegnare loro a questo scopo 12.000 franchi...

Ordinerete di far arrestare il responsabile della posta di Kehl e tutte le altre persone che potrebbero fornire informazioni.

Per la prima volta dopo la scoperta della cospirazione, e quindi da alcune settimane, prova un vivo sollievo nel dettare.

È come se stesse finalmente comandando di aprire il fuoco sulla principale ridotta nemica; come quando ordinava la carica, a Tolone, tanti anni prima, alla testa delle truppe. Agisce. È sicuro di aver scelto la strategia migliore. E quando Berthier gli presenta gli ordini per apporvi la firma, rilegge rapidamente le disposizioni che ha dettato.

Ha previsto ogni cosa. Millesessantacinque uomini in tutto, un piccolo esercito, parteciperanno all'azione. Sa che non bisogna mai lesinare sugli effettivi, anche per un'operazione di questo genere. Bisogna sempre poter schiacciare il nemico dal punto di vista numerico. E quando ci si impegna in un'impresa, bisogna far di tutto perché abbia successo.

Berthier si precipita fuori della stanza. Buon generale, Berthier, fedele e scrupoloso. Napoleone lo sente trasmettere gli ordini al generale Ordener, appena arrivato a palazzo.

Adesso, occorre soltanto avere pazienza.

Napoleone presiede il Consiglio quotidiano. Sente la tensione di Cambacérès e di Lebrun, di Talleyrand, degli altri ministri. Lui, al contrario, è tranquillo, rilassato. Nutre grande fiducia nel meccanismo che ha messo in moto e di cui ha regolato tutti gli ingranaggi. Il resto, ormai, è solo un problema di fortuna.

Scrive ad alcuni ufficiali, Soult, Marmont. Gli uomini hanno bisogno di condividere, o di credere di condividere, i segreti di colui che li comanda. È così che ci si crea intorno un piccolo gruppo di fedeli senza il quale non esiste potere.

— Parigi è sempre accerchiata — spiega a Soult il 12 marzo — e lo sarà finché tutti quei briganti non saranno stati arrestati. Vi confido in via strettamente riservata che spero di catturare Dumouriez. Quel miserabile si trova nei pressi delle nostre frontiere.

Si trasferisce alla Malmaison. Il parco comincia a rinverdire. Passeggia a lungo, evitando di parlare con Giuseppina. Lei è tesa. Chissà se qualcuno l'ha informata? Non fa fatica a immaginare i suoi sentimenti e quelli delle persone della sua cerchia, di Madame de Rémusat. Ha voluto che le dame di compagnia di Giuseppina appartenessero alla nobiltà perché auspicava la fusione dei francesi. Ma sa bene che il rapimento del duca d'Enghien riaprirà antiche ferite, e dovrà subito cauterizzarle spingendosi ancora più avanti, più in alto, più in fretta, per non lasciare che il turbamento duri e si propaghi.

Va dal suo studio al piccolo ponte, cammina lungo i viali. A volte esce anche se piove e tira vento. Compie lunghe cavalcate.

Può fondare una dinastia sul cadavere di un Borbone? Se la morte di un principe provoca la nascita di un sovrano, se una famiglia succede a un'altra, allora forse la ferita verrà rimarginata.

Una dinastia. La Rivoluzione coronata, quasi santificata.

Si ferma in mezzo agli alberi scossi dal vento. Una dinastia.

Ma lui non è re né figlio di re. Si è creato da solo. Come un imperatore.

Il 15 marzo, alle otto di sera, sta chiacchierando nel salotto della Malmaison con Giuseppina e le sue dame di compagnia. Sente il galoppo di un cavallo e la voce di un corriere che grida qualcosa arrivando nel cortile, mentre i domestici si danno da fare.

Esce subito e gli va incontro. Il corriere è spossato, infangato. Ha lasciato Strasburgo il giorno prima, all'una e trenta. Si è fermato solo per cambiare cavallo.

Napoleone ha preso il plico ma, prima ancora di aprirlo, vuole sapere il nome del corriere. Thibaud? Si complimenta con lui.

Poi, tornando verso lo studio, legge il dispaccio. Annuncia che le truppe si sono messe in marcia verso Ettenheim al comando del generale Ordener.

Bisogna aspettare. Ancora.

Una notte, un giorno, una notte, un giorno.

Gioca con il figlio di Ortensia. Se lo adottasse, quel bambino potrebbe essere suo legittimo successore, il primo nella linea dinastica. Perché, se diventa imperatore, deve cominciare a pensare alla sua successione.

Alle cinque del pomeriggio del 17 marzo 1804 arriva il secondo corriere.

Consegnando il plico, molto più voluminoso del primo, il gendarme Amadour Clermont spiega di essere partito da Strasburgo il 15 alle ventuno e trenta.

Che vada subito a rifocillarsi, dispone Napoleone.

Poi entra nel suo studio. Non nutre il benché minimo dubbio sul successo dell'operazione.

Dissigilla il plico e, come prima cosa, legge un elenco di nomi:

1. Louis-Antoine-Henri de Bourbon, duca d'Enghien
2. Il generale marchese di Thumery
3. Il colonnello barone di Grienstein
4. Il tenente Schmidt.

Scorre velocemente i documenti e va a leggere il nome del firmatario: "Charlot, capo del 38° squadrone della Gendarmeria nazionale".

Riprende la lettura.

Il generale Dumouriez, il quale secondo le informazioni doveva essere alloggiato con il colonnello Grienstein, in realtà è il marchese di Thumery... Ho assunto informazioni per sapere se Dumouriez sia mai stato a Ettenheim. Mi hanno assicurato che non c'è mai stato, e credo di aver capito come è nato l'equivoco: qualcuno ha confuso il suo nome con quello del generale Thumery.

Quindi, né Dumouriez né Spencer Schmidt erano presenti a Ettenheim, ma un Thumery e uno Schmidt.

Napoleone rilegge, riga per riga.

Lascia vagare il pensiero. Avrebbe impartito ugualmente l'ordine di rapire il duca d'Enghien se non fosse stato convinto della presenza di Dumouriez, la cui partecipazione confermava l'estrema pericolosità della cospirazione?

"Il duca d'Enghien mi ha assicurato che Dumouriez non è mai venuto a Ettenheim" scrive Charlot. "Era possibile che il generale avesse ricevuto l'incarico di trasmettergli istruzioni dall'Inghilterra, ma non era comunque degno del suo rango avere a che fare con gente simile."

E allora? Il duca d'Enghien è forse innocente?

Cosa significa innocenza, quando si è principi di sangue? Quando si è al servizio dello straniero contro la propria patria?

Napoleone rilegge le ultime righe del dispaccio di Charlot:

> Il duca d'Enghien stima Bonaparte come un grand'uomo, ma essendo un principe della famiglia dei Borboni gli ha votato un odio implacabile, così come ai francesi, ai quali muove guerra appena ne ha l'occasione... Gli dispiace solo di non avermi sparato, in modo da decidere della sua sorte con le armi in pugno.

Napoleone non ritorna nel salotto dove gli ospiti stanno chiacchierando.

È già notte. I giochi sono fatti. Il duca d'Enghien è in viaggio per Parigi sotto buona scorta. Lo chiuderanno nel forte di Vincennes.

Che cosa gli riserverà la sorte? La legge, l'applicazione integrale della legge. Come un qualsiasi emigrato che ha rivolto le armi contro la Francia. E lui lo ha fatto. Perciò sarà giudicato da un tribunale militare composto di sette membri.

Napoleone apre la porta-finestra.

Fa freddo in quella notte tra il 17 e il 18 marzo 1804. Sente in lontananza le risate provenienti dal salotto. Ci sono anche dei musicisti.

Se il duca viene tradotto davanti a quel tribunale militare, la legge, quella del 28 marzo 1793 e quella del 25 brumaio anno III, dice: "Morte".

Domenica 18 marzo 1804. Nella carrozza che lo sta conducendo alle Tuileries, Napoleone si rivolge a Giuseppina. La donna ha il capo chino e sembra addolorata.

Da quando, in mattinata, le ha annunciato l'arresto del duca d'Enghien e la sua intenzione di processarlo, la donna tace ed emette lunghi sospiri.

Era necessario dirglielo. Giuseppina parlerà con la sua corte, incapace com'è di conservare questo segreto, Napoleone ne è sicuro. Ed è utile che la notizia si diffonda e che, tramite i mille canali delle confidenze, si conosca l'esito della sua azione. Perché intende fare tutto in fretta. Colpire duro, suscitare timore.

Scuote il braccio di Giuseppina. Sua moglie deve assistere con lui alla messa. È la domenica della Passione, e non deve mostrarsi in pubblico così triste, preoccupata, cupa. Ha capito?

Giuseppina si sforza di sorridere.

Il 19 marzo, poco dopo l'alba, alla Malmaison, Napoleone sta passeggiando nel parco. Scorge sulla strada un corriere che raggiunge la residenza, con due grosse borse di documenti. Si precipita. Sono le carte sequestrate nell'abitazione del duca d'Enghien, a Ettenheim.

Si chiude nello studio per esaminare da solo i documenti.

In quelle carte c'è tutto l'uomo, nelle lettere d'amore a Charlotte de Rohan. Il duca racconta le sue battute di caccia o risponde al principe di Condé.

Napoleone non prova alcun odio per il duca. Ma è un nemico che scrive:

> Il duca d'Enghien prega il signor Stuart di portare a conoscenza del suo sovrano e del suo governo l'impazienza estrema nella quale si trova di dimostrare a Sua Maestà britannica l'ampiezza e la sincerità dei suoi sentimenti, della sua devozione e della sua riconoscenza... E la gioia che proverebbe, se si trovasse finalmente in una posizione che gli consentisse di guadagnarsi la stima del sovrano suo benefattore, e della sua energica e grande nazione.

Un Borbone al servizio dell'Inghilterra!

Che dichiara di voler "restare vicino alle frontiere perché, come dicevo prima, la morte di un uomo, al punto in cui sono le cose oggi, può provocare un cambiamento totale".

Napoleone interrompe la lettura ed esce a camminare nel parco.

"*La morte di un uomo*, ha scritto il duca. È della mia morte che parla. È questa che attendeva.

"È la guerra. O loro o io. O loro o noi."

Rientra nello studio e riprende a leggere.

Il duca si vanta di poter raccogliere sotto le sue bandiere tutti i disertori.

"Il loro numero sarebbe grande in questo momento tra le truppe degli eserciti repubblicani" scrive. "Il duca d'Enghien ha avuto modo di constatare questa tendenza."

Un nemico che vuole distruggere l'esercito della nazione. Contro di lui ci vuole la legge. L'applicazione integrale della legge.

Napoleone non prova pietà.

Alza la testa. Giuseppina è di fronte a lui, con gli occhi rossi. Balbetta. Si avvicina, si getta in ginocchio.

Non è una sorpresa per lui, se l'aspettava. Gli sussurra:

— È un Borbone.

La scosta rudemente. Perché non deve riuscire a rendersi conto della posta in gioco in questo momento?

— Le donne devono restare estranee a questo genere di affari — afferma.

Fiuta due o tre prese di tabacco, poi parla senza guardarla, come fra sé.

— La politica esige questo colpo di Stato — martella. — In questo modo acquisisco il diritto di diventare clemente in seguito. L'assenza di punizione incoraggerebbe i partiti. Sarei obbligato a perseguitare, esiliare, condannare senza sosta, a far marcia indietro nei confronti degli emigrati, sarei costretto a consegnarmi nelle mani dei giacobini. I realisti mi hanno già compromesso più di una volta di fronte ai rivoluzionari. L'esecuzione del duca d'Enghien mi renderà indipendente da tutti.

Giuseppina si è alzata, insiste.

— Andatevene, siete solo una bambina! — le ordina.

Giuseppina singhiozza, strilla con voce acuta: — Attento Bonaparte, se fai uccidere il prigioniero, sarai ghigliottinato anche tu come il mio primo marito, e questa volta anch'io sarò ghigliottinata con te!

"Hanno paura, tutte.

"Mia madre, che mi ha inviato un messaggio per incitarmi alla clemenza; mia sorella Carolina, Ortensia e Madame de Rémusat, anche loro in lacrime.

"Sono tutte cieche?"

Attraversa il salotto. Si stringono una all'altra, piangendo. Urla:

— Il duca d'Enghien è un cospiratore come un altro. Bisogna trattarlo come qualsiasi altro!

Prima di uscire, si volta ed esclama: — Io sono la Rivoluzione francese!

Convoca il generale Savary affinché trasmetta i suoi ordini a Murat. Il governatore di Parigi costituirà un tribunale militare composto di sette membri. Sarà presieduto dal generale Hulin, che a suo tempo aveva partecipato ai combattimenti del 14 luglio 1789 per la presa della Bastiglia. La commissione si riunirà immediatamente al castello di Vincennes, dove il duca d'Enghien verrà rinchiuso al suo arrivo da Strasburgo. Giudicherà seduta stante l'arrestato.

Dice a Savary: — Tutto deve essere finito prima dell'alba.

È il 20 marzo. Napoleone cammina a lungo nel parco, solo. È indispensabile che l'esecuzione avvenga subito dopo il giudizio. Nessun rinvio. L'opinione pubblica deve essere colta di sorpresa, impressionata, pietrificata. Ripete: come fulminata.

Sente il rumore di una carrozza sul selciato. Si volta nel momento in cui Fouché scende dalla vettura nel cortile.

"Abile Fouché: dopo aver sostenuto il rapimento, adesso viene a consigliare la prudenza.

"Troppo abile, Fouché! Mi sentirà!"

— Conosco il motivo per cui siete venuto — esordisce Napoleone. — Oggi sferrerò un grande colpo, è indispensabile.

— La Francia e l'Europa si solleveranno, se non esibirete la prova inconfutabile che il duca cospirava contro la vostra persona a Ettenheim — risponde Fouché.

Napoleone ha uno scatto.

Ed è Fouché a dire questo! Lui, il mitragliatore di Lione durante il Terrore! Proprio lui!

— Occorrono delle prove? — sbotta Napoleone. — Non è forse un Borbone? il più pericoloso di tutti?

Si allontana. Fouché lo segue lungo il viale e continua a sostenere la sua opinione.

— Voi e i vostri — replica Napoleone con disprezzo — non avete detto cento volte che finirò per diventare il Monk della Francia e per riportare sul trono i Borboni? Ebbene, in questo modo non ci sarà più possibilità di tornare indietro. Quale maggiore garanzia posso offrire alla Rivoluzione che voi avete cementato con il sangue dei re? E poi, bisogna farla finita. Sono assediato dai complotti. È necessario imporre il terrore o perire.

Napoleone si incammina verso l'edificio nel momento in cui arrivano le carrozze di Talleyrand, Cambacérès e Lebrun, poi quella di Giuseppe Bonaparte.

"Possono dire quello che vogliono, tutti quanti, non tornerò sulla mia decisione."

È la notte tra il 20 e il 21 marzo.

Napoleone è solo.

A quell'ora il generale Hulin deve aver aperto il processo al duca d'Enghien. Napoleone si siede, scrive qualche riga. Ordina di trasmetterle a Réal, con l'ordine di recarsi immediatamente a Vincennes per interrogare per un'ultima volta il prigioniero. Sull'orlo della fossa, spesso, gli uomini parlano.

"L'ultima ancora di salvezza per il duca d'Enghien? Se il destino vuole, gliela offro."

Aspetta.

Alle otto di mattina, quando il generale Savary entra nel salotto della Malmaison, Napoleone legge sul suo volto la morte del duca d'Enghien.

— Perché avete emesso la sentenza senza attendere Réal? — domanda Napoleone.

Réal entra in quel momento. È pallido. Gli hanno consegnato gli ordini di Napoleone troppo tardi. Dormiva.

— Va bene — conclude Napoleone con voce sorda.

Volta le spalle a tutti.

Giuseppina lo segue e ripete:

— Il duca d'Enghien è morto? Che cosa hai fatto!

Le risponde con voce ferma:

— Così vedranno di cosa siamo capaci. E spero che d'ora in poi ci lasceranno tranquilli.

Si volta e li affronta tutti:

— Ho fatto versare del sangue — riprende. — Dovevo farlo, e forse ne farò spargere altro. Ma senza collera, solo perché il sangue entra nelle ricette della medicina politica.

Gli occhi che lo fissano esprimono timore. Perché si rifiutano di vedere le cose come stanno?

— Attaccando la mia persona vogliono distruggere la Rivoluzione — aggiunge.

— Io sono l'uomo dello Stato, io sono la Rivoluzione francese e la sosterrò fino in fondo.

25

Napoleone è in piedi, dà le spalle al camino. Gli piace quel calore, l'odore del legno che brucia. Dal momento in cui è entrato nel salotto della Malmaison per fermarsi davanti al fuoco, nessuno osa avvicinarlo.

Giuseppina e Madame de Rémusat sono in lacrime. Eugenio Beauharnais ha l'espressione triste di qualcuno che piange la morte di un parente. Di tanto in tanto Giuseppina dichiara a voce alta: — È un'azione atroce — e si volta verso Napoleone.

Hanno voluto che Savary riferisse gli ultimi istanti del duca d'Enghien. Il generale ha mostrato un anello, una ciocca di capelli che il principe si è tagliato davanti al plotone d'esecuzione, una lettera scritta nel fossato del forte di Vincennes, appoggiandosi sul ginocchio. Il tutto destinato alla principessa di Rohan-Rochefort.

"Mia madre ha promesso di consegnare questi ricordi. Anche lei porta il lutto per la morte del duca d'Enghien.

"Si tengano alla larga tutte quelle piagnone che si comportano come dei bambini."

Arrivano alcuni generali, subito seguiti dai consoli.

Parlano ad alta voce, perorano, si stringono intorno a Napoleone, si complimentano con lui per quella decisione. Gli riferiscono la frase pronunciata la mattina stessa dal tribuno Curée, un regicida, il quale ha dichiarato: — Sono entusiasta, Bonaparte si è schierato con la Convenzione. — Alcuni senatori e membri del Consiglio di Stato hanno già pensato alla decisione da prendere in seguito a quell'evento.

"Vogliono uccidere Bonaparte? Bisogna renderlo immortale."

Napoleone si allontana in compagnia di Le Coulteux de Canteleu, il vicepresidente del Senato.

Adesso occorre agire in fretta, pensa.

— Le circostanze in cui ci siamo venuti a trovare — dice Napoleone — non erano affatto di tale natura da richiedere un atteggiamento cavalleresco. La cavalleria negli affari di Stato...

Guarda verso il divano dove Giuseppina è seduta con Madame de Rémusat e conclude:

— Sarebbe puerile.

Vede che Giuseppina si è alzata. Non piange già più. Probabilmente la vista di tutti quei generali che sembrano felici dell'evento solleva qualche dubbio circa la fondatezza delle sue lacrime.

La sente dire agli uni e agli altri, come se dovesse scusarsi: — Sono una donna, e vi confesso che queste cose mi fanno venir voglia di piangere.

Napoleone si dirige verso la moglie, la prende sotto braccio e dichiara in modo che tutti lo sentano:

— Bisogna dimenticare a tutti i costi questa faccenda.

Poi annuncia che quella sera, come previsto, si recherà all'Opéra. Giuseppina gli

sussurra di temere l'accoglienza degli spettatori, che possano manifestare la loro riprovazione per l'"atto atroce". Non è meglio aspettare?

Napoleone le stringe il braccio.

Questa sera, ripete, si va all'Opéra.

La gente, a teatro, lo applaude come sempre.

Il giorno seguente, nello studio delle Tuileries, cominciano ad arrivare i primi consensi, redatti dai soldati della Grande Armata di Boulogne. Approvano l'esecuzione del duca d'Enghien e sollecitano Napoleone a proclamarsi imperatore.

È venuto il momento di spingersi più avanti.

Si presenta al Consiglio di Stato. Quando un'azione è compiuta, è stupido non rivendicarla.

— È importante che la Francia non si illuda — dichiara. — Non avrà pace né tranquillità finché l'ultimo rappresentante della stirpe dei Borboni non sarà sterminato. Ne ho fatto arrestare uno a Ettenheim... Come osano appellarsi al diritto delle genti coloro che hanno meditato l'assassinio, coloro che lo ordinano e lo fomentano? Osano parlarmi di diritto d'asilo, di violazione del territorio! Che stravagante stupidaggine!

Si interrompe, il suo sguardo fa il giro dell'assemblea.

— Vuole dire conoscermi poco e male — martella. — Non è acqua quella che scorre nelle mie vene, è sangue.

Deve incutere timore. Ma deve anche rassicurare.

— La mia mano di ferro non è attaccata al braccio — confida a Roederer. — È collegata direttamente alla mia testa. Non me l'ha data la natura: solo il calcolo la fa muovere.

Si fa accompagnare da Roederer e continua con voce calma:

— Non ho alcuna intenzione di tornare alle proscrizioni di massa, e anche quelli che fingono di temere una cosa del genere non ci credono affatto.

Niente terrore. Si atterrà alle massime del governo.

— Io giudico solo le azioni, non voglio condannare troppa gente. Farò arrestare e colpirò individualmente coloro che saranno colpevoli, ma non adotterò provvedimenti generali.

Poi, come colto da un accesso di collera:

— Il duca d'Enghien ha rivolto le armi contro la Francia. Ci ha fatto la guerra. Con la sua morte, ci ha ripagato in parte del sangue di due milioni di cittadini francesi che sono morti in questa guerra.

Prosegue con una smorfia di disprezzo:

— I Borboni non vedranno mai niente, se non attraverso l'occhio di bue, e sono destinati a perpetue illusioni. Ah! Sarebbe stato ben diverso se li avessi visti, come Enrico IV, su un campo di battaglia, tutti coperti di sangue e di polvere. Non si riconquista un regno con una lettera datata a Londra e firmata Luigi.

Ride sprezzante.

— Dalla mia parte ho la volontà della nazione e un esercito di 500.000 uomini. E ho versato del sangue.

Non ha forse il diritto di essere re, imperatore?

— Fouché lo va dicendo dappertutto — mormora Roederer.

Fouché?

Roederer riferisce: Fouché spiega che sarebbe assurdo, da parte dei sostenitori della Rivoluzione, compromettere tutto per difendere dei princìpi, mentre si ha l'op-

portunità di godere di una realtà. Bonaparte, secondo Fouché, è l'unico uomo in grado di garantirci il possesso dei nostri beni, delle nostre cariche, dei nostri impieghi.

Fouché ha redatto un rapporto per sottoporlo al Senato: "Il governo della Francia deve essere affidato a un solo uomo, la cui successione sia assicurata da un potere ereditario" ha scritto. E il Senato deve invitare il primo console "a completare la sua opera rendendola immortale come la sua gloria".

Imperatore.

Napoleone ripete la parola. Ci pensa da tempo, forse da sempre, ed ecco che quel titolo è a portata di mano.

Il 28 marzo 1804 riceve i membri del Senato. Li ascolta, ma chiede di poter riflettere ancora.

Ha già deciso, ma, come prima di affrontare una battaglia, vuole ancora meditare.

Si reca in carrozza alla Malmaison, ha bisogno di passeggiare da solo nel parco.

"Successione? Chi c'è per succedermi?"

Pensa a Giuseppe. Il fratello maggiore si rifiuta di rinunciare ai suoi diritti a vantaggio della sua discendenza. E quando ha saputo che Napoleone pensava di adottare Napoleone Carlo, figlio di Ortensia e Luigi, ha protestato. D'altra parte, anche Ortensia rifiuta l'adozione di suo figlio. Luigi è fuori di sé per la gelosia. Le maldicenze secondo cui Napoleone sarebbe il padre del bambino lo feriscono, lo rendono furioso. Ai suoi occhi l'adozione non sarebbe altro che una loro conferma, e per lui è inaccettabile.

"Questa sarebbe la mia famiglia?"

Li metterà tutti in riga.

— Emanerò una legge che mi renderà almeno padrone della mia famiglia! — urla in faccia a Giuseppe.

Il tempo è bello, fa fresco. Ricomincia a recarsi al castello di Saint-Cloud, a preoccuparsi della Grande Armata, del progetto di sbarco in Inghilterra.

Certe notti, accolta dal fido Constant, Mademoiselle George si infila su per la piccola scala che conduce agli appartamenti privati di Napoleone.

Lui l'aspetta, ma ormai l'attrice non riesce quasi più a distrarlo. Oltre tutto, sa che racconta delle sue notti con lui. Allora dirada gli appuntamenti, riceve altre attrici, e a volte anche Madame de Rémusat.

Quest'ultima fa parte della corte della Malmaison. Può parlare con lei. Con lei commenta la proposta del tribuno Curée votata dal Tribunato il 30 aprile, che proclama "Napoleone Bonaparte imperatore. Il suo successore sarà scelto nella sua famiglia".

— Non ci è più consentito avanzare lentamente — ha sostenuto Curée. — Il tempo corre; il secolo di Bonaparte è già al suo quarto anno. La nazione vuole che un capo così illustre vegli sui suoi destini.

Come se lo immagina imperatore? domanda a Madame de Rémusat. Poi, senza attendere la risposta, aggiunge:

— Voi amate la monarchia, vero? È il solo governo che piace ai francesi.

Sorride.

— Quelli che mi chiameranno sire — mormora — saranno cento volte più a loro agio di oggi.

Si avvicina alla donna. Potrebbe confidarle che quello stesso pomeriggio ha visto il cardinal Caprara, per comunicargli il suo desiderio di essere consacrato imperatore da papa Pio VII.

È un'idea che gli è venuta da poco. Una volta consacrato dal sommo pontefice, sarà un imperatore legittimo a tutti gli effetti. Cosa potrebbero invocare contro di lui quei sovrani che della religione hanno fatto la pietra angolare del loro potere?

— Speravo proprio di poter mantenere il Consolato ancora per due anni — sussurra a Madame de Rémusat. — Ma questa cospirazione ha mosso tutto il continente: è stato indispensabile disilludere l'Europa e i realisti. Potevo scegliere tra una persecuzione capillare e una mazzata.

Può, Madame de Rémusat, immaginare una scelta diversa da quella che lui ha compiuto?

Ha sferrato una mazzata. Ecco cos'è l'esecuzione del duca d'Enghien.

— Così ho imposto il silenzio per sempre ai realisti e ai giacobini.

Hanno cercato di incolpare Napoleone quando, il 6 aprile 1804, il generale Pichegru è stato trovato morto nella sua cella della prigione del Tempio, garrottato. Metodi da mamelucchi, hanno sostenuto i contestatori. Un assassinio allo scopo di imporre il silenzio a un testimone pericoloso, che avrebbe potuto rivelare certi aspetti del passato del primo console.

Ma queste voci hanno trovato scarso eco nella nazione.

— Avevo un tribunale per giudicare Pichegru — afferma Napoleone — e soldati per fucilarlo. Pichegru era il miglior testimone d'accusa contro Moreau, perché avrei dovuto farlo assassinare?

Ha una smorfia di disprezzo.

— Non ho mai fatto nulla di inutile nella mia vita.

Pichegru si è suicidato! Ordina di esporre la sua salma pubblicamente, di condurre un'inchiesta ufficiale.

E i cani abbaino pure.

Il processo di Moreau e degli altri briganti si svolgerà regolarmente.

— Dio punirà nell'altro mondo — afferma — ma Cesare deve regnare in questo.

— E i principi di Polignac? e Monsieur de Rivière? — gli domanda ansiosa Madame de Rémusat. — Una volta condannati saranno anche loro giustiziati?

Supplica, chiede per loro la grazia.

— Prima siano giudicati — decide Napoleone.

E colui che esaminerà la loro domanda di grazia non sarà più il primo console, ma l'imperatore.

18 maggio 1804. Napoleone, in uniforme, attende nel grande studio del palazzo di Saint-Cloud. È in piedi al centro di un cerchio formato dai consiglieri di Stato e dai suoi generali. Dietro di lui, i ministri e il console Lebrun.

È arrivato il momento.

Guarda avanzare verso di lui Cambacérès, lo ascolta annunciare che, per decreto del Senato, il generale Napoleone Bonaparte è stato proclamato Imperatore dei Francesi con il nome di Napoleone I.

— Sire... — esordisce Cambacérès con voce tonante.

Sire!

Dunque, è fatta. È imperatore. È quello il momento più felice della sua vita? Se lo domanda mentre Cambacérès conclude:

— Per la gloria e la felicità della Repubblica, il Senato proclama da questo momento Napoleone Imperatore dei Francesi.

Sente il rombo dei cannoni che, a Parigi, annunciano la notizia. L'eco si ripercuote fin qui, a Saint-Cloud.

Felice?

Qual è il senso di questa parola? Ha compiuto quel che era in lui, e doveva quindi essere realizzato, perché era l'espressione dell'energia che ha dentro e che gli ha fatto percorrere tutta quella strada. Fino a quelle parole: *Imperatore, Sire.*

Gli sembra che tutto sia stato necessario e ineluttabile nella sua vita.

Fa un passo avanti e afferma con voce alta e ferma:

— Tutto ciò che può contribuire al bene della patria è connaturato alla mia felicità.

Muove leggermente il capo. Tutti quegli uomini e quelle donne che gli stanno intorno compongono un cerchio di cui lui è il centro.

— Accetto dunque il titolo che voi ritenete utile alla gloria della nazione — prosegue. — E sottopongo all'approvazione del popolo la legge della successione.

Percorre con lo sguardo i volti delle personalità riunite.

— Spero che la Francia non dovrà mai pentirsi degli onori che attribuisce alla mia famiglia. In ogni caso, il mio spirito non sarà più con i miei discendenti il giorno in cui smettessero di meritare l'amore e la fiducia della grande nazione.

Viene acclamato. Il tutto è durato soltanto cinque minuti.

Vede il volto scavato e teso di Giuseppina. Sembra impaurita.

Convoca Duroc, il governatore del palazzo. D'ora in poi esige più severità. Che ciascuno chiami gli altri con il titolo che gli spetta. Giuseppe è grande elettore; Luigi è connestabile; entrambi sono altezze imperiali. Cambacérès è arcicancelliere e Ségur gran maestro di cerimonie. Diciotto generali vengono nominati marescialli.

— Duroc, voi sarete il gran maresciallo di palazzo.

Verso sera, Napoleone fa il suo ingresso nel salotto. Sono tutti riuniti per la cena. Avanza verso di loro. Chiama con il rispettivo titolo ciascuno dei presenti, con voce impersonale, come se i suoi fratelli, sua madre, le sue sorelle fossero persone estranee quanto Murat o Cambacérès. È il gioco del potere e della vita. Inutili orpelli? E chi non gioca?

Si accorge che Carolina Murat si sta mordendo le labbra e piange. Anche Elisa Baciocchi manifesta la sua gelosia. Poco dopo la fine della cena, Carolina sviene. Non è stata nominata principessa, singhiozza.

Napoleone va verso di lei e, rivolto anche alla sorella Elisa, esclama:

— A giudicare dalle vostre pretese, signore, sembrerebbe quasi che abbiamo ereditato la corona dalle mani del defunto re nostro padre.

Ma è lui, lui solo l'origine di tutto.

Lo ripete a sua madre, *Madame Mère*, ormai.

— Per il momento intendo escludere dalla mia successione politica due miei fratelli, Luciano e Gerolamo. Il primo perché, nonostante tutta la sua intelligenza, ha contratto un matrimonio da burletta, e l'altro perché si è permesso di sposare senza il mio consenso un'americana. Restituirò loro i diritti alla successione quando rinunceranno alle mogli.

Attraversa lentamente il salotto. Al suo passaggio i più vicini tacciono e si inchinano.

Ormai è l'imperatore. Fissa Giuseppe e poi Luigi.

"Entrambi devono già pensare alla mia morte. Sono senza discendenti diretti, e se non adotto i figli o i nipoti dei miei fratelli, di Giuseppe e di Luigi, saranno loro a succedermi.

"Ma di che cosa posso essere sicuro?

"Tutto questo durerà dopo di me?"

L'indomani mattina, 19 maggio 1804, sente Constant aprire la porta della camera.
— Che ora è? Che tempo fa? — domanda, come ogni mattina.
— Sire, sono le sette e c'è bel tempo.
Sire. La prima mattina.
Pizzica l'orecchio di Constant.
— Signor spiritosone — mormora.

26

Napoleone attende con impazienza la fine dell'ultimo atto. Dice a Fouché: la conclusione di una rappresentazione la si conosce solo quando cala il sipario sull'ultima battuta. Il processo del generale Moreau, di Cadoudal e dei suoi complici è appena cominciato, quel 25 maggio 1804. Può fidarsi dei giudici? Legge i rapporti di polizia. Thuriot, il giudice istruttore, è uomo sicuro. È stato membro del Comitato di salute pubblica. Ma che pensare del giudice Lecourbe, che ha un fratello generale amico di Moreau? E di quali simpatie può ancora godere quest'ultimo nell'esercito?

Ogni sera Napoleone si fa consegnare la trascrizione delle udienze. Non è affatto contento dell'atmosfera del tribunale come viene descritta dagli informatori della polizia. Si indigna. Parecchi ufficiali, in abiti civili, si presentano a sostenere Moreau. Non rispettano le consegne emanate per costringerli a rimanere nei loro accampamenti. Le prime file sono occupate da aristocratici venuti dai salotti del quartiere che vanno in deliquio quando Cadoudal o Armand de Polignac rispondono con arroganza o ironia alle domande dei giudici; o quando Picot, il domestico di Georges Cadoudal, afferma di essere stato torturato; che gli hanno schiacciato le dita nel cane di un fucile.

Napoleone va in collera. Cos'è tutta quella commedia?

Quando scende nel salotto, viene accolto dai sospiri di Giuseppina e Madame de Rémusat. Difendono, con le loro mimiche e le lacrime, chi Polignac, chi Bouvet de Lozier.

Vorrebbe gridare: — Ma sono io quello che volevano pugnalare!

Una sera viene colto da un accesso di furore. Il generale Lecourbe, in abiti civili, ha sollevato tra le braccia, in pieno tribunale, il figlio di Moreau: — Soldati, ecco il figlio del vostro generale! — E i militari si sono messi sull'attenti. Se solo Moreau avesse avuto più coraggio, il tribunale sarebbe stato travolto e i prigionieri liberati!

È possibile che la rappresentazione finisca così?

Fouché si presenta a Saint-Cloud, dove Napoleone attende il verdetto.

Da che parte sta Fouché?

Napoleone gli porge un dispaccio. È una dichiarazione di Luigi XVIII che denuncia "l'usurpatore Bonaparte". Ma non è tutto. Leggete, leggete, Fouché. Luigi XVIII condanna tutti gli atti illegali commessi dagli Stati generali dal 1789 in poi. Secondo il fratello di Luigi XVI, sono quegli atti illegali ad aver sprofondato la Francia e l'Europa in una crisi spaventosa.

Come sempre, Fouché è impassibile. Sostiene ciò di cui anche Napoleone è consapevole. Che molti generali, anche quelli che sono stati nominati marescialli dell'Impero, desiderano l'assoluzione di Moreau. Moncey non si sente sicuro neppure della Gendarmeria.

— Un atto di clemenza sarà più efficace del patibolo — conclude Fouché.

— Che prima li condannino — risponde Napoleone. — Poi si potrà esercitare il diritto di grazia.

La sera del 10 giugno i giudici pronunciano il verdetto. Cadoudal, Armand de Polignac e Rivière vengono condannati a morte. Moreau a due anni di carcere.

Due anni!

Napoleone incomincia a gesticolare. Insulta il giudice Lecourbe.

— Giudice prevaricatore! — urla.

Secondo la legge, Moreau meritava la pena capitale. Ma i giudici hanno avuto paura.

— Prima quegli animali mi dichiarano che Moreau non può sottrarsi a una condanna capitale, che la sua complicità è evidente, e alla fine lo condannano come un ladro di galline!

Continua a urlare, a prendere a calci le sedie.

— Cosa volete che ne faccia? Tenerlo in prigione? Sarebbe ancora un punto di riferimento per gli oppositori.

Si controlla. Gli viene in mente un verso del *Cinna* che ha declamato tante volte: "Sono padrone di me stesso come dell'universo".

— Che venda i suoi beni e lasci la Francia — conclude. — Cosa me ne farei di lui nelle carceri del Tempio? Sono già abbastanza affollate.

Nella tarda mattinata dell'11 giugno Napoleone è al lavoro nel suo studio in compagnia di Talleyrand.

Ascolta la relazione del ministro sulle reazioni delle potenze straniere all'esecuzione del duca d'Enghien.

Quando è giunta la notizia a Mosca, la corte dello zar ha preso il lutto.

— Il lutto!

Con un gesto violento, Napoleone allontana lo scrittoio.

"Alessandro, che ha fatto strangolare suo padre con la complicità dell'ambasciatore d'Inghilterra, sir Withworth! Lo stesso ambasciatore che, pochi anni dopo, a Parigi, complottava contro di me e che ho personalmente rimproverato alla vigilia della rottura della pace di Amiens. Alessandro pretende di impartirci delle lezioni? È questo, il mondo? Il mondo della Russia e dell'Inghilterra? Ah, formino pure una coalizione con la Prussia, un altro paese dove piangono il principe di sangue. Li spazzerò via tutti."

Lavalette apre la porta. Napoleone sente, fuori, voci e sospiri di donne.

— Cosa fanno nei salotti di mia moglie? — domanda.

— Piangono, Sire.

Prima ancora che possa replicare, Giuseppina entra nello studio insieme ad alcune persone che sembra proteggere con le sue braccia aperte. Una donna in lacrime si getta ai piedi di Napoleone, lo implora, singhiozza e sviene. Madame de Rémusat si china a soccorrerla e dice che si tratta di Madame de Polignac. Anche l'anziana Madame de Montesson, che Napoleone ha conosciuto anni prima, quando era allievo alla scuola di Brienne, invoca la sua clemenza.

— Ma perché vi preoccupate per quelle persone? — borbotta l'imperatore.

Si apparta con Madame de Rémusat in un angolo della stanza, mentre tutti si affannano intorno a Madame de Polignac, che invoca la grazia per il marito.

— Il partito realista è pieno di giovani imprudenti che ricominceranno subito ad attaccarmi — afferma — se non li si contiene con una bella lezione.

Madame de Polignac si avvicina, sostenuta da Talleyrand.

È una bella donna. Muove a compassione.

— Certo, sono molto più colpevoli i principi che compromettono la vita dei loro fedeli servitori senza condividerne i pericoli — dice Napoleone.

Fa qualche passo. Il suo studio ormai è pieno di donne, Ortensia, Carolina ed Elisa. Le ascolta. Invocano clemenza per questo o quel condannato, Lajolais, Bouvet de Lozier. Napoleone esita. Non vuole mostrare segni di debolezza. Poi, di colpo, si rivolge a Madame de Polignac:

— Madame, dato che vostro marito agiva contro la mia vita, posso anche perdonargli.

È anche questo, essere Napoleone I, imperatore. Non un Borbone, ma un uomo che ha saputo rischiare la sua vita.

In seguito, Napoleone accorda altre grazie, autorizza Moreau a lasciare la Francia e, con i fondi segreti della polizia, fa comprare i suoi beni, la tenuta di Grosbois e il palazzo di Parigi. Assegna il palazzo a Bernadotte, e Grosbois a Berthier. Anche mostrarsi generosi è un atto politico.

Forse un giorno quei generali sapranno essergliene grati.

Il sipario sta lentamente calando sull'ultimo atto. Resta solo Cadoudal. Rivede la grossa testa di Georges. Cadrà nel secchio di segatura. Il palco della ghigliottina è già stato innalzato in place de Grève.

Quello *chouan* ha rischiato la vita. È stato un uomo coraggioso. Napoleone convoca Réal. Il consigliere di Stato dovrà comunicare a Georges che, se presenterà domanda di grazia, gli sarà accordata.

La sera del 25 giugno Réal gli riferisce la risposta. Cadoudal rifiuta.

Meglio così.

Il 26 giugno 1804, Samson, il figlio del boia che aveva ghigliottinato Luigi XVI, decapita Cadoudal e dodici suoi complici.

Napoleone passeggia da solo nel parco di Saint-Cloud. Ha appena letto il rapporto sull'esecuzione del capo *chouan*. Georges ha urlato: — Viva il re! — dritto sul patibolo, con un sorriso sulle labbra.

"Quello era un uomo. La sua morte servirà d'esempio ad altri che osassero ergersi contro di me."

Napoleone ritorna lentamente verso il castello. Convocherà Fouché. Ci vuole un ministro della sua tempra alla testa della polizia generale dell'Impero.

Parte settima

Cos'è, in fondo, la parola imperatore?
Una parola come un'altra!

luglio - dicembre 1804

27

Napoleone spia anche il più piccolo rumore. Ha aperto la finestra del suo appartamento privato, situato sopra lo studio. È una notte di luglio del 1804. Una notte fresca, carica di umidità proveniente dalle foreste che circondano il castello di Saint-Cloud. L'imperatore raggiunge la porticina che dà sulla scala riservata che conduce dal suo studio all'appartamento. È proibito a chiunque di servirsene senza la sua autorizzazione formale.

Resta in ascolto e si spazientisce.

Perché deve nascondersi così? Ce l'ha con Giuseppina, che lo costringe a quei sotterfugi indegni di lui, del suo titolo e soprattutto della sua persona. Non sopporta di essere contrariato. Ha sconvolto tutte le gerarchie, ha fatto chinare il capo ai re e al papa che, ne è sicuro, verrà a consacrarlo imperatore a Parigi. Ma quella notte, in quell'appartamento, è solo un marito che aspetta la sua amante e si nasconde per evitare i fulmini e la gelosia della moglie.

Insopportabile!

A volte, come in questo momento, avrebbe voglia di cedere alle sollecitazioni della sua famiglia.

Da quando si è proclamato imperatore, i suoi fratelli e le sue sorelle continuano a incitarlo al divorzio. È stato inutile invitarli cento e cento volte a tacere, coprirli di titoli carolingi, di pensioni (700.000 franchi a Elisa!), i suoi fratelli e le sue sorelle continuano a ripetere che deve abbandonare Giuseppina prima dell'incoronazione. Sarebbe scandaloso, secondo loro, associarla a una simile cerimonia, lei che non è neanche capace di dare un figlio a suo marito!

Apre la porta. Niente rumori, nessun fruscio furtivo nell'ombra delle scale. Si avvicina di nuovo alla finestra. Forse Marie-Antoinette Duchâtel passerà dai giardini. Probabilmente deve essere rimasta nel salotto di Giuseppina, per ingannarla meglio, attendendo un momento di disattenzione per allontanarsi. Tuttavia, non è facile ingannare Giuseppina. È sempre all'erta. E Napoleone non sopporta che lei soffra così. Ma in nome di quale diritto dovrebbe rinunciare al piacere di una notte con una giovane donna? E perché non dovrebbe pensare al divorzio?

Ha un bel dare alla dinastia che sta fondando tutte le apparenze e le forme necessarie, resterà sempre precaria e minacciata finché lui non avrà eredi in linea diretta, un figlio suo. E questo figlio non può certo darglielo Giuseppina.

Lui lo sa.

E poi, ha bisogno di un'altra donna. Come questa Marie-Antoinette Duchâtel che

sta per arrivare, che ha poco più di vent'anni. È sposata con un vecchio barbogio, un distinto conte imprigionato sotto il Terrore, attualmente ottimo direttore dei registri di Stato, che non può certo soddisfare i desideri della giovane sposa.

"E Giuseppina non può più darmi quel che desidero."

Marie-Antoinette ha la foga della sua età. E non è stupida. Non ha le forme prorompenti di Georgina ma, al contrario, un fisico sottile.

Apre di nuovo la porta che dà sulle scale.

"Sarà meglio che Constant affitti una casa, magari agli Champs-Elysées, dove potrò recarmi a mio piacimento, senza correre più il rischio di essere sorpreso, come qui. Madame Duchâtel può essere scoperta a ogni istante, da un domestico o, peggio ancora, da Giuseppina."

D'improvviso è tentato di rompere con la moglie, brutalmente, prima della cerimonia.

Poi si riprende. Sente il fruscio di un vestito, di un piede e di una spalla contro le pareti della scala. Scorge i capelli biondi di Marie-Antoinette Duchâtel. L'afferra per i polsi e l'attira a sé. Lei è ansimante. Comincia a scusarsi: — Sire...

Non l'ascolta nemmeno. Hanno così poco tempo! La donna deve tornare subito da Giuseppina, visto che Napoleone l'ha nominata dama di palazzo.

Sorride. Almeno ha questo potere.

Si sente così potente, così giovane.

Ha appena compiuto trentacinque anni, ed è l'Imperatore dei Francesi.

Imperatore?

Vuole tutto di questo titolo. I simboli araldici, i costumi, i fasti.

Riunisce i membri del Consiglio di Stato.

Rivolgendosi a Cambacérès lo chiama: — Monsieur arcicancelliere. — E Cambacérès si inchina mormorando: — Sire.

Ogni cosa deve essere regolata con minuzia, scelta dopo attenta riflessione. Lascia parlare uno dopo l'altro tutti i consiglieri di Stato. Cambacérès desidererebbe adottare l'ape come simbolo dell'Impero. Un altro preferirebbe il leone. Perché non il gallo? suggerisce un terzo. L'elefante è un simbolo di potenza, mormora Portalis.

È già stato redatto il decreto che fissa il gran sigillo dell'Impero: "Leone in riposo su campo azzurro".

Napoleone cancella la parola "leone" e la sostituisce con "aquila in volo". L'aquila è Roma, ed è Carlo Magno. Ecco la sua ascendenza. Per le armate, saranno altre aquile, come quelle delle legioni e delle coorti romane.

E l'ape? Con la sua voce dolce, Cambacérès ricorda che sono state trovate api d'oro nella tomba di Childerico I e negli stemmi di numerosi re di Francia della prima dinastia. Al momento del suo ingresso a Genova, nel 1507, Luigi XII indossava un mantello disseminato di un gran numero di api d'oro, prosegue Cambacérès. Allora, l'aquila in volo o l'ape?

Napoleone dà il suo consenso. In questo modo si iscrive nella lunga dinastia dei sovrani, li ricollega alla sua dinastia. Ogni cerimonia, afferma, ogni costume, ogni gesto ha la sua importanza.

Il 13 luglio fissa per decreto l'ordine "degli onori e delle precedenze". Non vuole più assistere, spiega all'arcicancelliere, alla "stupida guerra dell'etichetta".

Decide tutto lui. Stabilisce la precedenza dei generali di divisione sui prefetti, crea le guardie d'onore, che saranno reclutate tra i giovani provenienti dalle miglio-

ri famiglie di Francia. Scrive di suo pugno che la Guardia imperiale sarà composta da 9000 uomini, di cui 2800 cavalieri.

Dice a Berthier: — Tutti uomini alti un metro e settanta come minimo, con cinque anni di servizio alle spalle e la partecipazione ad almeno due campagne.

Il ministro della Guerra esegue.

Poi Napoleone mormora, con voce sognante, guardando il generale:

— Cos'è, in fondo, la parola imperatore? Una parola come un'altra. Se non avessi altro titolo per presentarmi ai posteri, probabilmente mi riderebbero in faccia.

Sorride davanti alla faccia perplessa e stupita di Berthier e riprende:

— Gli uomini, come i quadri, bisogna vederli sotto una luce favorevole.

Cosa ne pensa Berthier?

Questi balbetta.

Gli uomini hanno bisogno di parole semplici, di idee forti e chiare, di cerimonie impressionanti.

Napoleone reciterà la sua parte.

È l'imperatore.

Il 15 luglio 1804, domenica, giorno in cui si celebra l'anniversario della presa della Bastiglia, Napoleone lascia il Carrousel verso mezzogiorno.

Davanti a lui vede i soldati schierati e le quattro carrozze di Giuseppina, delle sue dame, delle principesse e dei loro ufficiali, che si stanno già muovendo verso l'hotel des Invalides.

Stamane trova che Giuseppina è bella e dignitosa, in quel vestito di tulle rosa disseminato di stelle d'argento. Si è sentito come ringalluzzito, felice. Sarebbe così semplice se lei fosse quello che dovrebbe essere: una giovane sposa con l'aureola del suo titolo e della sua bellezza, fedele, premurosa. E feconda. E vergine al momento delle nozze. Ma Giuseppina non è mai stata nulla di tutto ciò!

Constant e Rustam hanno aiutato Napoleone a indossare l'uniforme di colonnello della Guardia. Poi ha messo il copricapo nero, e adesso monta un cavallo bianco in testa al corteo. Dietro a lui i colonnelli della Guardia, i grandi ufficiali civili della corona, gli aiutanti di campo e, in coda al corteo, i granatieri a cavallo.

All'hotel des Invalides il governatore gli offre le chiavi. Quindi Napoleone, preceduto dal clero, si dirige verso il trono che è stato eretto per lui alla sinistra dell'altare.

Resta in piedi per alcuni minuti, a capo scoperto, guardando l'immensa navata, le tribune, quell'immensa folla in uniforme suddivisa in gruppi, in fondo gli allievi del Politecnico, qui gli invalidi, là gli ambasciatori, più avanti ancora i grandi ufficiali civili e qui i militari.

Si siede. Il mondo è in ordine, e lui ne è il centro.

Il legato pontificio legge il Vangelo; poi, dopo il discorso del gran cancelliere della Legion d'Onore, Lacépède, Napoleone si alza. Si è rimesso in testa il copricapo nero. È stato lui a volere che quella cerimonia della consegna della Legion d'Onore venisse inquadrata in un rituale religioso, e si svolgesse in una chiesa.

Dopo la distribuzione delle onorificenze della Legion d'Onore, avrà inizio il *Te Deum*. Così, con quella cerimonia che celebra il 14 luglio, sarà riuscito a concretizzare la fusione che inseguiva, a esprimere il significato che attribuisce al suo Impero.

Comincia a parlare con una voce forte che risuona nell'immenso edificio:

— Generali, ufficiali, legionari, cittadini e soldati, giurate sul vostro onore di dedicarvi sempre al servizio dell'Impero e alla conservazione del suo territorio nella sua integrità, alla difesa dell'imperatore, delle leggi della Repubblica e delle proprietà che essa ha consacrato. Giurate di combattere qualsiasi tentativo di ristabili-

re un regime feudale con tutti i mezzi che la giustizia, la ragione e le leggi autorizzano a utilizzare.

Tace per un istante, occorre che tutti capiscano bene quel che ha detto. È l'imperatore di un nuovo ordine. Rimette in onore le antiche formule per preservare il nuovo, ciò che è nato il 14 luglio 1789.

Alza ancora la voce, sempre più forte:

— Infine, giurate di concorrere con tutte le vostre forze al mantenimento della libertà e dell'uguaglianza, basi fondamentali delle nostre istituzioni. Giuratelo!

Le acclamazioni salgono alle stelle, rimbombano sotto le volte. Poi inizia il *Te Deum*.

Napoleone si sente trasformato. Quando consegna a ciascuno dei grandi ufficiali o dei dignitari le decorazioni che ha destinato loro, ha perfino l'impressione che i suoi gesti siano più lenti.

È colui che consacra e conferisce gloria e onori.

I cannoni tuonano.

Alle tre del pomeriggio risale in carrozza per rientrare alle Tuileries.

La vettura attraversa i giardini. È un privilegio dell'imperatore.

Si trattiene altre due notti a Saint-Cloud.

E Madame Duchâtel ritorna da lui. L'ha vista agli Invalides, in un abito scintillante da dama di palazzo, accanto a Giuseppina. Era stato sorpreso dalla grazia della moglie, quando Giuseppina aveva lasciato le Tuileries, ma come avrebbe potuto rivaleggiare con Marie-Antoinette Duchâtel? Il tempo è una fossa in cui ci si impantana. E malgrado il trucco, il rosso delle guance e delle labbra, Giuseppina gli è sembrata grigia accanto alla giovane donna.

La desidera.

Non si è mai sentito così sicuro di sé. È lui quell'aquila in volo. E ha voglia di posare le mani con le dita aperte come artigli sul giovane corpo di Madame Duchâtel.

La donna entra. La stringe a sé. La trascina via.

Che nessuno si azzardi mai a impedirgli di essere quel che è, di fare quel che vuole.

Il 19 luglio 1804 Napoleone arriva a Boulogne.

Percorre tutta la città. Le batterie sparano 900 colpi di cannone in suo onore. Le fanciulle gli lanciano fiori mentre passa sotto gli archi di trionfo allestiti nelle strade. Nel porto è stata eretta una colonna di legno alta quindici metri; vi sono affisse scritte minacciose per l'Inghilterra, che presto subirà "i fulmini della vendetta". Napoleone saluta, ma non si ferma. Si imbarca su un canotto e raggiunge la linea di ormeggio. Il tempo è bello. Ordina ad alcune navi di salpare.

Malgrado il vento impetuoso, il mare non è grosso. Napoleone resta in piedi sulla prua della scialuppa. D'improvviso, appena superato il capo, scorge la squadra navale inglese che apre subito il fuoco.

A Bonaparte piace la tensione che si impadronisce degli uomini in guerra, che cambia le voci, gli atteggiamenti, contrae i volti.

Ordina di rientrare in porto.

Si trasferisce nelle baracche sulla scogliera di Odre. Dalle finestre della rotonda scruta il porto e il mare.

Poi si mette al lavoro. Scrive a Fouché invitandolo ad allontanare da Parigi il generale Lecourbe, che aveva preso le difese di Moreau. Troppi spioni, troppi nemici ancora. E non bisogna lasciarsi inebriare dal potere.

Nella stessa Boulogne, in quella città trasformata in un immenso campo militare dove il vino e il denaro scorrono a fiumi, dove le prostitute si sono avventate come mosche sullo zucchero per il gran numero di soldati, quasi ogni giorno vengono arrestate delle spie inglesi. Spesso si tratta di emigrati. Vengono condannati a morte e fucilati.

È la guerra. Fouché deve sempre tenerlo presente.

Napoleone si agita nella sua baracca. Quasi fosse il solo a capire che è necessario agire senza sosta, rimanere come un arco teso, non illanguidirsi, non addormentarsi, non prendere tempo. Detta una seconda lettera per Fouché: "Ho appena esaminato il progetto del cittadino Fulton che mi avete inviato tardi, dal momento che questa invenzione può cambiare la faccia del mondo".

Per un istante immagina le navi inventate da Fulton, l'americano, vascelli senza vele, mossi da un fuoco che crea vapore, mentre le altre imbarcazioni sprofonderebbero in mare.

— Desidero che affidiate l'esame dei progetti a una commissione scelta tra le diverse specializzazioni dell'Istituto… I suoi lavori non devono durare più di otto giorni.

Trascorre la notte consultando delle mappe e scrivendo al viceammiraglio Latouche-Tréville, che comanda a Tolone.

— Ditemi dove si trova il nemico, che cosa sta facendo Nelson. Meditate sulla grande impresa che state per compiere.

Vuole trasmettere la sua risolutezza, il suo entusiasmo e la sua energia.

— Tra Étaples, Boulogne, Wimereux e Ambleteuse abbiamo 1800 tra scialuppe cannoniere, navi cannoniere e chiatte che possono trasportare 120.000 uomini e 10.000 cavalli. Ci basterà avere il controllo della Manica per sei ore per essere i padroni del mondo!

Questa certezza lo opprime.

Dorme male. All'alba è già sulle scogliere, al porto, presso le batterie costiere. Infuria la bufera: deve camminare curvo per difendersi da violente raffiche di vento. I lampi squarciano le nubi. Il mare è tormentato e squassato da ondate altissime con le creste coperte di spuma.

Avanza sfidando il vento.

Bisogna saper vincere anche quello.

Ordina all'ammiraglio Bruix, che gli sta venendo incontro sulla scogliera, di far salpare le navi; intende passare in rivista la flotta. Bruix non è d'accordo, parla dell'orribile tempesta che sta per scatenarsi. Non vuole esporre inutilmente gli uomini.

— Ho impartito un ordine — replica Napoleone.

Bruix si rifiuta di eseguirlo.

Si può fare la guerra, comandare, se gli ordini non vengono eseguiti?

Bruix lo sfida. Napoleone stringe il frustino, poi lo scaglia per terra, ripete l'ordine al contrammiraglio Magon, il quale si affretta a far salpare la flottiglia.

Poco dopo si scatena la tempesta.

Napoleone guarda le scialuppe scaraventate dai flutti contro le rocce. Parecchie si sfasciano, altre si rovesciano. Molti uomini annegano.

Napoleone sale su un'imbarcazione e corre in loro soccorso. La lotta termina solo all'alba. Al ritorno, bagnato fino alle ossa, si chiude nella sua baracca. Poco dopo, Soult viene ad annunciargli che ci sono state una cinquantina di vittime.

"Io comando un esercito, un Impero. Faccio la guerra. La morte degli uomini è nell'ordine delle cose, in guerra.

"L'ammiraglio Bruix aveva ragione a rifiutare la rivista, ma io ho fatto bene a imporla, poiché lo desideravo."

Pensa di accordare a Bruix il titolo di dignitario della Legion d'Onore.

"L'ammiraglio mi ha opposto resistenza. Quando l'ho minacciato con il frustino, ha persino posato la mano sull'elsa della spada. Ho bisogno di uomini come lui."

Napoleone ha fatto accendere un fuoco per asciugarsi. Dorme quasi mezzora, ma ha bisogno di confidarsi.

Scrive calcando la penna sul foglio, traccia a fatica le lettere; spesso la penna si blocca, tanto la spinge in fretta, e grosse macchie d'inchiostro coprono qualche lettera.

Madame, cara moglie,
da alcuni giorni sono lontano da voi, sono sempre stato a cavallo e in movimento senza che ciò abbia compromesso la mia salute.

Il vento si è fatto molto freddo stanotte, e una delle nostre cannoniere che si trovava nella rada ha rotto gli ormeggi ed è finita contro le rocce, a una lega da Boulogne. Per un momento ho creduto che tutto fosse perduto, uomini e beni, ma siamo riusciti a salvare tutto quanto.

Lo spettacolo era impressionante: salve di cannone d'allarme, la spiaggia disseminata di falò, il mare che muggiva infuriato, tutta la notte nell'ansia di salvare o di veder perire quei poveri disgraziati!

L'anima era tra l'eternità, l'oceano e la notte.

Alle cinque di mattina tutto si è rischiarato, tutto è stato salvato, e mi sono coricato con la sensazione di un sogno romanzesco ed epico; situazione che avrebbe potuto indurmi a pensare che ero solo, se la stanchezza e tutta quell'umidità mi avessero lasciato altri bisogni oltre a quello di dormire.

Napoleone

Non è esattamente quel che è successo. Ma le cose scritte da Napoleone si sono verificate.

E lui vuole ricordare solo quello.

Pochi giorni dopo, un corriere arrivato da Parigi consegna a Napoleone le traduzioni di articoli dei giornali inglesi. Tutti parlano della morte di 400 marinai e soldati provocata dagli ordini impartiti "dall'orco Bonaparte".

Dunque, intorno a lui c'è sempre un nugolo di spie, di chiacchieroni stipendiati che lo controllano, pronti a qualsiasi tradimento, a qualsiasi menzogna pur di eliminarlo. Pitt ha appena fatto votare dal parlamento di Londra un fondo straordinario di due milioni e mezzo di sterline "per impegni continentali". Ce n'è a sufficienza per pagare migliaia di uomini, per comprare i loro occhi e il loro spirito.

Ecco un'arma che vale la quanto la flotta di Nelson!

Come far fronte a tutto ciò?

"Saldare gli uomini intorno a me."

Il 16 agosto 1804 passa in rivista le truppe in una piccola vallata a mezza lega da Boulogne, poco lontano dal mare, tra i mulini Hubert e Terlincthun.

Si ferma di fronte alle nuove bandiere quadrate che inalberano le aquile in cima all'asta. I drappi schioccano al vento. Grappoli di nubi bianche scivolano sul verde delle colline, nascondendo a tratti il profondo azzurro del cielo.

Napoleone è in piedi, a gambe larghe, per resistere al vento. Sta per distribuire le decorazioni della Legion d'Onore all'Armata di Boulogne.

Pronuncia ad alta voce i nomi dei premiati. Assomiglia alla cerimonia di vestizione di un cavaliere. Preleva le decorazioni dall'elmo di Bayard, tenuto da un aiutante di campo.

Quegli uomini devono essergli fedeli come cavalieri.

Tra l'onore e il denaro inglese, tra la fedeltà e la paura o l'interesse, non devono esitare.

E deve essere così da un capo all'altro dell'Impero, in tutta Europa, per vincere l'Inghilterra.

Quel giorno Napoleone decide di visitare le città della sponda sinistra del Reno, su cui aveva regnato Carlo Magno.

28

Napoleone si abbandona. Il suo corpo oscilla assecondando i movimenti della berlina. Sgualcisce la lettera che gli ha dato Méneval, seduto di fronte a lui. Incrocia il suo sguardo, e subito il segretario abbassa gli occhi.

Napoleone guarda dal finestrino. La carrozza attraversa un paesaggio ondulato, battuto da una pioggia violenta.

Piove da quando hanno lasciato Boulogne. Pioveva a Saint-Omer, durante la rivista delle divisioni di riserva della cavalleria. Pioveva ad Arras, durante la sfilata delle truppe che è durata varie ore.

Napoleone è rimasto in piedi sotto l'acquazzone, si è complimentato con il generale Junot per l'ottimo comportamento delle truppe. Ha rivisto Laure Junot, ma è riuscito a scambiare solo poche parole con lei. Ha dovuto ricevere in udienza gli ufficiali, il prefetto, le autorità, il vescovo. Ha fatto fronte a tutti i suoi obblighi, perché è l'imperatore, e un capo non deve mai accusare stanchezza, deve dimenticare il suo corpo. Ha dormito pochissimo ed è risalito sulla berlina che lo conduce lungo la strada di Arras verso Mons e Bruxelles. Deve fare tappa al castello di Laeken e ripartire per Aix-la-Chapelle, la città di Carlo Magno, dove lo attende Giuseppina.

Sente il foglio sotto le dita. L'appallottola con furore. E così, l'ammiraglio Latouche-Tréville è morto di malattia a Tolone. La notizia lo ha sconvolto. Era uno dei pochi ammiragli in cui aveva fiducia. Solo pochi giorni prima gli aveva inviato una lettera di cui ricorda ogni frase: "Se ingannate Nelson" aveva dettato al suo segretario "si dirigerà in Sicilia o in Egitto o a Ferrol... Del resto, per chiarirmi le idee su questa operazione, che presenta possibilità di riuscita, e il cui successo ci garantirebbe risultati immensi, attendo il progetto che mi avete annunciato".

Ma Latouche-Tréville è morto.

"E anch'io posso morire."

Chiude gli occhi. Non vuole soffermarsi su questo pensiero. La lettera che annuncia la scomparsa dell'ammiraglio, però, gli pesa. Si può morire di malattia, anche se si è soldati. O imperatori. Respinge l'idea. Ha fiducia nel suo corpo. Non ascolta Corvisart. Che ne sa un medico? Eppure, a volte ha la sensazione che il suo corpo si trasformi. Un dolore gli trafigge lo stomaco o il ventre. Dovrà mangiare ancor meno, accontentarsi di uova al tegamino, verdure in insalata, un po' di parmigiano e certe volte, in campagna, pollo arrosto, una zuppa, un bollito...

Indica a Méneval uno scomparto della berlina dove si trova una bottiglia di Chambertin. Vuole bere un bicchiere del suo vino preferito. Segue i movimenti di Méneval che stappa la bottiglia. Con un cenno della mano, Napoleone interrompe il

gesto del segretario che sta versando il vino e gli chiede di aggiungere un po' d'acqua nel bicchiere. Vuole bere il suo Chambertin solo mescolato con acqua. Getta la lettera sul sedile, prende il bicchiere e lo svuota d'un sorso.

Può, un imperatore, perdere tempo ad ascoltare cosa succede in quella macchina che è il suo corpo?

Comincia a dettare una lettera per Portalis, ministro degli Interni a interim.

"Dovreste aver ricevuto oggi il conteggio dei voti per la legge di successione" detta parlando a scatti.

S'interrompe un istante. È sicuro che ci saranno solo alcune migliaia di oppositori nel plebiscito per l'Impero. Ma non bisogna dimenticare nulla, affinché il numero dei "sì" sia schiacciante.

"Aggiungete quelli dell'esercito e della marina" riprende "e fatemi conoscere il risultato totale. Deve superare i tre milioni di voti."

Che i prefetti agiscano di conseguenza. È l'Imperatore dei Francesi, e l'approvazione deve essere generale. Forse ciò farà esitare le potenze che l'Inghilterra tenta di coalizzare contro la Francia.

Parla più in fretta. Detta una lettera per il ministro degli Esteri.

"Che Talleyrand faccia conoscere a Vienna la mia soddisfazione per il riconoscimento dell'Impero francese da parte dell'Austria."

E dunque, che l'imperatore Napoleone I riconosce al re d'Austria il titolo di imperatore ereditario che questi si è appena attribuito. Talleyrand, però, dovrà comunicare al contrario allo zar il rammarico (Napoleone esita, detta "lo sdegno", poi corregge) per il fatto che l'incaricato di affari russo abbia richiesto il suo passaporto e lasciato Parigi.

Significa forse che la Russia si schiera a fianco dell'Inghilterra?

Dovrò muovere guerra a tutta Europa, per poter essere accettato, riconosciuto?

Chiude di nuovo gli occhi.

Eppure voglio la pace. Non è possibile imporla senza la spada?

Il 3 settembre 1804 arriva ad Aix-la-Chapelle. Il tempo è tornato bello. La città è verdeggiante e fiorita, le fanciulle cospargono il suo cammino di mazzi di fiori. La folla si accalca nelle strade, al suo passaggio, e la sera, quando si reca alla festa organizzata in suo onore in una sala della ridotta, le facciate delle case sono illuminate. In vari punti della città sono stati appesi enormi ritratti di Carlo Magno.

Appena entra nella sala, tutti lo acclamano. I principi gli si fanno intorno. Scorge Giuseppina con lo stuolo delle sue dame d'onore. Ma è irritato. Pochi minuti prima di arrivare gli hanno comunicato che Madame Duchâtel non è stata invitata a partecipare al viaggio. Sicuramente Giuseppina nutre dei sospetti. È una cosa che lo irrita e lo ferisce. Vuole forse rinchiuderlo in una fedeltà che lui non intende accettare? Si avvicina alla moglie, scuro in volto, e d'improvviso incrocia lo sguardo di una giovane che lo fissa con un misto di sottomissione e di invito. È alta, indossa un vestito di seta blu che le lascia scoperte le spalle. S'indovina lo sbocciare dei seni. Napoleone volta la testa verso Giuseppina e si ferma davanti alla fanciulla. Che nessuno osi impedirgli di avvicinare e vedere chi vuole, quando e come vuole!

Chi è questa giovane? Madame de Vaudey, risponde lei inchinandosi con eleganza. L'aspetta più tardi, le sussurra. Le comunicherà i suoi ordini quella sera stessa. Si allontana euforico. Raggiunge i principi tedeschi che lo subissano di domande.

Si recherà nella cattedrale, spiega, per inchinarsi davanti alla tomba dell'imperatore Carlo Magno e meditare sulle reliquie che vi sono conservate. Intende vedere la

spada di Carlo Magno. È con quella che l'imperatore ha pacificato l'Europa. Si può rinunciare alla spada se si vuole ottenere la pace? Ora lui vuole che la sua incoronazione a Parigi ricordi la grandezza di Carlo Magno. Il suo più grande desiderio è quello di fare dell'Europa una terra pacifica e ben governata.

Vuole che Carlo Magno sia il suo "augusto predecessore".

Lascia la sala e torna alla sua residenza. Ordina a Constant di trovare Madame de Vaudey, dama di palazzo, e di condurla da lui quella notte stessa.

Non gli passa neanche per la testa che la donna possa rifiutare. Nei suoi occhi ha colto quella fiamma che vede ora nello sguardo di quasi tutte le donne, il desiderio di essere scelta, il richiamo e l'offerta. Lui è l'imperatore.

La donna è venuta. Bella, giovane, curiosa, allegra, con una punta d'impertinenza che dà una vivacità inconsueta ai loro rapporti, ma rende Napoleone un po' diffidente. Perché la sente, già da quella prima notte, avida, preoccupata del suo avvenire, proiettata a pensare alla sua nuova situazione quando la corte rientrerà a Parigi.

Una donna deve ricevere senza esigere. E questa, lui lo ha capito subito, offre le sue bellezze come un'esca. Comunque è proprio deliziosa. E quando la rimanda a casa, all'alba, si ripromette di rivederla a Saint-Cloud o alle Tuileries.

Poi esce a passeggiare per le strade della città vecchia. È qui, dunque, che regnava Carlo Magno.

Entra nella cattedrale, ecco la tomba e le reliquie dell'imperatore. Ma è deluso della spada. Le reliquie più preziose, come lo scettro, la toga, il globo, si trovano a Norimberga. Eppure, è indispensabile che la sua consacrazione abbia la magnificenza di una cerimonia carolingia.

Avanza nella navata centrale della cattedrale, sente i propri passi risuonare sotto le volte. Ci può essere impresa più grande della ricostituzione dell'Impero di Carlo Magno, per imporre la sua impronta su tutta l'Europa?

"Non ho forse dimostrato che niente mi è impossibile? Che basta volere, volere ostinatamente, appassionatamente, per potere? E che la fortuna, quando si ha fiducia in lei, dispone le sue pedine in modo favorevole sul grande scacchiere del mondo?"

Riparte per Krefeld, Juliers, Colonia, Coblenza, Magonza. Visita le fortificazioni di queste città. Fa fermare la carrozza sulla strada che corre lungo le rive del Reno e cammina a lungo, da solo, contemplando il fiume.

Adesso ha un'idea precisa sullo svolgimento della cerimonia dell'incoronazione. Avrà luogo a Notre-Dame, e non agli Invalides. Darà disposizione all'architetto Fontaine di liberare la cattedrale da tutte le casupole che la circondano, in modo che si elevi in uno spazio aperto. Tutte le case che le si affollano intorno verranno demolite. Per pavimentare la nuova piazza si dovrà lavorare anche di notte, alla luce delle torce, se il tempo manca. Lo stesso si dovrà fare in rue de Rivoli, in place du Carrousel e nei quai della Senna. È indispensabile che le carrozze avanzino su un terreno livellato, una strada alla romana, e non lungo strade che la pioggia potrebbe trasformare in pozze fangose. E visto che la cerimonia deve svolgersi a novembre, per l'anniversario di brumaio, è necessario accelerare al massimo i lavori.

Risale in carrozza. Vede già quella cerimonia, Notre-Dame invasa da 20.000 persone. Pensa ai vestiti, alla cappa che intende indossare, alla spada e alla corona. Ordina anzi che glieli confezionino, perché, dopo tutto, se lui è il continuatore di Carlo Magno, è anche l'inventore del suo proprio Impero, il figlio di una Rivoluzione senza eguali.

Deve, è questo il suo compito principale, riannodare i fili tra Carlo Magno e lui, perciò vuole a tutti i costi la presenza del papa a Notre-Dame.

A Colonia, nel palazzo imperiale dove ha stabilito la sua residenza, ascolta le prolungate acclamazioni della folla. Non ha attraversato una città senza che gli riservassero un'accoglienza trionfale.

Si attarda qualche minuto davanti alla finestra. Da quando è entrato a palazzo, la piazza è sempre piena di gente. Ma non serve a niente stare lì a contemplare quel popolo entusiasta. È il futuro che bisogna preparare. E questo futuro sarà disegnato dalla cerimonia dell'incoronazione. Convoca Méneval e comincia a dettare. È il 15 settembre 1804.

Santissimo Padre,
il felice effetto che il ristabilimento della religione cristiana ha avuto sul morale e sul carattere del mio popolo mi induce a pregare Vostra Santità di offrire una nuova prova dell'interesse che nutre per il mio destino e per quello di una grande nazione, in una delle circostanze più importanti presentate dagli annali del mondo.

Si avvicina di nuovo alla finestra per guardare fuori. La folla è sempre nella piazza, davanti al palazzo imperiale.

Se continua la sua opera, sarà veramente nel solco tracciato da Carlo Magno. E poi, non ha già scritto il proprio nome negli "annali del mondo"?

Ricomincia a dettare:

"Prego Vostra Santità di venire a conferire un carattere religioso del grado più elevato alla cerimonia della consacrazione e dell'incoronazione del primo Imperatore dei Francesi. Questa cerimonia acquisterà nuovo lustro se sarà celebrata dalla Vostra augusta persona."

Poi convoca il generale Caffarelli, uno dei suoi aiutanti di campo.

Ha molta stima per quell'ufficiale, il cui fratello maggiore è morto a San Giovanni d'Acri. Sarà lui a consegnare la lettera al Santo Padre. Non è vescovo, come vorrebbe la tradizione, ma suo fratello è vescovo di Saint-Brieuc...

Napoleone sorride; poi, improvvisamente grave, dice a Caffarelli: — Trattate il papa come se avesse 200.000 uomini. — Ha già pronunciato altre volte questa frase, ma ci tiene a ribadirla. Il papa è una potenza che irreggimenta le anime, meglio di una divisione e delle sue baionette.

Napoleone cammina avanti e indietro nella grande stanza senza guardare Caffarelli e Méneval. Non parla per loro, ma come se volesse riordinare le proprie idee:

— Quel che bisogna considerare, innanzi tutto, è se questo avvicinamento al papa convenga alla nazione.

Lui crede di sì.

— È un mezzo per legare a noi i nuovi paesi — riprende.

"Cosa potranno rimproverarmi, una volta che sarò stato consacrato dal papa?"

— È solo compromettendo una dopo l'altra tutte le autorità che garantirò la mia.

Torna verso il generale Caffarelli, fiuta qualche presa di tabacco.

— Voglio dire, quella della Rivoluzione che noi desideriamo consolidare — conclude.

Ma chi capisce il suo "sistema"? Funzionerà il meccanismo che ha azionato a partire dal 18 brumaio? Accetteranno, l'Europa e il mondo, quell'Impero francese

di cui vuol mascherare, sotto l'oro dell'incoronazione e l'unzione pontificia, le origini rivoluzionarie?

Si rimette finalmente in cammino. Raggiunge Magonza. Sarà colpa della stanchezza? I tratti del suo volto sono scavati. Lo informano che l'Inghilterra ha catturato, senza dichiarazione di guerra, alcune navi spagnole, e che a Calmar, dal loro esilio in Svezia, i fratelli di Luigi XVI hanno condannato per l'ennesima volta l'Usurpatore.

"Io, destinato all'inferno malgrado tutti i *Te Deum* cui assisto, malgrado le benedizioni che i vescovi mi impartiscono in ogni città da quando ho firmato il Concordato!

"Io, che non vengo accettato, l'uomo contro il quale si coalizzano i re!"

Osserva con disprezzo i principi tedeschi che lo circondano nella grande sala illuminata del palazzo dell'Elettore. Non risponde alle loro domande sulle sue intenzioni. Dichiara soltanto:

— Da almeno duecento anni non c'è più niente da fare in Europa. Solo in Oriente si può lavorare in grande.

Fa una smorfia, come per convincerli che pronuncia quelle parole per meglio mascherare i suoi progetti.

Tuttavia, allontanandosi pensa all'Egitto, alla via che aveva voluto e sognato di aprire verso l'India, come Alessandro.

Chissà se anche Carlo Magno aveva già pensato a quelle conquiste?

L'indomani, domenica 30 settembre 1804, ordina di radunare fuori delle mura di Magonza i quattro reggimenti di cavalleria della guarnigione. Fa fresco, ma gli piace quel vento carico di pioggia che sferza il volto. Per qualche ora comanda i reggimenti come un semplice generale, impartendo gli ordini con voce squillante.

Qui, sul campo delle manovre come sul campo di battaglia, gli atti portano con sé le risposte alle domande che ci si pone.

Avanti, sempre avanti, non c'è altra legge per vincere.

Riprende la strada del ritorno.

Frankenthal, Kaiserlautern, Simmern, Trèves, Luxembourg, Stenay: attraversa queste città, riceve gli omaggi delle autorità, passa in rivista le truppe, esamina le fortificazioni. Poi, finalmente, la carrozza corre sulla strada per Parigi.

Arriva al castello di Saint-Cloud poco dopo le undici di mattina di venerdì 12 ottobre 1804.

<h1 style="text-align:center">29</h1>

Sono più di due mesi che Napoleone ha lasciato Saint-Cloud. Attraversando le gallerie, gli sembra di essere rientrato nel castello della Bella Addormentata nel bosco! S'infuria. Cosa stanno combinando gli aiutanti di campo? Strapazza Constant e Rustam perché si sbrighino a portargli l'uniforme. Ha fretta di togliersi gli abiti impolverati per il viaggio. Vuol essere servito lì, nel suo studio. Prenderà due uova al tegamino con un pezzo di parmigiano e berrà un bicchiere di Chambertin.

Mangia in fretta le uova. Credono forse che si possa governare prendendosela comoda? Spesso ha la sensazione di essere l'unica molla di quel governo, di quel potere.

S'indigna alla lettura dei primi dispacci. Come? Pio VII non ha ancora inviato una risposta ufficiale all'invito che gli ha fatto pervenire? Il papa ha deciso di non mettersi in viaggio prima della fine del mese, e quindi la sua incoronazione non po-

trà svolgersi per l'anniversario del 18 brumaio? Occorre insistere con il pontefice. Il tempo manca sempre, bisogna divorarlo prima che sia lui a divorarvi. È necessario agire come se il nemico stesse per abbattersi su di voi.

Legge rapidamente i rapporti di Fouché e delle spie della polizia. Con il solito tono sarcastico, Fouché riferisce delle attività dell'incaricato degli affari inglese ad Amburgo, un certo Rumbold, il quale riceve gli emigrati, sostiene la rete di spie realiste, paga gli uni e gli altri. E noi lo tolleriamo! Sarà sufficiente rapire Rumbold, trasferirlo a Parigi e farlo parlare. Confesserà il nome dei suoi agenti. Uomini come lui non sono certo coraggiosi, e oggi siamo in guerra. Bisogna agire sui russi, su quello zar che si riavvicina all'Inghilterra perché Londra paga i suoi consiglieri e quelli della sua cerchia. Cosa si aspetta per intervenire?

"Questa è bella, ecco che Fouché mi interroga come se rientrassi da un viaggio di piacere!"

Fouché ascolta con la sua aria di superiorità un po' sdegnosa.

Non è favorevole, spiega, a un'azione brutale contro Rumbold, che è accreditato presso il re di Prussia. Quest'ultimo protesterà. Quanto allo zar, è certo che si indignerà per i tentativi d'influenzare la sua corte, i suoi stessi parenti. Dunque, tutto quello che propone Napoleone gli pare impossibile e rischioso.

Napoleone balza in piedi. Non è affatto stanco per il lungo viaggio. Ma cos'hanno insomma tutti quanti, questi dormiglioni, questi prudenti?

— Cosa!? — esclama. — Un veterano della Rivoluzione come voi si mostra così pusillanime!?

Fiuta una presa di tabacco. Cammina su e giù per calmarsi.

— Ah, Monsieur — riprende — proprio da voi devo sentirmi dire che c'è qualcosa d'impossibile! Da voi...

Si avvicina a Fouché, lo squadra, lo obbliga a distogliere gli occhi.

— Da voi, che da quindici anni vedete realizzarsi eventi che, alla luce della ragione, potevano essere giudicati impossibili!

Punta il dito verso Fouché.

— L'uomo che ha visto Luigi XVI chinare la testa sotto la lama di un carnefice; che ha visto l'arciduchessa d'Austria, regina di Francia, rammendarsi le calze e accomodare le sue calzature in attesa del patibolo; l'uomo, infine, che è ministro mentre io sono Imperatore dei Francesi, be', un uomo così non dovrebbe mai pronunciare la parola "impossibile"!

Fissa Fouché, che non è uomo da lasciarsi smontare. Il ministro risponde infatti con un tono impertinente:

— In effetti, mi sarei dovuto ricordare che Vostra Maestà ci ha insegnato che la parola "impossibile" non è francese.

"E allora, che esegua i miei ordini."

Napoleone si placa. Questa giornata di ottobre è così dolce, appena velata da qualche nuvola che annuncia forse la pioggia per la notte.

La notte.

Lascia lo studio e, con passo rapido, entra negli appartamenti di Giuseppina. Tutte le dame di palazzo sono radunate. Vede Madame Duchâtel, Madame de Vaudey che, audace, gli fa un cenno d'intesa.

Sorprende lo sguardo di Giuseppina.

"Forse sa già tutto? Ha l'intuito delle donne gelose e ansiose. Ma deve accettarmi come sono."

Risponde con un sorriso a Madame de Vaudey e, senza proferire parola, torna nel suo studio.

Stanotte, sussurra a Constant, "Madame de Vaudey"

Si siede allo scrittoio.

Legge rapidamente il rapporto che gli ha inviato Portalis sui risultati del plebiscito e, a ogni cifra, lancia un'esclamazione. Il totale di 2.962.458 voti, di cui 120.302 dell'esercito e 16.224 della marina. Com'è possibile?

Afferra la penna, cancella gli ultimi risultati e scrive invece 400.000 e 50.000, calcola la somma e cambia il totale: 3.400.000 voti. Non modifica i 2567 "no". Portalis non ha capito niente. Non si rende conto che i numeri hanno un'importanza visiva. Si può lasciar pensare agli inglesi che ci sono stati solo 130.000 "sì" in tutto l'esercito francese? È incredibile che i senatori, i ministri, i consiglieri, che esistono solo perché lui li ha fatti, non riescano a capire che il potere è, innanzi tutto, una questione di apparenza. Prima vengono le parole. Poi le armi.

"Il Senato, il 6 novembre, proclamerà con la dovuta solennità i miei risultati. Chi oserà contestarli? Io sono l'imperatore, il plebiscito è servito solo a confermare come stanno le cose. Tanto vale che la conferma sia clamorosa.

"La verità? Che cos'è la verità? Non sono forse l'Imperatore dei Francesi?"

Si preoccupa dei giorni che verranno.

"È indispensabile che anche nel più lontano dei villaggi, nella più nascosta vallata, si sappia che io sono l'imperatore. E durante le veglie intorno al fuoco si dovrà raccontare la cerimonia della mia incoronazione, come una volta si ripeteva che a Reims il re, all'uscita della cattedrale, guariva tutti i malati che toccava."

Vuole vedere tutto. Il percorso e la composizione del corteo, il posto di ciascun invitato nella navata di Notre-Dame, le uniformi dei dignitari. Detta l'elenco delle personalità che assisteranno alla cerimonia, quello delle delegazioni che arriveranno da tutto l'Impero. Una volta ricevuta la conferma dell'arrivo del papa, il 29 ottobre, si spazientisce per il ritardo con cui il pontefice intende raggiungere Parigi.

"Dopo tutto, il papa è un uomo come gli altri. E deve piegarsi a quel che io esigo, dal momento che ne ha tutto l'interesse."

Scrive al cardinale Fesch, suo zio, ministro plenipotenziario a Roma, che accompagnerà il papa nel suo viaggio da Roma a Parigi.

> È indispensabile che il papa acceleri il suo viaggio. Sono disposto a spostare ancora la cerimonia fino al 2 dicembre, è la massima dilazione che posso accordargli. Se per quel giorno il papa non fosse ancora arrivato, l'incoronazione avrà luogo lo stesso, e saremo costretti a rinviare la consacrazione. Non è possibile trattenere così a lungo a Parigi le truppe che vi abbiamo radunato e le deputazioni dei dipartimenti. Si tratta di oltre 50.000 persone.

Vorrebbe poter contare solo su se stesso. Lui sì che saprebbe superare tutti gli ostacoli. Ma ci sono gli altri, con la loro indifferenza, la loro cecità, e anche le loro gelosie e i loro odi. E soprattutto, la loro avidità.

Appena può, fugge. Galoppa da solo, sferzato dal vento, spronando il cavallo.

Se gli altri avessero la forza e la docilità di un cavallo, il governo degli uomini e delle cose sarebbe una cosa molto più semplice.

Lo pensa spesso, quando va a caccia nei boschi di Saint-Cloud o cavalca alla testa del suo seguito, all'inseguimento della selvaggina snidata dai cani. Adora quelle

corse. Per qualche ora dimentica i dossier, la cerimonia, tutto preso dalla guerra con la selvaggina. Si tratta di una fatica salutare. Lo libera e lo calma. E lo rinvigorisce.

Al suo ritorno, ordina a Rustam di preparargli un bagno caldo, poi attende la donna che ha convocato. Entra Madame de Vaudey. Fa la graziosa, civetta un po'. È languida, ma solo per presentargli una nota con i suoi debiti e i nomi dei creditori. Lui paga. Un rapporto di polizia lo avverte che Madame de Vaudey perde grosse somme al gioco. Perché dovrei pagare così caro quel che si trova in gran quantità? commenta con Duroc.

Un giorno, un aiutante di campo gli consegna una lettera. La legge commosso, preoccupato. Madame de Vaudey minaccia di uccidersi poiché l'imperatore non la riceve più. Manda subito Rapp dalla donna. È impegnata in una partita intorno al tavolo da gioco, allegra, spensierata.

"Non ci si prende gioco di me! Che le venga immediatamente tolto il suo titolo e le sia proibito ripresentarsi a Saint-Cloud o alle Tuileries."

"Ma perché devo dibattermi in queste meschinità solo perché voglio vivere a mio piacimento, cercando di essere giusto?"

Riceve Marie-Antoinette Duchâtel, così diversa da Madame de Vaudey, così amorevole. La colma di doni perché è totalmente disinteressata. Ricopre di onori il barone Duchâtel, che è un buon direttore dell'amministrazione, un funzionario efficiente e un marito cortese, compiacente per cecità.

Una notte, mentre è in dolce compagnia di Madame Duchâtel, bussano alla porta della scala interna. Napoleone si alza. Riconosce la voce di Giuseppina. Marie-Antoinette Duchâtel si avvolge nelle lenzuola, si nasconde il viso. Giuseppina bussa ripetutamente alla porta. Madame Duchâtel piange.

Cos'è questa stupida farsa che vogliono costringerlo a recitare?

Apre brutalmente. Giuseppina lo ingiuria, insulta Marie-Antoinette Duchâtel. Allora lui urla. Chi le dà il diritto di quella intrusione? Giuseppina scoppia a piangere e fugge. La insegue. Non sopporta che quella donna osi ridicolizzarlo ai suoi stessi occhi, che tenti di impedirgli qualcosa. Divorzio! urla nell'appartamento di Giuseppina. Lei singhiozza. Nessuna pietà, visto che vuole sottometterlo al giogo della sua gelosia. Se viene attaccato, si difende. Si deciderà finalmente ad ascoltare, le dice, quelli che gli consigliano di prendere una moglie capace di dargli dei figli.

Esce. È furioso. Giuseppina si illude forse di poterlo sottometterle alla sua legge di vecchia moglie, di donna gelosa?

Incontra Eugenio Beauharnais. Prova un sincero affetto per il figlio di Giuseppina, uomo coraggioso e leale. Fa fatica, davanti a lui, a pronunciare le parole "divorzio" e "risarcimento".

— Nel momento in cui una tale disgrazia dovesse colpire mia madre, non accetterò niente per me — dichiara Eugenio.

Napoleone gli volta le spalle.

Divorzio: è giusto?

Se ne va a passo veloce, fiutando nervosamente le sue prese di tabacco.

Ormai non pensa ad altro.

Al battesimo di Napoleone Luigi, il secondo figlio di Ortensia e Luigi, ha sentito Giuseppe e le sue sorelle prendersi gioco di Giuseppina.

Perché si sente ferito come se avessero insultato lui?

Gli riferiscono che Giuseppe proclama in tutta Parigi di essere lui il successore designato da Napoleone, e che Giuseppina non parteciperà neppure alla cerimonia dell'incoronazione, che sarà ripudiata prima.

Perché lo costringono a sguazzare in un pantano?

"Cosa crede Giuseppe? Di avere dei diritti su di me? In nome di che? Cosa ha mai fatto mio fratello per pretendere una cosa simile? Perché Roederer, nel rapporto sui risultati del plebiscito redatto per il Senato, ha concesso tanto spazio a Giuseppe? Cosa vuole mio fratello maggiore? Dominarmi? Prendere il mio posto? Pensa forse che il titolo di gran maestro del Grande Oriente di Francia gli dia il potere di decidere del futuro? È necessario sapere cosa nasconde."

Il 4 novembre 1804 Napoleone convoca Roederer a Saint-Cloud.

Sono le undici della mattina. Napoleone guarda entrare Roederer. Ha fiducia in quell'uomo, anche se gli hanno detto che fa parte della cerchia di Giuseppe. Se non fosse così, avrebbe promesso a Giuseppe un futuro così luminoso?

— Ditemi la verità, questo rapporto l'avete scritto per me o contro di me? — lo interroga Napoleone.

Roederer protesta la sua fedeltà.

— E allora perché avete messo Giuseppe sul mio stesso piano? I miei fratelli non sono nessuno senza di me — insiste Napoleone. — Sono grandi soltanto perché io li ho fatti grandi.

Napoleone fa qualche passo e poi aggiunge:

— Non gradisco affatto che i miei fratelli vengano messi accanto a me, sullo stesso piano.

Tira un sospiro. Le parole devono essere dette. Alla fine le pronuncia.

— Io sono giusto, lo sono sempre stato da quando governo. Ed è per giustizia che non ho voluto divorziare. Il mio interesse, l'interesse generale del sistema forse richiedeva che mi risposassi. Ma mi son detto: come posso ripudiare questa brava donna, solo perché divento sempre più importante! Se fossi stato gettato in una prigione o mandato in esilio, lei avrebbe condiviso la mia sorte, siccome divento potente dovrei cacciarla? No, è una cosa che supera le mie forze. Ho il cuore di un uomo, non sono stato generato da una tigre. Quando morirà, mi risposerò e potrò avere dei figli. Ma non voglio renderla infelice.

China il capo, tace per qualche minuto, poi riprende:

— La stessa giustizia ho usato verso mio fratello Giuseppe.

Continua a camminare su e giù nello studio.

— Io sono nato nella miseria — riprende. — Giuseppe è nato come me nella più desolante mediocrità. Io mi sono elevato grazie alle mie imprese. Lui è rimasto al punto dove la nascita l'ha posto.

Si avvicina alla finestra, mostra il cortile del castello.

— Per regnare in Francia bisogna essere nati nella grandezza, aver vissuto fin dall'infanzia in un palazzo con le guardie, oppure essere un uomo capace di distinguersi da tutti gli altri.

Continua a parlare. Non pensava neanche lui di avere tanti motivi di risentimento nei confronti di Giuseppe, che osa rifiutare i titoli che gli vengono offerti.

— Non vuole essere principe? Pretende forse che lo Stato gli accordi due milioni per consentirgli di andarsene a spasso per le strade in frac?

La voce di Napoleone cambia. Diventa astiosa.

— I titoli fanno parte di un sistema, ecco perché sono necessari.

Si riavvicina a Roederer.

— Mi farete almeno la grazia di riconoscermi un po' di spirito e di buon senso? — lo provoca.

Perché, spiega, ha attribuito tutti quei titoli di maresciallo? Perché i generali erano troppo attaccati ai princípi repubblicani. Era necessario che accettassero l'Impero.

— Quando hanno visto che ricevevano anche loro un titolo prestigioso, si sono trovati nell'impossibilità di rifiutarlo o di accettarlo contro voglia.

Si allontana da Roederer.

— Cosa vuole Giuseppe? Pretende di contendermi il potere? Io sono saldo come una roccia.

Ascolta Roederer che tenta di giustificare Giuseppe. Suo fratello sarebbe malato. Napoleone alza le spalle.

— Il potere non mi fa certo ammalare, anzi, mi ingrassa. Non sono mai stato così bene... La mia amante è il potere, ho fatto troppo per impadronirmene per lasciarmelo portar via, o anche per accettare che me lo contendano.

Sul suo volto si dipinge una smorfia di amarezza.

— Giuseppe ha tentato di approfittare della mia amante — mormora.

Poi si adira.

— Il Senato, il Consiglio di Stato, tutti quanti potrebbero opporsi a me senza riuscire a trasformarmi in un tiranno. Per farmi diventare un tiranno basta una mossa della mia famiglia. Sono gelosi di mia moglie, di Eugenio, di Ortensia, di tutti quelli che mi stanno intorno. Mia moglie è una brava donna che non fa loro alcun male. Si accontenta di fare un po' l'imperatrice, di possedere dei diamanti, dei bei vestiti, le misere soddisfazioni della sua età...

Tace, quasi sorpreso da quello che ha appena detto.

— Se la faccio imperatrice, è per giustizia. Io sono soprattutto un uomo giusto. Ed è giusto che lei condivida la mia grandezza... Sì, sarà incoronata con me, anche se dovesse costarmi 200.000 uomini!

Ruggisce.

— È sempre il bersaglio delle loro persecuzioni. È facile per Monsieur Giuseppe farmi delle scenate. Quando ha finito, se ne va a caccia a Mortefontaine o a divertirsi. Io, quando lo lascio, mi trovo di fronte l'Europa intera come nemica.

Alza le braccia.

— E poi, mi parlano in continuazione della mia morte. La mia morte! Sempre la mia morte! È una ben triste immagine che mi viene messa costantemente sotto gli occhi... Ma se morissi domani, tutta la mia famiglia si schiererebbe immediatamente contro Giuseppe.

Si calma per un istante.

— Io posso rovesciare questo sistema, con o senza figli. Bisogna che tutto funzioni lo stesso. Cesare e Federico di Prussia non hanno avuto figli.

Dà una pacca amichevole a Roederer.

— Voi dovete schierarvi dalla mia parte, agire per mio conto.

Infila le mani sotto le falde dell'abito.

Entra un aiutante di campo. Sono le tredici. La messa sta per avere inizio. Si aspetta solo l'imperatore.

Napoleone sorride.

— Il sistema — ripete.

Alla fine ha deciso che Giuseppina sarà incoronata con lui.

Sono gelosi di lei. La odiano troppo perché lui non si senta ferito dai loro attacchi. La difende per difendersi. Per rispetto verso se stesso.

A cena, nella grande sala da pranzo di Saint-Cloud, ascolta le sue sorelle e la moglie di Giuseppe protestare perché dovranno reggere lo strascico di Giuseppina durante la cerimonia di consacrazione a Notre-Dame.

"Ma lo faranno. Si piegheranno.

"Io sono l'imperatore. Lo voglio."

30

Va a caccia. A volte dà colpi di sperone così violenti nei fianchi del cavallo che questo si impenna, nitrisce e balza in avanti. Napoleone però lo doma e lo dirige verso la fitta boscaglia poco lontano dalla strada di Nemours, dove, quasi ogni giorno, da quando si è trasferito nel castello di Fontainebleau, dà la caccia ai cervi.

Da tre giorni attende l'arrivo del papa. Lancia il cavallo al galoppo, passando sotto i rami più bassi. Ha una gran voglia di mettersi a urlare.

Ogni mattina, quando legge i dispacci dei prefetti che gli annunciano il passaggio dei quattro convogli pontifici, impreca. Quel papa se la prende troppo comoda, con quel seguito di 108 persone solo per il suo servizio, dieci carrozze e settantaquattro cavalli. Ce l'ha con il cardinale Fesch, che non è stato capace di esercitare pressioni sul pontefice perché si mettesse in viaggio prima.

Comunque, ormai ha deciso: non aspetterà oltre il 2 dicembre. Parigi è invasa dalle delegazioni. La tensione tra i membri della sua famiglia continua a salire. A ogni incontro c'è un litigio. Basta!

Ha lasciato Saint-Cloud anche per questo motivo, e dal 22 novembre si è trasferito nel castello di Fontainebleau.

Passeggia nel parco a dispetto della pioggia. Si immerge nella nebbia oppure percorre gli appartamenti del connestabile, che Vivant Denon, l'uomo che dirige il Louvre e aveva partecipato alla spedizione d'Egitto, ha preparato per il pontefice.

Napoleone si ferma davanti a un immenso quadro che rappresenta *Le fanciulle di Betel vanno incontro a Davide*. Si volta verso Denon.

— Quadro di ispirazione religiosa, Sire — mormora quest'ultimo con un sorriso.

Napoleone lascia l'appartamento. Non riesce più a sopportare quest'attesa. Ha convocato il pittore Isabey ed esige che gli disegni i vari momenti della cerimonia di consacrazione, perché a Notre-Dame non si possono fare prove. Gli operai non hanno ancora terminato i lavori di restauro.

Esige un piano dettagliato, come per una battaglia. Questa cerimonia, in effetti, è una battaglia.

L'hanno capito tutti quelli che, ne è informato dai rapporti di polizia, mormorano o lo prendono in giro?

Il 25 novembre un aiutante di campo annuncia che il papa si sta avvicinando e fra poco sarà sulla strada di Nemours.

Finalmente.

Sarà un incontro casuale, decide Napoleone.

Esce dal castello a mezzogiorno. Indossa la tenuta da caccia. Cavalca. Il tempo è freddo e grigio. Sosta all'obelisco e poi al poligono di tiro della scuola militare. Lo salutano con una salva di artiglieria. Alla croce di Saint-Hérem, il capocaccia gli presenta il suo rapporto.

Lui va a caccia. È l'imperatore, e non vuole mostrare che si sottomette a Pio VII.

Lui e il papa sono "le due metà di Dio". Scende da cavallo, va verso la carrozza del pontefice, che scende a sua volta.

È solo un uomo stanco.

Napoleone lo guarda per alcuni secondi, poi lo abbraccia e fa avanzare la carrozza dell'imperatore. Sale per primo e siede a sinistra, lasciando la destra al papa.

Arrivando, vede sulla scalinata del castello Talleyrand, che scende per accogliere il papa.

"Il mio ministro. Un ex vescovo che ha aderito alla Rivoluzione ed è tornato allo stato laicale. E si è sposato. Non c'è niente di impossibile, in quest'epoca."

Adesso è calmo. La cerimonia si svolgerà alla data stabilita, il 2 dicembre.

In uno dei salotti, Isabey ha steso una pianta di Notre-Dame e vi ha disposto sopra alcune statuette di legno, di cui ha dipinto gli abiti di carta. Rappresentano gli invitati alla cerimonia. Napoleone gira intorno al tavolo, sposta alcuni personaggi. Ecco come bisognerebbe poter governare gli uomini. Sottometterli a una necessità superiore. È anche per questo che ama la disciplina dell'esercito. Gli uomini obbediscono alla logica dei pensieri di colui che li comanda.

Esamina puntigliosamente i particolari della cerimonia, controlla gli abiti, il posto riservato a ciascuno, in ogni momento della giornata, nel corteo e all'interno della cattedrale.

Il pittore David è incaricato di immortalare la scena per la Storia. Ci vuole un quadro che parli all'immaginazione, una rappresentazione amplificata di quel che succederà.

D'improvviso Napoleone si rattrista. Comunica a David che nel quadro deve essere raffigurata anche sua madre. Poi, con le mani dietro la schiena, si allontana. Letizia Bonaparte, testarda, si è rifiutata di assistere alla cerimonia. Ha preferito raggiungere Luciano in esilio a Roma.

Napoleone sente questa assenza come un dolore, la prova che è impossibile piegare le persone, anche le più vicine, al suo desiderio di renderli tutti partecipi dei suoi progetti.

Questo pensiero lo irrita.

Al grande pranzo offerto il 26 novembre nella sala più spaziosa del castello di Fontainebleau, Napoleone rimane silenzioso. Il papa, seduto di fronte a lui, è un piccolo uomo dal volto pallido ma dagli occhi vivaci. E non li abbassa mai.

Napoleone è sorpreso dal suo rifiuto di assistere, dopo cena, al concerto organizzato da Giuseppina. Ma nel momento in cui il papa lascia la sala, Napoleone coglie uno sguardo pieno di connivenza tra Pio VII e Giuseppina.

Di colpo ha l'intuizione che qualcosa gli stia sfuggendo, che Giuseppina e il papa si siano alleati contro di lui.

Cerca di scacciare questa idea dalla mente, esamina per l'ennesima volta la composizione del corteo che deve sfilare dalle Tuileries a Notre-Dame.

Il cardinale Fesch si avvicina e gli sussurra qualcosa. Sua Santità, riferisce, ha saputo che l'unione tra Napoleone Bonaparte e Giuseppina non è stata benedetta, e quindi per la Chiesa non sono marito e moglie! In queste condizioni, Pio VII non potrà partecipare alla cerimonia della consacrazione, a meno che prima del 2 dicembre non si celebri il matrimonio religioso. Fesch ha ottenuto dal papa il diritto di benedire la loro unione.

La trappola è scattata.

Napoleone va su tutte le furie. Ecco chi è quella donna che lui ha rifiutato di lasciare, difendendola contro fratelli e sorelle. Stringe i pugni. Si è sempre guardato

bene dal far benedire il loro matrimonio. Ha lasciato la porta aperta alla dissoluzione di quel legame. Un matrimonio civile si può rompere con un semplice documento.

Urla, spintona Constant e Rustam mentre lo aiutano a svestirsi.

Insulta Giuseppina.

Poi, di colpo, si calma.

Cos'altro può fare, se non cedere?

Il 28 novembre è seduto accanto al papa nella carrozza che, alle diciotto e venticinque, supera la barriera dei Gobelins. La folla che li circonda è immensa, composta. Alcuni si inginocchiano al passaggio del pontefice. Napoleone osserva quelle manifestazioni di devozione della folla. Così sono gli uomini, sempre pronti a sottomettersi.

Attraversano il piazzale degli Invalides, il ponte della Concorde, poi percorrono il quai des Tuileries. Dappertutto si accalca una folla immensa.

Guarda spesso, di sottecchi, il papa che risponde alle acclamazioni della folla con la sua benedizione. Quell'uomo è una forza. E lo sa.

Quando la carrozza si ferma nel cortile delle Tuileries, sotto il peristilio della scalinata del padiglione di Flore, Napoleone è deciso a sottomettersi. Farà benedire il suo matrimonio con Giuseppina dal cardinale Fesch. È la necessità del momento. E deve piegarvisi.

Il 30 novembre 1804, mentre il papa riceve i rappresentanti dei grandi corpi dello Stato, Napoleone raggiunge Giuseppina, attorniata dalle dame di palazzo.

Gli abiti della cerimonia e il suo ampio mantello di corte in satin bianco ricamato d'oro e d'argento sono appoggiati sulle poltrone e sui divani.

Napoleone le comunica con voce monotona che il cardinale Fesch benedirà il loro matrimonio religioso nel pomeriggio del 1° dicembre, alle quattro, negli appartamenti privati delle Tuileries.

Giuseppina fa un passo per avvicinarsi a lui e baciarlo.

Lui si sottrae.

Non resterà prigioniero della trappola che gli ha teso.

Quel matrimonio sarà senza testimoni, quindi più facile da sciogliere.

La porta del futuro rimane aperta.

Non è uomo da lasciarsi incastrare.

31

Finalmente si comincia! Napoleone è seduto nella sala del trono delle Tuileries. Sono le undici del 1° dicembre 1804. Le porte si aprono, i senatori avanzano per fermarsi a pochi metri dal trono.

È la prima cerimonia. Quella in virtù della quale lui è un imperatore diverso da tutti gli altri, poiché il Senato gli presenta i risultati del plebiscito, e François de Neufchâteau, il presidente del Senato, dichiara "di rivendicare per i repubblicani, il cui patriottismo è stato il più fervente e il più rigoroso, il diritto di essere il più solido sostegno del trono".

Il discorso è lungo. — Sire, voi fate entrare in porto il vascello della Repubblica — conclude François de Neufchâteau. — Sì, Sire, della Repubblica.

Napoleone si alza.

Domani ci sarà l'incoronazione. Ogni momento della cerimonia è stato negoziato

con il papa. Napoleone si inginocchierà per ricevere la benedizione pontificia. Ma sarà lui stesso a incoronarsi e a incoronare Giuseppina. Il pontefice ha accettato.

"In questo modo saranno riuniti tutti i simboli del potere, il sacramento religioso e l'autoincoronazione. Così come oggi, 1° dicembre, è il voto del popolo a consacrarmi."

— Salgo al trono al quale sono stato chiamato dalla volontà unanime del Senato, del popolo e dell'esercito francese — esordisce Napoleone — con il cuore pieno della consapevolezza dei grandi destini di questo popolo che, dai campi di battaglia, io per primo ho salutato con il nome di "grande".

Mai nella sua vita è stato così sicuro di sé. Finalmente ha raggiunto la meta che si era prefisso.

— Fin dalla mia adolescenza, tutti i miei pensieri erano rivolti a lui, e devo dire che oggi i miei pensieri e le mie preoccupazioni sono solo la felicità o l'infelicità del mio popolo.

Tutti quei volti fissi su di lui formano una sorta di onda dai tratti indistinti.

— I miei discendenti conserveranno a lungo questo trono. Sui campi di battaglia saranno i primi soldati dell'esercito, pronti a sacrificare la vita per la difesa del paese...

Pronuncia ancora qualche frase.

"I miei discendenti": sono parole che gli si strozzano in gola. Potrà mai lasciare in eredità quello che ha conquistato e costruito?

Pensa solo a questo, il pomeriggio del 1° dicembre, negli appartamenti privati, mentre ascolta il cardinale Fesch celebrare il suo matrimonio religioso con Giuseppina.

Al termine della cerimonia sente Giuseppina sussurrare a Fesch che desidera un certificato attestante il ricevimento del sacramento matrimoniale.

Dunque, ha paura. Ha capito perché nessun testimone ha assistito alla cerimonia.

Davanti a quell'implicita confessione di debolezza, prova per lei un impeto di tenerezza.

"Viviamo questi giorni insieme. La Fortuna deciderà per il nostro futuro."

Quella notte non riesce a chiudere occhio. Dalle sei di sera a mezzanotte si susseguono instancabili ogni ora le salve di cannone. Tra le esplosioni, si possono sentire in lontananza le bande militari che percorrono compatte le strade di Parigi. Avvicinandosi alla finestra può vedere gli operai che, alla luce delle torce, coprono di sabbia il cortile e la terrazza che fiancheggia il castello delle Tuileries.

Nevica e fa un freddo glaciale.

La mattina del 2 dicembre si lascia vestire da Rustam e Constant. L'abito di velluto porpora e bianco ricamato d'oro scintilla di pietre preziose. Poi raggiunge l'appartamento di Giuseppina.

È bella, giovane. Napoleone sa che è il risultato di sapienti artifici, cipria e rossetto, di cui Giuseppina è esperta, ma con quel vestito, e il mantello di satin bianco, dimostra appena venticinque anni.

Si dirigono insieme verso la carrozza, trainata da otto cavalli impennacchiati. I paggi sono pronti a balzare sulla panca dietro il cocchiere o sul retro della carrozza. Luigi e Giuseppe prendono posto sul sedile di fronte a Napoleone e a Giuseppina. Poi il corteo, composto da venticinque vetture, si mette in moto.

Il freddo intenso sembra paralizzare la folla che si accalca dietro tre schiere di soldati.

Napoleone tenta di scorgere il volto di quei curiosi, quasi sempre silenziosi. Ma i

colonnelli generali della Guardia caracollano davanti alle portiere della sua carrozza, e quando i cavalli si spostano, riesce a intravedere soltanto i soldati.

Quando entra nella cattedrale, rimane quasi paralizzato dal freddo che lo prende alla nuca. Vede, sui due lati della navata centrale e accanto al trono, sulle tribune, due lunghe file di invitati.

Pensa alle statuette collocate da Isabey sulla pianta della cattedrale.

"Questa Francia ordinata, gerarchizzata, l'ho costruita in meno di quattro anni. Adesso è tutta qui, dai prefetti ai membri dell'Istituto, dai consiglieri di Stato alle delegazioni delle Armate. È una piramide, e io ne sono il vertice."

Avanza reggendo lo scettro e la mano d'avorio del bastone regale.

Il suo mantello è sorretto da due principi, Giuseppe e Luigi; quello di Giuseppina da Elisa e Carolina. Salendo i gradini, si sente tirare indietro dal peso, vacilla ma si raddrizza subito. Vede anche Giuseppina esitare, perdere l'equilibrio, riprendersi.

Il papa si avvicina e lo abbraccia.

— *Vivat Imperator in aeternum* — dichiara.

Napoleone si è appena inginocchiato; poi, come previsto, s'incorona e incorona Giuseppina, mentre il papa contempla la scena.

"Sono io, solo io, l'attore dell'incoronazione."

Napoleone si china verso il fratello maggiore.

— Ah, Giuseppe — mormora — se nostro padre ci vedesse!

Adesso bisogna assistere alla messa in quel freddo glaciale. Finita la messa, il papa si ritira, e il gran elemosiniere prende dall'altare i Vangeli e li tiene aperti davanti a Napoleone.

I presidenti delle Assemblee srotolano davanti a lui il testo del giuramento. Leggerà le frasi che lui stesso ha redatto. Devono risuonare sotto le volte della cattedrale come l'espressione della Rivoluzione.

È questo che ha voluto. Questo è.

— Io, Napoleone Bonaparte — esordisce con voce tonante — giuro di mantenere l'integrità del territorio della Repubblica, di rispettare e far rispettare le leggi del Concordato e la libertà dei culti, di rispettare e far rispettare l'uguaglianza dei diritti, la libertà politica e civile, l'irrevocabilità delle vendite di beni nazionali.

Prende fiato.

Pronuncia il giuramento con la corona sul capo, davanti all'altare, la mano sul Vangelo aperto. È la Rivoluzione che viene consacrata in quel momento. Gli acquirenti dei beni feudali ed ecclesiastici d'ora in avanti saranno protetti.

"Sono stato io a ottenere tutto questo."

— Giuro di non imporre imposte, di non introdurre tasse se non in virtù della legge, di mantenere l'istituzione della Legion d'Onore, di governare preoccupandomi solo dell'interesse, della felicità e della gloria del popolo francese.

Le acclamazioni rimbombano in Notre-Dame, mentre un araldo proclama: — Il gloriosissimo e augustissimo imperatore Napoleone, Imperatore dei Francesi, consacrato e assurto al trono.

"Nessuno riuscirà mai a distruggere la Francia che ho appena santificato."

Napoleone esce dalla chiesa e s'incammina sul sagrato. Il cielo è grigio. Cominciano a cadere fiocchi di neve, e l'oscurità avanza in questa corta giornata del 2 dicembre 1804.

Sono appena le tre del pomeriggio.

Le strade sono illuminate. La folla è entusiasta.

Napoleone sorride e prende la mano di Giuseppina.

Decide di cenare da solo con lei.

Vuole che tenga la corona sul capo. Si diverte. Ride. Si rivolge alle dame di corte:

— Mie care signore, è a me che lo dovete, se siete così incantevoli oggi.

Il suo sguardo non si sofferma sui volti delle giovani signore.

Stasera rimarrà con Giuseppina.

Glielo deve. Non dimentica quello che ha fatto per lui, anche se le ferite che gli ha inflitto sono sempre presenti nella sua memoria.

Domani...

Chissà cosa accadrà domani?

Pensa soltanto che deve assolutamente avere una discendenza.

Il 3 e il 4 dicembre sente le salve dell'artiglieria, vede i palloni innalzarsi su place de la Concorde. La sera, i fuochi d'artificio illuminano un cielo basso e nero. In tutta Parigi impazza la festa popolare. Ma lui è al lavoro. La Spagna sta per dichiarare guerra all'Inghilterra, alla quale si è alleata la Svezia.

Anche nel bel mezzo della festa deve pensare alla guerra generale che si sta preparando. Lo sente. Ha nominato l'ammiraglio Villeneuve comandante delle forze navali di Tolone. Saprà essere all'altezza di Latouche-Tréville, che è morto così stupidamente.

Il 5 dicembre, quando si reca al Champ-de-Mars per l'assegnazione delle "aquile", l'onorificenza più ambita, sa che le truppe che sfileranno davanti a lui sotto la pioggia battente, nel fango, nella neve, nella pioggia e nel freddo, marceranno presto sotto la mitraglia. Dove? In Inghilterra o sul continente? Questo lo dirà il futuro. In ogni caso, quale che sia il luogo della battaglia, fra poco questi uomini dovranno affrontare il pericolo.

Entra nella scuola militare dove un tempo era stato allievo. Erano i tempi di Phélippeaux, suo avversario, il difensore di San Giovanni d'Acri. Un uomo di valore, ma che aveva scelto il campo nemico.

Bisogna che quegli ufficiali, ai quali consegna le bandiere decorate con l'aquila dalle ali spiegate, siano non solo eroici, ma anche fedeli.

Legati alla sua persona.

Li riceve tutti alle Tuileries, nel suo studio. Thiard, il ciambellano, li introduce nella stanza uno dopo l'altro, chiamandoli con voce stentorea. Generali, ammiragli, colonnelli che devono prestare un giuramento personale all'imperatore.

L'ha voluto lui, questo legame diretto.

Fissa a lungo uno per uno quegli uomini di cui conosce gli atti valorosi, le qualità e le debolezze. A ciascuno dice qualche frase dopo la lettura del giuramento.

Governare significa anche dare l'impressione che l'imperatore parla e agisce per ciascuna persona in particolare, e che si aspetta da ciascuna azioni singolari.

Confida al generale Lauriston:

— Ricordatevi sempre di queste tre cose: unione delle forze, attività, e ferma decisione di morire con gloria.

Lascia lo scrittoio.

— Sono questi tre grandi principi dell'arte militare che hanno sempre reso la Fortuna benigna verso tutte le mie operazioni — spiega.

Guarda fuori della finestra e aggiunge in tono brusco:

— La morte non è niente. Ma vivere vinti e senza gloria è come morire tutti i giorni.

Nevica e fa un freddo da spaccare le pietre in quel mese di dicembre, ma Napoleone, di solito così freddoloso, non sente nemmeno il vento glaciale e le tempeste di neve.

Passare in rivista le guardie nazionali venute da tutto l'Impero, i corpi d'armata che sfilano, i rappresentanti di tutte le istituzioni che prestano giuramento, gli consente di dimenticare i rigori dell'inverno.

Domenica 16 dicembre si affaccia al balcone dell'hotel de Ville in occasione della festa proclamata in suo onore dalla municipalità di Parigi.

È lui a dare il via a un magnifico spettacolo di fuochi d'artificio, che disegnano in cielo il colle del San Bernardo che, come un vulcano, vomita fiamme, mentre appare la sagoma di Bonaparte che attraversa il passo.

"Io ho compiuto quell'impresa."

Ricorda. Quante sfide ha vinto! E forse sono ancora poche, in confronto a quelle che lo aspettano.

Quando si presenteranno, lui sarà più forte. Perché adesso è l'imperatore di questa nazione che si stringe intorno a lui.

Pochi giorni dopo fa il suo ingresso nella sala dell'Opéra, dove lo aspettano tutti i marescialli che hanno organizzato, a loro spese, una festa in suo onore.

Ormai non teme più che qualcuno di loro si ribelli.

Sono marescialli. Quindi accettano che lui sia l'imperatore.

Il suo "sistema", come ha detto a Roederer, ha funzionato.

Ma cosa farebbero quegli uomini se un giorno lui fosse vinto, a terra?

Non è il momento di preoccuparsi.

Apre il ballo con Giuseppina, fra le acclamazioni, nella luce dorata dei cento lampadari.

Perché non dovrebbe trionfare domani così come è stato vittorioso ieri?

Balla sotto lo sguardo ammirato delle coppie che si accalcano intorno alla pista da ballo.

Si sente ancora così giovane. Ha solo trentacinque anni.

I re parrucconi non capiscono nulla: non temo la vecchia Europa

gennaio - agosto 1805

32

Napoleone lancia un'occhiata a Marie-Antoinette Duchâtel che passeggia, appoggiandosi al suo braccio, nei viali del parco della Malmaison. È da più di un'ora che camminano uno accanto all'altra, in quel pomeriggio di una giornata glaciale ma soleggiata di gennaio del 1805. Madame Duchâtel ha le guance rosse per il freddo. Di tanto in tanto è scossa dai brividi, ma lui non le propone di rientrare. Nel salotto si accalcano gli invitati di Giuseppina. È sicuro che sono tutti lì, a chiacchierare, guardano verso il parco e abbassano gli occhi e la voce, facendo finta di non vedere Napoleone in compagnia di quella giovane donna che tutti conoscono, e di cui tutti conoscono la relazione che intrattiene con l'imperatore.

"Io faccio quel che voglio."

Giuseppina può sospirare, protestare. Non ha avuto quello che desiderava? Il matrimonio religioso, l'incoronazione, la gloria. Quindi, deve accettare di buon grado Madame Duchâtel.

Le stringe il braccio. Ha freddo?

La casa, le dice, è ancora più fredda del parco, ma lui intende trattenersi qualche giorno per allontanarsi un po' da Parigi, andare a caccia, passeggiare sotto gli alberi con lei. E anche parlare.

Lo sa che lui non dimentica nulla? Riesce a immaginare che cos'era Napoleone venticinque anni fa, dieci anni fa? Lui stesso a volte si stupisce.

Nel 1795, solo dieci anni fa, era un generale di brigata affamato che era stato imprigionato pochi mesi prima per robespierrismo. Ma il nome di Robespierre può ancora far tremare Marie-Antoinette Duchâtel? No, è troppo giovane per aver conosciuto il Terrore.

Dieci anni fa, prosegue, era innamorato sul serio, gli può credere, di una giovane marsigliese che oggi è Madame Bernadotte.

"Cosa sarò tra dieci anni, nel 1815?"

Conduce Marie-Antoinette Duchâtel fuori dal sottobosco, nei viali che il sole scalda un po'. La luce è così forte da abbagliare.

Lui incontra spesso, continua Napoleone, le persone che ha conosciuto a quei tempi, dieci o vent'anni addietro. Ha ricevuto poco prima, con tutti gli onori, un uomo anziano, il maresciallo Ségur, che nel 1784, ventun anni orsono, ha firmato il suo brevetto di cadetto gentiluomo, e che per poco non è svenuto dall'emozione quando l'ha riaccompagnato fino alla scalinata. Napoleone ha rivisto anche la sua affittacamere di Valence, alcuni professori di Brienne e, ovviamente, il grande Laplace, il suo esaminatore alla scuola militare.

"Non ho dimenticato niente. Quelli che erano con me all'assedio di Tolone sono stati ricompensati. Amici o rivali, il tempo ha cancellato le asperità, restano solo i ricordi di quegli anni. Marmont è maresciallo. Il generale Du Teil, che comandava ad Auxonne, è stato nominato comandante della piazzaforte di Metz."

— Io non dimentico mai quelli che mi hanno aiutato.

E mormora:

— E amato.

Lei non chiede nulla.

Ma Napoleone non ci casca. Capisce subito, dal tono della sua voce quando gli racconta dei piccoli intrighi di salotto, che la donna sostiene Murat e sua moglie, di cui è buona amica. Va bene, farà di Murat un principe, grande ammiraglio. È soddisfatta? La donna si limita a sorridere. Ma nominerà Eugenio Beauharnais arcicancelliere, e anche a lui attribuirà il titolo di principe francese. Occorre mantenere un equilibrio tra i due clan, radicare il suo potere grazie agli interessi di entrambi. Non nutre illusioni. Nemmeno su Marie-Antoinette Duchâtel. Lui deve dare, è quello che gli altri si aspettano da lui. E deve farlo, se vuole che gli restino fedeli.

Mentre ascolta il cicaleccio di Marie-Antoinette, completa fra sé l'elenco di coloro che nominerà grandi dignitari (ce ne saranno sei), grandi ufficiali civili, ai quali assegnerà nel fasto della sala del trono il gran cordone della Legion d'Onore. Saranno in quarantotto, li ha già tutti in mente, a ricevere le "grandi aquile".

— Sapete, mia cara — dice dirigendosi verso gli edifici della Malmaison — è con le onorificenze che si fa quel che si vuole degli uomini.

Prima di entrare nel salotto mormora a Madame Duchâtel che andrà a trovarla presto nella piccola casa nell'allée des Veuves, agli Champs-Elysées, che ha affittato per poterla incontrare senza dover temere nuove visite di Giuseppina e uno dei suoi scandali insopportabili.

Giuseppina ha il volto scavato, lo spesso strato di cipria che copre il mento si screpola. I suoi lineamenti tremano per il furore e l'amarezza.

Napoleone le sorride e la porta con sé. Ma come fa a non capire che l'amore non è fatto per lui? L'amore è fatto per altri caratteri, non per il suo. Lei lo sa, le dice, è la politica ad assorbirlo completamente.

Giuseppina però non demorde. Non ha passato varie ore nel parco con Madame Duchâtel sotto gli occhi di tutti? Il suo amor proprio è ferito.

Ma è lei l'imperatrice, risponde con impazienza Napoleone. È insopportabile l'inquisizione che esercita su di lui, si sente umiliato dallo spionaggio con cui lo circonda, non fa altro che fornire armi ai suoi nemici. Non lo accetterà più.

Poi aggiunge, perché lei si rassicuri: — Non ho alcuna intenzione di vedere la mia corte dominata dalle donne. Hanno nociuto a Enrico IV e a Luigi XIV. Il mio compito è molto più serio di quello di quei principi, e i francesi sono diventati troppo severi per perdonare al loro sovrano l'esibizione di legami affettivi o di amanti in carica.

Giuseppina si è un po' rasserenata. Non si lamenterà più, mormora. E poi, al momento opportuno, che non è poi molto lontano, aggiunge con voce improvvisamente allegra, le domanderà "di aiutarlo a rompere un legame che non lo soddisfa più".

Deve rassicurare Giuseppina. E poi, non è forse vero che lui non sa più amare?

Rientra alle Tuileries, poi raggiunge Saint-Cloud. A volte non si ricorda nemmeno dove si trova, dal momento che ripete sempre gli stessi gesti, si dedica agli stessi compiti, vede le stesse facce.

— Sono un animale abitudinario — confida a Méneval prima di iniziare a legge-

re i rapporti di Desmarets, che dirige l'Alta polizia, i servizi segreti che spiano gli stranieri.

Anche le relazioni degli informatori di Fouché lo appassionano, così come quelle dei *cabinets noirs*, preposti ad aprire la corrispondenza. Come governare senza conoscere le opinioni, le cospirazioni che si tramano nell'ombra?

I suoi avversari, infatti, non hanno certo deposto le armi.

Legge l'anagramma che stanno diffondendo a Parigi:

NAPOLÉON EMPEREUR DES FRANÇAIS
OU
CE FOL EMPIRE NE DURERA PAS SON AN*

Decifra gli epigrammi che le spie raccolgono nei caffè, dove vengono pronunciati a bassa voce:

Lo zelo del prefetto merita una lode,
ma ha un bel pulire, spazzare notte e giorno.
Dovunque passa la corte,
restan sempre cose sporche.

Napoleone accartoccia quei fogli, li scaraventa a terra, li riprende. Scopre il testo di un manifesto che è stato affisso al Carrousel, poco lontano dalle Tuileries.

I COMMEDIANTI IMPERIALI OFFRIRANNO OGGI
LA PRIMA RAPPRESENTAZIONE
DI
"L'IMPERATORE MALGRADO TUTTO"
SEGUITO DA
"IL CONSENSO OBBLIGATO"
I PROVENTI DELLO SPETTACOLO SARANNO DEVOLUTI
A UNA FAMIGLIA INDIGENTE

Prendono in giro anche papa Pio VII. "*Pistache!*" gridano i venditori di limonate, suscitando le risate degli sfaccendati, come riferiscono le spie.

Ma cosa sta facendo Fouché? Cosa fa il prefetto di polizia? Le voci, i sarcasmi, i libelli sono una cancrena che fa marcire il paese. Non è possibile lasciar ingiuriare il pontefice mentre soggiorna ancora a Parigi.

Voglio, detta Napoleone, che il prefetto di polizia sorvegli, in occasione del carnevale, tutte le maschere, e proibisca a chiunque di girare per le strade in abiti ecclesiastici. Voglio che venga creato un ufficio di polizia incaricato di sorvegliare i giornali, i teatri, le tipografie e le librerie. E che si vieti a chicchessia di riprodurre gli articoli dei giornali inglesi.

Sono i nostri nemici.

Lo intuisce all'inizio del 1805: il tempo delle feste è finito.

Allontana con il piede i rapporti di polizia che cospargono il pavimento del suo studio. Quegli attacchi l'hanno come risvegliato, anche se non è mai stato immerso nel sogno. Per qualche giorno, comunque, nel dicembre del 1804, ha respinto quelle preoccupazioni che adesso tornano ad assalirlo.

* Napoleone Imperatore dei Francesi ovvero Questo folle Impero non durerà neanche un anno.

— Ormai non è più il tempo delle cose amabili e frivole — afferma. — Adesso dobbiamo affrontare quelle serie.

Compie un breve soggiorno a Boulogne, passa in rivista le truppe, sale a bordo di alcune scialuppe cannoniere. È pieno inverno, stagione di venti freddi, di tempeste. Ascolta una relazione dall'ammiraglio Bruix. Si ricorda del loro scontro. Ma Napoleone non si ostina, questa volta. L'invasione dell'Inghilterra sarà rinviata a primavera. E, forse, si potrebbe tentare di evitare la guerra.

Detta una lettera per Giorgio III, il re d'Inghilterra.

"Non sento certo come un disonore il fatto di compiere il primo passo."

Fissa Berthier, in piedi accanto al tavolo dove Méneval scrive.

"Lo stupore del ministro della Guerra è divertente. Crede forse che io pensi che il re d'Inghilterra possa accettare le mie proposte? Devo farle comunque. Se c'è una sola possibilità, una sola, io la tento. E se non sarà possibile, l'opinione pubblica saprà che io voglio la pace."

Comincia a dettare:

"Credo di aver dimostrato al mondo, in più di un'occasione, che non temo l'eventualità della guerra. Il mondo è abbastanza grande perché le nostre due nazioni possano vivere in pace."

Il mondo, forse, ma l'Europa?

Srotola le mappe, si inginocchia, appunta sui grandi spazi oceanici spilli con le capocchie di diversi colori.

Qui, a Tolone, la squadra navale di Villeneuve. Là, a Cadice, quella del nostro alleato spagnolo, l'ammiraglio Gravina. A Brest, la flotta di Ganteaume. E a Rochefort un'altra squadra, quella di Missiessy.

Si rialza, fiuta una presa di tabacco, cammina con una mano dietro la schiena, sotto le falde dell'abito.

— Basterebbe… — mormora.

Poi comincia a dettare.

A volte si interrompe, con gli occhi fissi, come se vedesse le navi sfilare davanti a lui.

Le flotte di Villeneuve, Gravina e Missiessy, dice, si dirigeranno verso le Antille per attirare la squadra inglese, poi faranno inversione di rotta e riprenderanno la strada per l'Europa a vele spiegate. A quel punto, Ganteaume salperà da Brest e sbarrerà la Manica dove saranno rimaste solo poche navi inglesi, poiché le altre si saranno lanciate all'inseguimento delle squadre francesi, verso le Antille.

"Resistete due giorni, due giorni soli, Ganteaume. Non perdete di vista i grandi destini che sono nelle vostre mani. Se l'audacia non vi fa difetto, il successo è assicurato."

Allora la Grande Armata di Boulogne raggiungerà le coste inglesi sulle scialuppe cannoniere e sulle chiatte.

Villeneuve lascerà Tolone il 30 marzo; Ganteaume partirà da Brest il 1° giugno.

"E io attraverserò la Manica prima del 15 giugno."

— Ecco il piano navale — esordisce.

"Ah, se potessi comandare le squadre navali, se si trattasse di cavalieri e granatieri…"

Parla davanti al generale Lauriston, che è entrato nel suo studio:

— Ma i nostri ammiragli hanno bisogno di coraggio e ardore, per non scambiare delle fregate per vascelli da guerra o delle navi mercantili per una flotta.

Stringe i denti.

— Ci vuole decisione nelle iniziative — mormora. — Una volta uscita in mare,

una squadra deve puntare dritta alla sua meta, e non stare alla fonda nei porti o tornare indietro.

Purtroppo, non è lui il comandante delle squadre navali.

Quegli oceani, con i loro venti improvvisi, le grandi ondate, sfuggono a qualsiasi logica.

Il 19 marzo, verso sera, Méneval gli presenta un dispaccio trasmesso via telegrafo da Boulogne.

Il volto di Méneval esprime desolazione. Napoleone gli strappa di mano il dispaccio.

L'ammiraglio Bruix è morto.

Napoleone abbandona lo studio. Le porte sbattono.

La malattia e la morte, come l'oceano, sono imprevedibili.

Non sopporta di trovarsi soggetto in questo modo a ciò che non può dominare.

È già il secondo ammiraglio che gli muore, come se tutto quel che riguarda il mare fosse sotto il segno della maledizione. Respinge quest'idea, si ripete che basteranno due giorni per attraversare la Manica, due giorni soltanto.

Si siede, si fa servire il pasto su un tavolino di mogano nel salotto accanto al suo studio, dove di solito pranza da solo. Gli servono del pollo ai pomodori, ma lo assaggia soltanto.

— Vi ho già detto che mi fate mangiare troppo — rimprovera il cuoco dell'hotel Dunan. — Non mi piace. Mi appesantisce.

Si tocca la pancia. Sta ingrassando.

Dunan gli porta la solita tazza di caffè che Napoleone beve in fretta e, come gli capita spesso quando inghiotte troppo in fretta il cibo o le bevande, ha la sensazione di soffocare.

Cammina, cerca di ritrovare il respiro normale, ordina che lo conducano in uno dei boschi delle vicinanze di Parigi dove può, nel vento e nella pioggia di quel marzo del 1805 ancora rigido, camminare e liberare la mente e il corpo.

Giovedì, 14 marzo, galoppa nella foresta di Rambouillet. Vuole vedere il castello dove è morto Francesco I. Percorre in fretta una decina di stanze, scarsamente ammobiliate dato che nessuno si aspettava il suo arrivo. Spalanca lui stesso le finestre, respira a fondo gli odori della foresta. Passerà lì la notte, come un ufficiale in missione di guerra.

Tutti si agitano intorno a lui, mentre si scalda davanti a un enorme camino dove ardono due grossi ceppi di legno.

Gli piace quella solitudine di una notte trascorsa in mezzo all'agitazione dei furieri e degli aiutanti di campo. Può meditare. Fiuta tabacco, cammina.

Fra tre giorni riceverà i deputati italiani. Sa già dai suoi informatori e da Melzi, vicepresidente della Repubblica Italiana, che i deputati lombardi vengono a proporgli di diventare re d'Italia.

Un altro gradino.

Non ha voluto salirlo. Ne ha parlato con Giuseppe, in gennaio, e gli ha proposto la corona d'Italia. Giuseppe ha accettato, avanzando però alcune riserve.

"Ha pensato un'altra volta alla mia morte, ha voluto preservare i suoi diritti alla successione in Francia.

"Ma come è possibile non suscitare preoccupazioni nelle potenze straniere, se il re d'Italia è anche Imperatore dei Francesi?"

Alla fine, Giuseppe ha deciso di non dover accettare. Non sarà re d'Italia.

L'amarezza sommerge Napoleone.

Ha ricevuto Luigi e Ortensia per proporre loro, per l'ennesima volta, di adottare il loro figlio, di nominarlo subito re d'Italia.

Che ricordo doloroso, la scenata di gelosia di Luigi.

"Lo faccio perché sarei io il padre del bambino, ha urlato Luigi, e l'ho cacciato.

"Quanto a Luciano, non ha voluto divorziare preferendo quella donna alla corona!

"Ecco chi sono i miei fratelli!

"E quindi dovrò diventare re d'Italia.

"Imperatore dei Francesi e re d'Italia.

"La Fortuna vuole così. Quel che non faccio personalmente, nessuno lo fa per me.

"Ho sognato di fondare una dinastia.

"Volevo vedere i miei fratelli tutti intorno a me come sovrani. Ma per adesso posso dare solo un principato, quello di Piombino, a mia sorella Elisa. Quanto alla mia discendenza…"

Con un gesto brutale, spinge nel fuoco con il tacco dello stivale un ceppo. Centinaia di scintille sprizzano dal legno.

Come previsto, il 17 marzo i deputati italiani lo proclamano re d'Italia. Il 24 si presenta dinanzi al Consiglio di Stato. Ascolta impassibile i ditirambi dei senatori che salutano la sua nuova corona.

Quanti di loro pensano, come Fouché, che almeno osa dirglielo, che questa corona provocherà una guerra sul continente?

"Come se i re avessero bisogno di quel pretesto per tentare di soffocarmi e di cancellare la Rivoluzione dalla carta dell'Europa!"

— Il mare può essermi nemico, ma non certo la terra! — risponde Napoleone a Fouché.

È attorniato da ministri e consiglieri di Stato rispettosi, eppure legge nei loro occhi, ne è sicuro, l'attesa della sua sconfitta, della sua caduta.

A volte si domanda se quegli uomini non se la augurino, benché vada contro i loro interessi.

"Non sopportano il mio successo."

— I parrucconi non capiscono nulla — dichiara — e i re non hanno né iniziativa né carattere.

Fissa uno dopo l'altro i consiglieri e i ministri.

A eccezione di Fouché, tutti chinano il capo.

— Non temo la vecchia Europa — conclude.

33

In un primo momento Napoleone sente solo un rumoreggiare confuso, coperto dal cigolio delle ruote della carrozza sulla strada dissestata.

Poco a poco, tuttavia, comincia a distinguere delle voci: "Viva l'imperatore!". La berlina rallenta. Si sporge dal finestrino. La carrozza dei furieri che correva davanti alla sua avanza a fatica, fendendo la folla di contadini che ha occupato la strada.

— Viva l'imperatore!

Donne e bambini accorrono. Li saluta con la mano. È la prima volta che incontra un entusiasmo così grande da quando è partito da Fontainebleau, dove ha dormito la notte del 1° aprile. Poche ore prima, a Troyes, più che entusiasta la folla sembrava curiosa. E allo stesso tempo intimidita. Ha spiegato alle autorità che si recava a

Milano per ricevere la corona ferrea di re d'Italia. E che avrebbe visitato le principali città di quel regno, che aveva appena creato dal nulla. Avrebbe visitato anche i campi di battaglia di Castiglione e Marengo.

Qualcuno, nella sala dal soffitto basso dove era stato organizzato il ricevimento, ha detto: — La Scuola militare di Brienne dove voi, Sire...

Non ha più ascoltato.

Quel viaggio verso l'Italia, ne aveva la certezza fin da quando la berlina aveva lasciato il cortile del castello di Fontainebleau, era una sorta di pellegrinaggio verso i suoi primi anni di gloria. E se Giuseppina aveva tanto insistito per accompagnarlo, era anche per i ricordi dell'Italia, gli inizi del suo successo, l'epoca della passione che il giovane generale provava per lei.

"L'epoca della mia gelosia."

Non aveva nemmeno riflettuto al fatto che la strada passava così vicina a Brienne, a quegli anni di solitudine, spesso amari. Venticinque anni prima.

Erano le due del pomeriggio di mercoledì 3 aprile 1805.

Dichiara che passerà da Brienne, mentre Giuseppina proseguirà con il grosso del convoglio per Lione. E così, nel tardo pomeriggio, la berlina avanza tra i contadini che gridano: "Viva l'imperatore!".

Hanno dovuto inviare da Troyes delle staffette per preparare la tappa dell'imperatore.

Napoleone si guarda intorno. Scorge il castello di Brienne dove, una volta, era stato invitato. Quando era ancora un fanciullo taciturno che sognava solo la sua isola natale.

Su carri da cui sono stati staccati i buoi, grappoli di donne e bambini agitano i fazzoletti. Qua e là ardono dei falò, poiché fa freddo e il cielo è basso.

Gli sembra di riconoscere quegli alberi, quelle siepi dei tempi delle sue prime marce, delle sue prime manovre. Si ricorda di ogni particolare, e dal passato riemergono dei volti.

Ecco che avanzano nella grande sala del castello.

La scuola ormai è soltanto un cumulo di rovine, gli dicono. La Rivoluzione, sospirano, è passata come un tornado. Gli edifici sono stati saccheggiati, venduti, abbandonati, demoliti.

È fermo nel vano di una finestra. Madame de Brienne sta per condurlo alla camera una volta riservata, durante i suoi soggiorni, al duca d'Orléans.

Nell'oscurità che sta scendendo rapidamente cerca di intravedere le rovine della scuola. Ci andrà domattina, all'alba.

Poi afferma:

— Il tempo della Rivoluzione è finito, in Francia ormai c'è un solo partito.

È ancora notte fonda.

Ma d'inverno, fanciullo, a quell'ora era già in piedi nel dormitorio della scuola. Aveva freddo, aveva sempre freddo. E forse quel freddo non l'ha mai lasciato.

Si aggira fra le rovine della scuola, sulle macerie, in compagnia dello scudiero Louis de Canisy, nipote di Madame de Brienne.

Qui, se non ricorda male, c'era il dormitorio. Là, accanto a quella siepe, aveva costruito il suo capanno, dove si ritirava a leggere in solitudine.

Avevano sparato dei fuochi d'artificio, alcune casse di petardi erano esplose. E gli allievi, in quel giorno di spavento, fuggendo avevano devastato l'eremitaggio che lui aveva impiegato alcune stagioni a costruire.

D'improvviso tace e monta a cavallo. E prima che il suo seguito possa imitarlo, cavalca da solo sulla strada di Bar-sur-Aube.

Va dove lo porta la memoria, da un boschetto di alberi a una casa isolata. Salta siepi e ruscelli. Adesso fa chiaro, gli odori della terra lo inebriano. E quel passato che ripercorre lo turba e lo esalta al tempo stesso.

Al suo passaggio, alcuni contadini alzano la testa. Legge sulle loro facce spaventate e sorprese lo stupore davanti a quel cavaliere che attraversa i campi a spron battuto e corre nei boschi.

È libero. Libero. Niente e nessuno può fermarlo. Sceglie da solo la sua strada.

Sente una detonazione. I suoi aiutanti di campo lo stanno cercando, lo chiamano. Cavalca e cavalca ancora; poi incomincia a trattenere il cavallo e rientra trottando al castello di Brienne, dove Caulaincourt, Canisy e gli ufficiali del seguito gli si precipitano incontro.

Scende da cavallo.

Non farà ricostruire la scuola di Brienne. Il passato serve soltanto a inventare l'avvenire.

Ritorna a Troyes e, il 5 aprile, riparte per Semur, Chalon, Mâcon, Bourg.

Erano anni che non percorreva quei paesaggi che aveva attraversato tante volte. Dappertutto lo acclamano con entusiasmo. Gli operai di Creusot sparano alcune salve di cannone per salutarlo.

E quella vecchia donna che avanza verso di lui, a Chalon, la riconosce. L'aveva ricevuto in casa sua una volta, quando era sottotenente al reggimento di La Fère.

Ha un moto di commozione. È talmente vecchia che ha l'impressione di vedere davanti a sé tutto il tempo trascorso.

Quanti anni gli restano per andare fino in fondo al suo destino e compiere quel che ancora è in lui e che ha solo potuto abbozzare?

Mormora a Caulaincourt che gli sta vicino, un passo indietro:

— Vedete, Caulaincourt, sono un uomo. Checché ne dica certa gente, ho anch'io delle viscere, un cuore.

Non presta alcuna attenzione alle frasi di circostanza delle autorità che si presentano una dopo l'altra davanti a lui.

— Ma è il cuore di un sovrano — prosegue. — Non mi lascio commuovere dalle lacrime di una duchessa, ma sono toccato dalle sventure dei popoli. Voglio vedere felici i francesi. E lo saranno. Se vivo almeno dieci anni, il benessere sarà dappertutto. Credete che non mi piaccia far felice la gente? Una faccia contenta mi rallegra il cuore, ma sono costretto a difendermi da questa disposizione naturale, perché ne approfitterebbero tutti.

Scuote la testa come se volesse scacciare queste idee, mettere fine al suo soliloquio. Può dedicare poco tempo a interrogarsi.

Sale sulla berlina e riprende subito la lettura dei dispacci che, dopo la sua partenza da Fontainebleau, lo mettono al corrente della situazione delle squadre navali. Conformemente ai piani stabiliti, Villeneuve ha lasciato Tolone il 30 marzo, ingannando Nelson, e ha raggiunto la Martinica dopo aver toccato Cadice unendosi alla squadra spagnola dell'ammiraglio Gravina.

"Finalmente comincio a non provare quasi più inquietudine" scrive al vice ammiraglio Decrès, ministro della Marina.

Se lui fosse uno di quegli ammiragli, se comandasse in mare, niente potrebbe resistergli. Ma deve accontentarsi di scrivere al viceammiraglio Ganteaume, che è ri-

masto con la sua squadra a Brest: "Spero che partirete dalla località convenuta con più di cinquanta vascelli. I destini del mondo sono nelle vostre mani".

Capirà Ganteaume? Saranno all'altezza del loro ruolo tutti quegli ammiragli?

Lascia vagare lo sguardo sulle sponde della Saône. Riconosce i dintorni di Lione, dove si ricongiungerà con Giuseppina. Di là partiranno per Torino, dove raggiungeranno il papa che ha lasciato Parigi qualche giorno prima dell'imperatore. Poi, Milano e l'incoronazione.

Detta le sue istruzioni per il viceammiraglio Verhuell, che comanda la flotta olandese; poi, come parlando fra sé, aggiunge:

— Sono certo che sta per scoccare l'ora della gloria. Ormai dipende solo da alcune opportunità e da qualche evento.

È la Fortuna a tenere le redini.

Prosegue, e Méneval annota: "Basta essere padroni del mare sei ore, e l'Inghilterra cesserà di esistere".

Interrompe la dettatura. La berlina sta attraversando place Bellecour. Napoleone ricorda. È stato tre anni prima. I lionesi gli avevano scritto, nel giugno del 1802, per chiedergli l'autorizzazione di chiamare quella piazza, dove aveva ispezionato le truppe rientrate dall'Egitto, place Bonaparte. Gli sembra di risentire la propria voce dettare a Bourrienne: "Non voglio piazze Bonaparte, onori simili non devono essere attribuiti a un uomo ancora in vita".

Ma adesso è imperatore. Ha fondato una dinastia. È lui che la gente acclama lungo la Saône, e quando entra nel palazzo dell'arcivescovo. È lui che la folla vuole toccare quando avanza verso le fondamenta di un nuovo ponte che deve attraversare il fiume, e aspettano che sia lui ad accendere il primo fuoco d'artificio che darà l'avvio ai lavori.

Ha già acconsentito a che due città dell'Ovest, La Roche-sur-Yon e Pontivy, nel cuore di quello che era stato il paese della ribellione delle bande di *chouan*, venissero ribattezzate Napoléon-Vendée e Napoléon-ville.

Parla alle autorità che lo attorniano, dopo il banchetto offerto dalla città, per ascoltarlo come se pronunciasse oracoli. Osserva, oltre i volti di quegli uomini dall'espressione grave, Giuseppina circondata dalle sue lettrici e dalle dame di corte che l'hanno accompagnata nel viaggio.

Parla in fretta, a scatti, perché in quel momento desidera solo ritrovarsi in mezzo a quelle giovani donne, come Madame Gazzini, una bella genovese che ha notato al momento della partenza da Fontainebleau, o Mademoiselle Guillebaud, che abbassa gli occhi ogni volta che lui la guarda.

— Uno Stato deve fondarsi su princípi saldi — spiega. — Finché non si imparerà fin dall'infanzia che occorre essere repubblicani o anarchici, cattolici o senza religione, lo Stato non riuscirà a formare una nazione: poggerà su basi incerte e vaghe, sarà costantemente esposto al disordine e ai cambiamenti.

"Sono io, adesso, la persona che incarna i saldi princípi, sono io a rappresentare l'unico partito della nazione."

È necessario far tacere "i sapientoni che non sanno su che cosa basare la loro morale e non hanno idee stabili", aggiunge.

Non è più tempo di far leggere Rousseau o di concorrere in filosofia per vincere il premio dell'Accademia di Lione.

L'ha fatto, un tempo.

— Preferisco vedere i bambini di un villaggio affidati a un monaco che non sa

nulla del suo catechismo ma di cui conosco i princípi, piuttosto che a uno di quei sapientoni — dichiara.

Sfida con lo sguardo quelli che lo attorniano. Ma tutti lo approvano rumorosamente.

— Gli Stati non prosperano certo in virtù delle ideologie — aggiunge.

Poi si dirige verso il gruppo delle donne e conclude, voltandosi:

— La forza delle armi è il principale sostegno degli Stati.

"Bisogna che questi mercanti di tessuti e sete, questi finanzieri, sappiano che siamo in guerra, e che sarà la spada a decidere."

Ritorna verso le autorità.

— Dovete aver fiducia — aggiunge.

Purtroppo, da alcuni giorni i banchieri fanno orecchie da mercante alle richieste di prestare allo Stato il denaro necessario.

"Credono che si possano vincere le guerre soltanto con i soldati? Marbois, il ministro delle Finanze, si fa ingannare da Ouvrard, quell'intrigante che in Olanda si accorda con questo o quel banchiere, e ha rapporti con la City di Londra. Se li lascio fare, sarà la banca Baring, dunque lo stesso Pitt, a decidere la sorte delle mie finanze."

Parla di denaro per qualche minuto.

— Finché sarò vivo, non emetterò mai carta moneta.

Ha ancora l'incubo degli assegnati, la moneta che svanisce fra le dita. Sia Luigi XVI sia Robespierre, all'altro estremo, ci hanno rimesso la testa per questioni di finanza.

Sono i banchieri, nell'ombra, a comandare il meccanismo della ghigliottina.

— Voglio creare e preparare per i miei successori risorse che facciano le veci dei mezzi straordinari che ho saputo creare per me.

Non aspetta neanche un cenno di approvazione, si dirige verso l'imperatrice, le dame e gli ufficiali del suo stuolo.

"Ma chi saranno i miei successori, se muoio senza discendenza diretta?"

Ha raggiunto le donne. Accanto a Madame Gazzini e a Mademoiselle Guillebaud ci sono le dame d'onore di Carolina.

"Tutte belle, quasi che mia sorella le abbia scelte per me. Ma cosa spera? Che mi separi da Giuseppina per una delle sue dame? O è solo per ferire e umiliare l'imperatrice, per vendicarsi di non essere le prime, che le mie sorelle agiscono così? Infatti anche Elisa e Paolina si comportano come Carolina.

"Decisamente, la guerra è uno stato naturale."

Un po' in disparte c'è una giovane donna, meglio, una fanciulla, tanto il suo atteggiamento è discreto. È certo una lionese, dal momento che non ha quell'impertinenza tipicamente parigina delle dame di corte o del Palais-Royal.

Le si avvicina e la interroga in tono brusco. Lei si turba, balbetta. François-Émilie Marie Leroy? Gli piacciono quei nomi, le dice. È la prima donna che li porta, per lui. La conduce con sé.

In guerra come in amore, ma non è forse la stessa cosa?, lui non è certo l'uomo degli assedi, ma degli assalti.

"Giuseppina accetta. Sa che non voglio più vedere la sua faccia contorta dalla gelosia. È imperatrice, non le basta?

"Entra al mio fianco nella cattedrale di Milano. Riceve la sua parte di gloria, anche se questa regalità italiana è solo mia."

Napoleone si mette sul capo la corona ferrea di re d'Italia. La piazza del Duomo è colma di una folla entusiasta che lo acclama.

— Dio me l'ha data — dichiara toccando la corona — guai a chi la tocca.

Poi, a voce bassa, aggiunge:

— E spero che sia una profezia.

Pochi giorni dopo decide l'annessione di Genova e della Liguria alla Francia. Fa della Repubblica di Lucca un principato e lo dona a sua sorella Elisa, che regna già su Piombino.

Le cose sono semplici, quando si possiedono la forza e la determinazione necessarie.

"Chi potrebbe fermarmi?

"Il papa? A Torino Pio VII si è dimostrato più che amabile e disponibile in cambio di alcune concessioni che instaurano nel regno d'Italia un regime religioso identico a quello del Concordato in Francia.

"L'Inghilterra avrebbe i mezzi per farmi la guerra qui?"

— Una nazione è decisamente folle se non dispone di fortificazioni o di armate di terra — confida a Caulaincourt.

Se un giorno avrà a disposizione quelle sei ore indispensabili, l'Inghilterra si vedrà piombare addosso "un'armata di 100.000 uomini d'élite, agguerriti...".

Che cosa potrà fare contro di me?

Allearsi alla Russia?

Il re d'Inghilterra e lo zar hanno firmato un trattato per far rientrare la Francia nei suoi confini del 1789 e installare a Parigi un governo di loro gradimento, capace di cancellare la Rivoluzione. Chi potrebbe riuscirci?

— C'è troppa gente che mi crede senza fegato e senza artigli! Scrivetelielo, per Dio! — dice a Talleyrand. — Che non si illudano!

"Provino ad aggredirmi, se osano!"

È sicuro di sé.

Ripercorre i campi di battaglia della sua giovane gloria, Marengo, Castiglione. Fra le acclamazioni della folla entra nelle città che aveva conquistato: Mantova, Verona, delle quali è diventato re. Visita Bologna, Modena, Piacenza, Genova.

Fa eseguire manovre militari a 30.000 uomini sul campo di battaglia di Marengo, e la guarnigione di Milano sfila in Foro Bonaparte.

È innamorato di quei paesaggi, di quelle città, di quei ponti che ha varcato alla testa dei suoi eserciti. E gli piace la primavera italiana. Cavalca per ore e ore. A volte gli capita di sfiancare cinque cavalli in un solo giorno.

A volte lo sorprende un ricordo doloroso.

È salito sul parapetto delle fortificazioni di Verona. Osserva la città, con i tetti di tegole che formano un enorme lago rosso.

— È qui, in questa città, durante le nostre prime campagne, che il mio povero fratello Luigi ha subito un incidente terribile — spiega. — Una donna che conosceva appena ha violato il suo domicilio. Da allora Luigi è preda di disturbi nervosi, che variano secondo le condizioni atmosferiche, e da cui non è mai potuto guarire.

Ecco le ombre che ritornano.

Luigi, malato e ostile, si rifiuta di lasciargli adottare il suo primogenito.

E Luciano?

Napoleone, con voce metallica e gesti nervosi, si confida con Caulaincourt: — All'onore del suo nome e della sua famiglia Luciano preferisce una donna disonorata, che gli ha dato un figlio prima ancora che la sposasse.

Questi pensieri lo feriscono, in quella calda fine di giugno del 1805 che trascorre a Genova. Osserva il letto che, a quanto gli assicurano i genovesi che gli mostrano la camera, è lo stesso dove ha dormito Carlo V.

Viene paragonato ai più grandi uomini della terra, ma è lo stesso uomo che i fratelli si rifiutano di aiutare. È un imperatore senza figli.

Continua con voce amara.

Non può fare a meno di dolersi, prosegue, del tradimento di Luciano.

— È un uomo che la natura ha dotato di molti talenti, ma che un egoismo senza pari ha distolto da uno splendido destino per trascinarlo lontano dalla via del dovere e dell'onore. — Si sporge dalla finestra della sua camera che domina il porto di Genova.

Sul mare, tre fregate e due brigantini stanno manovrando a vele spiegate. Li guarda a lungo.

Poche ore fa ha dovuto modificare i suoi piani di sbarco in Inghilterra. Villeneuve non è riuscito a ricongiungersi con la squadra di Missiessy alle Antille. Tutte le manovre previste si sono svolte con gran ritardo. L'invasione dell'Inghilterra avverrà quindi tra l'8 e il 18 agosto, e non nel mese di giugno come aveva previsto.

Si appoggia alla finestra, segue con gli occhi le navi. Le comanda suo fratello Gerolamo, che ha accettato di abbandonare la moglie americana e di piegarsi alla ragione.

"Probabilmente è l'unico dei miei fratelli che mi obbedisce.

"Probabilmente non è nella mia famiglia che troverò un sostegno. E se non avrò figli, su chi potrò contare?"

Forse su Eugenio Beauharnais, che ha appena designato viceré d'Italia.

Dice a Roederer: — Se sparano un colpo di cannone, è Eugenio che va a vedere cosa succede. Se devo oltrepassare un fosso, è lui che mi tende la mano.

Ha fiducia in quel giovane di ventitré anni, pieno di dignità e di coraggio. Vorrebbe aiutarlo nel compito così difficile di governare gli uomini.

Scrive a Eugenio:

> I nostri sudditi d'Italia sono naturalmente più inclini alla dissimulazione dei cittadini francesi. Non accordate la vostra piena fiducia a nessuno... Parlate il meno possibile: non siete abbastanza colto, e la vostra educazione non è stata curata abbastanza da permettervi di abbandonarvi alle discussioni. Sappiate ascoltare... Anche se siete viceré, avete solo ventitré anni... Mostrate per la nazione che governate una stima che è tanto più opportuno manifestare quanto minori motivi troverete per farlo. Verrà un tempo in cui scoprirete che vi sono ben poche differenze tra un popolo e l'altro.

Il popolo? Lo osserva, lo ascolta lungo tutto il viaggio di ritorno in Francia, nei primi giorni di luglio del 1805.

Nelle vicinanze di Lione fa fermare la berlina su una strada secondaria. La gente, dai campi, si precipita sulla strada per acclamarlo, per vederlo.

Scende dalla vettura e cammina dirigendosi verso la collinetta di Tarare. Ordina a quelli del suo seguito che intendono accompagnarlo di fermarsi. Desidera restare solo, mescolarsi alla gente, vedere il popolo.

Nessuno lo riconosce. Sale piano, interroga una vecchia. Cosa fa sulla strada? Sta per passare l'imperatore, risponde la donna.

Chiacchiera con lei, spiando attentamente le sue espressioni.

È una donna del popolo che vive lontano dai palazzi.

— Prima avevate il tiranno Capeto — le dice — adesso avete il tiranno Napoleone. Cosa ci avete guadagnato nel cambio?

Si china verso la vecchia. Legge su quel volto rugoso la costernazione.

— Mi perdoni, Monsieur — replica la vecchia. — In fin dei conti c'è una grande differenza.

Scuote la testa e sorride maliziosa:

— Questo l'abbiamo scelto, l'altro ce l'avevamo per caso.

Alza la voce:

— Uno era il re dei nobili, l'altro è quello del popolo, è il nostro!

Napoleone scende di buon passo dalla collina. Fischietta e fiuta tabacco.

— Mi piace il buonsenso comune della gente — confida a Méneval.

Poi risale in carrozza.

34

Colpa del caldo afoso di quella fine di luglio del 1805? O della spasmodica attesa di notizie delle squadre navali? Il fatto è che Napoleone si lascia spesso trascinare dalla collera. Convoca Murat, che arriva tutto impennacchiato nella sua uniforme da grande ammiraglio e principe, "grande aquila" della Legion d'Onore, capo della 12ª coorte. Prima ancora che abbia modo di interrogarlo, Murat gli parla della collezione di quadri che ha allestito nel suo palazzo dell'Eliseo!

Proprio il momento e il luogo per parlare di quadri! Dove sono le truppe? Stanno compiendo manovre? I rifornimenti sono stati predisposti e garantiti? Murat balbetta.

Napoleone si arrabbia anche nel parco del castello di Fontainebleau, mentre cammina lungo i laghetti.

Il cielo è nuvoloso, ma il temporale non si scatena, e il caldo si accumula sotto il cielo basso percorso da lunghi lampi.

"È come se l'elettricità del fulmine scivolasse sulla mia pelle."

Napoleone rabbrividisce. Rientra nel castello.

Notizie? Dove sono gli ammiragli? Cosa sta facendo Ganteaume? E Villeneuve? Si sa dov'è Nelson?

Scrive a Ganteaume: "Grandi eventi stanno per verificarsi: fate in modo che le forze che comandate non siano inutili... Agite con prudenza ma anche con audacia".

Scrive a Villeneuve: "Per il grande obiettivo di rendere possibile uno sbarco sulle terre di quella potenza, l'Inghilterra, che da più di sei secoli opprime la Francia, potremmo morire tutti senza rimpianti. Questi sono i sentimenti che devono animare i miei soldati".

Chino sul suo tavolo da lavoro, esamina la consistenza delle varie flotte: 74 navi per i francesi e gli spagnoli, appena 54 per gli inglesi!

Ma cosa aspettano gli ammiragli per agire?

Si sente legato, invischiato. Il caldo umido incolla i vestiti alla pelle. I corrieri partono con l'ordine di raggiungere Brest, Vigo o Cadice senza mai fare sosta, a costo di sfiancare i cavalli.

Come può decidere, se non sa dove sono e che cosa fanno le squadre?

Nel frattempo, Talleyrand lo conferma, l'Inghilterra sta spingendo l'Austria a entrare nel conflitto. La Russia ha già stretto accordi con Londra. Se Vienna osa, allora...

Riceve Cambacérès e il ministro delle Finanze, Barbé-Marbois.

Napoleone è in piedi davanti alla finestra spalancata. Non un alito di vento. Se le condizioni temporali sull'Oceano sono le stesse, le sue flotte non raggiungeranno mai Boulogne.

Si rivolge a Cambacérès. L'arcicancelliere è preoccupato. Barbé-Marbois ancora più di lui. I finanzieri storcono il naso, spiega. Ci stanno prendendo alla gola. Temono un'impresa azzardata come l'invasione dell'Inghilterra.

Napoleone prende a camminare, le mani dietro la schiena.

— Rassicurate lorsignori — dice con voce sorda.

Cosa può fare contro di loro, cosa può fare senza di loro?

— Fate loro comprendere che non tenteremo niente di azzardato, agiremo solo con assoluta sicurezza.

"Cosa si immaginano, quei signori, che si faccia la guerra con i colpi di testa? Non c'è nulla di più meditato delle mie campagne."

— I miei affari vanno troppo bene — prosegue — perché io possa mettere a repentaglio la prosperità del mio popolo. Ovviamente, per quanto mi riguarda, sbarcherò con il mio esercito, tutti devono capire la necessità di questo gesto.

Solleva la mano.

— Ma io e il mio esercito sbarcheremo solo quando ci saranno tutte le circostanze favorevoli.

Quanto all'Austria, se continua a riarmarsi, "andrò con 200.000 uomini a farle una bella visita di cui si ricorderà a lungo!".

Poi si volta verso Cambacérès:

— Voi dite che non credete alla guerra: in effetti, bisognerebbe essere dei pazzi per farmi la guerra.

Sorride.

— Oggi non esiste in Europa esercito migliore di quello che ho io.

Lascia Fontainebleau alla volta del castello di Saint-Cloud.

Ha bisogno di un posto tranquillo dove potersi calmare, ma il caldo è insopportabile come a Fontainebleau. Dorme male. Tratta bruscamente Rustam e Constant, esige in ogni istante la presenza di Méneval. Deve dettare, affinché le sue parole agiscano sugli uomini come tanti colpi di sperone.

"Entrate nella Manica" detta per Villeneuve. "L'Inghilterra è nostra. Conquistatela per ventiquattr'ore, e tutto sarà finito."

Quando scende la sera, l'afa allenta un po' la presa. Napoleone esce per dare inizio a una fin troppo lunga notte. Quasi ogni sera si reca all'Opéra o a teatro. A volte fa venire gli attori a Saint-Cloud. Ma come potrebbe divertirsi alla rappresentazione delle *Femmes savantes*?

Le domande lo ossessionano: riuscirà a passare il braccio di mare, a issare il tricolore sulla torre di Londra?

Si avvicina agli attori. Gli piace la gente di teatro, quelle donne provocanti, spesso belle, quasi sempre esperte e così facili da conquistare.

Loro, almeno, riescono a distrarlo. Talma parla con quel talento di narratore che trasforma una banale storia di letto tra una dama e un dignitario nella scena madre di una commedia o di una tragedia.

Per qualche istante tutto svanisce, e resta solo Talma. Napoleone osserva l'attore, lo ascolta, gli parla.

— Voi affaticate troppo il vostro braccio — gli dice una di quelle sere di luglio, dopo la rappresentazione di *La morte di Pompeo*. — I capi di imperi son molto meno prodighi di movimenti. Sanno che un gesto è un ordine, che uno sguardo è la morte, e quindi economizzano gesti e sguardi... Non fate parlare Cesare come Bruto; quando uno dice che ha i re in orrore, bisogna credergli, ma non all'altro. Sottolineate la differenza.

Madame de Rémusat si avvicina: perché si intrattiene tanto con Talma? In fin dei conti è solo un attore, gli sussurra, e l'imperatore dimostra più riguardi per lui che per un ambasciatore o un generale.

Napoleone sorride.

— Sapete bene che un talento, di qualsiasi genere, è un potere reale, e perfino io, avete potuto constatarlo, non ricevo mai Talma senza scoprirmi il capo.

Aggiunge, in un mormorio:

— E ci sono anche donne di grande talento...

Madame de Rémusat si sottrae. Cosa succede, è diventata fedele? Ma ci sono pur sempre Madame Duchâtel, Madame Gazzini, e quell'Émilie Leroy appena arrivata da Lione dietro sua richiesta, che ha fatto sposare a un certo Pellapra, un finanziere molto comprensivo che riceverà la carica di percettore delle Finanze a Caen, sufficiente per calmare i suoi scrupoli, se mai ne avesse.

Così, le notti di luglio si accorciano ancora. All'alba, lo attendono i rapporti delle spie, bene in evidenza sul tavolo di lavoro.

Napoleone li legge sempre per primi.

In certi caffè, raccontano gli informatori, ci si stupisce che il 14 luglio non sia stato celebrato con alcuna festa, e si critica l'annuncio di cerimonie e balli per il 15 agosto, il giorno di San Napoleone. Lo canzonano. E si preoccupano delle voci di guerra, di una nuova coalizione che rovinerà la Francia. Alcuni affermano che stanno per tornare i tempi degli assegnati. La gente nasconde l'oro.

Scaraventa per terra quei rapporti.

È forse lui a volere la guerra?

Una spia afferma che il generale Moreau, lungi dal trasferirsi negli Stati Uniti come si era impegnato a fare dopo il processo, è sempre in Spagna e proclama a tutti che si metterà al servizio dello zar, assumerà il comando di un esercito realista e la farà finita con Bonaparte e la Rivoluzione!

Non sarebbe stato meglio che i giudici condannassero Moreau a morte?

"Chi gli ha concesso la grazia? Io. Chi tradiva? Me e la Francia, la sua patria. E bisognerebbe non rispondere?"

Il 2 agosto, venerdì, alle tre, ancora nel pieno della notte, sale sulla grande berlina alla volta di Boulogne, per raggiungere il suo esercito.

Alla tappa salta giù dalla berlina prima ancora che abbiano posizionato la scaletta e, con le mani dietro la schiena, il volto assorto, indifferente alle acclamazioni della piccola folla che come sempre si riunisce al suo arrivo, passeggia nervosamente davanti agli edifici della posta, nel cortile. Pochi minuti e già mostra segni d'impazienza. L'aiutante di campo corre ad avvertirlo che i cavalli sono stati attaccati.

In carrozza detta. Impartisce ordini all'amministrazione stradale perché siano sistemate con urgenza le strade che, partendo da Parigi, vanno verso sud ed est, Torino e Colonia. Se dovesse rinunciare all'invasione dell'Inghilterra, occorrerà marciare verso la Germania per schiacciare l'Austria e, forse, le truppe russe, se avranno avuto il tempo di raggiungere i campi di battaglia.

Deve prevedere anche questa ipotesi. Anche se lo irrita tanto che ordina di bruciare le ultime tappe, sfinendo i cavalli, se necessario. Vuole raggiungere il castello di Pont-de-Briques il prima possibile.

A volte, attraversando un villaggio scorge un arco di trionfo su cui è stata tracciata la scritta "Strada per l'Inghilterra". Queste parole ravvivano la sua collera. È ancora furioso quando arriva al castello di Pont-de-Briques, alle quattro di mattina, sabato 3 agosto.

Il bagno, caldissimo, è pronto. Rustam lo aspetta sulla porta. Prima, però, Napoleone vuole impartire gli ultimi ordini: rivista di tutte le truppe domattina, domenica, a partire dalle dieci.

È in questo modo che si calma, che inganna l'attesa: ogni giorno, rivista delle truppe.

Domenica 4 agosto monta a cavallo dalle dieci di mattina alle sette del pomeriggio. Dal capo di Alprech a quello di Gris-Nez, galoppa davanti alle divisioni schierate. Fino al 13 agosto, non passa giorno senza che ispezioni uomini e navi.

Sale a bordo delle scialuppe, si spinge fino alla linea di ormeggio, riesamina le mappe: lo sbarco principale, 80.000 uomini, avverrà a Deal, a tredici chilometri da Dover. Londra si trova a soli due o tre giorni di marcia.

Dà una grande cena per gli ufficiali nella sua baracca a Odre. Interviene di rado, lascia che i generali parlino della traversata, della campagna d'Inghilterra, delle bellezze di Londra, "le puttane inglesi", della paura e della fuga degli emigrati.

La faremo finita con i banchieri delle coalizioni. Quando avremo schiacciato nella sua tana la volpe inglese, la pace sarà finalmente sicura.

Napoleone non parla ma, alla fine del banchetto, interroga Méneval, poi Monge e Daru, l'amministratore generale dell'esercito che, dal 1803, organizza il campo di Boulogne.

— Dov'è Villeneuve? — ripete più volte con voce rabbiosa.

Esce dalla baracca. Spira un forte vento, ma il cielo è sgombro di nubi. Si sente il rumore della risacca. Il mare è là sotto, poche decine di metri più in basso. Basterebbe una manciata d'ore per attraversarlo.

A volte, come questa sera, gli viene voglia, per un istante, di lanciare l'ordine d'imbarco e salpare senza attendere l'arrivo delle squadre navali, contando sulla Fortuna. Ma scaccia l'idea. La guerra non è un gioco d'azzardo. Non può rischiare questo esercito con cui, se sarà costretto a cambiare obiettivo, schiaccerà, di questo ne è sicuro, Austria e Russia. In questo modo diventerà il padrone di quasi tutta l'Europa. E l'Inghilterra potrà morire nella sua tana.

Si trattiene a lungo sulla cima della scogliera. Quando rientra nella baracca dice a Daru:

— In guerra, come in politica, le occasioni perse non tornano più.

13 agosto 1805, all'alba.

Napoleone è nel castello di Pont-de-Briques, davanti a lui le mappe della Germania.

Sente il galoppo di un cavallo, poi le voci dei granatieri della Guardia, quella dell'aiutante di campo. È arrivato un dispaccio dell'ammiraglio Villeneuve.

Lo strappa dalle mani dell'ufficiale.

"Villeneuve si è riparato a Ferrol, invece di navigare a vele spiegate verso la Manica dove lo sto aspettando."

Napoleone scaglia la lettera per terra. Urla:

— Fate venire Daru!

Nell'attesa, fiuta tabacco, detta per Talleyrand una breve lettera: "La mia decisione è presa: intendo attaccare l'Austria e prendere Vienna entro il mese di novembre prossimo, per essere pronto a fronteggiare i russi, nel caso si presentino. Oppure voglio…".

Rimane a lungo silenzioso. Forse i dadi non sono ancora stati tratti. Forse l'Austria non scenderà in guerra. Forse l'ammiraglio Villeneuve vincerà la paura e arriverà prima della fine dell'estate.

"Oppure voglio" ricomincia a dettare "che ci sia un solo reggimento austriaco nel Tirolo. Voglio che mi si lasci fare la guerra con l'Inghilterra in tutta tranquillità."

In seguito detta alcuni messaggi per il ministro della Marina, per Villeneuve. Occorre, se è ancora possibile, costringerlo ad agire.

Si lascia cadere, più che sedersi, davanti al tavolo pieno di mappe.

Le guarda a lungo, si alza, annusa una presa di tabacco e, con un cenno, indica a Daru che intende dettare.

La voce è calma, i passi misurati, le parole risuonano precise. Indica luoghi, giorni, effettivi. Sembra seguire con lo sguardo l'avanzata delle truppe in Germania. Farà scatenare, dichiara, sette torrenti sotto gli ordini di Marmont, Bernadotte, Soult, Lannes, Ney, Augereau. I loro obiettivi: Würzburg, Francoforte, Mannheim, Spira, Karlsruhe e Strasburgo. Fissa le tappe delle sette armate, il numero di chilometri da percorrere, 3,9 chilometri all'ora, gli acquartieramenti, i depositi di approvvigionamento viveri e munizioni.

Parla per ore e ore come se già da alcuni mesi, al di là dell'attesa e dell'incertezza, avesse elaborato un dispositivo preciso che prende corpo quel 13 agosto.

Fa dunque convergere l'esercito che, a marce forzate, raggiungerà il cuore della Germania.

Ha finito.

Solo allora sembra accorgersi di nuovo di Daru, che continua a scrivere, circondato da dozzine di fogli coperti di parole.

Tutto è deciso?

Non vuole ancora lanciare i dadi. Tutto è pronto sia per l'una che per l'altra soluzione.

Se l'ammiraglio Villeneuve arrivasse nella Manica, scrive a Talleyrand:

Fa ancora in tempo, e sono padrone dell'Inghilterra. Se invece i miei ammiragli esitano, manovrano male e non raggiungono il loro obiettivo, non mi rimane altro da fare che attendere l'inverno per passare con la flottiglia. L'operazione è rischiosa. In questa situazione, cerco di far fronte alle cose più urgenti. Mi trovo con 200.000 uomini in Germania e 25.000 nel Regno di Napoli. Marcio su Vienna, e non deporrò le armi finché non otterrò Napoli e Venezia e avrò ingrandito talmente gli Stati dell'elettore di Baviera, da non avere più nulla da temere dall'Austria. In questo modo, entro l'inverno l'Austria sarà pacificata. Non intendo tornare a Parigi se non per ripartire subito.

Il mio piano è di guadagnare quindici giorni. Voglio trovarmi nel cuore della Germania con 200.000 uomini prima che se ne accorgano.

Non resta che aspettare. Piove tutti i giorni, ma il vento è debole e il mare calmo. Nella notte tra il 20 e il 21 agosto, Napoleone è sulle scogliere. Chiama i suoi aiutanti di campo. Ordina che i tamburi rullino e le trombe suonino, che tutte le truppe si mettano in marcia verso il porto e comincino a imbarcarsi.

Dopo pochi minuti sente salire dal porto le grida mescolate ai rulli di tamburi e alle trombe, e presto, il rumore dei soldati in marcia.

Resta fino all'alba in piedi sulla scogliera.

Potrebbe tentare di agire anche senza la flotta.

Potrebbe.

In guerra, l'audacia è il più bel calcolo del genio.

In questo caso, però, si tratterebbe di audacia o del peggiore dei difetti di comandante? L'ebbrezza dell'immaginazione, quella che fa perdere le battaglie...

Rientra a capo chino nella baracca. Ordina la cessazione dell'allarme e lo sbarco delle truppe.

Ormai la decisione è presa. È come se fosse andato fino in fondo a una delle ipotesi per mettersi alla prova.

Legge il dispaccio di Villeneuve che gli ha trasmesso Decrès, ministro della Marina.

Appallottola la lettera nel pugno. Villeneuve si è messo al riparo e intende rimanerci.

Non ne è sorpreso, tuttavia la sua collera esplode.

Urla la rabbia cresciuta in lui giorno dopo giorno:

— Villeneuve non ha abbastanza carattere neanche per comandare una fregata! È un uomo privo di risolutezza e di coraggio morale!

Scuote la testa, le mani strette dietro la schiena, il corpo proteso in avanti, come se stesse per precipitarsi su qualcuno.

— Sono stati abbordati due vascelli spagnoli, alcuni uomini si sono ammalati a bordo delle sue navi, una nave nemica è venuta a spiarlo, il vento, le voci che annunciano l'arrivo di Nelson, e Villeneuve cambia i suoi piani! È un pover'uomo che vede doppio e ha più intuizione che carattere!

Napoleone fiuta una presa di tabacco, sputa con disprezzo.

— È un uomo che non ha confidenza con la guerra e non sa farla!

Adesso è tutto chiaro. La lunga cancrena dell'attesa è finita.

Daru ha preparato i dispacci per ciascun comandante di armata. I corrieri partono.

"Cambio le mie batterie" scrive Napoleone a Talleyrand. "Non si aspettano la rapidità con cui dislocherò i miei 200.000 uomini. La manovra è già iniziata. Devo solo guadagnare venti giorni e impedire agli austriaci di attraversare l'Inn mentre raggiungo il Reno."

Consulta le mappe con una sorta di allegria. Non ha mai combattuto in Germania. Potrà dimostrare che l'imperatore Napoleone è superiore al generale Bonaparte. Ha appena affidato il comando dell'Armata d'Italia a Masséna.

Pensa a Lodi, ad Arcole, a Marengo. Come era giovane allora, e ancora inesperto! Adesso sa. Ha visto tanti campi di battaglia, comandato tanti uomini.

Detta l'ordine del giorno:

Coraggiosi soldati del campo di Boulogne!
   Non andrete in Inghilterra. L'oro degli inglesi ha sedotto l'imperatore d'Austria, che ha appena dichiarato guerra alla Francia. Le sue truppe hanno oltrepassato il confine che dovevano rispettare, la Baviera è stata invasa. Soldati, nuovi allori vi attendono al di là del Reno! Andiamo a vincere dei nemici che abbiamo già battuto!

Cammina sul bordo della scogliera di Odre.

È un giorno luminoso. Le chiatte ammarate in rada una accanto all'altra oscillano nel porto.

Una nube di polvere comincia a sollevarsi in cielo, oltre Boulogne, verso l'interno. I suoi soldati sono già in marcia.

"Soldati, sono contento di voi"

settembre - dicembre 1805

35

Vorrebbe già essere alla testa delle sue truppe, in Germania, ma vuole confondere le idee al nemico. Perciò si sforza di riprendere le sue abitudini, alla Malmaison o al castello di Saint-Cloud. Si intrattiene in conversazione nel salotto di Giuseppina. Sorride a una delle sue giovani dame che, la sera, dopo l'invito di Constant, andrà a raggiungerlo.

Ma non ha la testa per certe cose. Le truppe marciano. Le immagina avanzare lungo le strade. Partono all'alba per compiere tappe di trenta, quaranta chilometri al giorno. Si fermano cinque minuti ogni ora e fanno una sosta a metà del percorso. I tamburi precedono e chiudono la marcia. Vorrebbe essere con i suoi uomini, perché sa che la sua sola presenza ridà energia a quelli che vacillano per la stanchezza e a volte cadono senza rialzarsi. Lo ha già sperimentato nei deserti dell'Egitto o della Palestina. Per sorprendere il nemico, è indispensabile che i suoi uomini avanzino a tappe forzate.

"È la velocità, la mia arma."

È seduto davanti al camino dove ardono alcuni ceppi, perché l'umidità incombe sulle foreste di Saint-Cloud. Carlotta Gazzini chiacchiera, ridacchia. Non l'ascolta, ma quella voce lo calma. Pensa e ripensa al meccanismo che ha messo in moto e di cui ha precisato i particolari nelle disposizioni inviate ai marescialli. Daru sta eseguendo il piano dettato il 13 agosto. Le truppe di Ney, Lannes e Marmont piomberanno sul fianco destro del generale Mack, che è entrato in Baviera con 60.000 austriaci. La cavalleria di Murat deve far credere a un attacco frontale, mentre taglieremo fuori le loro retroguardie e sfonderemo sui fianchi.

Tutto dipende dai piedi e dalle gambe della fanteria, come in Italia o in Egitto. La sfida questa volta è più grande ancora che a Marengo o ad Abukir perché, se uscisse battuto, la perdita sarebbe immensa. Tutto ciò che ha costruito, quei blocchi di granito, le nuove istituzioni dello Stato, tutto verrebbe rovesciato. È quel che vuole Londra. Ma anche Vienna o San Pietroburgo. Quanto alla Prussia, ancora prudente, non tarderà a spostarsi nello stesso schieramento.

"I re e gli imperatori sono contro di me.

"E i banchieri mi tengono sotto tiro. I rapporti di polizia segnalano che ogni mattina c'è calca alle porte delle banche per scambiare i biglietti o le tratte con dell'oro. Le casse del tesoro sono vuote.

"Vincere la guerra significa riempirle."

Per almeno venti giorni, il tempo che occorre affinché le sue armate, come "sette torrenti", si riversino in Germania, deve tenere segreto il piano. Perciò rimane qui, alla Malmaison o a Saint-Cloud, si reca presso il Consiglio di Stato, riceve Roederer.

— In me ci sono due uomini distinti — gli confida un giorno Napoleone. — L'uomo di testa e l'uomo di cuore. Non crediate che non abbia il cuore sensibile come tutti gli altri. In effetti sono abbastanza buono. Ma fin dalla mia più tenera giovinezza mi sono imposto di rendere muta quella corda, che in me ormai non emette più alcun suono.

Roederer gli crederà?

"Oppure capisce che è necessario che mi credano severo, duro, insensibile. E che questo, a volte, mi dispensa dall'esserlo veramente?"

Eppure, a volte deve esserlo.

Rilegge un dispaccio appena ricevuto dal ministro della Marina. Quell'incapace di Villeneuve si è rinchiuso nel porto di Cadice. Non merita forse un castigo esemplare?

La collera di Napoleone esplode, come se tutta la tensione accumulata da tante settimane provocasse le parole che saettano come un fulmine:

— Villeneuve ha oltrepassato ogni limite! Non c'è un termine per definire il suo comportamento. Villeneuve è un miserabile, bisogna cacciarlo con ignominia. Senza idee, senza coraggio, senza interessi generali, sacrificherebbe tutto pur di salvare la pelle!

Si chiude nello studio con le mappe della Germania. Appunta con degli spilli le posizioni più avanzate delle truppe in marcia. Dal momento dell'arrivo dei corrieri, comunque, devono aver percorso ancora decine di chilometri. È lì che si decide la partita cui deve consacrare tutte le sue forze, anche se è difficile dimenticare Villeneuve, le occasioni perdute che lasciano l'Inghilterra invitta.

Prova un senso di stanchezza, solo pochi minuti, durante i quali pensa a tutti gli ostacoli imprevedibili che gli si parano davanti e gli impediscono di realizzare il grande disegno che ha sognato. La via dell'Asia, sbarrata a San Giovanni d'Acri. Per colpa di un inglese. E la conquista dell'Inghilterra, impossibile.

Deve assolutamente vincere in Germania. Non ci sono altre scelte. Domani farà decretare dal Senato una leva di 60.000 coscritti, e partirà per raggiungere la Grande Armata.

Ha deciso che chiamerà così le sue divisioni che marciano in Germania, perché non c'è mai stato un esercito più grande: 186.000 uomini, di cui quasi 30.000 stranieri, italiani, belgi, olandesi, svizzeri, siriani, irlandesi, e altri ancora, mercenari o alleati.

"È l'armata del mio Impero."

Ha voluto che Giuseppina lo accompagnasse fino a Strasburgo. La osserva, seduta nella carrozza di fronte a lui, mentre la campagna sfila sotto la pioggia tenace di quegli ultimi giorni di settembre del 1805.

Il clima è umido e freddo. Giuseppina è imbacuccata in un ampio scialle. Ma appena la carrozza si avvicina a una città, si risolleva, si incipria, si riaccomoda i capelli e, a La Ferté-sous-Jouarre, a Bar-le-Duc o a Nancy, sorride alle autorità che vengono a presentare i loro omaggi.

Ha fatto bene a volerla con lui. La sua presenza rassicura.

La gente deve pensare che questa guerra non sarà né feroce né lunga, se la moglie dell'imperatore partecipa al viaggio. Gli uomini hanno bisogno di speranze e di illusioni.

Il 26 settembre, giovedì, alle cinque del pomeriggio, la berlina si ferma alla porta di Saverne, a Strasburgo.

L'imperatore porge la mano a Giuseppina e avanza, in mezzo alle guardie d'onore, verso il sindaco che gli offre le chiavi della città. La folla applaude, segue il corteo che si dirige al palazzo di Rohan percorrendo le strade imbandierate e decorate con ghirlande di fiori.

Napoleone attraversa le stanze del palazzo mentre Giuseppina resta indietro. La sente rispondere con grazia, fare complimenti al sindaco per questa accoglienza in un palazzo decorato con tanto lusso.

La lascia lì. Continui pure a occuparsi dei cittadini di Strasburgo. Che li ringrazi, che la festeggino! Lui ha solo gli austriaci in testa, una guerra da combattere e da vincere.

Non dorme. Ascolta cadere la pioggia. Pensa alle truppe che si sono accampate in attesa di rimettersi in marcia, all'alba, per attraversare il Reno.

Per quel venerdì 27 settembre ha convocato i generali al ponte di Kehl, alle sei della mattina, ma alle quattro è già in piedi. Rustam gli ha preparato il solito bagno caldo.

Alle cinque, mentre fa ancora buio, scortato da ventidue cacciatori a cavallo della Guardia imperiale, dal trombettiere e dall'ufficiale che li comanda, è già a cavallo all'inizio del ponte.

Finalmente è tra i suoi soldati! Piove a catinelle. I tamburi non possono ritmare la marcia, ma le truppe passano e a volte gridano "Viva l'imperatore!". Ed ecco gli uomini della Guardia, con gli alti berretti di pelo d'orso. Rompono la cadenza per attraversare il ponte. L'acqua gocciola lungo i loro baffoni e i favoriti ricurvi, simboli obbligati della loro appartenenza a questo corpo d'élite, che riceve una paga elevata.

Napoleone si tiene dritto sul cavallo. Non sente la pioggia che cade sul suo copricapo già imbevuto d'acqua, deformato, e sulla redingote che diventa sempre più pesante.

È così che si comanda agli uomini che vanno incontro alla morte, restando accanto a loro. Rimane sul ponte, immobile, per lunghe ore.

Bisogna che lo vedano, che ogni soldato sappia che l'imperatore è lì. E che sarà lui a dirigere la campagna.

Più tardi ritorna tra gli specchi, i tappeti e i dipinti del palazzo di Rohan. Entrando, vede Talleyrand in uno dei salotti illuminati da decine di candele. L'ha convocato lui stesso a Strasburgo. Gli tengono compagnia Giuseppina, in un lungo vestito di taffettà, e i principi elettori di Baden e Württemberg, di cui vuole fare i suoi alleati, come la Baviera, per creare tra l'Austria e la Francia una barriera di Stati dominati da lui.

Si dirige verso quegli uomini in abiti eleganti, e negli specchi si scopre infangato, con la redingote sgocciolante. Prova un sentimento di fierezza. Perché lui è l'imperatore soldato. Appartiene a un'altra specie di uomini. Può dormire in quel palazzo dalle mura tappézzate di arazzi Gobelin, possono chiamarlo maestà o sire, ma non sarà mai, lo sa, come quei principi. Li domina, ma non è uno di loro.

Vive lo straordinario destino del fondatore di imperi, sempre vicino ai soldati che passa in rivista ogni giorno, da una parte e dall'altra del Reno, a Kehl, nell'arsenale o nella cittadella, e che ha fretta di raggiungere in Germania.

— Soldati — proclama il 30 settembre — la guerra della terza coalizione è cominciata... Siete stati costretti a precipitarvi marciando a tappe forzate per difendere le nostre frontiere. Non stipuleremo più la pace senza garanzie. La nostra ge-

nerosità non ingannerà più la nostra politica. Soldati, il vostro imperatore è in mezzo a voi.

Entra nella camera di Giuseppina.

— Partirò questa notte — le dice. — Guai agli austriaci se mi concedono il vantaggio di qualche tappa.

36

Il 1° ottobre 1805 Napoleone attraversa il Reno. Fa molto freddo. Piove. Si allaccia i risvolti della redingote. Il ponte trema e risuona sotto l'urto degli zoccoli dei cavalli dei cacciatori della Guardia che scortano la berlina. Napoleone ha i brividi, respira con gran fatica, come se avesse qualcosa che gli preme forte sul petto. Fa uno sforzo per rilassarsi, per non soffrire, come ieri sera, poche ore prima della partenza, di una crisi dolorosa.

È crollato nella sua camera del palazzo di Rohan, davanti a Talleyrand e a Monsieur de Rémusat che l'avevano accompagnato. Per qualche minuto ha avuto la sensazione che le pareti crollassero e lo schiacciassero, che il pavimento sprofondasse trascinandolo con sé. Un velo nero ha coperto i suoi occhi.

Quando ha ripreso conoscenza, Talleyrand e Rémusat lo stavano frizionando con acqua di colonia. Era seminudo. Li ha respinti, esigendo il loro silenzio assoluto su quella che era sicuramente una crisi di stanchezza. Tuttavia, malgrado i bagni bollenti nei quali si è immerso tutta la notte, continua a sentire i brividi del freddo. Se si lasciasse andare, batterebbe i denti.

Deve domare quel corpo, come si doma un cavallo ribelle che si impenna.

La cavalcatura marcerà finché sarà necessario.

Arriva a Ludwigsburg e si installa nel palazzo dell'elettore del Württemberg. Scrive qualche riga a Giuseppina per tranquillizzarla, perché sicuramente Talleyrand l'ha avvertita del malessere notturno, al fine di aumentare ancora il suo potere su di lei, grazie a queste confidenze:

> Sono a Ludwigsburg, mi sento meglio... Cerca di stare bene. Credi a tutti i miei sentimenti. Qui c'è una corte molto bella, dove vive una bellissima sposina, e ci sono dovunque persone molto cordiali, anche la nostra elettrice, che sembra molto buona, benché sia figlia del re d'Inghilterra.

Immagina Giuseppina nell'atto di mostrare la lettera, e le dame di compagnia che si affrettano a divulgarne i contenuti.

È anche questo, la guerra, non lasciar diffondere pettegolezzi.

"D'altronde va meglio, sto bene."

Finalmente, il 4 ottobre torna a fare bel tempo. Napoleone percorre con la sua berlina le strade della regione, ingombre di soldati in marcia che lo acclamano quando riconoscono la scorta dei cacciatori della Guardia.

La sera stessa, a Stoccarda, quando entra nel teatro della corte, l'elettore del Württemberg lo fa accomodare con deferenza e, mentre il sipario si alza, gli predice che il *Don Giovanni* di Mozart sarà incantevole.

Assiste alla rappresentazione. Poi, rientrando a Ludwigsburg, sulla berlina, detta alla luce delle lampade a olio una lettera per il nuovo ministro dell'Interno, Cham-

pagny: "Mi trovo presso la corte del Württemberg e, pur continuando la guerra, ho ascoltato dell'ottima musica. Anche se il canto tedesco mi è sembrato un po' barocco. State radunando le riserve? A che punto è la coscrizione del 1806?".

La guerra è una divoratrice di uomini, e non si può vincerla se non si è in grado di rifornire costantemente le sue fauci con nuovi reggimenti.

Si sono appena verificati i primi scontri sulla sponda destra del Danubio, a Wertingen. La cavalleria di Murat ha caricato dopo che, la notizia viene subito comunicata a Napoleone, in seguito a un diverbio tra Murat e Ney, una divisione francese ha rischiato l'annientamento per mano di oltre 30.000 austriaci.

"Ecco i miei marescialli, coraggiosi ma spesso limitati! Gelosi gli uni degli altri."

Fa la sua comparsa sul campo di battaglia. Ha ripreso a piovere. Le truppe sono allineate sotto la pioggia gelida. Ma lui è con i soldati, e fa uscire dai ranghi gli uomini che i colonnelli gli menzionano come i migliori combattenti della giornata.

Costui, il dragone Marcate del 4° reggimento, ha salvato il suo capitano che, pochi giorni prima, l'aveva retrocesso dal suo grado di sottufficiale. Napoleone gli pizzica l'orecchio e gli appunta sul petto l'aquila della Legion d'Onore.

Non smette mai di piovere. Il paesaggio scompare sotto l'acquazzone. Napoleone cavalca con la sua scorta. Le carrozze del seguito si sono fermate. Entra nel villaggio di Ober-Falheim. Le case sono state saccheggiate, devastate, le pareti sventrate dai soldati che cercano l'oro nascosto dai contadini.

Napoleone si accampa nel presbiterio. Un aiutante di campo gli prepara una omelette, un altro il letto.

L'imperatore allunga le gambe davanti al camino. Tenta di far asciugare i vestiti. Qui si trova bene. Le notizie della battaglia sono confortanti.

Il Danubio è stato superato a Donauwörth. Davout e Soult sono entrati ad Augusta. Bernadotte e Marmont a Monaco. Gli austriaci sono stati costretti a ripiegare su Elchingen e Ulm, e sembrano intenzionati ad attendere là il soccorso dei russi. È assolutamente necessario schiacciarli, al più presto.

Scherza con alcuni ufficiali che si trovano con lui nel presbiterio. Non ha neanche il suo Chambertin, si lamenta, qui in Europa, quando non gli è mai mancato nemmeno fra le sabbie dell'Egitto.

Gli portano un bicchiere di birra. Possibile che qui, in una vallata fertile, sia così cattiva?

Il giorno dopo dorme a Burgau, vicino ad Augusta.

La vittoria è a portata di mano. Lo sente, come ogni volta che la vittoria si avvicina. Avanza insieme alle avanguardie dell'esercito, lungo il Danubio, fino al passo di Elchingen.

È l'alba del 14 ottobre. I pontieri costruiscono una passerella sotto i colpi dei nemici. Napoleone si unisce ai primi soldati che cercano di passare il ponte.

Molte altre volte si è trovato sotto tiro. Tante che ha la sensazione di non poter essere colpito.

Finalmente i granatieri conquistano l'abbazia di Elchingen che domina il fiume. Napoleone vi si trasferisce. Trasportano dentro anche i feriti, che si contano a centinaia. Ma gli austriaci sono stati sbaragliati, respinti. Sotto le cariche di Ney e Bessières, il generale Mack è stato costretto a rinchiudersi a Ulm.

È in trappola.

Napoleone si rimette in viaggio. Una batteria di cannoni nemica spara sulla scor-

ta. I cavalli, spaventati, scartano, ma lui rimane impassibile, galoppa davanti a tutti, verso le colline di Michelsberg, dove fa piazzare i cannoni che aprono subito il fuoco su Ulm.

Non bisogna allentare la morsa: Mack deve capitolare quanto prima.

La sera, nell'abbazia di Elchingen, scrive qualche riga per Giuseppina:

> Il nemico è sconfitto, ha perso la testa, e tutto preannuncia la più fortunata delle mie campagne, la più breve e brillante che io abbia mai condotto.
> Sto bene, anche se il clima è pessimo. Cambio d'abito due volte al giorno, tanto piove.
> Ti amo e ti abbraccio.
>
> *Napoleone*

Esce dall'abbazia. Continua a cadere una pioggia gelida, così fitta che le fortificazioni di Ulm, dove si è rinchiuso il generale Mack, scompaiono dietro la coltre grigia dell'acqua.

Il cavallo di Napoleone avanza a fatica sul sentiero della collina dove sono stati collocati i pezzi d'artiglieria. Napoleone smonta, punta lui stesso un cannone e ordina di aprire il fuoco. Occorre stanare Mack, non dargli tregua, costringerlo alla resa prima che le truppe russe arrivino in suo soccorso.

Al suo rientro nell'abbazia di Elchingen, Napoleone rabbrividisce per il freddo malgrado i fuochi accesi negli enormi camini. Gli ufficiali riferiscono della stanchezza delle truppe. La pioggia e la fame rischiano di dissolvere la Grande Armata, dicono. Ci vogliono ripari, pane, vino. Le uniformi sono a brandelli.

Napoleone ascolta senza dare l'impressione di capire.

Comandare significa anche non rivelare le proprie preoccupazioni, e rispondere a quelle dei subordinati con delle certezze.

Mack si arrenderà nel giro di poche ore, afferma. Entreremo a Vienna, l'Austria sarà sconfitta. Poi basteranno pochi giorni per schiacciare i russi. E avremo fatto piazza pulita anche della terza coalizione.

Convoca il generale Ségur, il quale dovrà sollecitare un incontro con Mack. Bisogna terrorizzare il generale austriaco, ottenere la sua resa. Nel frattempo, schiacciarlo con gli obici.

Il 20 ottobre, finalmente, le truppe austriache depongono le armi senza aver combattuto.

Napoleone osserva sfilare davanti a lui quei 30.000 uomini che gettano ai suoi piedi le armi e le bandiere, come nelle scene degli antichi trionfi.

La pioggia ha smesso di cadere, ma lui è fradicio e infangato. Sente il peso del copricapo e della redingote grigia, zuppi d'acqua. È in piedi su un monticello dal quale domina la scena. È l'imperatore che assapora la vittoria. Le sue truppe sono radunate dietro e intorno a lui, e di tanto in tanto si volta a guardarle.

Come ogni volta, la vittoria ha trasformato la spossatezza e i dubbi in una sorta di gioiosa fierezza. Ridà le forze a ogni soldato. Napoleone presto decorerà molti valorosi.

I sessanta cannoni austriaci, i venti generali prigionieri sfilano davanti a lui.

— Soldati, questo successo è dovuto alla vostra illimitata fiducia nell'imperatore — esclama. — Alla vostra pazienza, alla vostra capacità di sopportare le fatiche e le privazioni di ogni genere. È dovuto al vostro coraggio.

Scambia alcune frasi con i generali austriaci che si sono fermati davanti a lui. Al-

cuni di quegli uomini hanno cicatrici che testimoniano le campagne condotte contro i turchi.

"Sono valorosi, esperti, ma io li ho vinti. Chi potrebbe sconfiggermi?"

La sera stessa, nell'abbazia di Elchingen, mentre fuori ricomincia a piovere, detta il suo proclama alla Grande Armata:

"Non ci fermeremo qui. So che siete impazienti di intraprendere una seconda campagna. Faremo assaggiare la stessa sorte all'esercito russo, trascinato fin qui dagli estremi confini dell'universo dall'oro degli inglesi."

Ogni volta che si interrompe, sente i lamenti dei feriti che sono stati trasportati nell'abbazia. E dire che la battaglia di Elchingen è costata pochi uomini. Ma domani?

"La mia unica preoccupazione" continua a dettare "sarà quella di ottenere la vittoria con il minor spargimento di sangue: i miei soldati sono i miei figli."

Questo testo deve essere letto, stampato, affisso. Occorre pubblicarlo anche nel "Bollettino della Grande Armata", che deve aiutare i soldati a capire le intenzioni dell'imperatore, a conoscere i loro stessi successi.

Si siede accanto al camino. Si fa portare carta e penna. Scrive lui stesso, con il foglio appoggiato sul ginocchio, illuminato dalle fiamme:

> Mia cara Giuseppina,
> mi sono stancato più del necessario: un'intera settimana ogni giorno sotto l'acqua, con i piedi bagnati. Non mi ha certo fatto bene...
> Ma ho realizzato il mio disegno: ho annientato l'esercito austriaco quasi senza combattere, con semplici marce... Sono contento del mio esercito. Ho perso solo 1500 effettivi, i due terzi dei quali per ferite superficiali.
> Il principe Charles va a proteggere Vienna.
> Penso che Masséna a quest'ora debba già trovarsi a Verona...
> Addio, cara Giuseppina, mille cose amabili.
>
> *Napoleone*

37

Nevica. Napoleone sale sulla berlina. La scorta dei cacciatori a cavallo della Guardia è già in sella.

Si trova davanti all'abbazia di Elchingen, nelle prime ore del pomeriggio. Il cielo è basso. Sulla strada che contorna Ulm e poi si perde tra le colline verso Monaco e, più in là, verso Vienna, si vede una lunga striscia nera. È la Grande Armata in marcia. Di tanto in tanto si sentono degli spari: ufficiali che ordinano di sparare sui predatori, oppure soldati che abbattono maiali o buoi. Gli uomini hanno fame. E freddo.

Napoleone ordina la partenza per Monaco. La berlina si muove a fatica, le ruote sprofondano nella neve. L'imperatore si sporge dal finestrino, sollecita l'aiutante ad accelerare l'andatura. Ancora una volta, tutto dipende dalla velocità.

È necessario sorprendere Kutuzov, il generale russo del quale si dice che sia un buon stratega, e gli austriaci che si sono uniti a lui. Allo stesso tempo, però, non bisogna lasciarsi attirare troppo lontano.

L'imperatore vede avanzare i soldati della fanteria di linea. Marciano lentamente, a capo chino, sotto la neve. L'alcol della vittoria si è dissipato. Resta solo la stanchezza. Marciano da Boulogne e, pur avendo combattuto poco, sono spossati.

"Bisogna farla finita. Imporre al nemico la battaglia nelle condizioni e nel mo-

mento che sceglierò. Come un giocatore di scacchi che calcola molte mosse d'anticipo e attira l'avversario in una trappola ben congegnata."

Nella berlina che corre verso Monaco, Napoleone studia una mappa della zona srotolata sul sedile. Alla debole luce della lampada a olio, tra i sobbalzi delle ruote, cerca di concepire la trappola.

È ancora troppo presto. La partita contro i russi non ha ancora avuto inizio. Prima è indispensabile prendere Vienna.

"Ma io devo prevedere al di là di questa prima mossa."

Vuole che il futuro campo di battaglia gli sia altrettanto familiare di quelli della campagna d'Italia.

Comincia a dettare una lettera a Cambacérès: "Oggi inauguro le manovre contro l'esercito russo, che è attestato dietro l'Inn. Tra quindici giorni avrò addosso 100.000 russi e 60.000 austriaci venuti dall'Italia o da altri corpi di riserva. Li sconfiggerò ma, probabilmente, mi costerà delle perdite".

Nonostante i vetri della berlina siano appannati, distingue le sagome curve dei soldati. Quanti di loro cadranno? Chiude gli occhi.

"L'Orco, è così che mi chiamano i giornali pagati dagli inglesi."

Come se lui desiderasse la morte degli uomini e se ne nutrisse! Non può permettersi illusioni! Mormora, e Méneval lo guarda, incerto se annotare la frase: "Il capo che non vede con occhi asciutti il campo di battaglia, farà uccidere molti uomini invano".

Arriva a Monaco. Viene ricevuto dalla corte di Baviera nelle vaste sale del palazzo reale, che occupa tutto il lato nord di piazza della Residenza.

Come ogni altra volta che si è trovato in mezzo a questi principi stranieri, prova una sorta di curiosità timorosa, quasi di paura. Lo invitano a una battuta di caccia. Accetta di partecipare, poi si reca a teatro. Ha chiesto che venisse organizzato un concerto in onore della corte.

Talleyrand, appena arrivato, si siede accanto a lui e gli sussurra nell'orecchio durante tutto il concerto. Gli spiega che, a suo parere, non dovrebbe schiacciare l'Austria, ma piuttosto concludere un'alleanza contro le vere potenze nemiche della Francia, Inghilterra, Russia e Prussia.

Talleyrand gli riferisce inoltre le ultime notizie dalla Francia. Le preoccupazioni dei finanzieri sono sempre forti. Le banche Récamier e Hervas hanno dichiarato fallimento. Si teme una guerra lunga, dalle sorti incerte.

L'oro va sempre verso i vincitori, afferma Napoleone. Perciò occorre concludere la guerra con la vittoria.

Talleyrand approva; poi parla di Giuseppina, molto preoccupata perché non ha ricevuto lettere dall'imperatore. È così perfetta che ha sedotto tutta Strasburgo, dove attende le decisioni dell'imperatore.

Napoleone le scrive la sera stessa:

Mi hanno riferito particolari che mi dimostrano tutta la benevolenza che hai per me. Ma ci vuole ancora maggior forza e fiducia. D'altronde ti avevo avvertito che non ti avrei scritto per almeno sei giorni.

La mia salute è abbastanza buona. Sto per attaccare l'esercito russo. Devi essere allegra, divertirti, sperare che prima della fine del mese ci rivedremo.

Ieri ho offerto un concerto per le dame di questa corte. Il maestro di cappella è un uomo di talento. Poi sono andato a caccia in una riserva dell'elettore: come vedi, non sono poi così stanco. Talleyrand è arrivato.

Il giorno dopo Napoleone lascia il palazzo. Deve dimenticare i bagni caldi, i concerti, e riprendere la strada.

A volte sulla berlina, a volte a cavallo, quando decide di avanzare in mezzo ai soldati, sotto la neve, pensa a quanto gli piace quella vita errante, pericolosa, rude. La sera dorme di solito in qualche presbiterio che può offrirgli solo comodità rudimentali. A Lembach alloggia in un convento. La cella dove trascorre la notte è gelida, la sensazione di freddo è ancor più intensa che in strada, in mezzo alle tempeste di neve.

Scrive a Giuseppina:

> Procedo a tappe forzate. Fa molto freddo, la terra è coperta da una coltre di neve. È tutto molto selvaggio. Per fortuna non manca la legna: siamo sempre in mezzo alle foreste. Sto molto bene. Anche i miei affari procedono in modo soddisfacente. I miei nemici hanno motivi per essere molto più preoccupati di me.
>
> Desidero ricevere tue notizie e sapere che sei tranquilla.
>
> Addio, cara amica, adesso vado a dormire.

Ma come dormire? Riprende in mano il rapporto inviatogli dal generale Savary. Lo rilegge. Si ricorda di quello strano uomo di cui Savary gli ha già parlato, un cittadino del Baden, figlio di un pastore protestante, chincagliere, droghiere, commerciante di tabacco ma anche abile spia, per diversi anni al servizio degli austriaci. Questo Schulmeister si trovava a Ulm con il generale Mack pochi giorni prima. Poi ha cambiato schieramento e ha contattato Murat e Savary per offrire informazioni sulla marcia delle truppe russe. Secondo lui, Kutuzov avrebbe intenzione di attirare i francesi il più lontano possibile verso est. Schulmeister si sarebbe infiltrato nello stato maggiore austro-russo facendosi passare per ufficiale. Savary ha allegato al rapporto le note di Schulmeister, che si firma Charles-Frédéric.

Le spie sono indispensabili.

Napoleone decifra per la terza volta quella scrittura fittissima. Le informazioni fornite da Schulmeister confermano le sue intuizioni. È necessario bloccare la ritirata del nemico verso est. Non basta quindi sconfiggerlo, come fanno Bernadotte o Ney, per entrare a Salisburgo e Innsbruck; o come Lannes e Murat, impegnati a conquistare i ponti sul Danubio che permetteranno di accerchiare Vienna e di occupare la terza città d'Europa.

"Bisogna battere e annientare il nemico come ho fatto a Ulm."

Dalla grande stanza del palazzo degli Stati, a Linz, Napoleone scorge la piazza e la colonna della Trinità eretta nel 1723 per celebrare la liberazione della città dalla peste e dai turchi.

Si sofferma davanti alla finestra, e la mente gli torna al progetto di un tempo di dirigersi su Costantinopoli.

Pensa al destino che lo ha condotto fin qui, a Linz, così vicino a Vienna, dove, ne è sicuro, fra poco entrerà. In quella capitale che i turchi invece hanno assediato invano.

Pensa a tutte le città che ha già conquistato, alle oltre cinquanta battaglie che ha affrontato.

Dove lo condurrà il suo destino?

"Oggi ho dato inizio alle manovre contro l'esercito russo" detta per suo fratello Giuseppe "e in questa circostanza sono stato poco contento di Bernadotte."

È necessario che Giuseppe sappia che Bernadotte, suo cognato, non è il maresciallo senza macchia né paura che lui immagina.

"Bernadotte mi ha fatto perdere un giorno, e da un giorno possono dipendere i destini del mondo."

Spesso gli sembra di essere il solo a capirlo, a sentirlo. Gli altri, anche i migliori, se la prendono comoda, immaginano di tenere in mano il futuro. Lui è il solo che potrebbe credere una cosa simile. E invece non ci crede. Tutto è incerto. Il futuro è come la guerra."

"Tutto può cambiare da un istante all'altro. Un battaglione decide il successo o l'insuccesso di una giornata.

Si rifiuta di ricevere il principe Giulay, inviato dall'imperatore d'Austria, che è venuto a proporre un armistizio di quindici giorni.

"Cosa credono, questi austriaci? Che io mi possa lasciare ingannare da questa mossa? Quindici giorni! Il tempo necessario perché le truppe di Kutuzov prendano posizione e ricevano rinforzi. Perché dovrei permettergli di guadagnare tempo, dal momento che la perdita di tempo è irreparabile in guerra e le operazioni falliscono a causa dei ritardi?"

Giulay è deluso, spiega il ciambellano, il conte Thiard. Si è lasciato andare a delle confidenze. Il ciambellano esita a proseguire. Napoleone lo incoraggia. Thiard spiega che Giulay si è stupito che l'imperatore, che non ha figli, non divorzi. Perché non pensa a sposare l'arciduchessa d'Austria Maria Luisa, la figlia dell'imperatore? È un matrimonio che si potrebbe concludere facilmente, assicura Giulay.

Napoleone si avvicina al camino. Tende le mani sopra le fiamme.

"Questo matrimonio significherebbe l'alleanza tra le due case, come spera Talleyrand, come era successo sotto la monarchia. Luigi XVI aveva sposato Maria Antonietta. Sono giunto a questo punto del mio destino? Devo riprendere la storia da dove si è interrotta?"

Napoleone si volta verso Thiard:

— Non è possibile.

Cammina a grandi passi nella stanza, si ferma più volte davanti alla finestra. Fuori, ha ricominciato a nevicare a grossi fiocchi.

— Le arciduchesse sono sempre state fatali alla Francia — continua Napoleone. — Il nome "austriaco" non è mai piaciuto, e Maria Antonietta non ha certo contribuito a diminuire le distanze.

Ritorna davanti al camino.

— Il suo ricordo è troppo recente — conclude.

Il 13 novembre 1805, nel tardo pomeriggio, entra nel parco del castello di Schönbrunn. Cammina a lungo, da solo, nei viali del giardino alla francese.

Vienna è laggiù, a meno di mezz'ora di strada, e già le truppe di Bernadotte e del generale Clarke l'hanno occupata senza incontrare resistenza, dato che la capitale dell'Impero è stata dichiarata città aperta.

Napoleone si ferma davanti ad alcune delle trentadue statue di marmo disposte in mezzo alle aiuole ricoperte di neve. L'acqua del grande specchio d'acqua è ghiacciata. Le statue di Nettuno, dei cavalli marini e dei tritoni sono coperte da uno strato di ghiaccio.

Risalendo il viale centrale, si dirige verso un obelisco, scopre alcune rovine romane. I quattro cacciatori della scorta, incaricati di seguirlo ogni volta che scende dalla berlina, si tengono alcuni passi dietro di lui.

Sale fino in cima a una collinetta cui si accede da un porticato. Da lassù domina tutto l'orizzonte e, in lontananza, nella bruma, scorge Vienna.

Una volta, quando comandava l'Armata d'Italia, aveva sognato di arrivare fin qui. Ed ecco che, per strade imprevedibili, la sua vita l'ha portato proprio lì, a Schönbrunn, nella Versailles degli Asburgo. E un nobile della corte dell'imperatore d'Austria è venuto a proporgli di sposare l'arciduchessa! Come un Capeto!

Chi avrebbe potuto immaginarlo?

E perché, dopo tutto, questo matrimonio non dovrebbe essere possibile? La sua vita non è forse tutto un seguito di eventi incredibili che però si sono verificati?

Non è l'imperatore?

Si installa in una delle grandi camere del castello e osserva dalla finestra la Guardia imperiale che si sta acquartierando. Impartisce ai granatieri l'ordine di indossare la tenuta di parata, poi, al calare della notte, parte con la sola scorta per Vienna.

La città è tranquilla, ma i fanti francesi hanno l'aria dei vinti. Indossano uniformi di fortuna, e molti hanno appeso ai cinturoni bottiglie, pane, polli. La Grande Armata è come consumata dalle centinaia di chilometri percorsi marciando. Bisognerà riprendere in mano la situazione prima della battaglia.

Appena rientrato a Schönbrunn, convoca il generale Bessières per organizzare una solenne sfilata della Guardia imperiale a Vienna. Appena la Guardia sarà pronta, il giorno successivo. Vuole che i viennesi restino impressionati dalla potenza e dalla disciplina delle sue truppe, e che dimentichino le immagini dei soldati straccioni.

Rimane a lungo pensoso nella sua camera, mentre Rustam riordina. Poi scrive qualche riga a Giuseppina:

> Sono a Vienna da due giorni. L'ho percorsa di notte. Domani ricevo le autorità e il corpo diplomatico. Il grosso delle mie truppe si trova oltre il Danubio, all'inseguimento dei russi.
> Addio mia Giuseppina; appena sarà possibile ti farò venire.
> Mille cose amabili per te.

Firma premendo energicamente la penna sulla carta, e il tratto che sottolinea "Napoleone" è una lunga macchia nera irregolare.

Studia le mappe della regione che si estende intorno a Brünn e a nord di Vienna. Quella successione di altipiani, stagni e strette vallate consente di combattere la battaglia decisiva in uno spazio ridotto. Occorre fare in fretta. Le truppe prussiane sono già in marcia. Il re di Prussia Federico Guglielmo III e la regina Luisa hanno accolto con grande sfarzo lo zar Alessandro I. Le spie francesi assicurano che, all'inizio di novembre, il 3 per la precisione, i sovrani si sono recati di notte a Potsdam, dove sono scesi nel mausoleo di Federico II e, alla luce delle torce, si sono giurati amicizia eterna sulla tomba dell'imperatore.

"Ridicolo. Cosa valgono i giuramenti dei sovrani? Federico II e i russi si erano fatti la guerra per sette anni! Quanto durerebbe l'amicizia di quei re, se l'esercito russo venisse annientato?

"Devo vincere."

Il 16 novembre Napoleone lascia Schönbrunn. Prima di salire sulla carrozza ha scritto un'altra lettera a Giuseppina.

Ormai è tempo che l'imperatrice lasci Strasburgo e attraversi il Reno.

> Porta con te dei regali per le dame e gli ufficiali che saranno al tuo servizio. Sii onesta, ma accetta tutti gli omaggi: ti devono tutto, e tu non devi niente se non per onestà.

Sarò ben felice di vederti appena i miei affari me lo permetteranno. Parto per raggiungere le mie avanguardie. Il clima è spaventoso, continua a nevicare; per il resto, le mie cose vanno bene.

Addio, mia buona amica.

La mattina del 17 novembre è a Znaïm. Passeggia sotto la neve, guarda il paesaggio che si stende ai piedi della piccola città situata su un'altura.

In quel momento arriva di corsa il conte di Thiard, ansimando e balbettando. Alcuni ufficiali austriaci fatti prigionieri hanno riferito che gli inglesi avrebbero colato a picco la flotta francese dell'ammiraglio Villeneuve a Trafalgar, poco lontano da Cadice. La battaglia si è svolta il 21 ottobre. La marina francese ha perso tredici vascelli su diciotto. I suoi alleati, gli spagnoli, nove navi su quindici. Gli inglesi non hanno perso una sola nave impegnata in combattimento. Non esiste più una flotta francese. L'ammiraglio Villeneuve è prigioniero. Nelson è rimasto ucciso a bordo del *Victory*, la sua nave, durante il combattimento.

Napoleone non pone domande. Il 21 ottobre, all'indomani della vittoria di Ulm, aveva lanciato un proclama all'esercito. È come se il destino volesse, lo stesso giorno, stabilire che gli accorda solo il potere sulla terra ma gli rifiuta il dominio dei mari.

Come aveva presentito, l'Inghilterra sarà dunque sconfitta solo sulla terra.

"Devo vincere qui."

Non vuole soffermarsi su una disfatta che lo rattrista nel momento in cui si prepara alla battaglia. La disfatta è già sepolta dietro tanti giorni, inghiottita da quell'oceano di tempo già trascorso dal 21 ottobre.

"Dimentichiamola. È necessario."

Raggiunge Pohrlitz, dove dorme nel presbiterio. L'indomani percorre prima in berlina, poi a cavallo, le strade della zona. Scende di cavallo, osserva uno scontro di cavalleria nei pressi del villaggio di Lattein. Conosce già le sensazioni che sta provando, fatte di tensione e di calma. Scruta quelle colline, quella piana, quegli altipiani e quelle valli. Immagina le truppe che si spostano qui e là. Scorge alcuni villaggi e la sera, a Brünn, sale fino alla cittadella dello Spielberg che domina tutta la regione. Le nuvole corrono basse, sfiorano le colline. L'orizzonte a sudovest è orlato da una fascia più chiara.

Sente il rombo dei cannoni, detonazioni in lontananza... I russi hanno smesso di indietreggiare. Kutuzov deve accettare la battaglia. E bisogna attirarlo là, verso l'altopiano di Pratzen.

Napoleone srotola le mappe e, il 20 novembre, la mattina, detta un breve dispaccio: "Ordino al maresciallo Davout di portarsi su Austerlitz".

Con l'unghia, traccia un segno sotto il nome di questa città, situata sotto l'altopiano di Pratzen, alla sua estremità meridionale.

Il giorno dopo, giovedì 21 novembre, si alza prima dell'alba. È riposato e calmo. Monta sul cavallo bianco e, attorniato dalla scorta degli aiutanti di campo, galoppa solitario in avanscoperta. Percorre la valle di Goldbach, attraversa i villaggi di Kobelnitz e Bosenitz, sale sull'altopiano. Spesso si ferma e mette piede a terra.

È qui che vuole che si svolga la battaglia, su questi altipiani, in queste valli.

Continua a piedi; il suo mamelucco, Rustam, lo segue tenendo le briglie del cavallo.

Napoleone si volta verso gli aiutanti di campo e gli ufficiali d'ordinanza.

— Giovanotti, studiate bene questo terreno, ci batteremo qui.

Mercoledì 27 novembre 1805. Napoleone attende l'alba dall'alto della piazzaforte dello Spielberg. I cacciatori della Guardia sono schierati ai piedi delle fortificazioni. Vuole rimanere solo di fronte a quel paesaggio che esce lentamente dal buio e dalla nebbia. Da qualche giorno il tempo è cambiato. Il freddo è più intenso, ma le tempeste di neve e pioggia sono finite. Il suolo è gelato, ottimo per le cariche di cavalleria che rimbomberanno sulla terra dura e secca. Il cielo, adesso che la nebbia si è dissolta, è velato ma chiaro, e il sole sorge come un'ostia rossa.

Ormai conosce ogni metro quadrato di quel terreno, di quell'immenso triangolo dove la battaglia che aspetta, che ha concepito, si svolgerà come un'immensa manovra su un poligono per le esercitazioni.

Si ricorda delle partite a scacchi che tanto tempo prima giocava al caffè de la Régence, al Palais-Royal, quando aveva solo la sua miseria e l'ambizione inappagata di generale senza incarichi di comando, ben presto radiato dai quadri dell'esercito. Vinceva sempre, con una vampata di gioia intensa quando, alla mossa decisiva, spingeva quel pedone apparentemente senza importanza che avrebbe deciso la partita.

Osserva.

Brünn è la punta di un triangolo rettangolo i cui due lati sono costituiti dalle strade alberate che si congiungono ad angolo retto ai piedi della cittadella dello Spielberg.

La prima conduce a est, verso Olmütz. La segue con lo sguardo fin dove è possibile, poi a un certo punto sparisce nella nebbia. A Olmütz si sono insediati i due imperatori, l'austriaco e il russo, Francesco II e Alessandro I, giocatori senza talento che cadranno nella trappola che ha teso loro. Da qualche giorno ha ordinato alle unità di cavalleria di rifiutare il combattimento ogni volta che il nemico si presenta. Le truppe di Soult, che occupano ancora Austerlitz, devono tenersi pronte a ripiegare, a partire da oggi, affinché austriaci e russi possano avanzare.

Anche la seconda strada, che a Brünn forma un angolo retto con la precedente, è alberata. Napoleone si volta a guardarla a lungo. In fondo c'è Vienna. E tra la strada di Olmütz e quella di Vienna, la base del triangolo è formata dall'altopiano di Pratzen.

Le grandi partite di scacchi sono sempre semplici. Occorre immaginare quel che vuole l'avversario. Poi bisogna fargli credere che quel che vuole, che sogna, è possibile. Che pensa e vede giusto. A quel punto perde la ragione.

I due imperatori vogliono tagliargli la strada per Vienna. Dunque bisogna persuaderli che i francesi non possono opporsi alla loro volontà. Ritirerà le sue truppe da Austerlitz, indietreggerà. Le divisioni nemiche avanzeranno, si allungheranno ai piedi dell'altopiano di Pratzen. Attaccheranno l'ala destra che, dopo essere indietreggiata, inizierà a resistere. Nel frattempo il centro e l'ala sinistra francese avanzeranno, occuperanno l'altopiano di Pratzen e piomberanno sul fianco nemico ormai scoperto.

Il sole è alto adesso. Napoleone, seguito da una scorta poco numerosa, prende la strada di Olmütz. La luce è accecante, a volte lo obbliga a fermarsi. Il punto di cerniera francese sarà qui, su questa collina dominata da una cappella. Sale il colle. Da lì partiranno le cariche dell'ala sinistra, quella che si abbatterà sulla base del triangolo, richiudendosi come una porta e spazzando le truppe russe impegnate ad avanzare, con il fianco esposto. Come qualcuno che ha il braccio nella fessura di una porta e non si preoccupa di sapere se sta per chiudersi.

Ordina di fortificare la collina e sente i suoi cacciatori della Guardia dire che

quel posto ricorda loro il "santone", un marabutto che viveva sulla cima di una collinetta occupata durante la battaglia delle Piramidi.

Balza in sella e si lancia sulla strada per Olmütz. Un edificio basso sta emergendo dalla nebbia. È la stazione della posta di Posorsitz. Una strada più stretta collega con la città di Austerlitz.

Tutto è pronto per la battaglia.

Rientra a Brünn.

Arrivando, scorge alcuni cavalli tenuti per le redini da ufficiali austriaci. Due inviati dell'imperatore Francesco II, Stadion e Giulay, lo stanno aspettando. Li ascolta, a capo chino. Deve recitare la parte dell'uomo inquieto, irresoluto, tentato dal negoziato, malsicuro delle sue truppe, pronto ad accettare un ultimatum ma preoccupato di non cedere per orgoglio.

Poi ecco Monsieur d'Haugwitz, l'inviato del re di Prussia, Federico Guglielmo III. Anche lui, con la scusa della mediazione, esige una capitolazione immediata. Come è sicuro di sé!

Napoleone lo ascolta pazientemente, poi lo prega di recarsi a Vienna, da Talleyrand, il ministro degli Esteri, con il quale potrà avviare un negoziato. Haugwitz accetta con gioia. Nei suoi occhi, Napoleone legge la certezza che basterà attendere pochi giorni perché la Grande Armata crolli, che sia solo una moltitudine sconfitta in ritirata. Allora detteranno a quel Bonaparte tutte le condizioni che vorranno.

Napoleone affida a un aiutante di campo l'incarico di condurre Haugwitz a Vienna passando dal campo di battaglia di Holabrünn, dove le cavallerie si sono scontrate: — È bene che questo prussiano veda direttamente con i suoi occhi come facciamo la guerra — mormora.

"Adesso non mi resta che convincere i russi della mia debolezza, della paura che provo."

Invia il generale Savary da Alessandro I affinché lo zar gli faccia conoscere le sue esigenze e gli mandi un plenipotenziario.

La sera del 28 novembre. Napoleone galoppa nel buio e nella nebbia. La sua scorta fatica a seguirlo. Ritorna alla stazione di posta di Posorsitz. Dietro di lui, sente Lannes e Soult che s'insultano, si minacciano, si sfidano. Si volta verso i due e si limita a guardarli. Non vuole sapere nulla del loro alterco. Che uomini sono per litigare così? Un litigio ha valore solo se impegna completamente. Il resto non ha importanza.

Percorre a cavallo le vallate e le colline, supera gli stagni. Ecco, è venuto il momento di muovere il pedone da cui dipende tutto.

Chiama un aiutante di campo: deve comunicare immediatamente alle divisioni del 4° corpo, che occupano Austerlitz, l'ordine di abbandonare la città per indietreggiare verso la strada per Vienna.

La rete sta per aprirsi.

Sale sulla berlina, sbocconcella una coscia di pollo e beve un bicchiere di Chambertin allungato con acqua. Poi si avvolge nella redingote e si addormenta.

All'alba è già a cavallo. Galoppa verso gli avamposti, li supera, ritorna fino al suo bivacco che è stato allestito un po' prima dell'altopiano, verso il villaggio di Schaplanitz. È impaziente. Chissà se i russi hanno reagito come lui aveva previsto, chissà se sono avanzati sguarnendo l'altopiano di Pratzen per occupare le posizioni abbandonate dai francesi. Stringe le mani dietro la schiena, si precipita verso Savary,

di ritorno dal campo russo, il quale annuncia che le divisioni di Kutuzov sono in marcia e che sono già entrate ad Austerlitz.

Ecco fatto. La partita è cominciata come aveva previsto. A questo punto, può incontrare quel principe Dolgoruki che lo zar Alessandro ha acconsentito a inviargli.

Napoleone avanza di slancio. Si sente così sicuro di sé che gli sembra che tutto ciò che sta avvenendo sia senza sorprese. Cerca di difendersi dall'eccesso di fiducia che lo ha invaso. Non bisogna mai essere sicuri se non di se stessi. Tutto il resto può sfuggirci.

Pensa d'improvviso a Trafalgar. La battaglia che sta per scatenare cancellerà quella disfatta morale. Scende di cavallo, affronta la piccola salita, scivola sull'erba umida. Ed ecco di fronte a lui il principe Dolgoruki, sprezzante.

"È soltanto un damerino impertinente che s'immagina di tenermi in pugno."

Il principe reclama l'Italia, l'Olanda, il Belgio, insomma, la capitolazione.

"Devo ascoltarlo con aria preoccupata, quasi umile, affinché si convinca che temo la battaglia, che le mie truppe battono in ritirata, fuggono davanti alla minaccia. Questo principe mi parla come a un boiardo che si vuole spedire in Siberia. Che pontifichi! Riferisca pure ai due imperatori che Napoleone ha tremato di paura davanti a lui!"

Napoleone torna al bivacco. Con il legno di porte e finestre i genieri della Guardia hanno costruito un tavolo e delle panche, come se ne vedono nelle feste di villaggio. Si siede. Parla in tono allegro, poi sale sulla sua vettura e si addormenta.

Il 30 novembre, dopo aver percorso a cavallo tutte le strade ed essersi assicurato che i russi e gli austriaci proseguono nella loro avanzata, alle quattro e trenta del pomeriggio risale sulla berlina.

Per vincere quella battaglia, bisogna che ogni soldato sappia cosa c'è in gioco.

"Io sono l'Imperatore dei Francesi, e non uno di quei sovrani che mandano avanti i loro uomini come se fossero statuette di legno."

Comincia a dettare l'ordine del giorno alla Grande Armata:

"Soldati, l'esercito russo si presenta davanti a voi per vendicare le truppe austriache.

"Le posizioni che occupiamo sono formidabili. Mentre marceranno per aggirare la mia destra, mi presenteranno il fianco."

Si interrompe. Vuole che ogni soldato capisca la manovra cui parteciperà. Allora la Grande Armata sarà invincibile.

Soldati,
guiderò io stesso i vostri battaglioni. Mi terrò lontano dal fuoco se, con il vostro consueto coraggio, seminerete il disordine e la confusione nelle file nemiche. Ma se per un istante la vittoria fosse incerta, vedrete il vostro imperatore esporsi ai primi colpi, perché la vittoria sicuramente non mancherà in questa giornata in cui è in gioco l'onore della fanteria francese, che è così importante per l'onore della nazione.

Apre la portiera della berlina. Sta calando la notte. Le giornate invernali sono corte. Ci saranno poche ore per dare battaglia. Ogni minuto, dall'alba alla notte, avrà importanza.

Continua, rincantucciandosi nella sua berlina:

Non bisognerà mai sguarnire i ranghi, nemmeno per portare al riparo i feriti. Ogni soldato deve essere assolutamente convinto della necessità di sconfiggere questa soldataglia al soldo dell'Inghilterra, animata da un immenso odio contro la nostra nazione.

Questa vittoria concluderà la guerra... Allora la pace che firmerò sarà degna del mio popolo, di voi e di me.

Scende a terra, si mette a tavola con i suoi aiutanti di campo. Rievoca la campagna d'Egitto. È calmo. Eppure il tempo è cambiato al peggio, pioggia e grandine cadono con raffiche rabbiose.

Ma il cattivo tempo è uguale per tutti.

Dorme nella berlina, poche ore soltanto; poi, quando fa ancora notte, monta a cavallo e, senza scorta, raggiunge la linea del fronte per ispezionare alcuni reggimenti. È il 1° dicembre 1805. La pioggia ha smesso di cadere, ma il cielo è ancora coperto. Però, a est, una striscia chiara annuncia che forse si avrà bel tempo.

Mentre passa davanti al 28° reggimento di linea, una voce gli urla: — Ti promettiamo che domani dovrai combattere solo con gli occhi!

Un fremito lo percorre. Gli uomini hanno capito il suo ordine del giorno.

— In un'armata francese — dichiara davanti ai suoi aiutanti di campo — la punizione più severa è la vergogna.

Davanti alla brigata del generale Ferny si rivolge ai soldati, domanda se hanno controllato le loro cartucce. Alcuni urlano che hanno sempre le loro baionette. Altri ancora gridano: — Sire, non avrai bisogno di esporti!

La sera, mentre galoppa lungo gli stagni, scortato da venti cacciatori della Guardia, d'improvviso si trova di fronte una pattuglia di cosacchi. I russi urlano e caricano furiosamente la scorta con le sciabole sguainate. Gli aiutanti di campo salvano l'imperatore trascinandolo via. Napoleone si allontana per i campi mentre la scorta affronta il nemico.

Scende da cavallo, avanza da solo, a piedi. Domani sarà il giorno della battaglia. Attraversa gli accampamenti, camminando verso il suo bivacco. Un soldato accende una torcia per controllare chi passa così attraverso le linee. Riconosce Napoleone e grida "Viva l'imperatore!". Dagli altri bivacchi altre voci rispondono. I soldati raccolgono manciate di paglia e vi appiccano il fuoco gridando: — È l'anniversario dell'incoronazione!

Non se n'era neppure ricordato. Solo un anno prima, faceva il suo ingresso in Notre-Dame.

Si allontana, raggiunge il bivacco e, quando si volta, il campo di battaglia è costellato di punti luminosi, altrettanti soldati che brandiscono torce di paglia. Le grida crescono d'intensità: — Viva l'imperatore!

Savary torna da una ricognizione. È affannato, madido di sudore. Le truppe austriache e russe hanno continuato la loro avanzata. Marciano senza neanche proteggersi il fianco. Davout e l'ala destra, domattina, le infileranno in pieno.

In quel momento Bernadotte, la Guardia e Soult, il centro del dispositivo, partiranno all'assalto dell'altopiano di Pratzen completamente sguarnito e, una volta conquistata la sommità, si precipiteranno sulle truppe nemiche troppo avanzate. Sull'ala sinistra, nel frattempo, Lannes e Murat circonderanno tutto il dispositivo russo.

Ascoltando Savary, Napoleone ha già giocato, mentalmente, per l'ennesima volta, tutta la partita. La vittoria non può sfuggirgli.

Contempla a lungo le luci, tutti quei punti luminosi nell'oscurità glaciale:
— È la più bella sera della mia vita, ma mi piange il cuore a pensare che perderò un gran numero di quei bravi ragazzi.

China il capo.
— Sono veramente i miei figli — mormora.

Constant gli porge una tazza di tè. La beve lentamente e lo invita a servire anche Savary, Berthier e Rustam.

Ama la fraternità che si stabilisce alla vigilia di una battaglia, quando ognuno sa che domani può essere l'ultimo giorno della sua vita.

E pensare che sarebbe potuto rimanere ucciso dai cosacchi meno di un'ora prima.

Domani, anche se si tenesse lontano dalla prima linea, un proiettile nemico potrebbe sempre raggiungerlo. È l'imperatore, ma si sottopone anche lui ai rischi mortali imposti dalla guerra.

Sale sulla berlina. Va a dormire.

Il 2 dicembre 1805, quando si sveglia, c'è nebbia. Dunque non pioverà. Monta subito a cavallo e, con la sua scorta, percorre il fronte delle truppe ancora immobili.

Alle otto si alza il sole che dissipa la foschia. Il grande disco rosso sale lentamente mentre le truppe di Soult, Davout e Bernadotte intraprendono l'assalto all'altopiano di Pratzen.

Si sposta sull'ala destra, si pone alla testa delle forze di riserva e segue con il cannocchiale i movimenti delle truppe. Vede i giganteschi cavalieri della Guardia imperiale russa nelle uniformi bianche e verdi fatti a pezzi. Vede i cadaveri accatastarsi a migliaia. I russi contrattaccano parecchie volte. Allora ordina l'assalto della cavalleria della Guardia. Dopo pochi minuti il generale Rapp, ferito, torna verso l'imperatore accompagnando un prigioniero, un colonnello delle guardie russe, il principe Repnine.

L'altopiano di Pratzen è conquistato. Austriaci e russi ormai non hanno scampo: morire o arrendersi. Scacco matto in poche mosse.

Napoleone osserva le truppe russe che si avventurano a sud dell'ala destra, sugli stagni ghiacciati. Ordina di sparare sul ghiaccio, che si frantuma. L'acqua è poco profonda. Ci saranno pochi annegati, ma l'artiglieria russa sprofonda, e gli uomini si arrendono o muoiono per il freddo.

La notte scende così in fretta! Piove e grandina. L'imperatore percorre a cavallo il campo di battaglia.

Vuole vedere personalmente quei morti, quei feriti che agonizzano, quelle masse scure di cavalli sventrati dal cannone e accatastati gli uni sugli altri.

Esige silenzio da quelli che gli stanno vicino. Bisogna sentire i lamenti dei feriti. Bisogna soccorrerli.

Ritorna al bivacco, ma non riesce a dormire.

Alle sei della mattina è di nuovo a cavallo; fa ancora buio. Cavalca sulla strada che conduce a Olmütz; dovunque, da una parte e dall'altra della carreggiata, sono distesi morti e feriti. Qui Lannes e Murat hanno schiacciato le truppe del generale russo Bagration.

Imbocca la deviazione per Austerlitz. Dappertutto cadaveri, pezzi di artiglieria russa.

Ad Austerlitz prende possesso del castello del principe di Kaunitz.

La vittoria conferma le sue previsioni, ma lui non gioisce. Gli avvenimenti si sono svolti come li aveva immaginati. Ma lui è gelato. Si piazza davanti al camino della grande sala dei ricevimenti e scrive a Giuseppina, dando le spalle alle fiamme.

Ho sconfitto gli eserciti russo e austriaco comandati da due imperatori. Mi sono un po' affaticato, ho bivaccato per otto giorni all'aperto con notti molto fredde. Stasera pernotterò nel castello del principe di Kaunitz, dove potrò dormire due o tre ore. L'esercito russo è non solo battuto, ma annientato.

Ti abbraccio.

Poco alla volta il calore gli penetra nel corpo. La stanchezza comincia ad abbandonarlo, ma i suoi occhi bruciano, come quelli di numerosi soldati. Il freddo, il vento e le cavalcate li hanno irritati.

Si alza, tuffa il viso nell'acqua calda; poi, con gli occhi sempre doloranti, si appresta a dettare. Le parole devono concludere questa vittoria.

Cammina su e giù nella grande stanza. Pensa a quei soldati che gli hanno gridato, quando passava accanto a loro, che si sarebbe potuto accontentare di vedere la battaglia da lontano. Pensa alle torce accese nella notte del 1° dicembre, alle grida di "Viva l'imperatore!".

Comincia a dettare:

Soldati,
sono contento di voi. Nella giornata di Austerlitz voi avete giustificato tutto quel che mi aspettavo dal vostro ardimento. Avete decorato le vostre aquile con una gloria immortale... Quelli che sono sfuggiti al vostro ferro, sono annegati nei laghi... Quaranta bandiere, gli stendardi della Guardia imperiale di Russia, 120 bocche da fuoco, venti generali, oltre 30.000 prigionieri sono il risultato di questa giornata che rimarrà per sempre negli annali... Soldati, il mio popolo vi accoglierà con gioia, e vi basterà dire: "Io ero alla battaglia di Austerlitz" perché vi si risponda: "Ecco un valoroso".

Il 4 dicembre Napoleone lascia il castello di Austerlitz con tutto lo stato maggiore e la scorta.

Al mulino di Paleny, a metà strada tra gli avamposti austriaci e quelli francesi, scende da cavallo e si avvicina al falò acceso dai granatieri. Stende le mani sopra le fiamme. Fra poco accoglierà l'imperatore Francesco II, il discendente degli Asburgo, che viene di persona a sollecitare l'armistizio dopo essere stato sconfitto.

Vorrebbe provare stupore, ma l'evento gli sembra naturale come la vittoria di Austerlitz.

Quando arriva la carrozza dell'imperatore d'Austria scortata dai suoi ufficiali, Napoleone avanza, abbraccia Francesco II, lo porta con sé lontano dagli stati maggiori dei quali sente gli sguardi.

Indica il falò e il mulino:

— Ecco i palazzi in cui Vostra Maestà mi costringe ad abitare da tre mesi.

Francesco II sorride e risponde:

— Questo soggiorno vi fa molto bene. Non avete il diritto di prendervela con me.

Napoleone cerca di convincerlo. L'Austria deve separare la sua sorte da quella della Russia. Camminando accanto a Francesco II, ricorda i suggerimenti di Talleyrand, che sollecitava un'alleanza con l'Austria, e anche quelli dell'inviato austriaco Giulay, che accennava alla possibilità di un matrimonio con l'arciduchessa Maria Luisa. Dal momento che ha vinto, tutto è possibile. Ha forzato la porta.

Riaccompagna Francesco II alla carrozza, lo abbraccia di nuovo e lo chiama "fratello".

Napoleone non è forse il fondatore di una dinastia che ha appena sconfitto due imperatori?

Alessandro firmerà anche lui l'armistizio, e il re di Prussia tirerà un sospiro di sollievo per non aver avuto il tempo di entrare in guerra.

È tutto così semplice, quando si è forti e vittoriosi.

Rientra ad Austerlitz a cavallo. I soldati che incontra gridano "Viva l'imperatore!". Squadre di prigionieri ammucchiano sui carri i cadaveri raccolti sul ciglio della strada, nei campi allagati.

Bisognerà adottare gli orfani dei soldati e degli ufficiali caduti, per assicurare loro un avvenire. Chiude gli occhi, che continuano a bruciargli.

Una volta al castello del principe Kaunitz, tuttavia, scrive personalmente a Giuseppina:

> Ho concluso l'armistizio. Entro otto giorni sarà stipulata la pace. I russi se ne vanno.
> La battaglia di Austerlitz è la più bella fra tutte quelle che ho combattuto: 45 bandiere, più di 150 pezzi di artiglieria, gli stendardi della Guardia russa, 20 generali, 30.000 prigionieri, più di 20.000 morti: spettacolo orribile! L'imperatore Alessandro I è disperato e se ne torna in Russia. Ho ricevuto al mio bivacco l'imperatore di Germania. Abbiamo discusso per due ore e ci siamo accordati per firmare al più presto la pace.
> Ho 3000 feriti e 7-8000 caduti.
> Ho male agli occhi, ma è una malattia molto comune, una cosa di poco conto.
> Addio amica mia, desidero rivederti presto.
> Stasera dormirò a Vienna.
>
> *Napoleone*

È il 7 dicembre 1805.

Il 26 dello stesso mese Napoleone firma con l'Austria il trattato di pace di Presburgo.

Il 30 dicembre 1805 il Tribunato si riunisce in un clima entusiastico. A Parigi nevica. Ma non manca nemmeno un tribuno alla riunione dell'Assemblea. All'unanimità il Tribunato propone di chiamare l'imperatore, che ha accettato, "Napoleone il Grande".